용감한 구르메의
미식 라이브러리

용감한 구르메의
미식 라이브러리

알렉상드르 스테른 지음
정연주 옮김

윌북

무얼 먹을까, 어떻게 먹을까

안다고 생각하던 재료와 요리를 우리는 정말 잘 알고 있는 것일까?
미식 1타 강사의 완벽한 현장 중계. 아하, 그 요리와 재료는 이런 거였어?

온갖 세계 요리 재료를 한국에서 구하는 게 그리 어려운 일이 아닌 세상이다. 파르메산 치즈 한 덩어리를 구하려고 주한 외국인이 다니는 한남슈퍼에 가고, 파슬리 한 묶음을 구걸하러 과천 옆 농장에 가던 우리 세대에게는 믿기지 않는 시대다(책에도 소개된 송아지 흉선도 수소문하면 내일 특별 요리로 팔 수 있다니까!). 농장에 '구걸'했다는 건 사실이다. 어느 특급 호텔에 전량 넣기로 되어 있어 나 같은 뜨내기에게 팔 수 없다던 주인의 말이 귀에 생생하다. 세상은 바뀌었다. 재료는 우리 곁에 있는데, 그걸 잘 알고 있냐고 물으면 사실 나도 잘 대답 못 할 듯하다. 케이퍼와 케이퍼 열매가 혼재되어 시장에 돌아다니는 형편이며, 몰라서 못 쓰는 재료가 널렸다. 우리는 더 공부해야 하고, 더 많은 재료와 요리가 소개되어야 한다.

홍미롭게도, 『용감한 구르메의 미식 라이브러리』는 저자가 머리말에서 밝혔듯이 누구의 눈치도 보지 않고 재료며 요리며 (레시피까지!) 꼭 알아야 할 미식의 아이콘들을 채집해서 사전처럼 정교하게 서술하고 있다. 더구나 가장 최신 요리와 재료의 경향을 기본으로 해서 생생하게 읽힌다. 무얼 먹어야 할지, 어떻게 먹어야 할지 고민하는 셰프들과 미식가들에게 필요한 책인 동시에 그냥 '읽을거리'로서도 훌륭한 책이다. 무엇보다 저자는 사전의 고답적인 태도 따위는 집어치우고, 똑 부러지는 1타 강사처럼 재료를 쉽고 상세하게 소개하고 있다. 블로그 글 한 줄을 쓰더라도 남다른 지식이 필요한 세상, 그것도 현장성 강한 미식 사전이라면 더 말할 것이 없다. 반가운 책이다.

박찬일_셰프, 작가

구르메, 흔히 미식가나 식도락가를 가리키는 말이다. 스스로 구르메라 자신하려면 음식에 대한 높은 식견이 가장 중요하겠지만, 그에 못지않은 덕목으로 용감함을 이야기해야 한다. 새롭고 더 다양한 맛을 편견 없이 체험해보려면 언제나 크고 작은 용기가 필요하기 때문이다. 아마 그런 이유로 5대륙, 155개 국가, 700가지 음식을 다룬 알렉상드르 스테른의 미식 탐험기의 한국어판 제목에 '용감한 구르메'라는 표현이 따라붙었을 것이다. 스테른은 책의 추천사를 쓴 프랑스의 스타 셰프 알랭 뒤카스에 비해 국내에서의 인지도가 그다지 높지 않지만, 프랑스 파리의 미식계에서는 유능한 사업가이자 구르메로서 심심찮게 회자되는 인물이다. 스스로를 미식가이자 맛의 크리에이터라 자부하는 그가 음식에 대한 애정과 용기를 갖고 여러 식재료와 식문화 그리고 역사까지 어우르는 그만의 탐험기를 썼다. 그가 이 책에 담은 음식에 관한 내용은 마치 백과사전과도 같아, 음식에 관심 있는 독자들은 꽤 큰 즐거움을 누릴 것이다. 동시에 구르메인 스테른이 수집한, 인생을 살아가며 반드시 맛봐야 할 것들의 목록을 슬쩍 들춰보는 즐거움 또한 덤으로 얻게 될 것이다.

박준우_셰프, 푸드 칼럼니스트

아는 만큼 보인다. 누구나 영화를 보지만 어떤 사람은 '와, 진짜 재밌었어!'정도로 표현하는 반면, 어떤 사람은 영화의 미장센, 전체적인 톤, 서사의 특이성에 관해 몇 시간 내내 그 영화가 왜 그렇게 좋았는지 이야기한다. 경험이 쌓일수록, 아는 만큼 느낄 수 있는 것이 많아진다는 것을 이해하게 된다. 그래서 같은 시간을 보내고도 훨씬 더 깊이 있는 경험을 할 수 있는 '퀄리티 높은 삶'을 살게 된다.

누구나 매일 음식을 먹는다. 먹은 일이 너무 익숙해 음식에 대해 배울 필요가 없다고 생각한다면 오산이다. 누군가가 스테이크에 치미추리를 곁들이면 어떨지 묻거나, 샐러드에 뿌린 말돈 솔트의 아삭한 질감이 환상적이었다고 이야기할 때, 무슨 말인지 궁금해지지 않는가? 매일 반복되는 식사를, 세계 문화와 만나는 풍부한 경험의 순간으로 탈바꿈시킬 수 있는 것도 '앎의 힘'이다.

『용감한 구르메의 미식 라이브러리』 저자 알렉상드르 스테른은 열정적인 수집가처럼 세계의 식재료와 요리를 딱 먹기 좋은 크기로 정리해 보여준다. 모렐버섯과 홍선, 리몬첼로와 느억맘 소스에 이르기까지 지역과 문화권의 특색이 빚어내는 다채로운 음식 이야기를 읽다 보면 먹고 싶은 것이 많아진다! 세상에 있는 줄도 몰랐던, 드넓은 음식의 세계로 나아가는 쉽고도 멋진 지침서. 이 책을 모든 용감한 미식가들과 함께 읽고 싶다.

이정윤_미식 에디터, 다이닝미디어아시아 대표

이 책은 독특하다. 일단 독자를 150개 넘는 나라들로 데려가서 700가지 음식 재료와 요리를 소개한다는 점에서 범위가 참으로 독특하다. 겸손하다는 점에서도 독특하다. 알렉상드르 스테른은 빈틈없이 철저한 척 굴지 않는다. 그보다 자신이 사랑하는 음식 중 독자와 공유하고 싶은 것을 골라 선보인다.

이 책은 분명 보편적인 맛의 백과사전을 만들려는 시도에서 시작되었다. 이런 작업을 해내려면 살짝 미쳐야 하고 동시에 조금 완고해야 한다. 그런데 이런 이중적인 특징이야말로 사업가의 특징이며, 마침 알렉상드르는 사업가다. 그는 셰프도 음식 평론가도 아니지만, 음식을 논할 때 자신만의 목소리를 낼 줄 아는 사람이다. 또한 셰프와 생산자를 망라하는 프렌치 컬리너리 인스티튜트French Culinary Institute 멤버기도 하다. 그러니 음식에 대한 그의 글은 혁신적이면서 지적일 수밖에.

미각의 세계를 탐험하는 이 여정을 따라가다 보면 인간의 음식이 얼마나 다양하면서 독특한지 깨닫고 놀라게 될 것이다. 알렉상드르는 전 세계 사람들의 음식과 요리를 설명하면서 그들의 일상에까지 파고들게 한다.

또한 각 식품이 어떻게 매일같이 생산되고 가공되며 배달되어 판매되는지도 배울 수 있다. 전 세계의 사람과 식품을 움직이며 맛이 들끓는 용광로를 만들어낸 드넓은 역사의 메아리를 그 과정에서 감지할 수 있을 것이다.

이 책과 함께 혀끝으로 떠나는 세계 일주는 곧 우리 자신의 인간성을 들여다보는 여행이 될 것이다.

알랭 뒤카스 Alain Ducasse_프렌치 퀴진의 대가, 미슐랭 21스타 셰프

"당신이 먹은 것을 알려달라. 그러면 당신이 누구인지 알려주겠다."

프랑스 작가이자 음식 애호가인 장 앙텔름 브리야사바랭Jean Anthelme Brillat-Savarin의 격언만큼 진실을 담은 문장도 없다. 우리의 식단과 취향은 상당 부분 우리가 성장한 문화에 의해서 결정된다.

또한 '살려면 먹어야 한다'는 단순한 필요의 문제를 인간이 어떻게 예술의 영역으로 발전시켰는지 발견하는 것보다 흥미로운 일은 없다. 최고의 재료를 찾아내 가공하고 뒤섞는 일은 늘 인류의 중요한 관심사였다. 요리는 세계화라는 대세 속에서도 지역의 문화를 유지하는 핵심 요소다.

수 세기 동안 인류는 다양한 조리법(굽기, 끓이기, 찌기, 볶기, 튀기기 등)을 실험하며 셀 수도 없을 정도로 많은 요리를 개발했고, 동식물을 길들이고 변형해 야생에 살던 때보다 먹기 좋은 새로운 식재료로 삼았다.

오늘날 우리가 먹는 음식은 대부분 오랜 진화와 선택의 결과이며, 수렵 채집인이 야생에서 쉽게 따 먹을 수 있었던 먹거리와는 거의 관련이 없다. 과거의 바나나 속에는 먹을 수 없는 씨앗이 가득 차 있었으며 살구에는 독이 있었고 옥수수의 크기는 2.5센티미터가 채 되지 않았다! 현대의 음식 중 선사 시대 사람이 먹었던 것과 유사한 것은 정말 얼마 되지 않는다. 일부 버섯과 달팽이, 벌레, 자연산 생선, 사슴 정도다.

그 결과 이 책은 세계의 음식 문화에 집중할 뿐만 아니라, 오랜 시간 농사와 요리의 예술을 완성하고 우리가 사용할 수 있는 재료를 제공한 모든 인류에 경의를 표하는 내용이 되었다. 우리는 계속해서 새로운 음식을 개발하고 있으니 이 역사는 지금도 진행 중이다. 그래니 스미스 사과(608쪽 참조)는 1868년에 우연히 탄생한 것이고, 그린 제브러 토마토(505쪽 참조)는 1985년 개발되었다.

이 책은 '세계 각국에서 먹어봐야 할 음식 700가지'를 소개하겠다는 약속이자 도전이다. 우리가 함께한 약속이고, 당신이 이어갈 도전이다. 이 책은 독자 여러분을 세계 곳곳으로 데려가 인류가 제 앞에 놓인 자원과 필요에 따라 어떤 음식을 개발해서 먹기 시작했는지 발견하게 해줄 것이다. 예를 들어 가혹하게 추운 환경에서 생존하기 위해 이누이트족이 생선과 야생 육류를 기반으로 구성한 식단과, 아프리카 열대 지방에서 농사를 지어 차려내는 곡물과 삶은 식물, 고기와 유제품 중심의 음식 문화 사이에는 공통점이 거의 없다.

이 책을 읽고 난 후 여러분이 여행할 때건 집 근처 길모퉁이를 걸어갈 때건, 열린 마음으로 새로운 맛을 발견하고 새로운 음식에 도전하길 바란다. 이 책은 각 나라의 가장 상징적인 음식을 맛보도록 안내할 뿐 아니라 색다른 재료를 두려워하지 않고 더욱 깊이 파고들 수 있게 해줄 것이다.

이 책의 내용을 더욱 명확하게 설명하기 위해 무엇을 포함하지 않았는지부터 알아보자. 이 책은 모든 나라의 가장 유명한 음식 재료와 요리를 소개하는 백과사전이 아니다. 세상의 모든 음식을 그러모으기보다는 내 개인적인 선택에 따라서 어떤 항목은 포함하고 나머지는 제외했다.

일부 항목은 쉽게 구할 수 있는 것이고, 이미 먹어본 것도 많을 것이다. 세계 여행을 하지 않아도 달걀 반숙(39쪽 참조)이나 블루베리(500쪽 참조)는 어렵지 않게 먹을 수 있다. 태평양 섬나리의 뿌리채소로 민든 기비(621쪽 참조) 같은 음료는 비교적 집하기 어렵다. 그러나 널리 쓰이는 재료를 많이 실었으며 대부분 식품점이나 온라인 쇼핑몰에서 구입할 수 있다. 낯선 요리를 직접 만들어보고 싶은 사람을 위해 일부 항목에는 레시피를 포함했다.

이 책의 구성 원칙

이 책에서 각 항목을 선택하고 표기하는 데 적용한 기본 원칙은 다음과 같다.

음식 항목 선별

이 책에서 소개한 음식과 조리법은 그저 내 개인적인 선호도에 따라 선택했다. 모든 음식을 하나도 빠뜨리지 않으려고 노력하지도 않았을뿐더러 관광 가이드가 필수라고 했으니까 넣는 식으로 특별한 이익 관계를 고려하지도 않았다.

이 책에 실린 음식 700가지를 선별한 주요 기준은 감정이다. 어떤 음식을 맛봤을 때 더 많은 독자와 공유할 만한 가치가 있다고 느꼈을 경우에만 뽑았다. 그렇지 않았다면 굳이 이 책에 실을 가치가 없다고 생각했다.

다만 재료가 특이하거나 후천적으로 익숙해져야 하는 맛일 경우에는 실제로 맛이 마음에 들지는 않았어도 미각을 훈련할 기회가 되며 이를 즐기는 사람이 있다는 점에서 책에 실을 가치가 있다고 생각했다. 예를 들어서 수르스트뢰밍(226쪽 참조)과 같은 발효 생선이나 여주(465쪽 참조)처럼 아주 쓴 음식은 처음 맛보는 사람들에게는 반드시 즐거운 경험이라고 할 수는 없으나 맛을 볼 만한 가치는 분명 있다.

그 외에 내 개인적인 가치관과 맞지 않아 책에서 제외한 것도 있다. 예를 들어 상어 지느러미 수프를 즐겨 먹는 사람도 있지만, 관련 산업의 슬픈 이면 때문에 제외하게 되었다. 고래고기와 개고기도 마찬가지다.

분류

이 책에 실린 음식은 먼저 지리적 원산지를 기준으로 한다. 매우 뚜렷한 음식 문화를 지니고 있는 나라는 개별적으로 분류한다.

- 프랑스
- 이탈리아
- 중국
- 한국
- 일본

그 외의 국가는 다소 비슷한 요리 유산을 공유하는 지역으로 묶어서 소개한다.

- 스페인과 포르투갈
- 벨기에·룩셈부르크·네덜란드
- 중유럽 독일, 스위스, 슬로베니아, 오스트리아, 체코
- 동유럽 그리스, 라트비아, 러시아, 루마니아, 리투아니아, 몬테네그로, 벨라루스, 보스니아 헤르체고비나, 불가리아, 세르비아, 에스토니아, 우크라이나, 크로아티아, 키프로스, 폴란드, 헝가리

- 영국과 아일랜드
- 스칸디나비아 노르웨이, 덴마크, 스웨덴, 아이슬란드, 페로제도, 핀란드
- 북아프리카 리비아, 모로코, 몰타, 알제리, 이집트, 튀니지
- 사하라 이남 아프리카 기니, 나이지리아, 남아프리카공화국, 라이베리아, 르완다, 말라위, 말리, 모리타니, 모잠비크, 보츠와나, 부룬디, 부르키나파소, 세네갈, 수단, 앙골라, 에리트레아, 에티오피아, 우간다, 잠비아, 짐바브웨, 차드, 카메룬, 카보베르데, 케냐, 코트디부아르, 콩고, 탄자니아, 토고
- 중동 레바논, 사우디아라비아, 시리아, 예멘, 요르단, 이라크, 이스라엘, 쿠웨이트, 터키, 팔레스타인
- 중앙아시아와 캅카스 몽골, 아르메니아, 아제르바이잔, 아프가니스탄, 이란, 조지아, 카자흐스탄, 키르기스스탄, 투르크메니스탄
- 인도·파키스탄·인도양 인도, 파키스탄, 네팔, 부탄, 마다가스카르, 모리셔스, 몰디브, 코모로
- 동남아시아 라오스, 말레이시아, 미얀마, 방글라데시, 베트남, 싱가포르, 인도네시아, 캄보디아, 태국, 파푸아뉴기니, 필리핀
- 미국과 캐나다
- 멕시코·중앙아메리카·카리브해 멕시코, 과테말라, 니카라과, 도미니카공화국, 바베이도스, 앤티가 바부다, 바하마, 버뮤다, 벨리즈, 아이티, 에콰도르, 엘살바도르, 자메이카, 코스타리카, 쿠바, 트리니다드 토바고, 파나마, 푸에르토리코, 프랑스령 서인도제도
- 남아메리카 베네수엘라, 볼리비아, 브라질, 수리남, 아르헨티나, 우루과이, 칠레, 콜롬비아, 파라과이, 페루
- 오세아니아 호주, 뉴질랜드, 하와이, 괌, 바누아투, 사모아, 통가, 투발루, 팔라우, 피지

같은 장에 모은 국가 중에는 상당히 다른 요리 유산을 지닌 나

라도 있지만, 각 지역 요리 간의 연관성을 파악하는 데 장 구분이 어느 정도 도움이 될 것이다. 예를 들어 남아메리카는 남북으로 7000킬로미터 이상 뻗어 있어 열대에서 남극 지척에 이르기까지 사용 가능한 재료가 매우 방대하지만, 온갖 다양한 음식 전통 틈새에서 옥수수와 콩 같은 공통점을 발견할 수 있다.

실상에 더 부합하기 위해 일부 지역은 소속 국가가 아닌 이웃 국가와 함께 묶었다. 예를 들어 하와이는 미국에 속하지만 하와이 요리는 미국과 캐나다 장이 아닌 오세아니아 장에 넣었다.

소개 순서

각 국가 또는 지역 내의 음식은 자연 그대로의 '재료' 종류부터 시작해 발효나 착즙 등 변형을 많이 거친 것이 뒤에 오는 순서로 분류하며, 일반적인 식사 순서를 느슨하게 따랐다. 즉 과일과 채소부터 시작해서 빵과 곡물을 다룬 다음 향신료와 양념을 이야기한다. 그리고 해산물과 육류 등 동물성 재료로 넘어간다. 이처럼 원재료를 논하는 항목이 마무리되면 길거리 음식에서 전통음식으로 넘어가며, 일부 요리는 레시피를 소개한다. 마지막으로 유제품과 디저트, 음료를 나열하면서 각 장을 마무리한다. 각 분류별로 내용을 구성하는 방법은 다음과 같다.

- <u>과일과 채소</u> 버섯과 견과류처럼 넓은 의미에서 식물성 재료로 볼 수 있는 항목을 포함한다.
- <u>빵과 곡물</u> 각종 빵과 국수, 죽 등 곡물을 기반으로 한 식품을 모두 포함한다. 재료가 레시피의 일부에 지나지 않을 때만 다른 항목으로 분류한다. 예를 들어 비록 주재료는 빵과 파스타라 할지라도 팡 지 케이주(590쪽 참조)는 길거리 음식으로 분

류했고 스파게티 알라 카르보나라(80쪽 참조)는 전통 음식에 넣었다.

- 향신료와 양념 향신료, 머스터드, 일부 뿌리채소(와사비, 생강, 호스래디시), 식초, 오일 등 요리의 맛을 바꿀 수 있는 모든 재료를 여기 포함했다. 설탕, 꿀, 각종 소스도 이 범주에 넣었다.

- 해산물 어류, 조개류, 갑각류, 연체동물, 해조류까지 바다에서 나는 모든 식품을 포함한다. 민물 생선과 개구리처럼 호수나 강에서 나는 식품도 여기 포함했다.

- 육류 변형하지 않았건(살코기, 지방, 내장) 변형했건(소시지, 햄) 동물성 육류를 기반으로 한 모든 식품을 포함한다. 더 나아가 곤충 같은 기타 동물단백질 공급원도 여기 속한다.

- 길거리 음식/전통 음식 어떤 음식은 길거리에서도 구할 수 있고 격식을 갖춘 레스토랑에서도 먹을 수 있으므로 길거리 음식과 전통 음식의 구분이 항상 절대적인 것은 아니다. 하지만 대체로 길거리에서 사 먹을 수 있는 간단한 요리와, 더 체계적인 음식점이나 가정에서 주로 만들어 먹는 정교한 요리는 구분하는 편이 유용하다고 생각했다.

- 유제품 음료를 제외한 유제품 일체(요구르트, 치즈, 크림 등)가 여기 속한다.

- 디저트 실제로 디저트인 것, 그냥 달콤한 요리인 것(일부 음식 문화에서는 디저트를 따로 구분하지 않는다), 제과류인 것(과자, 누가 등) 등 달콤한 식품은 모두 포함했다.

- 음료 짭짤하건 달콤하건, 차갑건 뜨겁건, 알코올이 들어갔건 아니건 모든 액상 식품을 망라했다. 우려서 음용하는 종류(커피, 차, 허브차 등)부터 발효 음료(맥주, 와인), 증류주와 칵테일까지 방대한 항목을 포함한다.

마지막으로 소금(160쪽 참조), 커피(285쪽 참조), 곡물(320쪽 참조), 와인(341쪽 참조), 차(411쪽 참조), 초콜릿(569쪽 참조), 감자(604쪽 참조) 등 인류의 음식 역사에서 중대한 역할을 한 식재료에 대해서는 역사적 배경을 해당 음식이 있는 장 말미에 따로 정리해 실었으며, 그 식재료에 대해서는 별도 항목에 기재했다. 예를 들어 차에 대한 일반적인 역사는 411쪽에서 확인할 수 있으며, 해당 항목에서 설명한 여섯 가지 종류의 차는 각각의 원산지 국가 장에 실었다.

음식에 대한 설명

음식을 설명할 때는 되도록 그 식품의 고유한 특성(외관, 질감, 색상, 냄새, 맛)과 더불어 배경지식(원산지, 재배법, 역사)을 고루 제공하려고 노력했다.

원산지

각 항목마다 음식명 아래에 원산지 국가를 기재했다. 반드시 그 음식을 가장 많이 구할 수 있는 나라나 실제 원산지에 해당하지는 않을 수 있으며, 해당 음식을 가장 대표한다고 말할 수 있는 국가에 배치했다. 각 항목을 특정 국가에 배치하면서 적용한 규칙은 다음과 같다.

가장 쉬운 경우는 해당 음식에 명확한 원산지가 있을 때다(치즈, 와인, 더 일반적으로는 원산지 명칭 보호 PDOProtected Designation of Origin가 적용되는 모든 제품). 이럴 경우 생산국을 원산지로 표기한다.

특정 국가와 명확하게 연결되는 기원이 있을 경우 이를 원산지 국가로 표시한다. 예를 들어 피타야(548쪽 참조)는 현재 아시아에서 용과라고 불리며 널리 재배되고 있지만 멕시코 목록에 넣었다. 예외적으로 해당 항목이 특정 국가에서 유래했지만 지금은 다른 음식 문화를 훨씬 더 많이 대표할 경우에는 후자의 국가 목록에 넣었다. 예를 들어 파프리카 가루(176쪽 참조)는 남아메리카에서 기원했지만 헝가리 요리에서 차지하는 중요도를 따져보면 확연히 동유럽 목록에 들어가야 한다.

많은 지역에서 구할 수 있는 매우 일반적 재료인 경우 해당 항목이 요리 문화에서 가장 중요한 역할을 하는 나라를 선택했다. 예를 들어 이 책에 나온 버섯들은 북반구 전역에서 널리 구할 수 있는 것이지만 모렐버섯(24쪽 참조)은 프랑스에, 꾀꼬리버섯(168쪽 참조)은 폴란드에, 포르치니버섯(63쪽 참조)은 이탈리아에 넣었다.

마지막으로 해당 항목의 기원을 여러 국가가 공유할 경우에는 여러 원산지 국가를 같이 표기했다. 예를 들어 쿠스쿠스(238쪽 참조)는 도저히 세 국가 중 하나만 꼽을 수 없었기 때문에 모로코와 튀니지, 알제리 모두를 기입했다.

─────── 음식 이름 ───────

명칭은 일반적으로 원산지 국가에서 해당 음식을 부를 때 사용하는 이름을 선택했다. 하지만 일부는 독자가 이해하기 쉽도록 널리 알려진 명칭을 채택했다. 예컨대 독일어 명칭인 퀴르비스케르뇔kürbiskernöl 대신 호박씨 오일(140쪽 참조)이라고 표기한 식이다.

각 나라별로 다양한 명칭이 있을 경우 본문에 따로 기재했다. 또한 복수형으로 널리 불리는 항목이 있어도 임의로 복수형을 선택하지 않고 최대한 기존 철자 형태를 유지했다.

칼로리 섭취량

대부분의 책에서 칼로리 섭취량을 말할 때 킬로칼로리kCal를 줄여 그냥 칼로리라고 표기한다. 이 책에서 말하는 칼로리도 킬로칼로리를 뜻한다.

체크 상자

각 항목마다 자신이 먹어본 음식을 체크할 수 있는 상자(ⓉⓐSTED □)가 있다. 해당 항목의 음식을 맛본 후 상자에 체크하면 700가지의 음식 중 몇 개나 먹어보았는지 확인할 수 있을 것이다. 여행을 계기로 새로운 음식에 도전해봐도 좋고, 다음번 장보기에서 새로운 음식을 고르려고 노력해봐도 좋다. 모든 리스트를 체크해서 스스로 용감한 미식가라고 부를 수 있을 때까지 도전해보시길!

알렉상드르 스테른

일러두기

음식과 요리, 재료 등의 이름은 국립국어원 원칙을 따르되, 널리 통용되어 굳어진 표현은 관용을 존중했다.

차례

프랑스

FRANCE

프랑스 요리는 세계에서 가장 세련된 요리라는 찬사를 들으며 프렌치 레스토랑은 세계 어디서나 고급 레스토랑 대접을 받는다. 그러나 원래 프랑스 요리는 크림, 버터, 치즈, 와인, 육류 등이 풍부한 농경지에서 발달한 농부의 조리법이었다.

　프랑스 요리에서는 '테루아르terroir'가 아주 중요하다. 테루아르란 지역마다의 고유한 특성(기후, 토양, 현지 주민의 지식과 경험)이 그 지역에서 나는 제품을 특별하게 만들어준다는 개념이다.

　이러한 제품에는 특정 지역에서 제조한 데 더해 오랜 전통 방식에 따라 생산했다는 사실을 보증하는 특별한 라벨 AOPAppellation d'Origine Protégée가 붙는다. 현재 프랑스에는 AOP로 보호받는 제품이 약 500개 존재하며, 대부분 치즈와 와인이다.

　중세 말엽에 접어들면서 세련된 재료와 향신료를 사용한 귀족 요리가 등장하기 시작했다. 그러나 최초의 프랑스어 요리책이 출판되면서 프랑스 요리의 주요 원칙이 정리된 건 1651년 이후다. 소스의 중요성, 교회에서 규정한 '금육의 날'과 '동물 기름의 날'을 구분하는 내용 등이 주요 골자였다(이 오래된 전통을 기리는 날로 '마르디 그라mardi gras'가 있다).

　19세기 말 호텔리어 세자르 리츠César Ritz(1850~1918)와 일하며 오늘날의 프랑스 요리를 정립한 오귀스트 에스코피에Auguste Escoffier(1846~1935)로 인해 프랑스 요리는 국제적으로 영향을 미치기 시작했다. 에스코피에는 요리를 1인분씩 나누어 순서대로 내는 러시아식 상차림을 도입했다. 원래 프랑스식 상차림은 모든 음식을 한 번에 차려서 손님이 다양한 요리를 각자 알아서 덜어 먹는 방식이었다. 에스코피에는 셰프 밑에 수셰프, 그 밑에 개별 담당자(차가운 음식, 소스, 생선, 육류, 디저트 등) 셰프 드 파르티chefs de partie로 구성된 현재의 주방 직군 시스템도 만들어냈다.

　유럽의 귀족은 에스코피에가 선보인 프랑스 요리 문화를 재빨리 받아들였고, 이후 폴 보퀴즈Paul Bocuse(1926~2018), 조엘 로부숑Joël Robuchon(1945~2018), 최근의 알랭 뒤카스Alain Ducasse(1956~)에 이르기까지 여러 셰프가 이름을 알렸다.

검은 송로버섯

BLACK TRUFFLE

매년 11월에서 3월 사이면 송로버섯 애호가와 셰프, 상인들이 송로버섯 시장에 가려고 프랑스 남서부 페리고르의 작은 마을 사를라라카네다로 모여든다. 이 역사 깊은 시장은 거래되는 송로버섯의 양과 질이 좋기로 널리 알려졌지만, 사실 대부분의 사업상 거래는 동부에 자리한 리셰랑슈 마을에서 이루어진다. 현재는 프랑스 남서부(30퍼센트)보다 남동부(70퍼센트) 지역에서 수확되는 송로버섯의 양이 훨씬 많다.

송로버섯은 고대부터 추앙받아온 식자재로 로마인들도 익히 이 균류에 열띤 사랑을 보내왔다. 로마 제국의 몰락 이후에는 송로버섯 소비량이 줄어들었지만 14세기 들어 다시 인기가 높아졌다. 프랑스 왕 프랑수아 1세는 송로버섯 애호가였다. 당시에는 송로버섯을 최음제로 여겼으며, 지금도 그런 믿음이 여전히 남아 있다.

송로버섯은 비늘 모양 껍질이 덮인 작은 공 모양이다. 크기는 올리브에서 작은 살구만한 것까지 다양하며 더 큰 개체도 있다. 지금까지 발견된 것 중 가장 큰 송로버섯은 무게가 무려 10킬로그램에 달했다.

송로버섯은 대체로 단순한 요리에 특별한 향을 더하는 용도로 쓰인다. 얇게 저며서 파스타나 달걀, 가금류, 관자 등의 요리에 얹기만 하면 된다.

송로버섯은 참나무나 서어나무, 개암나무, 피나무 등 특정 유형의 나무와 공생하며 땅 밑에서 자란다. 석회암 토양의 지하 5~10센티미터 깊이에서 자라기 때문에 수확하려면 땅 위에서도 냄새를 맡을 수 있도록 특별히 훈련한 개를 이용해야 한다. 현재의 연간 수확량은 약 40톤으로 연간 1000톤에 달하던 1세기 전과 비교하면 한참 떨어지는 편이다. 워낙 드문 편이라 가장 비싼 식자재에 속하며, 특히 크리스마스와 새해 전날에 제일 많이 소비된다.

검은 송로버섯에서는 사향 냄새와 젖은 흙을 연상시키는 독특한 풍미가 난다. 프랑스에서는 '검은 다이아몬드'라고 부를 정도로 아주 귀하게 여기는 식자재다.

MIRABELLE PLUM
FROM LORRAINE

로렌의
미라벨 자두

과일과 채소

TASTED ☐

미라벨은 지름 2~3센티미터 크기의 작은 노란색 자두다. 꿀처럼 달콤하고 섬세한 맛에 질감이 부드럽다. 씨를 쉽게 제거할 수 있어서 프랑스 동부 지역에서는 타르트에 즐겨 사용한다.

수확 시기가 짧은 편이라 8월 중순에서 9월 말까지만 구할 수 있다. 하지만 연간 생산량의 3분의 2 정도는 잼이나 시럽, 설탕 조림, 말린 과일 등으로 가공하기 때문에 일 년 내내 맛볼 수 있다. 또한 미라벨로 만든 브랜디에 드라이 화이트 와인을 섞어서 키르 로렌 칵테일을 만들기도 한다.

미라벨은 15세기 로렌 지방의 군주이자 프로방스 지방의 백작이었던 르네 당주René d'Anjou에 의해 프랑스에 도입되었다고 알려져 있다. 음식과 예술을 사랑했던 그는 해외의 희귀한 식물을 채취하기 위해서 전 세계를 탐험하는 원정대를 후원하곤 했는데, 그 사절 중 한 명이 시리아에서 미라벨 자두를 발견해 프랑스로 가져왔다고 한다. 미라벨 자두나무는 원래 프로방스 지역에 심었지만 기후가 더 적합한 로렌 북부 지역에서 더 잘 자라, 17세기에는 이미 '로렌 지방 최고의 자두'로 유명해졌다.

모렐버섯

모렐버섯은 송로버섯 다음가는 비싼 버섯으로, 프랑스인이 특히 좋아하는 진미다. 크림과 함께 익혀서 가금류에 곁들이면 가장 맛있게 먹을 수 있다. 참고로 모렐버섯과 가금류는 둘 다 프랑스 요리를 대표하는 매우 중요한 대표 식재료다.

모렐버섯은 고깔이 벌집 모양이라 다른 버섯과 쉽게 구분할 수 있으며, 작은 원뿔 스펀지처럼 보이기도 한다. 신선한 모렐버섯은 보통 3월에서 5월 사이에만 잠깐 구할 수 있지만, 건조해서 냉동 보관하면 일 년 내내 사용 가능하다. 이전까지는 대부분 프랑스, 러시아, 캐나다에서 야생으로 난 것을 채집해왔다. 최근 들어서는 중국에서 모렐버섯을 재배하는 섬세한 기술을 개발하여 세계 최고의 생산력을 보이고 있다. 2017년 이후로는 다른 국가에서도 중국 농업학자의 도움을 받아 모렐버섯 시험 재배를 시작했다.

모렐버섯에서는 강하지만 섬세한 관목과 헤이즐넛 향기를 느낄 수 있다. 특유의 향을 최대한 살리려면 버터나 크림, 달걀 등 지방을 적당히 사용해서 버섯의 풍미가 요리 전체에 배어들게 하는 것이 중요하다.

베아르네즈 소스

베아르네즈 소스는 버터와 달걀노른자, 타라곤, 샬롯으로 만들어 따뜻하게 내는 프랑스의 인기 높은 소스다. 이름은 피레네산맥 서쪽의 역사적인 지역인 베아른bearn에서 따왔다고 한다. 그러나 베아르네즈 소스는 베아른이 아니라 1837년 파리 외곽의 한 레스토랑에서 우연히 만들어낸 것이다. 그 레스토랑이 베아른 출신 이었던 프랑스 왕 앙리 4세의 이름을 딴 레스토랑이었기 때문에 셰프가 이 새로운 소스에 '소스 베아르네즈'라는 이름을 붙였다.

베아르네즈 소스는 주로 붉은 육류에 곁들여 낸다. 프렌치프라이와 베아르네즈 소스를 곁들인 스테이크는 전통 프랑스 요리를 전문적으로 제공하는 레스토랑인 브라세리brasserie의 고전적인 메뉴다.

베아르네즈 소스   4인분

재료 • 버터 2/3컵, 샬롯 2개, 타라곤 1/2단, 백식초 3큰술, 달걀노른자 2개, 소금, 후추

- 정제 버터를 만든다. 소형 냄비에 버터를 넣고 약한 불 위에 천천히 녹이며 숟가락으로 흰색을 띠는 얇은 유단백질층을 걷어내고 투명한 버터 지방만 남긴다. 면포에 걸러서 남은 고체를 제거한다.
- 샬롯과 타라곤은 곱게 다져서 중형 냄비에 넣고 식초를 부은 다음 중간 불에 올린다. 1~2분간 익힌 다음 불에서 내려 식힌다. 모든 재료가 식으면 다시 약한 불에 올리고 가볍게 푼 달걀노른자를 더한다. 걸쭉한 질감이 될 때까지 골고루 잘 섞는다. 정제 버터를 천천히 부으면서 쉬지 않고 휘저어 잘 섞은 다음 소금과 후추로 간을 한다. 내기 전까지 중탕으로 따뜻하게 보관한다.

디종 머스터드

머스터드씨를 생산하는 식물은 5000년 이상의 재배 역사를 지니고 있다. 아마도 아프가니스탄, 파키스탄, 인도 등지에서 유래했을 것이다. 그곳에서부터 실크로드를 따라 동쪽으로는 중국, 서쪽으로는 중동을 거쳐서 지중해로 이어지다가 마침내 로마가 52년 갈리아를 정복했을 당시 프랑스 부르고뉴 지역까지 넘어왔다. 당시에는 약용 식물로 분류하여 소화를 돕고 피부를 소독하는 용도로 사용했다. 중세 시대 말엽에 향신료로 쓰이는 비중이 높아지면서 13세기와 14세기에 걸쳐 겨자 상인과 식초 상인이 결합한 형태로 머스터드와 식초의 생산 및 거래에 전념하는 새로운 회사가 등장했다. 부르고뉴 지역의 디종은 겨자 및 식초 무역의 중심지가 되면서 오랫동안 프랑스 머스터드의 수도로 자리 잡았다.

예전에는 머스터드씨에 포도즙을 섞어서 사용했기 때문에 라틴어로 '매운 포도즙'이라는 뜻의 무스툼 아르덴스mustum ardens에서 유래하여 머스터드라는 이름이 붙게 되었다. 디종 머스터드의 레시피(와인, 머스터드씨, 물, 설탕, 향신료, 소금)는 유럽 전역을 넘어 해외까지 퍼질 정도로 인기를 끌었다. 유명한 미국 브랜드 그레이 푸폰Grey Poupon은 원래 1777년 디종에서 시작된 것으로, 미국 투자자가 인수하면서 지금은 프랑스 내에는 알려져 있지 않으나 미국에서는 누구나 아는 회사가 되었다.

사실 2009년 마지막 공장이 문을 닫은 이후로 디종 지역에서 머스터드를 더는 생산하지 않는다. 그러나 디종 인근 지역은 여전히 머스터드로 유명하며, 현지에서 화이트 와인(샤르도네 또는 알리고테aligoté 포도 품종으로 만든 와인)을 최소 25퍼센트 이상 사용한 제품에만 법적으로 보호받는 무타르드 드 부르고뉴moutarde de bourgogne라는 명칭을 붙일 수 있다. 반면 디종 머스터드라는 이름은 제품의 품질 및 성분과 상관없이 누구나 사용할 수 있다.

개구리 다리

프랑스는 1인당 개구리를 가장 많이 먹는 나라로, 영국에선 프랑스인을 '개구리들froggies'이라는 별명으로 불렀을 정도다. 아프리카, 아시아, 미국 남부 등 프랑스 정착민이 이 진미를 대중화한 여러 나라에서도 즐기고 있다.

모두가 교회의 규칙에 따라 금식과 금육을 지키던 중세 시대에 개구리는 금육일에는 먹을 수 없는 육류로 분류되었을 만큼 그 당시에도 프랑스에서는 인기 있는 음식이었다. 이렇게 인기를 끌기 시작한 개구리 다리는 16세기 들어서 크게 유행하며 최고급 식탁에도 오르기에 이른다.

개구리 다리는 흰색 민물 생선과 닭고기 사이의 맛이 난다. 보통 밀가루를 얇게 입힌 다음 기름에 튀겨서 마늘과 파슬리로 양념해 먹는다. 손으로 잡고 먹는 편인데, 작은 뼈가 많아서 다른 방식으로는 먹기 어렵다.

원래는 프랑스 내에서 잡았지만 오늘날 프랑스에서 먹는 거의 모든 개구리는 수입산이다. 연간 소비하는 개구리 8000만 마리 가운데 80퍼센트는 인도네시아 논에서 키운 다음 가공 및 냉동하여 프랑스로 배송된다.

락투디 새우

프랑스에서는 랑구스틴langoustine이라고 하는 이 갑각류는 사실 새우도 랍스터도 아니다. 브르타뉴의 락투디 항구에서 잡히는 가장 중요한 어종이다. 더블린 베이 새우dublin bay prawn 또는 노르웨이 랍스터라고 불리는 데서 알 수 있듯이 스코틀랜드, 아일랜드, 덴마크, 노르웨이에서도 난다.

락투디 새우는 모래밭에 작은 굴을 파고 그 안에서 산다. 새벽이나 황혼이 깔릴 무렵 먹이를 구하러 나올 때나 잡을 수 있다. 일 년 내내 구할 수 있지만 4월에서 8월 사이에 가장 많이 잡히므로 그때 제일 저렴하다. 크기는 대체로 9~12센티미터지만 크게 자라면 20센티미터가 넘기도 한다. 락투디 새우는 아주 섬세한 해산물이라 산 채로 구입해서 당일에 바로 먹는 것이 제일 좋다. 살아 있는 것을 구할 수 없다면 몸통에 검은 반점이 없고 눈이 반짝거리는지 확인해서 아직 신선한 상태일 때 구입해야 한다.

보통 삶아서 마요네즈를 곁들여 차가운 해산물 플래터의 일부로 낸다. 단맛이 나고 젤라틴처럼 쫀득한 질감을 지닌 살점은 날것으로도 먹을 수 있지만 물에 수 분간 삶거나 버터에 껍질째 가볍게 볶아서 먹는 것이 가장 맛있다. 그러면 갑각류 특유의 바삭한 질감과 아주 섬세한 향을 느낄 수 있다.

MONKFISH

아귀

해산물

TASTED ☐

아귀는 대서양의 심해, 가끔은 수심 약 1킬로미터 깊이에서 잡히기도 하는 생선으로 유럽과 미국 인근 해역에 모두 서식한다. 납작한 머리에 길고 뾰족한 이빨로 무장한 넓은 주둥이로 외양이 매우 특이하다.

아주 탄탄하고 두툼한 육질을 자랑하는 진주 같은 흰색 살점으로 인기를 끌고 있다. 비린내가 나지 않아서 굽거나 찌고 국물에 뭉근하게 조리는 등 육류처럼 조리할 수 있다. 또한 맛이 너무 강하지 않아서 활용도가 높다. 타진 냄비로 만드는 커리로 인기가 높으며 베이컨 같은 육류 가공품과 함께 조리하기도 한다. 가장 많이 찾는 부위는 볼살이다. 꼬리와 같은 방식으로 조리할 수 있지만 뼈가 없어서 손질하기 간편하다.

아귀의 간도 진미다. 일본에서는 안키모あん肝라고 부르며 일반적으로 간장과 식초, 감귤류의 과일즙으로 만드는 연한 폰즈ポン酢소스를 곁들여서 먹는다. 주황빛을 띤다는 점을 제외하면 푸아 그라(33쪽 참조)와 맛도 모양도 비슷하다.

OYSTER

굴

해산물

TASTED ☐

굴은 프랑스에서 연말에 매우 인기를 누리는 메뉴 중 하나로, 연간 생산되는 굴 10만 톤의 절반가량이 크리스마스와 새해 전야에 소비된다. 프랑스는 유럽 최대의 굴 생산국이지만 전 세계 굴 생산량의 80퍼센트를 차지하는 중국에 비하면 한참 뒤떨어진다. 기원전 1세기에도 로마에서 굴을 양식했다는 기록이 있을 정도로 굴 양식은 중국과 유럽에서 매우 오래된 전통이다. 굴 양식장은 북쪽으로는 노르망디와 브르타뉴, 남서쪽으로는 비스케이만, 지중해에 이르기까지 널리 찾아볼 수 있다.

고대의 굴 양식은 야생 굴을 채취해서 나뭇더미에 모은 다음 강 하구 근처의 염수 지역 등 자라기 적합한 환경에 놓아두는 방식으로 이루어졌다. 오늘날에는 흔히 자루에 담아서 금속 구조물에 고정한 다음 조수 지역에 놓아 기른다. 유럽에서 양식하는 굴은 원래 현지의 납작한 굴 품종Ostrea edulis이었지만 지금은 거의 태평양 굴Magallana gigas로 대체되었다. 프랑스에서는 굴을 크기별로 분류하여 무게 45그램 이하의 5등급에서 150그램 이상인 0등급까지 나눈다. 가장 일반적인 크기는 66~85그램 사이인 3등급이다.

태평양 굴은 컵 모양이다. 아래쪽 껍데기는 속이 비어 있으며 위쪽 껍데기는 평평하다. 굴을 열려면 두 껍데기 사이에 칼날을 밀어 넣고 껍데기를 단단히 맞물리게 하는 근육을 잘라내야 한다. 이렇게 연 후에 레몬 약간이나 샬롯 식초 소스(미뇨네트mignonette)를 둘러서 날것으로 먹는다. 그러나 굴을 날로 먹는 전통은 19세기가 되어서야 시작된 것으로, 그전에는 보통 익혀서 먹었다. 굴이 특히 인기가 높은 보르도 인근의 지롱드 지역에서는 굴에 따뜻하게 데운 작은 소시지 크레피네트crepinettes, 버터 바른 호밀빵, 화이트 와인을 곁들여 먹는다.

앙두유 소시지　　ANDOUILLE SAUSAGE

육류

TASTED ☐

앙두유는 중세 말에 탄생한 특산물로 보통은 소시지에 사용하지 않는 돼지 부위를 이용해 만든다. 돼지 내장을 꼼꼼하게 세척한 다음 여러 개를 돌돌 말아서 동심원 모양을 만들거나(브르타뉴 지방의 앙두유 드 구에므네andouille de guémené) 잘게 자른 다음 케이싱에 넣는다(노르망디 지방의 앙두유 드 비르andouille de vire).

그런 다음 참나무로 수 주일간 훈제해서 짙은 갈색을 띠고 진한 훈연 향이 배도록 한다. 몇 시간 동안 삶은 다음 건조시키면 판매할 준비가 완료된다. 완성된 앙두유 소시지의 크기는 길이 30~60센티미터에 지름 6~8센티미터다.

앙두유 소시지는 차갑게도 먹고 따뜻하게도 먹는다. 브르타뉴에서는 프랑스식 크레이프에 들어가는 인기 속 재료이며, 보통 사과주를 곁들인다. 기름기 있는 질감에 살짝 매콤하면서 사향 냄새가 감돌아 누구도 무심하게 지나칠 수 없는 맛이 난다.

앙두유 소시지는 미국에서 프랑스 이민자에 의해 대중화되면서 케이준과 크리올creole 요리에서 지금도 중요한 역할을 하고 있지만, 미국식 앙두유는 돼지 내장이 아니라 돼지 목살로 만들고 상당히 매콤하기 때문에 원조 레시피와는 상당히 달라졌다고 할 수 있다. 앙두유 소시지는 검보gumbo(다양한 육류나 해산물이 들어가는 간이 짭짤한 스튜)나 잠발라야jambalaya(검보와 비슷한 재료로 만드는 쌀 요리) 등 케이준 요리의 핵심 재료다.

BRESSE CHICKEN

브레스 닭

육류

TASTED ☐

프랑스의 가금류 농장은 오랜 전통을 자랑하며, 그중에서도 리옹 북부의 브레스는 가장 유명한 가금류 농장 지대다. 이 지역에는 대규모 사육 농장이 존재하지 않으며, 가금류를 풀어놓고 키워서 먹이의 최소한 3분의 1 정도는 벌레, 곤충, 달팽이, 씨앗 등을 직접 찾아 먹도록 한다. 나머지 먹이는 주로 현지에서 재배한 옥수수로 구성된다.

브레스 닭은 1957년부터 원산지 명칭 보호PDO를 받고 있다. 가금류가 이 보호 인증 제도에 포함된 것은 브레스 닭이 세계 최초이며 유일하다. 폭 40킬로미터, 길이 100킬로미터 크기 이상인 부지에서만 기를 수 있다. 현재 브레스 닭을 생산하는 농장은 150곳가량으로 매년 약 100만 마리의 병아리를 키워낸다.

골루아즈라는 품종은 약 4개월째에 도축한다. 두 번째로 좋은 프랑스 가금류 품종은 81일, 일반 닭은 35일간 사육하는 것과 비교할 때 이상할 정도로 오랫동안 사육하는 셈이다. 도축하기 열흘 전부터 닭을 개별 닭장에 넣어서 휴식을 취하게 하고, 곡물과 유청을 섞은 먹이를 먹여서 육질이 더 기름지고 부드러워지게 한다.

프랑스에서 명절 메뉴로 특히 인기 있는 닭은 풀라르드poularde (성적으로 성숙했지만 아직 알을 낳지 않은 암컷)와 샤퐁chapon(거세 수탉)으로 둘 다 덩치가 커서 여럿이 나누어 먹기 좋다(풀라르드는 최소 1.8킬로그램, 샤퐁은 3킬로그램이며 육질이 매우 부드럽다).

부르고뉴 달팽이   BURGUNDY SNAIL

육류

TASTED ☐

달팽이를 먹는 전통은 인류의 기원까지 거슬러 올라간다. 1만 2000년 전 인류가 거주했던 동굴에서 발견된 불에 탄 달팽이 껍데기 무더기를 보면 당시부터 달팽이를 익혀서 먹었다는 사실을 알 수 있다. 달팽이는 잡기 쉽고 손질이 간편해서 비교적 접근성이 높은 단백질 공급원이다.

인류가 다양한 식재료를 접할 수 있게 되면서 달팽이 소비는 감소했지만 프랑스에서는 아직 전통으로 남아 있으며, 모로코와 일부 서아프리카 국가에서도 최대 20센티미터 크기까지 성장하는 대형 달팽이를 먹는다. 아시아에서도 달팽이를 먹을 때가 있지만 보통 육지가 아니라 민물에 사는 종류의 달팽이다.

프랑스에서 소비하는 달팽이는 원래 부르고뉴산 그로블랑 gros-blanc(Helix pomatia)이라는 품종이지만 프티그리petit-gris(Helix aspersa müller)와 그로그리gros-gris(Helix aspersa maxima), 터키에서 온 헬릭스 루코룸Helix lucorum 등의 품종도 식탁에 오른다. 매년 4억 마리 이상의 달팽이를 먹어치우는 프랑스에서 가장 소비량이 많은 시기는 크리스마스와 새해 당일이며 제일 많이 먹는 곳은 동부 지역이다. 현재 프랑스에서 소비하는 달팽이의 95퍼센트가량은 수입산인데, 프랑스 내에서 달팽이가 멸종 위기에 처한 탓에 1979년부터 채집을 제한했기 때문이다. 프랑스에서 먹는 달팽이는 대부분 동유럽산이며 산 채로 잡아 배송한다.

달팽이가 산 채로 프랑스에 도착하면 배 속을 완전히 비우기 위해서 며칠간 굶긴다. 그런 다음 깨끗이 세척해서 삶은 후 다시 껍데기에 넣고 마늘과 샬롯, 파슬리로 맛을 낸 버터를 한 켜 얹는다.

보통 이 상태(날것 또는 냉동)로 소비자에게 판매하기 때문에 간단하게 오븐에 굽기만 해서 먹을 수 있다. 달팽이 고기는 탄탄하고 쫄깃한 편으로 촉촉한 흙내음이 은은하게 풍긴다. 모로코에서도 달팽이 요리가 매우 인기를 끌고 있으며 매콤한 국물에 익힌 길거리 음식으로 쉽게 접할 수 있다.

FOIE GRAS

푸아 그라

육류

TASTED ☐

푸아 그라는 프랑스 미식의 상징이자 연말과 크리스마스에 매우 큰 인기를 누리는 음식 중 하나다. 푸아 그라는 오리 간(연간 생산량의 97퍼센트)과 거위 간(3퍼센트) 두 가지 종류가 있다. 그러나 역사적으로 푸아 그라의 주요 공급원은 거위로, 4500년 전 고대 이집트에서도 거위 간을 먹었다.

푸아 그라는 요리에 거위 지방을 광범위하게 사용하는 유대인이 들어왔다. 초기에는 푸아 그라 생산의 대부분은 대규모의 유대인 공동체가 거주하는 알자스 동부 지역에 집중되어 있었지만 시간이 지나면서 먹이로 공급할 옥수수를 더 쉽게 구할 수 있는 남서부로 옮겨갔다.

푸아 그라 생산 기술은 수 세기 동안 크게 변하지 않았다. 먼저 평범하게 오리나 거위를 기른 다음 11일간 옥수숫가루죽을 강제로 위장에 밀어 넣어 먹여서 체중이 증가하고 간에 지방이 쌓이게 만든다. 일부 국가에서는 동물에게 강제로 먹이를 급여하는 행위를 법으로 금지했으며, 푸아 그라에 가해지는 동물 권리 보호 운동의 압력은 갈수록 강해지고 있다. 현재 캘리포니아에서는 푸아 그라 판매가 법으로 금지되었으며, 뉴욕시도 비슷한 법안을 검토하는 중이다.

푸아 그라는 오리나 거위를 도축한 후에 간을 꺼내서 정맥과 신경을 제거하여 손질한다. 그런 다음 신선한 상태로 판매하거나 소금 및 후추로 간을 하여 반조리mi-cuit(70~80도에서 익히는 방법) 또는 완조리cuit(90~110도에서 익히는 방법) 상태로 제공한다. 가장 인기 있는 제품은 크림처럼 부드러운 질감과 신선한 간의 풍미를 느낄 수 있는 반조리 푸아 그라다. 프랑스에서는 주로 크리스마스와 새해 전야에 푸아 그라를 먹는다. 연간 생산량의 절반 이상이 이 시기에 팔려나간다.

모르토 소시지 MORTEAU SAUSAGE

육류

TASTED ☐

스위스 국경 인근의 프랑스 프랑슈콩테 지역의 특산물인 모르토 소시지는 16세기부터 지금까지 동일한 레시피로 제조되고 있다. 길이는 약 20센티미터, 지름은 약 5센티미터 크기이며 한쪽 끄트머리를 봉하기 위해 붙어 있는 나뭇조각으로 쉽게 구분할 수 있다. 전나무와 가문비나무로 오랫동안 훈제해서 금갈색을 띠며 나무 향이 난다.

다진 돼지고기에 돼지 지방을 섞어서 소금과 후추를 뿌린 다음 마늘, 샬롯, 고수, 커민, 캐러웨이, 육두구, 와인으로 맛을 내서 만든다. 촉촉한 질감이 일품으로, 조리하는 동안 찔러서 구멍이 나면 육즙이 다 빠져나가므로 상처가 나지 않도록 특히 주의해야 한다. 뭉근하게 끓는 물에 천천히 익힌다. 부드럽게 찌거나 굽기도 하며 차갑게 먹어도 좋다.

프랑슈콩테 지역에서는 뜨겁게 조리해서 감자나 렌틸콩을 곁들여 먹는 방식이 가장 흔하다. 모르토 소시지의 인기는 프랑슈콩테를 넘어 알자스 지방까지 뻗어나갔다. 알자스에서는 주로 슈크루트 가르니choucroute garnie에 사용하고, 프랑스 중부에서도 양배추와 감자, 순무, 리크, 당근, 돼지고기로 만든 스튜에 같이 넣는다.

SUCKLING LAMB FROM THE PYRENEES
피레네산맥의 젖먹이 양

육류

TASTED ☐

피레네산맥의 젖먹이 양은 아마 세상에서 가장 부드러운 양고기일 것이다. 양치기가 소규모 무리로 몰고 다니면서 기르는 젖먹이 양은 매년 약 2만 마리 정도만 도축한다. 일반적인 어린 양고기(램lamb)는 몸무게가 20킬로그램 정도인 생후 140일쯤 도축한 것인 데 비해 아주 어린 시기, 즉 몸무게가 많아봤자 12킬로그램 정도인 생후 45일 전에 도살한다는 점이 특별하다.

이렇게 일찍 도축하면 고기가 옅은 분홍빛을 띠면서 아주 부드러워 입 안에서 살살 녹는 육질을 느낄 수 있으며, 우유 향이 감도는 섬세한 풍미가 생겨난다. 셰프들의 찬미를 받는 특별한 육류지만 프랑스 내에서는 비교적 널리 알려지지 않은 편이며, 대부분은 스페인으로 수출되어 코르데로 레찰 데 로스 피리네오스cordero lechal de los Pirineos라는 이름으로 불린다. 암양의 젖은 프랑스 바스크 지방의 전형적인 치즈인 오소 이라티ossau-iraty 등 양질의 치즈를 생산하는 데에도 사용된다.

프랑스에서는 그 외에도 흥미로운 종류의 양고기를 찾아볼 수 있는데, 특히 프랑스 남부의 짠물습지(베 드 솜Baie de Somme 또는 몽생미셸만)에서 길러 소금물 맛이 나는 아베롱aveyron 양의 고기에서는 아니스와 비슷한 강한 풍미를 느낄 수 있다.

흉선

SWEETBREAD

육류

TASTED ☐

'스위트브레드'라고도 불리는 흉선은 어린 송아지의 목에 붙은 분비샘으로 나이가 들면 사라진다. 송아지 간과 더불어 매우 비싼 내장 부위 중 하나다.

흉선을 요리하려면 상당히 길고 복잡한 준비 과정을 거쳐야 한다. 먼저 찬물에 약 2시간 정도 담가 두었다가 2분간 삶은 후 다시 찬물에 담가야 한다. 그래야 겉에 붙은 얇은 껍질이 벗겨져서 먹을 수 있는 상태가 된다. 껍질을 벗긴 다음 묵직한 팬으로 눌러서 납작하게 만들고 밀가루를 얇게 한 켜 입혀서 찐다.

익힌 흉선은 겉은 살짝 노릇노릇하고 바삭한 크러스트에 속은 촉촉하고 부드러운 상태여야 한다. 아몬드나 헤이즐넛 향이 가볍게 느껴지는 우유 풍미처럼 유제품에 가까운 맛이 나기 때문에 육류치고는 아주 독특한 재료라고 할 수 있다.

BOUILLABAISSE

부야베스

부야베스는 프로방스 요리, 더 구체적으로 말하자면 마르세유 요리다. 하지만 그 기원은 더 동쪽에서 찾을 수 있다. 기원전 6세기에 그리스 상인이 마실리아(현재의 마르세유)를 세울 때 들여온 음식에서 유래한 것이다.

그리스인들은 그날 팔리지 않은 생선을 냄비에 담아서 바닷물과 올리브 오일에 끓여 음식을 만들었다. 부야베스라는 이름은 냄비를 땅에 놓은 채로 요리하는 전통에서 온 듯하다. '밑에서 끓는 것'이라는 뜻의 프로방스어가 어원이기 때문이다.

부야베스는 전통적으로 쏨뱅이나 성대, 동미리 등 값싼 볼락과의 생선으로 만들었다. 그러나 이제 아귀나 달고기 등 사람들이 선호하는 생선으로 만들곤 한다. 생선을 올리브 오일과 양파, 토마토, 감자와 함께 국물에 넣어 익히며 소금과 후추, 마늘, 펜넬, 사프란, 파슬리로 맛을 낸다.

전통적으로 부야베스는 수프를 먼저 내고 건져낸 생선을 후에 따로 내는 두 코스로 제공한다. 수프에는 매콤한 루이rouille 소스, 아이올리aioli(마늘소스), 마늘을 문지른 작은 빵 조각을 곁들인다.

전통 음식

TASTED ☐

CASSOULET

카술레

카술레는 원래 흰콩과 고기를 같이 오랫동안 끓여서 만든 농촌 요리다. 중세 시대에는 이른 아침에 재료를 냄비에 던져 넣고 내버려 두는 식으로 스튜를 만들어서 저녁에 먹곤 했다. 현재의 레시피는 16세기 신대륙에서 흰콩이 들어오면서 생겨난 것이다. 그 이후 이 요리를 만들던 카술레cassolle라는 테라코타 냄비의

전통 음식

TASTED ☐

명칭을 따서 카술레라는 이름이 붙었다. 가장 유명한 카술레는 툴루즈에서 멀지 않은 작은 마을 카스텔노디리Castelnaudary에서 만드는 것이다.

흰콩에 보통 거위나 오리 다리 콩피, 돼지 껍질, 베이컨, 정강이 살, 툴루즈 소시지 등의 다양한 고기를 넣어서 준비한다. 먼저 콩과 고기를 따로 익힌 다음 카술레 냄비에 넣고 오븐에서 수시간 동안 천천히 익혀서 완성한다. 콩이 부드러워지고 국물이 향기로우며 거의 끈적끈적한 상태가 되면 다 익은 것이다. 카술레는 추운 겨울에 환대받는 든든한 음식으로 식탁에 둘러앉은 모두가 나누어 먹는다.

플람퀴슈 FLAMMEKUECHE

전통 음식

TASTED ☐

플람퀴슈는 중세 시대까지 거슬러 올라가는 알자스 동부 지역의 전통 음식이다. 당시 농부들은 2~3주에 한 번씩 공동 오븐에서 빵을 구웠는데, 이 정기 행사는 마을 사람들과 동지애를 나눌 기회였다. 불을 처음 지피면 오븐이 너무 뜨거워서 빵을 구울 수 없기 때문에 반죽을 얇게 펴고 커드를 약간 뿌려서 빠르게 굽곤 했다. 오븐에 넣고 2~3분 뒤에 가장자리가 거뭇거뭇해지면 꺼낸 다음 마을 사람들끼리 손으로 잘라서 나누어 먹었다. 플람퀴슈는 사실 아직까지도, 심지어 레스토랑에서도 손으로 먹는 음식이다.

고전 레시피는 반죽을 얇게 편 다음 사워크림과 코티지 치즈, 양파, 베이컨을 섞어서 뿌리는 것이다. 에멘탈이나 묑스테르Munster 등 잘 녹는 치즈를 뿌리는 식으로 변형하기도 한다. 원래 플람퀴슈에는 과일 브랜디(슈냅스schnapps)를 곁들여 마시는 것이 관습이었지만 요즘에는 맥주나 화이트 와인을 함께 내는 일이 더 많다.

SOFT-BOILED EGG

달걀 반숙

전통 음식

TASTED ☐

반숙한 달걀보다 소박한 요리가 있을까? 끓는 물에 넣어서 흰자는 굳고 노른자는 아직 흐를 때까지 삶는 것이 전부다. 하지만 이 간단한 조리법은 농민부터 루이 15세에 이르기까지 모든 프랑스인에게 언제나 사랑받아왔다. 루이 15세는 달걀 반숙을 너무 사랑한 나머지 언제나 신선한 달걀을 구할 수 있도록 베르사유궁 안에 농가를 지었을 정도였다.

달걀 반숙을 만들려면 달걀을 꺼내서 실온에 3분간 두었다가 끓는 물에 넣는다(냉장고에서 막 꺼낸 상태라면 4분간 두었다가 삶는다). 물에서 꺼내 달걀 컵에 담은 후 윗부분 껍데기를 벗겨내고 낸다. 프랑스에서는 달걀 반숙을 주로 껍데기째 내며 얇게 썬 구운 빵을 아직 액체 상태인 노른자에 찍어 먹는다.

STEAK TARTARE

스테이크 타르타르

전통 음식

TASTED ☐

스테이크 타르타르는 전통 프랑스 요리를 내는 레스토랑인 브라스리brasserie의 필수 메뉴다. 타르타르라는 이름은 날고기를 안장 아래 보관하다가 여행 중에 잘게 다져서 먹곤 하던 타타르족 기병에서 유래했다고 한다. 현재는 날고기를 이용하지만 과거 타타르족이 사용했던 고기는 건조해서 살짝 발효한 것이었다.

고전 레시피에서는 생소고기를 잘게 다진 다음 케이퍼와 오이 피클, 샬롯, 향신료를 가미한다. 스테이크 타르타르는 보통 샐러드와 프렌치프라이를 곁들여서 차갑게 내지만 그릴에 살짝 구워달라고 주문할 수도 있다.

스테이크 타르타르	4인분

재료 · 소고기 필레 700g, 샬롯 4개, 오이 피클 3개(중), 식물성 오일 3큰술, 케이퍼 3큰술(20g), 머스터드 1큰술, 케첩 1큰술, 우스터소스 1작은술, 타바스코소스 5방울, 소금, 후추, 달걀노른자 4개

- 소고기는 사방 6mm 크기로 깍둑썰기를 한다. 샬롯과 오이 피클은 곱게 다진다. 볼에 소고기와 샬롯, 피클을 넣고 오일, 케이퍼, 머스터드, 케첩, 우스터소스, 타바스코소스, 소금, 후추를 넣는다. 숟가락으로 양념이 한 군데 뭉치지 않도록 골고루 잘 섞는다.
- 접시 4개에 나누어 담고 작은 둥지 모양으로 다듬는다. 날달걀노른자를 둥지 가운데에 하나씩 넣고 모둠 샐러드와 프렌치프라이를 곁들여 차갑게 낸다.

브리야사바랭

BRILLAT-SAVARIN

역사가 오래된 대부분의 프랑스 치즈와 달리 브리야사바랭은 최근에 만들어진 제품이다. 1890년, 전통적인 치즈 제조 과정에 크림을 첨가하면서 발명되었다. 발명된 곳은 노르망디지만, 20세기 내내 크림이 과잉 생산되어 이런 진한 치즈 제조가 인기를 얻었던 부르고뉴 지역으로 옮겨갔다. 지금은 이 지역 내에서 원산지 명칭 보호 제도에 의해 보호받고 있다.

브리야사바랭 치즈는 크림 농도가 높은 소젖으로 만든다. 혼

합물이 응고되면 틀에 넣어서 천천히 물기를 제거한다. 그런 다음 5~8일간 아주 짧은 숙성 과정을 거친다. 크러스트가 벨벳 같은 질감이 되기에 충분한 시간이다. 브리야사바랭은 치즈계의 푸아 그라라고 불릴 정도로 질감이 크림 같고 맛이 아주 가볍다. 때때로 버섯 맛이 느껴지기도 한다.

COMTÉ

콩테

유제품

TASTED ☐

중세 시대 초엽에 프랑스와 스위스 산간 지방의 농부들은 각자의 수확물을 모아서 우유가 거의 500리터나 들어가는 개당 40킬로그램가량의 대형 치즈를 만들기 시작했다. 목표는 우유가 풍성하게 나오는 여름 동안 만들어서 겨울까지 보관하는 것이었다. 이 치즈는 물자가 부족하던 겨울철에 아주 유용한 식량이었다.

기록에 따르면 농부들이 우유를 모아 치즈를 생산하는 이런 형태의 협동 작업소는 12세기에도 존재했다고 한다. 오늘날에도 콩테 치즈 제조는 협업으로 이루어진다. 어떤 농부도 직접 생산한 우유만 사용해서 자기만의 콩테 치즈를 만들지 않는다. 농장에서 우유를 모은 다음 공장으로 가져가 레닛을 섞어서 응유 과정을 진행한다. 굳은 커드 덩어리는 압착해서 틀에 넣어 대형 바퀴 모양으로 가공한 다음 약 55도로 가열해서 건조시킨 후 숙성실로 옮긴다.

숙성은 콩테 치즈의 품질에 필수적인 역할을 한다. 4개월에서 36개월까지 진행하는 숙성 기간 동안 주기적으로 치즈를 작은 망치로 두들기고(소리를 들으면 숙성 정도를 추정할 수 있다) 속이 빈 탐침으로 가운데 부분을 찔러서 상태를 확인하며 검사를 거듭한다.

바퀴 모양의 치즈 덩어리는 개별적으로 관리하면서 20점 만점으로 등급을 매긴다. 15점 이상이 치즈만 초록색 띠를 달고 콩테라는 이름을 부여받는다. 12~15점을 받은 치즈는 콩테라고 부를 수는 있지만 갈색 띠를 붙여야 하며, 12점 이하의 치즈는 녹여서 치즈 스프레드를 만든다.

콩테는 단기간(4~6개월) 숙성할 수도 있으며, 이 경우 부드러운 식감과 과일 풍미를 지닌다. 더 오래 숙성하면(12~24개월, 때로는 그 이상) 질감은 더 단단해지고 내부에 작은 소금 결정이 생기며 풍미가 진해져서 가죽과 커피 향이 난다.

몽도르

MONT D'OR

유제품

TASTED ☐

몽도르 치즈와 그 스위스 사촌 격인 바슈랭vacherin 치즈는 알프스 북쪽, 프랑스와 스위스 국경을 따라 뻗은 쥐라산맥에서 생산하는 연질 소젖 치즈다. 매년 9월에서 5월 사이에만 판매한다.

응유 과정을 거친 생우유를 틀에 부어서 만드는 몽도르 치즈는 매우 부드러운 상태라 모양을 유지하기 위해 가문비나무로 만든 둥근 상자에 담아서 판매한다. 매일 소금물을 적신 솔로 문지르면서 3주일간 지하실에서 숙성시키고 나면 분홍빛이 돌면서 살짝 주름진 특유의 껍질이 완성된다. 질감이 아주 부드럽고 달콤한 수지 향이 느껴진다.

차갑게 먹기도 하지만 일반적으로 오븐에 구워 상자째 놓고 숟가락으로 퍼서 먹는다. 따뜻하게 낼 때는 주로 감자와 차가운 가공육을 곁들여 메인 메뉴로 먹는다.

REBLOCHON DE SAVOIE

사부아의
르블로숑

르블로숑이라는 이름은 과세를 피하기 위한 중세 후기의 프랑스 관습 덕분에 지어진 것이다. 당시 농가에 부과되던 세금은 매일 아침 착유한 우유량을 기준으로 삼았기 때문에 농민들은 아침에 젖을 일부만 짜냈다가 세금 담당자가 다녀간 후에 나머지 젖을 짜내곤 했다. 이렇게 짜낸 두 번째 우유를 르블로슈rebloche라고 불렀는데, 착유량은 아주 적었지만 매우 걸쭉하고 질이 좋았다.

르블로숑 치즈를 만들려면 우선 우유를 응유한 다음 가로세로 14센티미터, 3.5센티미터 크기의 틀에 넣고 압착해 4일간 건조시킨다. 그런 다음 하루에 한 번씩 뒤집으면서 3~4주일간 숙성시킨다. 르블로숑은 분홍빛이나 노란빛을 띠는 얇은 껍질에 아주 부드러운 속살을 지니고 있으며 호박과 헤이즐넛 향이 은은하게 느껴진다. 1958년 원산지 명칭 보호 제도에 의해 보호받기 시작한 최초의 프랑스 치즈다.

르블로숑은 다른 치즈와 함께 치즈 플래터로 내기도 하지만 이 치즈가 유래한 이탈리아 국경의 사부아 지역에서는 흔히 요리에 사용한다. 감자와 양파 위에 르블로숑 치즈를 얹어서 잘 녹아 바삭바삭하고 노릇노릇해질 때까지 오븐에 구워낸 그라탕인 타르티플레트tartiflette를 만드는 데에 주로 들어간다.

ROQUEFORT

로크포르

로크포르는 푸른 대리석 무늬가 있는 양젖 블루치즈다. 로마의 역사가 플리니우스Gaius Secundus Plinius(23~79)도 언급한 적이 있으며, 로마가 갈리아를 정복하기 이전인 기원전 1세기까지 거슬러 올라갈 정도로 매우 긴 역사를 지니고 있다.

1411년 프랑스의 샤를 6세는 로크포르쉬르술종roquefort-sur-soulzon이라는 작은 마을에 치즈의 숙성에 대한 독점권을 부여했다. 이는 다른 농업적 기회가 거의 없었던 작은 시골 마을이 명성과 부를 얻는 계기가 되었다.

로크포르 치즈 생산은 우선 흰색 원통형 치즈를 만드는 것부터 시작된다. 라콘느lacaune라는 이 지역 양의 젖에 페니실륨 로크포르티penicillium roqueforti라는 미세한 곰팡이를 섞은 다음 레닛으로 응고시킨다. 이를 틀에 담아서 물기를 걸러낸 후 곰팡이균이 파고들 수 있도록 작은 바늘로 골고루 찔러 구멍을 낸다. 그런 다음 치즈를 커다란 천연 동굴로 옮겨서 숙성시킨다.

로크포르 지역에 자리한 이 동굴은 온도와 습도가 완벽한 조화를 이루어서 치즈를 숙성시키는 3개월간 곰팡이 생성에 최적의 환경이다. 이 숙성 과정에서 치즈 내부에 특유의 청록색 줄무늬와 독특한 풍미가 생긴다.

로크포르 치즈 한 덩어리의 무게는 약 2.7킬로그램이다. 지름은 20센티미터, 높이는 9센티미터이지만 보통 무게로 달아서 판매한다. 부슬부슬 부서지는 부드러운 질감에 살짝 톡 쏘는 맛이 특징이다.

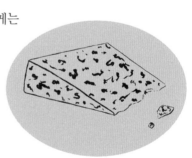

바바 오 럼 BABA AU RHUM

디저트

TASTED ☐

바바는 프랑스에서 보통 럼, 이탈리아에서는 리몬첼로(91쪽 참조)를 부어 먹는 스펀지케이크다. 원래는 우유와 밀가루, 달걀,

설탕, 이스트, 소금 한 자밤을 넣어 만드는 이탈리아 케이크였다. 완성된 반죽은 번트bundt 케이크 틀에 부어서 원뿔 모양으로 구웠는데, 이 형태가 할머니가 입는 둥글게 부푼 드레스를 떠올리게 했기에 폴란드어로 할머니를 뜻하는 바바라는 이름이 붙었다. 폴란드에서는 지금도 바바 케이크를 즐겨 먹고 특히 부활절 기간의 인기 디저트지만 럼은 원조 폴란드 레시피에 없던 재료다.

바바 케이크는 폴란드의 왕 스타니스와프 1세가 1736년 왕위에서 축출되고 프랑스 동부의 로렌 지역 낭시에 정착하면서 함께 들어왔다. 그간 익숙하게 먹었던 폴란드식 케이크를 만들어 달라는 요청을 받은 페이스트리 셰프는 반죽이 너무 건조하다고 생각해서 말라가 와인에 담가 부드럽게 만들기 시작했다.

현재의 레시피는 스타니스와프 1세의 딸이자 프랑스 루이 15세의 왕비였던 마리 레슈친스카의 페이스트리 셰프 니콜라 스토뢰르Nicolas Stohrer가 와인 대신 럼을 사용하기로 하면서 명성을 떨치게 되었다. 현대의 조리법은 감귤류로 맛을 낸 시럽에 스펀지케이크를 담근 후 살구소스로 글레이즈를 입히고 가볍게 거품 낸 크림을 얹은 후 럼에 푹 잠기도록 하는 것이다.

바바 오 럼은 나누어 먹기 좋은 큰 케이크로 만들기도 하고 작은 개별용 크기로 만들기도 하는데, 후자의 경우에는 보통 샴페인 병의 코르크 마개 모양을 띤다.

CALISSON
칼리송

엑상프로방스의 명물인 칼리송은 당절임 멜론과 오렌지, 아몬드 페이스트로 빚어낸 맛있는 당과다. 얇은 무교병 판 위에 페이스트를 얹고 아몬드 모양으로 자른 다음 설탕 글레이즈를 입힌다.

디저트

TASTED ☐

이름은 작은 성배라는 뜻의 프로방살 칼리순provençal calissoun에서 유래했다. 성찬식용 빵과 비슷하기 때문에 상징성이 깊고 거의 종교적인 과자라 할 수 있다. 1629년경 프로방스를 황폐하게 한 페스트가 창궐했을 때에는 성체 대신으로 사용했을 정도다. 성도들이 페스트에 걸리지 않기를 기원하면서 미사가 끝난 후 축복을 내린 칼리송을 나누어주었다.

마롱 글라세

MARRONS GLACÉ

디저트

TASTED ☐

밤은 몽블랑mont blanc(당절임한 밤 페이스트와 휘핑크림을 얹은 케이크) 같은 디저트 재료부터 식사 메뉴의 밀 대체재까지 프랑스 식문화에서 큰 역할을 해왔다. 군밤은 오늘날에도 프랑스 길거리의 인기 간식이다.

당절임한 밤인 마롱 글라세는 16세기에 등장했지만 1882년 클레망 포제Clément Fauger라는 사업가가 밤 가공 공장을 열면서 비로소 널리 이름을 알렸다.

마롱 글라세를 만드는 데는 시간이 많이 걸린다. 먼저 밤을 손으로 선별한 다음 일주일간 물에 불려야 한다. 그런 다음 수 분간 쪄서 껍데기를 부드럽게 만들고 손으로 하나씩 벗겨낸다. 작은 망사 자루에 다 벗겨낸 밤을 두 개씩 넣어서 바닐라로 향을 낸 설탕 시럽에 담가 48시간 동안 천천히 익힌다. 시럽에 담근 채 일주일간 절였다가 건져서 설탕을 입히고 하나씩 포장한다. 이 긴 과정을 거쳐야 부드러운 질감과 독특한 단맛을 지닌 마롱 글라세가 완성되는 것이다.

일 플로탕트

'떠다니는 섬'이라는 뜻의 일 플로탕트는 거품 낸 달걀흰자를 데쳐서 커스터드 크림 위에 띄운 다음 캐러멜을 두른 음식이다. 하지만 프랑스 셰프 오귀스트 에스코피에가 처음 일 플로탕트를 만들어냈을 때는 '눈 위의 달걀'이라는 뜻의 외프 알 라 네주oeuf à la neige라는 전혀 다른 형태의 디저트였다. 지금은 일 플로탕트라는 이름으로 불리며 고전적인 프랑스 디저트 중 하나로 자리 잡았다.

디저트

TASTED ☐

일 플로탕트   **4인분**

재료 • 달걀 4개, 소금, 설탕 1과 1/8컵(220g), 바닐라 빈 1개, 우유 2컵(500ml), 레몬 1/4개, 아몬드 플레이크 1/3컵(장식용, 생략 가능)

• 달걀은 흰자와 노른자를 분리한 다음 흰자만 모아서 설탕 한 자밤과 설탕 1/4컵(40g)을 넣어서 단단하게 거품을 낸다.

• 다른 볼에 달걀노른자와 설탕 1/3컵(80g)을 섞는다. 바닐라 빈을 길게 갈라서 씨를 긁어낸다. 중형 냄비에 우유와 바닐라 빈을 넣고 한소끔 끓인다.

• 거품 낸 달걀흰자를 작은 공 모양으로 빚은 다음 우유 냄비에 넣고 골고루 돌려가면서 약 1분간 익힌 다음 건져서 물기를 제거한다. 모든 달걀흰자를 익힌 다음 팬을 불에서 내려 식힌다. 우유가 미지근해지면 달걀노른자 혼합물을 넣어서 잘 섞는다. 약한 불에 올려서 계속 휘저으며 커스터드 농도가 될 때까지 익힌다. 볼에 옮겨 담고 냉장고에서 차갑게 식힌다.

• 팬에 남은 설탕과 레몬즙, 물 2큰술을 넣고 바글바글 끓여서 캐러멜을 만든다. 접시 4개에 커스터드를 나누어 붓고 식혀둔 머랭(달걀흰자)을

얹은 다음 캐러멜을 두른다. 취향에 따라 살짝 구운 아몬드 플레이크로 장식해 낸다.

퀸아망

디저트

Tasted ☐

프랑스 서부 브르타뉴 지방의 아주 진한 페이스트리인 퀸아망은 브르타뉴어로 '버터케이크'라는 뜻이다. 버터 30퍼센트, 설탕 30퍼센트, 빵 반죽 40퍼센트로 구성되어 있다.

1860년 작은 마을 두아르느네의 제빵사 이브르네 스코르디아Yves-René Scordia가 처음 만들어냈다. 손님에게 케이크를 내야 하는데 남은 재료가 빵 반죽, 버터, 설탕뿐이라 가진 것으로 즉석에서 창조한 것이다. 그 결과 겉은 바삭바삭하게 캐러멜화되고 속은 부드러워 놀랄 정도로 맛있는 퍼프 페이스트리가 탄생했다.

퀸아망은 브르타뉴에서 인기를 얻은 다음 프랑스 전역으로 널리 퍼졌다가 해외까지 건너가서 지금은 영국과 미국, 일본 등지에서도 먹을 수 있다.

오늘날의 퀸아망 레시피에는 과일과 초콜릿, 견과류, 캐러멜을 넣기도 하지만 원조 레시피에는 딱 세 가지 재료, 빵 반죽과 버터, 설탕만 들어간다. 반죽을 밀어 버터와 설탕을 두껍게 한 켜 깐 다음 여러 번 접어서, 굽는 동안 켜켜이 부풀어 오른다. 퀸아망을 만들 때는 굽는 방법이 매우 중요하다. 제대로 익히지 않으면 설탕이 충분히 캐러멜화되지 않는다. 너무 오래 구우면 질감이 퍼석해진다. 퀸아망은 섬세한 페이스트리이기 때문에 구운 당일에 먹는 것이 좋다. 따뜻하게 데우면 버터가 녹아서 겉은 바삭하고 속은 부드러운 독특한 질감을 만끽할 수 있어 더욱 맛있다.

타르트 타탱

타르트 타탱의 기원은 19세기 후반, 파리에서 남쪽으로 차 타고 2시간 거리에 있는 솔로뉴 지방의 라모트뵈브롱 마을에서 찾을 수 있다. 타탱 가족은 사냥꾼이 사냥 후 식사를 위해 방문하는 작은 호텔을 운영했다. 1888년에 아버지가 사망하자 카롤린과 패니 자매가 가업을 이어받았다. 패니는 요리를 하고 카롤린은 손님을 맞이했다. 타르트 타탱은 패니가 사과파이를 구우려다가 페이스트리 반죽을 먼저 깔아야 하는 것을 깜박한 탓에 반죽을 위에 얹고 구운 파이를 뒤집어 내면서 탄생했다고 한다. 근처에 사는 영주의 요리사가 레시피를 고안한 다음 패니에게 전해준 것이라는 설도 있다.

정확한 레시피의 기원이야 어떻게 되었든 타르트 타탱은 순식간에 인기를 얻으면서 지역에 널리 퍼져 나가기 시작했다. 1917년 타탱 자매가 사망할 당시, 뒤집어서 내는 사과파이는 이미 지역 전체에서 유명한 메뉴였다.

1926년 저명한 음식 평론가 퀴르농스키Curnonsky가 처음으로 '타탱 자매의 타르트'라는 이름으로 레시피를 지면에 발표하고, 1950년대에 유명한 파리 레스토랑 막심스Maxim's가 이를 메뉴에 올리면서 더더욱 인기가 높아졌다.

타르트 타탱을 만들려면 우선 구리 팬 바닥에 버터와 설탕, 사과 조각을 깔고 얇게 민 반죽 한 장을 그 위에 덮는다. 이렇게 거꾸로 담은 채로 오븐에 구운 다음 뒤집어서 사과가 위로 오도록 담아서 낸다.

사과는 팬 바닥에 붙은 채로 버터와 설탕에 골고루 캐러멜화되면서도 반죽이 막고 있어서 수분이 달아나지 않아 여전히 촉촉함을 유지하기 때문에 맛과 질감이 훌륭한 조화를 이룬다. 보통 미지근한 상태로 유지방이 많이 함유된 크림을 곁들여 낸다.

보르도 그랑 크뤼   BORDEAUX GRAND CRU

음료

TASTED ☐

보르도 와인의 역사는 거의 2000년 전 로마 정복 시기까지 거슬러 올라간다. 수입품인 로마 본토 와인이 매우 비쌌기 때문에 현지에서 와인을 생산하기 위해 포도원을 건설한 것이다.

시간이 지나면서 보르도 와인 생산업이 제대로 형성되고, 현지의 수요를 넘어 해외에서도 수요가 늘어나면서(영국, 네덜란드, 지금은 미국과 중국에 이르기까지) 생산 방식도 점점 변화했다. 오늘날에는 생산량의 40퍼센트를 수출하면서 샴페인, 코냑과 더불어 프랑스 수출업에 크게 기여하고 있다. 실제로 와인과 증류주는 비행기 다음으로 프랑스의 큰 수입원이다.

12세기 보르도 지역은 영국 왕실의 통제하에 있었으며 주로 화이트 와인과 '클라레claret' 와인(청포도와 적포도를 섞어서 만든 와인)을 생산했다. 거의 모든 생산품은 영국으로 배송되었다. 그러다 1453년 프랑스 왕 샤를 7세가 보르도 지역을 정복하면서 적군인 영국에 와인을 수출하는 것을 금지했다. 상인들이 프랑스와 동맹을 맺은 네덜란드로 돌아서면서 이 지역도 네덜란드 취향에 맞춘 상품을 생산하게 되었다. 클라레 와인은 거의 버림받았고 여전히 화이트 와인이 주를 이루는 가운데 레드 와인이 조금씩 늘어나기 시작했다. 17세기에 들어오면서 네덜란드와의 교역을 지속적으로 이어나가고 영국 수출이 재개되면서 보르도 지역에 부가 쌓이기 시작한다. 이 시기부터 지주들이 자신의 영지에 거대한 전원주택이나 성, 즉 샤토châteaux를 건설하고 샤토 이름을 붙인 와인을 판매하기 시작했다.

18세기에 들어서는 유럽 전역에서 보르도 와인을 소비했지만 프랑스 사람들은 여전히 부르고뉴 와인을 더 선호했다. 1853년 보르도와 파리를 잇는 철도가 개통되면서 인식이 변하기 시작했고, 2년 후에는 나폴레옹 3세가 '1855년 순위'로 알려진 최고의 와인 순위를 제정하면서 최고의 레드 와인 57가지와 화이트 와인 21가지를 선정해 '그랑 크뤼'로 통칭했다. 같은 해 파리에서 열린 만국박람회에 500만 명의 관중이 몰리면서 보르도 와인이 대대적으로 홍보되고 전 세계적으로 이름을 떨치기에 이르렀다.

그러나 1866년 필록세라라는 기생충이 나타나 수년에 걸쳐 유럽의 거의 모든 포도밭을 완전히 쓸어버리면서 전환점이 도래한다. 모든 포도원은 포도를 필록세라에 내성이 있는 미국산 포도로 교체해야 했다. 이 위기를 겪으면서 생산성이 3분의 1로 토막 났고, 20세기 초가 되어서야 겨우 다시 증가하기 시작했다.

가장 최근에 일어난 혁신은 1924년 샤토 무통 로칠드가 부지 내에서 와인을 직접 병입하기 시작한 것이다. 이 방식은 곧 새로운 표준이 되었다(그전에는 와인을 나무통째로 중간 상인에게 넘겼다). 1980년대에는 미국 내의 판매량이 굉장히 빠르게 성장했는데 이는 다른 무엇보다 보르도 와인을 극찬한 와인 평론가 로버트 파커 덕분이다. 2000년대에는 중국인들이 보르도에 관심을 가지면서 포도원을 인수하기 시작했다. 현재 중국인이 소유한 보르도 땅은 전체의 약 2퍼센트 정도인 것으로 추정된다.

보르도 지역은 아직도 화이트 와인과 로제 와인이 생산량의 20퍼센트를 차지하지만 주로 레드 와인으로 유명하다. 메를로와 카베르네 프랑, 카베르네 소비뇽 품종의 혼합이 보르도 와인에 특유의 개성과 훌륭한 숙성 잠재력을 부여한다.

38곳의 소구역과 샤토 9000곳 각각마다 고유한 특성과 장점이 있다. 무엇보다 이 지역의 토양 특성과 와인 양조 기술 덕분에 보르도의 레드 와인에서는 붉은 과실과 검은 과실의 풍미가 두드러지며, 과일 향이 강한 것과 숲 향이 강한 것 등이 있다. 보르도 와인은 18도로 마시는 것이 원칙이며 붉은 육류, 야생 육류 등과 특히 잘 어울린다. 2~5년 이내에 마셔야 하는 와인도 있지만 10~20년 숙성시키면 복합적인 아로마를 선보이는 와인도 존재한다.

부르고뉴 와인

BURGUNDY WINE

부르고뉴 와인은 19세기 후반 보르도 와인이 앞지르기 전까지 수 세기 동안 가장 유명하고 인기 있는 프랑스 와인이었다. 프랑스에서는 부르고뉴 애호가인지 보르도 애호가인지를 구분하는 경향이 있는데, 사실 두 지역은 상당한 상호보완성을 보여준다. 보르도는 특징이 뚜렷한 강한 와인을 선보이고 부르고뉴는 널리 알려진 지역 내 토지 구획에 따라 다양한 기후의 특징을 보여주는 섬세한 와인을 만들어낸다. 또한 보르도는 대부분 레드 와인(생산량의 80퍼센트)을 생산하고 부르고뉴에서는 화이트 와인의 비중이 더 높다(62퍼센트).

부르고뉴 와인을 고르는 것은 까다로운 일인데, 수 세기에 걸쳐 토지가 조각조각 나뉘면서 여러 소유주에게 분산되었기 때문이다. 지금은 서로 다른 소유주 4000명이 퍼즐처럼 토지를 나누어 가지고 있다.

포도원 소유주가 직접 와인을 만들기 때문에 해당 지역 내 기후(포도원의 위치에 따라 약 1000종류의 형태로 나뉜다)를 아는 것만으로는 충분하지 않고 정확히 누가 이 와인을 만들었는지 파악해야 한다.

조금 더 간편하게는 부르고뉴 와인을 품질에 따라 4가지 종류로 구분한다. 가장 뛰어난 와인은 그랑 크뤼grand cru(생산량의 1퍼센트), 그다음은 프르미에 크뤼premiers cru(12퍼센트), 아펠라시옹 빌라주appellation village(35퍼센트), 마지막으로 아펠라시옹 레지오날appellation régionale(52퍼센트)로 구분한다.

대체로 다양한 포도 품종을 블렌딩해서 와인을 만드는 보르도 지역과 달리 부르고뉴 와인은 단일 품종으로 생산하며 레드 와인은 피노 누아, 화이트 와인은 샤르도네가 지배적이다. 부르고뉴에서 가장 유명한 이름은 아마 전설적인 로마네 콩티Romanée-Conti일 텐데, 1.8헥타르의 토지를 한 소유주가 관리하면서 정기적으로 세계 최고가를 갱신하는 와인을 생산한다.

CHAMPAGNE

샴페인

음료

TASTED ☐

프랑스는 물론 세계 어디서든 샴페인이 없는 축하는 상상하기 어렵다. 샴페인의 역사는 17세기에 시작되었는데, 오빌레르의 베네딕트회 수도사 돔 페리뇽Dom Perignon(1638~1715)이 발명한 것으로 잘못 알려져 있다. 돔 페리뇽이 실제로 와인 양조에 큰 혁신을 일으킨 건 사실이지만 그가 몸담고 있던 수도원은 탄산이 없는 일반 와인만을 생산했으며, 탄산은 와인병을 터지게 하는 원인이어서 피해야 할 문제로 취급받았다. 당시에는 와인에 어떻게 탄산이 생기는지에 대한 이해가 부족했으며, 그 원인과 과정은 18세기와 19세기에 들어서면서 서서히 파악되기 시작했다.

샴페인 생산의 비법은 우선 일반 와인을 만든 다음 병에 설탕과 효모를 첨가해서 병 내에서 2차 발효를 일으키도록 하는 것이다. 6주에서 8주 정도가 소요되는 발효 기간에 이산화탄소가 생성된다. 병에 갇힌 이산화탄소는 액체에 용해되어 와인에 기포가 생긴다. 남은 효모 찌꺼기는 병 바닥에 쌓인다. 샴페인은 오랜 기간 이렇게 병 바닥에 효모 침전물이 남아 있는 상태로 판매되었으나, 뵈브 클리코Veuve Clicquot(과부 클리코)라고도 불리던 바르브 니콜 퐁사르댕Barbe-Nicole Ponsardin이 침전물을 제거하는 혁신적인 방법을 도입했다. 병을 나무판에 꽂아 45일간 매일 조심스럽게 90도로 돌려주는 것이다. 이 과정이 끝날 즈음이면 병은 완전히 거꾸로 뒤집어진 상태로, 뚜껑 바로 아래에 침전물이 고인다. 뚜껑을 열고 침전물을 제거한 다음 코르크와 철사로 병을 봉한다.

오늘날에는 효모를 제거하는 과정이 기계화되어서 일주일 만에 침전물을 모을 수 있으며, 병 상단을 냉동시켜서 효모를 얼린 다음 제거한다. 그리고 가당 주정을 약간 섞어서 원하는 당도를 맞춘 후 병을 봉한다.

샴페인은 당도에 따라 부르는 이름이 다르다. 당도가 낮은 순서대로 농도제non-dosé(무설탕), 엑스트라 브뤼, 브뤼brut(가장 흔하다), 엑스트라 드라이, 섹sec, 드미섹demi-sec, 두doux(가장 단맛이 강하다)로 나뉜다.

샴페인이라는 이름은 랭스 인근 샹파뉴 지역에서 만든 스파클링 와인에만 붙일 수 있다. 이 지역에서는 샤르도네와 피노 뫼니에pinot meunier, 피노 누아 세 가지 포도 품종을 거의 동량으로 재배한다. 샴페인 판매는 생산의 70퍼센트와 수출 90퍼센트를 통제하는 대형 무역 회사가 지배하고 있으나 소규모 와인 제조업체도 각자의 이름으로 자체 생산 제품을 판매한다.

고운 기포와 더불어 꿀과 말린 과일 등의 다양한 향을 자랑하는 샴페인은 보통 저녁 식사 전에 마시지만 디저트 와인으로 마시기도 하고 칵테일의 재료로도 쓴다.

코냑

코냑은 대서양 연안의 보르도 북부 코냐크 지역에서 수확한 포도로 만든 브랜디다. 원래는 와인 생산지였지만 16세기 네덜란드 고객의 수요에 영향을 받으면서 증류주를 생산하게 되었다.

네덜란드 상인은 코냐크 지역의 와인을 구매해, 고국에서 다시 증류를 거쳐 저장 공간을 덜 차지하면서 오래 보관할 수 있게 만들었다. 이렇게 증류한 와인은 태운 와인이라는 뜻인 브랜드베이너brandwijn라고 불렸으며, 여기서 영단어 '브랜디'가 유래했다. 네덜란드 상인은 이 브랜디에 물을 타서 알코올 도수가 와인과 거의 비슷해지도록 만든 다음 판매했다. 이런 '태운 와인'의 수요가 높아지면서 프랑스에서는 제품을 더 높은 가격에 판매하기 위해 직접 와인을 증류하기 시작했다.

생산 기법을 개선하면서 코냑의 기반이 된 샤랑트 지역의 이름을 따 현재 샤랑테즈charentaise 증류법이라 불리는 기술이 개발됐다. 이중 증류가 가능한 구리 단식 증류기를 이용해 알코올 함량이 약 140프루프(70도)에 달하는 매우 독한 증류주를 만들어내는 방식이다. 지난 3세기 동안 생산 기법에는 큰 변화가 없었다. 코냐크 주변의 다양한 포도원(가장 유명한 지역은 그랑 샹파뉴grande champagne와 프티 샹파뉴petite champagne인데, 이름과 달리 샴페인 생산지와는 관련이 없다)에서 수확한 포도즙을 5~7일간 발효시켜서 알코올 함량이 약 20프루프(10도)에 도달하도록 한다. 증류를 거친 무색 알코올을 오크통에 넣어서 최소 2년간 숙성을 거치며, 최고급 코냑은 그보다 오래 숙성시킨다. 알코올은 수년의 숙성 기간 동안 천천히 증발해 양이 약간 줄어드는데, 이를 '천사의 몫'이라고 부른다.

모든 코냑은 물을 섞어서 알코올 함량을 조절해 약 80프루프(40도) 정도로 판매한다. 코냑은 프랑스 주류 중에서도 해외 수출에 주력하는 상품이다. 생산량의 거의 98퍼센트가 세계 최대 코냑 소비국인 미국으로 수출된다. 전통적으로 저녁 식사 후 소화제로 마시지만 점차 칵테일의 재료로도 사용이 확대되고 있다. 심지어 나이트클럽에서도 유행하고 있다.

게뷔르츠트라미너 와인

GEWÜRZTRAMINER
WINE

음료
TASTED ☐

게뷔르츠트라미너는 짙은 분홍색 껍질의 포도 품종으로 장미와 리치꽃 향이 나는 화이트 와인의 재료다. 독일어로 트라민tramin 이라 불리는 이탈리아의 도시 테르메노termeno에서 따온 이름으로 여기에 향신료라는 뜻의 접두사 게뷔르츠gewürz가 붙었다. 게뷔르츠트라미너는 11세기 테르메노에서 처음 발견된 후 자연 돌연변이 과정을 거치면서 향신료 풍미가 더해져 지금과 같은 이름을 얻었다.

낮은 기온에서 잘 자라는 포도 품종으로 현재는 오스트리아와 독일, 프랑스, 남아메리카의 남부 지역과 뉴질랜드에 이르기까지 전 세계 기온이 낮은 지역의 포도밭에서 재배된다. 그 잠재력은 독일과 국경을 맞댄 프랑스 알자스 지역에서 최대로 발휘돼, 향신료가 들어간 이국적인 음식은 물론이고 어떤 요리에도 멋지게 짝을 이루는 뛰어난 과일 풍미의 와인이 생산된다. 미묘한 매력이 떨어지고 어딘가 터키시 딜라이트를 떠올리게 한다는 이유로 '게뷔르츠'적인 향을 비판하는 사람들도 있지만, 분명 맛볼 가치가 있는 와인이다.

특히 11월이나 12월 등 늦은 시기에 수확한 포도로 만든 게뷔르츠트라미너 와인은 아주 달콤한 디저트 와인으로 모과 같은 이국적인 과일 향이 감돌아 매우 흥미로운 매력을 선보인다.

소테른 와인

소테른은 보르도 중심부에서도 가론강 왼쪽 기슭에 자리한다. 그 부근의 독특한 토양에서 탄생한 것이 세상에서 가장 유명하고 달콤한 와인, 소테른이다. 보르도는 레드 와인을 주력으로 삼지만 소테른은 예외적으로 세미용과 뮈스카델, 소비뇽 블랑, 소비뇽 그리 네 가지 포도로 화이트 와인만 생산한다.

소테른은 17세기 당시 단맛이 나는 와인을 선호하는 네덜란드 소비자의 요청에 맞추어 만들어진 달콤한 와인으로 알려져 있다. 포도주 양조업자들은 시롱강의 영향으로 습한 이 지역이 보트리티스 시네레아botrytis cinerea 곰팡이 발생을 촉진시키는 미기후微氣候를 갖추고 있다는 사실을 발견했다.

이 곰팡이는 포도에 해로운 영향을 미칠 때도 있지만 기본적으로 소테른에서 푸리튀르 노블pourriture noble, 즉 고귀한 부패라는 뜻의 '귀부병貴腐病'이라고 부르는 현상을 일으켜서 포도의 당을 농축시킨다.

이 곰팡이가 당을 농축시키는 방식은 두 가지다. 우선 포도 내 수분을 먹어치워서 당 함량을 높인다. 그리고 껍질을 다공성으로 만들어 수분이 증발되게 한다. 그러면 보라색 포도 껍질이 잔뜩 주름지면서 얇은 흰색 막이 덮인다.

이 자연적인 과정을 통해서 아주 달콤한 와인이 생산되지만, 그만큼 많은 시간과 노동력이 소요된다. 포도송이, 심하면 포도 알을 곰팡이가 핀 정도에 따라 손수 따내야 하기 때문이다. 모든 포도를 수확할 때까지 같은 밭에서 여러 번 작업을 되풀이해야 할 때도 있다. 소테른 와인의 가격이 높은 것도 이 때문이다.

이탈리아

ITALY

이탈리아는 의심의 여지 없이 세계 최고의 음식이라는 타이틀을 자랑스럽게 내세울 수 있는 몇 안 되는 나라 중 하나다. 매우 다양한 요리와 전통으로 축복받은 식문화를 누리는 이탈리아는 지역마다 특징이 분명하다. 북부 산악 지역은 치즈와 육류 가공품을 선보이고 남부 지역은 올리브 오일과 신선한 채소를 중점적으로 사용하는 지중해 요리의 특징을 보인다. 시칠리아는 아랍, 노르만, 스페인, 이탈리아 등 수 세기에 걸쳐 이 섬을 통치한 모든 민족의 영향을 받아 다소 독특한 요리 전통을 보유하고 있다.

　　이탈리아의 식사 순서는 다른 나라와 약간 다르다. 먼저 최소한으로 가공한 단순한 식품(햄, 토마토, 치즈)에 올리브 오일과 식초를 곁들여 내는 안티파스토antipasto로 시작한다. 그리고 파스타와 뇨키, 리소토, 수프 등을 내는 따뜻한 코스인 프리모 피아토primo piato가 이어진다. 그다음은 주요리 코스인 세콘도 피아토secondo piato로 육류 또는 생선으로 구성되며 채소 또는 샐러드 등의 사이드 메뉴 콘토르노contorno를 곁들이지만 앞서 제공한 파스타나 쌀 종류는 절대 내지 않는다. 그리고 포르마조(치즈)와 돌체(디저트)를 낸다.

　　해외에서 가장 유명한 이탈리아 요리는 당연히 피자와 파스타로, 전 세계를 정복하고 모든 국가의 이탈리아 레스토랑에서 한자리를 차지하고 있다.

　　또한 이탈리아는 북부 스위스 국경에서 남부 시칠리아에 이르기까지 전국에 와인 산지가 존재하는 세계 최고의 와인 생산지 중 하나다. 보통 바에서 선 채로 마시는 에스프레소에서 아침에만 마시는 카푸치노에 이르기까지 커피 전통 또한 전설적인 수준이다.

아마레나 체리

TASTED ☐

체리는 서로 다른 야생종을 개량한 두 가지 품종으로 구분할 수 있다. 생과일로 먹을 수 있는 체리와 보통 술이나 절임 등 보존식품으로 만들거나 케이크 재료로 사용하는 사워 체리다. 아마레나 체리는 사워 체리 계열에 속한다. 신맛이 아주 강해서 날것으로는 먹을 수 없으며 거의 시럽에 절여서 사용한다.

아마레나 체리는 옛날부터 밀라노와 피렌체 사이에 자리 잡은 에밀리아 로마냐 지역에서 재배했다. 그러다 1905년 젠나로 파브리Gennaro Fabbri라는 사업가가 현지 제품 전문 사업을 시작하면서 그 명성이 높아졌다. 젠나로는 1925년 유명한 아마레나 파브리Amarena Fabbri를 포함해 다양한 레시피를 개발했다. 아마레나 파브리는 아마레나 체리를 시럽에 넣어 익힌 것이다. 파란색 무늬가 그려진 흰 도자기에 담은 제품이 한 세기 가까이 널리 팔려나갔다. 이 걸쭉하고 달콤한 시럽과 당절임된 과육이 어우러진 맛있는 아마레나 체리절임은 이탈리아 디저트, 특히 아이스크림의 토핑으로 사랑받는 재료가 되었다.

아티초크

ARTICHOKE

과일과 채소

TASTED ☐

아티초크는 야생 엉겅퀴를 개량한 식물로 중세 후반 지중해 주변 아랍권에서 나타난 것으로 추정된다. 이탈리아에서 처음 기록에 등장한 것은 15세기다. 1806년 프랑스 이주민이 루이지애나에 심으면서 미국에도 알려졌다.

이탈리아에서는 아랍어 이름 카르서프kharshuf에서 유래한 카르초포carciofo라는 명칭으로 불리며 핵심 식자재로 자리 잡았다. 이탈리아는 세계 아티초크 생산량의 거의 30퍼센트를 차지하는 세계 최대 생산국이며, 생산지는 주로 시칠리아, 사르데냐, 풀리아 등 남부 지역에 집중되어 있다.

어느 정도 성숙했을 때 수확하느냐에 따라 식용 가능한 부분이 달라진다. 가장 어릴 때 수확한 순은 통째로 먹을 수 있지만 더 크게 자라면 꽃받침과 잎 뿌리 부분만 먹는다(엄밀히 말해 잎이 아니라 꽃이 피기 전까지 보호하는 포엽이라고 불리는 껍질이다). 이탈리아에서 개발한 아티초크 조리법은 아주 많지만 그중 가장 유명한 것으로 마늘, 민트와 함께 국물에 익힌 카르초피 알라 로마나carciofi alla romana와 올리브 오일에 튀긴 카르초피 알라 주다carciofi alla Giuda가 있다.

이탈리아에서 재배하는 가장 유명한 품종은 로마와 살레르노 지역에서 기르는 카르초피 로마네스코carciofo romanesco로 보라색을 띠는 것이 특징이다. 브린디시 근처에서 재배하는 카르초피 브린디시노carciofo brindisino는 모양이 더 길쭉한 편이다. 그리고 사르데냐의 가시 아티초크라는 뜻의 카르초포 스피노소 디 사르데냐carciofo spinoso di sardegna는 쓴맛과 단맛이 적절하게 균형 잡힌 풍미를 자랑한다. 가시 아티초크는 주로 날것 그대로 먹거나 샐러드를 만든다. 그 외에도 특히 양고기나 오징어와 함께 요리하는 조리법에 종종 등장한다. 사르데냐에서는 작은 진주 모양의 전형적인 현지 파스타 프레골라(69쪽 참조)와 요리해서 갈아낸 보타르가(176쪽 참조)를 뿌려낸다.

바질

과일과 채소

TASTED ☐

바질은 인도에서 처음 재배한 것으로 추정되는 방향 식물로 현재는 아시아 요리(중국, 베트남, 태국)와 지중해 요리에 널리 사용되며, 특히 로마 시대 이래 이탈리아 요리에 많이 쓰이고 있다. 이름은 '왕'이라는 뜻의 그리스어 바실레우스basileus에서 유래한 것으로, 원래 왕실의 식물로 대접받으면서 각성제로 널리 사용되었다.

바질에는 여러 품종이 있고 레몬 향에서 감초 향까지 다양한 풍미가 난다. 이탈리아 요리에 가장 널리 쓰이는 것은 넓은 타원형 잎에 가벼운 아니스 향이 가미된 섬세한 풍미를 지닌 바실리코 제노베제basilico genovese다. 바질 잎은 이탈리아 요리에 워낙 많이 사용되지만 그중에서도 이탈리아 국기 색상 피자(붉은 토마토소스, 하얀 모차렐라 치즈, 녹색의 바질)인 피자 마르게리타와 잣, 바질, 올리브 오일, 마늘, 페코리노 치즈로 만드는 페스토 소스를 언급하지 않을 수 없다.

판텔레리아 케이퍼

과일과 채소

TASTED ☐

케이퍼는 꽃이 피기 전에 수확한 꽃봉오리로 만드는 몇 안 되는 식품이다. 이 작은 싹의 크기는 5~15밀리미터로, 제일 작은 것의 향이 가장 좋다.

지중해 요리의 전통 식자재인 케이퍼는 보통 식초나 올리브 오일, 소금에 절여서 양념으로 쓴다. 살짝 신맛이 나서 음식에 톡 쏘는 풍미를 더할 수 있다. 프랑스 음식 중에도 인기 좋은 올리브 페이스트 스프레드인 전통 타프나드나 스테이크 타르타르

(39쪽 참조)의 재료 등으로 사용한다.

가장 좋은 케이퍼는 튀니지 해안에서 70킬로미터 떨어진 이
탈리아의 작은 섬 판텔레리아에서 난다. 5월에서 9월 사이에 손
수 꽃봉오리를 하나하나 채취한 다음 바닷물에 담가서 열흘간
숙성시켜 쓴맛을 적당히 제거한다. 그런 다음 소금에 건식 염장
한다. 소금을 살짝 뿌려서 판매하기 때문에 요리에 사용할 때는
반드시 물에 헹궈야 한다.

케이퍼라는 분류 속에는 긴 꼬리가 달린 올리브 크기의 큼직
하고 길쭉한 열매도 찾아볼 수 있다(케이퍼베리). 이것은 꽃봉오
리가 아니라 사실 케이퍼 모종의 열매다. 이탈리아 사람들은 꽃
봉오리는 카페리cappperi, 열매는 쿠쿤치cucunci라고 부르며 정확
히 구분한다.

PORCINI MUSHROOM

포르치니버섯

과일과 채소
TASTED ☐

포르치니버섯은 이탈리아 버섯의 왕이다. 고대 로마 시절부터
귀한 대접을 받은 포르치니버섯은 이탈리아 가을 요리의 대표
식자재로 수프와 파스타, 오믈렛, 사이드 메뉴 등에 다양하게 등
장한다. 탄탄한 질감과 헤이즐넛 풍미가 감도는 맛을 자랑한다.
이탈리아에서는 포르치니라는 이름으로 총 네 가지 품종을 판
매할 수 있다. 모두 기둥이 굵고 살점이 흰색
이다.

포르치니버섯은 참나무나 밤나무 숲
평원 또는 산 중턱의 너도밤나무나 전
나무 숲에서 자란다. 제철은 빠르면 7월
에 시작되어서 11월까지 이어지며, 보통
9월에 가장 많이 나기 때문에 그때 가격도

제일 저렴하다. 상당히 크게 자라므로 2킬로그램이 넘는 것도 어렵지 않게 찾아볼 수 있다.

이탈리아에서 가장 인기 있는 포르치니버섯 채집 지역은 파르마 근처의 알바레토 마을과 보르고 발 디 타로 마을 사이로 수확 철에는 신선한 버섯을, 나머지 기간 동안에는 보존해서 말린 버섯을 판매한다.

세이지 SAGE

세이지는 장뇌 풍미가 나는 향기로운 식물로 약효 성분이 있어 수 세기에 걸쳐 사용되어 왔다. 이름 또한 '치료하다'는 뜻의 라틴어 살비아레salviare에서 유래한 것이다. 잔털이 뒤덮인 작은 녹색 잎은 주로 건조해서 향신료로 판매하며 특히 양고기나 돼지고기, 가금류 요리에 사용한다.

세이지가 들어가는 이탈리아의 전통 요리를 꼽자면 특히 살팀보카 알라 로마나saltimbocca alla romana를 빼놓을 수 없다. 송아지 고기를 아주 얇게 저며서 프로슈토와 세이지를 넣고 돌돌 만 후 익혀서 애피타이저로 낸다.

세이지는 영국에서도 파슬리, 로즈메리, 타임과 더불어 매우 인기 있는 허브 중 하나다. 미국에서는 추수감사절 요리에 스터핑 재료로 쓰이며 입지를 다지고 있다.

산마르자노 토마토 SAN MARZANO TOMATO

이탈리아에서는 토마토를 '황금 사과'라는 뜻의 포모도로 pomodoro라고 부른다. 토마토는 현재 세계에서 가장 널리 재배되는 채소이며 전 세계적으로 1만 가지 이상의 품종이 존재한다. 원산지는 아메리카로 이탈리아에 도착한 것은 16세기 중반이지만, 이탈리아 요리에 널리 사용되면서 수없이 많은 이탈리아 품종이 탄생했다.

이탈리아에서는 생식용과 토마토소스용으로 다양한 품종의 토마토를 재배한다. 소스에 사용하는 품종 중 가장 유명한 것은 이탈리아 남부의 나폴리 인근에서 재배하는 포모도로 산마르자노 델라그로 사르네세노체리노pomodoro san marzano dell'agro sarnese-nocerino다.

산마르자노 토마토는 약 15센티미터 길이의 길쭉한 모양으로 무게는 약 100그램이다. 여름에는 생과로 구입할 수 있지만 수확량의 대부분은 껍질 등을 제거하고 가공해서 통조림 또는 토마토소스를 만드는 데에 쓰인다.

씨앗이 적고 껍질이 잘 벗겨지면서 과육의 수분이 너무 많지 않아서 최고의 토마토소스가 된다는 평을 듣는 품종이다. 산마르자노 토마토소스는 매우 진하고 단맛과 신맛의 균형이 잘 맞는다. 원칙주의자는 현지에서 재배한 산마르자노 토마토로 만든 토마토소스를 사용해야만 나폴리 피자라 할 수 있다고 주장하기도 한다.

시칠리아 블러드 오렌지

TASTED ☐

'블러드 오렌지'에는 다양한 종류가 있다. 과육이 성숙하면서 진홍색을 띠는 것은 블루베리나 가지에 보라색을 내는 안토시아닌이 함유되어 있기 때문이다. 다만 블러드 오렌지의 안토시아닌은 과일의 산도와 반응해서 빨간색으로 변하므로 과육은 보라색이 아니라 붉은빛을 띠게 된다.

감귤류는 중국에서 시작되어 서쪽으로 넘어가면서 인도와 페르시아까지 퍼졌다. 9세기경 아랍인이 시칠리아를 정복하면서 오렌지가 건너온 이래 계속 재배되고 있다. 시칠리아에서 재배되는 블러드 오렌지에는 상귀넬로sangui-nello(미국에서는 복수형으로 상귀넬리라고 부른다)와 모로moro, 타로코tarocco 세 종류가 있다. 상귀넬리는 1929년 스페인의 과수원에서 우연히 발생한 돌연변이의 결과물로 가장 단맛이 강하다. 루비색에서 진한 보라색까지 강렬한 색상을 선보이는 모로는 수확 시기가 일러서 2월이나 되어야 익는 대부분의 블러드 오렌지와 달리 빠르면 12월부터 시장에서 찾아볼 수 있다. 타로코는 과육에 주황색과 빨간색이 섞여 있기 때문에 '하프 블러드'로 간주된다. 하지만 달콤하고 즙이 많아서 주스로 인기가 좋다.

블러드 오렌지는 라즈베리 또는 블랙베리 향이 가미된 독특한 감귤류 풍미가 난다. 거의 주스로 소비되지만 생과일이나 아이스크림으로도 접할 수 있다. 생선이나 해산물 요리에도 쓰인다.

칠렌토
흰색 무화과

과일과 채소

TASTED ☐

무화과는 아마 인류가 재배한 최초의 과일일 것이다. 요르단 계곡에서 1만 년 전의 것으로 추정되는 흔적이 발견되기도 했다. 현재 재배되는 무화과 품종은 700가지가 넘으며, 껍질의 색에 따라 흰색과 빨간색, 검은색으로 분류할 수 있다.

무화과는 옛날 동전 지갑과 비슷한 모양이다. 안에 든 수많은 씨앗을 달콤한 과육이 둘러싸고 있는데, 속살은 거의 보라색을 띠지만 품종에 따라서 색이 조금 더 옅거나 짙은 정도의 차이를 보인다.

나폴리 남부 칠렌토 지역에서 자란 흰색 무화과 품종은 도타토dottato라고 불린다. 아주 밝은 껍질은 노란색에서 녹색까지 다양한 색을 띠며 과육은 조금 더 분홍빛이 돈다. 다른 무화과처럼 생과일로도 먹을 수 있지만 '칠렌토의 흰색 무화과'라고 하면 말린 과일을 지칭한다. 전통적으로 햇볕에 5~8일간 건조해서 그대로 팔거나 건포도, 아몬드, 당절임한 오렌지 껍질, 펜넬씨, 가끔은 럼 약간에 이르기까지 여러 재료를 채워서 판매한다. 이탈리아에서는 특히 크리스마스에 인기가 좋은 달콤한 간식이다.

흰 송로버섯

과일과 채소

TASTED ☐

프랑스 페리고르 지역에서 나는 검은 송로버섯(22쪽 참조)보다 더 귀한 이탈리아산 흰 송로버섯은 검은 송로버섯보다 세 배나 높다. 그 정도로 고가인 이유는 생산이 매우 한정적이면서 전 세계적으로 인기가 높기 때문이다.

축축한 땅속에서 자라며 참나무나 피나무, 개암나무 등의 특정 수종과 공생한다. 주로 피에몬테 지역에서 수확하며 토스카나, 움브리아, 마르케 등지에서도 수확량은 적지만 발견되는 편이다. 이탈리아 이외 지역에서는 크로아티아와 슬로베니아에서 주로 찾아볼 수 있다.

학명은 투베르 마그나툼Tuber magnatum으로 향이 훨씬 떨어져서 가격도 저렴한 사촌 격인 투베르 보르치Tuber borchii와 혼동하지 않도록 하자. 이 둘은 각각 이탈리아어로 타르투포 비앙코tartufo bianco(진품 흰 송로버섯)와 타르투포 비앙케토tartufo bianchetto(저렴한 흰 송로버섯)로 불리며 연중 수확 시기가 서로 다르다. 타르투포 비앙코는 10월에서 12월 사이, 타르투포 비앙케토는 1월에서 3월 사이에 나온다.

검은 송로버섯보다 크고 보통 살구 크기까지 자라는 흰 송로버섯의 부드러운 껍질은 분홍색에서 올리브색에 이르기까지 다양한 색을 띤다. 붉은색과 흰색의 잎맥이 지나가는 속살은 옅은 갈색이다. 리소토나 일부 파스타, 오믈렛 등의 요리에 맛을 끌어올리는 용도로 소량을 갈아서 올린다. 해산물, 특히 가리비와 함께 먹으면 특히 맛있다. 향이 아주 강해서 몇 그램이면 헤이즐넛과 신선한 마늘을 떠올리게 하는 풍미를 더하기에 충분하다.

피에몬테 지역의 작은 마을 알바에서는 매년 흰 송로버섯을 기념하는 축제가 열린다. 흰 송로버섯은 유통기한이 길지 않아서 수확기 동안에만 먹을 수 있으므로 이 귀한 버섯의 진정한 맛을 발견할 수 있는 좋은 기회를 놓치고 싶지 않다면 이 시기에 알바를 방문해볼 만하다.

FREGOLA

프레골라

프레골라는 사르데냐 지역에서 만드는 파스타다. 지름 2~5밀리미터 크기의 작고 불규칙한 형태의 진주 같은 모양이 아주 독특하다. 전통적인 제조법은 쿠스쿠스와 비슷한데, 손바닥에 소금물을 살짝 묻힌 다음 듀럼 밀가루를 굴려서 만든다. 갓 빚어낸 프레골라는 살짝 말린 다음 오븐에서 15분간 구워 노릇노릇하고 고소한 향이 나게 한다.

프레골라의 유래는 명확하지 않다. 페니키아인이나 카르타고인이 남긴 유산인지, 사르데냐의 발명품인지 확실하게는 알 수 없다. 하지만 아주 오래된 전통 음식이며 북아프리카의 쿠스쿠스와 비슷하다는 점에서 미루어 보아 카르타고의 유산일 가능성이 있다.

사르데냐에서 가장 인기 있는 프레골라 요리는 작은 삼각형 조개인 아르셀레arselle와 함께 마늘과 올리브 오일로 맛을 낸 토마토소스에 넣어 익힌 것이다.

빵과 곡물
TASTED ☐

POLENTA

폴렌타

폴렌타는 옥수숫가루로 만든 음식으로 이탈리아 북부와 스페인뿐만 아니라 스위스, 중유럽, 특히 헝가리와 루마니아 등의 동유럽에서도 인기가 높다. 폴렌타는 원래 밀과 보리, 호밀 등으로 만든 곡물 죽을 가리키는 아주 오래된 단어다. 고대 로마에서는 풀멘툼pulmentum이라고 불리는 주식이었다.

폴렌타는 15세기 말엽 아메리카에서 옥수수가 들어오면서 옥수숫가루로 만들기 시작했다. 옥수수는 약 7000년 전 멕시코에서 처음 경작된 이후 폴렌타와 비슷한 옥수수죽을 개발한 아메

빵과 곡물
TASTED ☐

리카 원주민에 의해서 쭉 재배되어 왔다.

저렴하고 손길하기 쉬운 옥수수로 만드는 폴렌타는 빠르세 유럽 농촌으로 퍼져나갔다. 만드는 방식은 지역적 선호도에 따라 달라진다. 거의 액체에 가깝게 만드는 곳이 있는가 하면 물을 덜 넣어서 되직한 퓌레로 만들기도 한다. 색깔 또한 들어가는 재료에 따라 달라진다. 사용한 옥수수의 품종에 따라서 흰색을 띨 수도 짙은 노란색을 띨 수도 있고, 롬바르디아에서 흔히 하듯이 메밀을 섞으면 갈색이 되기도 한다. 토끼고기에서 소시지, 사슴고기, 채소, 버섯 등 곁들이는 재료도 지역마다 달라진다.

폴렌타는 주로 간단하게 냄비에 옥수숫가루와 물, 소량의 소금을 섞어서 만들지만 그런 다음 패티 모양으로 빚어서 바싹바싹하게 튀겨 먹기도 한다.

모데나 발사믹 식초

BaLSaMIC VINEGaR OF MODENa

향신료와 양념

TaSTED ☐

이탈리아어로 아체토 발사미코 디 모데나, 즉 모데나 발사믹 식초는 중세 시대 후기까지 거슬러 올라가는 아주 오래된 전통을 지니고 있다. 일부 제품은 아직도 고대 제조법을 따르지만 대량 생산되면서 오늘날 이 이름으로 판매되는 제품 대부분은 원조 레시피와 전혀 상관없는 존재가 되었다. 정통 아체토 발사미코는 완성되기까지 12년 이상이 소요되는 매우 비싼 향신료지만, 어떤 시판 제품은 고작 60일 만에 판매대에 오른다!

전통 레시피와 대량생산 레시피의 차이점은 세 가지다. 전통 식초는 포도즙만 사용하지만 대량생산 식초에는 와인 식초가 80퍼센트만 들어가면 된다. 또한 액상 캐러멜을 넣어서 색을 더 어둡게 만들기도 한다. 마지막으로 전통 식초는 숙성되기까지 최소 12년이 걸리지만 대량생산 식초는 숙성할 필요가 전혀 없다. 발사믹 식초의 라벨을 확인하면 어떤 종류의 제품인지 쉽게 알 수 있다. 전통 식초에는 포도즙만 사용하므로 재료에 식초나 캐러멜이 적혀 있다면 품질이 떨어지는 제품이라는 확실한 증거다.

전통 식초는 라벨에 트레디치오날레tradizionale라고 쓰여 있다. 전통 식초 제조 공정은 우선 포도즙의 부피가 반으로 줄어들 때까지 약 70시간 동안 천천히 익히는 것부터 시작한다. 그런 다음 농축된 포도즙을 나무통에 옮겨서 최소 12년간 천천히 숙성시킨다. 약 2년 간격으로 식초를 더 작은 나무통으로 옮기는데, 이때 밤나무나 벚나무, 물푸레나무, 뽕나무 등 다양한 종류의 목재를 이용해서 여러 풍미가 나도록 한다. 최소 25년 이상 숙성시켜야 최고의 식초가 되는데, 엑스트라베키오extravecchio라는 단어가 적힌 병에 황금색 고리, 최고가의 가격표가 달린 채로 판매한다.

전통 발사믹 식초는 짙은 갈색에 약간 시럽 같은 질감이 난다. 새콤하면서 건포도와 살구 풍미가 지배적인 과일 향을 지니고 있어 아주 깊고 복합적인 맛이 난다.

과거 발사믹 식초는 고급 향신료로 신생아가 태어나면 출산 선물로 가져가고 약으로 쓰곤 했다. 오늘날에는 토마토 모차렐라 샐러드나 작은 파르메산 치즈 등 단순한 요리에 풍미를 더하는 용도로 쓰거나 그릴에 구운 육류에 글레이즈를 입힐 때 사용한다. 아이스크림의 토핑으로도 쓰며 신선한 과일, 특히 붉은 과실에 살짝 두르면 아주 잘 어울린다.

감베로 로소　　　GAMBERO ROSSO

해산물

TASTED ☐

수심 400~700미터 깊이의 지중해 외에도 멕시코만과 오세아니아에서 어획되는 감베로 로소는 길이가 최대 20센티미터에 이르는 큰 새우처럼 생긴 해산물이다. 영어로는 대형 붉은 새우라고 불리기도 하지만 실제로는 새우가 아니라 아리스타에오모파aristaeomorpha라는 갑각류다. 최소 5개의 날카로운 이빨이 있는 긴 주둥이로 새우와 구분할 수 있다.

　이탈리아에서는 시칠리아의 마차라 델 발로 항구에서 잡히는 것을 최고로 친다. 새우와 랍스터를 섞은 것 같은 아주 섬세한 살점이 특징이다. 요리해서 먹기도 하지만 탄탄하고 달콤한 살점은 날것으로도 즐기기 좋기 때문에 풀리아의 바리 지역에서는 생해산물 요리인 크루도 디 마레crudo di mare 플래터에 오르곤 한다.

라르도 디 콜로나타　　LARDO DI COLLONATA

육류

TASTED ☐

제노바와 피렌체 사이에 있는 콜로나타 마을에서 생산하는 이 돼지고기 가공품의 품질은 중세 시대부터 이미 널리 알려져 있었다. 돼지고기 등 부분의 두꺼운 지방으로 만드는 라르도 디 콜로나타는 이 지역을 대표하는 특산물로, 의심할 여지 없이 세계 최고의 돼지고기 가공품 중 하나다.

　세월이 흐르면서 거의 잊혀서 시골에서나 먹는 요리로 치부되기도 했지만, 최근 들어 이탈리아의 셰프와 미식가들이 재발견하면서 널리 알려졌다. 그러나 주민 300명가량의 작은 콜로나타 마을로 생산지가 제한되어 있기 때문에 생산량은 연간 1톤 미만이다.

먼저 껍질이 붙은 돼지 지방을 약 3센티미터 두께의 크고 넓적한 모양으로 자른다. 그런 다음 껍질이 없는 부분에 소금, 후추, 로즈메리, 마늘과 기타 향신료를 섞은 양념을 바르는데, 제조업체마다 서로 다른 레시피를 사용하고 대부분의 레시피는 비밀로 지켜진다. 그런 다음 대리석 통 안에 지방 덩어리와 향신료를 켜켜이 번갈아 채워서 최소 6개월 이상 숙성시킨다.

먹을 때는 거의 반투명하게 보일 정도로 아주 얇게 저미면 되는데, 구운 빵에 얹어서 애피타이저로 낸다. 지방의 진한 단맛과 감칠맛이 대단해서 날것으로 먹어야 마땅하지만 요리에도 사용할 수 있다. 예를 들어 감자 오븐 구이에 넣으면 단맛과 마늘, 향신료 풍미를 가미할 수 있다.

MORTADELLA BOLOGNA 모르타델라 볼로냐

육류

TASTED ☐

이탈리아 북부 볼로냐의 특산물인 모르타델라는 유서 깊은 지름 20~30센티미터 크기의 대형 소시지다. 아주 얇게 저미거나 작게 깍둑 썰어서 차갑게 먹지만 두껍게 저며서 빵가루를 입힌 다음 튀긴 것도 인기가 높다.

로마 제국 시절부터 만들어온 요리지만 서서히 소외받다가 중세 후기에 다시 유행했다. 곱게 다진 돼지고기에 작게 깍둑 썬 돼지 지방을 섞어서 질감을 더한다. 그런 다음 소금, 다양한 향신료, 허브(후추, 육두구, 고수, 시나몬, 아니스씨, 캐러웨이, 마늘), 와인 약간으로 맛을 낸다. 완성된 페이스트를 대장大腸에 채우고 골고루 익을 때까지 며칠간 저온(80도)으로 조리한다. 때때로 통후추나 피스타치오, 올리브 등을 넣기도 한다.

모르타델라는 향신료를 절묘하게 가미하고 천천히 조리하는 덕분에 뚜렷한 육류의 풍미와 기름진 질감이라는 조합을 느낄 수 있다.

19세기 후반 이탈리아 이민자의 영향 덕분에 이탈리아 외에도 스페인과 포르투갈 등 유럽 전역 및 남아메리카에서도 인기를 얻고 있다.

토끼

육류

TASTED ☐

토끼고기는 전 세계적으로 많은 이가 즐겨 먹는 육류지만 가장 큰 소비국은 1인당 연간 1킬로그램을 소비하는 이탈리아다. 마찬가지로 인기가 높은 스페인과 프랑스, 중국까지 총 4개국이 전 세계 소비량의 약 80퍼센트를 차지한다.

토끼고기는 구석기 시대부터 조상들이 일상적으로 사냥하던 인류의 식량원이었다. 단백질 함량이 높고 지방 함량이 낮아 아주 건강한 육류에 속한다. 또한 닭고기와 비슷한 뛰어난 질감에 오리와 비슷한 맛을 지니고 있다.

토끼고기는 지역별로 취향 및 구할 수 있는 식자재에 따라 다양하게 조리한다. 가장 흔한 조리법은 와인 소스를 가미한 스튜로 만드는 것이다. 이탈리아에서 가장 인기 있는 토끼 요리 코닐리오 알라 카차토라coniglio alla cacciatora(사냥꾼의 토끼 스튜)는 올리브 오일과 마늘, 로즈메리, 세이지, 화이트 와인에 식초를 약간 가미해서 만든다. 오랫동안 천천히 익힌 다음 다진 올리브와 잣을 뿌려서 낸다.

아란치니

아란치니는 약 10센티미터 크기의 공 모양 주먹밥으로, 고기와 채소 등의 속 재료를 사프란으로 맛을 낸 밥으로 꽁꽁 싼 다음 빵가루 옷을 입혀서 튀겨 만든다.

'작은 오렌지'라는 뜻의 이름은 말 그대로 조리하고 나면 작은 오렌지처럼 보이는 크기와 색깔에서 딴 것이다. 동그란 공 모양이 가장 일반적이지만 작은 피라미드 모양으로 만들기도 한다.

속에 채우는 재료가 무엇인가에 따라 조리법이 달라진다. 다진 소고기와 완두콩을 넣은 아란치니 알 카르네arancini al carne, 햄과 모차렐라를 넣은 아란치니 알 부로arancini al burro, 시금치와 모차렐라를 넣은 아란치니 콘 스피나치arancini con spinaci 등이 있다.

아란치니는 전형적인 시칠리아 음식이지만 레시피의 정확한 기원은 알려진 바가 없다. 그러나 아랍인에 의해 유럽에 도입된 쌀과 사프란이 들어간다는 점에서 아마 아랍인이 섬을 지배했던 9~11세기 사이에 도입된 요리로 짚어볼 수 있다.

스티기올레

스티기올레는 시칠리아의 전형적인 길거리 음식으로 양 내장을 꼬챙이에 끼우거나 양파에 돌돌 말아서 익힌 것이다. 주로 저녁에 길거리에서 스티기울라루stigghiularu가 뜨거운 숯불에 직화로 내장을 구워 판다. 간단하게 소금과 레몬으로 간을 해서 바로 집어 먹는다. 레몬의 신맛과 절묘한 균형을 이루는 동물성 지방의 독특한 맛을 느낄 수 있는 음식이다.

스티기올레는 아마 고대 그리스의 길거리 음식에서 유래한 것으로 추측된다. 시칠리아 최초의 도시는 기원전 735년 그리스 정착민에 의해서 설립되었는데, 오늘날에도 그리스에서는 스티기올레와 비슷하게 구운 내장과 파슬리, 레몬으로 만드는 코코레치kokoretsi라는 요리를 찾아볼 수 있다.

소고기 카르파초

BEEF CARPACCIO

전통 음식

TASTED ☐

오늘날 이탈리아의 르네상스 화가 비토레 카르파초Vittore Carpaccio가 되살아나서 본인의 작품보다 더 유명한 고기 요리에 자신의 이름이 붙은 것을 본다면 아마 깜짝 놀랄 것이다. 카르파초는 1520년대에 사망했지만, 카르파초 요리는 1950년대에 베네치아의 유명한 레스토랑 해리스 바의 설립자 주세페 치프리아니Giuseppe Cipriani의 손에서 탄생했다.

치프리아니는 의사에게 익힌 고기를 먹지 말라는 처방을 받은 백작 부인을 위해 이 요리를 만들었다. 생소고기를 얇게 저며서 올리브 오일과 레몬즙, 저민 파르메산 치즈로 양념해 차갑게 내는 방식을 고안한 것이다. 그리고 저민 날고기의 붉은 색깔이 그림에 사용된 색상을 떠올리게 한다는 이유로 카르파초라는 이름을 붙여 화가를 기리는 마음을 나타냈다.

나폴리 피자

NAPOLITAN PIZZA

전통 음식

TASTED ☐

나폴리의 전통 음식에서 시작하여 세상에서 가장 널리 퍼진 메뉴가 된 피자에 대해서는 많은 기록이 속속들이 남아 있다. 피자는 맛있으며 준비하기 쉽고 다양한 재료를 얹어서 다양한 입맛에 맞출 수 있기 때문에 거의 보편적인 음식이 될 수 있었다.

19세기 후반 이탈리아 이민자의 확산 또한 피자가 아예 현지 음식으로 간주되기도 하는 미국을 포함해 전 세계로 널리 퍼지는 데에 한몫했다.

이 둥근 빵의 기원은 농업이 발명되기도 전인 1만 5000년 전까지 거슬러 올라간다. 당시에는 야생 곡물로 빵을 구웠다. 납작한 빵에 재료를 얹은 최초의 피자는 아마 고대와 중세 시대에 걸쳐 널리 존재했을 것이다. 하지만 우리가 오늘날 알고 있는 피자와는 매우 다른 형태였다. 허브와 치즈, 올리브 오일만 토핑했으며 16세기 이후에나 이탈리아에 들어온 토마토는 당연히 들어가지 않았다. 그전에는 오늘날 포카치아로 알려진 '흰색' 피자만 찾아볼 수 있었다.

포카치아가 지금 우리가 알고 있는 피자의 형태로 진화한 것은 18세기 후반으로 추정된다. 1544년, 아메리카에서 건너온 토마토가 나폴리에 최초로 입성했다. 처음에는 부유한 귀족들이 토마토를 거부했기 때문에 서민들의 음식으로 자리 잡았다. 당시 사람들은 붉은색 음식에 익숙하지 않았다. 특이한 색과 더불어 외국에서 온 식자재라는 점이 의심을 부추겼던 것이다. 사람들은 오랫동안 토마토에 독이 있다고 생각했다. 하지만 당시에도 인기 있던 포카치아에 토마토소스를 바르기 시작했고, 이런 소박한 시도에서 피자가 탄생했다.

피자 반죽은 밀가루, 이스트, 물(미국에서는 종종 오일을 넣기도 한다)의 세 가지 재료만으로 만든다. 반드시 가운데는 약 4밀리미터, 가장자리는 약 2센티미터 두께가 되도록 손으로 펴야 한다. 그런 다음 토핑을 얹고 400도로 예열한 화덕 오븐에서 1분 이내로 굽는다.

정통 나폴리 피자는 오직 두 가지 조리법으로만 만든다. 토마토소스, 올리브 오일, 마늘, 오레가노를 넣은 마리나라 피자, 그리고 토마토소스, 올리브 오일, 모차렐라(82쪽 참조)를 넣어 구운 다음 생바질을 얹은 마르게리타 피자다. 그러나 지금은 수백 가지가 넘는 피자 레시피가 존재하며, 나라마다 자국의 식자재를 다양하게 활용한다.

미국에서는 피자가 매우 흔하며 현지의 취향에 맞게 조정된 두 가지 방식이 생겨났다. 크러스트가 얇고 바삭바삭하며 이탈리아 레시피에 조금 더 가까운 뉴욕식 피자, 그리고 반죽을 더 두껍게 성형해서 속이 깊은 딥 디시 팬에 굽는 시카고식 피자다. 토마토소스, 치즈, 햄, 파인애플을 올리는 하와이안 피자는 호불호가 갈린다. 미국과 호주에서는 인기가 있지만 자국의 전통 조리법을 귀하게 여기는 이탈리아에서는 용납하지 않는다.

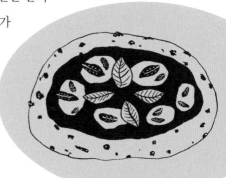

올리베
알라스콜라나

전통 음식

TASTED ☐

이탈리아 아드리아 해안에 자리한 마르케 지역의 전형적인 특선 요리인 올리베 알라스콜라나는 소금물에 절인 그린 올리브의 씨를 제거한 다음 속에 향신료와 채소, 파르메산 치즈 등으로 맛을 낸 다진 고기(소고기, 돼지고기, 닭고기) 혼합물을 채우고 빵가루 옷을 입혀서 튀긴 것이다. 보통 프리토 미스토fritto misto라는 이름으로 작은 생선 튀김과 치즈 등의 튀긴 음식을 곁들여 첫 번째 코스나 전채로 낸다.

올리베 알라스콜라나

재료 • 속 재료: 당근(소) 1개, 양파 1/2개, 셀러리 1/2대, 올리브 오일
3큰술, 다진 돼지고기 · 다진 소고기 · 다진 닭고기 약 100g씩,
화이트 와인 150ml, 레몬 1/2개, 육두구, 소금, 후추, 달걀 1개,
파르메산 치즈 간 것 3큰술, 빵가루 2큰술
- 올리브 재료: 소금물에 절인 그린 올리브(씨를 제거하지 않은 것) 500g
- 튀김옷 재료: 달걀 푼 것 2개 분량, 밀가루, 빵가루
- 튀김용 재료: 올리브 오일 2l

- 속: 당근과 양파, 셀러리를 곱게 다진다. 팬에 올리브 오일을 두르고
다진 채소를 넣어서 살짝 캐러멜화될 때까지 볶은 다음 세 가지 종류의
다진 고기를 넣는다. 고기가 익으면 화이트 와인을 부어서 완전히
증발시킨다. 절반 분량의 레몬 제스트와 육두구 간 것 약간, 소금,
후추를 넣는다. 불에서 내리고 달걀, 파르메산 치즈, 빵가루를 넣는다.
골고루 잘 섞은 다음 따로 둔다.
- 올리브 손질: 올리브의 꼭지 부분부터 시작해서 씨를 중심으로 한 바퀴
돌리며 나선형으로 칼집을 넣는다. 씨를 제거한다. 고기 혼합물을 작은
땅콩 크기만큼 덜어서 씨를 제거한 부분에 채워 넣은 다음 단단하게
여민다.
- 올리브 튀기기: 볼 세 개에 각각 달걀 푼 것과 밀가루, 빵가루를 하나씩
따로 담는다. 올리브를 밀가루 볼에 먼저 담갔다가 달걀물을 묻힌 다음
빵가루에 굴려서 키친타월에 얹는다. 대형 냄비에 올리브 오일을 넣고
180℃로 가열한다. 올리브에 다시 한번 밀가루와 달걀물, 빵가루를
순서대로 묻힌 다음 조심스럽게 뜨거운 오일에 넣어서 노릇노릇하게
튀긴다. 이탈리아 맥주를 곁들여서 따뜻한 애피타이저로 먹는다.

스파게티
알라 카르보나라

SPAGHETTI
ALLA CARBONARA

스파게티 알라 카르보나라에 필요한 재료는 단출하다. 파스타를 제외하면 달걀(1인당 1개씩 계산한 다음 마지막으로 하나를 추가한다), 판체타(염장 삼겹살), 파르메산 치즈(83쪽 참조), 올리브 오일, 소금, 후추가 전부다. 미국에서는 흔히 크림을 첨가하곤 하지만 이탈리아에서는 파르메산과 달걀만으로 특유의 크리미한 질감을 구현한다. 허용 가능한 선택지로는 판체타를 조금 담백한 염장 돼지 볼살인 구안치알레로 대체하는 것, 파르메산 치즈를 로마에서 즐겨 먹는 조금 더 짠맛이 강한 페코리노 치즈로 대체하는 것 정도다.

스파게티 알라 카르보나라   4인분

재료 • 달걀 5개, 파르메산 치즈 2컵(150g), 소금, 건조 스파게티 500g, 굵은 소금 3큰술(40g), 판체타 150g(구할 수 없으면 베이컨으로 대체 가능), 올리브 오일, 크러시드 레드 페퍼 플레이크

- 달걀은 흰자와 노른자를 분리하고 믹서기에 노른자만 넣는다. 파르메산 치즈를 넣어서 거품이 생길 때까지 돌린다. 대형 냄비에 물 4ℓ와 소금을 넣고 한소끔 끓인다. 그동안 판체타를 굵게 다져서 소량의 올리브 오일과 함께 팬에 노릇노릇하게 볶는다. 끓는 물에 스파게티를 넣고 알 덴테로 삶는다(약 8분간).
- 볼에 노른자 소스를 넣고 파스타 삶은 물 반 국자를 더해 잘 섞는다. 잘 익은 스파게티를 건져서 소스 볼에 넣는다. 바삭한 판체타를 더해서 잘 버무린다. 크러시드 레드 페퍼 플레이크를 뿌려 먹는다.

탈리아텔레
알 라구

전통 음식

TASTED ☐

라구는 이탈리아인이 매우 좋아하는 소스 중 하나로 이탈리아에서는 어머니를 통해 대대로 레시피가 이어져 내려온다. 볼로냐 지방의 전통 소스로 다른 나라에서는 흔히 '볼로네제 소스'라고 불리지만 이 명칭은 이탈리아에서는 절대 통용되지 않는다. 또한 이탈리아 외의 지역에서는 스파게티와 함께 내는 경우가 많지만 이탈리아인은 넓적해서 소스가 더 많이 묻어나는 탈리아텔레를 선호한다.

탈리아텔레 알 라구   4인분

재료 · 당근 1개, 셀러리 1대, 흰 양파(소) 1개, 올리브 오일 1/8컵(30ml), 다진 소고기 500g, 다진 돼지고기 250g, 소금, 후추, 레드 와인 150ml, 산마르자노 토마토(64쪽 참조) 800g, 토마토 페이스트 1큰술, 굵은 소금, 건조 탈리아텔레 500g, 파르메산 치즈 1/2컵(40g)

- 당근과 셀러리, 양파를 곱게 다진다. 팬에 올리브 오일을 1큰술 두르고 달군 다음 다진 채소를 넣고 천천히 노릇노릇하게 볶는다.

- 소고기와 돼지고기를 넣고 수 분간 볶는다. 소금과 후추로 간을 한다. 레드 와인을 붓고 증발할 때까지 익힌다. 토마토는 껍질을 벗기고 작게 깍둑 썬다. 손질한 토마토와 토마토 페이스트, 남은 올리브 오일을 넣는다. 약한 불에서 약 1시간 정도 뭉근하게 익힌다.

- 대형 냄비에 소금물 4ℓ를 넣어 한소끔 끓인다. 파스타를 넣고 알 덴테가 될 때까지 약 8분간 삶는다. 건져서 볼에 넣고 소스 세 국자를 넣어 잘 섞는다. 여분의 소스를 얹고 갈은 파르메산 치즈를 뿌린다.

- 남은 소스는 잘 보관해둔다. 라구는 다음 날에 따뜻하게 데우면 훨씬

비텔로 톤나토

VITTELLO TONNATO

전통 음식

TASTED ☐

비텔로 톤나토는 송아지 고기와 참치의 놀라운 조합을 보여준다. 이탈리아 북부의 음식이지만 실제 기원은 알려지지 않았다. 다만 남은 송아지 고기에 안초비와 케이퍼를 더해 맛을 내는 방식은 피에몬테 지역의 전통에 기반을 둔 것으로 추정된다. 참치 소스가 첨가된 것은 그 후의 일로, 1891년 출간된 요리책에 처음 실렸다.

비텔로 톤나토를 만들려면 먼저 저민 송아지 고기를 당근, 월계수잎, 셀러리, 마늘, 양파로 맛을 낸 화이트 와인에 담가 재운다. 그런 다음 이 국물째로 고기를 익혀서 식힌다. 비텔로 톤나토는 전통적으로 차갑게 내는 음식으로, 얇게 저민 고기에 잘게 찢은 구운 참치와 케이퍼(62쪽 참조)를 섞은 마요네즈 소스를 둘러 먹는다.

모차렐라 디 부팔라 캄파나

MOZZARELLA DI BUFALA CAMPANA

유제품

TASTED ☐

모차렐라는 세계에서 가장 많이 소비되는 치즈다. 매년 300만 톤 이상이 생산되며 그중 절반은 미국에서 제조하고, 대부분 피자에 사용된다. 그러나 미국에서 소젖으로 만든 공장제 모차렐라와 캄파니아에서 물소젖으로 만든 정통 이탈리아 모차렐라 사이에는 공통점이랄 것이 별로 없다. 물소젖, 즉 버펄로 우유로 만든 모차렐라는 소젖으로 만든 것보다 세 배나 비싸다.

모차렐라의 특별한 점은 늘어나는 커드 치즈라는 것이다. 다른 치즈와 마찬가지로 제조 공정은 레닛을 이용하여 우유를 응고시키는 것부터 시작하지만, 이렇게 뭉친 커드를 95도로 데운 물에 담가서 이탈리아어로 필라투라filatura라고 불리는 과정을 거친다. 수제 작업을 거칠 때는 작은 그릇에 반죽을 넣고 여분의 물기가 빠져나와 반죽이 원하는 상태가 될 때까지 막대기로 치댄다. 이 과정을 거치고 나서 탄력 있는 질감이 된 커드는 보통 둥글려서 약 400그램들이의 공 모양으로 빚는다.

이 과정 중에 커드 속에 크림을 한 덩이 넣어서 부드러운 부라타burrata 치즈를 만들 수도 있다. 다만 부라타 치즈는 캄파니아가 아닌 풀리아 지방의 특산물이다. 캄파니아의 버펄로 모차렐라는 반드시 제조한 당일 먹어야 하는 신선식품이다.

양질의 모차렐라는 탄력성이 좋고 껍질이 아주 고우면서 질감이 탄탄하고 속살에 기공이 존재하지 않는 특징이 있다. 잘라보면 살짝 촉촉한 상태여야 하는데 물이 뚝뚝 떨어진다면 품질이 좋지 않은 치즈라는 뜻이다. 모차렐라는 새콤달콤한 맛이 나며 빵에 얹거나 토마토, 올리브 오일과 함께 샐러드를 만드는 등 차갑게 먹을 수도 있고 익혀서 먹기도 하는데 특히 정통 나폴리 피자(76쪽 참조)에 사용한다.

PARMIGIANO REGGIANO 파르미자노 레자노

영어로는 흔히 파르메산이라고 부르는 파르미자노 레자노 치즈는 아마 은행에 가져가서 대출 담보로 삼을 수 있는 유일한 치즈일 것이다. 실제로 이탈리아 은행인 크레디토 에밀리아노Credito Emiliano에서는 치즈 담보 관행을 승인하고 있으며, 이곳에는 금

유제품

TASTED ☐

괴 대신 1억 8000만 달러 이상의 가치가 있는 바퀴 모양의 치즈 덩이리 30만 개 이상을 금고에 보관하고 있다.

중세 시대에 탄생한 파르미자노 치즈는 포po 계곡의 늪지대가 목초지로 변모한 12세기부터 제조되기 시작했을 것이다. 1348년 이탈리아 작가 보카치오의 저술에는 파르미자노 치즈로 이루어진 산이 있는 나라가 언급되었다.

파르미자노 치즈는 신선한 우유에서 지방을 일부 걷어낸 다음 전날 남은 지방 함유량이 높은 우유를 섞어서 만든다. 여기에 레닛을 넣어서 응고시킨 다음 뒤집힌 종 모양의 냄비에 넣고 55도까지 가열한다. 커드를 틀에 압착해 넣은 다음 며칠 후에 바퀴 모양 치즈를 소금물에 담가 3주일간 재운다. 그 후 치즈를 숙성실에 넣어서 천천히 숙성시킨다. 약 40킬로그램들이 파르메산 치즈 한 덩이를 만들려면 우유 550리터가 필요하다.

바퀴 모양 치즈는 숙성시키는 동안 주기적으로 거꾸로 뒤집어서 형태가 고르게 유지되고 전체적으로 고르게 숙성되도록 해야 한다. 이 뒤집는 과정은 원래 수작업으로 이루어졌지만 지금은 기계로 대체되었다. 숙성이 끝나고 나면 치즈에 12개월에서 30개월에 걸친 숙성 기간을 나타내는 라벨을 부착한다. 숙성 과정을 거치면 파르메산 치즈는 살짝 톡 쏘는 맛이 나고 내부에 작고 짭짤한 결정이 생겨난다.

파르미자노 레자노 치즈는 질감이 거칠거칠하며 보통 작은 덩어리로 자르거나 저며서 먹는다(이탈리아인은 탈리아그라나tagliagrana라는 특별한 칼을 사용한다).

보통 갈아서 파스타에 뿌려 먹는데, 해산물 파스타만큼은 예외다. 이탈리아인은 해산물 파스타에는 절대 치즈를 넣지 않는다. 또한 소고기 카르파초(76쪽 참조) 등 많은 이탈리아 요리의 재료이며 미국에서는 시저 샐러드에 들어간다.

진짜 파르미자노 레자노는 비싸서 이탈리아 레스토랑에서는 비교적 저렴하고 짠맛이 조금 강한 양젖 치즈 페코리노 로마노pecorino romano로 대체하는 경우가 많다.

GELATO

젤라토

디저트

TASTED ☐

젤라토는 아이스크림과 비슷하지만 지방이 적고 밀도가 높으며 비교적 높은 온도에서 제공한다. 일반 아이스크림은 영하 25~20도로 내지만 젤라토는 영하 15~12도로 먹는다. 젤라토는 이탈리아 외의 지역에서는 종종 '이탈리아 아이스크림'이라고 불린다.

크림보다 우유를 많이 사용하기 때문에 일반 아이스크림보다 지방이 적게 들어가고, 미국 아이스크림에 비하면 지방 함량이 3분의 1에 불과하다. 또한 만드는 과정에 공기가 더 적게 들어간다. 미국의 아이스크림은 공기가 최대 50퍼센트까지 함유된 것도 있지만 젤라토의 공기 함량은 25퍼센트에 가깝다.

젤라토의 역사는 9세기에 아랍인이 시칠리아를 정복하면서 시작된 것으로 추정된다. 아랍인은 사탕수수 시럽과 과일, 에트나산에서 채집한 얼음을 섞어서 아랍 전통 음식인 샤르바sharbah를 만들곤 했으며, 여기서 영어 단어 '셔벗sherbet'과 프랑스어 단어 '소르베sorbet'가 유래했다.

아이스크림은 유럽에 점진적으로 퍼져 나가면서도 수 세기 동안 왕족과 귀족만 먹을 수 있는 매우 값비싼 요리에 머물렀는데, 겨울에 채집한 얼음을 특별한 건물에 보관해 여름에 사용했기 때문이다. 20세기에 산업용 냉장 시설이 보급되어서야 비로소 모든 사람이 아이스크림과 젤라토를 먹을 수 있게 되었다.

잔두야

GIANDUIA

디저트

TASTED ☐

피에몬테의 특산물 잔두야는 곱게 간 헤이즐넛에 코코아 페이스트와 슈거 파우더, 그리고 코코아 버터나 버터 또는 크림 같은 지방을 섞어서 만든다. 잔두야는 토리노 지역이 나폴레옹의 통치 아래에 있던 1806년, 대륙 봉쇄 정책의 간접적인 영향으로 탄생하게 되었다. 당시 나폴레옹은 영국 선박이 유럽 항구에 들어오는 것을 금지했고, 이에 영국 상인을 통해 수입하던 코코아 공급에 문제가 발생했다. 대안을 찾아야만 했던 초콜릿 제조업체는 피에몬테에서 싸고 풍부하게 공급되는 헤이즐넛 페이스트를 초콜릿에 섞기 시작했다. 대륙 봉쇄 정책은 1813년 종료되었지만, 소비자가 헤이즐넛을 넣은 초콜릿 맛에 익숙해져서 지금까지도 이 조리법은 변함없이 유지되고 있다. 잔두야라는 이름은 1865년 토리노 카니발 동안 이 과자를 잔두야라는 이름의 마리오네트 인형 얼굴이 그려진 포장지에 싸서 판매하면서 붙인 것이다.

'악마의 잼'으로 유명한 초콜릿 헤이즐넛 스프레드 누텔라 또한 같은 요리법에서 탄생한 것으로 원래는 파스타 잔두야라고 불렸다. 처음 만들었을 때는 코코아와 헤이즐넛으로 만들었지만 그동안 조리법이 바뀌면서 이제 설탕과 팜유가 주요 성분이 되었다.

파네토네

파네토네는 밀라노의 전통 케이크로 부드러운 빵에 당절임 과일과 건포도를 넣은 것이다. 파네토네는 15세기에 두 종류의 빵을 생산하던 밀라노 제빵 길드의 전통에서 유래한 이름이다. 이들은 일반 서민용으로 값싼 기장을 넣은 판데메즈pan de mej를, 귀족을 위해서는 밀로 만든 고급 빵 판데톤pan de ton을 만들었다. 서민들은 크리스마스 때나 판데톤을 먹을 수 있었다. 이탈리아에서는 지금도 크리스마스에 달콤한 디저트 와인을 곁들여서 파네토네를 먹는다. 이탈리아 이주민 공동체가 자리 잡은 아르헨티나와 브라질에서도 파네토네가 매우 인기가 높다.

파네토네는 빵으로 시작해서 버터와 당절임 과일을 넣으면서 케이크로 진화했다. 제조 과정이 복잡하고 시간이 많이 걸린다. 반죽을 준비해서 케이크를 식탁에 내놓을 때까지 36시간이 소요된다.

반죽에는 듀럼 밀가루와 물, 이스트, 달걀, 버터, 바닐라가 들어간다. 세 번에 걸쳐 반죽하면서 사이사이 매끈하고 충분히 부풀어 오르며 완벽한 질감이 될 때까지 휴지 기간을 갖는다.

당절임한 시트론과 오렌지, 건포도(브랜디에 불려서 쓰기도 한다) 등을 넣은 다음 반죽을 공 모양으로 빚어서 유산지를 깐 대형 팬에 담아 굽는다. 완성한 케이크는 10시간 동안 거꾸로 뒤집어서 버터가 케이크 속으로 배어들게 한다.

이탈리아에서는 크리스마스에 아주 큰 파네토네를 만드는 관습이 있다. 가장 큰 파네토네는 2017년 밀라노에 만든 것으로 높이는 2미터에 무게는 140킬로그램이 넘었다.

티라미수

티라미수는 아마 가장 유명한 이탈리아 디저트이자 전 세계 이탈리아 레스토랑에서 가장 널리 접할 수 있는 디저트 메뉴일 것이다. 그러나 티라미수는 비교적 최근에 생겨났다. 1960년대 트레비소에서 처음 만들어졌는데, 여러 레스토랑이 서로 자신이 원조라고 주장하고 있다.

티라미수는 레이디핑거 비스킷을 커피에 담근 다음 마스카르포네 치즈, 달걀, 설탕으로 만든 크림을 덮고 코코아 파우더를 뿌려 만든다.

이름은 이탈리아어 티라 미 수tira mi sù에서 유래한 것으로 '기운을 북돋다'라고 해석할 수 있다. 전통적으로 강화제 겸 강장제로 사용하던 달걀노른자와 설탕이 들어간 오래된 조리법에서 영감을 얻은 메뉴다.

티라미수   6인분

재료 • 마스카르포네 치즈 500g, 달걀 3개, 커피 1컵(250ml), 설탕 1/2컵(100g), 소금 한 자밤, 레이디핑거 비스킷(이탈리아 브랜드 파베시니PAVESINI 제품 추천) 300g, 코코아 파우더

- 조리를 시작하기 몇 시간 전에 마스카르포네 치즈와 달걀을 꺼내서 실온에 둔다.
- 커피를 내린다. 설탕 1큰술을 더해서 식힌다. 달걀은 흰자와 노른자를 분리한다. 달걀흰자에 소금 한 자밤을 넣고 탄탄하게 뿔이 설 때까지 친다. 믹서기에 노른자와 설탕 3큰술을 넣고 잘 섞는다. 볼에 마스카르포네 치즈와 달걀노른자를 넣고 잘 섞는다. 남은 설탕을 넣고 잘 섞는다. 거품 낸 흰자를 넣고 골고루 잘 섞는다.

- 그릇에 커피에 담갔다 꺼낸 레이디핑거 비스킷을 한 켜 깐다. 이때 비스킷을 오랫동안 푹 재우지 않고 재빠르게 살짝 담갔다 빼야 커피를 너무 많이 머금어 축축해지지 않는다. 비스킷 위에 마스카르포네 크림을 한 켜 깔고 다시 커피에 담갔다 꺼낸 레이디핑거 비스킷을 한 켜 깐다. 필요한 만큼 같은 과정을 반복한 다음 제일 상단은 마스카르포네 크림으로 마무리한다. 냉장고에 12시간 동안 차갑게 보관한다. 위에 코코아 파우더를 뿌려서 먹는다.

BAROLO WINE

바롤로 와인

음료

TASTED ☐

피에몬테의 바롤로 마을 인근에서는 매우 뛰어난 이탈리아 와인을 생산한다. 아주 잘 익은 붉은 과실 아로마에 나무 향, 코코아와 감초를 연상시키는 향신료 풍미를 갖춘 탄닌이 아주 강한 와인을 생산하는 적포도 품종인 네비올로nebbiolo를 독점적으로 재배하고 있다.

바롤로 와인은 매우 농축되어 있어 풍미가 열리기까지 시간이 걸린다. 최소한 3년은 숙성시켜야 판매할 수 있으며, 그중에서도 양질의 제품은 10~15년 정도 더 보관해야 잠재력을 최대한으로 발휘할 수도 있다. 그보다 더 오래 보관할 수도 있으며, 오랜 숙성을 거치고 나면 벽돌색을 띠고 복합적인 풍미가 살아나서 세계 최고의 와인 목록 중에서도 꽤 상위권을 차지한다.

카푸치노

음료

TASTED ☐

온갖 특별한 이탈리아 커피 중에서도 카푸치노는 가장 인기 있는 아침 메뉴다. 이탈리아에서는 카푸치노를 보통 오전 11시 전까지만 마시며 그 외의 시간에 주문하는 일은 드물다.

카푸치노를 만들려면 우선 에스프레소 커피 샷 하나(4분의 1 컵 또는 25밀리리터)와 거품 낸 우유 1컵을 준비한다. 거품은 스팀 노즐을 넣고 약 55도가 될 때까지 데워서 만든다. 그런 다음 거품을 낸 우유를 에스프레소에 붓기만 하면 완성이다. 카푸치노라는 이름은 카푸친회 수도복과 색이 비슷하다는 이유로 붙은 것이다. 조리법은 빈의 아인슈페너(156쪽 참조)에서 영감을 받은 것으로 추정되지만 카푸치노는 거품 낸 우유를 사용하고 보통 도자기잔에 담아서 내지만 아인슈페너는 휘핑크림을 사용하고 유리잔에 담아서 낸다는 차이가 있다.

미국에서는 카푸치노 위에 거품 낸 우유를 솜씨 좋게 부으면서 윗면에 예쁜 그림을 그리는 '라테 아트'가 인기를 얻고 있다.

에스프레소

음료

TASTED ☐

카페 에스프레소는 전형적인 이탈리아 커피다. 커피가 이탈리아에 들어온 것은 16세기의 일로, 오스만과 거래하던 베네치아 상인을 통해 등장했다(285쪽 커피의 역사 참조).

처음에는 이탈리아에서도 커피를 달여 마시는 터키식 방법(316쪽 참조)을 따라 커피 가루가 그대로 남아 있는 커피를 마셨다. 그러다 여과하거나 우리는 등 다른 방식을 시험하기 시작했으며, 1884년 토리노의 발명가 안젤로 모리온도Angelo Moriondo가 손님에게 주문이 들어오면 커피를 바로 준비할 수 있는 기계에 관한 특허를 출원하면서 커피 역사의 전환점이 마련되었다. 1905년 밀라노 회사 라 파보니La Pavoni가 최초의 에스프레소 머신을 생산하면서 비로소 카페에서 상업적으로 이 커피 기계를 이용할 수 있었다. 만일 토리노 사람과 밀라노 사람이 서로 자기 지역이 에스프레소를 발명했다고 주장한다면 둘 다 맞는 말이 되는 셈이다. 방법 자체는 토리노에서 발명했지만 최초의 머신을 생산한 곳은 밀라노이기 때문이다.

에스프레소를 만드는 원리는 곱게 빻은 커피 가루 7그램에 뜨거운 물 30밀리리터를 10바bar 압력으로 통과시켜서 모든 향을 추출하는 것이다. 추출 시간은 25초 정도며, 옅은 황금색 거품이 위에 고인 고도로 농축된 커피가 된다.

에스프레소는 이탈리아에서 가장 많이 마시는 커피이자 커피의 표준이다. 실제로 그냥 '커피 한 잔un caffè'을 주문하면 에스프레소가 나온다. 이보다 더 농축된 커피를 원한다면 리스트레토ristretto, 물을 타서 연하게 만든 커피를 마시고 싶다면 카페 룽고caffè lungo를 마시면 된다. 이탈리아에서는 에스프레소에 작은 물 한 잔을 곁들여서 마시며, 설탕을 타지 않고 의자에 앉기보다는 바에 선 채로 마신다.

리몬첼로

이탈리아에서 리몬첼로는 오직 나폴리 남부의 소렌토 지역에서 자란 레몬으로만 만들 수 있다. 다른 지역에서도 비슷한 레몬 리큐어를 생산하지만 리모넬로limonello, 리몬치노limoncino, 리쿠

음료

TASTED ☐

오레 디 리모네liquore di limone 등 다른 이름을 사용해야 한다.

리몬첼로는 레몬 껍질을 알코올에 재운 다음 물과 설탕을 섞어서 만든다. 우선 180프루프(90도)의 알코올 1갤런당 레몬 약 40개의 껍질을 벗겨내서 섞은 다음 레몬의 풍미가 알코올에 전부 스며들 때까지 3~8주간 재운다. 그 후 레몬 껍질을 제거하고 설탕과 물을 더해서 단맛이 나고 최종 도수가 50~60프루프(25~30도)가 되도록 한다. 리몬첼로는 1갤런당 설탕이 약 140그램 들어가므로 상당히 달콤하다.

리몬첼로는 전통적으로 식사가 끝난 후에 소화용 식후주로 마신다. 작은 도자기 잔에 담아서 차갑게 마시는데, 소렌토 지역에서는 잔까지 차갑게 냉장 보관하기도 한다.

베르무트 VERMOUTH

음료

TASTED ☐

베르무트는 설탕과 브랜디, 허브, 향신료를 섞은 와인이다. 제조업체별로 레시피가 다르며 이 레시피는 비밀에 부치고 있다. 생산 과정에 80가지의 식물 재료가 각기 다르게 사용되기 때문에 브랜드마다 서로 맛이 다르다.

1786년 이탈리아의 증류주 제조업자 안토니오 베네데토 카르파노Antonio Benedetto Carpano가 판매할 수 있을 만큼 충분히 숙성되지 못한 저품질 와인의 맛을 개선할 방법을 찾다가 이런저런 풍미를 가미하면서 처음으로 베르무트를 만들어냈다. 그리고 와인에 가미한 많은 재료 중 하나인 쑥을 의미하는 독일어 단어 '베르무트Wermut'에서 따와 베르무트라는 이름을 붙였다. 저렴하고 와인보다 도수가 높으며(32~44프루프 또는 16~22도) 단맛이 나서 마시기 편했기 때문에 엄청난 성공을 거둘 수 있었다. 카르파노는 수요를 충족하기 위해서 연중무휴로 24시간 내내 베르무트를 생산했고, 마티니Martini와 친차노Cinzano, 캄파리Campari 등 많은 경쟁자가 등장했다.

베르무트는 원래 레드 와인으로 만들었다. 화이트 와인 베르무트는 후발 주자로, 1813년 프랑스에서 노일리 프랫Noilly Prat 이 처음 만들어냈다. 베르무트는 얼음 잔에 부어서 식전주로 마시기도 하지만 칵테일의 재료로도 인기가 높다.

특히 드라이 마티니(진과 화이트 베르무트), 맨해튼(위스키, 레드 베르무트, 비터스 몇 방울), 아메리카노(레드 베르무트, 비터스, 소다수), 네그로니(진, 캄파리, 레드 베르무트, 비터스) 등의 칵테일에 두루 쓰인다.

스페인과 포르투갈

SPAIN AND PORTUGAL

스페인과 포르투갈 요리는 다양한 문화의 영향을 받았다. 먼저 페니키아와 그리스, 로마가 이베리아반도를 점령하면서 포도원과 올리브 과수원이 발달했다. 그리고 8세기에서 15세기 사이에는 아랍의 점령으로 단맛과 짠맛을 함께 배합하는 조리법과 새로운 과일(무화과와 오렌지), 향신료(사프란, 시나몬, 육두구) 등이 다양하게 들어오며 요리에 큰 영향을 미쳤다.

　마지막으로 신대륙을 발견하면서 토마토와 감자, 옥수수, 고추, 파프리카, 바닐라, 초콜릿 등 미지의 재료가 풍성하게 도입되기 시작했다. 이베리아반도는 이를 빠르게 흡수했다. 수 세기에 걸쳐 들어온 이러한 재료와 영향이 없었다면 파에야를 포함해 지금 우리가 아는 여러 스페인 요리는 탄생할 수 없었을 것이다.

　해산물을 가장 많이 먹는 곳은 놀랄 것도 없이 해안 지역이다(포르투갈에서는 특히 대구가 인기가 좋다). 내륙 식자재의 왕은 돼지고기로 소시지나 햄, 푸딩을 비롯한 다양한 레시피에 사용한다. 이베리아반도는 치즈로도 유명하며 소젖, 양젖, 염소젖 또는 이 세 가지를 섞어서 다양하게 만든다.

　일찍 먹는 아침 식사를 제외하면 스페인의 식사 시간은 늦은 편이다. 오후 2시 전에 점심을 먹는 일은 거의 없으며 저녁 식사는 대개 오후 9시 이후다. 그러나 저녁 식사를 하기 전 늦은 오후에 다양한 요리를 한 입 거리로 만들어 맥주나 상그리아를 곁들이는 타파스tapas라는 간식을 즐겨 먹는다.

　이베리아반도를 상징하는 재료는 마늘과 토마토, 올리브 오일로 이 재료가 하나도 들어가지 않는 음식은 찾기가 어려울 정도다. 디저트의 경우 달걀노른자를 주로 활용하며, 특히 포르투갈에서는 노른자가 거의 대부분의 메뉴에 들어간다. 음료의 경우 오랜 사과주 생산 역사가 있고, 주요 와인 생산지이기도 하다. 리오하의 레드 와인과 포르투갈의 포트 와인이 가장 인기가 높다.

칼솟

스페인

과일과 채소

TASTED ☐

매년 1월 말이 되면 카탈루냐 사람들은 제철을 맞은 칼솟을 간절하게 기다린다. 칼솟은 계통적으로 양파와 가까운 식물로 남부 카탈루냐 지역에서만 자란다. 칼솟을 제대로 맛보려면 전통적인 칼솟타다calçotada를 먹어보는 것이 좋다. 먼저 칼솟의 푸른 부분을 잘라내서 손질한 다음 포도 덩굴로 지핀 불에 올린다. 칼솟이 익으면 기와 모양의 테라코타 그릇에 담아서 아몬드와 토마토, 뇨라ñora라는 달콤한 고추로 만든 살비차다salvitxada 소스를 곁들여 식탁에 차린다.

먹을 때는 칼솟의 녹색 끄트머리 부분을 잡고 소스에 찍은 다음 입에 넣으면 된다. 먹다 보면 지저분해지므로 보통 식사 전에 큰 앞치마를 입는다. 칼솟을 먹은 다음에는 뜨거운 숯불에 고기를 구워서 레드 와인을 담은 병과 함께 식탁에 차리고 모두 함께 나누어 먹으며 축제 분위기를 즐긴다.

칼솟의 맛은 리크나 실파와 비슷하지만, 장작불에 굽는 방식과 소스가 특별한 풍미를 선사한다. 정통 칼솟타다를 경험하고 싶다면 매년 1월 마지막 일요일에 가장 유명한 칼솟타다 행사가 열리는 작은 마을 발스valls를 방문해보자.

CANE APPLE

케인애플

아일랜드 딸기라고도 부르지만 사실 딸기와는 전혀 관련이 없는 케인애플은 껍질에 작은 원뿔형 돌기가 있는 체리 크기의 작은 과일이다. 지중해 전역에서 나지만 훨씬 북쪽에서도 기를 수 있어서 아일랜드에서도 자란다. 무화과처럼 작은 씨앗이 많이 들어 있는 과육은 질감이 부드럽다. 맛이 아주 가벼우며 은은한 단맛에 살구 향이 돈다. 생과일로 먹기도 하지만 보통 잼이나 젤리로 유통하는 편이며 포르투갈에서는 메드로뉴medronho라는 브랜디를 만든다.

메드로뉴는 남부 알가르베 지역의 특산품으로 잘 익은 케인애플을 2~3개월간 발효시킨 다음 구리 증류기에서 증류하여 통에 담고 약 8개월간 숙성시켜서 병입한다. 알코올 함량이 약 80프루프(40도)인 과일 리큐어로 보통 작은 잔에 담아서 소화용 술 또는 두 번의 끼니 사이에 기분을 환기하는 용도로 마신다.

포르투갈
과일과 채소
TASTED ☐

MILD GARLIC

마일드 갈릭

마일드 갈릭은 매운맛이 없어서 견과류나 올리브처럼 애피타이저로 먹을 수 있는 스페인 간식이다. 마일드 갈릭을 만들려면 우선 어린 마늘을 백식초를 섞은 물에 데쳐 맵고 아린 맛을 제거한다. 그런 다음 올리브 오일에 절여 보존한 상태로 판매하는데, 여기에 월계수잎이나 타임, 오레가노, 머스터드씨 등으로 맛을 내기도 한다. 그러면 달콤한 풍미와 아삭한 질감이 유지되어 오랫동안 보관할 수 있다. 마일드 갈릭은 대부분 타파스로 먹지만 샐러드에 넣거나 으깨서 마늘 크림을 만들기도 한다.

스페인
과일과 채소
TASTED ☐

오히블랑카 올리브 오일

스페인
향신료와 양념

TASTED ☐

스페인에서는 수많은 올리브 품종을 재배하지만 그중에서도 오히블랑카(루센티나lucentina라고도 불린다)로 매우 섬세하고 균형 잡힌 올리브 오일을 만들어낸다.

주요 재배지는 안달루시아다. 열매는 다른 품종보다 크기가 커서 개당 약 6그램 정도다. 열매가 가지에 단단히 붙어 있어서 기계 수확(나무줄기를 흔들어서 떨어지는 올리브를 그물로 받아내는 방식)으로는 제대로 모으기 힘들기 때문에 손으로 따야 한다. 다른 품종보다 오히블랑카 올리브의 가격대가 높은 이유다.

오히블랑카 품종만 사용한 올리브 오일은 맛이 섬세하고 쉽게 산화된다. 따라서 빛으로부터 보호하기 위해 작은 금속 캔에 담아 판매한다. 황금빛이 도는 녹색에 신선한 풀과 아몬드, 풋사과 향이 돌고 가벼운 단맛과 매콤한 맛에 적당히 쓴맛이 섞인 아주 독특하고 신선한 풍미를 지니고 있다.

오히블랑카 올리브에 다른 품종을 섞을 때도 있다. 원산지 명칭 보호가 적용되는 루세나 지역에서는 보통 오히블랑카 90퍼센트에 나머지 10퍼센트는 아르베키나arbequina나 피쿠알picual을 섞어서 올리브 오일을 만든다. 양질의 올리브 오일 제품이라면 으레 그렇듯 저온 압착으로만 제조한다.

전국에 약 3억 그루의 올리브 나무가 자라는 스페인은 세계 제일의 올리브 오일 생산국이다. 전 세계 총생산량의 40퍼센트 이상을 차지한다. 물론 주요 소비국 중 하나이기도 하다. 1인당 연간 소비량이 거의 14리터에 달하는 스페인을 능가하는 나라는 1인당 연간 소비량이 23리터 이상인 그리스뿐이다!

마요네즈

스페인

향신료와 양념

TASTED ☐

마요네즈라는 명칭(스페인어로는 마오네사mahonesa)이 발레아레스제도에 있는 마요르카섬의 수도 마온Mahon 항구에서 유래했다는 사실은 그리 잘 알려지지 않았다.

1756년 7년전쟁 당시 프랑스군이 영국군(당시 메노르카섬을 점령하고 있었다)과 대치하며 이곳에 침공했을 때 올리브 오일과 달걀, 마늘을 유화해서 만드는 아이올리 보aioli bo라는 발레아레스제도의 전통 소스를 발견한 것으로 추정된다.

이 조리법이 프랑스로 넘어가면서 마늘이 빠지고 오늘날 우리가 알고 있는 마요네즈로 바뀐 것이다. 마요네즈는 유럽 전역으로 퍼지면서 서서히 인기를 얻기 시작했지만 20세기 초에 패스트푸드 레스토랑이 번성하면서 케첩(512쪽 참조)과 함께 가장 흔한 양념으로 등장하며 세계적으로 명성을 떨쳤다.

레몬즙 또는 식초, 오일, 달걀노른자, 소금 이렇게 네 가지 재료만 있으면 마요네즈를 만들 수 있다. 가끔 맛을 내기 위해 머스터드를 추가하기도 한다.

달걀노른자에 레몬즙이나 식초를 섞은 다음 오일을 천천히 부으면서 쉬지 않고 휘저어 유화시킨다. 그러면 옅은 노란색을 띠면서 섬세한 달걀의 풍미가 느껴지는 걸쭉한 마요네즈가 완성된다. 샌드위치 빵에 바르는 스프레드로는 물론이고 감자튀김이나 채소, 새우까지 다양한 음식을 찍어 먹는 딥으로 사용할 수 있다.

칸타브리아 안초비 CANTABRIAN ANCHOVY

스페인

해산물

TASTED ☐

안초비는 프랑스와 스페인 사이의 비스케이만에서 수 세기 동안 잡아온 생선이다. 프랑스와 스페인에는 안초비 통조림 공장이 많이 있지만 가장 고급 제품은 칸타브리아의 작은 마을 산토냐에서 생산한다.

'안초비'는 사실 길이 12센티미터 이하에 푸르스름한 은빛 껍질과 오메가3 지방산이 풍부한 기름진 살점을 지닌 다양한 종류의 생선을 지칭한다.

안초비는 날생선이나 튀김으로 판매하기도 하지만 대부분 다음 두 가지 기법으로 보존한다. 스페인어로 안초아스anchoas라고 불리는 소금에 절인 안초비, 그리고 보케로네스boquerones라고 불리는 식초에 절인 안초비다. 둘 다 올리브 오일에 담가서 판매하지만 맛이 상이하다. 보케로네스는 섬세하고 은은한 단맛이 돌아서 타파스 재료로 인기가 좋다. 반면 안초아스는 짠맛이 훨씬 강해서 샐러드 토핑이나 짭짤한 파이, 피자 재료 등으로 사용한다.

앙굴라스 ANGULAS

스페인

해산물

TASTED ☐

앙굴라angula는 대서양을 가로질러 거의 6000킬로미터를 헤엄쳐 온 새끼 뱀장어다. 유럽 뱀장어는 7~10세쯤 성적으로 성숙하면 유럽을 떠나서 대서양을 건너 버뮤다와 바하마 사이의 사르가소해에서 번식한다. 6개월 동안 하루에 약 40킬로미터를 여행한 후 짝짓기를 하고, 암컷은 마리당 1만 개 이상의 알을 낳는다. 알이 부화하면 2.5밀리미터도 안 되는 아주 자그마한 치어가 나온다. 1주일 후면 치어는 유럽으로 돌아가는 여정을 시작하며,

유럽 해안에 도달하기까지 몸길이의 약 1000만 배에 해당하는 거리를 이동한다. 인간으로 치면 지구를 약 2.5바퀴 도는 셈이다! 유럽에 도착할 때 즈음이면 치어는 길이 6센티미터가 조금 넘는 크기의 새끼 뱀장어가 되어 있다.

새끼 뱀장어는 스페인에서 매우 인기가 좋으며 가격도 아주 비싸다. 밤에 어선의 불빛에 이끌려 오면 그물로 잡는다. 막 잡았을 때는 작고 투명한 스파게티처럼 보인다. 익히면 흰색으로 변한다. 아주 섬세한 맛이 나며 아직 뼈가 형성되기 전이라 매우 부드럽기 때문에 머리까지 통째로 먹는다.

보통 익힌 상태로 판매하므로 데우기만 해서 내면 된다. 가장 인기 있는 레시피는 작은 도기 냄비에 올리브 오일을 두르고 튀긴 새끼 뱀장어에 튀긴 마늘과 고추를 곁들여 내는 앙굴라스 아라 빌바이나angulas a la bilbaína다.

GOOSE BARNACLE
거북손

스페인
해산물
TASTED ☐

거북손은 해안 지역의 바위에 붙어서 자라는 아주 이상하게 생긴 갑각류다. 짙은 색 막으로 이어진 흰색 비늘이 덮인 작고 유연한 원통형 발처럼 생겼으며, 불꽃 같은 모양을 하고 있다.

영어로는 '구스 바너클', 스페인어로 '페르세베스percebes'라고 불리는 거북손은 의외의 진미로, 바닷물로 수 분간 삶아서 접시에 수북하게 담아서 낸다. 우리가 먹는 부분은 사실 거북손이 바위에 붙어 있게 하는 작은 근육이다. 비늘이 덮인 부분에서 거북손의 발을 분리하여 약 3센티미터 길이의 분홍색 근육이 드러나게 해야 먹을 수 있다. 거북손은 대합 등 다른 조개와 비슷하지만 훨씬 강렬한 풍미에 탄탄한 질감으로 매우 독특한 미식 경험을 선사한다.

거북손은 주로 스페인과 포르투갈에서 먹는다. 야생에서만 ~~수~~획되며 파도와 ~~싸우는~~ 산소 ~~농도가 높~~ 은 지역에서만 자라기 때문에 채취 과정이 위험하다. 칠레 에서 식용으로 인기가 높은 피코로코스picorocos도 거 북손과 유사한 품종이다.

정어리

SARDINE

포르투갈
해산물
TASTED ☐

정어리는 은빛이 도는 기름진 등 푸른 생선으로 길이가 최대 20센티미터에 이른다. 프랑스어 이름 '사르딘sardine'은 이탈리 아의 사르데냐섬에서 따온 것이다. 이 섬 근처에서 정어리가 많 이 잡혀서 고대 그리스 어부들이 붙인 이름이다.

정어리는 대구와 더불어 포르투갈에서 가장 인기 있는 생선 이다. 보통 뜨거운 숯불에 구워서 올리브 오일과 굵은 소금을 뿌 려 먹는다. 정어리를 완벽하게 구우려면 기술이 필요하다. 살점 은 촉촉하고 부드럽지만 껍질은 섬세하게 바삭바삭해지도록 구 워야 하기 때문이다.

구이 외에도 올리브 오일에 절인 통조림 제품으로 많이 유통 한다. 20세기 초 포르투갈이 세계 최대의 생선 통조림 수출국 이 될 만큼 정어리 통조림 생산은 주요 산업이 되었다. 제2차 세 계대전 이후 쇠퇴하기는 했지만 아직까지도 포르투갈은 손으로 분류하고 손질해 만드는 정어리 통조림으로 유명하다. 양질의 정어리 통조림은 좋은 와인과 마찬가지로 오랜 시간 동안 숙성 시킬 수 있다. 수년 후면 질감이 거의 캐러멜화되면서 아주 깊은 감칠맛을 느낄 수 있다.

갈리시안
블론드 소고기

갈리시안 블론드는 고기의 품질이 뛰어나기로 이름 높은 소 품종이다. 다른 소 품종은 대부분 6세가 되기 전에 도축하지만 갈리시안 블론드는 거의 15년에서 20년 가까이 키운 다음 도축한다. 갈리시안 블론드는 스트레스를 거의 받지 않고 어미 소와 송아지를 분리하는 일도 없이 시골에서 고요한 일생을 보낸다.

어깨높이는 약 1.5미터에 달하며 무게는 1800킬로그램까지 나간다. 스페인 내 대서양 연안 지역인 갈리시아에서만 키우는 품종으로 잔디와 토끼풀, 해변 식물을 먹으면서 자라 고기에서 가벼운 해산물 풍미가 느껴진다. 기름진 고기를 약 3주에서 3개월까지 숙성시켜 질감이 더욱 부드러워지고 풍미가 농축된다. 보통 구이용으로 손질하며 현지에서 가장 유명한 조리법은 바스크 지방의 갈빗살 스테이크 출레톤txuletón이다.

스페인

육류

TASTED ☐

하몽 이베리코
데 베요타

반박의 여지 없이 하몽 이베리코 데 베요타는 스페인 미식계의 스타이자 세계 최고의 염장 햄으로 여겨진다. 그러나 모든 하몽 이베리코가 똑같지 않기 때문에 시장에서 판매되는 제품의 차이점을 이해하는 것이 중요하다. 품질은 돼지의 품종과 먹이의 구성, 키우는 방법(공장식 또는 전통식)에 따라 달라진다. 하몽은 더 크고 살코기 비중이 높은 뒷다리를 일컫는 용어로, 그보다 저렴한 대체재로는 앞다리(팔레타paleta)가 있다.

최고의 하몽에 쓰이는 돼지 품종은 '검은 발', 즉 파타 네그

스페인

육류

TASTED ☐

라pata negra라는 별명으로도 불리는 튼튼한 품종 세르도 이베리코cerdo Ibérico(검은 이베리아 돼지)다. 품종 다음으로 중요한 요소는 식단의 구성이다. 도토리(스페인어로 베요타)를 먹인 돼지고기는 훨씬 풍미가 깊다.

스페인에서는 소비자의 편의를 위해 2014년부터 제품을 구분할 수 있는 라벨링 제도를 도입했다. 흰색, 녹색, 빨간색, 검은색의 네 가지 색깔 라벨을 붙이는 것이다. 흰색과 녹색, 빨간색 라벨은 검은 이베리아 돼지와 흰색 돼지 품종의 교배종으로 생산한 제품에 부착한다. 흰색 라벨이 붙은 하몽은 품질이 조금 떨어지고(공장식 사육, 곡물 먹이 공급) 빨간색 라벨의 햄이 최상급이며(자유 방목 사육, 도토리 먹이 공급) 녹색은 그 중간이다(자유 방목 사육, 곡물 먹이 공급). 검은색 라벨은 진정한 하몽 이베리코 델 베요타에만 붙일 수 있는데, 자유 방목으로 사육하고 도토리 먹이를 공급한 순종 검은 이베리아 돼지로 생산했다는 표시다.

생산 공정은 수 세기가 지나도록 변함이 없다. 도축 후에 뒷다리를 자른 다음 하룻밤 동안 냉장했다가 소금물에 담가서 약 1주일간 재운다. 그런 다음 세척해서 매달아 말린 후 그대로 24개월에서 48개월까지 숙성시킨다. 그러면 마스터 코르타도르master cortador가 아주 얇게 썰어내곤 하는 향긋한 하몽이 완성된다. 하몽의 지방 부분은 감칠맛이 아주 풍부하고 달콤한 헤이즐넛 향이 느껴진다.

로모 이베리코

LOMO IBÉRICO

스페인
육류

TASTED ☐

이베리아 돼지는 다리만 먹는 것이 아니며, 모든 부분이 남김없이 여기저기 사용된다. 피는 모르시야morcilla라는 소시지를 만드는 데에 쓰인다. 담백한 살코기와 지방으로는 파프리카로 풍미를 살린 초리소나, 그 사촌 격으로 숙성 기간이 더 긴 모르콘 morcón 등의 소시지를 만든다.

　이베리아 돼지 중에서 특히 사랑받는 부위는 로모라는 작은 덩어리로, 날고기 또는 염장 제품으로 판매한다. 로모는 돼지 등심이다. 옅은 붉은색에 지방이 대리석 무늬처럼 박혀 있는 부위로 동물의 등 쪽에 위치한다. 약 150킬로그램 정도의 돼지 한 마리에서 약 4킬로그램짜리 등심 두 개를 얻을 수 있다. 로모는 담백하면서 부드럽다. 검은 이베리아 돼지의 로모는 아 라 플란차a la plancha 방식으로 소금을 약간 뿌려 철판에 굽는다. 입에서 살살 녹을 정도로 부드러우며 고소한 향기가 일품이다.

　로모는 소금에 절인 후 최소 3개월간 건조하여 보존육으로 만들 수 있다. 로모 엠부차도lomo embuchado라고 부르며 주로 아주 얇게 저며서 타파스로 먹는다.

SOBRASADA　　소브라사다

스페인
육류
TASTED ☐

발레아레스제도의 전통 소시지인 소브라사다는 여름에는 차갑게, 겨울에는 그릴에 굽거나 튀겨서 따뜻하게 먹는다. 돼지의 모든 소화기관을 케이싱으로 사용할 수 있으며, 사용하는 부위에 따라 여섯 가지로 구분한다. 소장으로 만들면 롱가니사longaniza, 대장으로 만들면 리사다risada, 결장으로 만들면 폴트루poltrú, 직장으로 만들면 쿨라나culana, 방광으로 만들면 부페타bufeta, 위로 만들면 비스베bisbe라고 부른다. 그중 가장 맛이 뛰어난 것은 커다란 자루 형태의 비스베로, 무게는 30킬로그램을 넘기기도 한다. 여럿이 나누어 먹기 좋아서 가족 행사에 내놓기 좋은 메뉴다.

　소브라사다를 만들려면 먼저 살코기와 돼지 지방에 소금, 후추, 파프리카 가루로 양념을 해서 잘 섞는다. 그런 다음 수 주일에서 수년간 건조시킨다. 시간이 지날수록 질감이 달라진다. 처음에는 주황빛을 띠며 아주 부드럽지만(스프레드처럼 빵에 발라 먹을 수 있을 정도다) 점차 단단해지면서 진한 갈색으로 변한다.

안달루시아 가스파초

ANDALUSIAN GAZPACHO

차갑게 먹는 스페인 남부의 전통 수프 가스파초는 올리브 오일과 식초, 빵, 토마토, 양파, 마늘, 피망, 오이 등 채소로 만든다. 원래는 잘게 부순 빵과 오일, 식초를 섞어서 만드는 단순한 죽 요리였지만 채소를 넣기 시작하면서 오늘날 우리가 잘 알고 있는 인기 요리가 되었다. 토마토가 들어간 주황색 가스파초가 가장 흔하지만 흰색 가스파초(마늘과 아몬드), 녹색 가스파초(녹색 피망, 오이, 민트) 등도 있다.

안달루시아 가스파초　　　　　　　　　　　　　　6인분

재료 · 토마토 5개, 오이 1/2개, 녹색 피망 1개, 빨간 피망 1개, 빵 1장, 양파 1/2개, 마늘 1쪽, 올리브 오일 6큰술, 백식초 3큰술, 소금

- 토마토와 오이는 껍질을 벗기고 피망은 반으로 잘라 씨를 제거한다. 채소를 종류별로 각각 30g씩 덜어 깍둑 썬다. 빵은 물에 불린 다음 믹서기에 넣고 깍둑 썬 채소를 제외한 토마토, 오이, 피망, 양파, 마늘을 넣는다. 올리브 오일과 식초를 넣어서 곱게 간다. 소금을 섞어서 체에 내린다. 2시간 동안 냉장고에서 차갑게 식힌다.
- 그릇에 담아서 깍둑 썬 채소를 뿌려 장식한 다음 차갑게 낸다.

ARRÒS NEGRE

아로스 네그레

카탈루냐와 발렌시아 지역의 전통 음식으로 카탈루냐어로는 '아로스 네그레', 스페인어로는 '아로스 네그로arroz negro'라고 불리며 둘 다 검은 쌀이라는 뜻이다. 이탈리아에서는 '오징어 먹물을 넣은 쌀'이라는 뜻으로 '리소 알 네로 디 세피아riso al nero di sepia'라고 부른다. 실제로 흰쌀을 이용하며 닭 육수 대신 생선 국물을 이용한다는 점을 빼면 파에야와 매우 비슷하다. 오징어 먹물을 넣어서 특유의 검은색을 내고 아주 진한 감칠맛을 가미한다.

아로스 네그레   6인분

재료 · 오징어 2마리, 양파 1개, 마늘 2쪽, 올리브 오일 2큰술, 파에야용 쌀 2컵(400g), 생선 국물 4컵, 소금, 오징어 먹물 20g, 드라이 화이트 와인 150ml

---

- 오징어는 다리와 몸통을 분리한 다음 몸통을 길게 갈라서 열고 속을 깨끗하게 씻는다. 뼈와 입을 제거하고 다리와 몸통을 잘게 썰어 얼음물에 담근다.
- 양파와 마늘을 잘게 다진 다음 대형 냄비에 올리브 오일을 두르고 노릇노릇하게 수 분간 볶는다. 오징어와 쌀을 넣고 골고루 잘 섞은 다음 생선 국물을 붓고 소금 간을 가볍게 한다. 오징어 먹물과 화이트 와인을 붓고 잘 섞은 다음 강한 불에서 10분간 익힌다. 불 세기를 중간으로 낮추고 10분 더 익힌다(쌀이 국물을 완전히 흡수해야 한다).
- 깨끗한 천을 덮어서 3분간 뜸을 들인 다음 냄비째 식탁에 차린다.

바칼라우 아 브라스

BACALHAU A BRÁS

포르투갈
전통 음식

TASTED ☐

포르투갈에서 바칼라우bacalhau라고 불리는 대구는 16세기부터 이 나라의 필수 식량이었다. 포르투갈의 대구 조리법은 워낙 다양해서 1년 내내 매일 다른 요리를 먹을 수 있다고 한다!

대구는 보통 염장해서 건조 시킨 상태로 판매한다. 이 상태로 아주 오랫동안 보관할 수 있으며, 24시간에서 36시간 정도 물에 불려서 조리한다. 하지만 포르투갈 해역에서 대구가 잡힌 적은 한 번도 없다. 대부분은 캐나다 해안 근처 뉴펀들랜드 주변의 냉수 해역에서 잡는다. 이렇게 잡아 올린 귀중한 대구는 포르투갈까지 몇 개월간 항해를 해야 했기 때문에 선원들은 낚은 즉시 대구를 염장 및 건조해서 보존식품으로 만들어 판매했다.

바칼라우 아 브라스는 매우 유명한 대구 요리법 중 하나다. 잘게 부순 대구 살과 양파, 막대 모양으로 채 썬 튀긴 감자를 스크램블드에그를 이용해 한 덩어리로 익혀 만든다. 보통 블랙 올리브와 소량의 파슬리를 뿌려서 장식한다.

그 외에 인기가 좋은 대구 조리법으로는 바칼라우 콩 나타스 bacalhau com natas(크림을 넣은 대구 요리), 파스테이스 데 바칼라우 pasteis de bacalhau(작은 대구 튀김), 바칼라우 노 포르누bacalhau no forno(올리브 오일에 익힌 대구 오븐 구이) 등이 있다.

PAELLA VALENCIANA 파에야 발렌시아나

파에야는 아마 해외에서 가장 유명한 스페인 음식일 테지만 18세기 이후 발렌시아 지역에 등장한 레시피이므로 그리 오래된 전통이라고는 볼 수 없다. 이 지역 농부들은 8~15세기 아랍 지배의 유산으로 쌀농사를 지었으며 닭고기나 오리고기, 토끼고기, 달팽이 등 구할 수 있는 고기라면 무엇이든 넣고 사프란으로 맛을 낸 쌀 요리를 먹었다.

파에야가 지금과 같은 형태가 되면서 인기를 얻은 것은 19세기로, 고급 유럽 레스토랑에서 '발렌시아식 쌀 요리'라는 이름으로 판매하기 시작하면서였다. 조리에 사용한 냄비의 이름을 따 '파에야'라는 이름이 붙은 것은 그 이후의 일이다. 그리고 1960년대에 스페인 단체 관광이 이루어지면서 파에야가 세계적인 인기를 얻게 되었다.

현재 파에야 발렌시아나의 레시피는 법으로 규정되어 있으며 반드시 현지에서 재배한 '봄바bomba'라는 품종의 쌀, 토마토, 토끼고기, 닭고기, 깍지콩, 캐롭carob, 사프란, 올리브 오일, 물, 소금 등 10가지 재료가 들어가야 한다.

오리고기나 달팽이, 마늘, 로즈메리, 파프리카 가루, 아티초크 등 일부 추가 재료는 허용된다. 그러나 그 외의 재료를 사용하면 파에야 발렌시아나라고 할 수 없다. 파에야 마리네라paella marinera(해산물 파에야), 파에야 믹스타paella mixta(육류와 해산물이 들어간 파에야), 그리고 최근 들어서는 채식 파에야까지 파에야 레시피는 매우 다양하다.

스페인에서는 축제가 열리면 대량

의 파에야를 요리하는 전통이 있다. 지금까지 만들어진 가장 큰 파에야는 1992년 3만 6287킬로그램의 파에아를 21미터 크기의 팬에 조리하여 10만 명 이상의 손님에게 제공한 것이다.

젖먹이 돼지

SUCKLING PIG

포르투갈
전통 음식

TASTED ☐

젖먹이 돼지는 결혼식 등 특별한 행사 때 먹는 포르투갈의 축제 음식이다. 요즘에도 보통 일요일에 온 가족이 모일 때 먹는 음식으로, 3~4킬로그램짜리 젖먹이 돼지 한 마리를 통째로 익혀서 나누어 먹는다.

젖먹이 돼지를 먹는 전통은 17세기부터 돼지를 사육해온, 리스본과 포르투 사이의 바이라다 지역에서 생겨났다. 1949년에는 이 진미를 전문적으로 선보이는 페드루 두스 레이통이스Pedro dos Leitões라는 이름의 레스토랑이 처음으로 문을 열었다. 이곳은 아직 건재하며, 여러 후발주자가 그 뒤를 이어 등장했다.

젖먹이 돼지 요리를 만들려면 모유만 먹은 4~6주가량의 새끼 돼지를 도축해야 한다. 내장을 비우고 속을 손질한 다음 라드, 마늘, 후추, 소금을 섞어서 그 안에 채운다. 가죽을 다시 꿰매서 꼬챙이에 꿰어서 통째로 굽는다. 조리 시간은 약 2시간 정도이며 그동안 껍질을 주기적으로 닦아서 건조한 상태를 유지해야 한다. 그러면 우유 향이 느껴지는 매우 부드럽고 촉촉한 고기와 바삭한 껍질이 조화를 이루는 놀랍도록 섬세한 음식이 탄생한다.

카브랄레스

카브랄레스는 스페인 북부 해안 지역인 아스투리아스에서 생산하는 블루치즈다. 소젖으로 만들기도 하고 두세 종류의 동물 젖(소젖, 양젖, 염소젖)을 섞어서 만들 수도 있다. 프랑스의 로크포르 치즈(43쪽 참조)에 가까운 강한 풍미를 지니고 있으며 내부는 잘게 부서지며 톡 쏘는 맛이 난다.

우유를 약 35도로 가열해서 레닛으로 응고시킨 다음 원통형 틀에 넣어서 수일간 물기를 걸러낸다. 그런 다음 1년 내내 약 90퍼센트의 습도와 8~12도의 온도를 유지하는 피코스 데 에우로파picos de europa라는 천연 동굴로 옮긴다. 그곳에서 페니실륨 로크포르티 곰팡이로 수개월간 숙성시키면 독특한 청록색 줄무늬가 있는 속살과 짙은 노란색 껍질을 지닌 치즈가 된다. 전통적으로는 플랜틴잎으로 싸서 판매했다. 현재는 식품 안전을 위해 녹색 알루미늄 포일로 포장한다.

매년 열리는 카브랄레스 치즈 축제에서는 최상급 바퀴 모양 치즈 덩어리 경매가 열린다. 지금까지의 최고 입찰가는 2.5킬로그램짜리 치즈에 매겨진 1만 2000달러로, 세상에서 가장 비싸게 팔린 치즈 내열에 올랐다!

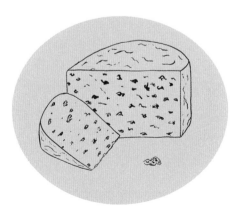

만체고 치즈   MANCHEGO CHEESE

스페인
유제품

TASTED ☐

이름에서 알 수 있듯이 만체고 치즈는 스페인의 카스티야-라만 차castilla-la mancha 지방에서 생산된다. 겨울은 아주 춥고 여름은 아주 더운 이 지역의 혹독한 기후를 버틸 수 있는 만체고라는 강건한 양의 젖으로 만든다.

이 지역의 목축 전통은 거의 5000년 이상을 거슬러 올라간다. 기원전 3세기 로마가 이 지역을 정복했을 때 만체고 치즈는 이미 널리 퍼져 있었다. 세르반테스(1547~1616)의 소설 『돈키호테』에서도 여러 번 언급된다. 돈키호테와 산초 판사는 치즈를 아주 많이 먹는다.

만체고 치즈를 만들려면 우선 양젖을 레닛으로 응고시킨 다음 원통형 틀에 담아 모양을 잡고 압착해서 물기를 걸러낸다. 그런 다음 소금물에 48시간 동안 담갔다가 최소 60일간 숙성시킨다. 하지만 만체고 치즈는 그보다 더 오래 숙성시킬 수 있다. 2~3개월간 숙성한 만체고는 세미쿠라도semicurado라고 부른다. 4~6개월간 숙성시키면 쿠라도curado, 8~12개월간 숙성시키면 비에호viejo, 1년 이상 숙성시키면 아녜호añejo 또는 레세르바reserva가 된다. 만체고 치즈의 질감과 향은 숙성에 따라 달라진다. 신선할 때는 부드럽고 살짝 톡 쏘는 맛이 난다. 시간이 지날수록 날카로운 맛이 발달하면서 탄탄하고 부스러지는 질감으로 바뀐다.

만체고 치즈는 타파스 재료로 인기가 매우 높다. 퀸스 페이스트(115쪽 참조)와 함께 내는 경우가 많으며 스페인산 레드 와인을 곁들이면 가장 맛있게 먹을 수 있다. 샐러드에 넣기도 하고 작게 깍둑 썰어서 빵가루 옷을 입혀서 만체고 튀김을 만들기도 한다.

ALICANTE TURRÓN

알리칸테 투론

투론은 꿀과 설탕, 아몬드, 달걀흰자로 만드는 스페인의 과자다. 누가와 비슷하지만 아몬드가 전체 무게의 60퍼센트 이상을 차지할 정도로 많이 들어간다는 점이 다르다. 투론의 기원은 정확히 알려지지 않았지만 투론에 들어가는 재료는 아랍이 안달루시아를 정복하면서 들여온 것이며, 조리법은 15세기 스페인의 그리스도교 국가들이 이슬람 지역을 다시 정복했을 때 이미 정립되어 있었다. 원래는 꿀로 만들었지만 신대륙의 식민지에서 설탕을 구할 수 있게 되면서 18세기부터 설탕을 사용하기 시작했다.

투론을 만들려면 우선 꿀에 설탕과 거품 낸 달걀흰자를 넣어 섞은 다음 구운 마르코나 아몬드marcona almond를 더한다. 구운 다음 투론이 달라붙지 않도록 얇은 종이를 깐 대형 틀에 부어 모양을 잡는다. 투론은 1년 내내 먹을 수 있지만 특히 크리스마스 기간에 많이 먹는다.

스페인
디저트

TASTED ☐

CHOCOLATE CON CHURROS

초콜라테 콘 추로스

길쭉하게 빚은 반죽을 막 튀겨낸 따뜻한 추로스를 걸쭉하고 부드러운 뜨거운 초콜릿에 찍어 먹는 아침 식사 메뉴인 초콜라테 콘 추로스는 아마 스페인에서 하루를 시작하는 가장 좋은 방법일 것이다. 추로스에 초콜릿을 함께 내는 전통은 20세기 초로 거슬러 올라가지만 추로스는 그보다 오래된 음식이다. 주로 길거리 음식으로 팔았으며 특히 노동자들이 아침에 출근하기 전에 사 먹는 음식이었다. 아침 식사로 추로스를 먹는 전통은 오늘날

스페인
디저트

TASTED ☐

까지 이어지고 있으며, 따뜻한 초콜릿을 곁들이면서 훨씬 섬세한 스타일이 되었다.

초콜라테 콘 추로스를 맛보려면 오전 5~6시에 문을 여는 전문 식당 추레리아churreria를 방문하는 것이 가장 좋다. 밤새도록 신나게 놀고 아침으로 배를 채울 음식을 찾는 올빼미족에게도 사랑받는 메뉴다.

추로스는 라틴아메리카 전역, 특히 속에 둘세 데 레체(597쪽 참조)를 채우기도 하는 아르헨티나에서도 매우 인기가 좋다. 미국에서는 대체로 축제 때 판매하는 음식이었지만 전문 체인점이 퍼지면서 일상적인 메뉴가 되었다.

파스텔 데 나타 PASTEL DE NATA

포르투갈
디저트
TASTED ☐

포르투갈의 페이스트리에는 주로 달걀노른자와 설탕이 필수적으로 들어가며, 파스텔 데 나타도 예외가 아니다. 파스텔 데 나타는 얇은 퍼프 페이스트리에 달걀노른자와 크림, 설탕으로 만든 커스터드를 채워서 만드는 둥근 모양의 작은 타르트다. 보통 살짝 따뜻하게 데워서 슈거 파우더와 시나몬 가루를 살짝 뿌려 먹는다.

파스텔 데 나타는 리스본 벨렘 지구에 있는 제로니무스 수도원의 수녀들이 만들어낸 것으로, 파스테이스 데 벨렘pastéis de belem이라고 불리기도 한다. 당시 수녀복에 풀을 먹이는 용도로 달걀흰자를 사용하면서 남은 달걀노른자를 이용해 디저트를 만든 것이다.

이 페이스트리는 포르투갈 외에도 포르투갈의 식민지였던 브라질과 마카오에서 매우 인기가 높다. 마카오를 통해 중국 남부로 건너간 조리법은 살짝 변형되어서 영국식 달걀 커스터드에 더 가깝다. 중국어로는 단타蛋撻(달걀 파이)라고 부르며 딤섬 레스토랑(397쪽 참조)에서 디저트로 아주 인기가 좋다.

QUINCE PASTE

퀸스 페이스트

스페인
디저트
TASTED ☐

스페인어로 둘세 데 멤브리요dulce de membrillo라고 불리는 퀸스 페이스트는 퀸스로 만든 달콤한 가공식품이다. 보통 블록 형태로 판매하며 송송 썰어서 디저트로 먹거나 치즈에 곁들여 낸다. 퀸스를 칭하는 포르투갈어 마르멜루marmelo는 '마멀레이드'의 어원이기도 하다.

퀸스 페이스트는 이베리아반도의 전통 디저트이며 라틴아메리카 전역에서도 즐겨 먹는다. 아르헨티나에서는 퀸스 페이스트와 치즈를 층층이 쌓아서 비힐란테vigilante라는 디저트를 만든다.

퀸스는 캅카스가 원산지로 추정되는 나무에 열리는 배처럼 생긴 큼직한 노란색 과일이다. 그러나 배와 달리 탄닌이 많이 함유되어 있어 생으로는 먹을 수 없다. 퀸스 페이스트를 만들려면 우선 과육이 부드러워질 때까지 쪄야 한다. 그런 다음 껍질을 벗기고 심을 제거한 후 갈아서 퓌레를 만든다. 퀸스 퓌레와 동량의 설탕을 섞어서 40분간 익힌 다음 바 형태의 틀에 부어서 3일간 굳힌다. 퀸스는 펙틴이 풍부해서 굳으면서 자연스럽게 형태가 유지되니 틀에서 꺼낸 다음 잘라서 먹기만 하면 된다.

바스크 사과주

BASQUE CIDER

스페인
음료
TASTED ☐

사과주는 바스크어로 '사과 와인'이라는 뜻의 사가르도sagardo라고 불리며 최소 6세기부터 바스크 지방에서 제조되어왔다. 바스크의 사과주는 다양한 사과 품종을 이용해서 만들며 그중에서 가장 인기가 좋은 것은 산도와 당도가 완벽한 균형을 이루는 골딘 슈리아gordin xuria다.

9월에서 11월 사이에 사과를 수확한 다음 으깨서 압착하여 즙을 추출한다. 이렇게 받아낸 사과즙은 대형 나무통에 담고 10도에서 3~4개월간 천천히 발효시킨다. 그러면 자연적으로 발효가 일어나면서 약 14프루프(7도)의 신선한 사과주가 완성된다.

1월이면 바스크 지방에서 초크txotx(통 개봉 축제)가 열린다. 사과주 작업장에 모여서 주인이 직접 따라주는 사과주를 받아 마시는 행사로, 주인은 각 사과주 통에서 '초크!' 소리가 나도록 구멍을 뚫은 다음 약 60밀리리터 정도의 작은 잔에 사과주를 따라 나누어준다. 바스크 사과주는 거품이 나지 않도록 높은 데서 따라서 바로 마셔야 한다.

바스크 사과주는 다른 사과주에 비해서 당도가 낮고 기포가 아주 작다. 주로 타파스(바스크어로는 핀초스pintxos라고 부른다)와 함께 먹지만 식사 내내 자유롭게 마실 수 있다.

오르차타 데 추파

HORCHATA DE CHUFA

스페인
음료
TASTED ☐

오르차타 데 추파(발렌시아에서는 orxata de xufa라고 쓴다)는 스페인, 특히 발렌시아에서 인기가 높은 상쾌한 음료다. 주재료는 아몬드를 연상시키는 풍미로 '땅 아몬드'라고 불리는 타이거너트라는 식물의 덩이줄기다.

오르차타를 만들려면 우선 타이거너트의 덩이줄기를 깨끗하게 세척해서 으깬 다음 물과 함께 섞는다. 페이스트가 되면 압착해서 여과한 다음 설탕을 넣어 섞는다. 그러면 아몬드 밀크와 비슷한 부드러운 풍미에 살짝 단맛이 도는 유백색 음료가 완성된다. 오르차타에는 비타민과 미네랄이 풍부하고 장내 효소 강화에도 도움이 된다. 이베리아반도에 오르차타를 들여온 아랍인은 이를 약으로 활용했다.

오르차타는 스페인의 어느 슈퍼마켓에서도 쉽게 구입할 수 있지만, 애호가들은 신선한 재료로 매일 직접 오르차타를 만드는 오르차테리아에서 마시는 것을 선호한다. 발렌시아에서는 오르차타에 레이디핑거와 비슷한 파르톤farton이라는 과자를 곁들여 먹는다.

MALVASIA WINE FROM LANZAROTE

란사로테섬의 말바시아 와인

카나리아제도의 와인 문화는 스페인이 북아프리카 관체Guanche족이 거주하던 이 섬들을 식민지로 삼았던 15세기까지 거슬러 올라간다. 수 세기 동안 와인으로 부를 쌓으면서 란사로테섬에서는 독특한 와인 문화가 탄생했다. 덥고 건조한 바람이 부는 기후 때문에 포도덩굴을 땅에 가까이 붙여 가꾸면서 바람이 잘 통하는 작은 돌벽을 세워 한 그루씩 보호해야 했던 것이다.

라헤리아La Geria 계곡에는 이러한 독특한 전통 덕분에 화산 토양에 구멍을 파서 나무를 심은 다음 작은 반원형 돌벽을 둘러친 포도나무 수천 그루가 늘어서 있는 놀라운 풍경이 생겨났다. 이 계곡에 심은 주요 품종은 말바시아다. 지중해 분지가 원산

스페인
음료
TASTED ☐

지인 청포도로 특히 이탈리아와 스페인에서 인기가 높다. 16세기와 17세기에 말바시아 와인은 유럽 전역, 특히 영국에서 '카나리아 와인'으로 불리며 이름을 날렸다. 오늘날 가장 흥미로운 와인은 말바시아 둘세malvasia dulce 등의 달콤한 와인이다. 포도 철이 끝날 무렵에 수확해서 생산하여 진하고 강렬한 단맛을 지닌 와인으로 달걀노른자, 꿀, 아몬드 가루로 만든 비엔메사베bienmesabe 등 카나리아제도의 디저트와 특히 잘 어울린다.

팟사랑

스페인
음료

TASTED ☐

팟사랑(스페인어로는 파차란pacharan)은 바스크 지방의 술로 야생 슬로sloe를 무색무취의 알코올에 재우고 아니스로 향을 내 만든다. 작은 보라색 열매인 슬로는 날것으로 먹기에는 떫은맛이 너무 강하지만 젤리나 잼을 만드는 데에 사용할 수 있으며, 흔히 팟사랑이나 영국의 슬로 진 등 술에 풍미를 내는 용도로 쓴다.

팟사랑을 만들려면 우선 알코올 1갤런당 야생 슬로 약 900그램을 담가서 수개월간 숙성시킨 다음 병에 넣는다. 장식용으로 병 안에 슬로 두어 개를 띄우기도 한다. 과일 향과 독특한 아니스 풍미가 어우러지며 흔히 저녁 식사 후에 소화를 돕는 식후주로 낸다. 도수는 50~60프루프(25~30도) 정도로 약 6~8도로 차갑게 마신다.

중세 시대부터 만들어온 전통주로 그동안 거의 알려지지 않았지만 1950년대에 군 복무하던 바스크 젊은이들이 스페인 전역의 동료들에게 소개하면서 인기를 얻기 시작했다.

포트 와인

포트 와인은 포르투에서 약 100킬로미터 정도 떨어진 도루 수페리오르 계곡에서 생산된다. 포트 와인의 유명세는 이를 사랑해 마지않았던 영국인에게 빚을 지고 있다. 1667년 전까지 영국에서는 주로 프랑스 와인을 마셨지만, 프랑스와 영국 간의 무역 전쟁으로 프랑스 와인 수입이 금지되면서 영국 상인들은 다른 공급원을 물색해야 했다.

포르투갈에서 영국까지 긴 해상 여정을 거치면서 와인의 품질이 저하된다는 사실을 깨달은 상인들은 제품이 상하지 않도록 선적하기 전에 소량의 알코올을 첨가하기 시작했다.

포트 와인이 인기를 얻으면서 1704년 영국과 포르투갈은 포르투갈 와인의 영국 관세를 영구히 아주 낮은 수준으로 유지한다는 내용의 메수엔methuen 조약에 서명을 하기에 이른다. 오늘날에도 그레이엄스Graham's, 테일러Taylor, 샌드먼Sandeman 등 영국인 창립자의 이름을 딴 여러 제품명에서 영국인이 포트 와인에 미친 영향을 확인할 수 있다.

포트 와인은 와인을 선적하기 전에 브랜디 등 증류주를 와인 양의 약 20퍼센트 정도 첨가하는 영국의 '강화' 전통에서 기원한 것이다. 그러면 도수가 더 높고(평균 40프루프 또는 20도 정도) 단맛이 더 강한 와인이 탄생한다. 알코올이 발효를 멈추면서 당도가 높게 유지되기 때문이다.

포트 와인은 원래 적포도로만 제조했으며 스테인리스 스틸 통에서 단기간 숙성시키는 루비 와인, 그리고 나무통에서 장기간 숙성시키는 토니 와인의 두 종류로 구분할 수 있다. 포트 와인은 대부분 3~8년 정도 숙성시키지만, 최고의 토니 와인은 20년 이상 숙성시키기도 한다. 화이트와 로제 포트 와인은 20세기 들어 만들어졌다.

포트 와인 대부분은 숙성 연도가 다른 여러 와인을 섞어서 만들기 때문에 특정 빈티지가 존재하지 않지만, 빈티지 와인도 구하려면 구할 수 있다. 포트 와인은 보통 디저트 와인으로 마시며 체리에서 붉은 과실(루비 와인), 자두, 시나몬(토니 와인) 등 다양한 풍미가 난다.

리오하 알라베사 와인

스페인
음료

TASTED ☐

리오하는 스페인의 많은 와인 산지 중에서도 품질과 개성으로 특히 유명하다. 주로 적포도 품종인 템프라니요tempranillo를 재배하지만 그 외의 품종도 소량씩 재배한다.

리오하 와인 산지는 스페인 북부 해발 300~500미터의 고원에 자리 잡고 있다. 리오하에서는 붉은 과실과 향신료 풍미에 코코아 또는 구운 빵의 향기가 도는 균형 잡힌 레드 와인을 생산한다. 리오하 지역은 세 가지 영역으로 구분된다. 숙성 시의 잠재력이 상당한 섬세한 와인을 생산하는 리오하 알타rioja alta, 그와 비슷한 리오하 알라베사rioja alavesa, 그리고 고도가 비교적 낮은 남쪽에 위치했으며 미묘한 맛이 조금 떨어지고 일찍 마셔야 하는 와인을 만드는 리오하 바하rioja baja가 있다.

리오하 알라베사의 토양은 매우 척박하므로 여기서 자라는 포도나무는 땅속 깊은 곳에서 영양분을 끌어와야 한다. 그 덕에 복합적인 향기를 지닌 최상의 스페인 와인이 탄생하게 되었다.

벨기에·룩셈부르크·네덜란드

BELGIUM, LUXEMBOURG,
AND THE NETHERLANDS

베네룩스Benelux(서로 인접한 벨기에, 네덜란드, 룩셈부르크를 통칭하는 말)의 요리 문화는 바다(생선, 새우)와 육지(채소, 치즈, 절인 고기)에서 나오는 현지의 식자재를 최대한 활용하는 것이 특징이다.

이들 나라에서는 튀김 요리가 특히 인기가 좋다(이웃한 프랑스 북부 지역도 마찬가지다). 튀긴 음식만 판매하는 전문 길거리 매장도 있을 정도다. 이런 노점에서는 사실 프랑스가 아니라 벨기에에서 유래한 프렌치프라이나 프리카델이라는 빵가루 옷을 입힌 소시지, 치즈와 햄 등을 채워 만든 크로켓을 판다.

벨기에는 물 프리트moules frites(홍합과 튀김), 와플, 맥주로 유명하다. 그러나 그 외에도 맥주가 들어가는 소고기 스튜인 카르보나드carbonade, 걸쭉한 흰색 국물이 특징인 닭고기 또는 생선 스튜 바터조이waterzooï 등 흥미로운 음식이 많다.

네덜란드는 벨기에와 요리 유산을 일부 공유하고 있지만 오랜 해양 역사와 거대한 식민지를 거느린 경험을 통해 달걀노른자로 만드는 아드보카트 리큐어, 수 세기 동안 네덜란드와 네덜란드 동인도회사(네덜란드어로 VOC, Vereenigde Oostindische Compagnie)의 지배를 받았던 인도네시아 음식 전통에서 영감을 받은 리스타펠 등 독특한 특산물이 탄생했다.

진은 영국에서 워낙 인기가 많아 영국이 원산지로 여겨지지만 사실 중세 후기부터 주니퍼베리로 술을 빚어 약으로 사용하던 네덜란드에서 유래한 것이다.

엔다이브

벨기에
과일과 채소

TASTED ☐

벨기에에서는 치콘chicon, 그 외의 지역에서는 치커리라고 불리지만 사실 커피 대용으로 쓰이는 식물 '치커리chicory'와는 관련이 없는 엔다이브는 벨기에와 프랑스 북부를 대표하는 채소다.

어둠 속에서 길러 하얀 색상과 아삭한 질감이 특징이다. 1850년 벨기에 원예 학회의 한 직원이 치커리 모종을 지하실에서 키울 생각을 했다가 개발해낸 것이 바로 이 초록빛이 은은하게 도는 흰색 잎이 방추형으로 탄탄하게 말린 맛있는 채소 엔다이브다.

오늘날 상업 재배는 대규모 수경 재배 농장에서 3주간 영양분을 공급하는 방식으로 이루어진다. 엔다이브는 샐러드를 만들 수 있고 익혀서도 먹는데 주로 찜을 만든다. 엔다이브를 하나씩 햄에 돌돌 만 다음 베샤멜소스(밀가루, 우유, 버터로 만든 화이트소스)와 치즈를 한 켜씩 둘러서 구워낸 인기 메뉴 치콘 오 그라탱chicon au gratin 등 전통 요리의 식자재로 쓰이기도 한다.

엔다이브에서는 쌉쌀한 맛이 난다. 조리할 때 설탕을 약간 넣어서 쓴맛의 균형을 맞추는 사람도 있지만 진정한 애호가는 그 쓴맛을 귀하게 여긴다. 날것일 때는 탄탄하고 아삭아삭하지만 익히면 아주 부드러워진다.

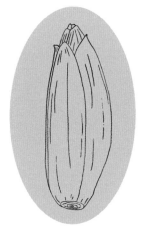

방울양배추

방울양배추는 양배춧과에 속한다. 우리가 먹는 부분은 1미터까지 자라나는 중간대를 따라 지름 약 2~3센티미터 크기로 자라나는 어린싹이다.

미국에서 재배하는 품종은 조금 더 커서 지름 약 5센티미터까지 자라난다. 방울양배추 재배는 17세기 후반, 현재는 브뤼셀시에 속하는 생질 마을에서 시작되었다. 수직으로 자라나는 덕분에 경작 면적을 크게 차지하지 않아 수익성이 매우 높아서 많은 인기를 끌었다. 영국에서도 널리 사랑받기 시작하면서 크리스마스마다 방울양배추 요리를 먹는 전통이 생겼다.

방울양배추의 수확 철은 겨울로, 찌거나 삶거나 혹은 베이컨과 함께 스튜를 만들어 먹는다. 칼로리가 낮고 비타민이 풍부해서 아주 건강에 좋은 음식이다. 달콤하고 쌉싸름한 맛을 좋아하는 사람이 있는가 하면 썩은 달걀 맛이 난다고 폄하하는 사람도 있다.

방울양배추는 잎이 단단하게 말려 있는 것이 좋으며 크기가 비슷한 것을 골라야 균일하게 익는다. 방울양배추의 바닥 부분에 십자가 모양으로 칼집을 넣어야 빨리 익는다는 내용이 적힌 요리책이 많다. 그러나 이는 조리학적 근거가 없는 주장이다. 바닥에 십자가 칼집을 넣는 관행은 양배추에 숨어 있는 악마를 쫓아내기 위한 중세 미신에서 비롯된 것이다.

주니퍼베리

네덜란드
향신료와 양념

TASTED ☐

주니퍼는 사이프러스와 같은 과에 속하는 상록수다. 북반구 전 지역에서 잘 자라나며, 짙은 보라색의 작은 원뿔 모양 열매를 맺는다.

북유럽에서는 언제나 말린 주니퍼베리를 향신료로 사용해왔다. 사워크라우트(148쪽 참조)에 필수적으로 들어가는 재료이지만 파이, 고기를 재우는 양념, 소스에도 쓰인다. 가벼운 신맛이 가미된 은은한 단맛에 수지 풍미가 느껴진다.

또한 주니퍼베리는 15세기부터 증류주의 향료로 쓰였다. 주니퍼베리를 재운 알코올은 원래 약으로 만들어졌지만 결국 술로 통용되면서 영국의 진(214쪽 참조)이 탄생했다. 진의 레시피가 발전하면서 주니퍼베리 외에도 다양한 향신료가 들어가게 되었지만 네덜란드에서는 아직도 주니퍼베리의 풍미가 훨씬 강한 에너버르jenever를 즐겨 마신다. 벨기에에서는 페켓peket이라고 불린다.

홀란제 니우

네덜란드
해산물

TASTED ☐

홀란제 니우('첫 네덜란드'라는 뜻)는 제철에 제일 먼저 잡힌 청어를 칭하는 말로 특히 살이 통통하게 오른(체중의 약 15퍼센트) 매년 6월 초순에 잡힌 것을 제일로 친다.

이 만물 청어로는 새콤하고 짭짤한 절임을 만드는데, 1년 내내 구할 수 있는 일반 청어절임과는 다른 맛과 질감을 자랑한다. 이때 청어를 손질하는 독특한 방식인 '기빙gibbing'은 14세기에 개발된 기술이다. 일단 잡고 나면 간과 췌장을 제외한 내부 장기를 제거한다. 절이는 과정에 장기에 들어 있는 효소가 방출되면서 속살이 숙성되어 입 안에서 살살 녹는 질감이 된다. 손질한 청어는 식초와 소금으로 만든 절임액과 함께 작은 나무통에 넣어서 보존한다. 일반 청어절임보다 소금이 덜 들어가기 때문에 짠맛이 덜하고 향이 진하게 느껴진다.

홀란제 니우의 제철은 약 6주일 정도로 짧다. 제철을 맞이한 첫 청어가 도착하면 네덜란드 전역에서 이를 기념하는 다양한 축제가 열리는데, 그중 규모가 가장 큰 것은 암스테르담에서 약 60킬로미터 떨어진 스헤베닝언 항구에서 열리는 축제다. 홀란제 니우는 보통 생양파를 곁들여서 길거리 음식으로 먹는다. 머리와 등뼈만 제거한 상태로 나오며, 전통적으로 꼬리를 잡고 머리부터 먹는다.

BITTERBALLEN
비터발렌

네덜란드
길거리 음식

TASTED ☐

되직한 고기 혼합물을 채워서 작게 빚어 튀긴 비터발렌은 네덜란드에서 길거리 음식이나 애피타이저로 매우 인기가 높은 메뉴다.

비터발렌을 만들려면 먼저 루를 완성해야 한다(버터를 녹여서 밀가루를 넣고 노릇노릇해질 때까지 볶는다). 그런 다음 육수를 약간 붓고 다진 고기(보통 소고기 또는 송아지 고기)와 양념(파슬리, 육두구, 때때로 커리 약간)을 넣는다. 잘 섞어서 적당량씩 떼어 지름 약 3센티미터 크기의 공 모양으로 빚은 다음 냉장 보관한다. 반죽을 빵가루에 굴려서 골고루 묻혀 기름에 튀겨서 낸다. 비터발렌은 주로 머스터드와 맥주를 곁들여서 간식으로 먹는다.

쇠기름에 튀긴 프렌치프라이

벨기에
길거리 음식

TASTED ☐

정통 프렌치프라이가 이 책에 이름을 올릴 자격이 있다 하더라도, 산업화되거나 냉동을 거치고 식용유에 튀겨져 미식의 매력을 잃어버린 감자튀김 대부분은 안타깝지만 이에 속하지 않는다. 이름과 달리 프렌치프라이는 사실 프랑스가 아니라 벨기에의 음식이다. 양국 모두 자기네 음식이라고 주장하기는 하지만 기름에 튀긴 감자가 프랑스 식탁에 오른 것은 18세기의 일로 감자를 저민 형태였으며 막대 모양의 감자튀김은 벨기에에서 처음 등장했다. 아마 제1차 세계대전 당시 유럽에 복무하며 프랑스어를 구사하는 벨기에인에게 조리법을 배운 미국 군인이 고향으로 돌아가서 프랑스어를 쓰는 사람에게 배웠다고 '프렌치프라이'라고 소개하면서 이 혼란스러운 사태가 발생하게 된 것으로 추측된다.

맛있는 정통 프렌치프라이를 만드는 데에는 두 가지 중요한 요소가 필요하다. 좋은 감자와 완벽한 튀김 기술이다. 감자튀김을 만들 때는 전분 함량이 높아서 튀겼을 때 바삭바삭한 질감이 두드러지는 구이용 품종을 사용해야 한다. 유럽에서 가장 흔하게 사용하는 품종은 빈츄bintje이며 미국에서는 리셋 버뱅크 감자가 가장 인기가 많다.

그러나 가장 중요한 요소는 조리 과정이다. 진정한 프렌치프라이는 서로 다른 온도에서 두 번 튀겨야 한다. 먼저 140도로 가열한 쇠기름에 감자를 넣고 6분간 익힌다. 그런 다음 건져서 식혔다가 먹기 직전에 180도로 예열한 기름에 2분 더 튀겨 바삭바삭한 상태로 낸다.

벨기에에서는 프렌치프라이에 보통 소금만 뿌리거나 마요네즈를 곁들여서 팔지만 미국에서는 케첩을 곁들이는 경우가 더 흔하다. 프렌치프라이는 다양한 크기로 만들 수 있지만 보통 0.6센티미터와 1센티미터 두께가 제일 흔하다. 영국에서는 프렌치프라이를 '칩스'라고 부르며(미국의 '칩스'는 영국에서는 '크리스프스crisps'라고 부른다) 보통 더 작게 썰어서 식초와 함께 낸다. 프렌치프라이는 미국의 인기 음식으로 매년 미국인 1명당 7킬로그램을 먹는 것으로 추정될 정도다!

KUDDELFLECK

쿠델플렉

룩셈부르크
전통 음식

TASTED ☐

룩셈부르크의 양 요리인 쿠델플렉은 소의 반추위로 만든다. 반추위는 반추동물의 네 가지 위 중 첫 번째이자 제일 큰 위장이다. 소화 중인 음식물을 약 100리터까지 담을 수 있다.

쿠델플렉은 반추위를 꼼꼼하게 씻어서 길게 썬 다음 향긋한 육수에 익혀서 빵가루 옷을 입히고 튀겨서 만든다. 보통 삶은 감자와 매콤한 토마토소스 또는 화이트 와인소스를 곁들여 낸다.

RIJSTTAFEL

리스타펠

네덜란드
전통 음식

TASTED ☐

리스타펠은 인도네시아 요리를 네덜란드에서 재해석한 것으로, 축하연에는 40개까지 준비하기도 하지만 보통 20개 정도의 작은 요리로 이루어진 식사 구성을 의미한다.

네덜란드와 인도네시아의 요리 문화가 결합되면서(중국의 영향도 살짝 가미되어) 탄생한 리스타펠은 네덜란드에서 맛볼 수 있는 독특한 미식 경험을 선사한다.

리스타펠은 네덜란드어로 '쌀 테이블'이라는 뜻이다. 실제로 여러 종류의 쌀 요리를 선보이며, 나머지 메뉴는 채소와 생선,

육류 요리로 구성된다. 원래 리스타펠은 17세기 네덜란드 동인
도회사의 부유한 상인이 손님에게 깊은 인상을 남기고 식민지
의 풍요로운 모습을 자랑하려는 목적으로 탄생했다.

리스타펠을 구성하는 음식에는 꼬치구이인 사테(485쪽 참조),
바비팡강babi panggang(매콤한 소스를 곁들인 돼지고기구이), 사유르
로데sayur lodeh(매콤한 국물과 코코넛 밀크로 만드는 채소 수프), 크루
푹krupuk(새우 크래커, 483쪽 참조), 그리고 쌀이 들어가는 나시고
렝nasi goreng(매콤한 볶음밥, 491쪽 참조), 나시쿠닝nasi kuning(코코
넛 밀크와 터메릭을 넣은 살짝 단맛이 나는 밥), 렘퍼lemper(잘게 찢은
고기를 채운 찹쌀밥 롤) 등이 있다.

리에주 와플

LIÈGE WAFFLE

벨기에
디저트

TASTED ☐

와플은 특유의 모양을 만들어내는 금속판 두 개에 반죽을 끼워
서 구워 만드는 작고 달콤한 케이크다. 중세 후기에 등장한 이후
로 벨기에에서 특히 인기를 얻었으며 네덜란드와 프랑스 북부
를 넘어 스칸디나비아에서도 하트 모양으로 얇게 만드는 방식
으로 식탁 한자리를 차지하고 있다.

벨기에의 전통 와플에는 두 가지 종류가 있다. 정사각형에
폭신폭신한 질감의 브뤼셀 와플과 가장자리가 고르지 않은 형
태에 더 두꺼우면서 쫀득한 리에주 와플이다. 벨기에 와플은
1960년대부터 미국에서 인기를 끌었다. 미국의 와플은 대체로
브뤼셀 유형이지만 유럽보다 얇게 만들고
토핑을 많이 올려서 유럽처럼 길거리 음
식으로 한정되지 않고 레스토랑의 디
저트 메뉴로도 인기가 좋다. 유럽에서
는 달게 먹는 것이 일반적이지만 미국

에서는 짭짤한 요리로도 맛볼 수 있다.

리에주 와플은 반죽에 시나몬을 넣어 맛을 내기도 하며 일반 설탕 대신 펄슈거를 사용한다. 굽는 동안 펄슈거가 녹으면서 리에주 와플에 특유의 질감을 선사하는 작은 캐러멜 칩이 된다.

SPECULOOS

스페퀼로스

스페퀼로스는 밀가루와 황설탕, 버터, 다양한 향신료로 만드는 맛있는 비스킷이다. 보통 시나몬과 정향을 사용하지만 카다멈, 육두구, 생강을 넣기도 한다. 이러한 이국적인 향신료는 16세기 동인도에서 각종 새로운 식자재가 담긴 화물과 함께 브루게와 암스테르담 항구로 들어왔다.

스페퀼로스는 전통적으로 크리스마스가 다가오기 3주일 전인 성 니콜라우스의 날에 굽기 시작한다. 처음에는 틀을 이용해서 성인의 모양으로 빚었지만 이제는 원형이나 직사각형, 동물 형태에 이르기까지 다양한 모양으로 굽는다. 또한 크리스마스 기간뿐 아니라 언제나 먹을 수 있다. 스페퀼로스는 커피와 함께 먹는 비스킷으로 인기가 좋으며, 곱게 으깨서 식물성 오일과 함께 섞은 스프레드 형태로도 판매한다.

벨기에,
네덜란드
디저트

TASTED ☐

STROOPWAFEL

스트룹와플

스트룹와플(시럽 와플)은 구운 반죽 두 켜 사이에 캐러멜을 채워 만드는 네덜란드의 얇은 웨이퍼 쿠키다. 19세기 중반에 하우다의 한 제빵사가 남은 비스킷과 설탕, 향신료만 가지고 디저트를 만들어야 해서 발명한 음식이다. 이후 네덜란드를 넘어서 해외

네덜란드
디저트

TASTED ☐

로 널리 퍼져 나가며 흔히 '네덜란드 와플'로 이름이 알려졌다.

지름 약 10센티미터 크기에 두께는 약 4밀리미터인 스트룹와플을 만들려면 먼저 반죽을 와플 팬에 얇게 펴서 약 2분간 굽는다. 그리고 작은 원형으로 잘라서 한쪽에 캐러멜을 펴 바르고 다른 하나를 그 위에 덮는다. 아직도 네덜란드 제과점과 길거리 상점에서는 전통 방식 그대로 스트룹와플을 만들지만, 슈퍼마켓에서도 공산품을 쉽게 구할 수 있다. 따뜻하게 데워서 먹는 것이 가장 맛있다. 일반적으로 뜨거운 차나 커피 위에 얹어서 따뜻하게 데워 캐러멜을 녹인 다음 먹는다.

아드보카트

advocaat

네덜란드
음료
TASTED ☐

아드보카트는 달걀노른자, 연유, 설탕, 브랜디로 만드는 알코올 음료다. 도수는 약 30프루프(15도)이며 달콤하고 달걀과 아몬드 풍미가 난다.

아드보카트의 역사는 매우 독특한데, 1630년 네덜란드가 브라질을 정복하면서 '뉴 홀랜드'라는 이름을 붙였을 때 탄생했다. 브라질에 정착한 네덜란드 식민지 개척자들은 거대한 농장을 세우고 아프리카계 노예를 강제 노동에 투입했다. 여기서 아보카도를 재배하면서 브랜디를 만들어내고 그 이름을 따 아드보카트라는 이름을 붙인 것이다. 1654년 포르투갈이 브라질 남부를 정복하면서 밀려나자 아보카도 대신 달걀노른자를 사용하기 시작했다.

아드보카트는 크림 같은 질감이라 마시기보다 숟가락으로 떠먹어야 할 정도다. 식전주는 물론 디저트나 칵테일 재료로 사용하기도 한다. 아드보카트를 사용해서 만드는 칵테일 중 가장 잘 알려진 것은 브랜디와 커피를 더해 섞은 다음 휘핑크림을 얹어

뜨겁게 내는 봄바르디노bombardino다. 이탈리아 알프스 지역에서 스키를 타기 전에 마시는 음료로 특히 인기가 좋다.

TRIPEL BEER
트리펠 맥주

벨기에
음료
TASTED ☐

'트리펠'이라는 이름은 원래 네덜란드와 벨기에서 만드는 강한 페일 에일에 붙이는 명칭이다. 수도원에서 세 가지 종류의 맥주를 양조하던 중세 시대까지 거슬러 올라가는 분류법에 기원을 두고 있다. 당시 수도원에서는 수도사를 위한 기본 맥주, 수도원장을 위한 더블 맥주, 중요한 손님을 위한 트리펠 맥주를 만들었다. 단순하게 더블은 기본보다 맥아를 두 배, 트리펠은 세 배를 사용했다는 뜻일 수도 있지만 사용한 곡물의 품질과 양, 그리고 알코올 도수를 나타내는 종합적인 등급으로 볼 수 있다.

트리펠 맥주는 일반적으로 도수가 상당히 높고(14~18프루프 또는 7~9도) 복숭아와 감귤류에서 건포도나 캐러멜까지 풍부한 맛을 자랑하며 제조법에 따라 매콤한 맛과 쓴맛이 이르기까지 다양한 풍미를 지닌다.

현재 양조되는 트리펠 맥주의 원조는 베스트말러Westmalle 수도원으로 알려져 있지만 시메이Chimay 등 다른 트라피스트 수도원도 같은 전통을 따르고 있다.

중유럽

CENTRAL EUROPE

중유럽의 요리 전통은 돼지고기와 양배추, 감자를 중요하게 여기는 독일의 영향을 많이 받았다. 가장 인기 있는 육류는 돼지고기로 주로 로스트로 먹지만(가장 사랑받는 메뉴는 호스래디시를 곁들인 돼지고기 정강이다) 햄이나 소시지로 만들기도 한다. 독일 소시지의 다양성은 가히 전설적이며 살코기와 지방은 물론 피, 간, 폐, 심지어 뇌까지 돼지의 모든 부위를 이용한다. 송아지 고기 소시지도 존재하는데 특히 독일의 바이스부르스트와 스위스의 장크트갈렌 소시지의 인기가 높다.

소시지는 하루 중 어느 때에든 먹을 수 있으며 다른 육류와 치즈, 빵을 곁들여서 아침 식사로 먹기도 한다. 송아지 고기도 인기가 있으며 특히 빵가루 옷을 입혀서 튀겨낸 비너슈니첼이 유명하다. 소고기는 비교적 흔하지 않은 편이다. 소는 주로 우유를 얻기 위해 사육하며 특히 스위스에서 다양한 유제품을 생산한다.

제일 인기 있는 채소는 양배추다. 생채소로도 먹고 소금에 절여서 사워크라우트로 먹기도 한다. 감자도 어디서나 구할 수 있으며 삶거나 볶거나 으깨거나 갈아서 튀기고(뢰스티), 경단(카르토펠클뢰세 kartoffelklösse)으로 빚거나 심지어 샐러드(카르토펠살라트kartoffelsalat)를 만들기도 한다. 또한 독일은 전 세계에서 가장 아스파라거스를 많이 소비하는 국가로 이 채소에 각별한 애정을 갖고 있다.

중유럽에서 가장 인기 있는 음료는 당연히 맥주다. 그중에서도 체코의 플젠에서 만든 라거가 가장 유명하다. 페일 라거를 총칭하는 필스너pilsner는 이 도시 이름에서 따온 것이다. 유구한 와인 양조 역사 또한 뛰어난 화이트 와인이 나는 오스트리아와 독일을 비롯한 중유럽 전체에 널리 존재한다.

중유럽은 1683년 빈에서 시작된 특별한 커피 문화의 발상지로 우유와 설탕, 휘핑크림, 브랜디, 심지어 달걀노른자에 이르기까지 다양한 재료를 첨가한 각종 커피 메뉴가 이 지역에서 생겨났다.

케일   KALE

독일

과일과 채소

TASTED ☐

케일은 이파리가 공 모양으로 겹겹이 싸인 대부분의 양배추와 달리 가장자리가 곱슬곱슬한 커다란 녹색 잎이 성기게 나는 양배추 품종이다.

다른 양배추와 마찬가지로 케일 또한 수 세기에 걸쳐 인류의 식량원으로는 외면받고 동물의 사료로 사용되었다. 물론 독일에서는 여전히 사료로 쓰이지만, 최근 들어서는 전 세계적으로 엄청난 관심을 받으며 특히 미국에서는 가장 트렌디한 채소에 등극했다. 칼로리가 낮고 섬유질과 항산화 물질이 풍부하며 칼슘과 비타민도 많이 함유되어 있어서 건강에 민감한 미국에서 인기를 끌게 된 것이다.

케일은 네덜란드와 독일, 특히 독일 북부에서는 그륀콜grün-kohl이라고 불리며 시골에서는 언제나 주요 식자재였다. 아직도 수확 시기가 되면 시골에서는 하이킹과 전통 놀이, 풍성한 식사, 그리고 양배추 여왕과 왕을 뽑는 콜파트kohlfahrt 축제가 열린다.

겨울 채소인 케일은 전통적으로 오랜 시간 뭉근하게 끓여서 소시지와 훈제 돼지고기(주로 볼살과 갈비, 목살)에 곁들여 낸다. 케일은 근대나 시금치 등과 비슷한 맛이 난다.

화이트 아스파라거스   WHITE ASPARAGUS

독일

과일과 채소

TASTED ☐

화이트 아스파라거스는 독일인의 열렬히 사랑하는 채소다. 매년 5월 초순에서 6월 중순 사이에 걸쳐 최소 12만 톤의 화이트 아스파라거스가 독일 전역에서 소비된다. 이맘때면 거의 모든 레스토랑에서 아스파라거스 요리를 내놓고 가정에서는 아스파라거스의 싹 부분이 물 위로 튀어나오도록 똑바로 세워 데칠 수 있게 고안된 냄비 슈파겔토프spargeltopf를 꺼낸다.

우리가 먹는 부분은 땅속에 숨은 뿌리에서 자라난 싹으로 흰색이나 보라색, 녹색을 띤다. 화이트 아스파라거스는 땅속에 완전히 묻힌 채로 자라난 싹, 보라색 아스파라거스는 끄트머리 부분만 땅에서 나오도록 재배한 싹, 녹색 아스파라거스는 완전히 햇빛을 보면서 자란 싹이다.

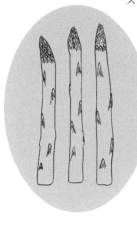

그중 독일에서 가장 사랑받는 것은 부드러운 질감과 고소한 풍미가 느껴지는 화이트 아스파라거스다. 주로 달걀노른자와 버터로 만든 홀란데이즈소스를 두르고 감자와 햄을 곁들여 먹는다. 독일에서는 아스파라거스를 귀한 별미로 취급하여 '왕의 채소'로 부른다.

PRETZEL

프레츨

독일

빵과 곡물

TASTED ☐

프레츨은 독일 남부, 프랑스 동부, 오스트리아, 스위스에서 찾아볼 수 있는 전통 빵으로 두 번 조리하는 것이 특징이다. 먼저 베이킹소다를 푼 끓는 물에 데친 다음 굵은 소금을 뿌려서 노릇노릇해질 때까지 굽는다. 그러면 속살은 가볍고 탄력 있으며 겉껍질은 바삭바삭한 프레츨이 된다.

선원의 매듭을 닮은 독특한 모양은 수도원에서 유래했다. 프레츨은 원래 수도사가 나누어 먹던 의식용 빵으로 팔짱을 낀 수도사의 팔 모양을 상징한다.

이제는 그냥 먹거나 녹인 버터만 뿌리기도 하고 소시지에 맥주를 곁

들이기도 하는 등 흔하게 즐기는 간식이 되었다. 지역에 따라 양귀비씨나 해바라기씨, 호박씨를 뿌리기도 한다.

펌퍼니클

독일
빵과 곡물

TASTED ☐

펌퍼니클은 호밀과 효모, 물로 만드는 작은 독일 빵이다. 전통 레시피에서는 절반 분량의 호밀은 통곡물 그대로, 나머지 절반은 굵게 빻아서 사용한다. 그리고 따뜻한 물에 하룻밤 동안 담가둔 다음 독일 법에 따라 최소 16시간에서 최대 24시간까지 천천히 익힌다.

긴 조리 시간 덕분에 새까만 색과 커피와 초콜릿을 연상시키는 독특한 향이 난다. 밀도가 높기 때문에 주로 얇게 썰어서 훈제 생선이나 치즈, 육류, 채소 등을 얹어 먹는다.

아주 오랫동안 보관할 수 있는 빵으로 밀폐 용기에 담아서 봉해두면 수개월에서 2년까지 품질이 유지된다. 그래서 중세 시대 말엽에는 적군에게 포위되었을 때를 대비한 비상식량으로 펌퍼니클을 만들어 저장했다. 이 빵을 발명한 곳이 독일에서도 경쟁 도시와 빈번하게 전쟁을 치르던 베스트팔렌인 것도 그 때문이다.

슈페츨레

독일
빵과 곡물

TASTED ☐

슈페츨레는 반죽을 얇고 불규칙하게 잘라낸 달걀 면 요리로 독일 남부, 프랑스 동부, 오스트리아, 스위스에서 인기가 많다. 익히고 나면 참새 둥지처럼 보인다는 이유로 슈바벤 지역 방언으로 '참새'라는 뜻의 이름이 붙었다.

슈페츨레는 주로 집에서 직접 만든다. 밀가루에 달걀, 소금 한 자밤, 물 약간을 섞어서 반죽을 만든 다음 얇게 밀어서 잘게 썰어 끓는 물에 삶기만 하면 된다. 슈페츨레는 짧고 평평한 모양이어야 한다. 더 두껍게 밀어서 이탈리아의 뇨키 모양으로 돌돌 말면 '작은 단추'라는 뜻의 크뇌플레knöpfle라는 이름이 붙는다.

슈페츨레는 아무것도 넣지 않은 채로 스튜나 소시지에 곁들이며 렌틸콩을 함께 내기도 한다. 주요리로 낼 때는 버터로 볶은 다음 녹인 치즈와 튀긴 양파를 얹는다. 슈페츨레를 논하면서 크라우트슈페츨레krautspätzle를 말하지 않을 수 없다. 사워크라우트에 슈페츨레와 잘게 썬 베이컨을 섞어 만드는 음식으로 남아도는 사워크라우트를 처리하기 좋은 방법이다!

HORSERADISH 호스래디시

독일
향신료와 양념

TASTED ☐

호스래디시는 독일인에게 있어서 미국인의 머스터드와 같은 존재다. 톡 쏘는 맛이 있는 향신료로 특히 육류와 잘 어울린다. 말이라는 뜻의 '호스horse'가 붙어 있지만 사실 말과는 전혀 관련이 없고, 식물의 뿌리를 갈아서 만든 하얀 페이스트다. 접두어 '호스'는 어떤 것이 강하다는 점을 암시하기 위해 과거에 비유적으로 쓰이던 단어다.

호스래디시는 독일과 프랑스 남부, 중유럽과 동유럽 및 스칸디나비아에서 인기가 높다. 훈제 생선이나 절인 생선, 로스트 요리, 햄, 소시지 등에 곁들이는 경우가 가장 흔하다. 또한 중유럽의 유대인에게 매우 중요한 식자재였으며 안식일에 먹는 전통 요리인 게필테 피시gefilte fish(보통 잉어를 사용해 만드는 생선 패티)에 호스래디시와 비트 양념을 곁들인다.

호스래디시는 와사비(442쪽 참조)와 맛이 약간 비슷하지만(같은 십자화과에 속한다) 값은 훨씬 저렴하다. 그 때문에 녹색으로 물들여서 와사비 대용으로 판매하는 경우가 많다.

호박씨 오일 PUMPKIN SEED OIL

오스트리아
향신료와 양념
TASTED ☐

호박씨 오일은 오스트리아 남부에 위치한 슈타이어마르크 지역의 특산물로 현지에서는 퀴르비스케르뇔kürbiskernöl이라 부른다. 볶은 호박씨를 냉압착하여 얻어낸 진녹색 오일로 강한 풀과 헤이즐넛 향기를 느낄 수 있으며 헤이즐넛이나 피스타치오와 비슷한 톡 쏘는 맛이 난다.

호박씨 오일은 기름을 얻기 위해 재배하는 특정 품종의 씨앗으로 만든다. 손으로 씨앗을 추출해서 씻고 말린 다음 볶고 분쇄해서 압착한다. 오일 1갤런을 생산하려면 호박 약 140개 분량의 씨앗 12킬로그램이 필요하다.

호박씨 오일은 가열하면 쓴맛이 나기 때문에 주로 샐러드(사과 식초와 섞으면 맛있는 드레싱이 된다)와 수프에 양념하는 용도로 사용한다. 제일 놀라운 조합은 아이스크림에 뿌려 먹는 건데, 환상적인 초록빛을 더하면서 아이스크림과 맛이 잘 어우러진다. 흔히 블랙커런트 쿨리를 함께 얹어 먹는다.

화이트 피시 WHITEFISH

스위스
해산물
TASTED ☐

레만호에서 잡히며 스위스에서는 페라fera라고 불리던 진짜 화이트 피시coregonus fera는 안타깝게도 남획으로 인해 20세기 초반에 멸종되었다. 오늘날에는 그 사촌 격인 품종 세 가지가 페라라는 이름으로 판매되고 있다. 마찬가지로 레만호에서 서식하는 유럽흰연어coregonus lavaretus, 스위스의 고산호에 서식하는 흰송어coregonus albula와 코레고누스 팔라에아coregonus palaea다.

화이트 피시는 송어 및 연어와 가까운 사촌 격이지만 살점은 분홍색보다는 흰색에 가깝다. 생선 타르타르 등 날것으로 먹거나 그릴에 구워 익히기도 하지만 훈제로도 인기가 좋다. 훈제 화이트 피시는 스타터로 내거나 얇게 저며서 빵에 얹어 애피타이저로 먹기도 한다.

BÜNDNERFLEISCH

뷘드너플라이슈

스위스
육류
TASTED ☐

뷘드너플라이슈라는 이름은 약 6만 명가량의 인구가 사용하는 로망슈어에서 유래한다. 이 가공육을 생산하는 지역을 로망슈어로 뷘드너란트bündnerland라고 부르는데, 이곳은 이탈리아 및 오스트리아와 국경을 맞대고 있으며 독일어로는 그라우뷘덴graubünden, 프랑스어로는 그리종grisons이라고 부른다.

원래 뷘드너플라이슈는 겨울을 대비해 고기를 보존하는 방법으로 발명되었다. 최고급 소고기를 약 4개월에 걸쳐서 보존해서 만들며, 건조 및 압착을 거치면 약 30센티미터 길이의 단단한 벽돌 같은 형태가 된다. 먼저 고기에 소금과 초석硝石, 허브, 향신료를 골고루 입혀서 0도에 가까운 온도에 3~5주일간 숙성시킨다. 그런 다음 그물에 싸서 수개월간 천천히 건조시키며 주기적으로 압착해서 특유의 직사각형 모양을 빚는다.

뷘드너플라이슈는 근섬유의 결에 수직으로 아주 얇게 저며 먹는다. 간단하게 빵과 버터, 피클을 곁들여 먹는 애피타이저로 인기가 좋다. 원산지 명칭 보호를 받고 있어서 반드시 뷘드너란트 지역에서만 생산해야 하지만 재료로 삼는 고기는 무엇이든 사용할 수 있어서 저렴한 브라질산 소고기를 사용하는 경우가 많다.

카르니올란 소시지 CARNIOLAN SAUSAGE

슬로베니아어로 크란스카 클로바사kranjska klobasa라고 불리는 특별한 소시지로 이름에서 알 수 있듯이 슬로베니아 북서부에 자리한 카르니올라carniola(크란스카) 지방에서 유래한 것이다.

굵게 다진 돼지고기(살코기 약 80퍼센트, 지방 약 20퍼센트)에 소금, 질산염, 마늘, 후추로 양념한 다음 훈제해서 작은 나무 장부촉으로 이음매를 연결해 한 쌍으로 판매한다. 뜨겁게 익혀서 신선한 빵, 머스터드, 호스래디시를 곁들여 먹는다.

전설에 따르면 크란스카 지역이 오스트리아-헝가리 제국에 속해 있을 당시 프란츠 요제프 황제가 나클로 마을의 소박한 여관에 방문한 적이 있었는데, 여관 주인이 "죄송하지만 소시지 말고는 대접할 것이 없다"며 이 소시지를 내왔다. 황제는 소시지를 마음에 들어 했고, 이후 오스트리아에서 크라이너부르스트krainer wurst라고 불리며 인기를 끌었다. 오스트리아에서는 치즈를 넣고 만들어서 케제크라이너käsekrainer라고 부르기도 한다. 카르니올란 소시지는 슬로베니아 이민자를 통해 호주와 뉴질랜드에 퍼지면서 크란스키kransky라 불리며 큰 인기를 얻었다.

세르블라트 소시지 CERVELAT SAUSAGE

비록 스위스인은 이 단어의 철자 표기법에는 동의하지 않겠지만(독일어권에서는 세르블라트cervelat, 프랑스어권에서는 세르블라cervelas, 바젤 지역에서는 제르벨라zervela라는 철자를 쓴다), 그래도 스위스 문화에서 중요한 부분을 차지하는 소시지라는 점에는 고개를 끄덕일 것이다. 세르블라트는 매우 인기 있는 스위스 소시지 중 하나로 연간 1인당 20개 정도를 먹는다고 한다!

프랑스 작가 프랑수아 라블레가 1552년에 쓴 책에 영웅 팡타 그뤼엘과 전투를 벌이는 세르블라 소시지 군대가 등장할 정도로 아주 오래된 특산물이다. 세르블라트라는 이름은 이탈리아어로 뇌를 뜻하는 체르벨로cervello에서 유래했다. 원래 돼지 뇌로 만들었지만 보건상의 이유로 1990년도에 금지법이 만들어지면서 이 관행은 사라지고 이름만 남은 것이다. 오늘날에는 소고기와 돼지고기에 돼지 지방, 레몬즙, 설탕, 소금을 섞어서 만든다. 이 혼합물을 소 내장에 채워서 지름 약 4센티미터 크기의 소시지 모양으로 만든 다음 훈제하고 삶는다.

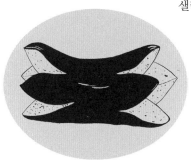

샐러드와 함께 차갑게 먹거나 삶고 튀기는 등 다양하게 조리할 수 있지만 나비 날개처럼 활짝 펴지도록 양 끝을 잘라서 직화 그릴에 굽는 방식이 가장 인기가 높다.

LEBERWURST

레버부르스트

독일
육류
TASTED ☐

독일어 레버부르스트leberwurst는 동물의 간으로 만든 소시지라는 뜻이다. 보통 소시지 모양으로 빚어서 판매하는 스프레드로 빵에 발라서 피클과 양파를 곁들여 먹는다.

이름으로 미루어보면 간이 주재료여야 할 것 같지만 사실 다양한 육류(돼지고기, 송아지 고기에 때때로 소고기)를 섞어서 만들며 간의 비율은 총무게의 약 15~30퍼센트 정도다. 주로 양파, 향신료, 허브, 꿀로 풍미를 내며 다양한 육류와 향신료를 섞어서 스프레드 형태가 될 때까지 아주 곱게 간다. 그런 다음 지름 약 7~10센티미터 크기의 소시지 모양으로 포장해 판매하지만, 병에 담아서 팔기도 한다.

레버부르스트에서는 뚜렷한 간 맛이 느껴지며 아침 식사 또는 짭짤한 간식으로 차갑게 먹는 경우가 제일 흔하다. 지역마다 다양한 레버부르스트 레시피가 존재하며, 가장 유명한 레시피로는 독일 중심부에서 만들어졌으며 매우 엄격한 품질 기준을 따르고 원산지 명칭 보호가 적용되는 튀링겐 레버부르스트 thüringen leberwurst가 있다.

룽겐부르스트 LUNGENWURST

독일
육류

TASTED ☐

양배추(독일어로 콜kohl)와 특히 잘 어울려서 콜부르스트kohlwurst라고도 불리는 룽겐부르스트는 이름에서 알 수 있듯이 돼지의 폐로 만드는 독일의 훈제 소시지다. 특히 독일 북부에서 흔하게 찾아볼 수 있으며 덴마크 남부 지역에서도 콜푈세kålpølse라고 불리며 인기를 누리고 있다.

룽겐부르스트는 돼지고기와 돼지 지방에 신선한 폐를 잘게 썰어서 섞어 만든다. 여기에 양파와 향신료(타임, 마조람, 머스터드씨)로 맛을 낸 다음 훈제해서 완성한다.

얇은 껍질은 바삭바삭하고 살점은 부드럽기 때문에 그 속에 섞인 폐의 질감을 쉽게 느낄 수 있다. 갈색을 띠며 훈제 향이 강렬한 것이 특징이다. 룽겐부르스트에 카슬러kasseler(염장 훈제 돼지고기)와 양배추 대신 케일로 만든 사워크라우트 비슷한 음식인 크니페르콜knieperkohl을 곁들이면 전통적인 독일의 겨울 식사가 된다.

장크트갈렌 소시지

장크트갈렌 소시지는 정육점 조합의 1438년도 문헌에서 레시피를 찾아볼 수 있을 정도로 아주 오랜 전통을 지니고 있다. 돼지고기만 사용하던 당시 대부분의 소시지와 달리 주로 송아지 고기에 돼지 지방, 우유, 레몬, 양파, 후추, 육두구를 섞어 만든다. 그런 다음 물에 30분간 삶아서 판매한다. 구우면 살점은 살살 녹고 섬세한 겉껍질은 바삭바삭해진다.

장크트갈렌 소시지는 그대로 먹는 경우가 많으며 유산지에 싸서 작은 전통 빵인 뷔를리bürli를 곁들여 길거리 음식으로 먹기도 한다. 섬세한 맛을 해칠 수 있기 때문에 머스터드 등 다른 소스는 뿌리지 않는 것이 중요하다. 이 규칙에 유일한 예외가 있다면 뢰스티(147쪽 참조)에 곁들일 때인데, 이때는 반드시 양파 소스를 둘러야 한다.

스위스
육류

TASTED ☐

바이스부르스트

바이스부르스트처럼 뚜렷한 문화적 경계를 보여주는 음식도 드물다. 가상의 선으로 독일을 반으로 뚝 자르면 남쪽에서는 종교에 가까울 정도로 바이스부르스트를 사랑하지만, 북쪽에서는 바이스부르스트가 경멸의 대상으로 조롱을 당하기도 한다.

바이스부르스트는 주로 송아지 고기에 돼지 지방, 레몬, 파슬리, 양파, 향신료(육두구, 생강, 카다멈)를 섞어서 만든다. 일설에 따르면 바이스부르스트는 1857년 뮌헨의 한 정육점에서 양 내장이 떨어진 탓에 송아지 고기를 돼지 내장에 채워 만들면서 탄생했다고 한다. 돼지 내장은 양 내장보다 약하기 때문에 소시지가 터지지 않도록 조심스럽게 익혀야 했고, 그 결과 이 섬세

독일
육류

TASTED ☐

한 질감의 특산물이 완성되었다. 바이스부르스트는 즉각 성공을 거두면서 지금까지도 변함없이 인기를 유지하고 있다. 바이에른에서는 거의 매일 먹는 사람도 드물지 않게 찾아볼 수 있다. 실제로 아침 식사와 점심 식사 사이에 바이스부르스트 하나와 프레츨 한 개, 스위트 머스터드, 맥주 한 잔으로 구성된 소박한 간식을 즐기는 것이 현지 전통이기도 하다.

바이스부르스트는 매년 뮌헨에서 열리는 옥토버페스트 등 맥주 축제에서도 인기가 높다. 케이싱은 먹지 않으므로 한쪽 끝을 잘라내고 고기만 빨아 먹거나 소시지를 길게 반으로 가른 다음 포크로 살점과 껍질을 분리해서 먹는다. 바이스부르스트는 어떻게 먹든 스위트 머스터드와 바이에른 맥주에 가장 잘 어울리는 소시지다.

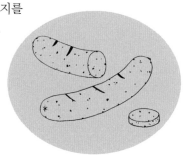

커리부르스트 CURRYWURST

독일
길거리 음식
TASTED ☐

독일의 특별한 길거리 음식인 커리부르스트는 매우 인기가 높아서 1년에 8억 개 이상, 1인당 거의 10개꼴로 먹는 것으로 추정될 정도다!

커리부르스트는 소시지를 삶은 다음 둥글게 썰어서 케첩, 토마토 페이스트, 커리 파우더로 만든 걸쭉한 소스를 둘러 먹는 음식이다. 보통 롤빵이나 프렌치프라이를 곁들여 먹는다. 함부르크와 베를린이 모두 자신이 원조라고 주장하지만, 커리부르스트는 전후 시기 베를린에서 탄생했을 가능성이 크다. 이동 중에도 먹을 수 있는 저렴하고 푸짐한 식사로 나오자마자 높은 인기를 얻은 음식이다.

커리부르스트에 대한 재미있는 사실로 이 소시지를 최초로 대량생산한 곳이 자동차 회사 폭스바겐이라는 점을 꼽을 수 있다. 폭스바겐은 식량이 부족하던 시절, 공장 근로자에게 식사를 제공하기 위하여 1937년부터 식품을 생산했다. 구내식당에서 제공하던 소시지는 1973년 일반 판매를 시작할 정도로 높은 인기를 끌었다. 오늘날에도 폭스바겐은 자동차보다 소시지를 더 많이 생산한다!

RACLETTE

라클렛

라클렛만큼 전통적인 스위스 요리도 없을 것이다. 원래 '구운 치즈'라 불리며 양치기가 겨울철에 둥근 바퀴 모양의 치즈 덩어리를 장작불 앞에 두고 녹여서 긁어 먹던 음식이었다.

오늘날에는 바퀴 모양 치즈를 반으로 잘라서 전기가 통하는 특수한 도구로 단면을 가열해서 녹여 만든다. 단면의 치즈가 녹으면 녹진하고 때로는 살짝 캐러멜화된 부분을 칼로 긁어내 먹는다.

라클렛은 주로 감자, 양파, 피클을 곁들여서 화이트 와인과 함께 먹는다. 인근 프랑스 사부아 지역에서도 라클렛이 인기가 높은데, 여기서는 보통 콜드 컷 육가공품을 곁들이곤 한다.

스위스
전통 음식
TASTED ☐

RÖSTI

뢰스티

뢰스티는 스위스의 독일어권 지역에서 흔히 먹는 감자 요리다. 가장 단순한 형태는 감자를 간 다음 버터를 약간 둘러서 팬케이크처럼 바삭바삭하게 부치는 것이다.

스위스
전통 음식
TASTED ☐

감자의 전분만으로 모양을 유지하므로 요리사들은 감자 품종부터 조리하는 방식과 튀기는 온도에 이르기까지 저마다 완벽한 뢰스티를 만드는 비법을 가지고 있다.

뢰스티는 보통 사이드 메뉴로 내놓지만 베이컨, 양파, 치즈, 달걀 등을 더해서 주요리로 먹기도 한다. 뢰스티는 스위스의 독일어권 지역에서 먹는 매우 전형적인 요리이므로 스위스의 프랑스어권 지역과의 경계선을 농담 삼아 '뢰스티 커튼'이라는 뜻의 뢰스티그라븐röstigraben이라고 부르기도 한다.

사워크라우트 SAUERKRAUT

독일
전통 음식

TASTED ☐

사워크라우트만큼 독일스러운 음식도 없지만, 사실 이 양배추 음식은 중국에서 기원했을지도 모른다! 소금으로 채소를 보존하는 방법은 약 3세기경 중국에서 발명된 것으로 간주된다. 이후 5세기 무렵 서쪽으로는 유럽에 이르기까지 넓은 지역과 접촉하던 훈족에 의해 이 요리법이 유럽으로 건너갔다.

사워크라우트는 양배추를 장기 보존하던 수단으로 최대 1년까지 보관할 수 있다. 양배추를 가늘게 채 썬 다음 통에 양배추와 소금(풍미를 위해 주니퍼베리나 캐러웨이를 섞기도 한다)를 켜켜이 깔고 뚜껑을 단단히 닫아서 공기와 접촉하지 않도록 한다. 그러면 젖산균의 작용으로 양배추가 발효되면서 4~6주에 걸쳐 당이 젖산으로 전환된다. 그 이후에는 산도가 높아지면서 박테리아가 박멸되고, 장기간 보존할 수 있는 음식이 된다. 현재는 발효 과정에 식초를 더해서 2주 만에 사워크라우트를 만들어내기도 한다.

사워크라우트는 겨울철 농가의 유일한 비타민 C 공급원이었으며 겨울이 아니어도 언제든 식단에서 중요한 역할을 한다. 차갑게도 따뜻하게도 먹을 수 있으며 돼지고기나 소시지, 감자를 곁들이는 경우가 많다. 동유럽에서는 사워크라우트를 샐러드나 수프, 스튜, 경단 등의 재료로 사용할 때가 많고 미국에서는 핫도그(523쪽 참조)의 토핑으로 사용한다.

WIENER SCHNITZEL

비너슈니첼

오스트리아
전통 음식

TASTED ☐

'빈 커틀릿'이라는 뜻의 비너슈니첼은 오스트리아의 국민 요리다. 얇은 송아지 커틀릿에 빵가루 옷을 입힌 다음 튀겨서 감자와 레몬 한 조각을 곁들여 낸다.

조리법 자체는 정통 빈식이지만, 역사가 훨씬 오래된 이탈리아 북부 밀라노식 커틀릿으로 고기를 조금 두껍게 썰고 뼈를 바르지 않은 채로 조리하는 코톨레타 알라 밀라네세cotoletta alla milanese에서 영감을 받았을 가능성이 있다.

비너슈니첼을 만들려면 우선 송아지 고기를 버터플라이 기법이라는 특별한 방식으로 잘라야 한다. 고기를 약 4밀리미터 두께로 저미되 가장자리 부근에서 멈춰 끝까지 잘리지 않도록 한다. 나비 날개 모양이 되도록 칼집을 낸 부분을 펼친다. 납작해지도록 두드려 편 디음 소금 간을 히고 밀기루와 이스트를 묻힌 후 달걀물을 입히고 빵가루를 묻힌다. 준비가 끝나면 약 160도로 달군 정제 버터에 넣어서 색은 황갈색을 띠고 바삭바삭해질 때까지 튀긴다.

규제에 따라 비너슈니첼이라는 이름은 송아지 고기를 사용할 때만 붙일 수 있다. 돼지고기로 만든 저렴한 슈니첼은 비너슈니첼과 혼동되지 않도록 '슈니첼 비너 아트schnitzel wiener art'라는 이름으로 판매한다.

그뤼에르 크림

스위스
유제품

TASTED ☐

미국에서는 그뤼에르라고 하면 치즈를 떠올릴 가능성이 높지만 스위스의 그뤼에르 마을은 사실 치즈뿐만 아니라 모든 유제품, 특히 그뤼에르 크림으로 유명하다. 그뤼에르 크림은 지방 함량이 최소 50퍼센트인 세계에서 가장 진한 크림이다. 지방 함량이 낮은 제품과 구분하기 위해서 '더블 크림'이라고도 부른다.

그뤼에르 크림은 수 세기 동안 지방이 많은 크림이 올라와 표면에 고일 때까지 우유를 그대로 내버려 두는 단순한 방식으로 만들었다. 오늘날에는 제조 속도를 높이기 위해서 원심 분리법으로 크림과 탈지유를 분리한다.

그뤼에르 크림은 활용도가 높고 요리에도 사용할 수 있지만 간단하게 프리부르 머랭fribourg meringue(설탕과 달걀흰자로 만든 과자)을 찍어 먹는 것이 제일 맛있다. 달콤하고 바삭한 머랭과 크림의 신선한 맛이 조화를 이룬다.

테트 드 무안

스위스
유제품

TASTED ☐

테트 드 무안은 회전식 스크래퍼가 달린 전용 접시에 담아내는 인기 높은 스위스 치즈다. 스크래퍼를 돌리면 '작은 장미'라는 뜻의 로제트rosettes라고 불리는 아름다운 꽃 모양으로 치즈가 깎여 나온다.

테트 드 무안의 역사는 12세기 쥐라산맥의 벨르레이bellelay 수도원과 얽혀 있다. 당시에는 벨르레이 치즈라고 불렸지만, 매년 바젤의 주교후에게 수도원의 수도사 1명당 치즈 1개꼴로 세금을 바치는 용도로 사용되면서 '수도사의 머리'라는 뜻의 테트 드 무안이라는 이름이 붙었다.

벨르레이 수도원은 1793년 프랑스혁명의 여파로 이 지역이 프랑스에 합병되면서 문을 닫았지만 치즈는 계속 생산되었다. 그리고 한 스위스 발명가가 회전형 스크래퍼를 선보인 1982년 이후 소비가 급증했다. 현재는 특허권이 소멸되어 누구나 회전형 스크래퍼를 만들 수 있게 되었지만 아직도 발명가의 회사에서 스위스 치즈 애호가들을 위해 매년 10만 개 이상의 제품을 생산하고 있다.

APPLE STRUDEL

사과 슈트루델

사과 슈트루델은 얇은 켜로 이루어진 페이스트리에 사과와 건 포도를 가득 채워서 만드는 오스트리아 디저트다. 독일과 스위 스에서도 매우 인기가 높으며 뜨거울 때 슈거 파우더를 뿌리고 커스터드를 곁들여 먹는다.

오스트리아
디저트
TASTED ☐

사과 슈트루델   6인분

재료 • 노란 건포도 1/2컵(75g), 럼 1/4컵(60ml), 잘게 부순 무발효 빵(맛초matzo 등) 1/2컵(50g), 버터 40g, 시나몬 1작은술, 설탕 1/2컵(100g), 레몬 1/2개, 새콤한 사과(그래니 스미스 등) 5개, 퍼프 페이스트리 1장, 달걀 1개, 슈거 파우더

• 속: 건포도는 럼에 담가서 10분간 불린다. 빵은 잘게 부순다. 팬에 버터를 둘러서 녹인 다음 잘게 부순 빵을 넣는다. 노릇노릇해질 때까지

볶은 다음 건져서 따로 담는다. 빵 그릇에 시나몬과 설탕, 절반 분량의 레몬즙을 넣는다 사과는 껍질을 벗기고 심을 제거한 다음 4등분하고 다시 2mm 두께로 얇게 송송 썬다. 빵 그릇에 넣고 잘 섞는다.

- 슈트루델: 오븐을 190°C로 예열한다. 퍼프 페이스트리를 꺼내서 가볍게 민다. 페이스트리 가운데 부분에 필링을 담는다. 반죽을 필링을 감싸듯이 접어 올려서 가장자리를 여며 봉한다. 달걀을 풀어서 조리용 솔로 퍼프 페이스트리에 골고루 바른다. 오븐에서 25분간 굽는다. 따뜻할 때 썰어서 슈거 파우더를 뿌려 낸다.

바움쿠헨

BAUMKUCHEN

독일
디저트

TASTED ☐

바움쿠헨은 회전하는 꼬챙이에 반죽을 동심원 모양으로 둘러 구운 케이크로 자르면 나무 기둥을 베었을 때 나오는 나이테 같은 무늬를 볼 수 있다(이름 또한 독일어로 '나무 케이크'라는 뜻이다). 케이크가 원하는 크기가 될 때까지 이전 켜에 반죽을 펴 발라서 고르게 익히는 과정을 반복해서 최대 20켜까지 만들 수 있다.

바움쿠헨은 밀가루와 달걀, 버터, 설탕으로 만든다. 꼬챙이에 구울 때는 상당히 크게 만들지만(최대 길이 1미터) 7~15센티미터 높이로 잘라서 판매한다.

이런 종류의 케이크는 원래 독일과 폴란드에서 많이 먹었지만 일본에서도 상당히 인기를 끌고 있다. 1914년 칼 유하임 Karl Juchheim이라는 독일 제빵사가 당시 독일 보호령이었던 중국 칭다오에서 바움쿠헨을 구웠다. 그러다 일본군이 도시를 침공하면서 투옥되었다. 그는 당시 일본 나이로 27세에 불과했다. 1919년 석방된 유하임은 일본 요코하마에 정착하기로 결심했고, 그곳에서 바움쿠헨으로 인기를 얻기 시작했다.

유하임의 매장은 아직도 건재하며 전국에 300개 이상의 분점을 운영하고 있다. 다른 많은 제과 업체에서도 바움쿠헨을 따라 만들고 있다. 반지 모양이라는 이유로 일본에서는 결혼식에 특히 인기가 높은 케이크다.

MARZIPAN

마지팬

독일
디저트
TASTED ☐

마지팬은 아몬드 가루와 설탕을 이용해서 만드는 과자다. 아몬드 3분의 1, 설탕 3분의 1 비율로 들어가야 최상의 품질이 나오지만 조금 질이 떨어지는 시판 제품은 대체로 설탕 비율이 50퍼센트 이상이다.

아주 오래된 조리법으로, 아몬드 바탕의 과자가 인기를 누리던 페르시아에서 처음 만들어진 것으로 간주되며, 14세기경 베네치아 상인을 통해 유럽으로 건너왔다. 독일에서 특히 인기가 많으며 뤼베크는 전 세계 마지팬의 수도로 불린다.

아름다운 아이보리색의 마지팬을 만들려면 먼저 아몬드를 깨끗하게 손질해서 갈색 껍질을 제거해야 한다. 그런 다음 아몬드를 곱게 갈아서 설탕과 함께 섞는다. 마지팬은 질감이 부드러워서 동물이나 과일 모양으로 빚어 어린이에게 선물로 주곤 한다. 케이크의 재료로도 널리 사용되고 있다.

STOLLEN

슈톨렌

독일
디저트
TASTED ☐

슈톨렌은 독일의 크리스마스를 상징하는 디저트다. 당절임한 말린 과일로 맛을 내고 다양한 향신료를 가미한 일종의 빵이다. 하지만 마찬가지로 크리스마스에 큰 사랑을 받는 진저브레드와는 상당히 다른 스타일이다.

슈톨렌은 버터가 아주 많이 들어가며(총무게의 약 20퍼센트) 보통 반죽에 아몬드, 건포도, 당절임한 감귤류(오렌지, 레몬, 시트론)에 가끔 마지팬까지 섞어 넣는다.

슈톨렌의 역사는 14세기까지 거슬러 올라갈 정도로 상당히 오래되었다. 당시에는 교회가 크리스마스 전 대림절은 금식과 참회의 시기로 간주해 버터 사용을 불허했기 때문에 버터 대신 오일을 이용해서 빵을 만들었다. 버터 금지에 불만을 가진 독일 제빵사는 1450년 교황에게 슈톨렌은 예외로 삼아 달라는 서신을 보냈다. 교황은 거부했지만, 제빵사들이 교회에 기부금을 전달하면서 1490년 다음 교황이 이들의 요청을 승인했다.

짐트슈테르네

ZIMTSTERNE

독일
디저트

TASTED ☐

말 그대로 '시나몬 별'이라는 뜻의 짐트슈테르네는 독일과 프랑스 동부에서 인기가 높은 크리스마스 쿠키다. 달걀흰자에 밀가루, 설탕, 아몬드, 시나몬을 섞어서 만들며 특유의 매콤달콤한 맛이 다가오는 축제를 떠올리게 한다.

짐트슈테르네
약 40개

재료 · 달걀흰자 2개, 슈거 파우더 2컵(250g), 아몬드 가루 3컵(300g), 밀가루 1/4컵(30g), 시나몬 가루 2작은술

• 달걀흰자에 소금 한 자밤을 넣고 가볍게 푼 다음 설탕을 조금씩 더하면서 부드럽지만 탄탄한 상태가 될 때까지 거품을 낸다. 머랭 4큰술은 아이싱용으로 따로 덜어둔다. 나머지 머랭에 아몬드 가루, 밀가루, 시나몬을 넣어서 잘 섞는다.

- 베이킹 매트에 반죽을 얹고 약 1cm 두께로 민다. 쿠키 커터로 반죽을 별 모양으로 찍어낸다. 남겨둔 머랭을 별 모양 반죽 위에 조금씩 바른다. 건조한 곳에 약 12시간 동안 그대로 둔다.
- 오븐을 140°C로 예열한다. 머랭이 하얀색을 유지하는지 확인하면서 약 20분간 굽는다. 쿠키가 익으면 꺼내서 완전히 식힌 다음 낸다.

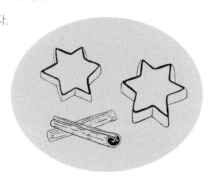

ABSINTHE

압생트

스위스
음료

TASTED ☐

압생트는 쑥에 팔각이나 회향씨 등 향신료를 첨가해서 만드는 알코올음료다. 원래 18세기 후반 스위스 뇌샤텔에서 약용으로 개발되었으나 술로 큰 인기를 끌었다. 스위스에서는 1797년, 프랑스에서는 1908년에 페르노pernod라는 브랜드로 처음 시판되었다. 당시 압생트는 약 140프루프(70도)로 판매했기 때문에 희석해야 마실 수 있었다.

사람들은 압생트를 마실 때 특별한 유리잔과 도구를 사용했다. 유리잔 위에 구멍이 뚫린 숟가락을 얹고 설탕을 올린 다음 물과 압생트를 부었는데, 물과 알코올은 약 7대 1의 비율로 들어간다. 압생트는 원래 '초록색 요정'이라는 별명처럼 초록빛을 띠지만 아니스의 오일 성분 때문에 물을 섞으면 뿌옇게 흐려진다. 압생트는 다른 아니스 음료와 맛이 비슷하지만 쓴맛이 조금 더 강하고 설탕을 첨가하기 때문에 단맛도 난다.

카페인처럼 자극제 역할을 하는 수존thujone 성분이 들어 있어서 19세기 프랑스에서 가장 인기 있는 알코올성 음료에 등극하기도 했다. 압생트에서 영감을 받곤 하던 보들레르나 베를렌, 랭보 등의 작가, 드가와 마네, 툴루즈 로트레크 등의 화가 덕분에 널리 대중화되었다. 하지만 알코올 중독의 확산과 연관되면서 20세기 초에는 상당히 공격을 받았다. 가톨릭 기관과 보건연맹의 공격과 더불어 압생트를 심각한 경쟁자로 받아들인 와인 생산업자의 로비가 강화되면서 1915년 마침내 프랑스 내에서 압생트가 금지되고 말았다. 이 금지령은 2011년이 되어서야 겨우 해제되었다.

아인슈페너

EINSPÄNNER

**오스트리아
음료**

TASTED ☐

아인슈페너는 블랙커피에 휘핑크림을 얹은 빈의 특별한 커피 메뉴다. 이름은 말 한 필이 끄는 마차에서 따온 것으로, 마부들이 일하는 동안 커피를 따뜻하게 유지하기 위해서 크림을 두텁게 얹는 습관이 있었기 때문이다.

아인슈페너는 큰 잔에 담아서 휘핑크림을 휘저어서 섞지 않고 그대로 마신다. 19세기 후반에 커피 문화가 대중화되면서 빈에서 생겨난 여러 커피 메뉴 중 하나다. 커피가 빈에 들어온 것은 1683년의 일이다. 오스만 군대가 도시를 정복하려고 시도하다 실패한 후 퇴각하면서 커피콩 자루를 두고 갔다고 한다. 그때부터 빈에서 커피 문화가 시작되면서 카페가 사회생활의 중심지가 되었고, 좋은 위치와 정교한 조리법 덕분에 카페 센트럴, 카페 뮤지엄, 카페 하벨카 등은 오늘날까지도 건재하고 있다.

KÖLSCH

독일
음료
TASTED ☐

쾰슈

독일 쾰른köln 인근에서 맥주를 생산했다는 기록이 처음 등장한 것은 9세기의 일이다. 당시에는 맥주에 향신료를 더해서 맛을 내곤 했고, 구하기 쉬운 아무 곡물이나 사용했다. 그 결과 계절마다 조리법과 맛이 달랐다. 1516년, 맥주에 보리 맥아와 홉, 물만 사용해야 한다는 맥주 순수령이 통과되면서 오늘날까지 건재하는 독일 맥주의 품질 표준이 확립되었고, 쾰슈가 이를 자랑스럽게 대표하고 있다.

대부분의 독일 맥주는 하면발효를 하는 라거지만 쾰슈는 상면발효를 한다. 이는 10도 정도로 양조하는 하면발효에 비해 비교적 높은 온도(18도)에서 효모가 활성화된다는 뜻이다. 상면발효를 하면 알코올 함량이 높으면서 거품이 적고 복합적인 향을 지닌 맥주가 된다.

쾰슈는 200밀리리터짜리 작은 원통형 유리잔에 따라주며 종업원은 손님이 잔 위에 컵 받침을 덮어서 가리지 않는 한 계속 새 잔으로 바꿔준다. 바이에른 사람은 작은 잔을 쓴다고 쾰른 사람을 비웃곤 한다. 바이에른 맥주 한 잔이면 쾰슈 다섯 잔을 채울 수 있다!

PILS

체코
음료
TASTED ☐

필스

필스는 체코 서부에 자리한 플젠plzeň(독일어로 필젠pilsen)시의 이름을 딴 페일 라거다. 이런 유형의 맥주가 플젠에서 바이에른 양조업자에 의해 처음 만들어진 1842년 당시 이 지역은 보헤미아 왕국에 속했으며 독일인 인구 비중이 높았다. 필스가 생겨날 즈음의 맥주는 대부분 강한 다크 비어였다. 필스를 처음 만들어낸 양조장은 현재까지도 운영되고 있으며 '필스의 원조'라는 뜻으로 '필스너 우르켈pilsner urquell'이라고 불린다.

필스 맥주는 부드러운 풍미가 나도록 살짝 로스팅한 맥아를 이용해 하면발효 기법으로 만든다. 여기에 물과 홉을 섞으면 풍미가 순하고 알코올 함량은 약 8~10프루프(4~5도) 정도로 살짝 쓴맛이 도는 블론드 맥주가 완성된다.

오늘날 라거는 세상에서 가장 인기 있는 맥주 유형으로, 수많은 세계적인 브랜드들도 필스너 타입 맥주로 유명세를 얻었다. 네덜란드의 하이네켄, 벨기에의 스텔라 아르투아, 덴마크의 칼스버그, 미국의 버드와이저는 물론 필스 맥주가 70퍼센트를 차지하는 독일 브랜드의 경우에는 바르슈타이너, 크롬바커, 비트버거 등이 유명하다.

리슬링 와인

RIESLING WINE

독일
음료

TASTED ☐

독일 와인은 프랑스 와인이나 스페인 와인, 이탈리아 와인만큼 명성이 높지 않을지 모르지만 라인 계곡에서 생산되는 화이트 와인의 품질만큼은 주기적으로 세계 최고의 화이트 와인 목록에 이름을 올린다.

독일의 와인 라벨은 다른 나라보다 이해하기가 쉽지 않은데, 대부분의 국가에서는 테루아르를 중점적으로 언급하지만 이곳에서는 오랫동안 와인의 당도만 광고했기 때문이다. 따라서 독일에서 생산되는 양질의 와인(프레디카츠바인prädikatswein이라고 부른다)은 잔당 함유량에 따라 등급을 매긴다. 드라이한 카비네

158

트kabinett 등급에서 당도가 높아지면서 스패트레제spätlese, 아우스레제auslese, 베렌아우스레제beerenauslese로 올라가며 그중 당도가 가장 높아서 인기도 제일 좋은 등급은 트로켄베렌아우스레제trockenbeerenauslese다.

2012년 이후 독일의 와인 생산업계는 프랑스의 '그랑 크뤼'에서 영감을 받아 자국의 와인을 홍보하기 위한 새로운 등급 체계인 '그로세스 게뷕스grosses gewächs'를 만들어냈다. 생산자가 직접 표시하는 것으로 법적 가치는 없지만 제품의 우수성을 강조하는 데는 도움이 된다.

최고의 독일 와인은 거의 독일에서만 재배하며 라인 계곡이 원산지로, 이곳에서 기르는 포도의 약 20퍼센트를 차지하는 리슬링 포도로 만든다. 리슬링 포도는 만생종으로 미네랄과 과일 풍미가 느껴지는 와인이 만들어진다. 색상은 엷은 노란색을 띠는 카비네트에서 금색의 트로켄베렌아우스레제까지 다양하다. 트로켄베렌아우스레제는 최고의 소테른(57쪽 참조)과 토카이 와인(201쪽 참조)에 비견할 수 있는 살구와 꿀 향기가 느껴지는 매우 감미로운 디저트 와인이다.

소금은 인류의 역사에서 매우 중요한 역할을 해왔다. 수렵 채집 시대에는 식자재가 다양해서 필요한 만큼의 나트륨을 음식에서 제 공받았기 때문에 소금으로 식단을 보완할 필요가 없었다. 그러나 인류가 직접 식량을 재배하고 식단이 발전해서 곡물의 비중이 높아 지게 되자 음식만으로는 나트륨을 충분히 섭취할 수 없어 소금을 보충해야 하게 되었다. 하루에 소금 약 4그램을 먹어야 신체가 필 요로 하는 일일 나트륨 섭취량 1.6그램을 채울 수 있다.

같은 이유로 야생동물은 나트륨 공급원을 스스로 찾아내지만 가 축화해서 인류가 작물을 먹이며 키우는 동물은 식단에 소금을 섞어 서 제공해야 하며, 이는 소금 공급원을 확보하지 못하면 축산업을 유지할 수 없다는 뜻이다.

그러므로 인류가 정착해서 가축을 기르고 식량을 재배하는 순간 부터 소금은 인류의 주요 관심사였다. 최초의 인류 정착지는 소금 공급원 근처여야 했다. 기록상 가장 오래된 유럽 도시는 7000년 전 에 건립된 솔닛사타(현재 불가리아)로 소금을 구할 수 있는 염수 공 급원 근처에 자리하고 있다.

인간과 동물의 건강에 중요한 역할을 하는 것 외에도 소금은 음 식을 오랫동안 보존하는 수단이기도 하다. 고기와 생선, 유제품을 먼 곳까지 판매하는 유일한 방법은 소금에 보존해서 장거리 이동을 버틸 수 있게 만드는 것뿐이었으므로 소금은 무역의 발전에도 매우 중요한 부분을 차지했다. 약 5000년 전 인류가 의복에 사용하는 가죽을 무두질하기 시작했을 때 그 과정에도 사용되면서 소금의 중 요성이 더욱 커졌다.

중세 시대 소금의 중요성을 이해하려면 오늘날 기름과 비교해 보면 된다. 어떤 국가는 영토 안에 있는 소금 퇴적지 덕분에 부자 가 되었다. 14세기 폴란드 왕국은 유럽에서 가장 중요한 소금 광산 을 가지고 있었으며, 그곳에서만 수입의 3분의 1을 벌어들였다. 소금은 금과 은 대신 사용할 수 있을 정도로 중요했다. 급여를 뜻하는 영단어 'salary'의 어원은 로마 제국에서 매우 가치가 높았던 소금을 월급 대신 지급했던 전통에서 비롯된 것이다.

희귀하고 값비싼 소금을 생산하는 방법은 세 가지였다.

첫 번째는 천연 염수를 끓여서 물을 증발시키고 소금만 남기는 것이다. 해안에서 멀리 떨어진 지역에서 선호하는 방법이다.

두 번째는 바닷물을 모아서 바람과 태양으로 수분을 증발시켜 소금을 얻어내는 것이다. 기원전 2700년경에는 지중해 주변에 페니키아인이 만든 것으로 추측되는 염전이 생겨났다. 이후 로마인은 로마 제국이 정복한 모든 영토에 대규모 염전을 건설했으며 프랑스와 스페인, 이탈리아 등지에서는 로마 시대 염전이 오늘날까지 운영되고 있다.

세 번째는 고대의 바다가 말라붙으면서 생성된 고체 퇴적물에서 소금을 채굴하는 것이다. '암염'이라 불리는 이 광물의 가장 오래된 채굴 흔적은 아제르바이잔에서 발견된 것으로 약 5000년 이상을 거슬러 올라간다. 아직도 소금 광산에서 암염을 채굴하고 있으며, 특히 파키스탄의 히말라야 핑크 소금(352쪽 참조)이 유명하다.

오늘날에는 소금이 대량 생산되면서 사치품으로서의 위상은 잃고 말았다. 연간 생산량은 약 2억 7000톤이다. 이 중 인류가 소비하는 것은 12퍼센트에 불과하며 3퍼센트는 가축 산업에, 나머지는 빙판길 관리와 화학 산업에 사용된다. 최대 생산국은 중국이며 미국과 인도가 그 뒤를 잇는다.

화학적으로 소금은 거의 전적으로 염화나트륨으로 구성되어 있다. 따라서 다른 미네랄이 섞이지 않는 한 소금의 맛에는 차이가 없다. 그러나 소금의 모양은 서로 다를 수 있으며, 염전 표면에 생성된 작은 소금 결정(프랑스어로 플뢰르 드 셀fleur de sel이라 불린다)은 바닥에 가라앉은 굵은 소금보다 수요가 높다.

소금은 주로 다른 조미료와 섞어서 양념으로 사용한다. 하와이에는 독특한 소금 제품이 두 가지 있다. 소금에 활성탄을 섞은 '흑소금'과 소금에 점토 가루를 섞은 '적소금'이다. 인도에도 '흑소금(힌디어로 칼라 나막kala namak)'이 존재하는데, 암염을 허브와 함께 24시간 동안 가열해서 썩은 달걀과 비슷한 유황 냄새가 나도록 만든 것이다. 이것을 빻아서 향기로운 분홍색 분말을 만들어낸다. 또 다른 유명한 가향 소금으로는 토마토 주스와 보드카를 섞은 칵테일인 블러디 메리에 사용하는 셀러리 소금(소금에 셀러리씨 가루를 섞은 것)이 있다.

동유럽

EASTERN EUROPE

동유럽은 서쪽으로는 폴란드, 동쪽으로는 러시아, 북쪽으로는 발트해 연안 국가, 남쪽으로는 그리스를 아우르는 매우 넓은 지역이다. 동유럽의 요리를 독특하게 해주는 두 가지는 배추와 비트를 많이 사용하는 슬라브족의 식문화, 그리고 발칸반도와 헝가리, 루마니아, 그리스의 요리에 여전히 영향을 미치는 오스만 제국이다. 북부에서는 슬라브의 영향이 더 뚜렷하고 남부에서는 오스만 제국의 영향이 더 강하지만 전반적인 공통점도 몇 가지를 꼽을 수 있다. 버섯과 베리류(특히 라즈베리와 블랙베리)를 중요하게 사용하며 북부에서는 사워크림, 남부에서는 요구르트 등 유제품을 주로 쓴다는 점 등이다. 음료의 경우 북부에서는 보드카가 지배적이며 남부에서는 아니스 리큐어와 과일 브랜디를 선호한다.

동유럽 요리에서는 특히 북부(폴란드, 우크라이나, 러시아)에 가까운 아시케나지ashkenazi와 옛 오스만 제국 영토(발칸반도, 그리스)의 세파르디sephardi 등 유대교 영향도 매우 중요하다. 이제는 미국에서도 널리 퍼져 있는 베이글이나 파스트라미 등의 특산물도 이들 덕이다.

스칸디나비아의 영향은 발트해 연안 국가에서 찾아볼 수 있지만 바이킹은 8~13세기 키예프까지 영토를 넓혀 나갔으며 발트해에서 흑해까지 널리 뻗어 있는 광대한 영토를 지배했기 때문에 깊은 내륙 지역에도 그 흔적이 남아 있다. 발트해 연안에서 잡은 청어가 아직도 러시아에서 주식으로 꼽히는 것도 이 때문이다.

동유럽은 그보다 더 먼 외국의 영향을 받기도 했다. 1492년 '신대륙'이 발견된 이후 새로운 재료가 동유럽에 들어왔으며 그중 파프리카 가루는 스페인과 오스만 제국, 발칸반도를 거쳐 19세기에야 헝가리에 닿았지만 이제 동유럽 전역에서 가장 널리 사용하는 향신료가 되었다.

왕실 간의 결혼으로 인한 서유럽의 영향도 두드러진다. 1518년 이탈리아 태생의 보나 스포르차 공주는 폴란드 왕과 결혼하며 당근, 파스닙, 셀러리, 리크, 양배추 등 아직 폴란드에 알려지지 않은 채소를 많이 들여왔다. 이 채소들은 아직도 폴란드어로 '이탈리아 물건'이라는 뜻인 브워슈치즈나włoszczyzna로 통칭한다.

비트

러시아
과일과 채소

TASTED ☐

비트가 속한 식물군은 크게 사탕무(설탕으로 가공할 수 있는 당 성분이 풍부하다), 망젤버젤mangelwurzel이라고도 불리는 필드비트(가축용 먹이로 사용한다), 레드비트(식용)의 세 가지로 구분할 수 있다.

붉은색을 띤 레드비트는 러시아에서 가장 인기 있는 채소로, 샐러드를 만들기도 하지만 따뜻하게 조리해서 유명한 보르시 수프(184쪽 참조)를 만들기도 한다.

러시아는 세계 최대의 사탕무 생산국으로 프랑스와 미국이 그 뒤를 잇는다. 사탕무로 설탕을 만들려면 여러 단계를 거쳐야 한다. 먼저 뿌리를 갈아서 물에 익혀 당 함량이 약 70퍼센트인 당밀을 만든다. 이 사탕무 당밀을 진공 상태로 구워서 결정화시킨다. 그런 다음 원심분리기에 넣어 순수한 백설탕 결정을 분리해낸다. 사탕무당은 주로 유럽과 미국에서 만들어지고 있으며 전 세계적인 설탕 생산 면에서 사탕수수에 밀린다. 사탕무당은 세계 설탕 생산량의 20퍼센트 정도를 차지한다.

블랙 크림 토마토

러시아,
우크라이나
과일과 채소

TASTED ☐

블랙 크림은 익었을 때 검은색 또는 짙은 녹색 광택이 나는 토마토 품종이다. 러시아 황제의 피한지로 유명한 흑해의 크림반도에서 유래했다.

블랙 크림 토마토는 이 지역에 18세기에 들어와 적응했다. 순하고 달콤한 맛에 산미가 거의 없어서 샐러드에 넣기 좋았기 때문에 빠르게 인기를 얻었다. 약간 굴곡이 있는 큼직한 토마토로 무게는 평균 250그램 정도다.

정통 블랙 크림 토마토는 껍질이 아주 약해서 운반이 쉽지 않기 때문에 농산물 직판장에서 생산자에게 직접 구입하는 게 좋다. 미국과 유럽에서 같은 이름으로 판매하는 토마토는 대부분 운송이 용이하도록 껍질이 더 두꺼운 다른 품종과 교배한 것이다. 이런 교배종 토마토는 원조 블랙 크림 토마토에 비해 맛이 훨씬 밋밋하다.

BLACKBERRY / 블랙베리

세르비아
과일과 채소
TASTED ☐

블랙베리의 세계 1위 생산국은 세르비아다. 세르비아 사람들은 이 작고 까만 과일을 매우 좋아하지만, 생산량의 대부분은 수출되며 약 15퍼센트만 국내에서 소비된다.

블랙베리는 북반구 대부분의 지역에서 야생으로 자란다. 라즈베리와 가까운 사촌 격이지만 색이 더 어두우며 채집할 때 꽃의 줄기 부분이 열매에 붙은 채로 같이 떨어지기 때문에 라즈베리의 속은 '비어' 있고 블랙베리의 속은 '가득 차' 있다.

재배되는 다양한 블랙베리 품종 중에서 가장 인기 있는 것은 새콤달콤하면서 짙은 보라색을 띠는 큼직한(약 6그램) 과실을 생산하는 가시 없는 품종인 로크 네스loch ness다.

꾀꼬리버섯 CHANTERELLE

온화한 기후를 지닌 거의 모든 지역에서 자생하는 꾀꼬리버섯은 미식가들에게 가장 인기 있는 버섯으로 손꼽힌다. 자그마한 뒤집힌 우산처럼 생겼으며 약 10센티미터 정도 크기에 노란색에서 주황색을 띤다. 수확 기간은 지역에 따라 빠르면 7월에 시작되어 12월쯤 끝난다.

서유럽에서는 꾀꼬리버섯이 드물어졌기 때문에 대부분 루마니아와 폴란드, 벨라루스 등 동유럽에서 공수한다. 폴란드에서 특히 인기가 높아 돼지고기와 가금류에 곁들이는 크림소스의 바탕으로 쓴다.

꾀꼬리버섯은 익혀도 탄탄한 질감을 유지하고 견과류와 과일 풍미가 난다. 흔히 크림과 버터, 달걀과 함께 요리하며 마늘과 파슬리를 넣기도 한다. 육류나 생선과 잘 어울리지만 그냥 먹어도 좋고 오믈렛에 넣어도 맛있다.

딜 DILL

딜은 러시아를 대표하는 허브다. 우크로프ukrop라고 불리며 수프에서 샐러드, 육류 요리, 심지어 피자와 스시, 버거까지 모든 요리에 뿌린다! 피클이나 마요네즈, 칩, 팝콘 등 시판 재료의 양념으로 쓰이기도 한다. 딜의 최대 소비국은 러시아와 우크라이나다. 이 두 나라에서 1인당 연간 딜 2킬로그램을 먹어치운다.

딜의 원산지는 지중해로 추정된다. 이집트에서는 5000년 전에 약용 식물로 이용했다. 딜은 파슬리와 같은 과에 속하지만 풍미는 매우 다르다. 아니스 향이 감도는 신선한 풍미가 매력적이다.

신선한 생허브로 사용하며 음식을 내기 직전에 자그마한 이

파리를 솔솔 뿌린다. 스칸디나비아에서는 딜과 머스터드로 만든 '딜 드레싱'을 생선, 특히 훈제 연어에 즐겨 곁들인다.

딜은 씨앗도 향신료로 사용한다. 잎보다 맛이 훨씬 강하며 캐러웨이와 비슷한 향이 난다.

GREEN WALNUT

풋호두

키프로스,
그리스
과일과 채소
TASTED ☐

호두를 먹는 사람은 많지만 풋호두절임은 먹어본 사람은커녕 먹을 수 있을 것이라고 생각해본 적조차 없는 이가 대부분일 것이다. 풋호두를 먹으려면 우선 5월 하순에서 6월 중순 사이에 아직 설익은 어린 호두를 수확해야 한다. 이 시기에는 지름이 약 3센티미터에 불과하고 껍데기가 아직 굳지 않았기 때문에 겉껍데기까지 통째로 먹을 수 있다.

딱딱한 녹색 풋호두를 달콤하고 짙은 호두설탕절임으로 만드는 과정에는 상당한 시간이 소요된다. 우선 껍데기의 바깥층을 세거한 다음 라임을 섞은 물에 푹 담가서 익혀도 탄탄한 질감이 유지되도록 해야 한다. 그런 다음 호두를 바늘로 여러 번 찔러서 부드러워질 때까지 삶는다. 그리고 설탕과 물, 레몬즙, 시나몬, 정향으로 만든 당밀에 넣어서 걸쭉한 시럽에 뒤덮일 때까지 익힌다. 이 단계를 거치면 병에 담아서 보존하며 일 년 내내 즐길 수 있다.

풋호두는 그리스와 키프로스에서 카리다키 글리코라 불리며 특히 인기가 좋다. 독일에서는 '검은 호두', 즉 슈바르츠 뉘스 schwarze nüsse라고 부른다. 요구르트나 아이스크림에 토핑으로 올리거나 치즈, 푸아 그라 등 짭짤한 요리에 곁들이기도 한다.

말로솔 피클

러시아
과일과 채소

TASTED ☐

말로솔은 러시아어로 '소금을 살짝 치다'는 뜻이다. 염도가 약 3~4퍼센트인 소금물에 절인 채소 피클 종류를 일컫는다. 러시아에서는 통마늘과 월계수잎, 딜, 머스터드씨, 고수씨로 향을 낸 소금 절임액을 이용해서 피클을 대량으로 만드는 전통이 있다. 덕분에 말로솔 피클은 일반 피클보다 달콤하고 신 맛이 덜하다. 미국에서는 햄버거에 저민 피클을 넣으며 샌드위치에는 종종 꼬치에 꿴 피클을 곁들인다.

라즈베리

RASPBERRY

러시아
과일과 채소

TASTED ☐

북반구 전역에서 자라는 라즈베리는 특히 동유럽에서 인기가 높으며 러시아 남부와 폴란드, 세르비아에서 집중적으로 생산한다. 이 세 국가가 세계 생산량의 거의 절반을 차지할 정도다.

라즈베리는 붉은빛이 도는 작은 과일로 달콤하고 촉촉한 과육 속에 씨앗이 들어 있는 작은 핵과 40개가 모여 있다. 껍질에 작은 털이 뒤덮여 있어서 특유의 보송보송한 느낌이 난다.

러시아에서는 라즈베리를 주로 제철에 사워크림 등을 곁들여 생과로 먹지만 퓌레나 잼을 만들기도 한다. 라즈베리로 만드는 러시아 디저트는 워낙 다양하지만 그중에서 인기가 높은 것은 라즈베리를 통째로 설탕에 익혀서 모양이 살아 있는 잼처럼 만든 바레니varenye와 감자 전분을 섞어서 걸쭉하게 만드는 달콤하고 차가운 수프 키셀kissel이다.

ZANTE CURRANT
잔테 커런트 건포도

말린 포도에는 일반 건포도(청포도로 만든 갈색 건포도), 설타나 sultana(청포도 품종으로 만든 금색 건포도), 커런트currant(까만 포도로 만든 작은 건포도로 그리스의 도시 코린트corinth의 이름을 땄다)의 세 가지 종류가 있다.

건포도를 만드는 것은 그리스산 말린 과일이 광범위하게 거래되던 4500년 전으로 거슬러 올라가는 아주 오래된 전통이다. 현재도 그리스는 말린 과일의 주요 생산국이며, 전 세계적으로 소비되는 건포도의 약 7퍼센트를 공급한다(다만 전 세계 공급량의 30퍼센트를 생산하는 세계 최고의 건포도 생산국 터키에 비하면 한참 뒤떨어진다).

사람들이 가장 많이 찾는 종류는 잔테 커런트 건포도다. 잔테는 코린트만 입구에 자리한 작은 섬에서 따온 이름으로, 잔테라는 이름은 베네치아 지배하에 있을 때 불렸던 이름이다. 현재는 자킨토스라고 불린다. 잔테 건포도는 완두콩 크기의 씨 없는 작은 포도를 햇볕에 말려서 만든다. 그러면 아주 작지만 단맛과 연한 후추 향이 나는 향기로운 간식이 된다. 잔테 커런트 건포도는 대부분 머핀이나 케이크, 쿠키 등 구움과자를 만들 때 사용한다.

그리스
과일과 채소
TASTED ☐

BLINI
블리니

블리니는 프랑스의 크레이프와 비슷하게 생긴 러시아의 얇은 팬케이크다. 하지만 유럽이나 미국에서 판매하는 블리니는 또 다른 러시아의 특산물 올라디oladyi에 가까운 보송보송한 팬케이크일 때가 많다.

러시아에서 블리니는 일상적인 주식이자 중요한 축제 음식이

러시아
빵과 곡물
TASTED ☐

다. 버터를 약간 두르고 밀가루와 달걀, 우유로 만든 반죽을 앞 뒤로 구워내면 완성된다.

블리니에는 짭짤한 토핑(캐비아, 육류, 버섯, 채소, 생선)과 달콤한 토핑(잼, 꿀, 사과소스) 등 다양한 재료를 채워서 먹을 수 있다. 그냥 돌돌 말아서 손으로 들고 먹기도 하고 접시에 담아서 소스를 뿌려 먹기도 한다.

블리니는 매년 2월 말에서 3월 초에 열리는 정교회 카니발인 마슬레니차maslenitsa 축제 기간 특히 중요한 역할을 한다. 마슬레니차는 사순절을 앞두고 열리는 축제로 기름기 가득한 음식을 탐닉하면서 블리니를 많이 먹을 수 있는 기회다.

메밀

BUCKWHEAT

러시아

빵과 곡물

TASTED ☐

메밀은 곡물로 분류되는 경우가 많지만 밀이나 다른 곡물과는 전혀 관련이 없다. 중국 남부가 원산지이며 거의 8000년간 재배되어 왔다. 익으면 피라미드 모양의 씨앗이 열린다.

메밀은 중앙아시아와 중동을 거쳐서 서양까지 널리 퍼져 나갔다. 러시아에는 그리스를 거쳐서 들어갔기 때문에 러시아인은 메밀을 그레츠카grechka라고 부른다.

메밀은 생메밀로 판매하기도 하지만 볶으면 색이 더 짙어지고 고소한 향기가 난다. 러시아에서는 볶은 메밀을 삶아서 양파와 향신료로 맛을 내는 메밀죽인 카샤kasha를 만든다. 카샤는 아침 식사로 먹기도 하고 우유, 설탕, 꿀 등을 섞어서 디저트로 먹기도 한다. 메밀은 러시아에서 가장 인기 있는 '곡물'로 러시

아인은 매년 1인당 15킬로그램 이상의 메밀을 먹는다.

메밀은 높은 고도에서도 재배할 수 있어 히말라야의 주식 (385쪽 참과 참조)이기도 하며 일본에서는 메밀국수인 소바(437쪽 참조)를 만드는 데에 사용되어 인기가 높다. 프랑스에서는 밀로 만드는 크레이프와 비슷한 짭짤한 갈레트galette 반죽을 만드는 데 메밀을 사용한다.

CRETAN HONEY
크레타 꿀

그리스
향신료와 양념
TASTED ☐

인류가 사탕수수 또는 사탕무에서 설탕을 추출하는 방법을 깨우치기 전까지는 꿀이 유일한 당 공급원이었다. 꿀은 고대부터 사용되었으며 가장 오래된 꿀 수확의 증거는 8000년 전의 것이다. 스페인의 동굴 벽화에는 꿀벌에 둘러싸여서 귀중한 꿀을 채취하는 남자의 모습이 그려져 있다. 고대 이집트에서는 테라코타 벌통을 이용해 벌을 쳤고, 채취한 꿀은 신의 선물로 여겨서 파라오에게 바쳤다.

크레타섬에서는 기원전 2700~1200년 사이에 번성한 미노아 문명 시대부터 양봉을 시작하여 오늘날까지 그 전통을 이어오고 있다. 크레타 꿀은 세계에서 가장 귀한 음식 재료로 손꼽힌다. 보통 두 가지 종류의 천연당을 이용해서 만드는데, 하나는 꽃의 꿀(특히 타임에서 얻은 것)이고 다른 하나는 소나무 수액을 먹은 곤충이 생성한 단물이다.

크레타 꿀은 단물의 강한 수지 향과 타임 꿀의 부드러운 맛이 결합된 독특한 맛으로 고대부터 꾸준히 사랑받아왔다. 크레타 꿀은 요구르트나 생과일, 케이크, 페이스트리 등 거의 모든 음식에 설탕 대신 사용할 수 있다. 제로티가나xerotigana(작은 리본 모양의 반죽을 기름에 튀겨서 꿀에 재운 것), 티가니테스tiganites(꿀과 견과류를 가미한 전통 팬케이크), 미지트로피테스mizithropites(치즈를 채운 케이크에 꿀을 두른 것) 등 크레타섬의 디저트에는 대부분 꿀이 들어간다. 올리브 오일, 생과일, 채소와 더불어 꿀은 건강에 좋고 장수에 도움이 되는 것으로 유명한 크레타식 식단을 이룬다.

칼라마타 올리브 오일

KALAMATA OLIVE OIL

그리스
향신료와 양념

TASTED ☐

올리브 나무의 원산지는 그리스다. 그러니 그리스에서 연간 1인당 24리터 이상의 올리브 오일을 소비하는 것은 그다지 놀라운 일이 아니다!

그리스에서는 샐러드에 뿌리거나 채소, 육류, 생선을 조리하는 데에 사용하는 등 거의 모든 요리에 올리브 오일을 사용한다. 또한 전통적으로 식자재를 올리브 오일에 담아서 보존했기 때문에 치즈나 채소, 심지어 훈제 생선이나 육류도 올리브 오일 병에 담아서 판매하는 제품을 흔하게 볼 수 있다. '기름지다'는 뜻의 라테라lathera라고 불리는 조리법이 따로 있을 정도다. 이 조리법은 올리브 오일과 채소를 이용하는 것이다. 디저트에도 올리브 오일이 들어가는 것이 많으며 그리스에서는 실제로 대부분의 쿠키와 케이크를 버터 대신 올리브 오일로 만든다.

원산지 명칭 보호를 받는 그리스의 올리브 오일은 22종이 있으며, 그중 칼라마타 올리브 오일이 특히 인기가 좋다. 펠레폰네소스반도 남쪽의 작은 마을 칼라마타는 올리브 나무 중심의 문화가 형성되어 있고, 주민 대부분은 자기가 쓸 올리브 오일을 만들 나무를 몇 그루씩 기른다.

칼라마타라는 명칭은 올리브 품종(간식으로 먹거나 올리브 페이스트를 만드는 데에 사용하는 큼직한 보라색 과실)과 칼라마타 지역에서 코로니키koroneiki 품종을 이용해 생산한 오일을 모두 가리키기 때문에 헷갈리기 쉽다.

코로니키 올리브 오일은 살짝 후추 향이 돌면서 갓 깎은 풀의 풍미가 느껴진다. 냉압착 방식으로 생산하기 때문에 드레싱 및 조리용으로 활용할 수 있다.

LUTENITSA

루테니차

불가리아
향신료와 양념
TASTED ☐

불가리아인에게 루테니차는 미국인의 케첩과 같다. 손에 닿는 곳에 항시 있으며 다양하게 사용할 수 있는 조미료다. 채소를 찍어 먹는 딥 소스나 육류 또는 생선에 윤기를 입히는 글레이즈, 사이드 메뉴에 풍미를 더하는 양념으로 쓸 수 있다. 또한 루테니차를 빵에 펴 바른 다음 잘게 부순 시레네sirene 치즈를 얹어서 먹기도 한다. 시레네 치즈는 그리스 페타 치즈와 비슷한 불가리아 치즈다.

루테니차는 피망과 토마토에 오일, 캐러웨이, 파슬리, 소금과 후추로 양념한 붉은색 페이스트다. 가지나 당근, 양파, 마늘, 설탕을 넣기도 한다. 모든 재료를 잘 섞어서 페이스트 상태가 될 때까지 익혀 만든다.

1946년에서 1990년까지의 공산주의 체제 기간 루테니차는 늦여름에 마을 전체가 만들어 일 년 내내 먹던 음식이었다. 지금은 어느 슈퍼마켓에서든 쉽게 구할 수 있다.

파프리카 가루 PAPRIKA

헝가리
향신료와 양념
TASTED ☐

파프리카 가루는 헝가리 요리의 상징과 같은 향신료다. 파프리카를 말린 다음 빻아서 붉은 가루로 만든다. 살짝 매콤하면서 신맛이 나는데, 다른 고추 양념과 달리 잘 타지 않기 때문에 굴라시(185쪽 참조)를 비롯한 많은 요리에 향신료로 사용한다. 다른 나라에서도 인기가 많다. 스페인에서는 초리소의 맛을 내는 데에 사용하고 터키와 북아프리카에서는 수프와 스튜에 넣는다.

파프리카는 원래 멕시코에서 유래한 것으로 스페인이 아메리카 대륙을 정복하면서 유럽으로 흘러들어왔다. 파프리카는 지중해를 중심으로 점차 거래되다가 오스만 제국이 지배한 1541~1699년 사이에 헝가리에도 퍼졌다. 그러나 파프리카 가루가 이처럼 인기를 끌게 된 것은 19세기로 훨씬 최근의 일이다.

헝가리에서는 스튜에 아름다운 붉은색과 매콤한 맛을 더하는 용도로 파프리카 가루를 사용한다. 심지어 그 이름을 딴 파프리카시paprikash라는 요리가 있을 정도인데, 파프리카로 맛을 낸 걸쭉한 소스에 닭고기를 익혀서 달걀 면을 곁들여 먹는다.

파프리카 가루는 매운 정도에 따라 분류한다. 매운 정도는 사용한 파프리카의 종류, 씨앗과 심지를 제거했는지 여부에 따라 달라진다. 헝가리에는 맵기에 따라 서로 다른 파프리카 가루를 부르는 명칭이 8가지나 존재한다.

보타르가 BOTTARGA

그리스
해산물
TASTED ☐

보타르가가 뭔지 아는 사람이라면 진정한 미식가일 가능성이 크다. 음식에 대한 열정이 있어야 알 수 있는 종류의 음식이기 때문이다. 그리스어로는 아브고타라초avgotáracho라고 불리는 보타르가는 생선알을 염장해서 건조한 것이다. 감칠맛이 강렬하며 얇게 저미거나 갈아서 파스타나 생선, 조개 요리 등에 풍미를 더하는 용도로 쓴다.

보타르가는 이른 가을에 산란을 위해 지중해에서 민물 호수로 돌아온 숭어의 알로 만든다. 알주머니를 빼내서 염장한 후 묵직한 것으로 눌러서 건조시킨다. 건조가 완료되면 납작한 소시지 모양이 되며, 보존을 위해 왁스로 코팅한다.

보타르가는 고대 이집트까지 거슬러 올라가는 오랜 역사를 지니고 있다. 아직도 프랑스, 이탈리아, 스페인, 튀니지, 터키, 그리스 등 지중해 전역에서 생산한다. 그리스 서부 해안의 메솔롱기에서 만든 보타르가는 기름지고 부드러운 질감과 풍성한 맛으로 특히 귀한 대접을 받는다. 왁스에 푹 담그는 코팅 작업을 8번 반복하기 때문에 껍질이 두꺼운 것이 특징이다. 보타르가는 아시아에서도 미식가 사이에서 높은 인기를 누리고 있다. 한국과 대만에서도 어란을 별미로 여기며 일본(특히 나가사키)에서는 가라스미からすみ라는 이름으로 생산한다.

caviar 캐비아

캐비아는 세계에서 가장 희귀하면서 제일 비싼 음식이다. 회색을 띠는 진줏빛에서 짙은 갈색에 이르기까지 다양한 색상에 무지갯빛 광택을 자랑하는 자그마한 구슬로 화려한 축하연 테이블을 멋지게 장식한다.

러시아어로 이크라ikra라고 불리는 캐비아는 사실 모든 생선알을 부르는 단어였다. 실제로 러시아에서는 철갑상어 캐비아를 훨씬 저렴한 연어알 크라스나야 이크라krasnaya ikra(레드 캐비아)와 구분하기 위해 러시아어로 초르나야 이크라chyornaya ikra(블

러시아
해산물
TASTED ☐

랙 캐비아)라고 부른다.

캐비아는 흑해, 특히 카스피해아 같은 염수에 서식하는 여러 철갑상어 종의 알이다. 철갑상어는 한때 미국에서도 미시시피강과 허드슨강 근처에서 흔하게 잡혔지만 남획으로 거의 멸종되었다.

최대 3미터까지 자라는 철갑상어는 옆구리를 따라 길게 난 장식과 진흙 속에서 먹이를 찾는 데 사용되는 길쭉한 주둥이로 구분할 수 있다. 2억 년 이상 지구상에서 살아온 살아 있는 화석이다. 철갑상어의 수명은 최대 100년에 이르지만 약 20년생이 되기 전까지는 성적으로 성숙하지 못한다. 그 때문에 야생에서는 거의 자취를 감추게 되었고, 2008년 이후 어획과 무역이 금지되었다.

캐비아는 원래 러시아와 이란 등지에서 잡은 자연산 철갑상어의 알이었지만 오늘날 유통되는 거의 모든 캐비아는 양식산이다. 주요 생산국은 고대 양식 전통을 이어가는 중국이고 이탈리아와 프랑스가 그 뒤를 잇는다. 고가의 식자재라서 알의 크기와 품질에 따라 1파운드당 2000~2만 달러에 팔린다.

캐비아는 일반적으로 철갑상어의 품종에 따라 구분하여 판매한다. 스텔렛 캐비아는 작고 짭짤하다. 배리 캐비아는 중간 크기에 진갈색을 띤다. 가장 귀한 벨루가 캐비아는 큼직한 회색으로 진한 버터 풍미가 난다.

암컷 철갑상어를 알이 성숙하기 전에 잡아서 배를 갈라 알주머니를 조심스럽게 꺼낸다. 그런 다음 알을 체에 밭쳐서 불순물을 제거하고 깨끗하게 세척한 다음 소금에 절여서 약 2킬로그램들이 금속 캔에 넣어 숙성시킨다. 수개월간 숙성해야 은은한 향과 함께 짭짤하고 고소하면서 버터 같은 풍미가 나는 캐비아가 완성된다. 숙성이 끝난 캐비아는 작은 병에 소분 포장하여 판매한다.

감정가들은 캐비아를 검지와 엄지 사이의 손등에 얹어서 바로 먹는 것을 선호한다. 하지만 블리니(171쪽 참조)나 따뜻한 저민 감자에 얹어서 먹어도 좋다.

KAMCHATKA KING CRAB
캄차카 킹크랩

러시아
해산물
TASTED ☐

캄차카 킹크랩은 베링해를 사이에 두고 러시아 캄차카반도와 알래스카 양쪽에서 잡히기 때문에 알래스카 킹크랩이라고도 부른다. 그러나 사실 캄차카 킹크랩은 게가 아니라 소라게와 같은 과다. 길이 최대 1.8미터까지 자랄 수 있으며 다리가 길어 탄탄하고 맛 좋은 살점이 풍부하다.

1960년대 러시아는 캄차카 킹크랩을 바렌츠해노르웨이와 러시아 서북부 사이에 있는 바다-옮긴이에 풀어서 매우 가난했던 이 지역 어부들에게 새로운 수입원을 제공하기로 했다. 그리고 암컷 2000마리, 수컷 1000마리, 새끼 1만 마리를 풀어서 첫 개체군을 조성했다. 천적이 없었기 때문에 캄차카 킹크랩은 순식간에 1000만 마리로 늘어났고, 지금은 러시아 북부 해안은 물론 노르웨이까지 서식하면서 수익성 좋은 사업이 되어주고 있다.

문어

그리스
해산물

TASTED ☐

다리가 8개 달려 있어서 그리스어로 '8개의 다리'라는 뜻의 옥타 포디oktapodi라고 불리는 문어는 지중해, 특히 그리스에서 즐겨 먹는 매우 인기 높은 해산물이다.

문어는 일단 잡고 나면 살점이 질겨지기 때문에 먹기 전에 반 드시 연화 과정을 거쳐야 한다. 전통적인 방법은 문어를 잡은 다 음 바위에 두들기는 것이었다. 그리스 전통에 따르면 부드러워 질 때까지 최소 40번을 두들긴다. 그런 다음 문어를 조리하기도 하지만 햇볕에 말려서 보존하기도 한다. 여름이면 빨랫줄에 문 어를 줄줄이 넣어서 햇볕에 말리는 모습을 흔하게 볼 수 있다.

문어는 주로 가족 단위로 경영하는 그리스의 해산물 전문 레 스토랑인 피사로타베르나psarotavernas, 즉 '해산물 타베르나'에 서 매우 인기 있는 요리다. 대개 간단하게 구운 다음 올리브 오 일과 레몬즙을 뿌려서 먹는다. 샐러드에 넣어서 먹을 수도 있다. 문어의 질감은 탄탄하면서 약간 쫄깃하다. 갑오징어나 오징어 등 다른 두족류에 비해서 강한 바다의 풍미가 느껴진다. 해 질 녘에 해변가에 앉아 우조 한 잔을 곁들여 문어구이를 먹는 것은 그리스 섬을 만끽하는 가장 간단한 방법일 것이다.

골수

BONE MARROW

헝가리
육류

TASTED ☐

골수는 인간이 대형 포유동물에게서 얻어낸 최초의 음식이었을 것이다. 실제로 인류의 조상은 대형 동물을 사냥할 도구와 기술 을 완성하기 전까지는 동물 사체를 뒤져서 먹잇감을 찾아냈다. 그들은 석기를 만들어 사용했기 때문에 뼈를 부숴서 단백질과 지방의 중요한 공급원인 골수와 뇌를 얻어냈다.

골수는 대부분 지질(건조물의 96퍼센트)과 물, 단백질로 구성되어 있다. 28그램당 거의 250칼로리에 가까운 매우 영양가 있는 음식이다.

구석기시대에는 골수가 인류 식단의 일부였지만 시간이 지날수록 골수 섭취는 줄어들었다. 그러다 어떤 연유인지 18세기 유럽에서 골수를 먹기 시작하면서 진미로 여겨져 골수 전용 숟가락까지 탄생했다. 골수는 오늘날에도 미식가에게 인기 있는 부위로, 헝가리에서는 소고기 수프의 재료로 사용한다. 내기 직전에 수프에서 건진 다음 구운 빵에 얹어서 소금을 살짝 뿌려 먹는다. 프랑스의 포토푀와 이탈리아의 오소 부코에도 골수가 들어가는 것이 있다.

골수는 노란색과 회색을 띠고 익히면 살짝 젤라틴 같은 느낌이 든다. 육수에 삶아서 조리하기도 하지만 오븐에 구우면 캐러멜화되어서 맛이 훨씬 좋다. 강렬한 지방의 풍미와 감칠맛이 도는 독특한 맛을 느낄 수 있다.

소뼈 골수가 가장 흔하지만 그 외에도 세계 각지에서 다양한 동물의 골수를 즐겨 먹는다. 이누이트족은 전통적으로 순록과 무스의 골수를 먹었고 중국에서는 돼지뼈 골수를 빨대로 빨아 먹는다.

PAG LAMB

파그 양

크로아티아
육류
TASTED ☐

파그섬은 자다르에서 북쪽으로 10킬로미터 떨어진 거의 사막과 같은 섬이다. 길이는 약 60킬로미터지만 너비는 2~10킬로미터에 불과한 길쭉한 모양새다. 기후가 매우 건조해서 무엇도 기르기 어렵지만 이 섬에서만 찾아볼 수 있는 강건한 품종인 파그 양의 품질은 예로부터 유명했다.

파그 양은 섬 내를 자유롭게 돌아다니면서 자연스럽게 어미 젖을 먹고 큰다. 성장하면 세이지와 마조람, 타임 등 야생 허브를 뜯어 먹는데, 그 덕에 고기에 독특한 풍미가 밴다. 파그섬에는 목초가 매우 드물기 때문에 먹이를 구하기 위해 먼 거리를 이동해야 하므로 파그 양은 기름기가 적고 매우 담백하다.

파그 양은 세계 최고의 양고기로 손꼽힌다. 매우 섬세한 질감과 향기로운 풍미를 지니고 있다. 꼬치에 꿴 양고기는 크로아티아의 '국민 요리'로 사랑받는다. 그 외에 삶거나 바비큐를 할 수도 있다. 페카peka라는 그릇에 천천히 익히면 부드럽고 육즙이 풍부한 요리가 된다.

파그 양의 젖으로는 파스키 시르paški sir라는 치즈를 만든다. 크로아티아에서 제일가는 인기 있고 맛이 뛰어난 치즈로, 야생 허브의 풍미가 느껴진다.

살로 SALO

러시아,
우크라이나
육류
TASTED □

살로는 돼지 등의 지방 바깥층 부분으로 만든 슬라브 특산물이다. 지방을 두껍게 저민 뒤 소금을 한 켜 씌워서 수개월간 숙성시켜 만든다. 마늘이나 고추, 파프리카 가루 등으로 맛을 내기도 한다.

큼직한 흰색 덩어리인 살로는 특히 우크라이나와 러시아에서 인기 있으며, 두껍게 썰어서 차가운 애피타이저로 먹는 것이 일반적이다. 일단 보드카 한 잔을 홀짝 마신 다음 소금과 후추를 뿌린 살로 한 조각을 베어 문다. 입에 문 채로 살살 녹는 질감을 즐긴다. 살로는 요리용 기름으로도 사용할 수 있다. 특히 감자 조리에 이용하고, 깍둑 썰어서 수프에 넣기도 한다.

ĆEVAPI
체바피

체바피는 발칸반도에서 쉽게 찾을 수 있는 길거리 음식이다. 중동의 케밥에서 파생한 음식으로 향신료를 가미한 다진 고기(주로 소고기나 양고기)를 꼬챙이에 롤 모양으로 빚어서 끼워서 익힌다. 보통 5개 또는 10개 단위로 판매한다. 주문이 들어오면 고기를 구운 다음 생양파와 사워크림, 피망과 마늘로 만든 양념인 아이바르ajvar와 함께 둥근 플랫브레드에 얹어서 낸다.

체바피는 15세기 오스만 제국의 지배를 받던 레스코바츠에서 탄생했으며 지금은 발칸반도 전역에 퍼져서 지역에 따라 다양한 특성을 보여준다. 슬라브와 아시아의 영향을 모두 받은 발칸반도 요리의 특성을 잘 보여주는 음식이다.

보스니아
헤르체고비나,
세르비아
길거리 음식

TASTED ☐

BANITSA
바니차

바니차는 필로종이처럼 얇은 층이 켜켜이 쌓여 있는 페이스트리 반죽-옮긴이와 달걀, 치즈, 요구르트로 만든 짭짤한 페이스트리로 불가리아에서는 전통적으로 꿀을 뿌려 아침 식사로 먹는다. 반죽에 시레네 치즈를 채워서 나선형으로 돌돌 말아 먹기도 한다. 시금치나 양파, 리크, 호박 등의 채소나 때로는 육류까지 넣기도 하는데 그런 것은 점심이나 저녁 식사로 먹는다.

바니차는 일상적으로 매일 먹는 음식이지만 크리스마스 만찬의 필수 메뉴이기도 하다. 크리스마스 바니차는 작은 동전이나 장신구를 숨겨서 굽는데, 이를 발견하는 사람은 다음 해에 복을 받는다고 한다. 플라스틱이나 도자기 인형을 넣어서 굽는 킹 케이크king cake와 비슷하다.

불가리아
전통 음식

TASTED ☐

보르시

러시아,
우크라이나
전통 음식

TASTED ☐

보르시는 레드비트와 양배추, 당근, 순무, 감자, 양파로 만든 수프로 딜과 파슬리로 맛을 낸다. 소고기 국물을 내서 만들기 때문에 가끔 작은 고기 조각이 들어가기도 한다. 나라와 개인의 취향에 따라 레시피가 다양하지만 특유의 붉은색을 내는 레드비트는 반드시 들어간다. 그러나 보르시는 원래 신맛이 나는 수프를 총칭하는 이름이었기 때문에 레드비트를 넣지 않는 맑은 보르시도 있다.

보르시는 주로 스메타나(192쪽 참조) 한 덩이를 얹어서 뜨겁게 먹지만 여름에는 차갑게 먹는다. 우크라이나와 러시아 남부에서 매우 인기 있으며, 러시아 북부에서는 레드비트가 들어가지 않는 양배추 수프인 시치shchi를 선호한다.

드라니키

벨라루스
전통 음식

TASTED ☐

벨라루스의 전통 음식인 드라니키는 감자로 만든 작은 패티다. 감자는 벨라루스 요리에서 중요한 역할을 하는 식자재로 거의 모든 사람이 아침, 점심, 저녁 식사로 매일 감자를 먹는다. 벨라루스 사람들은 다른 어떤 나라 사람들보다도 감자를 많이 먹는다. 연간 1인당 약 190킬로그램, 즉 매일 1인당 500그램 이상을 먹는다! 벨라루스에서는 감자를 벌바bulba라고 부르기 때문에 벨라루스 사람들은 스스로를 '작은 감자'라는 뜻의 벌바시bulbashi라고 부르기도 한다.

드라니키 6인분

재료 · 점질 감자 12개, 양파 1개, 달걀 1개, 소금, 식물성 오일 3큰술,
사워크림 1/2컵(120g)

- 감자와 양파의 껍질을 벗기고 곱게 간다. 달걀과 소금 한 자밤을 더해
  섞는다.
- 팬에 오일을 둘러서 달군다. 감자 반죽을 수북하게 한 숟갈 퍼서 팬에
  넣고 가볍게 눌러 패티 모양으로 만든다. 노릇노릇하게 앞뒤로 3분씩
  굽는다.
- 뜨거울 때 사워크림을 곁들여서 주요리의 사이드 메뉴로 낸다. 패티
  반죽에 다진 고기나 버섯을 섞으면 고급스러운 드라니키가 된다.

GOULASH 굴라시

헝가리
전통 음식

TASTED ☐

본디 헝가리의 단순한 농민 요리로 굴야스gulyase라고 불렸던 굴
라시는 이제 오스트리아에서 루마니아에 이르기까지 중유럽과
동유럽의 여러 나라에서 찾아볼 수 있다. 원래 중세 시대 농부들
이 소와 함께 긴 여정을 떠나면서 만들어 먹던 음식이다. 토마
토, 감자, 파프리카(176쪽 참조) 등 신대륙 식자재는 16세기 이후
에나 헝가리에 들어왔기 때문에 전통적인 굴라시에는 이런 재
료가 들어가지 않았다.

굴라시 4인분

재료 · 라드 30g, 양파 2개, 파프리카 가루 2큰술, 찜용 스테이크
500g, 마늘 1쪽, 토마토 2개, 당근 1개, 감자(대) 1개, 소고기 육수

2/3컵(160ml), 월계수잎 1장, 소금, 후추, 사워크림

- 팬에 라드를 녹이고 곱게 다진 양파를 넣어 노릇노릇하게 볶는다. 불에서 내리고 파프리카 가루를 넣는다. 고기를 2센티미터 크기로 깍둑 썬 다음 다진 마늘과 함께 팬에 넣는다. 다시 불에 올려서 10분간 익힌다. 토마토와 당근, 감자를 작게 깍둑 썬 다음 팬에 넣는다. 소고기 육수를 붓고 월계수잎, 소금, 후추를 넣은 다음 약한 불에서 1시간 정도 뭉근하게 익힌다. 사워크림(192쪽 스메타나 참조)을 한 덩이 얹고 빵을 곁들여서 낸다.

카차마크   KAČAMAK

몬테네그로
전통 음식

TASTED ☐

카차마크는 발칸반도의 전통 음식으로 옥수수가 주재료라는 점에서 폴렌타(69쪽 참조)와 비슷하다. 하지만 카차마크는 옥수숫가루에 으깬 감자와 치즈 간 것, 카이막(307쪽 참조)이라는 클로티드 크림을 섞는다는 점에서 폴렌타와 차이가 난다. 카차마크는 흔히 양고기나 생선에 곁들이는 사이드 메뉴로 내지만 꿀을 약간 둘러서 디저트로 먹기도 한다.

펠메니   PELMENI

러시아
전통 음식

TASTED ☐

펠메니는 얇은 반죽에 다진 고기를 채워서 작게 빚은 러시아식 만두다. 오랜 시베리아 전통에서 유래한 것으로 중국의 자오쯔 饺子(교자)와 매우 비슷하기 때문에 조리법 자체는 중국에서 건너왔을 수도 있다.

슈퍼마켓에서 바로 익혀서 먹을 수 있는 펠메니를 구입할 수

있지만 집에서 직접 빚기도 하며, 특히 시베리아에는 집에서 만드는 전통이 남아 있다. 여럿이 모여서 민요를 부르고 보드카를 마셔가면서 반죽을 준비하고 속 재료를 다지고 만두를 빚으면서 긴 시간을 보낸다. 완성한 펠메니는 육수에 수 분간 삶아서 스메타나(192쪽 참조)를 곁들여 먹는다.

PIEROGI

피에로기

폴란드
전통 음식

TASTED ☐

피에로기는 원산지인 폴란드뿐만 아니라 발트해 연안과 체코, 슬로바키아에서도 인기 있는 반달 모양의 작은 만두다. 발효시키지 않고 밀가루로만 만든 얇은 반죽에 육류와 채소, 치즈, 과일 등 달콤하거나 짭짤한 여러 재료를 넣어서 만든다.

러시아 피로시키의 사촌 격이지만 피로시키는 더 크고 반죽의 질감이 빵에 가깝다. 러시아의 펠메니와 혼동될 때도 있는데 피에로기에는 익힌 재료를 넣지만 펠메니는 날재료를 채운 다음 익힌다는 점이 다르다.

가장 고전적인 조리법은 치즈와 튀긴 양파, 감자를 채우는 피에로기 루스키에pierogi ruskie다. 다진 소고기와 양배추, 버섯, 시금치 등이 들어간 짭짤한 피에로기도 인기 있고, 달콤한 피에로기는 블루베리와 사과, 자두 등으로 만든다. 피에로기는 물에 삶거나 팬에 튀겨서 먹는다.

폴란드에는 크리스마스 때 사워크라우트와 버섯을 채운 피에로기를 먹는 전통이 있다. 폴란드 관습에 따르면 크리스마스 저녁 식탁에는 육류가 오르지 않아야 하므로 겨울철에 구할 수 있는 몇 안 되는 재료를 활용한 메뉴인 셈이다.

포페치

**몬테네그로
전통 음식**

TASTED ☐

포페치는 얇게 저민 돼지고기 커틀릿에 치즈나 카이막(307쪽 참조)을 채운 다음 돌돌 말아서 기름에 튀긴 음식이다. 고기에 치즈와 햄을 말아서 만드는 프랑스 코르동 블뢰cordon bleu의 몬테네그로식이라고 할 수 있다. 몬테네그로에서 아주 인기가 좋은 음식으로, 패밀리 레스토랑에서는 흔히 마요네즈와 사워크림, 머스터드, 파슬리로 만든 걸쭉한 소스와 프렌치프라이, 샐러드 약간을 곁들여 낸다.

사르말레

SARMALE

**루마니아
전통 음식**

TASTED ☐

사르말레는 발효시킨 양배추에 고기와 쌀, 채소를 채워서 만드는 루마니아의 전통 요리다. 터키의 사르마(돌마라고도 부른다. 302쪽 참조)와 같은 요리에서 유래했지만 루마니아에서 독특하게 발전했다.

사르말레 조리법은 지역과 계절에 따라 달라진다. 돼지고기만 넣기도 하고 다양한 고기와 채소를 섞어서 만들기도 한다. 대량으로 조리할 때는 도기 냄비에 켜켜이 쌓아서 보르슈borş(밀 겨를 물에 발효시켜 만든 새콤한 양념)와 토마토소스로 만든 국물을 잠기도록 부어 익힌다. 주로 머멀리거mămăligă(루마니아식 폴렌타)와 루마니아어로 사워크림이라는 뜻의 스믄트너smântână(192쪽 스메타나 참조)를 곁들여 낸다.

사르말레는 일상 식탁은 물론 결혼식이나 장례식 같은 행사에 빠져서는 안 되는 필수 품목이다. 루마니아에서는 손님에게 사르말레를 대접하지 않는 가족 행사란 상상할 수도 없다.

숍스카 샐러드

숍스카 샐러드는 아마 불가리아에서 가장 인기 있는 음식일 것이다. 대부분의 레스토랑에서 먹을 수 있으며 집에서도 아주 흔하게 만들어 먹는다. 토마토와 오이, 피망, 양파에 시레네 치즈를 넣어서 만든다. 시레네는 그리스의 페타 치즈와 비슷한 치즈로 불가리아에서는 잘게 부숴서 다양한 요리에 토핑으로 뿌려 먹는다.

대표적인 불가리아 전통 요리로 인정받고 있지만 조리법 자체는 최근에 탄생했다. 1960년대에 관광 진흥 기관인 발칸투어리즘이 불가리아 문화를 선전하기 위해 불가리아 국기의 흰색, 녹색, 빨간색을 담은 요리를 만들어낸 것이다. 불가리아 샐러드라고도 불리며 이웃 나라에서도 찾아볼 수 있다.

숍스카 샐러드　　　　　　　　　　　　　　　　　　　　4인분

재료 • 토마토 4개, 녹색 피망 2개, 오이 1개, 양파 2개, 올리브 오일 5큰술, 레드 와인 식초 2큰술, 소금, 후추, 파슬리 1/4단, 잘게 부순 시레네 치즈(또는 페타 치즈) 1컵(150g)

- 토마토와 피망, 오이는 굵게 다지고 양파는 얇게 송송 썬다. 올리브 오일과 식초, 소금, 후추로 드레싱을 만든다. 볼에 손질한 채소 재료와 드레싱을 섞은 다음 다진 파슬리를 넣는다. 잘게 부순 치즈를 얹어서 차갑게 낸다.

타라마살라타   TaRamasaLaTa

그리스
전통 음식

TaSTED ☐

타라마살라타는 아마 그리스의 메제 중 가장 인기 있는 메뉴일 것이다. 메제는 그리스에서 중동에 이르는 지역에서 주메뉴 전에 다양한 요리를 조금씩 담아 내는 것으로, 다양한 맛과 질감을 즐길 수 있다.

타라마살라타는 생선알로 만든 페이스트다. 원래는 보타르가(176쪽 참조)를 사용했지만 지금은 말린 대구알로 만드는 것이 더 일반적이다. 타라마살라타를 만들려면 우선 생선알을 절구에 넣고 올리브 오일, 레몬즙, 빵(또는 감자) 약간을 더해 찧는다. 그러면 살짝 거친 질감이 나는 부드러운 페이스트가 완성된다. 보통 빵과 함께 먹지만 채소에 곁들이는 딥 소스로 낼 수도 있다.

타라마살라타   6인분

재료 · 빵 2장, 우유 1컵(250ml), 말린 대구알 250g, 레몬, 올리브 오일 1/2컵(125ml), 해바라기씨 오일 1/2컵(125ml)

· 빵을 우유에 불린다. 절구에 대구알과 레몬 1/2개를 짜서 넣고 으깨어 부드럽게 잘 섞는다. 빵을 건져서 절구에 넣고 포크로 찢으면서 골고루 섞는다. 두 가지 오일을 섞은 다음 천천히 부으면서 골고루 휘저어 잘 섞는다. 빵이나 블리니를 곁들여서 차갑게 낸다. 블렌더를 이용하면 질감이 더 고운 타라마살라타를 만들 수 있다.

TZATZIKI

차지키

차지키는 요구르트와 오이, 마늘로 만든 부드러운 흰색 딥으로
그냥 먹기도 하고 빵에 곁들이거나 채소를 찍어 먹기도 한다. 올
리브 오일 약간에 식초, 민트 등 신선한 허브로 맛을 낸다. 발칸
반도에서도 구운 고기에 곁들이는 음식으로 인기가 높으며 터
키에서는 차즈크cacik라고 불리며 조금 더 묽게 만든다.

차지키   **4인분**

재료 • 오이 1/2개, 마늘 2쪽, 올리브 오일 1큰술, 물기를 제거한
양젖으로 만든 그리스식 요구르트 2컵(500g), 레몬 1/2개, 백식초 1큰술,
소금, 후추

• 오이 껍질을 절반만 벗긴 다음 반으로 길게 잘라서 숟가락으로 씨를
  제거한다. 오이를 갈아서 마른 천에 담고 꼭 짜서 여분의 물기를
  제거한다. 마늘을 곱게 다져서 볼에 넣고 올리브 오일을 넣는다. 여기에
  오이를 넣고 요구르트와 함께 잘 섞는다. 레몬 1/2개를 짜고 식초,
  소금, 후추를 넣어서 잘 섞는다. 빵이나 구운 고기를 곁들여서 차갑게
  낸다.

OSCYPEK

오스치펙

폴란드 남부 포드할레 지역의 특산물인 오스치펙은 동량의 소
젖과 양젖으로 만든 치즈다. 전통 문양이 찍힌 물렛가락 형태의
틀에 담아 제작한 모양이 매우 독특하다. 성형 후에는 전나무로
2주일간 훈제하여 옅은 갈색을 띠고 훈연 향이 난다.

오스치펙은 5월에서 10월 사이에만 구할 수 있다. 차갑게 먹을 때는 고무 같이 질기지만 저며서 구우면 부드러워지면서 입 안에서 살살 녹는다. 크랜베리잼을 곁들여 새콤달콤한 조합을 선보이곤 한다.

스메타나

러시아
유제품

TASTED ☐

스메타나는 크림에 이스트를 넣어서 살짝 발효시킨 러시아식 사워크림으로 독특한 톡 쏘는 맛이 난다. 발효시키기 전에는 프랑스어로 크렘 프레슈라고 부른다. 러시아에서는 프랑스 크림이라고 부르거나 발음을 그대로 음차하여 '크렘 프레시krem fresh'라고 한다.

스메타나는 러시아 요리에 가장 흔한 재료다. 테이블에 양념 삼아 올리는 모습을 쉽게 볼 수 있다. 보통 수프에는 종류 불문하고 스메타나를 한 덩이 올려서 내며 펠메니(186쪽 참조), 블리니(171쪽 참조), 드라니키(184쪽 참조)에도 곁들인다. 또한 비프 스트로가노프 등 많은 스튜에 들어가고 디저트에도 완벽하게 어우러지며 꿀을 두르거나 생과일만 얹어서 먹기도 한다.

바르시케

리투아니아
유제품

TASTED ☐

바르시케는 숙성시키지 않은 신선한 커드 치즈다. 질감은 코티지 치즈와 비슷하고 아주 가벼우면서 우유의 풍미가 느껴진다. 바르시케는 기본 맛과 캐러웨이 맛이 있다. 리투아니아 요리의 필수 재료로 차갑게 먹기도 하고 요리에도 사용한다. 체펠리나이cepelinai(치즈를 채운 감자경단), 키비나이kibinai(트라카이에서 유명한 튀긴 페이스트리) 등 짭짤한 요리에 들어가고 바르시케를 주재료로 사용하는 바르시케치아이varškėčiai(치즈 팬케이크)라는 요리도 있다.

또한 치즈케이크처럼 바르시케에 꿀만 둘러서 디저트로 먹을 수도 있으며 자가렐리아이žagarėliai라는 튀긴 도넛을 만들기도 한다. 바르시케로 만든 서로 다른 매력의 다양한 요리가 있어서 리투아니아를 여행할 때는 바르시케를 일절 맛보지 않기가 더 어려울 것이다!

볼로그다 버터

러시아
유제품
TASTED ☐

볼로그다 버터는 세계 최고의 버터로 손꼽힌다. 넓은 목초지가 펼쳐진 볼로그다 지방에서 강건한 품종의 소가 지방 함량이 높은 우유를 생산한다. 원유를 버터로 만드는 공정은 기밀에 부쳐져 있으나 매우 정확한 온도에 노출시키는 특별한 제조 과정 덕분에 특유의 고소한 풍미가 난다고 한다.

볼로그다 버터가 명성을 얻게 된 것은 열정 넘치는 귀족 니콜라이 바실리예비치 베레시차긴 덕분이다. 그는 1861년 가족 재산을 관리하기 시작하면서 낙농업에 주력하기로 결심하고 노르망디로 건너가 버터 제조를 배웠다. 그가 생산한 유제품은 금세 주목을 받았고 1878년과 1900년도에 파리 만국박람회에서 금메달을 포함한 여러 상을 받았다. 베레시차긴의 버터는 아이스팩과 함께 배로 운송해서 베를린, 런던, 파리의 최고급 식탁에 올릴 정도로 명성이 대단했다. 그러다 1917년 러시아혁명 이후 공장이 국유화되면서 브랜드의 가치가 떨어지기 시작했다. 볼로그다 버터(러시아어로 볼로고초예 매슬로vologodskoye maslo)라는 명칭은 모든 버터를 가리키는 총칭으로 사용되었으며 볼로그다에서 멀리 떨어진 곳에서 생산한 버터에도 이 이름이 붙었다.

2010년 러시아 법원이 볼로그다 지방에 있는 낙농장만 볼로그다 버터라는 명칭을 사용할 수 있다는 판결을 내리면서 러시아 최초의 원산지 명칭 보호 대상이 되었고, 인기도 회복했다.

빵 수프 BREAD SOUP

라트비아
디저트
TASTED ☐

라트비아의 빵 수프인 메이즈 주파maizes zupa는 남은 빵에 사과, 포도, 크랜베리, 자두 등 생과일이나 말린 과일을 섞어서 만드는 인기 디저트다. 보통 휘핑크림을 얹어서 차갑게 낸다.

빵 수프 6인분

**재료 · ** 호밀빵 500g, 황설탕 1컵(200g), 건포도 3/4컵(120g), 말린 크랜베리 1/3컵(50g), 레몬즙 1큰술, 시나몬 가루 1큰술

• 오븐을 180°C로 예열한다. 빵을 두껍게 썬 다음 오븐에서 중간에 한 번 뒤집어가며 약 20분간 굽는다. 빵은 거의 탄 것처럼 아주 짙은 색이 되어야 한다. 빵을 잘게 부숴서 그릇에 담고 잠길 때까지 물을 붓는다. 그대로 30분간 불린 다음 빵을 건져서 꽉 짜 물기를 제거한 후 공 모양으로 빚는다. 반죽을 치대서 되직한 페이스트를 만든다. 팬에 넣고 설탕과 물 1/4컵을 넣은 후 한소끔 끓인다. 불 세기를 낮추고 건포도와 크랜베리, 레몬즙, 시나몬을 넣는다. 10분간 뭉근하게 끓인 다음 식힌다. 휘핑크림을 얹어서 차갑게 낸다.

CHIMNEY CAKE

굴뚝 케이크

헝가리
디저트

TASTED ☐

헝가리어로 퀴르퇴슈컬라치kürtőskalács라고 부르는 굴뚝 케이크는 루마니아 트란실바니아 지역의 헝가리어를 사용하는 소수 민족에서 유래했다. 원기둥 모양의 꼬챙이에 달콤한 반죽을 돌돌 말아서 붙인 다음 구워서 가운데가 빈 굴뚝 모양으로 굽는다. 기본 맛은 물론 시나몬 설탕, 으깬 견과류, 코코넛 슬라이스 등의 다양한 재료를 넣어서 만들 수 있다. 매우 인기 있는 길거리 음식으로 보통 주문이 들어오면 바로 구워서 주며 뜨거울 때 먹는다. 겉은 그릴에서 캐러멜화되어 바삭바삭하고 속은 부드러운 반죽이 남아 있어 대조적인 질감을 느낄 수 있다.

KAMA

카마

에스토니아
디저트

TASTED ☐

카마는 에스토니아식 디저트로 핀란드와 러시아에서도 찾아볼 수 있다. 밀가루에 볶은 보리와 호밀, 귀리, 완두콩 등을 섞어서 만든다. 오랫동안 보관할 수 있으며 운반도 쉬워서 여행용으로 널리 만들던 요리다. 간단하게 밀가루에 물이나 버터를 섞어서 만들므로 조리할 필요가 없기 때문이다.

원래는 짭짤한 요리였으나 오늘날에는 달콤한 요리로 흔히 밀가루에 우유나 요구르트 또는 코티지 치즈를 섞은 다음 생과일, 설탕, 꿀 등을 곁들여 낸다. 에스토니아에서는 특히 블루베리나 라즈베리, 크랜베리, 블랙커런트 등의 베리류를 넣은 카마가 인기가 좋으며 그보다 구하기 힘든 특산품인 클라우드베리(222쪽 참조)로 만들기도 한다.

발삼

라트비아
음료

TASTED ☐

발삼은 주로 라트비아에서 마시지만 우크라이나와 러시아에서도 찾아볼 수 있는 동유럽식 전통 리큐어다. 발삼이 들어가기 때문에 이렇게 불리며 짙은 갈색을 띤다. 주재료인 발삼은 끈끈한 갈색 수지로 페루 발삼 나무에서 채취한다(페루 발삼은 실제로는 남아메리카가 아니라 중앙아메리카에서 자라지만 페루 항구를 통해서 수입했기 때문에 혼란스러운 명칭이 붙게 되었다).

발삼은 알코올에 20가지 이상의 다양한 성분을 재워서 만든 90프루프(45도)의 리큐어로 원래 약으로 판매했다. 이국적인 재료로 만든 이런 종류의 치료제는 중세 후반부터 향신료 거래가 활발한 항구 도시를 중심으로 생산됐다.

가장 유명한 발삼 레시피는 1752년 리가에서 만들어진 것으로 리가스 멜나이스 발잠rīgas melnais balzams(리가의 검은 발삼)이라고 불린다. 발삼 수지에 약쑥, 쥐오줌풀, 린든 싹, 꿀, 생강, 황용담 등 24가지 재료가 들어가며 정확한 레시피는 기밀이다. 모든 재료를 알코올, 물과 함께 섞어 나무통에 숙성시킨 후 도자기 병에 담는다.

씁쓸한 맛과 단맛이 적절히 균형을 이루는 술로, 식전주로 마실 때는 차갑게 내는 것이 좋다. 칵테일에 들어가기도 하지만 라트비아 사람들은 그냥 뜨거운 차나 커피에 부어서 마시는 쪽을 선호한다.

KOMPOT

콤폿

러시아
음료
TASTED ☐

콤폿은 물과 과일로 만드는 달콤한 무無알코올음료다. 중유럽과 동유럽에서 인기가 있으며 러시아에서는 특히 소련 시절에 인기를 끌었다. 콤폿은 대량의 물에 과일을 익혀서 만들며 때때로 설탕이나 향신료를 추가하기도 한다. 어떤 과일로도 만들 수 있지만 가장 일반적인 것은 살구, 사과, 딸기, 자두, 블랙커런트, 레드커런트, 라즈베리 등이다. 과일을 넣고 끓인 액체만 따라낸 것이 콤폿이고 남은 과일은 다시 사용할 수 있다. 따라서 생산 비용이 저렴하며 절임 과일이나 말린 과일로도 만들 수 있다.

소련 시절에는 공장 매점에서 학교 식당에 이르기까지 모든 곳에서 콤폿을 찾아볼 수 있었다. 1980년대 이후 인기가 떨어졌으나 여전히 여름이면 러시아인들이 즐겨 찾는 청량음료다.

KVASS

크바스

러시아
음료
TASTED ☐

크바스는 중세에 인기를 끌다 서서히 자취를 감춘 음료지만 러시아에서만큼은 아직도 전통이 생생하게 남아 있다. 알코올이 약간 들어 있는 음료(보통 1~4프루프 또는 0.5~2도)로 '빵 맥주'라고도 불린다. 실제로 크바스는 남은 빵을 물에 담가 발효시켜서 만든다.

집에서도 만들 수 있지만(보통 호밀빵을 사용한다) 크바스 탱크를 끌고 다니는 노점상이나 슈퍼마켓에서도 구입할 수 있다.

크바스의 조리법은 다양하다. 여러 곡물(밀, 호밀, 보리, 메밀, 귀리)로 만들 수 있으며 과일과 허브, 향신료로 맛을 내기도 한다. 크바스는 여름에 특히 인기 있다. 살짝 새콤한 빵 맛이 돌고 탄산감이 느껴진다.

마라스키노

크로아티아
음료
TASTED ☐

마라스키노는 주로 크로아티아에서 재배하는 사워 체리 품종인 마라스카marasca 체리로 만든 리큐어다. 아드리아해에 접한 자다르의 특산물이며 레시피는 16세기 이 지역의 수도사가 만들었다.

1759년 이탈리아에서 그라파를 만들어낸 프란체스코 드리올리Francesco Drioli라는 베네치아 상인이 자다르에 정착하면서 마라스키노를 전문적으로 생산하는 최초의 산업 증류소를 열었다. 이 증류소에서 만든 마라스키노는 유럽의 왕들에게 진상되었다. 마라스키노는 프랑스 왕 루이 18세, 샤를 10세, 루이 필리프, 나폴레옹은 물론 영국의 왕, 러시아 황제, 오스트리아-헝가리 황제를 비롯한 많은 왕족에게 사랑받았다.

1821년 또 다른 이탈리아 기업가가 룩사르도Luxardo라는 브랜드를 설립했고, 룩사르도는 순식간에 드리올리 증류소를 능가하며 가장 크고 유명한 마라스키노 회사가 되었다. 이처럼 마라스키노 산업은 자다르 출신의 여러 부유한 이탈리아 가문에 부의 원천이 되어주었다. 그러나 제2차 세계대전 이후 마라스키노 산업은 급격하게 쇠퇴했다. 공장이 폭격당하며 이 지역에서 공동체를 이루어 살던 3만 명의 주민이 박해를 피해 도망가야 했다. 리큐어 생산은 대부분 마라스카 체리를 널리 재배하는 이탈리아 지역으로 넘어갔다. 이탈리아인이 떠난 후 남아 있던 공장은 국유화되어 마라스카라는 브랜드명으로 운영되고 있다.

마라스키노는 운반할 때의 파손 위험을 줄이기 위해 유리병을 밀짚 가마니로 싸서 판매한다. 마라스카 체리의 과실과 잎을 섞어서 만드는 마라스키노는 증류한 다음 물푸레나무 통에서 2년간 숙성을 거치고 희석한 다음 설탕을 섞어서 병입한다. 신기하게도 체리 맛이 아니라 아몬드와 레몬, 솔잎 향이 난다. 오랫동안 소화제로 알려졌지만 지금은 주로 칵테일 재료로 사용한다.

미드

미드는 거의 9000년 전에 만들어진, 아마도 세계에서 가장 오래된 술일 것이다. 꿀을 물과 함께 발효시켜서 9~36프루프(4.5~18도) 정도에 은은한 꿀맛이 도는 금색 음료로 만든다. 미드는 고대 그리스에서 로마, 슬라브 지역에 이르기까지 인류 역사 전반에 걸쳐서 소비되어왔으며, 아직도 끈끈한 전통으로 이어져 내려온다. 핀란드에서 우크라이나에 이르기까지 슬라브의 영향이 강하게 남아 있는 대부분의 국가에서 아직도 미드를 널리 마시고 있다.

인류는 오랫동안 꿀과 물이 만나 술이 되는 원리를 제대로 이해하지 못했기 때문에 미드를 담글 때도 결과물을 예측하기 힘들었다. 19세기가 되어서야 효모가 발달하려면 꿀의 당분뿐만 아니라 미네랄도 필요하다는 사실을 알아낼 수 있었다. 그전에는 꿀물이 발효를 통해서 적정한 알코올 도수를 갖춘 미드가 될 때까지 최대 수십 년까지 장기간 보관하곤 했다. 자연히 왕과 귀족들이나 마실 수 있는 귀한 음료가 될 수밖에 없었다. 요즘에는 미네랄을 첨가해서 1주일 정도면 미드를 완성할 수 있으며 품질도 보장된다.

고대 바빌론에서도 미드를 마셨으며, 덕분에 '밀월蜜月, honeymoon'이라는 개념이 탄생했다. 신혼부부가 결혼식 다음 달 동안 미드를 마시는 전통이 있었기 때문이다.

우크라니아
음료

TASTED ☐

레치나 와인

RETSINA WINE

그리스

음료

TASTED ☐

그리스의 와인 생산 역사는 약 6500년 전으로 거슬러 올라간다. 그리스는 프랑스나 스페인에서 포도나무를 재배하기 훨씬 전부터 와인을 생산해왔다. 그리스 와인은 로마 제국 시절부터 이미 유명했고 값도 비쌌다. 중세 시대에는 지중해뿐만 아니라 멀리 북유럽까지도 거래되었다.

그리스 와인 중에서도 레치나는 역사 속으로 사라진 전통 양조 기법과 관련이 있어서 특별한 위치를 차지한다. 유리병이나 나무통을 사용하기 훨씬 이전에는 와인을 테라코타 암포라 항아리에 담았다. 와인을 보존하기 위해서 항아리는 송진으로 밀봉했다. 그래서 고대 와인에서는 소나무 향이 났다.

2세기경에 나무통 사용이 전파되면서 암포라 항아리는 사라지기 시작했다. 그러나 소비자는 이미 은은한 송진 향에 익숙해져 있었기 때문에 그리스의 와인 양조업자들은 통에 송진을 첨가해 향을 더했다. 이러한 전통은 오늘날까지 이어져 내려오고 있다.

레치나 와인은 보통 청포도인 사바티아노savatiano 품종으로 만든다. 살짝 짭짤하면서 라임, 사과, 복숭아 향과 함께 송진 풍미가 느껴지는 아주 특별한 와인이다. 송진을 첨가하면 와인의 품질이 떨어져도 어느 정도 감춰지기 때문에 20세기에는 레치나 와인의 평판이 좋지 않았다. 그러나 요새는 품질 좋은 레치나 와인이 생산되고 있으니 미식을 즐기는 사람이라면 다시 한번 기회를 주는 건 어떨까?

SLJIVOVICA

슐리보비차

세르비아
음료
TASTED ☐

중유럽과 동유럽에서는 과일 브랜디가 특히 인기가 있으며 이를 라키아rakia라고 통칭한다. 슐리보비차는 자두로 만든 것으로 라키아 중에서 제일 인기가 좋다(그 외에는 복숭아, 살구, 포도, 사과, 배, 퀸스 등으로 만든 라키아가 있다).

슐리보비차를 만들려면 우선 자두를 으깨서 자연적으로 발효시킨다. 그런 다음 증류해서 물과 함께 섞어 약 80프루프(40도)의 무색 액체를 얻어낸다. 슐리보비차는 50밀리리터 정도의 작은 잔에 담아서 식전주나 식후주로 마신다. 세르비아에서는 이 리큐어 한잔으로 식사를 시작하고 마무리하는 것이 그리 드물지 않다.

TOKAJI ASZÚ

토카이 와인

헝가리
음료
TASTED ☐

토카이 와인은 훌륭한 스위트 화이트 와인으로 토카이 지역에서 17세기 후반에 개발된 방법을 통해 제조한다. 프랑스의 소테른(57쪽 참조) 와인과 마찬가지로 보트리티스 시네레아 곰팡이를 이용해 만든다. 보트리티스 시네레아는 포도를 썩히는 과정에 당을 농축시키는 균류로, '고귀한 부패'라는 뜻의 귀부貴腐 와인을 만들어낸다. 그러나 이 곰팡이는 기상 조건을 까다롭게 가리기 때문에 매년 스위트 와인을 생산하지는 못한다.

평소에 이 지역에서는 푸르민트furmint 등 주로 사용하는 포도 품종명을 단 드라이 화이트 와인을 만든다. 그러다 곰팡이가 피기 좋은 해가 찾아오면 토카이 와인을 만드는데 이때를 아수aszù 해라고 부른다.

토카이 와인을 만드는 전통적인 방법은 곰팡이가 핀 포도를 하나씩 수확해 푸토뇨시puttonyos라는 작은 양동이에 모은 다음 136리터들이 와인 통에 정해진 양동이 개수만큼 붓는 것이다. 이 때문에 토카이 와인에는 가장 드라이한 것부터 가장 달콤한 것에 이르기까지 3~6푸토뇨시라는 숫자가 기재되어 있었다. 그러다 2014년 분류가 변경되면서 이제는 가장 드라이한 와인에는 '늦은 수확', 가장 달콤한 와인(약 5~6푸토뇨시)에는 토카이 아수tokaji aszú라는 명칭을 기재한다. 6푸토뇨시가 넘어가면 이름이 토카이 아수 에센시아tokaji aszú eszencia로 바뀌고, 곰팡이가 핀 포도만으로 만든 가장 고가의 와인은 토카이 에센시아tokaji eszencia라고 부른다. 모든 토카이 와인은 오크 통에서 최소한 2년 이상 숙성시킨 다음 병에 넣는다.

드라이한 토카이 와인은 식사에 곁들이고 달콤한 와인은 디저트 와인으로 마신다. 토카이 와인은 대부분 주황빛이 도는 금색을 띠며 당절임한 과일(오렌지, 살구)과 진한 꿀 향이 난다. 헝가리 사람들에게는 매우 각별한 와인으로, 심지어 국가國歌에 "토카이의 포도밭에서 달콤한 넥타를 잔에 따른다"는 가사가 있을 정도로 매우 중요한 위치를 점한다.

보드카 VODKA

러시아
음료

TASTED ☐

보드카는 순수한 알코올에 물을 섞어서 생산하는 약 80프루프(40도)의 투명한 알코올음료다. 에탄올은 다양한 농산물로 만들 수 있으며 가장 흔한 재료는 밀, 보리, 메밀, 호밀, 감자 등이다.

보드카는 15세기 초반 최초로 보드카wódka라는 단어를 사용한 폴란드에서 유래한 것으로 추측된다. 당시 모든 술이 라틴어로 '생명의 물'이라는 뜻인 아쿠아 비타이acqua vitae라고 불렸던 것처럼 보드카 또한 보다wóda(폴란드어로 물)의 약칭이었다.

처음 보드카를 개발한 곳은 폴란드였지만 널리 퍼뜨린 것은 러시아였다. 러시아는 16세기까지 독주를 금지하다가 이반 4세(1530~1584) 치하에서 보드카를 국가 독점 산업으로 만들었다. 19세기 중반이 되자 현재와 비슷한 제조법이 정착되었다. 그전에는 대부분 허브나 향신료로 맛을 첨가하는 방식이었다.

1860년, 러시아에서는 이중 증류 기술 덕분에 아주 순수한 192프루프(96도)의 알코올을 생산할 수 있게 되었다. 1886년에는 에탄올에 물을 섞어서 알코올 함량을 80프루프(40도)로 맞추는 게 표준이 되었다. 1917년 볼셰비키는 보드카 생산을 수년간 금지했는데, 이로 인해 가정 내 밀주 제조가 성행하고 부유한 보드카 생산 가문은 러시아를 떠났다. 이 당시 스미노프Smirnoff 가문이 러시아를 탈출하여 해외에서 보드카 증류를 시작했다.

오늘날 보드카는 중국의 바이주(405쪽 참조) 다음으로 세상에서 가장 많이 소비되는 술이다. 샷으로 마시는 방식이 인기가 있으며 러시아에서는 식사 내내 여러 번 건배하면서 보드카를 한 샷씩 마시는 것이 관습이지만, 특유의 중성적인 맛이 여러 풍미와 잘 어우러지는 덕분에 칵테일의 필수 재료이기도 하다. 좋은 보드카는 차갑게 마실 때 살짝 크림 같은 질감이 느껴지면서 입 안에 쓴맛도 타는 듯한 감각도 남기지 않는 부드러운 맛이 특징이다.

영국과 아일랜드

UNITED KINGDOM AND IRELAND

영국과 아일랜드의 요리는 이탈리아와 프랑스처럼 세계적인 인지도를 얻은 적이 없으며 호주와 뉴질랜드를 제외하면 국외로 퍼져 나간 적도 없다. 외국인에게 영국 음식이란 기껏해야 민트소스를 곁들인 양고기나 그레이비 및 채소 두 종류를 함께 내는 로스트 요리 정도이며, 영국과 호주에서만 판매하며 후천적으로 노력해서 익숙해져야 하는 악명 높은 효모 추출물을 떠올리는 사람도 있다. 하지만 영국 음식 중에는 중세 시대까지 거슬러 올라가는 짭짤한 미트파이나 18세기 후반 산업 혁명 당시 인기를 얻은 피시 앤 칩스 등 다양한 면모를 지닌 메뉴가 많다.

영국에서는 보통 푸짐한 아침 식사로 하루를 시작한다. 전통 잉글리시 브렉퍼스트는 달걀과 베이컨, 구운 토마토, 토스트, 블랙 푸딩, 베이크드빈으로 구성되어 있다.

또한 영국에는 오후 3시 30분에서 5시 사이에 차를 마시는 '애프터눈 티'라는 관습이 있다. 차를 마시면서 크림과 딸기잼을 곁들인 스콘과 짭짤한 샌드위치를 먹는다. '샌드위치'라는 명칭은 제대로 된 식사를 할 틈이 없을 때 이동하면서 먹을 수 있도록 빵 두 장 사이에 로스트비프를 끼워 먹었던 샌드위치 백작에게서 유래한 것이다.

요리에 대한 평판은 좋지 않지만 영국에는 맛있는 소시지와 체더 치즈나 블루 스틸턴 치즈 등 여러 양질의 제품을 탄생시킨 오랜 농업 전통이 이어져오고 있다.

음료 분야에서는 맛이 뚜렷한 흑맥주로 아일랜드의 상징과도 같은 스타우트 맥주, 원래 네덜란드 술이지만 18세기에 영국의 전통에 편입된 진 등이 있다. 가장 영국적인 술은 아마 진이겠지만 스코틀랜드와 아일랜드에서 발달한 곡물 주정 위스키 또한 매우 유명하며, 스코틀랜드에서는 'whisky', 미국과 아일랜드에서는 'whiskey'라는 철자로 쓴다. 현재 아일랜드에는 약 90개, 스코틀랜드에는 130개의 양조장이 오랜 전통을 유지하면서 다양한 숙성 증류주를 선보이고 있다.

크럼펫

영국

빵과 곡물

TASTED ☐

크럼펫은 스펀지 같은 질감의 부드러운 빵으로 녹인 버터와 꿀을 둘러서 뜨겁게 먹으면 아주 맛있는 아침 식사가 된다.

밀가루와 우유, 효모에 베이킹소다를 살짝 섞어서 반죽을 만든다. 크럼펫은 한쪽만 굽는 빵으로 익히는 동안 베이킹 소다의 작용으로 윗면에 작은 구멍이 여러 개 생긴다. 모로코의 바그리르(248쪽 참조)와 매우 비슷하지만 바그리르로는 크레이프를 만들고 크럼펫은 작은 틀을 이용해서 지름 약 8센티미터에 두께 약 2센티미터 크기로 만든다는 점이 다르다.

참고로 크럼펫과 잉글리시 머핀을 혼동하지 않도록 하자. 잉글리시 머핀은 크기는 비슷하나 밀도가 더 높고 앞뒤로 구운 다음 반으로 잘라서 달콤하거나 짭짤한 다양한 재료를 얹어서 먹는다.

우스터소스

영국

향신료와 양념

TASTED ☐

우스터소스는 단맛, 짠맛, 톡 쏘는 맛, 신맛, 그리고 감칠맛까지 풍부하게 갖추고 있는 갈색 소스다. 영국 런던과 맨체스터의 중간에 자리하고 있는 우스터셔에서 탄생한 소스로 그 이름을 그대로 땄다. 짭짤한 식사 메뉴와 칵테일에 모두 사용할 수 있는 전통 영국 조미료다.

1837년 영국의 두 약재상이 만든 제품으로 아직도 동일한 레시피로 제조되고 있으며, 두 제작자의 이름을 딴 리 앤 페린스Lea & Perrins 브랜드가 가장 유명하다.

우스터소스의 주재료는 안초비, 당밀, 타마린드소스(348쪽 참조), 맥아 식초, 양파, 마늘, 설탕, 소금 및 기타 다양한 향신료다.

우스터소스는 블러디 메리 칵테일(토마토 주스, 보드카, 향신료)의 조미료로 전 세계에서 인기를 끌고 있다.

참고로 우스터소스를 가장 많이 소비하는 곳은 중앙아메리카의 작은 나라 엘살바도르로 이곳에서는 '살사 페린스salsa perrins'라고 부르며 연간 1인당 150밀리리터들이 5병가량을 소비한다. 엘살바도르에서는 특히 리프라이드 빈(561쪽 참조)의 양념으로 많이 사용하며, 레스토랑에 들어가면 테이블의 소금과 후추 옆에 우스터소스 병이 놓여 있는 모습을 볼 수 있다.

YEAST EXTRACT

효모 추출물

영국
향신료와 양념

TASTED ☐

효모 추출물은 영국인이라도 후천적으로 노력해 익숙해져야 하는 맛으로, 외국인은 대체로 왜 맥주 양조장의 폐기물로 만든 짜고 걸쭉한 페이스트를 먹어야 하는 것인지 이해하기조차 어렵다.

가장 인기 있는 효모 추출물 브랜드는 마마이트marmite로 영국의 거의 모든 가정에서 볼 수 있다. 호주인에게는 자국의 고유 브랜드 베지마이트vegemite가 있다. 최초의 마마이트 공장은 1902년 원재료를 제공하는 배스 양조장과 가까운 작은 마을 버튼어폰트렌트에 문을 열었다. 1세기가 넘는 세월이 흐른 지금도 여전히 이 공장에서 매년 5000만 병의 마마이트를 생산하고 있다.

맥주 양조에는 곡물에 함유된 전분을 알코올로 전환시키는 효모가 필요하다. 맥주가 완성되면 병에 넣기 전에 사멸한 효모를 제거해야 한다. 양조장에서 걷어낸 효모 찌꺼기를 모아서 물과 소금을 섞은 다음 10시간 동안 가열한 후 여과하면 걸쭉하고 부드러운 페이스트가 완성된다.

효모 추출물은 버터를 바르거나 또는 바르지 않은 빵에 아주 얇게 발라서 아침 식사로 먹거나 달걀, 치즈 등의 양념으로 사용하고 샌드위치에 넣을 수도 있다. 뜨거운 물에 풀면 일종의 국물이 된다.

효모 추출물에서는 코코아 향이 살짝 가미된 야생 육류를 연상시키는 강력한 냄새가 난다. 맛은 표현하기 어려우며 맛이 아주 강한 간장(441쪽 참조)과 비슷하다고 말할 수 있다.

피난아디   FINNAN HADDIE

스코틀랜드
해산물

TASTED ☐

구어체로 해디haddie라고 부르는 해덕대구는 영국에서 가장 인기 있는 생선이다. 대구와 비슷한 흰 살 생선으로 그 사촌 격이지만 조금 건조한 편이다.

해덕대구를 염장해서 약 8시간 동안 생목과 토탄에 냉훈제해서 특유의 풍미를 불어넣으면 피난아디라는 음식이 된다. 우유를 약간 넣고 삶아 아침 식사로 먹는다. 피난아디와 감자, 양파로 만드는 스코틀랜드의 유명한 수프 컬른 스킹크cullen skink의 필수 재료이기도 하다.

블루 스틸턴   BLUE STILTON

영국
유제품

TASTED ☐

블루 스틸턴은 소젖으로 만드는 영국의 치즈로 높이 약 25센티미터에 너비 15센티미터 크기의 대형 바퀴 모양으로 제조한다. 로크포르 치즈(43쪽 참조)에 특유의 색을 부여하는 페니실륨 로

크포르티 곰팡이의 효과로 속살에 불규칙한 푸른 줄무늬가 박혀 있다. 바퀴 모양 통치즈나 조각으로 구입할 수 있지만 보통 잘게 부순 상태로 도기에 담아 판매한다.

블루 스틸턴은 원산지 명칭 보호를 받는 치즈다. 이상하지만 스틸턴 마을은 지정 지역 바깥에 자리하고 있어서 같은 이름의 마을에서 생산한 치즈에는 이제 이 이름을 붙일 수 없다.

영국에서는 크리스마스에 스틸턴 치즈에 포트 와인을 곁들이거나 바퀴 모양 통치즈에 포트 와인 한 병을 통째로 부어 먹는 것이 관습이다. 치즈의 위쪽 껍질을 제거한 다음 병목이 푹 들어가도록 와인병을 거꾸로 들어 치즈 속에 박는다. 약 2주 후면 병 안의 포트 와인이 전부 치즈에 스며들어서 치즈를 숟가락으로 떠먹을 수 있는 상태가 된다. 영국에는 심지어 이 용도로 사용하는 특별한 '스틸턴 스쿱stilton scoop'이 있다. 포트 와인이 스며든 스틸턴 치즈에서는 와인의 단맛과 톡 쏘는 풍미가 균형을 이루는 강력한 맛을 느낄 수 있다.

FISH AND CHIPS
피시 앤 칩스

영국
전통 음식
TASTED ☐

아마 해외에서 가장 유명하고 제일 상징적인 영국 음식은 피시 앤 칩스일 것이다. 가장 흔하게 사용하는 물고기는 넙치, 대구, 해덕대구이며 영국 남부에서는 넙치와 대구, 영국 북부에서는 해덕대구가 제일 인기가 좋다.

밀가루와 물을 섞은 다음 작은 기포가 생겨서 튀김옷이 가벼워지도록 베이킹소다나 맥주를 더한 묽은 튀김옷에 생선 필레를 담근다. 그런 다음 꺼내서 튀김용 기름에 튀긴 후 영국에서는 칩스, 그 외의 영어권 지역에서는 프렌치프라이라고 불리는 감자튀김을 곁들인다.

칩스에는 소금과 맥아 식초를 약간 뿌린다. 피시 앤 칩스에는 흔히 타르타르소스(허브, 다진 케이퍼, 오이 피클로 양념한 마요네즈)와 으깬 완두콩(212쪽 참조)을 곁들인다.

피시 앤 칩스의 기원은 반죽을 입힌 생선을 튀겨 먹는 조리법이 있던 유대인이 15세기 후반 영국으로 이주한 것과 연관 있다. 그러나 피시 앤 칩스가 유명해진 것은 18세기 후반 산업 혁명이 일어나면서 철도를 통해 신선한 생선을 도시까지 배송할 수 있게 되면서다. 전통적으로 '칩스 가게'나 '치피chippy'라고 불리는 가게에서 신문지 한 장에 싸서 판매하는 음식이었지만 지금은 펍에서 고급 레스토랑에 이르기까지 거의 모든 곳에서 먹을 수 있다.

글러모건 소시지　　GLAMORGAN SAUSAGE

웨일스
전통 음식

TASTED ☐

채식주의자라면 19세기 초반에 만들어진 글러모건 소시지를 망설임 없이 기쁘게 먹어치울 수 있을 것이다. 글러모건 소시지는 원래 고기를 구할 여유가 없어서 대신 리크와 치즈로 작은 소시지를 만들어 먹었던 가난한 사람들의 음식이었다. 그러다 제2차 세계대전 당시 식량이 부족해지면서 고기가 배급제로 바뀌자 다시 유행하기 시작했고, 최근 들어 채식주의에 대한 관심이 높아지며 다시 인기를 얻었다.

글러모건 소시지는 웨일스의 아주 짭짤하고 잘 부서지는 경질 케어필리caerphilly 치즈를 사용한다. 우선 치즈를 잘게 부숴서 곱게 송송 썬 리크와 함께 섞은 후 소시지와 비슷한 모양으로 빚은 다음 밀가루를 묻혀서 튀긴다. 그러면 셀시그 모르가

눅selsig morgannwg이라 불리며 웨일스에서 아주 사랑받는, 겉은 바삭바삭하고 속은 살살 녹는 소시지가 된다. 이 가짜 소시지는 주로 토마토 처트니를 곁들여서 아침 식사로 먹는다.

HAGGIS

해기스

스코틀랜드
전통 음식

TASTED ☐

해기스는 양의 내장으로 만드는 스코틀랜드 음식이다. 곱게 다진 양의 심장과 간, 폐에 양고기 지방, 양파, 귀리를 섞는다. 여기에 육두구, 고수씨, 소금, 후추로 간을 한 다음 양 위장에 채워서 작은 공 모양으로 만들어 약 3시간 동안 익힌다.

전통적으로 위장에 담긴 채로 내서 위장을 직접 찢은 다음 안쪽 내용물에 닙스neeps(으깬 순무)와 태티tattie(으깬 감자)를 곁들여 먹는다. 해기스는 스코틀랜드의 자부심이나 마찬가지이며, 북부 산악 지방의 양치기가 만든 음식일 것으로 추측한다. 양떼를 팔기 위해 에든버러까지 오랜 여정을 나서야 할 때 아내가 다진 고기를 간편하게 휴대하면서 이동 중에도 먹을 수 있도록 여행용 식량으로 만들어주었을 것이다.

해기스는 스코틀랜드의 시인 로버트 번스Robert Burns(1759~1796)의 유명한 시 「해기스에 부치는 송가Ode to the Haggis」에 등장하기도 한다. 스코틀랜드에서는 이를 기념해서 번스의 생일인 1월 25일에 '번스 만찬'의 일부로 해기스를 먹는 전통이 있다.

으깬 완두콩

MUSHY PEAS

영국
전통 음식

TASTED ☐

으깬 완두콩은 영국 요리의 고전적인 곁들임 음식이다. 이 녹색 퓌레는 여러 주요리는 물론 피시 앤 칩스(209쪽 참조)와 미트파이 등에 곁들여 낸다. 그대로 간식으로 먹기도 하고 프렌치프라이와 함께 먹을 수도 있다.

으깬 완두콩을 만들려면 자연적으로 건조한 후 수확한 머로팻 완두콩marrowfat pea을 베이킹소다를 섞은 물에 하룻밤 동안 불려서 삶는 동안 물을 많이 흡수할 수 있는 부드러운 상태로 만든다. 그런 다음 소금과 설탕을 약간 넣은 물에 뭉근하게 삶아서 걸쭉한 녹색 페이스트가 되면 생민트 등으로 맛을 낸다.

스콘

SCONE

영국
디저트

TASTED ☐

영국에서 스콘은 애프터눈 티와 밀접하게 연관되어 있다. 애프터눈 티는 오후 3시 30분에서 5시 사이에 상류층 여성이 모여서 크림을 곁들인 홍차에 샌드위치와 스콘을 나누어 먹는 전통으로 19세기 중반부터 전해져 내려오는 관습이다. 토스트나 머핀, 크럼펫(206쪽 참조) 등을 곁들이기도 했다.

스콘은 밀가루나 귀리 가루로 만드는 작은 번으로 살짝 단맛이 나고 커런트 등을 섞을 때도 있다. 보통 따뜻하게 데워서 반으로 잘라 클로티드 크림과 딸기잼을 발라 먹는다. 스콘에 크림과 잼을 바르는 순서에 대해서는 아주 영국적인 논쟁이 존재한다. 데번셔 사람은 스콘에 크림을 먼저 바르고 잼을 얹으며 콘월이나 런던 사람은

잼을 먼저 펴 바른 다음 크림 한 덩이를 그 위에 얹는다.

SHORTBREAD
쇼트브레드

스코틀랜드
디저트

TASTED ☐

쇼트브레드는 설탕, 버터, 밀가루를 1 대 2 대 3으로 섞어서 버터가 아주 풍부한 전통 스코틀랜드 비스킷이다. 다른 비스킷보다 낮은 온도(150도)에서 오랜 시간 굽기 때문에 색이 연하고 질감이 부슬부슬하다.

원래 버터값이 비쌌기 때문에 쇼트브레드는 크리스마스나 결혼식 등 축하연에서나 먹는 음식이었다. 오늘날에는 스코틀랜드뿐만 아니라 영국 전역은 물론 전 세계에서 매일 즐겨 먹는 간식이 되었으며, 위스키에 이어 두 번째로 큰 스코틀랜드의 식품 수출 품목이다.

쇼트브레드는 작은 개별용 원형 비스킷rounds, 더 굵고 길쭉한 직사각형 비스킷fingers, 삼각형으로 자를 수 있는 큼직한 원형 비스킷(페티코트 테일petticoat tails)이라는 세 가지 모양으로 판매한다.

TOFFEE
토피

영국
디저트

TASTED ☐

토피는 설탕과 버터로 만든 캐러멜이다. 토피는 잘 부서지도록 140도의 온도를 아주 정확하게 지켜서 조리한다. 보통 큰 틀에 채워서 만든 다음 무게를 달아 판매하지만 개별 캔디로 파는 제품도 점차 늘어나고 있다.

퍼지도 조리법이 비슷하지만 조리 온도가 118도로 더 낮기 때문에 질감이 부드럽다. 토피와 퍼지는 혼동하기 쉽다. 미국에서

'잉글리시 토피'라는 이름으로 판매하는 캐러멜은 제조업체에 따라 토피처럼 잘 부서지거나 퍼지처럼 부드러운 등 형태가 제각각이다. 미국에서는 토피에 아몬드를 섞어서 초콜릿을 입히는 경우도 많다.

진

영국
음료

TASTED ☐

진은 영국에서 가장 인기 있는 증류주로, 비록 그 기원은 15세기부터 주니퍼베리를 주입한 증류주를 약용으로 사용했던 네덜란드일지언정 그 역사만큼은 런던과 깊게 얽혀 있다.

네덜란드어로 헤너버르genever라 불리던 진은 17세기부터 영국에서 거래되기 시작했지만 1689년 네덜란드 왕자가 윌리엄 3세라는 이름으로 영국 왕이 되면서 인기가 높아졌다. 왕은 프랑스와의 무역 전쟁의 일환으로 수입량이 많은 증류주에 세금을 부과했고, 진 산업에 면세 혜택을 줘서 육성하기 시작했다. 그 결과 윌리엄 3세의 예상을 훨씬 뛰어넘는 '진 열풍'이 불며 50년이라는 세월에 걸쳐 런던은 진의 세계적인 수도가 되었다. 1730년 런던 인구의 거의 4분의 1이 직접 마시거나 거래할 목적으로 진을 증류했으며, 연간 진 소비량은 30리터에 육박했다고 추정된다. 1736년이 되어서야 의회가 진에 세금을 부과해서 소비를 억제하기 시작했다.

1830년에는 진과 기타 증류주를 생산하는 방식에 혁신이 일어났다. 아일랜드인 이니아스 코피Aeneas Coffey가 연속식 증류기를 발명해서 알코올 도수가 더 높고 품질이 뛰어난 증류주를 얻어낼 수 있게 된 것이다. 덕분에 우리가 지금 알고 있는 것처럼 드라이하면서 신선한 꽃과 감귤류 향이 은은하게 느껴지는 진이 탄생했다.

현재 영국에는 300개 이상의 진 증류소가 존재하며 저마다 다른 제조법으로 주니퍼베리와 감귤류 껍질, 향신료를 섞어서 192프루프(96도)의 주정에 재운 다음 물을 섞어서 술을 만들어 낸다. 진은 숙성시키지 않기 때문에 주정에 바로 물을 섞어서 병에 넣어 약 80프루프(40도)로 판매한다.

진은 그냥 마실 수도 있지만 칵테일 재료로도 인기 있다. 가장 유명한 진 칵테일은 진에 토닉 워터(퀴닌으로 맛을 낸 가당 탄산수)를 섞어서 만드는 진 토닉이다.

IRISH COFFEE
아이리시 커피

아이리시 커피는 위스키와 커피, 설탕, 크림으로 만드는 따뜻한 칵테일이다. 1942년 미국과 유럽을 잇는 최초의 대서양 횡단 비행이 이루어진 아일랜드의 포인스 수상 비행기지에서 만들어졌다. 당시의 비행기는 대서양을 횡단할 수 있을 정도로 비행 거리가 넉넉하지 못했다.

아일랜드
음료

TASTED ☐

유난히 악천후가 심했던 어느 날, 미국인 여행자 한 무리가 포인스에 도착했다. 다들 극도로 추운 날씨에 시달린 상태였다. 비

행기지 관리자 조 셰리든은 크림을 얹고 위스키를 두른 뜨거운 커피를 내왔다. 한 승객이 혹시 브라질 커피냐고 묻자 셰리든은 아니라며, 이것은 아이리시 커피라고 대답했다. 이렇게 시작된 아이리시 커피는 후에 셰리든이 바텐더로 근무한 샌프란시스코를 기점으로 미국에 퍼져 나갔다.

재료 • 황설탕 2작은술, 아일랜드 위스키 40ml, 뜨거운 커피 80ml, 크림 30ml

• 내열용 유리잔에 끓는 물을 채워서 따뜻하게 데운다. 물을 따라낸 다음 설탕과 위스키를 넣는다. 휘저어서 설탕을 녹인 다음 뜨거운 커피를 붓고 잘 섞는다. 크림이 가라앉지 않고 음료 위에 뜨도록 조심스럽게 얹는다.

아일러 위스키 ISLaY WHISKY

스코틀랜드
음료
TaSTED ☐

아일랜드와 미국의 '위스키'라는 단어는 '생명의 물'이라는 뜻의 게일어 위시커 바하uisge beatha에서 유래한 것이다. 아일랜드에 증류법이 전해진 것은 432년 증류법이 발달한 예루살렘에 다녀온 가톨릭 순례자에 의한 것으로 추정된다. 이후 북아일랜드와 스코틀랜드 서부가 함께 게일어 왕국 달 리어타dál riata에 속해 있던 6세기에 스코틀랜드로 전해졌다.

중세 시대까지 위스키는 주로 술이 아니라 약으로 쓰였다. 11세기에 이르러서야 전투에 나서기 전 용기를 북돋우기 위해 병사들이 위스키를 들이켜기 시작했다. 당시 위스키는 나무통 숙성을 거치지 않은 무색의 술이었다. 16세기 영국의 와인 상인이 프랑스와 이탈리아, 포르투갈에서 와인을 운송하기 위해 들여온 나무통을 위스키 숙성용으로 사용하자는 발상을 떠올렸다. 그 전통은 오늘날까지 이어지고 있다. 위스키는 중고 나무통으로만 숙성시킨다. 새로운 통만 사용할 수 있는 버번 제조업체가 주로 나무통을 제공한다.

위스키는 순수한 물과 곡물(보리, 호밀, 밀 또는 옥수수) 공급원이 필요하므로 스코틀랜드와 아일랜드 전역에서 생산되고 있다. 지역마다 제각기 전통 방식이 존재하며, 아일러섬에서 만드는 위스키에서는 특히 각별한 맛이 난다. 아일러섬은 피트 처리를 한 위스키를 생산하는 오랜 전통을 지니고 있다. 맥아 제조 공정 후 피트(숯처럼 사용하는 자연 발생 연료)를 이용해서 맥아를 건조하면 훈연 향과 장뇌 향이 감도는 아주 독특한 풍미가 탄생한다.

아일러 위스키를 만나는 가장 좋은 방법은 아일러섬을 여행하며 아드벡ardbeg, 보모어bowmore, 브뤼클라딕bruichladdich, 부나하벤bunnahabhain, 쿨일라caol ila, 킬호만kilchoman, 라가불린lagavulin, 라프로익laphroaig 등 여덟 곳의 양조장을 방문하는 것이다.

STOUT

스타우트

아일랜드
음료

TASTED ☐

스타우트는 크림 같은 두꺼운 거품이 덮인 흑맥주로 양조하기 전에 맥아를 로스팅해서 거의 까만색에 가까운 색상과 강한 커피와 초콜릿, 구운 빵 풍미를 구현한다.

요즘에는 아일랜드라고 하면 떠오르는 맥주지만 사실 17세기 런던에서 탄생했다. 당시에는 도시 곳곳에 물건을 배달하며 힘든 하루를 버티기 위해 강한 술이 필요했던 포터porter, 즉 짐꾼들이 좋아하는 술이라는 뜻으로 '포터 맥주'라고 불렸다.

20년 이상 에일 맥주를 제조해온 아일랜드 양조업자 아서 기네스가 1780년대에 포터 맥주를 양조하기 시작하면서 매우 큰 성공을 거뒀고, 이후 수년에 걸쳐서 공장의 다른 맥주 생산은 단계적으로 모두 중단했다. 기네스는 현재 전 세계적으로 가장 유명한 스타우트 브랜드로 1959년에는 맥주의 이산화탄소를 질소로 대체하는 혁신적인 과정을 도입하여 훨씬 작은 거품으로 특유의 크림 거품이 올라간 맥주를 선보였다.

펍에서는 스타우트를 보통 온도 6도로 제공한다. 잔에 따를 때는 먼저 잔의 약 80퍼센트를 채운 다음 거품이 진정될 때까지 기다렸다가 마저 따라야 하기 때문에 한 잔을 가득 따르기까지 약 2분이 걸린다.

스칸디나비아

SCANDINAVIA

스칸디나비아 요리는 바다의 영향을 많이 받았다. 이 지역 어부들은 수 세기에 걸쳐 생선을 잡고 보존하는 기술을 완성했다. 냉장 기술이 발명되기 전에는 생선을 염장, 건조, 훈제, 발효 등 여러 기법을 결합해서 보존했으며, 오늘날까지도 같은 방식으로 연어, 송어, 청어, 상어, 대구 등을 보존하고 있다. 염장 건조한 대구는 중세 후기부터 스칸디나비아의 중요한 수출품이었으며 유럽 전역, 특히 포르투갈에서 널리 거래되며 주요 식자재에 등극했다. 오늘날 대구 최대 어획국은 노르웨이다. 여기서 잡은 대구의 70퍼센트가 포르투갈로 넘어간다.

19세기 이후 상업적 냉장 기술과 운송 시스템이 발달하면서 더는 해산물을 가공해서 유통할 필요가 없어졌다. 특히 새우의 인기가 높아졌으며 홍합과 해덕대구, 가자미, 넙치 등의 수요도 상당하다. 최근에는 러시아 해안을 따라 처음 유입된 킹크랩이 노르웨이까지 전파되면서 상당한 어획량을 기록하고 있다.

스칸디나비아 북부에는 약 10만 명 규모의 토착 민족으로 어부보다 농부에 가까운 생활을 하는 사미족이 존재한다. 이들은 우유와 고기를 주식으로 먹으며 순록 떼를 따라 이동하는 전통적인 반유목 생활을 한다.

유제품의 경우 노르웨이에서는 브루노스트brunost를 거의 매일 아침 식사로 섭취하고 핀란드에서는 고무 같은 질감으로 미국에서는 '삑삑거리는 핀란드 치즈'라고 광고하는 레이패유스토leipäjuusto 치즈를 생산한다.

캐러웨이 풍미의 주류인 아쿠아비트는 스칸디나비아 전역에서 찾아볼 수 있다. 덴마크와 노르웨이, 스웨덴 모두 중세 후기까지 거슬러 올라가는 자신들의 전통을 소중히 여긴다.

디저트에는 흔히 베리류 과일을 사용하지만 발트해의 많은 도시가 먼 나라와 거래를 하며 생활했기 때문에 향신료도 많이 들어간다. 그러나 가장 이색적인 스칸디나비아 향신료는 감초다. 스칸디나비아의 모두가 감초를 사랑하는 것은 물론 달고 짠 캔디 형태로 엄청난 양을 먹어치운다.

클라우드베리 CLOUDBERRY

핀란드
과일과 채소

TⓐSTED ☐

클라우드베리는 유럽의 북극 지역, 아시아, 북아메리카에 자생한다. 주로 스칸디나비아, 러시아, 캐나다에서 수확하며 '북극 베리', '베이크애플'이라고 부르기도 한다. 라즈베리처럼 생겼지만 덜 익었을 때 붉은색을 띠며 다 익으면 황금빛이 도는 주황색이 된다는 점이 다르다.

핀란드에서는 클라우드베리를 라카lakka라고 부르며 백야 기간에 수확한다. 제철이 몇 주일밖에 되지 않으므로 이 시기가 되면 수많은 채집가가 헬싱키에서 북쪽으로 800킬로미터 정도 떨어진, 라카의 수도라 불리는 라누아 인근을 헤맨다. 곤충이 들끓는 곳이라 모기장으로 무장한 채 귀한 클라우드베리를 수집하기 위해 몇 시간씩 습지를 뒤지곤 한다. 더 귀하고 짙은 색을 띠는 메시마르자mesimarja(북극 라즈베리)도 채집의 대상이며, 대부분 핀란드에서 인기 있는 리큐어를 만드는 데에 쓰인다.

클라우드베리는 라즈베리와 맛이 비슷하지만 과즙이 더 많고 톡 쏘는 맛이 강하다. 제철이 아주 짧고 오래 보관할 수 없기 때문에 주로 리큐어나 젤리, 잼으로 만들어 보존한다.

TUNNBRÖD

툰브뢰드

스웨덴

빵과 곡물

TASTED ☐

툰브뢰드(말 그대로 '얇은 빵'이라는 뜻)는 다양한 곡물(밀, 보리, 호밀)로 만드는 스웨덴의 납작한 빵이다. 반죽을 아주 얇은 웨이퍼 형태로 밀어서 구우며 익히는 시간에 따라 부드럽기도 하고 딱딱하기도 하다.

부드러운 툰브뢰드는 보통 해외에서 '폴라 브레드polar bread'라고 불리며 랩 샌드위치를 만드는 용도로 쓴다. 유명한 패스트 푸드로 핫도그와 으깬 감자를 넣어서 툰브뢰드로 감싼 툰브뢰스룰tunnbrödsrulle이 있다.

딱딱한 툰브뢰드는 크래커로 사용하거나 잘게 부숴서 수프에 넣는다. 톡 쏘는 맛과 매우 강한 발효 향으로 유명한 수르스트뢰밍(226쪽 참조)과 함께 먹기도 한다.

툰브뢰드와 비슷하지만 혼동하면 안 되는 음식으로는 호밀을 넣어서 작은 직사각형 모양 크래커로 만드는 스웨덴의 또 다른 플랫브레드 크뇌케브뢰드knäckebröd(영어로는 흔히 크리스프브레드crispbread라고 부른다)가 있다.

LICORICE

감초

덴마크

향신료와 양념

TASTED ☐

스칸디나비아에서는 감초를 열정적으로 소비한다. 슈퍼마켓을 돌아다니면서 감초 제품으로 가득 찬 진열대를 살펴보다 보면 이들 나라에서 감초의 위치를 실감할 수 있다.

감초는 고대부터 아시아와 유럽에서 약으로 쓰였으며 현재는 주로 과자 재료와 술의 향료로 쓰인다. 짠맛과 단맛이 동시에 나는 아주 특이한 맛을 지니고 있으며, 향은 아니스와 비슷하다.

감초는 전통적으로 씹어서 풍미를 즐길 수 있도록 뿌리를 잘게 자른 형태로 판매했다. 요즘에는 다양한 요리에 활용할 수 있도록 시럽으로 만들어 판다.

핀란드에서는 살미아키 코스켄코르바salmiakki koskenkorva라는 짙은 갈색의 리큐어를 만드는 데에 감초를 사용한다. 덴마크에서는 감초를 라크리드lakrids라고 부르면서 작은 사탕 형태로 판매하는데 짠맛과 단맛은 물론 부드러운 것과 딱딱한 것, 다양한 재료와 향신료로 맛을 더한 것, 심지어 초콜릿으로 코팅한 것까지 온갖 종류가 존재한다. 감초 사탕은 네덜란드에서도 매우 인기가 좋아서 정사각형, 마름모형, 원형, 작은 동물이나 캐릭터 형태까지 다양한 모양으로 판매한다.

그라블락스   GRAVLAKS

노르웨이
해산물

TASTED ☐

그라블락스는 생선을 염장하고 발효시켜 보존하는 아주 오래된 손질법이다. 세월이 흐르면서 조리법이 발전해 생선을 발효시키지 않고 간단하게 절이기만 하는 형태가 되었다.

신선한 연어 필레에 소금, 설탕, 딜을 섞어서 덮어 건식으로 염장하여 만든다. 며칠이 지나면 생선에서 나온 수분에 향신료가 녹아서 생선이 살짝 당절임이 된 듯한 상태가 된다. 완성된 그라블락스는 얇게 저며서 빵이나 감자와 함께 스타터로 먹으며, 노르웨이어로 그라블락서스gravlakssaus라고 부르는 딜로 맛을 낸 달콤한 머스터드소스를 곁들인다. 그라블락스는 스웨덴에서도 찾아볼 수 있지만 'gravlax'로 표기법이 살짝 다르다.

하우카르틀

하우카르틀은 북극해에 서식하는 대형 상어 종을 가리키는 아이슬란드어로, 이 상어의 살점에는 독성이 있어서 먹으려면 오랜 기간 손질을 거쳐야 한다. 아이슬란드에서는 인기 있는 요리로 일 년 내내 먹지만 특히 1월 중순에서 2월 중순에 걸친 토리thorri 달에 즐겨 먹는다.

그린란드 상어의 고기에는 요산과 트리메틸아민산화물이 함유되어 있어 독성이 강하다. 먹을 수 있는 상태로 만들려면 특수한 과정을 거쳐야 한다. 상어의 내장을 제거하고 대가리를 잘라낸 다음 몸통을 땅에 묻어 2~3개월간 발효시킨다. 그런 다음 수개월 건조시키는 과정을 거치면 비로소 먹을 수 있는 상태가 된다.

하우카르틀은 보통 작게 깍둑 썰어서 이쑤시개를 꽂아 낸다. 암모니아 냄새가 강해서 적당할 경우에는 곰팡이 핀 수건, 심하면 불결한 변기에 비유하기도 하는 냄새가 나므로 먹는 동안에는 코를 막는 것이 좋다. 어느 부위냐에 따라 흰색에서 붉은색까지 여러 빛깔을 띨 수 있으며 질감 또한 부드러운 부분에서 쫀득한 부분까지 다양하다. 연한 암모니아 냄새가 어우러진 비린내가 난다고 표현할 수 있다.

강력한 발효를 거친 많은 음식이 대부분 그렇듯이 하우카르틀도 후천적으로 익숙해져야 하는 맛이기 때문에 아이슬란드인조차도 호불호가 엇갈린다. 하지만 시도해볼 만한 가치가 있으며, 아쿠아비트(233쪽 참조)와 비슷한 아이슬란드의 술인 브렌니빈brennivin으로 맛을 씻어내며 먹는 것이 제일 좋다.

페로제도의 홍합

페로제도

해산물

TASTED ☐

페로제도는 인구 약 5만 명이 살고 있는 군도로 덴마크 내의 자치령이다. 이곳은 해산물 애호가의 천국이다. 모든 사람이 바다에서 5킬로미터 이내에 거주하고 있으며 주요 산업은 어업이다 (수출의 94퍼센트).

페로제도에서 수확되는 홍합은 세계 대부분의 지역에 서식하는 일반 진주담치blue mussel와는 다른 대형 종에 속한다. 길이가 최대 22센티미터까지 자라기도 하지만 보통 10센티미터 크기로 자랐을 때 판매한다.

자줏빛이 살짝 도는 갈색 껍데기에 질감이 탄탄하고 바다의 풍미가 느껴지는 짙은 주황색 살점이 들어 있다. 이 홍합은 수심 5~200미터 사이의 해저에 군락을 이루고 있다. 나무처럼 껍데기에 성장원이 생기기 때문에 껍데기 무늬를 살펴보면 나이를 쉽게 알아볼 수 있다. 50살이 넘는 홍합도 발견된 적이 있다.

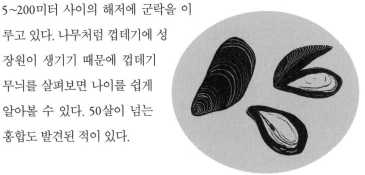

수르스트뢰밍

스웨덴

해산물

TASTED ☐

수르스트뢰밍은 청어를 발효시킨 보존식품으로 스웨덴에서는 16세기부터 먹어왔다. 당시에는 소금이 귀하고 비쌌기 때문에 스웨덴에서는 바닷물을 이용해서 생선을 절이기 시작했다. 소금을 많이 사용한 염장 생선에 비해서 발효가 강하게 되므로 생선에서 강렬한 사향 냄새가 났지만 그래도 먹을 수는 있었다.

수르스트뢰밍은 진미 대접을 받지만 그래도 확실히 후천적으로 습득해야 하는 맛이다. 통에서 최소한 6개월 이상 발효시킨 것을 통조림한 제품으로 구입할 수 있다. 냄새가 강하고 오래가므로 가능하면 야외에서 통을 개봉하는 것이 좋다. 보통 저민 감자, 양파와 함께 바삭한 툰브뢰드(223쪽 참조) 두 장 사이에 끼워 먹는다.

REINDEER MEAT

노르웨이 북부와 스웨덴, 핀란드에서 생활하는 사미족은 순록 무리가 이동하는 주기에 따라 함께 움직이면서 수 세기를 살아왔다. 순록 떼를 따라서 그들이 이끼를 찾아다니는 숲속을 함께 수백 마일씩 배회하고 봄과 여름이면 모기떼를 피해 풍성한 목초지가 펼쳐진 평원을 헤매면서 지내는 반半유목 민족이다. 이제는 대부분의 사미족이 유목 생활을 하지 않지만, 아직도 약 4000명의 순록 목축업자는 이 전통을 유지하고 있다. 러시아의 네네츠족도 같은 전통을 추구하며 살아간다.

순록 고기는 '카리부caribou'라 불리는 캐나다산 순록을 제외하면 주로 이 전통적인 목축 방식으로 생산한 것이며 대체로 야생 육류에 속한다. 순록 고기는 지방이 3퍼센트에 불과해서 세상에서 가장 담백한 고기에 속하는데, 겨울 동안 체온을 유지하기 위해서 근육 내부가 아니라 근육과 피부 사이에 지방을 저장하기 때문이다.

순록 고기는 너무 담백해서 요리할 때 건조해지지 않도록 버터에 익힌다. 사미족은 전통적으로 텐트 한가운데에 불을 피우고 냄비에 순록 버터를 녹인 다음 작게 자른 고기를 노릇노릇하게 구워 먹는다.

순록 고기는 소고기 등의 붉은 고기와 사슴 등 야생 육류를 섞은 듯한 맛이 난다. 그대로 먹거나 그랜베리소스를 곁들여 먹는다.

솔레그

덴마크
육류

TᴀSTED ☐

여러 문화권에서 달걀을 오래 보존하는 방법을 모색해왔다. 덴마크에서는 솔레그라는 방법을 사용한다. 삶은 달걀을 소금물에 수 주일간 담가서 보존하는 방식이다.

발효되는 동안 노른자는 녹색으로 변하고 흰자에는 적양배추를 더하면 청회색, 적양파를 넣으면 빛바랜 붉은색 등 삶을 때 넣은 재료에 따라 다른 색상의 반점이 생겨난다.

살짝 썩은 달걀 맛으로 전통 드레싱(아래 레시피 참조)을 곁들여 내며, 주로 아쿠아비트(233쪽 참조) 한 잔을 곁들여 마신다. 특히 부활절 기간에 인기가 좋아 만찬 식탁에 같이 올리는 음식이다.

블루 솔레그   8인분

재료 • 솔레그 재료: 달걀 8개, 소금 1/2컵(130g), 다진 적양배추 1/4통

      • 드레싱 재료: 올리브 오일 3큰술, 레드 와인 식초 3큰술, 머스터드 2작은술, 소금, 후추

• 끓는 물에 달걀을 약 20분간 삶는다. 건져서 식힌다. 다른 냄비에 물 8컵과 소금 1/2컵, 적양배추를 넣는다. 40분간 익힌 다음 식힌다.

• 소금물이 실온으로 식으면 체에 걸러서 적양배추를 제거한다. 달걀을 딱딱한 바닥에 여러 번 두들겨서 껍데기에 금이 가도록 하되 껍데기를 벗기지는 않는다. 메이슨 자mason jar에 달걀을 넣고 소금물을 잠기도록 붓는다. 서늘한 곳에 두고 2주일간 숙성시키면서 주기적으로

뚜껑을 열어 가스를 빼낸다.

- 달걀이 발효되면 껍데기를 벗기고 반으로 자른다. 올리브 오일, 식초, 머스터드, 소금, 후추를 섞어서 드레싱을 만든다. 반으로 자른 달걀에서 조심스럽게 노른자를 꺼낸 다음 빈 곳에 드레싱 1작은술을 담는다. 그 위에 꺼낸 노른자를 뒤집어 얹는다. 차가운 달걀 반쪽을 한입에 먹고 아쿠아비트 한 잔을 마신다.

SMØRREBRØD

스뫼레브뢰드

덴마크
전통 음식

TASTED ☐

덴마크어로 '빵과 버터'라는 뜻의 스뫼레브뢰드와 스웨덴어 스뫼르고스보르드smörgåsbord를 혼동하지 않도록 하자. 어원은 같지만 스뫼레브뢰드는 오픈 샌드위치의 일종이고 스뫼르고스보르드는 뷔페로 제공하는 정식 메뉴를 뜻한다.

스뫼레브뢰드는 아마 해외에서 가장 유명한 덴마크 특산품일 것이다. 저민 호밀빵에 버터를 넉넉히 바르고 새우나 연어, 청어, 장어, 달걀, 치즈, 가공육 등 육지나 바다에서 난 온갖 재료를 얹어 먹는 음식이다. 주재료를 얹은 다음 양파나 양배추, 저민 레몬, 피클, 래디시, 딜, 차이브 등의 토핑을 얹어서 아름답고 맛있는 조그마한 오픈 샌드위치를 만들기도 한다. 실제로 스뫼레브뢰드는 소박한 농가 요리가 세련된 미식으로 발전한 것이다.

좋은 스뫼레브뢰드를 만드는 데 중요한 것이 두 가지 있다. 좋은 빵과 좋은 버터다. 덴마크에서는 보통 가로세로 30센티미터, 10센티미터 크기의 직사각형 덩어리로 판매하는 사워도우 빵의 일종인 호밀빵(현지에서는 루그브뢰드rugbrød라고 불린다)을 사용한다.

그리고 빵에 다른 재료를 얹기 전에 버터를 듬뿍 발라야 한다. 덴마크에서는 한 입 베어 물 때마다 치아 자국이 남을 정도로 버터를 두껍게 발라야 한다는 의미로 탄드스뫼르tandsmør(말 그대로 '버터 치아'라는 뜻)라고 부를 정도다.

브루노스트 BRUNOST

노르웨이
유제품
TASTED ☐

브루노스트는 갈색 벽돌 형태의 치즈로 노르웨이 특산물이다. 전용 치즈 슬라이서로 얇게 썰어서 먹는다. 밀크 초콜릿이나 캐러멜과 비슷한 맛이 나며 달콤하거나 짭짤한 재료를 얹어 아침 식사로 먹는다.

브루노스트는 치즈라고 알려져 있지만 사실은 커드가 아니라 유청에 크림이나 우유를 섞어 수 시간 가열해 수분을 증발시켜서 만드는 것이다. 수분이 거의 사라질 즈음이 되면 틀에 부어서 식혀 단단하게 굳힌다. 우유 1갤런에서 브루노스트는 고작 400그램가량 나온다.

유청을 가공하는 이런 방법은 노르웨이에서 2000년 전부터 존재했지만 현재의 레시피는 비교적 최근에 앤 호브Anne Hov라는 유제품 공장 직원이 만들어낸 것이다. 1863년 앤 호브는 유청에 크림과 염소젖을 섞는 발상으로 인기 있는 브루노스트 스타일을 만들어냈고, 자신이 살았던 계곡의 명칭을 따서 구드브랜드달소스트gudbrandsdalsost라는 이름을 붙였다. 그 외에도 소젖만 사용한 것(플뢰테미소스트fløtemysost), 염소젖만 사용한 것(에크테 예이토

스트ekte geitost), 스프레드 형태인 프림prim 등의 종류가 있다.

브루노스트는 대부분 얇게 저며서 빵에 얹어서 아침 식사로 먹는다. 팬케이크나 와플의 토핑으로도 아주 흔하게 쓰이고 식사 메뉴에 들어갈 때는 대부분 소스가 되며 야생 육류와 특히 잘 어울린다. 브루노스트는 노르웨이 요리에 가장 흔하게 쓰이는 재료로 꼽힌다. 연간 1명당 평균 3킬로그램을 소비하며, 이 재료의 창시자인 앤 호브는 국가 요리 유산에 기여한 공로를 인정받아 1933년 국왕 공로 훈장을 받기도 했다.

LEIPÄJUUSTO
레이패유스토

핀란드
유제품
TASTED ☐

레이패유스토는 소의 초유로 만드는 핀란드 치즈다. 씹을 때 뻑뻑거리는 소리가 나기 때문에 미국에서는 '뻑뻑거리는 핀란드 치즈finnish squeaky cheese'라는 별명으로 불린다.

초유는 포유동물이 처음 수유할 때 나오는 모유다. 단백질(우유의 4배 이상)과 지방(우유의 2배 이상)이 특히 풍부하다. 레이패유스토는 원래 순록의 초유로 만들었지만 현재는 소의 초유를 사용하는 경우가 더 많다. 먼저 초유를 레닛으로 응고시킨 다음 약 2~3센티미터 두께의 작은 원반 모양으로 빚는다. 그런 다음 군데군데 그슬린 무늬가 생기도록 구워서 독특한 풍미를 더한다.

전통적으로 레이패유스토를 건조시켜 최대 수년까지 보관했다. 그러면 오래된 빵처럼 점점 딱딱해진다. '치즈 빵'이라는 뜻의 이름도 여기에서 왔다. 그래서 전통적으로 먹기 전에 구워서 부드럽게 만들곤 했다.

레이패유스토는 뜨겁게도 차갑게도 먹을 수 있다. 보통 아침 식사로 커피와 함께 먹는 경우가 많다. 쐐기 모양으로 썰어서 커피에 찍어 먹거나 잘게 부숴서 커피 잔에 집어넣기도 한다. 샐러드에 넣거나 클라우드베리(222쪽 참조)잼을 곁들여 디저트로 먹어도 좋다.

시나몬 롤

스웨덴어로는 카넬불레kanelbulle라고 불리는 시나몬 롤은 아마 고향보다 미국에서 더 인기가 높을 것이다. 밀가루와 이스트, 우유, 시나몬, 설탕, 버터로 만든 반죽을 돌돌 말아 달팽이 껍데기 모양으로 빚은 페이스트리다. 위에 달콤한 글레이즈를 입히거나 우박 설탕을 뿌려서 마무리하며 보통 뜨거운 음료를 곁들여서 아침 식사나 간식으로 먹는다.

시나몬 롤   8개

재료 • 반죽 재료: 밀가루 5컵(600g), 이스트 1봉, 버터 110g, 설탕 1/2컵(100g), 우유 7/8컵(200ml), 소금

    • 속 재료: 버터 50g, 설탕 1/4컵(50g), 시나몬 가루 1큰술

- 반죽: 큰 볼에 밀가루와 이스트를 섞는다. 버터를 포크로 으깨서 부드럽게 만든 다음 가루 볼에 넣어서 섞는다. 설탕과 우유, 소금 한 자밤을 넣고 매끄러운 반죽이 될 때까지 치댄다. 깨끗한 천을 덮고 실온에서 최소 1시간 발효시킨다.
- 속: 버터를 녹인 다음 설탕과 시나몬을 넣고 잘 섞는다.
- 시나몬 롤 빚기: 오븐을 180°C로 예열한다. 반죽을 약 30cm 길이의 직사각형 모양으로 민다. 속을 그 위에 펴 바른 다음 약 2cm 너비로 길게 썬다. 돌돌

말아서 달팽이 껍데기 모양으로 만든다. 완성한 롤을 팬에 담는다.

- 굽기: 오븐에서 15분간 굽는다. 차나 커피, 핫 초콜릿을 곁들여서 따뜻하거나 차갑게 낸다.

---

aquavit

아쿠아비트

아쿠아비트는 스칸디나비아 국가에서 인기 있는 술이다. 예전에는 음료가 아니라 약으로 취급했기 때문에 라틴어로 생명의 물이라는 뜻인 아쿠아 비타이aqua vitae에서 유래한 아쿠아비트라는 이름이 붙었다.

보드카(202쪽 참조)처럼 순수 에탄올(곡물이나 감자로 만든다)로 만들지만 다양한 허브와 향신료로 향을 낸다. 대부분 캐러웨이를 사용하지만 딜과 커민, 아니스, 펜넬, 카다멈, 파라다이스 열매(261쪽 참조), 레몬 껍질, 오렌지 껍질 등을 쓰기도 한다.

때때로 숙성을 거친 다음 희석해서 알코올 함량 약 80프루프(40도) 정도로 판매하기도 한다. 투명한 색에서 옅은 노란색까지 다양한 색을 띠며 향은 조리법에 따라 다양한 편이지만 캐러웨이 맛은 항상 느낄 수 있다.

아쿠아비트에 대한 최초의 기록은 1531년 덴마크 귀족이 노르웨이 대주교에게 보낸 편지에서 찾아볼 수 있다. 성직자에게 선물로 한 병을 보내면서 "아쿠아 비타이는 신체 안팎의 모든 질병을 치료하는 데에 도움을 줄 수 있습니다"라는 내용의 편지를 동봉했다.

아쿠아비트는 노르웨이(주로 숙성시켜서 실온으로 마신다)와 덴마크(주로 딜로 향을 낸다), 스웨덴(작은 잔에 차갑게 내서 샷으로 홀짝 마신다) 등에서 즐겨 마시는 술이다. 동일한 유산을 공유하지만 나라마다 나름의 증류 및 전통 음주법을 자랑스럽게 여긴다.

덴마크,
노르웨이,
스웨덴
음료

TASTED ☐

북아프리카

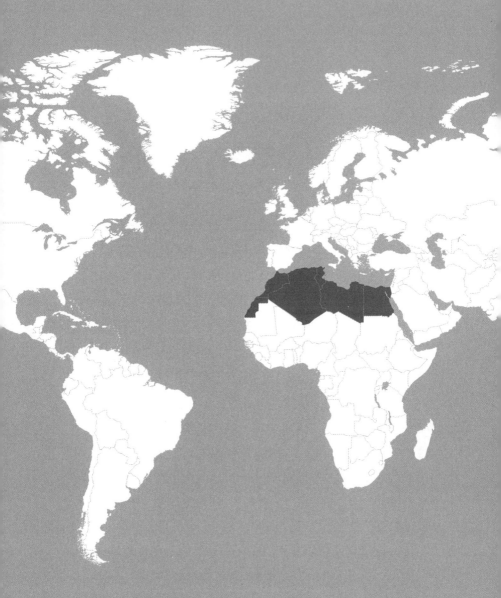

NORTH AFRICA

지중해 남쪽의 북아프리카는 언제나 정복자들이 탐내는 땅이었으며, 그들은 이곳을 지배했다 떠나면서 다양한 요리 전통을 남겼다. 페니키아인은 레바논에 올리브 오일을 남겼다. 이후 페니키아의 식민지였던 카르타고가 두각을 나타내면서 현재의 튀니지뿐만 아니라 대부분의 북아프리카 해안과 지중해의 많은 섬(코르시카, 사르데냐, 시칠리아, 발레아레스제도), 심지어 스페인 남부까지 포함하는 강력한 제국의 중심지가 되었다. 카르타고인은 밀, 포도, 올리브, 아몬드, 무화과, 석류를 기반으로 농업을 발전시켰다. 베르베르인은 밀로 쿠스쿠스를 만들어냈다. 마을 주민들이 모여 손으로 세몰리나 밀가루를 돌돌 굴려가며 만든 쿠스쿠스는 아직도 북아프리카 전역에서 매우 인기가 높다. 카르타고의 세력은 점점 강해지면서 로마제국과 충돌하기에 이르렀고, 기원전 146년 로마 제국이 승리하면서 카르타고의 수도를 파괴해버렸다. 로마는 북아프리카 전역을 정복하고 생선소스 산업을 발전시켰다. 지금은 사라졌지만 로마 시대에는 가룸의 인기가 높았으며, 이 생선소스는 아시아에서 아직까지 사용하는 것과 매우 유사하다.

　　이후 또다시 정복의 물결이 휩쓸면서 7세기에 아랍인이 홍해에서 지브롤터해협에 이르기까지 지중해의 남쪽 해안 전체를 빠르게 장악했다. 이들은 쌀, 사탕수수와 같은 새로운 재료와 사프란, 시나몬, 육두구, 생강, 정향 등 수많은 향신료를 들여왔다.

　　15세기 이후에는 토마토, 감자, 주키니 호박, 피망, 고추 등 신세계에서 건너온 재료가 빠르게 퍼져 나갔다. 그리고 19세기 프랑스(모로코, 알제리, 튀니지), 이탈리아(리비아), 영국(이집트) 등 유럽 열강이 몰려들어 북아프리카를 정복하며 식민지 시대의 마지막을 장식했다. 북아프리카는 이 모든 영향으로 말미암아 세계 여러 지역의 맛과 재료가 녹아든 매우 풍부하고 다양한 요리 문화를 보유하게 되었다.

클레멘타인

알제리
과일과 채소

TꙆSTED ☐

클레멘타인은 귤tangerine과 오렌지를 교배한 감귤류 과일이다. 19세기 후반 알제리에서 식물 종묘장을 운영하던 프랑스 선교사 클레망Clement 수사의 이름을 땄다. 1892년 그의 종묘장에서 프랑스 식물학자가 귤과 오렌지를 교배시켜 클레멘타인을 만들어냈기 때문이다.

녹색에서 주황색에 걸친 빛깔을 띠는 껍질은 얇고 잘 벗겨진다(그래서 영국에서는 '잘 까지는 귤easy peeler'이라고 부른다). 씨가 없고 즙이 많은 과육 조각 10개가 들어 있다(만다린 오렌지는 맛은 비슷하지만 씨가 많다).

클레멘타인은 보통 그냥 먹지만 주스나 셔벗을 만들기도 한다. 현재는 전 세계적으로 재배되고 있으며 주요 생산국은 중국과 스페인이다.

모로헤이야

튀니지
과일과 채소

TꙆSTED ☐

아랍어로는 몰로키아라고 불리는 모로헤이야는 북아프리카와 중동, 사하라 이남 아프리카, 아시아 지역에서 인기 있는 식자재다. 원산지는 인도로 추정되며, 최대 1.5미터까지 자라는 허브다. 커다란 타원형 잎을 건조시켜 빻아서 요리에 사용한다.

연녹색 모로헤이야 분말을 올리브 오일과 섞어 걸쭉하게 만든 다음 물을 조금씩 넣으면 커스터드와 비슷한 질감의 페이스트가 된다. 여기에 양파, 마늘, 토마토, 월계수잎, 고수, 레몬, 민트 등을 넣어 맛을 낼 수 있다. 모로헤이야는 3~4시간 정도 익혀야 먹을 수 있기 때문에 요리하려면 꽤 긴 시간이 필요하다. 다익은 모로헤이야에 간단하게 빵만 곁들여도 식사로 충분하며 사이드 메뉴로 내기도 한다. 모로헤이야는 엽록소가 풍부해서 시금치나 수영과 비슷한 맛이 난다. 음식으로 사용하는 것 외에도 긴 섬유질을 이용해 삼베와 노끈을 만든다.

WATERMELON

수박

이집트
과일과 채소
TASTED ☐

수박은 전체의 92퍼센트가 수분일 정도로 매우 즙이 많은 붉은색 과육를 녹색 껍데기가 감싸고 있는 큼직한 과일이다. 지중해 인근에서 오랫동안 재배해왔으며 특히 이집트에서는 4000년 전부터 재배한 증거가 발견되기도 했다.

여러 품종이 있으며 크기는 약 1킬로그램에서 40킬로그램이 넘는 것까지 다양하다. 3~4킬로그램 정도 무게가 나가는 것이 가장 흔하다.

수박은 부채꼴 모양으로 썰어서 생과일로 먹거나 주스를 만든다. 삭고 검은 씨앗이 많이 들어 있지만 1940년대부터 씨 없는 품종도 나왔다.

수박은 세계 여러 곳에서 재배하고 있으며 중국에서 전 세계 생산량의 70퍼센트를 생산한다. 중국에서는 흔히 식후 디저트로 수박 한 조각을 먹으며, 볶은 수박씨도 간식으로 먹는다.

쿠스쿠스

**알제리,
모로코,
튀니지**
빵과 곡물

TASTED ☐

쿠스쿠스는 북아프리카 음식이라고 하면 바로 머릿속에 떠오르는 음식이다. 원래는 베르베르인이 공 모양으로 빚은 세몰리나에만 적용하는 이름이었지만 지금은 국물과 채소, 육류를 포함한 식사에 쓰는 명칭이 되었다.

듀럼 밀가루로 쿠스쿠스를 만드는 것은 베르베르 여성에게 중요한 일이었다. 마을 여성들이 납작한 대형 용기 주변에 옹기종기 모여서 오후 내내 밀가루에 물방울을 뿌려가며 손으로 굴려 약 2~3밀리미터 크기의 작은 공 모양으로 빚는다. 그러나 이렇게 시간이 많이 소요되는 공정은 이제 거의 사라졌다. 현재는 쿠스쿠스 공장에서 세몰리나를 기계로 굴려서 작은 공 모양으로 빚은 다음 초벌로 익혀서 건조시키는 방식으로 생산한다. 그러면 익히기만 하면 되는 쿠스쿠스가 완성된다.

쿠스쿠스는 9세기부터 사용해온, 특별한 냄비로 조리한다. 이 냄비는 두 부분으로 구성되어 있는데 아랫부분에서는 국물을 익히고 윗부분에는 쿠스쿠스를 넣어서 국물의 수증기로 쿠스쿠스를 익힌다.

쿠스쿠스는 일반적으로 채소(당근, 순무, 감자, 주키니 호박), 육류(주로 닭고기, 양고기)를 곁들여서 살짝 매콤한 국물과 함께 낸다. 튀니지에서는 생선과 문어, 조개를 넣은 해산물 쿠스쿠스도 인기가 많다. 이집트를 비롯한 일부 국가에서는 쿠스쿠스에 버터와 설탕, 건포도, 견과류를 섞어서 디저트로도 즐겨 먹는다.

아르간 오일

아르간 오일은 모로코의 특산품으로 요리는 물론 피부와 머리카락을 가꾸는 화장품으로 사용한다. 모로코 남부의 매우 건조한 지역에서 자라는 아르간 나무의 열매로 만들며 염소가 열매를 먹으려고 나무를 타고 오르기 때문에 '염소 나무'라는 별명이 있다.

아르간 오일을 1갤런 만드는 데는 약 30시간이 걸린다. 열매를 먼저 건조시킨 다음 마른 과육을 제거해서 딱딱한 씨앗만 남긴다. 돌로 씨앗을 두들겨서 껍데기를 깬 다음 핵만 꺼낸다. 이핵을 구운 다음 갈아서 되직한 페이스트를 만든다. 이 페이스트를 재우면서 위에 떠오르는 오일을 걷어 병에 넣는다.

아르간 오일은 약간 산패한 호두 오일을 연상시키는 강한 맛이 난다. 가열하면 풍미가 사라지기 때문에 차갑게 먹어야 한다. 샐러드에 쓰거나 생선을 익힌 다음 맛을 더하는 용도로 쓸 수 있다. 화장품으로 사용하는 아르간 오일은 조리용으로 사용하면 안 된다. 핵을 볶는 과정을 거치지 않아서 불쾌한 쓴맛이 나기 때문이다. 아르간 오일에 아몬드 가루와 꿀을 섞어 암루amlou라는 스프레드를 만들기도 한다. 주로 빵에 빌라 아침 식사로 먹으며, 모로코에서는 이를 '베르베르 누텔라'라고 부른다.

하리사

Harissa

튀니지
향신료와 양념

TASTED ☐

고추는 1535~1574년에 걸친 스페인 정복 기간 동안 튀니지에 들어왔다. 이제 고추는 튀니지 요리의 필수품이 되었다. 고추는 주로 말려서 빻은 다음 올리브 오일, 마늘, 소금과 섞어서 붉은 고추 페이스트인 하리사를 만들어 쓴다. 이 간단한 페이스트에 양파나 토마토, 캐러웨이, 고수씨, 레몬즙을 섞어서 맛을 낸다. 업체마다 레시피가 다르기 때문에 각 하리사마다 맛과 질감의 차이가 있다. 하리사는 다양한 요리에 양념으로 사용한다. 특히 쿠스쿠스(238쪽 참조), 타진(247쪽 참조), 수프, 스튜 등에 매콤한 맛을 가미하는 용도로 인기가 좋다.

등화수

ORANGE BLOSSOM WATER

모로코
향신료와 양념

TASTED ☐

이름에서 느껴지는 인상과 달리 등화수橙花水, 즉 '오렌지 꽃 물'은 스위트오렌지가 아니라 사워 오렌지 또는 비터 오렌지라고 불리는 감귤류 과일로 만든다. 이 과일은 10세기 즈음부터 재배해온 포멜로와 만다린 오렌지의 고대 교배종으로 과실은 너무 쏩쏠해서 먹을 수 없는 탓에 대부분 향수에 사용한다. 관상수와 약용 작물로 재배하기도 하며, 오렌지 향 리큐어인 트리플섹triple sec의 핵심 재료이기도 하다.

등화수는 사실 향수 생산의 부산물이다. '네롤리neroli 오일'로 알려진 향료에 들어가는 농축액을 만들기 위해 비터 오렌지를 증류하는 과정에서 증기가 에센셜 오일을 흡수해 등화수가 된다.

등화수는 페이스트리인 가젤의 뿔(249쪽 참조), 라이스 푸딩과 비슷하지만 쌀가루로 만드는 레바논의 무할레비(309쪽 참조) 등 북아프리카 디저트에 주로 사용된다.

RAS EL HANOUT
라스 엘 하누트

라스 엘 하누트는 북아프리카의 전통 혼합 향신료다. 가장 일반적인 레시피를 따르면 재료가 27가지나 들어가지만 시중에서 구입할 수 있는 훨씬 단순한 레시피를 따르면 커민, 고추, 고수, 통후추, 육두구, 시나몬, 카다멈 등 7가지 주재료만 사용한다.

생산자마다 자신의 기준에 따라 향신료를 조합하기 때문에 라스 엘 하누트에 정해진 레시피란 없는 셈이다. 사실 라스 엘 하누트라는 이름도 '가게의 머리'라는 뜻으로 원래 향신료 가게에서 내놓을 수 있는 최고의 재료를 섞어서 만드는 것을 뜻했다.

라스 엘 하누트는 모로코 요리의 필수 조미료 중 하나로 타진(247쪽 참조)을 포함한 많은 요리에 들어가며 쿠스쿠스(238쪽 참조)의 국물에 맛을 내는 용도로도 쓴다.

라스 엘 하누트에 넣는 다양한 재료 중에서 특히 독특한 것은 스페인 파리다. 무지갯빛 광택이 도는 녹색 몸통의 작은 딱정벌레인 스페인 파리는 자양 강장 효과가 있다고 하며 갈아서 향신료에 넣곤 한다.

모로코
향신료와 양념

TASTED ☐

FESIKH
페시크

페시크는 염장 발효해서 만드는 이집트의 특산물이다. 이집트에서는 5000년 전부터 봄 축제가 열렸으며, 이를 아랍어로 샴 에네심sham ennesim이라고 한다. 페시크는 이 행사에서 먹는 음식이다.

페시크는 홍해와 지중해에 서식하는 숭어로 만든다. 먼저 숭어를 햇볕에 건조한 다음 염장해서 수개월간 발효시킨다. 썩은 생선을 연상시키는 강한 냄새가 나지만 질감이 매우 부드럽고

이집트
해산물

TASTED ☐

풍성한 맛이 나서 이집트에서 인기가 좋다.

이집트에서는 샴 에네심이 되면 공원, 가능하면 나일강 유역에 있는 공원으로 소풍을 가는 전통이 있다. 음식으로는 페세크를 꼭 준비하고 거기에 양상추, 생양파, 레몬, 타히니(296쪽 참조)를 곁들인다. 절인 루핀콩lupin bean과 삶은 달걀을 먹는 것도 이축제 기간의 관습이다.

코사리 KOSHARI

이집트
길거리 음식
TASTED ☐

이집트 요리 코사리의 이름은 아랍어가 아니라 프랑스어에서 온 것이다. 이집트가 외부의 영향에 개방적이었던 19세기 중반에 탄생한 음식으로 프랑스어로 '켜켜이 쌓인 쌀'이라는 뜻의 '쿠셰 드 리즈couches de riz'에서 유래했다. 실제로 쌀과 파스타, 갈색 렌틸콩, 병아리콩을 켜켜이 쌓아서 만드는 채식 요리다. 흔히 튀긴 양파를 얹고 매콤한 토마토소스를 곁들여 먹는다. 원래는 노점에서 파는 길거리 음식이었지만 인기가 높아져 이제는 레스토랑에서도 주문할 수 있다.

코사리 8인분

재료 • 소스 재료: 마늘 2쪽, 올리브 오일 4큰술, 토마토 4개, 백식초
　　　1작은술, 칠리 파우더, 소금, 후추
　　• 코사리 재료: 병아리콩(전날 물에 불려서 건진 것) 1/4컵(50g),
　　　갈색 렌틸콩 1/4컵(50g), 양파 3개, 올리브 오일 2큰술, 엔젤
　　　헤어 파스타 70g, 쌀 1컵(180g), 다진 스파게티 2/3컵(100g),
　　　마카로니(소) 1컵(100g), 커민 가루 1작은술, 파프리카 가루
　　　1작은술

- 소스: 마늘과 양파를 곱게 다져서 올리브 오일 2큰술과 함께 팬에 넣는다. 토마토는 껍질을 벗긴 다음 4등분 해서 팬에 넣는다. 나머지 올리브 오일 2큰술과 식초, 칠리 파우더 한 자밤, 소금, 후추를 넣는다. 물을 약간 두르고 크리미한 상태가 될 때까지 뭉근하게 익힌다.
- 코사리: 팬 2개에 병아리콩과 렌틸콩을 각각 따로 익힌다. 건져서 따로 둔다. 양파를 곱게 다져서 180℃로 가열한 기름에 튀긴 다음 건져둔다. 프라이팬에 올리브 오일을 두르고 달군 후 엔젤 헤어 파스타를 넣는다. 파스타가 노릇노릇해지면 쌀을 넣는다. 골고루 뒤섞은 다음 수 분간 익혔다가 물 1컵(400ml)을 붓고 쌀이 익을 때까지 11분간 가열한다. 쌀이 익는 동안 잘게 썬 스파게티와 마카로니를 끓는 물에 8분간 삶는다.
- 볼에 쌀과 렌틸콩, 병아리콩, 스파게티, 마카로니를 넣는다. 커민 가루와 파프리카 가루, 소금, 후추, 절반 분량의 토마토소스를 넣고 잘 섞는다. 튀긴 양파를 얹고 나머지 토마토소스를 곁들여서 낸다.

BAZEEN

바진

리비아
전통 음식

TASTED ☐

바진은 여러 요소가 복합적으로 어우러진 리비아의 전통 요리다. 보통 돔이나 피라미드 모양으로 성형한 반죽 안에 매콤한 토마토소스와 함께 양고기mutton, 완숙 삶은 달걀, 감자 등을 넣는다.

반죽은 보릿가루에 소금물을 섞어서 만들며 작은 공 모양으로 굴려서 찌거나 삶아 익힌다. 반죽이 익으면 돔이나 피라미드 모양의 틀에 넣어서 모양을 잡는다. 고기는 보통 머튼을 사용하지만 램을 쓸 때도 있으며 양파, 토마토소스, 리비아에서는 브자르bzaar라고 불리는 특별한 혼합 향신료(터메릭, 커민, 고수, 칠리 파우더, 펜넬, 후추)와 함께 천천히 익힌다.

보통 1인분에 완숙 삶은 달걀 1개와 감자 여러 개를 곁들여서 내며 오른손으로 공 모양 반죽을 뜯어 소스를 찍어 먹는다.

풀 메담

FUL MEDAMES

줄여서 풀ful이라고도 불리는 풀 메담은 잠두콩으로 만든 스튜로 이집트와 중동 전역에서 매우 인기 있는 요리다. 주로 아침 식사로 먹으며 가끔 점심 식사로 내놓기도 하지만 워낙 거한 요리라서 저녁으로 먹는 일은 드물다. 풀 메담 조리법은 아주 오래된 것이라 3세기경에 쓰인 예루살렘 탈무드에 언급되었을 정도다.

요리에 들어가는 잠두콩은 인류가 재배한 가장 오래된 식물에 속한다. 커다란 깍지콩처럼 생긴 꼬투리에 납작한 씨앗이 여섯 개 정도 들어 있다. 이집트에서는 이 씨앗을 풀 함맘ful hammam이라고 부르는데, 중세 시대의 카이로에서는 요리용 목재가 비쌌던 탓에 공중목욕탕(아랍어로 함맘hammam)에서 목욕물을 데우는 데 사용한 뜨거운 석탄 위에 콩을 가득 담은 커다란 가마솥을 얹어 조리했기 때문이다. 다음 날 아침이면 완성된 콩 요리를 아침 식사용으로 팔곤 했다.

풀 메담은 콩을 최대 12시간까지 조리해서 크림처럼 부드럽고 매끄러운 질감으로 만든다. 그리고 올리브 오일, 양파, 커민, 레몬즙으로 맛을 낸다. 흔히 플랫브레드와 채소 피클을 곁들여 먹는다.

MÉCHOUI

메슈이

알제리,
모로코

전통 음식

TASTED ☐

'굽다'라는 뜻의 아랍어 동사 샤와shawa에서 유래한 메슈이는 알제리와 모로코에서 전통적으로 고기(주로 램이나 머튼 양고기)를 구울 때 사용하는 조리법을 뜻한다. 수북하게 쌓은 등걸불 옆에 고기를 놓고 반복해서 버터를 발라 속살이 거의 살살 녹을 정도가 될 때까지 천천히 익히는 고대의 요리법이다.

준비하는 데만 해도 하루는 족히 걸리기 때문에 주로 특별한 행사 때나 내놓는 음식이다. 전통적인 메슈이에는 야생 쑥을 먹여서 키운 메슈이용 양을 사용한다. 그런 다음 도축해서 신장을 제외한 내장을 제거한 다음 허브와 향신료를 섞어서 골고루 바른 후 꼬챙이에 꿰어서 천천히 익힌다. 고기의 모든 부분이 고르게 익으면서 아주 부드러워지기 때문에 조상들이 했던 것처럼 수저가 없어도 손에 쥔 빵 조각으로 뼈에 붙은 고기를 발라낼 수 있을 정도가 된다.

PIGEON PASTILLA

비둘기 파스티야

모로코

전통 음식

TASTED ☐

파스티야는 원래 8세기에서 15세기 사이에 이베리아반도를 통치했던 아랍 왕국 알안달루스al-andalus의 전통 조리법이다. 1492년 그리스도교 왕국들이 이베리아반도에서 아랍 왕국을 몰아내자 많은 무어인은 북아프리카로 떠났고, 파스티야를 포함한 요리 유산을 전수했다.

파스티야는 보통 육류에 말린 과일, 아몬드 등 견과류를 섞어서 속을 채운 달콤하고 짭짤한 퍼프 페이스트리다. 비둘기와 자고새, 메추라기 등 고급 고기를 사용하는 축제 음식으로 지금도 결혼식과 잔치에 고정 메뉴로 등장한다.

가장 일반적인 레시피는 필로 시트에 짭짤한 재료와 달콤한 재료를 한 거씩 필어서 민드는 것이다. 첫 번째 층은 보통 곱게 다진 비둘기 고기와 양파, 삶은 달걀을 섞은 것에 사프란과 터메릭, 생강, 파슬리로 맛을 내고 두 번째 층은 으깬 아몬드에 설탕과 시나몬을 섞어서 깐다. 각 층마다 버터를 넉넉히 펴 발라서 굽고 마지막으로 슈거 파우더와 시나몬 가루를 뿌린다. 그러면 달콤하고 짭짤하면서 겉은 바삭바삭하고 속은 부드러우면서 촉촉한, 아주 맛이 진한 페이스트리가 완성된다.

샥슈카
SHAKSHUKA

튀니지
전통 음식
TASTED ☐

샥슈카는 피망과 양파, 토마토를 섞어서 캐러웨이와 파프리카 가루, 고추로 맛을 낸 다음 달걀 여러 개를 넣어 찌듯이 익히는 채소 스튜다. 고대 북아프리카에서 유래한 요리로 지금은 이스라엘과 미국에서 큰 인기를 누리며 브런치 메뉴로 자리 잡았다.

샥슈카   **4인분**

재료 • 녹색 피망 1개, 노랑 파프리카 1개, 붉은 파프리카 1개, 토마토 5개, 양파(대) 1개, 마늘 2쪽, 올리브 오일 3큰술, 캐러웨이 가루 1작은술, 파프리카 가루 1작은술, 하리사(240쪽 참조) 1/2작은술, 소금, 후추, 달걀 4개

- 피망과 파프리카는 반으로 자른 다음 씨를 제거하고 껍질이 까맣게 탈 때까지 브로일러에 굽는다. 식힌 다음 조심스럽게 껍질을 제거해서 따로 둔다. 토마토는 껍질을 벗긴 다음 끓는 물에 15분간 익힌다.
- 토마토와 피망, 파프리카를 굵게 다진다. 양파와 마늘은 각각 따로

곱게 다진다.

- 무쇠 냄비에 올리브 오일 1큰술을 두르고 양파와 마늘을 넣어서 노릇노릇하게 익힌 다음 피망과 파프리카, 토마토를 넣는다. 남은 올리브 오일 2큰술, 캐러웨이, 파프리카 가루, 하리사, 소금, 후추를 넣는다. 뚜껑을 닫고 약 30분간 뭉근하게 익힌다(필요하면 물을 조금 넣어서 농도를 조절한다). 다 익으면 달걀을 위에 깨 넣고 다시 뚜껑을 닫아서 달걀이 익을 때까지 수 분간 익힌다. 냄비째 뜨겁게 낸다.

TAGINE

타진

모로코
전통 음식

TASTED ☐

타진은 원래 요리가 아니라 원뿔 모양 뚜껑이 딸린 도기 냄비에 음식을 뭉근하게 익히는 조리법을 뜻하는 말이다. 냄비 뚜껑의 독특한 형태 때문에 재료가 익으면서 생성된 증기가 뚜껑 상단에 모이고 식으면 다시 응축되어 바닥으로 떨어진다. 덕분에 수 시간 동안 요리해도 음식이 타거나 건조해지지 않으며, 특히 고기가 부드럽고 말랑말랑해진다.

베르베르 요리에서 유래한 타진은 북아프리카 전역에서 매우 인기 있으며 격식 차리지 않는 분위기에서 간단하게 먹는 식사는 물론 고급 레스토랑에서 제공하는 훨씬 섬세한 음식까지 다양하게 만날 수 있다. 채식 메뉴는 물론 육류(레몬과 올리브를 넣은 닭고기 타진 또는 자두와 아몬드를 넣은 양고기 타진 등), 생선(특히 정어리에 올리브 오일과 레몬즙, 마늘, 고수, 파슬리, 커민으로 만든 절임액에 조리한 것이 인기가 있다) 등 들어가는 재료에 따라서 다양한 타진 요리를 만들 수 있다.

NORTH AFRICA

타진은 오랫동안 조리해야 한다. 따라서 레스토랑에서는 주문 후 조리에 들어가는 것이 아니라 미리 만들어놓았다가 손님이 주문하면 내는 식으로 제공한다.

지베이나

몰타
유제품

TASTED ☐

지베이나는 몰타군도에서 생산하는 생치즈다. 몰타섬에서는 염소젖으로 만들고 고조섬에서는 양젖으로 만든다. 원래는 다른 치즈처럼 레닛을 쓰는 것이 아니라 해수를 이용해 응고시켰다. 해수는 우유의 단백질을 응고시켜서 치즈 형태를 잡는 역할을 한다. 지금은 대부분 공장에서 생산하지만 직접 기르는 가축의 젖을 받아서 지베이나를 만드는 농부들도 있다. 농산물 시장에 가면 손수 만든 지베이나를 하루에 40개까지 볼 수 있다.

지베이나에는 기본 맛, 소금을 문지른 것, 후추를 입힌 것, 햇볕에 말린 것 등 네 가지 맛이 있다. 몰타식 전통 사워도우 빵에 곁들여 그냥 먹기도 하지만 요리에 쓸 수도 있다. 콩, 당근, 양파, 완두콩, 셀러리, 콜리플라워로 만드는 '과부의 수프soppa tal-armla'에 마무리용 토핑으로 올린다.

바그리르

알제리
디저트

TASTED ☐

북아프리카의 바그리르는 미국의 팬케이크와 같은 음식이다. 세몰리나와 일반 밀가루, 이스트, 베이킹소다로 만든 팬케이크지만 한쪽만 구워서 낸다. 반죽에 들어간 베이킹소다 덕분에 팬에 닿지 않은 면에는 작은 기포가 보글보글 올라와 있어 '천공穿孔 크레이프'라는 별명이 있다. 주로 버터와 꿀을 둘러서 아침 식사나 디저트로 먹는다.

바그리르   8인분

재료 • 이스트 1봉, 물 2와 1/2컵(600ml), 고운 세몰리나 밀가루
1과 1/2컵(250g), 밀가루 1컵(120g), 바닐라 익스트랙 1작은술,
베이킹파우더 1작은술, 소금, 버터

- 작은 볼에 이스트와 물 3큰술을 섞는다. 다른 볼에 세몰리나, 밀가루,
  바닐라 익스트랙, 베이킹파우더, 소금 한 자밤을 넣고 잘 섞는다.
  이스트 혼합물을 넣고 나머지 물을 부어서 골고루 잘 섞는다. 반죽을
  30분간 재운다.
- 반죽은 코팅 팬에 버터를 약간 둘러서 달라붙지 않도록 주의하면서
  굽는다. 반죽 한 국자를 붓고 윗부분에 기포가 보글보글 올라와 굳을
  때까지 한 면만 굽는다. 접시에 담고 녹인 버터와 꿀, 등화수(240쪽
  참조)로 만든 시럽을 둘러서 뜨겁게 낸다.

GAZELLE HORNS   가젤의 뿔

작은 초승달 모양으로 굽는 전통 북아프리카식 쿠키로 아랍
어로는 '가젤의 발목'이라는 뜻인 카브 알 가
잘ka'b al ghazal이라고 불리지만, 번역 과정
에서 어찌 된 일인지 '가젤의 뿔'이라고
불리게 되었다. 아몬드 페이스트로 속
을 채우고 등화수(240쪽 참조)로 맛을 낸
얇은 크러스트를 입힌 작은 쿠키다.

모로코
디저트
TASTED ☐

마크루트

알제리
디저트

TASTED ☐

마크루트는 북아프리카의 작은 마름모꼴 페이스트리로 튀니지와 알제리에서 특히 인기가 좋다. 단단한 세몰리나 밀 반죽으로 만들어서 속에 대추야자나 무화과 페이스트를 채운 다음 마름모꼴로 잘라서 기름에 튀긴다. 그런 다음 꿀과 등화수(240쪽 참조)로 만든 시럽에 담갔다 빼서 차갑게 먹는다.

마크루트   6인분

재료 • 반죽 재료: 세몰리나(중간 굵기) 밀가루 3컵(500g), 시나몬 가루 1/2작은술, 녹인 버터 170g, 물 1과 1/4컵(300ml), 등화수 3큰술
  • 필링 재료: 대추야자 페이스트 250g, 녹인 버터 1큰술, 등화수 1큰술, 시나몬 1작은술
  • 시럽 재료: 물 1컵(250ml), 설탕 2컵(400g), 꿀 200g, 등화수 2큰술, 튀김용 식물성 오일

• 반죽: 대형 볼에 세몰리나와 시나몬, 소금 한 자밤을 섞는다. 녹인 버터를 넣고 치대어 반죽을 만든다. 12시간 동안 휴지한 후 물과 등화수를 넣어서 골고루 잘 치댄다.

• 필링: 대추야자 페이스트에 녹인 버터, 등화수, 시나몬을 넣고 전체적으로 잘 섞는다. 지름 2.5cm 크기의 긴 막대 모양으로 빚는다.

• 페이스트리 밀기: 반죽을 필링과 같은 길이에 너비 약 5cm, 두께 약 1.5cm 크기로 민다. 반죽 가운데 부분을 눌러서 홈을 만든 다음 필링을 얹고 가장자리 반죽으로 덮어서 필링을 감싼다. 조심스럽게 평평하게 누른 다음 약 5cm 길이의 마름모꼴로 자른다.

• 시럽: 물에 설탕, 꿀을 넣고 한소끔 끓인다. 불 세기를 낮춰서 10분간 뭉근하게 익힌다. 식힌 다음 등화수를 섞는다.

- 페이스트리 튀기기: 오일을 180℃로 가열한다. 페이스트리를 넣고 노릇노릇해질 때까지 약 6분간 튀긴다. 페이스트리를 건져서 시럽에 수 분간 푹 담근 다음 다시 건져서 식힌다.

MINT TEA

민트차

모로코
음료

TASTED ☐

모로코에서 민트차는 환대의 음료다. 모로코 가정에 초대받으면 대개는 민트차를 대접받게 될 것이다. 그러나 모로코에서 차를 상업적으로 구입할 수 있게 된 것은 19세기 중반의 일이기 때문에 이 전통 또한 최근에 생겨난 것이다. 그 이전에는 민트 잎만 따로 우려서 마시곤 했다. 영국은 크림전쟁으로 동유럽에서 사업 기회를 잃게 되자 1856년부터 모로코 시장으로 눈을 돌리기 시작했다. 이들이 탕헤르와 에사우이라에서 제공하기 시작한 차에 민트잎을 곁들이자 빠르게 인기를 얻게 되었다.

민트차는 전통적으로 철제 주전자에 녹차 주차珠茶구슬 모양으로 둥글게 만 차-옮긴이와 신선한 민트잎, 설탕을 넣어서 만든다. 차가 우려지면 주전자를 높이 들고 작은 컵에 따르는데, 이 과정에서 거품이 일며 산소가 섞여 풍미가 살아난다. 아주 뜨겁고 달콤하게 마시는 차로 온종일 언제든 마신다. 차는 보통 세 번 우려내는데 첫 번째 차는 아주 맛이 강하고 쌉쌀하며 두 번째 차는 중간 정도, 세 번째 차는 제일 가벼운 맛이 난다. 네 번까지 우릴 때도 있지만 다섯 번째 우린 차는 절대로 남에게 대접하지 않는다. 손님이 떠나기 바란다는 의미로 모욕적일 수 있기 때문이다.

사하라 이남 아프리카

SUB-SAHARAN AFRICA

사하라 이남 아프리카는 해외에서 일부 인정받은 에티오피아 음식과 남아프리카공화국 와인을 제외하고는 대륙 외부에서 쉽게 구할 수 없기 때문에 요리 문화가 세계적으로 가장 덜 알려진 편이다. 그러나 매우 다양한 요리 전통을 지닌 곳으로, 많은 주요 작물의 재배 중심지다. 아마 가장 중요한 작물은 커피겠지만 그 외에 기장, 수수, 포니오, 테프 등 현지 요리에 주로 사용되는 곡물도 많이 재배한다. 팜유도 아프리카의 전통 생산 품목이다. 아시아에서 대량 생산되는 가공유로 변질되기 전까지 아프리카에서 생산되던 팜유는 짙은 붉은색을 띠었으며 약재로도 사용했다. 사하라 이남 아프리카에서는 남아메리카의 땅콩과 카사바, 인도의 후추 등 다른 지역에서 재배하는 여러 작물 또한 재배한다.

아프리카 대륙 전역에 목축 전통이 강하게 남아 있으며 우유와 고기를 얻기 위해 등에 붙은 혹으로 쉽게 알아볼 수 있는 대형 황소인 제부zebu를 널리 사육한다. 닭고기와 양고기mutton도 인기 있으며 일부 국가에서는 낙타도 대규모로 사육한다. 돼지고기는 선호하지 않는 편이다. 중앙아프리카 일부 국가에서는 영양, 천산갑, 호저, 혹멧돼지 등의 야생동물 또한 인기가 좋다. 야생 육류의 연간 생산량은 600만 톤 이상으로 추정된다.

해산물은 해안가나 호수 주변에서 주로 먹는다. 교통 인프라가 열악하기 때문에 일반적으로 산지에서 멀리 운반하기 어렵다.

곤충은 개체 수가 풍부하고 채집하기 쉬워서 오랫동안 아프리카 전역에서 중요한 영양가 보충원이 되어주었다. 중요한 단백질 공급원으로 보통 튀겨서 간식으로 먹는다. 애벌레가 가장 인기가 좋지만 메뚜기, 흰개미, 귀뚜라미도 먹는다. 곤충을 먹는 것이 이상해 보일 수도 있지만 실제로 많은 지역에서 곤충을 즐겨 먹으며 나라에 따라서는 인구의 70~90퍼센트가 정기적으로 곤충을 먹기도 한다.

엔세테

에티오피아
과일과 채소

TASTED ☐

엔세테는 바나나와 같은 과에 속하지만 다른 바나나 나무와 달리 열매가 아니라 뿌리와 줄기를 먹는다. 나무 한 그루를 베면 최대 40킬로그램까지 식용할 수 있다.

엔세테는 에티오피아의 중요한 식량 공급원으로 나무 10그루만 있어도 한 사람이 1년간 충분히 먹을 수 있다. 다른 어떤 작물보다 단위 면적당 많은 식량을 제공하므로 인도 밀도가 높은 지역에서 매우 중요한 작물일 뿐만 아니라 가뭄이나 기근이 들었을 때 식량 안보의 중요한 원천이 된다. 에티오피아에서는 약 1500만 인구의 주식이다.

엔세테는 빵과 비슷한 맛이 나면서 오랫동안 보관할 수 있는 흰색 페이스트인 코초kocho로 만들어 먹는다. 나무 한 그루를 뿌리째 뽑은 다음 녹말성 부분(뿌리, 심, 줄기 안쪽, 잎의 속껍질 부분)을 전부 갈아서 걸쭉한 페이스트로 만들어 지하에서 발효시킨다. 수개월간의 발효를 거치면 죽이나 빵으로 만들 수 있다. 에티오피아의 일부 마을에서는 식량난을 대비해 비상용 코초를 지하에 보관하고 있다.

밤바라땅콩

말리
과일과 채소

TASTED ☐

그라운드빈, 땅완두콩, 보안조voanjo 등 다양한 이름으로 불리는 밤바라땅콩은 아프리카가 원산지인 콩과 식물로 땅콩처럼 지하에서 자라는 씨앗을 먹는다. 매우 영양가가 풍부한 식량으로 아프리카에서 가장 중요한 작물 중 하나였다. 그러다 17세기에 유럽 식민 지배자들이 아메리카에서 땅콩을 도입하면서 점차 밤바라땅콩을 대체하게 되었다. 현재 아프리카에서 땅콩이 들어가는 레시피는 대부분 원래 밤바라땅콩으로 만들던 것이다.

밤바라땅콩은 다양한 방식으로 조리할 수 있다. 간단하게 삶거나 굽기만 해도 맛있는 간식이 된다. 콩처럼 삶아서 사이드 메뉴를 만들기도 하고 건조 후 빻아서 죽이나 케이크를 만들고, 옥수수나 기장 같은 다른 가루와 섞어서 사용하기도 한다. 밤바라땅콩은 한쪽에 흰색 점이 있다는 점을 제외하면 땅콩과 아주 비슷하게 생겼다. 맛은 흰콩과 비슷하지만 살짝 더 달콤하다.

OKRA
오크라

나이지리아
과일과 채소
TASTED ☐

오크라는 아마 가장 널리 알려진 아프리카 채소일 것이다. '숙녀의 손가락'이라고도 불리는 오크라는 작은 꼬투리처럼 생겼으며 단면이 오각형 모양으로 독특하다. 끈적끈적한 점액 같은 물질이 함유되어 있어 수프나 스튜에 넣으면 국물이 걸쭉해진다.

아삭하고 가벼운 쓴맛이 나서 날것으로 샐러드에 넣어 먹을 수 있지만 대체로 익혀서 섭취하는 편이며 특히 스튜에 많이 들어간다. 파키스탄과 인도에서도 빈디bhindi라고 불리며 인기가 있기 때문에 아시아와 아프리카 중 어느 곳에서 유래했는지는 확실하지 않다. 세계 최고의 오크라 생산국은 인도이며 나이지리아가 그 뒤를 잇는다.

오크라는 아프리카 노예를 따라 미국에 건너갔다. 미국 남부, 특히 루이지애나에서는 셀러리, 피망, 양파에 육류 또는 해산물이 들어간 걸쭉한 갈색 스튜인 검보gumbo에 오크라를 넣는다.

SUB-SAHARAN AFRICA

255

플랜틴

코트디부아르
과일과 채소

TASTED ☐

흔히 '조리용 바나나'라고 불리는 플랜틴은 전분이 매우 많고 생과일로 먹는 바나나처럼 단맛이 나거나 질감이 부드럽지 않기 때문에 날것보다는 익혀서 먹는 편이다. 플랜틴은 아프리카는 물론 카리브해와 라틴아메리카 지역에서도 가장 흔한 식재료 중 하나다. 이 지역에서 플랜틴은 유럽이나 미국의 감자와 비교할 수 있을 정도로 중요하다. 감자처럼 플랜틴도 삶거나 튀기고 으깨서 먹을 수 있으며, 사이드 메뉴로 내는 경우가 많다.

플랜틴은 감자와 비슷한 가벼운 맛이 나지만 잘 익으면 바나나 향도 살짝 느껴진다. 아직 덜 익어서 초록색일 때는 대체로 삶아서 요리에 사용하고 익어서 노란색이 되면 작게 저며서 튀겨 먹는다.

플랜틴 튀김은 매우 인기 있는 사이드 메뉴 및 간식거리다. 전 세계에 걸쳐 여러 이름으로 불린다. 주식으로 먹는 코트디부아르에서는 알로코alloco, 중앙아메리카에서는 토스톤toston이나 파타콘patacon이라고 한다.

스피룰리나

차드
과일과 채소

TASTED ☐

녹색을 띠고 있어서(높은 엽록소 함량 때문이다) 해초라는 말을 많이 듣지만 스피룰리나는 사실 미세 박테리아로, 나선형 모양에서 그 이름을 따왔다.

스피룰리나는 뛰어난 영양(무게의 70퍼센트가 단백질과 비타민, 미네랄로 이루어져 있다) 덕분에 슈퍼 푸드이자 건강 보조제로 알려져 있지만 원래는 중세 이래로 차드 호수 기슭과 멕시코의 텍스코코 호수 등지에서 수확해온 식자재다.

차드에는 스피룰리나를 섭취하는 전통이 남아 있어 호수 기슭에서 야생 스피룰리나를 채집하곤 하는데, 천으로 물을 걸러서 걸쭉한 녹색 페이스트처럼 보이는 이 미세 박테리아를 모은다. 그런 다음 넓게 펼쳐서 햇볕에 말려 단단하고 잘 부서지는 조각 형태로 만들어 빻는다. 현재는 생산량 대부분을 수출하고 있지만, 아직도 스피룰리나와 기장 가루로 디헤dihe라는 팬케이크를 만들곤 한다.

STAR APPLE

스타 애플

나이지리아
과일과 채소
TASTED ☐

반으로 자르면 단면이 별처럼 보인다고 해서 별사과라는 이름이 붙었으며 아그발루모agbalumo(요루바어) 또는 우다라udara(이그보어)라고도 불린다. 크리소필룸Chrysophyllum이라는 학명이 붙은 나무의 열매로 일부 품종은 아프리카에서, 일부는 중앙아메리카와 카리브해에서 자란다. 현재는 아시아에서도 재배한다. 품종에 따라서 녹색이나 주황색, 보라색을 띠며 작은 사과 크기의 둥근 열매를 맺는다. 나이지리아에서 자라는 열매는 다 익으면 주황색을 띤다.

스타 애플의 수확기는 12월에서 4월 사이이며 매우 인기 있는 과일이다. 반으로 잘라서 숟가락으로 떠먹거나 쭉 짜서 과육을 꺼내기도 한다. 크림 같은 속살은 젤리 같은 질감이고, 먹을 수 없는 작고 검은 씨앗이 들어 있다. 스타 애플은 부드러운 단맛이 나기 때문에 베트남에서는 '모유'라는 뜻의 부스어vú sữa라고 부른다.

지아마 마센타 커피

기니
과일과 채소

TASTED ☐

지아마 마센타 커피는 아프리카에서 원산지 명칭 보호를 통해 보호받는 세 가지 식품 중 하나다. 라이베리아와 기니의 국경 지역에서 유래했으며 마센타 지방의 지아마산맥에서 재배한다.

세상의 온갖 스페셜티 커피 중에서도 지아마 마센타 커피가 특별한 것은 아마 아라비카가 아닌 로부스타로 만든 유일한 고급 커피이기 때문일 것이다. 커피나무의 종류는 두 가지로 나뉜다. 먼저 에티오피아가 원산지로 아랍 상인 사이에서 인기를 얻었으며 아주 섬세하고 균형 잡힌 풍미에 가벼운 쓴맛이 도는 아라비카가 있다. 그리고 중앙아프리카가 원산지로 풀바디에 쓴맛이 강하며 아라비카보다 카페인 함량이 두 배 많은 로부스타가 있다. 이러한 이유로 아라비카는 가격대가 높고 더 널리 퍼져 있으며(전 세계 생산량의 약 60퍼센트를 차지한다) 로부스타는 주로 아라비카와 섞어서 풍미를 강화하거나 인스턴트 커피를 만드는 데 쓰인다.

그러나 지아마 마센타 커피는 예외에 해당하며, 가격이 최고급 아라비카와 거의 비슷하거나 더 높다. 대부분의 로부스타 커피보다 풍미가 훨씬 가벼우며 달콤하고 톡 쏘는 맛이 난다. 커피 체리가 잘 익어서 붉어졌을 때 수확한 다음 햇볕에 3주일간 건조시킨다. 그런 다음 과육을 제거해서 작은 생두 두 개만 남긴 다음 로스팅 후 분쇄하여 커피를 만든다.

FONIO

포니오

포니오는 서아프리카의 식단에서 중요한 역할을 해온 전통 아프리카 곡물이다. 아마 이 지역에서 최초로 재배한 곡물이었을 것이다. 포니오는 특히 탄수화물(건조 후 중량의 84퍼센트) 함량이 높다. 주로 기니와 나이지리아 일부 지역에서 자급자족 형태로 재배한다.

삶거나 빻아서 가루를 내어 케이크나 빵을 만들 수 있다. 곡물의 크기는 약 1.5밀리미터로 작으며 퀴노아(581쪽 참조)와 아주 비슷하게 생겼다. 포니오에서는 쿠스쿠스와 퀴노아 사이의 아주 가벼운 맛에 헤이즐넛 향이 난다.

INJERA

인제라

인제라는 에티오피아에서 가장 중요한 빵이다. 에티오피아 식사는 와트wat라고 부르는 작은 채소와 고기 스튜 여러 개로 구성되는데, 인제라는 간단한 접시 겸 다양한 요리를 손을 떠먹을 수 있는 수저 역할을 한다.

인제라는 테프teff라는 곡물의 가루로 만든 스펀지 같은 질감의 얇고 납작한 플랫브레드다. 테프는 6000년 전부터 재배한 만큼 아프리카에서 가장 오래된 작물일 것으로 추측한다. 크기가 1밀리미터 미만인 아주 작은 씨앗에는 미네랄과 탄수화물이 매우 풍부해 수천 년간 동북부 아프리카의 주식이었다.

인제라를 만들려면 우선 테프 가루를 물과 함께 섞어서 발효시켜야 한다. 그리고 큼직하고 둥근 모양으로 굽는다. 에티오피아에서는 하루 종일 언제든 인제라를 먹는다. 아침 식사에 주로 내기는 하지만 거의 모든 식사에 나온다. 인제라는 맛있는 빵이기도 하지만 음식을 나누어 먹는 행위와 관련 있기 때문에 상징적인 의미가 있다. 에티오피아에서는 인제라에 다양한 재료를 채워서 롤 모양으로 만 다음 친척의 입에 넣어주는 관습이 있을 정도다.

남은 인제라로는 프트프트fit-fit라는 요리를 만든다. 플랫브레드를 잘게 부순 다음 정제 버터와 양파, 농축한 토마토, 마늘, 향신료와 함께 익혀서 만드는 짭짤한 아침 식사다.

수수

수단
빵과 곡물
TASTED ☐

수수는 옥수수, 쌀, 밀, 보리에 이어 세계에서 다섯 번째로 많이 재배되는 곡물이며 그중 유일하게 아프리카가 원산지인 곡물이기도 하다. 현재 전 세계적으로 재배되고 있으며 주로 동물 사료로 쓰이지만 아직도 인류의 식단에서 중요한 역할을 하고 있으며, 특히 아프리카의 건조한 지역에 거주하는 3억 명 이상의 인구가 주식으로 먹는다.

수수는 2~4밀리미터 크기의 작은 알갱이로 품종에 따라 흰색에서 빨간색까지 다양한 색을 띤다. 쌀처럼 삶을 수도 있고 튀겨서 팝콘처럼 탁탁 터지게 만들 수 있다. 아프리카에서는 주로 빻아서 가루를 낸 다음 물을 약간 섞어서 되직한 페이스트 상태로 조리해 채소와 생선, 육류 등에 사이드 메뉴로 곁들여 낸다. 인도에서는 수수 가루로 바크리bhakri라는 납작하고 둥근 빵을 만들고 중국에서는 전통주인 바이주(405쪽 참조)의 주재료로 쓴다.

UGALI
우갈리

우갈리는 아프리카에서 가장 보편적인 주식으로 유럽이나 미국의 빵, 아시아의 쌀에 비견할 수 있다. 아프리카 대륙의 거의 모든 민족이 섭취하며 은시마nsima, 푸푸fufu, 팹pap 등 다양한 이름으로 부른다. 옥수숫가루와 물만으로 만들 수 있어서 저렴하고 든든하기 때문에 특히 가난한 사람들의 주식이다.

우갈리의 맛과 질감은 폴렌타(69쪽 참조)와 매우 비슷하지만 폴렌타는 노란 옥수수로 만들고 우갈리는 하얀 옥수수로 만든다. 지역에 따라서 옥수수에 기장이나 카사바, 수수 등의 재료를 더하기도 한다. 되직한 페이스트로 만들기도 하고 죽처럼 조리한 것은 우지uji라고 부르며 주로 아침 식사로 먹는다.

아프리카에서는 손으로 식사를 하는 경우가 많기 때문에 우갈리는 음식뿐만 아니라 수저 역할도 한다. 스튜와 구운 고기에 곁들여서 내는데, 우갈리로 고기 조각을 집어 먹는다.

탄자니아
빵과 곡물

TASTED ☐

GRAIN OF PARADISE
파라다이스 열매

파라다이스 열매는 생강과에 속하는 식물의 씨앗이다. 약 2밀리미터 정도의 작은 갈색 피라미드 모양으로, 인도에서 건너오던 후추가 아직 희귀하고 값비싸던 중세 시대에는 유럽에서 가장 흔하게 구할 수 있는 향신료였다. 파라다이스 열매는 후추 대용품으로 사용했기 때문에 라이베리아와 시에라리온 해안은 '후추 해안'으로 불리기도 했으며, 당시에는 포르투갈에서 통제하던 매우 가치 높은 상품이었다. 포르투갈에서 스칸디나비아까지 거래되면서 인기 높은 아쿠아비트(233쪽 참조)의 재료로 쓰였다. 진을 만들 때도 풍미를 내는 용도로 파라다이스 열매를 넣었지

라이베리아
향신료와 양념

TASTED ☐

만 18세기 후반 영국 왕 조지 3세가 진에 파라다이스 열매 사용을 금지하면서 이 향신료의 가치가 떨어지기 시작했다.

지금은 유럽에서 거의 사용하지 않지만 서아프리카에서는 여전히 수프나 스튜에 널리 사용한다. 파라다이스 열매는 불타는 듯한 맛을 선사한다는 점에서 검은 후추와 비슷하지만 맛은 매우 다르다. 감귤류 풍미가 나서 카다멈에 더 가깝다.

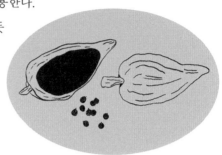

셀림 열매　　　　　　GRAIN OF SELIM

세네갈
향신료와 양념

TASTED ☐

셀림 열매는 검은 후추처럼 아프리카 요리에 향신료로 사용하는 아프리카산 관목의 씨앗이다. 이 관목에서 나는 꼬투리 안에는 작은 검은색 낱알이 들어 있는데, 말려서 향신료로 쓴다. 통째로 쓰거나 으깨거나 갈아서 스튜에 넣는다. 사용하기 전에 가볍게 볶기도 한다. 검은 후추와 육두구를 섞은 듯한 맛이 난다.

셀림 열매는 세네갈에서 많이 사용하는 향신료로 여기서는 투바 커피touba coffee라는 스페셜티 커피의 풍미를 내는 데에 쓴다. 투바 커피는 수피교도가 신성한 도시 투바에서 고안한 커피로, 가향 커피콩에 셀림 열매를 섞어서 만든다. 투바 커피의 인기는 이제 수피교를 넘어서 널리 퍼져 나가고 있다.

PENJA PEPPER
펜자 후추

후추는 인도가 원산지이며 1930년대가 되어서야 카메룬에서 재배되기 시작했다. 당시 한 프랑스 바나나 재배업자가 두알라에서 북쪽으로 100킬로미터가량 떨어진 펜자에 자리한 소유지에 검은 후추piper nigrum 묘목 몇 그루를 심었다. 독특한 화산토 덕분에 매우 향기로운 후추가 생산되었고, 1960년대부터 수출되면서 셰프들 사이에서 인기가 늘어났다. 펜자 후추는 전 세계 셰프들이 선호하는 후추 중 하나이며 2013년 이후 원산지 명칭 보호를 받고 있다.

펜자 후추는 굉장히 향기로우며 다른 후추처럼 타는 듯한 느낌을 주지 않는다. 민트와 감귤류의 신선한 향이 난다. 펜자 후추는 완전히 숙성해서 빨간색이 되었을 때 수확한다. 세척해서 물에 담근 채 발효시킨 다음 빨간 껍질을 벗기고 건조시켜서 작은 흰색 알갱이 상태로 판매한다. 다른 후추처럼 먹기 직전에 갈아서 뿌려야 향을 그대로 느낄 수 있다.

카메룬
향신료와 양념

TASTED ☐

PILI-PILI PEPPER
필리 필리 고추

모든 고추의 원산지는 아메리카 대륙이지만 세계 곳곳으로 퍼지면서 아프리카의 필리 필리 고추 같은 새로운 품종이 탄생했다. 카옌페퍼, 타바스코 고추와 사촌 격인 필리 필리 고추는 아주 작지만(약 3센티미터) 매운맛이 강력하다.

필리 필리 고추는 중앙아프리카의 많은 나라에서 소금, 후추와 함께 식탁에 올리는 기본 향신료로, 날것은 물론 건조하거나 빻는 등 다양한 형태로 사용한다. 채소, 육류, 해산물에 이르기까지 다양한 요리에 맛을 내는 데 사용한다. 필리 필리 고추는 오

콩고
향신료와 양념

TASTED ☐

일, 레몬즙과 함께 으깨서 페이스트를 만들기도 하고 오일에 푹 담거서 양념으로 판매하기도 한다.

레드 팜유 RED PALM OIL

앙골라
향신료와 양념

TASTED ☐

서아프리카의 전통 오일인 팜유는 코트디부아르, 카메룬, 나이지리아, 앙골라, 콩고에서 주로 생산한다. 오늘날 팜유는 정제 및 경화 과정을 거치면서 무색 무미로 변했으며 가장 저렴해서 식품 산업에 광범위하게 쓰이는 기름이 되었다. 팜유 산업이 초래한 인도네시아와 말레이시아의 대규모 삼림 벌채, 그로 인한 야생 생태계의 변화도 심각한 문제다.

하지만 전통적인 팜유는 이와 전혀 다르다. 팜유는 5000년 이상 조리용은 물론 치료제로 사용된 매우 건강한 식품으로 비타민과 항산화 물질이 풍부하며 버터보다 포화지방이 적다. 기름야자나무 열매에서 바로 짜냈을 때는 카로틴이 함유되어 있어 붉은빛이 돌며 매우 향기롭다. 차갑게 해서 양념으로, 뜨겁게 해서 조리용으로 사용할 수 있다. 발연점이 240도로 매우 높아서 튀김, 볶음 등 고온 조리에도 적합하다. 진짜 아프리카 팜유의 맛을 느끼는 제일 좋은 방법은 양파, 주키니, 오크라, 마늘, 피망과 함께 팜유를 주재료로 사용하는 진하고 기름진 앙골라식 스튜 요리인 모암바moamba를 먹어보는 것이다.

숨발라

부르키나파소
향신료와 양념

TASTED ☐

현지에서는 다와다와dawadawa라고 불리며 '아프리카 머스터드'라는 별명이 있는 숨발라는 서아프리카 전역에서 흔히 볼 수 있는 조미료다. 아프리카 로커스트콩locust bean의 씨를 모아서 작은 공 모양으로 만든다.

국물과 수프, 스튜에 맛을 내는 용도로 사용하며, 제조 과정이 길고 복잡하다. 부르키나파소 여성들은 4~5월에 로커스트콩 열매가 무르익으면 씨를 과육에서 분리한다(가루가 묻어나는 노란색 과육 자체도 귀한 대접을 받으며 물에 풀어서 청량음료를 만든다). 씨앗은 햇볕에 말린 다음 물에 삶아서 부드럽게 만들어 단단한 껍질을 깨뜨리고 안에 들어 있는 작은 알맹이만 남긴다. 이 알맹이를 물에 담가서 수일간 발효시키면 블루치즈와 비슷하게 톡 쏘는 독특한 냄새가 나는 숨발라가 된다. 이 페이스트를 모아서 작은 공 모양으로 빚은 다음 건조해서 판매한다. 대두를 발효시켜 만드는 미소(440쪽 참조)와 비슷하게 강렬하고 짜릿한 맛이 난다.

YET

예트

세네갈
향신료와 양념

TASTED ☐

예트는 알가르브 벨루테Algarve volute라고 불리는 큰 바다달팽이로 만드는 세네갈의 조미료다. 쌀과 생선, 채소가 들어가는 푸짐한 세네갈의 국민 요리인 티에부디엔thieboudienne을 포함해 세네갈 요리에 맛을 내는 데 사용한다. 티에부디엔에는 예트 외에 말린 생선을 갈아서 만든 양념인 게즈guedj도 들어간다.

예트를 만들려면 우선 바다달팽이를 잡아서 껍데기를 부숴 살점만 남긴다. 지하에서 며칠간 발효시킨 다음 꼼꼼히 씻어서 저며 햇볕에 말린다. 그러면 냄새가 아주 강하고 톡 쏘는 맛이 나는 예트가 완성된다. 현지에서는 '바다의 카망베르'라는 별명으로 부르기도 한다.

얼룩새우   GIANT TIGER PRAWN

모잠비크
해산물
───
TASTED ☐

얼룩새우는 세계에서 가장 큰 새우다. 길이 30센티미터, 무게 300그램 이상까지 자란다. 몸통에 호랑이처럼 보이는 짙은 색 줄무늬가 있어서 영어로는 자이언트 타이거 새우라고 불린다.

워낙 크고 성장이 빠르기 때문에 전 세계적으로 대규모로 양식하고 있으며 연간 생산량이 100만 톤에 육박한다. 원산지는 아시아지만 지금은 지속 가능한 유기농 어업을 도입한 모잠비크의 특산물이 되었다. 모잠비크 해협 근처에서 대형 그물을 이용하여 1제곱미터당 약 2마리의 개체 수를 유지하며 자연적으로 플랑크톤을 먹고 자라도록 새우를 양식하고 있다. 산업형 양식을 하는 곳 중에서는 새우 개체 수의 밀도가 20배 가까이 높은 곳도 있다. 얼룩새우는 살점이 탄탄하고 랍스터에 가까운 달콤한 해산물 맛이 나는 것이 특징이다. 껍데기를 제거하고 버터나 오일과 함께 팬에서 수 분간 볶는 것이 가장 맛있다.

Kapenta

카펜타

르완다, 잠비아,
짐바브웨
해산물

TASTED ☐

카펜타는 탄자니아, 잠비아, 콩고, 부룬디 사이에 있는 탕가니카 호수에 서식하는 작은 민물 생선이다. '탕가니카 정어리'라고 불리기도 하지만 정어리와는 관련이 없다. 탕가니카 호수를 공유하는 모든 국가에서 상업적으로 매우 중요한 생선이다.

길이는 약 10센티미터이며 보통 건어물로 유통된다. 한 켜로 펼쳐서 햇볕에 1~2일간 건조시킨 후 판매한다. 햇볕에 말릴 수 없는 장마철이 되면 소금이나 식초에 재워서 보존하기도 한다. 탕가니카 호수 주변에 사는 사람들에게 매우 중요한 단백질 공급원이며, 다른 호수에 풀어서 어부들의 추가 수입원으로 활용하기도 한다. 키부 호수에 들여오면서 삼바자sambaza라 불리는 르완다의 주식이 되었다. 르완다에서는 보통 신선할 때 매콤한 토마토소스에 익히거나 튀겨서 통째로 먹는다.

SNOEK

검정통삼치

남아프리카공화국
해산물

TASTED ☐

검정통삼치는 남반구 대부분에서 찾아볼 수 있는 길쭉하게 생긴 생선이다. 남아프리카공화국과 나미비아에서 어획되지만 남아메리카(칠레, 아르헨티나)와 호주에서도 발견되며, 이들 지역에서는 바라쿠타barracouta(꼬치고기)라고 불린다(꼬치고기와는 관련이 없다). 네덜란드 식민지 개척자들이 남아프리카공화국에서 처음 검정통삼치를 목격하고 마치 강꼬치고기처럼 생겼다고 생각해서 '바다강꼬치고기'라는 뜻의 네덜란드어 지스누크zeesnoek에서 유래한 스누크snoek라는 이름을 붙였다.

강꼬치고기와 검정통삼치는 겉보기에는 비슷하지만 맛이 매우 다르다. 검정통삼치는 맛이 고등어에 더 가깝고 살점이 탄탄한 편이다. 뼈가 많지만 상당히 큰 편이라 조리 후에 쉽게 제거할 수 있다. 길이는 약 50센티미터, 무게는 평균 3~5킬로그램 정도다.

신선할 때 바비큐로 구워서 살구잼으로 만든 소스를 곁들여 먹기도 하지만 대부분 훈제하거나 통조림으로 가공한다. 영국에서는 검정통삼치의 평판이 낮은 편인데 이는 제2차 세계대전 당시의 빈곤했던 시기와 관련이 있다. 1942년 영국은 생선 공급 부족에 대처하기 위해 검정통삼치 통조림 1100만 개를 수입했다. 하지만 영국 소비자의 입맛에 맞지 않아서 전쟁 기간 내내 저렴한 가격에 팔아넘길 수밖에 없었다. 반면 남아프리카 사람들은 검정통삼치를 매우 좋아해서 남아프리카공화국의 전통 바비큐인 브라이braai에 절대 빠지지 않는 메뉴 중 하나다.

틸라피아

TILAPIA

말라위
해산물
TASTED ☐

바다에 접근할 길이 없는 인구 1900만 명의 작은 내륙 국가 말라위는 식량 자원을 대부분 니아사 호수라고도 불리는 말라위 호수에서 얻는다. 생선이 가득해서 국가 전체 단백질 자원의 60퍼센트를 제공하는 것으로 추산되는 호수다.

그중 가장 많이 먹는 생선은 틸라피아라는 이름으로 팔리는 수많은 종 중 하나인 참보chambo다. 틸라피아는 실제로 아프리카 대호수들이 원산지인 시클리드cichlid과에 속하는 여러 종의 민물 생선을 칭한다.

틸라피아는 제2차 세계대전 당시 남아프리카에서 양식하기 시작하여 전 세계적인 단백질 공급원이 되었다. 양식이 수월하고 성장이 빨라서 양식용으로 매우 인기 있는 물고기가 되었으며, 현재 잉어와 연어에 이어 세계에서 세 번째로 많이 양식하는 생선이다.

틸라피아는 뼈가 거의 없는 생선으로 맛이 아주 가볍다. 말라위에서는 전형적인 현지의 혼합 향신료(고추, 커민, 고수, 터메릭, 시나몬, 후추, 정향)로 만든 걸쭉한 소스에 조리해서 폴렌타와 비슷한 옥수수 기반의 하얀 페이스트인 은시마(261쪽 우갈리 참조)를 곁들여 낸다.

틸라피아는 살점이 탄탄하고 비린내가 심하지 않아 미국에서도 인기가 매우 좋다. 레스토랑과 슈퍼마켓에서 흔하게 찾아볼 수 있으며 보통 냉동 제품으로 판매한다.

BILTONG

빌통

남아프리카공화국
육류
TASTED ☐

빌통보다 남아프리카공화국을 대표한다고 할 수 있는 음식은 몇 없을 것이다. 빌통이라는 이름은 네덜란드어로 '엉덩이(빌통을 만드는 데에 사용하는 고기 부위)'라는 뜻의 빌bil과 '조각'이라는 뜻의 통tong이 합쳐진 것이다. 실제로 작게 손질한 고기를 식초와 향신료, 소금에 절여서 만든다. 그런 다음 고수와 설탕으로 맛을 낸 후추소스를 입혀서 수제로 만들 경우에는 햇볕에, 시판 제품은 오븐에서 건조한다.

원래 아프리카너남아프리카공화국의 네덜란드계 백인-옮긴이 정착민이 고기를 수개월간 보존하기 위해서 사용하던 방식으로, 빌통은 특히 전국을 돌아다니며 긴 여행을 하는 동안 식량으로 활용했다. 일단 건조하면 고기의 무게가 절반으로 줄어들면서 단백질이 풍부한 담백한 간식이 된다. 빌통은 얇게 썰어서 머을 수 있으며 특히 와인에 곁들이는 애피타이저로 인기가 높다. 원래는 소고기를 사용했지만 쿠두kudu와 스프링복springbok(둘 다 영양 품종), 타조 등 현지에서 구할 수 있는 고기로 만들 수도 있다.

낙타 CAMEL

모리타니
육류
TASTED ☐

낙타는 전 세계 가축의 0.4퍼센트에 불과할 뿐이지만 사막 지역에서는 우유와 육류의 공급원이자 사람과 물자의 운송 수단으로 중요한 역할을 한다. 단봉낙타와 쌍봉낙타 두 품종 모두 고기로 이용할 수 있으며 맛도 비슷한 편이다. 아라비아반도에서 기원한 단봉낙타는 혹이 하나뿐이며 털이 짧다. 쌍봉낙타는 더 추운 중앙아시아에서 기원했으며 혹이 두 개고 추위를 견디기 위해 털이 더 두텁다. 낙타 고기의 가장 큰 소비국은 단봉낙타의 경우 모리타니와 수단, 쌍봉낙타의 경우 몽골이다.

낙타 고기는 도축 시기에 따라 맛이 다르다. 어린 낙타 고기는 부드럽고 양고기나 소고기와 비슷한 맛이 나지만 나이 든 낙타 고기는 더 질기고 야생동물과 비슷한 맛이 나서 오랫동안 조리해야 한다.

낙타는 간단하게 굽거나 스튜를 만들어서 먹기도 하지만 햇볕에 건조시켜서 소고기 육포와 비슷한 작은 고기 조각인 티크타르tichtar를 만들기도 한다. 낙타에서 가장 귀한 부위는 지방이 풍부한 혹이다. 모리타니에서는 낙타 혹을 작게 깍둑 썰어서 얇게 저민 낙타 간과 함께 낸다. 낙타젖에 물과 설탕을 섞어 만드는 즈리그zrig라는 음료도 인기가 있다.

소 피

가축의 피를 요리에 사용하는 국가는 많지만 대부분 소시지(스페인과 프랑스의 선지 소시지나 영국의 블랙 푸딩), 팬케이크(스칸디나비아의 블러드플래타르blodplättar), 소스 등으로 '익혀서' 먹는 편이다. 이슬람교와 유대교 문화권 등에서는 피를 먹는 것을 금기시한다. 사실 생피 식음 금기는 거의 모든 문화권에서 보편적인 현상이며, 주기적으로 생피를 마시는 집단은 오직 둘뿐이다. 갓 사냥한 물개의 피를 마시는 캐나다의 이누이트족, 그리고 소를 죽이지 않고 신선한 피를 마시는 케냐의 마사이족이다.

마사이족은 인구 약 100만 명의 유목 민족으로, 케냐(인구의 80퍼센트)와 탄자니아(20퍼센트) 사이에 걸쳐서 공동체를 형성하고 있다. 마사이족의 삶은 전적으로 가축 무리를 중심으로 이루어지며, 일반적으로 직접 기르는 가축 외의 동물단백질은 섭취하지 않는다. 마사이족에게 가축은 신이 맡긴 것으로, 마사이족은 스스로를 가축의 수호자로 여긴다. 따라서 마사이족은 가축을 각별하게 돌보며, 소유한 가축의 개체 수에 따라서 사회적 계층도 결정된다.

마사이족은 총칼로리 섭취량은 3분의 1에서 절반 정도를 유제품에서 얻는다. 고기도 먹기는 하지만 마사이족에게 소는 귀한 존재라서 되도록 살려두는 것을 선호하기 때문에 특별한 때에만 요리하는 편이다. 그래서 피의 일부만 채취하는 방식으로 소를 죽이지 않으면서 단백질을 섭취하는 독특한 기술을 개발해냈다. 화살촉으로 소의 경정맥을 작게 절개하는 것이다. 여기서 흘러나온 따뜻한 피는 일반적으로 채취하자마자 신선한 소젖에 섞어서 바로 마신다. 그런 다음 절개 부위를 봉합한다. 소가 부작용으로 고통을 겪는 것 같지는 않으며 매달 같은 방식을 반복해 피를 얻어낸다.

귀뚜라미

우간다
육류

TASTED ☐

귀뚜라미는 많은 국가의 전통적인 식량원이다. 서쪽으로는 가나, 동쪽으로는 케냐에 이르기까지 중앙아프리카 전역에서 인기 있는 진미지만 동남아시아와 중앙아메리카 일부 지역에서도 먹곤 한다. 우간다에서 먹는 귀뚜라미 품종은 학명은 루스폴리아 디페렌스Ruspolia differens, 현지에서는 은세네네nsenene라고 불리는 여치의 일종이다. 날개와 다리만 제거하고 튀겨 먹는다. 보통 양파와 향신료를 곁들여 먹으며 닭 껍질과 비슷한 바삭바삭하고 기름진 질감을 느낄 수 있다. 단백질이 풍부해서 한 끼 식사로도 충분하다. 간식으로도 인기가 높다. 귀뚜라미는 전통적으로 여성이 가족에게 먹이기 위해서 채집하곤 했지만 이제는 중요한 상품이 되었기 때문에 사냥꾼이라면 한밤중에 가벼운 귀뚜라미용 함정을 설치하는 게 보통이다.

모파인 벌레

짐바브웨
육류

TASTED ☐

벌레를 먹는다고 하면 기겁하는 사람이 많지만, 벌레는 저렴하면서 영양가가 풍부하기 때문에 수백만 명의 아프리카 사람들에게는 매우 일반적인 단백질 공급원이다. 벌레는 소고기보다 단백질이 세 배나 많을뿐더러 가격도 훨씬 저렴하다.

모파인 벌레는 실제로는 벌레가 아니라 애벌레다. 나비로 변하기 직전, 길이 약 10센티미터에 너비 1센티미터 크기일 때 채집한다. 모파인 벌레 채집은 보통 여성들의 일이다. 나무에서 벌레를 채집해서 쓴맛 나는 녹색 내장을 쭉 짜내고 말려서 삶거나 튀기거나 구워 먹는다.

모파인 벌레는 간식으로 먹기도 하지만(땅콩과 비슷하다) 요리 재료로 많이 쓴다. 자체의 풍미가 별로 강하지 않으며 달걀흰자와 비슷한 맛이 나지만 요리에 아삭아삭한 질감과 풍부한 단백질을 더하기 때문에 많은 아프리카 국가에서 인기가 높다.

suya

수야는 아마 나이지리아에서 가장 인기 있는 길거리 음식일 것이다. 이 작은 꼬치 요리를 판매하는 노점상은 전국 어디에서나 쉽게 찾아볼 수 있다. 소고기, 양고기mutton, 닭고기, 내장 등으로 만들 수 있으며 야지yaji라는 혼합 향신료로 양념한다. 야지는 볶아서 빻은 땅콩에 생강, 카엔페퍼, 셀림 열매(262쪽 참조)를 섞어서 만든다. 고기를 꼬챙이에 끼운 다음 오일을 바르고 야지에 굴려서 그릴에 굽는다. 구운 수야는 그대로 먹어도 좋고 토마토와 생양파, 쌀, 플랜틴(256쪽 참조) 등을 곁들이기도 한다.

수야

나이지리아
길거리 음식
TASTED ☐

BOKO-BOKO

동아프리카의 전통 음식인 보코보코는 아프리카 해안의 주요 무역 상인이었던 아랍인 덕분에 아프리카 지역에 스며든 아랍 요리의 영향을 대표하는 음식이다. 곡물과 육류로 만드는 아랍식 포리지의 일종으로, 아프리카 요리로 자리 잡은 하리스harees에서 유래했다. 부룬디에서는 보코보코 하리스boko-boko harees라고 부르기도 한다.

보코보코

부룬디
전통 음식
TASTED ☐

재료 • 불거 밀 1/2컵(100g), 닭 가슴살 2개, 닭 내장 100g, 오일 6큰술, 양파 2개, 기장 1/2컵(100g), 버터 2큰술(20g), 터메릭 3큰술, 설탕 2큰술, 소금

- 불거는 물에 3시간 불렸다가 건져서 물기를 제거한다. 닭 가슴살은 깍둑 썰고 닭 내장은 곱게 다진다. 팬에 오일 2큰술을 둘러서 달군 다음 곱게 다진 양파 1개와 닭 가슴살을 넣는다. 수 분간 익힌 다음 기장을 넣고 물 약 4컵(1l)을 붓는다. 약 40분간 뭉근하게 익힌 다음 불거를 넣어서 수분을 완전히 흡수할 때까지 수 분간 익힌다. 불에서 내린 다음 버터를 넣어서 잘 섞는다.
- 냄비에 다진 닭 내장과 터메릭, 설탕, 물 1큰술(15ml)을 넣는다. 소금으로 간을 한 다음 약 15분간 졸인다. 다른 팬에 남은 오일 4큰술을 넣고 남은 양파 1개를 송송 썰어서 넣어 볶는다. 큰 그릇에 닭 포리지를 담고 볶은 양파를 얹은 다음 터메릭 소스를 곁들여 낸다.

카추파   CACHUPA

카보베르데
전통 음식

TASTED ☐

카보베르데의 전통 음식인 카추파는 옥수수와 콩으로 만든 일종의 스튜다. 카사바나 고구마, 양배추 등의 채소를 곁들이면 '가난한 자의 카추파'라는 뜻인 카추파 포브레cachupa pobre라고 부르며 생선이나 육류에 곁들이면 '부유한 자의 카추파'라는 뜻의 카추파 리카cachupa rica라고 부른다.

군도를 이루는 섬 10곳마다 조리법은 각각 다르지만 푸짐한 요리라는 점은 변함이 없으며 대량으로 조리해서 가족들이 모여 함께 나누어 먹는다. 남은 카추파는 보통 다음 날 아침 식사

때 기름에 튀겨서 달걀과 소시지, 생선구이 등을 곁들여 카추파 프리타cachupa frita로 낸다.

카보베르데 요리는 카추파처럼 아프리카와 미국, 포르투갈의 영향이 뒤섞인 형태다. 이 군도는 아프리카 해안과 가까우며(약 570킬로미터 떨어져 있다) 1462년에 포르투갈의 식민지가 되면서 유럽과 미국 간의 무역 기지로 이용되었다.

Ga'at

**에리트레아,
에티오피아**
전통 음식

TASTED ☐

겐포genfo라고도 불리는 가트는 에리트레아와 에티오피아의 전통 음식이다. 작은 화산 모양으로 담아서 내는 일종의 포리지로 옴폭 파인 화구 안에 매콤한 정제 버터를 붓는다. 보통 보릿가루로 만들지만 밀이나 옥수수로 만들기도 하며 엔세테(254쪽 참조)라는 바나나 나무와 아주 비슷하게 생긴 식물에서 채취한 전분을 쓰기도 한다. 가루 재료를 구운 다음 물과 함께 익혀서 나무 주걱으로 쉬지 않고 휘저어 반죽 같은 질감이 되도록 한다. 그런 다음 화산 모양으로 빚어 정제 버터와 함께 낸다.

니테르 키베niter kibbeh라고 불리는 매콤한 정제 버터에는 에티오피아와 에리트레아에서 널리 사용하는 베르베레berbere(붉은 고추와 마늘, 생강, 커민, 펜넬, 고수, 터메릭, 카다멈, 시나몬, 육두구)라는 혼합 향신료를 넣는다. 여기에 아프리카의 뿔에서만 자라는 코세레트koseret라는 전통 향신료를 섞기도 한다. 코세레트는 살짝 장뇌 향이 느껴지면서 바질과 비슷한 맛이 나서 '에티오피아의 신성한 바질'이라고 부르기도 한다.

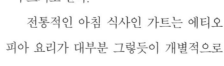

전통적인 아침 식사인 가트는 에티오피아 요리가 대부분 그렇듯이 개별적으로

담아내지 않고 식탁에 둘러앉은 모두가 함께 나누어 먹는다. 신선한 요구르트를 곁들여서 매운맛과 균형을 맞춘다.

킷포

에티오피아
전통 음식

TASTED ☐

킷포는 프랑스의 스테이크 타르타르(39쪽 참조)와 비슷한 에티오피아 음식이다. 다진 소고기를 정제 버터와 미트미타mitmita라는 혼합 향신료에 절인 것으로 미트미타는 베르베레보다 매콤한 주황색 향신료로 필리 필리 고추(263쪽 참조)와 카다멈, 정향, 소금으로 만든다.

에티오피아 남부 구라게족의 전통 음식으로 흔히 엔세테(254쪽 참조)로 만든 빵인 코초와 함께 먹으며 다른 나라에서는 보통 인제라(259쪽 참조)를 곁들인다. 아이베ayibe(그리스의 페타와 비슷한 치즈)나 고멘gomen(케일과 비슷하며 매우 인기가 많은 양배춧잎으로 만든다)이라는 채소 스튜를 곁들이기도 한다. 에티오피아 메스켈meskel 축제에 등장하는 전통 음식이기도 하다. 메스켈은 에티오피아 정교회의 매우 중요한 축제로, 로마 황후였던 헬레나 성인이 4세기에 예수의 십자가를 발견할 것을 기념하는 축제다. 이 시기가 되면 소를 대량으로 도축한 다음 즉석에서 고기를 썰어 킷포를 만든다.

세스와

보츠와나
전통 음식

TASTED ☐

초틀로chotlho라고도 불리는 세스와는 커다란 냄비에 소금물을 담고 고기만 넣어서 오랫동안 익히는 보츠와나의 전통 음식이다. 소고기나 염소 고기로 만들며 결혼식이나 장례식 등이 있을 때 마을 전체가 나누어 먹는 축제 음식이다. 보츠와나의 독립기념일인 9월 30일에 먹는 음식이기도 하다.

고기가 갈기갈기 찢어질 때까지 나무 주걱으로 거칠게 두들겨야 하기 때문에 츠와나어로 '부수다'는 뜻인 세스와라는 이름이 붙었다. 먹기 전에 뼈를 제거해서 절대로 찢은 고기만 내며, 보통 팝pap(261쪽 우갈리 참조)이나 삶은 수수, 녹색 채소 등을 곁들여 먹는다.

amasi · 아마시

남아프리카공화국
유제품
TASTED ☐

아마시는 아프리카 전역에서 아주 흔하게 먹는 유제품이다. 남아프리카의 우유를 발효시켜 보존하는 방법에서 유래했다. 신선한 우유를 호리병박으로 만든 용기에 담아서 발효시킨다. 그러면 박테리아의 작용으로 투명한 액체와 걸쭉한 커드인 아마시로 분리된다.

아마시는 건강식품으로 명성이 높으며 아이들에게 아침 식사로 주는 음식이다. 진흙 그릇에 담아 나무 숟가락으로 떠먹거나 팝(261쪽 우갈리 참조)을 얹어서 조금 더 푸짐하게 먹기도 한다. 새콤한 요구르트와 비슷한 맛이 나며 설탕과 꿀을 첨가하기도 한다.

wagasi · 와가시

토고
유제품
TASTED ☐

아프리카 외의 지역에는 아프리카 치즈가 상대적으로 많이 알려져 있지 않은 편이나, 아프리카는 목축 역사가 길어서 유제품 또한 다양하게 발달했다. 약 4000만 명의 인구가 12개국에 흩어져 있는 풀라니족은 소의 한 종인 제부 목축을 전문으로 하면서 수 세기에 걸쳐 치즈를 제조해왔다.

치즈를 만들 때 일반적으로 우유에 레닛을 섞어서 응고시키지만 와가시를 만들 때는 셀림 열매(262쪽 참조)의 관목 잎을 이용해 우유를 응고시킨다. 우유가 응고되면 동그랗게 빚어서 끓는 물에 15분간 삶는데, 모차렐라와 비슷한 질감이 난다.

코카다 아마렐라 COCaDa amaReLa

앙골라
디저트

TASTED ☐

코카다 아마렐라는 앙골라의 국민 디저트이며, 그런 칭호를 받을 만한 자격이 있는 음식이다. 달걀, 설탕, 코코넛으로 만드는 아주 진한 푸딩이다. 앙골라는 오랫동안 포르투갈의 식민지였던 만큼 포르투갈의 영향을 받아 날달걀노른자가 들어가는 디저트가 발달했다.

코카다 아마렐라 8인분

재료 · 물 2와 1/2컵(600ml), 설탕 1과 1/2컵(300g), 정향 2개, 코코넛 슬라이스 500g, 달걀노른자 7개, 시나몬 가루 1큰술

- 냄비에 물과 설탕, 정향을 넣고 한소끔 끓인다. 끓기 시작하면 정향을 제거하고 코코넛을 넣는다. 중간 불에 10분간 익힌다.
- 미지근해지면 달걀노른자를 넣고(생달걀을 넣어야 하므로 코코넛 혼합물이 뜨거우면 안 된다) 골고루 휘저어서 되직한 푸딩을 완성한다. 볼에 담고 시나몬을 뿌려서 따뜻하게 또는 차갑게 낸다.

BANANA BEER

바나나 맥주

현지에서는 우르와과urwagwa 또는 바나나 와인이라고 불리는
바나나 맥주는 바나나를 발효시켜 만드는 알코올음료다. 인기
있고 저렴한 술로 부룬디와 르완다에서는 보통 현지에서 소비하
는 용도로 생산하나 병에 담아 판매하는 시판 제품도 존재한다.

바나나잎을 깐 구덩이에 익힌 플랜틴(256쪽 참조)을 넣고 땅속
에서 2~3일간 익힌 다음 파내서 껍질을 벗기고 물을 약간 섞어
서 으깨 페이스트로 만든 후 압착해 주스만 뽑아낸다.

플랜틴 한 다발로 약 5리터의 주스를 만들 수 있으며, 수수를
더해서 천연 효모를 가미한 다음 수일간 발효시킨다. 모든 과정
이 끝나면 유백색을 띠는 노란색 액체가 완성된다. 은은한 바나
나 향이 감돌며 신맛이 난다. 알코올 도수는 보통 16~30프루프
(8~15도)로 오랫동안 보관할 수 없기 때문에 빨리 마셔야 한다.

전통적으로 호리병 잔에 담아서 돌려가며 마신다. 바나나 맥
주는 르완다와 부룬디 마을에서 오랫동안 중요한 역할을 했으
며 아직도 신혼부부에게 선물하는 품목이다.

르완다
음료

TASTED ☐

BAOBAB JUICE

바오밥 주스

바오밥은 몸에 좋은 성분이 많아 전 세계적으로 인기를 얻고 있
다. 항산화 물질이 매우 풍부한 식품인 것은 물론 우유보다 2배
많은 칼슘, 바나나보다 4배 많은 칼륨, 오렌지보다 6배 많은 비
타민 C를 함유하고 있다. 이런 이유로 전통적으로 노인, 임산부,
유아가 먹는 음식이었다.

현지에서는 '원숭이 빵'이라고도 불리는 바오밥 나무의 열매
는 길쭉한 코코넛처럼 생겼다. 달콤하고 톡 쏘는 맛이 나는 흰색

세네갈
음료

TASTED ☐

과육 속에 씨가 많이 들어 있다. 이 흰색 펄프를 건조한 다음 빻아서 가루를 낸다. 바오밥 가루는 물에 섞어서 음료로 마시기도 하고 죽, 아이스크림, 과자를 만들어 먹기도 한다. 가루로 만든 음료는 세네갈 부예sénégal bouyé라고 한다. 원래는 전통적인 치료제였으나 서양에서는 바오밥 주스로 불리며 슈퍼푸드 중 하나로 유명해지고 있다.

에티오피아 커피

에티오피아
음료

TASTED ☐

커피는 한때 에티오피아의 일부 유목 부족(285쪽 커피의 역사 참조)만 마셨지만 오늘날에는 세계에서 가장 많이 마시는 음료가 되었다. 전 세계에서 매일 20억 잔 이상의 커피를 마신다.

에티오피아에서 커피는 매우 중요한 음료로, 정교한 의식에 따라 마신다. 먼저 생두를 깨끗하게 씻어서 뜨거운 팬에 넣고 약 10분간 볶는다. 볶은 원두를 손님에게 먼저 보여준 다음 분쇄기로 간다. 갈은 커피를 물에 섞어서 제베나jebena라는 테라코타 항아리에 넣어 약 10분간 끓인다. 분말이 바닥에 가라앉을 때까지 식힌 다음 아주 작은 컵에 따라서 낸다. 그냥 마실 수도 있고 소량의 설탕, 꿀, 소금 또는 버터를 섞어서 마시기도 한다. 사용한 커피 가루를 버리기 전에 제베나에 물을 두세 번 더 채워서 우려내기도 한다.

에티오피아 커피는 가볍게 볶기 때문에 색과 풍미가 옅고 부드러운 편이며 코코아와 시나몬 향이 느껴진다. 에티오피아에서는 커피를 마시는 것이 사회적 활동이기 때문에 절대 혼자 마시지 않고 가족이나 친구와 함께 마신다.

HIBISCUS

히비스커스

기니
음료
TASTED ☐

로젤roselle이라는 히비스커스 품종의 꽃잎을 우려서 히비스커스차를 만든다. 카리브해에서는 플로르 드 자메이카flor de Jamaica라고 부르며, 미국에서는 간단하게 자메이카Jamaica라고 알려져 있다.

히비스커스는 서아프리카가 원산지로 이뇨제 및 활력 보충, 항산화, 혈압 강하를 위한 전통 약재로 활용해왔다. 서인도제도에서도 널리 사용하며 크리스마스가 되면 주스와 시럽, 잼 등으로 먹는다.

히비스커스차는 큼직한 컵 모양의 붉은색 꽃을 건조한 것으로, 말린 꽃을 물에 넣고 짙은 붉은색을 띨 때까지 끓여서 만든다. 진하게 우려낸 다음 희석해 마시는데, 뜨겁게도 차갑게도 마실 수 있으며 설탕이나 주스 등을 섞어서 마시기도 한다. 크랜베리 주스를 연상시키는 과일향과 쓴맛이 특징이다.

PALM WINE

야자주

카메룬
음료
TASTED ☐

야자수 수액으로 만드는 야자주는 수천 년간 아프리카는 물론 아시아와 남아메리카 일부 지역에서도 제조하던 전통주다. 야자수 기둥을 잘라서 얻어낸 수액은 채취 즉시 자연적으로 발효되기 때문에 아주 간단하게 야자주를 만들 수 있다. 열대 기후에서는 매우 빠르게 도수가 높아지기 때문에 1일 후에는 8프루프(4도), 2일 후에는 16프루프(8도), 3일 후에는 24프루프(12도)가

된다. 보통 2~3일째에 마신다. 그 후에는 식초 또는 리큐어가 된다. 야자주는 일반적으로 살짝 탁하며 가벼운 탄산이 느껴지고 새콤달콤한 맛이다.

피노타지 와인   PINOTAGE WINE

남아프리카공화국
음료
TASTED ☐

남아프리카공화국에서는 오래전부터 포도나무를 길러왔지만, 진정한 포도주 양조의 역사는 종교적인 이유로 프랑스에서 추방된 위그노 200명이 이 땅에 닿은 1688년부터 시작된다. 프랑스 출신 개신교도가 처음 포도밭을 일구기 시작한 역사의 흔적은 지금까지도 가장 유명한 와인 생산지로, '프랑스 지역'이라는 뜻을 지니고 있는 프렌시호크franshhoek의 지명 등에서 찾아볼 수 있다.

남아프리카공화국에서 재배하는 품종 중에서 가장 상징적인 것은 의심할 여지 없이 1925년 피노 누아와 생소cinsault를 교배하여 만들어낸 피노타지로, 생소의 본래 이름인 에르미타지hermitage에서 온 이름이다.

피노타지 품종으로 만드는 레드 와인은 짙은 보라색을 띠고 붉고 검은 과실 및 향신료 풍미가 느껴진다. 탄닌이 풍부해서 숙성 잠재력도 뛰어나다. 남아프리카공화국 이외 지역에서도 인기가 늘어나서 호주와 뉴질랜드, 캘리포니아에서도 재배되고 있다. 남아프리카공화국에서 생산하는 와인은 대부분 화이트 와인이지만 레드 와인이 점점 인기를 얻으면서 피노타지의 재배 면적 또한 전체의 7.5퍼센트로 카베르네 소비뇽과 시라에 이어 3위를 차지하고 있다.

ROOIBOS

루이보스

남아프리카공화국
음료

TASTED ☐

루이보스는 남아프리카공화국 토종 관목으로 이 관목의 잎을 이용해 허브차를 만든다. 루이보스라는 이름은 아프리칸스어로 '붉은 덤불'이라는 뜻인데, 잎을 발효하고 건조하는 과정에서 붉은빛을 띠기 때문이다. 그래서 영어로 '레드티red tea'라고 불리기도 하지만 차와는 전혀 상관이 없으며 카페인도 들어 있지 않다.

루이보스차를 만들려면 90도로 가열한 물에 잎을 담그고 5~10분간 우리면 된다. 우리는 시간에 따라 연한 주황색에서 적갈색을 띠는 차가 완성된다. 루이보스차는 히비스커스차(281쪽 참조)와 비슷하지만 신맛이 연하고 훈연 풍미가 느껴진다. 남아프리카에서는 보통 루이보스차에 우유와 설탕을 섞어서 마신다. 루이보스 재배 산업은 뛰어난 영양학적 가치 덕분에 지난 50년간 호황을 누렸다. 루이보스는 항산화 물질이 풍부하며 남아프리카에서는 전통적으로 소화제로 사용해왔다. 남아프리카공화국 내 세더버그산맥의 한정된 지역에서만 재배되며, 그 외의 환경에서 루이보스를 재배하려는 모든 시도는 실패로 돌아갔다.

SORGHUM BEER

수수 맥주

부르키나파소
음료

TASTED ☐

부르키나파소에서는 돌로dolo라고 불리는 수수 맥주는 수수 맥아로 만든 알코올음료다. 아프리카에서는 전통적으로 기장, 옥수수 등으로도 맥주를 만들었다. 먼저 곡물을 물에 불려서 3일간 발아시켜 맥아를 완성한 다음 빻아서 가루를 내고 물에 삶는다. 시으면 효모를 넣고 짧은 시간 발효시킨다. 하룻밤 동안 발효시키고 나면 약 4프루프(2도)가 된다. 며칠 후에는 12프루프(6도)까지 올라간다. 열대 기후에서는 발효가 굉장히 빠르기 때문에 아침에 마시는 맥주는 오후에 마시는 것보다 맛이 가볍다!

수수 맥주는 탁하면서 살짝 탄산이 감도는 분홍빛 액체로 약한 신맛이 느껴진다. 조롱박 잔에 담아서 실온으로 마시는데, 부르키나파소에서 '카바레cabarets'라고 불리는 의식에도 사용한다. 수수 맥주는 중요한 경제적, 사회적 역할을 담당한다. 마시기 전에 조상을 기리면서 바닥에 몇 방울을 붓는 것이 관습이다.

테즈

TEDJ

에티오피아
음료
TASTED ☐

테즈는 꿀을 발효시켜서 만드는 일종의 꿀술이다. 황금색에 탄산이 살짝 가미된 액체로 도수는 보통 10~24프루프(5~12도)지만 그보다 강한 수제 테즈도 있다. 게쇼gesho라는 식물의 잎을 말린 다음 빻아서 넣어 더 쓴맛을 내기도 한다. 실제로 홉 대신 게쇼를 넣어서 비슷한 쓴맛을 구현한 에티오피아 맥주도 있다. 테즈에서는 꿀 향과 더불어 가벼운 훈연 풍미가 감돌며 달콤한 맛이 난다.

약 3000년 이상의 역사를 지닌 테즈는 인류가 생산한 가장 오래된 알코올음료에 속한다. 한때는 에티오피아 귀족만 마시던 음료였으며, 에티오피아 왕실에는 테즈를 따르는 전담 시종이 있을 정도였다. 지금도 여전히 축제용 음료라는 인식이 있지만 그래도 예전보다는 훨씬 널리 마신다. 보통 목이 긴 베렐레berele라는 병에 담아서 마신다.

소수의 에티오피아 목축 부족 사이에만 알려져 있던 지역 작물에서 세계에서 가장 많이 마시는 음료로 훌쩍 뛰어올랐으니, 커피의 운명은 실로 독특하다고 할 수 있다. 전 세계적으로 매초 약 2만 5000잔의 커피가 소비된다!

커피는 열대 산악 지역에서 잘 자라는 커피나무의 씨앗에서 나온다. 나무에 열리는 작은 체리(보통 잘 익으면 붉은색을 띤다)에는 작은 생두 두 개가 들어 있다. 이 콩을 건조시킨 다음 로스팅해서 빻으면 커피를 만들 수 있다.

커피는 10세기경 에티오피아고원에서 마시기 시작한 것으로 추측된다. 이 지역의 양치기는 염소가 작고 빨간 열매를 먹고 나면 팔팔하게 돌아다닌다는 사실을 알아차리고 이 열매를 먹어보았다. 곧 이 식물의 씨앗을 먹으면 기운이 난다는 사실을 깨달았다. 아마 처음에는 생두를 그냥 우리다가 한참 후에야 로스팅을 시작했을 것이다. 그러나 인류가 왜 커피콩을 로스팅하기 시작했는지에 관해서는 확실하게 밝혀진 바가 없다. 그러면 쓴맛이 덜했기 때문이라고 하기도 하고, 수익성이 매우 높은 산업을 보호하려는 목적으로 다른 곳에 씨앗을 심지 못하도록 익혀버렸을 거라고 추정하기도 한다. 원인이야 어찌되었든 현재는 로스팅한 커피를 판매하는 것이 보편적이다.

커피는 15세기에 아랍인에 의해서 널리 거래되기 시작했으며 예멘의 수피 수도원에서 원기 보충 음료로 인기를 얻었다. 이후 예멘에서 아라비아반도를 거쳐 터키까지 뻗어나가기에 이른다. 당시의 커피 무역은 대부분 예멘의 알무카al-mukha 항구에서 이루어졌으며, 이 때문에 일부 국가에서는 커피를 '모카mocha'라고 부르게 되었다.

1536년 오스만 제국이 예멘을 정복하면서 1세기 가까이 커피 무역을 독점했다. 유럽 전역의 귀족들이 커피를 선호하기 시작하면서 커피 산업의 수익성이 매우 높아졌다. 17세기에는 이탈리아와 프랑스에서 커피가 사치품으로 거래되었다. 커피가 중유럽에 도착한 것은 오스만 군대에 의한 빈 포위 공격 이후인 1683년으로 조금 늦은 편이다. 전설에 따르면 오스만 군대가 철수하면서 커피콩이 든 자루를 두고 오는 바람에 빈 사람들이 커피를 처음 접하게 되었다고 한다. 그때부터 커피는 유럽 엘리트의 중요한 음료가 되었다. 파리와 빈, 베네치아 등의 도시에 카페가 늘어나면서 중요한 사교의 장으로 자리 잡았다.

당시의 커피는 대부분 수 세기 전에 에티오피아인이 개발해서 오스만 제국에서 완성된 방법대로 만들었다. 분쇄한 커피 가루를 물에 섞어서 팔팔 끓인 다음 내는 것이다. 그러다 유럽에서 우리기, 여과 추출법 등 새로운 방법이 개발되었다. 그리고 에스프레소 머신(90쪽 참조)이 등장하면서 처음에는 이탈리아의 커피 소비에, 이후에는 전 세계 커피 시장에 혁신을 가져왔다. 1905년 최초의 에스프레소 머신을 만들어냈던 회사 라 파보니La Pavoni는 오늘날까지 건재하다.

17세기 네덜란드가 인도네시아와 스리랑카에 커피 농장을 지으면서 아시아에서도 커피 재배가 시작되었다. 1723년에는 카리브해의 프랑스령 마르티니크섬에 커피가 도입되면서 커피는 남아메리카까지 진출했다. 커피는 이제 전 세계적으로 널리 재배되고 있으며 최대 커피 생산국은 브라질, 베트남, 콜롬비아, 인도네시아, 에티오피아다.

재배되는 커피 품종에는 로부스타와 아라비카 두 종류가 있다. 로부스타는 카페인이 풍부하지만 쓴맛이 강하고 진한 커피를 만들어내는 반면 아라비카는 은은하고 쓴맛이 덜하기 때문에 고급 커피를 생산할 때는 아라비카를 선호한다. 시판하는 커피는 대부분 아라비카와 로부스타를 섞어서 만들며 로부스타는 대체로 인스턴트 커피에 쓰인다.

커피도 와인과 마찬가지로 토양과 기후가 적절히 조화를 이루어야 독특한 풍미가 난다. 세계 최고의 커피로는 기니의 지아마 마센타 커피(258쪽 참조), 파나마의 게이샤 커피(543쪽 참조), 자메이카의 블루 마운틴 커피(541쪽 참조) 등이 있다. 스페셜티 커피 중에는 사향고양이가 먹고 소화시킨 씨앗으로 만드는 코피 루왁(496쪽 참조)처럼 독특한 것도 존재한다.

많은 문명권에서 커피를 만드는 과정은 매우 특별한 의식이다. 에티오피아에서는 손님에게 커피를 권하는 것이 환대의 표시이자 정교한 의식의 일부다(280쪽 참조). 터키식 커피도 시간을 들여서 마시는 편이다. 친구와 대화를 나누며 수 시간을 들여 커피를 마시는 것도 드문 일이 아니다. 이에 반해서 이탈리아에서는 바에 서서 재빨리 마시는 게 보통이고, 특별한 커피만 자리에 앉아서 여유롭게 즐긴다. 사우디아라비아에서는 커피가 손님을 환대하는 과정의 일부이며 보통 아주 가볍게 우려서 카다멈을 섞어 먹는다(315쪽 참조). 오스트리아 사람들은 휘핑크림과 우유, 크림, 설탕, 심지어 달걀노른자와 리큐어에 이르기까지 온갖 재료가 들어가는 50가지 이상의 다양한 커피 레시피를 만들어냈다.

중동

MIDDLE EAST

중동 요리는 터키에서 이집트, 아라비아반도와 레바논까지 포함하는 매우 방대한 지역의 영향을 받았다. 중동 요리에 관한 최초의 기록은 600가지 조리법이 담긴 『요리책Kitāb al-ṭabīkh』으로, 10세기에 이라크에서 출판되었다. 당시 이라크는 세련된 문화가 발달한 강대국이었으며 수도인 바그다드는 세계에서 가장 발전한 도시였다. 통치자는 최고의 요리사를 고용하고 이집트의 대추야자, 이란의 피스타치오, 예멘의 꿀, 인도의 향신료 등 가장 좋은 재료로 만든 음식을 즐겼다.

대부분의 지역이 오스만 제국의 지배를 받던 13세기에서 20세기에 걸쳐서는 터키의 영향이 널리 퍼져 나갔다. 이 지역에서 채소 절임을 중요하게 여기고 석류를 생과일은 물론 소스로도 널리 활용하는 것을 보면 지금도 터키의 영향이 뚜렷하다. 그 외에 중동 요리에서 긴요하게 쓰이는 재료로는 참깨와 가지, 그리고 후무스의 주재료인 병아리콩을 꼽을 수 있다.

중동의 주요 가축은 염소, 양, 낙타다. 소를 사육할 목초지가 거의 없고 이슬람교와 유대교에서는 돼지고기를 먹지 않기 때문에 돼지는 수요가 거의 없다.

인기 있는 음료는 터키에서는 차, 그 외의 나라에서는 커피다. 커피는 원래 아프리카에서 자생하던 식물이었지만, 아랍 상인에 의해 세계로 퍼져 나갔다. 현재 전 세계에서 소비되는 커피는 중동에서는 아직도 매우 중요한 음료이며 독특한 전통이 생겨나기도 했다. 대표적인 것이 카다멈으로 맛을 낸 사우디 커피와 커피를 가루째 내서 바디감이 풍성한 터키식 커피다.

아즈와 대추야자

사우디아라비아
과일과 채소

TASTED ☐

사우디아라비아에서는 300가지 이상의 다양한 대추야자를 재배한다. 그중에서 아즈와 대추야자는 예언자 무함마드가 메카 근처에 심었다는 나무의 열매로 알려져 이슬람교에서는 특별하게 여긴다.

아즈와 대추야자는 대부분의 대추야자보다 작고 색이 짙으며 부드러우면서 쫀득한 질감과 깊은 맛을 지니고 있다. 대추야자 중에는 메줄medjool 등 귀한 품종이 몇몇 있지만 가장 비싼 것은 아즈와 대추야자로 일반 대추야자보다 10배 이상 비싸다. 아즈와 대추야자는 특히 라마단 금식을 해금하는 음식으로 인기가 높다. 모든 이슬람 국가에서 자주 선물로 주고받는다.

시트론

이스라엘
과일과 채소

TASTED ☐

시트론은 감귤류 중에서 가장 오래된 과일이다. 인도 북동부가 원산지로, 서서히 서쪽으로 퍼져 나가서 페르시아를 거쳐 지중해에 닿았다. 기원전 4세기에 알렉산드로스 대왕이 페르시아를 정복한 이후 그리스를 거쳐서 유럽으로 건너간 것으로 추측된다. 이후 1000년 동안 시트론은 지중해 연안에서 재배된 유일한 감귤류였다. 레몬이나 오렌지 등 다른 품종은 7세기에 시작된 아랍 정복 이후에야 유럽에 들어왔다.

시트론은 껍질이 울퉁불퉁하고 큼직한 과일로 지름은 최대 25센티미터, 무게는 최대 4킬로그램까지 나간다. 다른 감귤류 과일과 달리 과육이 아닌 아벨도abeldo라고 불리는 과육과 껍질 사이의 흰색 부분을 식용하며, 이 부분은 무게의 거의 4분의 3을 차지하기도 하고 과육이 전혀 들어 있지 않은 품종도 많다. 시트론은 딱딱하고 쓴맛이 나서 날것으로는 먹을 수 없다. 익혀서 잼이나 리큐어 등을 만드는 데에 쓴다. 익히면 자몽과 레몬그라스를 연상시키는 향과 섬세한 맛을 느낄 수 있다.

시트론은 유대인에게 특히 중요한 의미를 지니는 과일로, 에트로그라고 불리며 종교 행사에도 사용된다. 구약성경에 등장하는 금단의 열매가 시트론이라는 주장도 있으며 오랫동안 '시리아 사과'라고 불리기도 했다. 시트론 중 부처님의 손이라는 뜻을 지닌 '불수감'은 불교도에게 중요한 과일이라 아시아에서는 사찰에 공양물로 바치는 모습을 흔히 볼 수 있다.

POMEGRANATE

석류

터키
과일과 채소
TASTED ☐

중동의 가장 대표적인 과일인 석류는 이 지역에서 4000년 이상 먹어온 가장 오래된 과일이기도 하다. 올리브, 포도, 대추야자와 더불어 구약성경과 쿠란에 등장하는 몇 안 되는 과일 중 하나다.

지름 약 15센티미터의 작은 공 모양이며, 즙이 아주 풍부한 붉은색 과육으로 둘러싸인 씨가 약 400개 정도 들어 있다. 반으로 잘라 압착해서 주스로 마실 수 있으며, 쓴맛이 가볍게 돌아서 오렌지 주스를 섞어 맛의 균형을 맞추기도 한다. 석류 주스에는 건강에 좋은 다양한 성분이 들어 있으며 특히 항산화 물질의 함량이 높다. 생과일을 디저트로 먹기도 하고 짭짤

한 음식에 솔솔 뿌려 단맛과 아삭한 질감을 더하기도 한다.

석류로는 '석류 당밀'이라고 불리는 터키의 아주 유명한 소스 나르 엑실리nar ekşili를 만든다. 나르 엑실리는 샐러드드레싱으로 사용하거나 가금류에 새콤달콤한 글레이즈를 입히는 데 쓴다.

맛초

히브리어로 맛초라고 불리는 무교병은 아주 오랜 전통을 지니고 있으며 아마 최초의 빵과 아주 비슷한 모양일 것이다. 맛초는 유대 민족의 이집트 탈출을 기억하기 위해 먹는 빵이다. 서둘러서 파라오의 땅을 떠나야 했던 유대인들은 빵에 누룩을 넣어 발효시킬 시간이 없었다. 맛초는 이집트 탈출을 기념하는 유월절 동안 먹는 빵으로, 유월절 7일간 유대인은 누룩이 들어간 빵은 어떤 종류도 먹어서는 안 된다.

맛초에 넣을 수 있는 곡물은 다섯 가지뿐이다. 가장 흔하게 쓰이는 것은 밀이지만 보리나 귀리, 호밀, 스펠트로 만들 수도 있다. 맛초 반죽은 발효되기 전에 구워야 하므로 반죽을 만들어서 굽기까지 18분 이상이 걸리지 않는다.

맛초는 일반적으로 가느다란 직사각형 모양이지만 의식에 사용하는 셰므라 맛차chemoura matza는 원형이다. 아침부터 저녁 식사까지 언제든 버터, 꿀, 달걀, 과일, 연어, 크림치즈까지 단것이든 짠 것이든 다양한 재료를 얹어서 먹을 수 있다. 잘게 부숴서 다양한 요리에 넣기도 하며 으깬 맛초에 달걀, 닭 지방을 섞어서 만든 맛초 볼은 닭고기 육수에 넣어서 먹는다.

PITA

피타

피타는 중동에서 매우 흔하게 먹는 납작하고 둥근 빵을 가리키
는 말이다. 그리스에서 유래한 단어로 둥글넓적한 빵을 총칭하
는 일반적인 단어가 되었지만 아랍 국가에서는 쿠브즈khubz라
는 단어를 더 흔하게 사용한다.

플랫브레드와 비슷해 보이지만 밀가루와 물, 소금, 이스트를
넣어서 발효시킨 반죽으로 만든다. 구우면 속에 공간이 생기기
때문에 다양한 재료를 넣어서 먹을 수 있다. 피타는 아주 뜨거운
바닥(최소 230도)에서 익히기 때문에 반죽 속에 증기가 발생하면
서 빈틈이 생긴다. 익으면서 빵빵하게 부풀어 올라 작은 공 모양
이 된다. 식으면서 다시 가라앉아 납작한 상태가 된다. 주로 샌
드위치를 만들지만 터키에서는 도너 케밥(298쪽 참조)이라고 부
르는 샤와르마shawarma 등 구운 고기를 얹어서 먹기도 하며, 간
단하게 후무스(302쪽 참조)나 바바 가누쉬(301쪽 참조) 등의 딥과
함께 먹기도 한다.

레바논
빵과 곡물

TASTED ☐

DATE SYRUP

대추야자 시럽

때때로 '대추야자 꿀'이라고 불리기도 하는 대추야자 시럽은 말
그대로 대추야자로 만든 달콤한 액체로, 중동 지역에서 널리 사
용한다. 구약성경에 언급될 정도로 오래된 음식으로, '젖과 꿀이
흐르는 땅'의 꿀은 실제 꿀이 아니라 대추야자 시럽을 뜻한다고
한다.

아랍에서는 룹 알타메르rub al-tamer, 이스라엘에서는 실란silan
이라고 불리는 대추야자 시럽은 집에서 만들기도 하고 시장에
서 시판 제품을 사 먹기도 한다. 대추야자에 소량의 물을 더해서

이스라엘
향신료와 양념

TASTED ☐

약 1시간 30분간 익히면 걸쭉하고 짙은 액체가 된다. 이 즙을 입
착하고 여과해서 씨를 제거한다.

대추야자 시럽은 당밀과 비슷하지만 쓴맛은 덜하면서 풍미가
강렬하고, 꿀이나 메이플 시럽 대신 사용할 수 있다. 또한 타히
니(296쪽 참조)와 섞으면 쿠웨이트에서 인기가 좋은 디비스 라키
dibis w'rachi 스프레드가 된다. 리비아에서는 작은 반죽 조각에 대
추야자 시럽을 둘러서 푸짐한 아침 식사인 아시다aseeda를 만든
다. 대추야자 시럽은 최근 미국에서 꿀의 비건 대체품으로 인기
를 얻고 있다.

무하마라 MUHAMMARA

시리아
향신료와 양념

TASTED ☐

무하마라는 피망, 견과류, 빵가루, 올리브 오일로 만드는 소스로
시리아 알레포 지역에서 기원했다. 주로 마늘, 레몬, 소금, 과일
향이 감돌며 살짝 매콤한 맛이 느껴지는 알레포 고추와 석류 당
밀 등으로 맛을 낸다. 주황색에서 빨간색까지 다양한 색을 띠며
매끄럽게 만들 수도 있고 거친 질감을 낼 수도 있다. 빵이나 채
소를 찍어 먹는 딥 소스로 사용하거나 샌드위치의 소스, 구운 고
기나 생선의 토핑으로 활용할 수 있다.

시드르 꿀 SIDR HONEY

예멘
향신료와 양념

TASTED ☐

시드르 꿀은 세계에서 가장 많이 찾는 꿀이자 가장 비싼 꿀이다.
시드르나무는 예멘 동부가 원산지로 건조한 지역에서 자란다.
시드르 꿀은 지금도 4500년 전 고대 이집트에서 개발한 양봉 기
술을 고수하여 강건한 품종의 벌과 테라코타 벌집으로 생산하

고 있다.

가장 귀한 제품은 와디 도안wadi do'an 계곡의 시드르 말리키 sidr maliki(로열 시드르)로, 대추나무와 같은 과에 속하는 가시 많은 관목의 작은 꽃송이에서 모은 것이다. 꽃이 만발할 때가 되면 양봉업자가 벌집을 가져와서 꿀을 채집한다. 시드르 꿀은 약으로 취급되는데, 사람들은 이 꿀이 자양 강장과 장수에 도움을 주고 임산부에게도 유익하다고 여긴다.

시드르 꿀은 호박색을 띠며 옅은 캐러멜 맛이 난다. 다른 꿀보다 수분이 적어서(일반 꿀은 18퍼센트이나 시드르 꿀은 11~14퍼센트) 질감이 독특하며 걸쭉한 편이다.

SUMAC

수막

터키
향신료와 양념

TASTED ☐

수막은 중동에서는 인기 있는 향신료지만 그 외 지역에는 거의 알려지지 않았다. 열대 옻나무에 열리는 작고 붉은 과실을 말린 다음 빻아서 살짝 새콤한 맛이 나는 진홍색 가루를 만든다.

서양 요리에 레몬을 사용하듯이 중동에서는 음식에 산미를 더하는 데 수막을 사용한다. 터키에서도 널리 사용하고 있어서 레스토랑 테이블에 흔하게 올려져 있는 걸 볼 수 있다. 특히 생양파와 구운 고기에 맛을 내는 용도로 인기가 좋다. 중동 전역에서 장식용 향신료로 쓰인다. 다양한 음식에 독특한 신맛과 함께 아름다운 붉은색을 가미하는 역할을 한다.

아메리카 원주민은 전통적으로 수막을 직물의 염료나 담배 향미료로 사용했다. 아직도 캐나다와 미국의 일부 지역에서는 단맛을 낸 물에 수믹을 우려서 만드는 '수마케이드sumacade'라는 청량음료를 마신다.

타히니

TAHINI

레바논
향신료와 양념

TASTED ☐

소스이자 조미료로 사용하는 타히니는 참깨에 소량의 물을 섞어서 곱게 갈아 만든 매끄러운 크림으로, 중동에서는 식사로도 먹고 디저트로도 먹는다.

타히니는 많은 요리에 사용된다. 후무스(302쪽 참조)를 만들 때 병아리콩 다음으로 중요한 재료다. 또한 타히니에 생채소나 팔라펠(299쪽 참조)을 찍어 먹기도 하고 구운 고기에 소스로 곁들이기도 한다.

할바halva는 타히니와 설탕으로 만드는 당과로, 아몬드나 피스타치오 등의 견과류로 장식한다. 잘 부스러지는 질감에 헤이즐넛 향이 감도는 단맛이 난다. 인도에서 세몰리나와 기를 이용해 만드는 일종의 푸딩을 할와라고 부르므로 헷갈리지 않도록 주의해야 한다.

주그

ZHOUG

예멘
향신료와 양념

TASTED ☐

예멘에서 기원한 주그는 고수와 마늘, 고추, 커민, 카다멈, 올리브 오일로 만드는 매콤한 녹색 소스다. 이탈리아의 페스토와 비슷하게 생겼으며 샐러드드레싱에 넣거나 달걀에 뿌리거나 조리해서 소스를 만들거나 후무스(302쪽 참조) 또는 요구르트와 섞는 등 다양하게 사용할 수 있다. 팔라펠(299쪽 참조)에 곁들이기도 하며 시리아와 이스라엘에서도 매우 인기가 좋다.

KALKAN

칼칸

터키

해산물

TASTED ☐

칼칸은 흑해가 원산지인 넙치의 일종이다. 작은 반점이 곳곳에 있어서 마치 부스럼이 핀 것처럼 보인다. 흉한 외관에도 불구하고 터키에서는 가장 귀한 생선 중 하나로 꼽힌다. 최대 1미터까지 자라지만 40~60센티미터 정도 크기가 가장 흔하다. 넙치와 비슷한 흰색 살점과 섬세한 풍미가 특징이다. 그릴에 굽는 방식 이 제일 흔하지만 살점만 필레를 떠서 빵가루를 묻혀 튀기기도 한다. 대부분의 터키 해산물과 마찬가지로 아니스 술인 라키(314쪽 참조)와 가장 잘 어울린다.

ASSAFIR

아사피르

레바논

육류

TASTED ☐

아사피르는 크기가 10센티미터 이하인 참샛과의 아주 작은 새다. 깃털을 뽑은 후에 발만 제거하고 통째로 먹는다. 내장과 뼈, 심지어 머리까지 전부 먹는다. 뼈가 비교적 작은 편이라 살짝 씹히는 질감을 선사한다. 작은 새를 통째로 먹는 관습은 레바논 외에서도 찾아볼 수 있다. 프랑스에서는 회색머리멧새(오르톨랑 ortolan)라는 작은 새를 같은 방식으로 먹지만, 회색머리멧새가 멸종 위기에 처하면서 식용이 금지되었다. 작은 새를 한입에 먹는 것은 독특한 경험이다. 살짝 기름지면서 촉촉한 살점에 바삭바삭한 뼈가 대조를 이루면서 독특한 조합을 선사한다.

도너 케밥

터키
길거리 음식

TASTED ☐

많은 출처에 따르면 1971년 케밥을 발명한 사람은 독일로 이주한 카디르 누먼Kadir Nurman이라는 터키 이민자다. 그러나 베를린에 있는 누먼의 레스토랑은 독일에 케밥을 소개하면서 수직 꼬챙이에 고기를 꿰어 익히는 조리법을 널리 알렸을 뿐 케밥 자체는 사실 훨씬 오래된 음식이다.

도너 케밥(어원학에 따르면 '회전하는 고기'라는 뜻)에 관한 최초의 기록은 16세기까지 거슬러 올라간다. 오스만 제국 군인이 칼에 양고기를 꽂아서 익혀 먹는 법을 발명했을 것으로 추정된다.

이 조리법은 서서히 퍼져 나갔고, 수평으로 설치한 꼬챙이를 불 근처에 두고 고기를 익히는 레스토랑에 의해 대중화되었다. 아직도 이 전통 방식을 사용하는 레스토랑들이 있다. 수직 회전 꼬챙이는 19세기 중반에 처음 등장했다. 꼬챙이를 수직으로 설치하면 지방이 타고 내려가면서 고기를 더 촉촉하게 해준다는 이점이 있다. 현재 전 세계에 널리 퍼져 있는 방법 또한 수직 회전 꼬챙이다.

도너 케밥은 일반적으로 송아지 고기를 얇게 썰어서 올리브 오일과 우유, 향신료로 만든 양념에 하루 동안 절여서 준비한다. 그런 다음 송아지 고기를 꼬챙이에 꿰어 장작불 가까이에 두고 익힌다. 오늘날에는 대부분 장작불 대신 가스나 전기 가열 방식을 채택하고 있다.

고기가 다 익으면 얇게 저며서 플랫브레드에 토마토, 양파, 요구르트를 곁들여서 낸다.

FALAFEL

이스라엘
길거리 음식
TASTED ☐

팔라펠은 이집트는 물론 팔레스타인, 레바논, 이스라엘 등에서 널리 먹는 음식으로, 많은 나라가 원조라고 주장하고 있다. 하지만 이 소박한 채식 튀김을 국민 요리로 끌어올린 것은 이스라엘이다. 팔라펠은 곱게 간 병아리콩 퓌레에 다진 허브, 양파, 마늘, 향신료를 섞어서 만든다. 반죽을 작은 공 모양으로 빚은 다음 기름에 튀기는데, 참깨 등을 묻혀서 튀기기도 한다.

팔라펠을 그냥 먹을 때는 주로 타히니(296쪽 참조)를 곁들이지만 가장 인기 있는 활용법은 샌드위치 속 재료로 넣는 것이다. 팔라펠 샌드위치는 우선 피타(293쪽 참조) 안에 팔라펠을 넣고 납작하게 누른 후 취향에 따라 양상추, 양파, 토마토, 오이, 피클 등 다양한 재료를 더한다. 물론 매콤한 타히니소스를 넉넉하게 두르는 것도 잊지 말아야 한다.

팔라펠 6인분

재료 · 말린 병아리콩 500g, 베이킹소다 1작은술, 커민 가루 1작은술, 고수 가루 1큰술, 소금, 후추, 실파 3대, 마늘 3쪽, 신선한 파슬리잎 1/2단, 신선한 고수잎 1/2단, 튀김용 식물성 오일

- 하루 전날 병아리콩을 물에 불린다. 건져서 종이 타월로 물기를 제거한다. 블렌더에 넣고 갈아서 약간 거친 질감의 페이스트를 만든다. 완전히 매끄러워도 안 되지만 너무 거칠어서도 안 된다. 병아리콩 퓌레를 볼에 넣고 베이킹소다, 커민, 고수, 소금, 후추를 넣고 잘 섞는다.
- 양파, 마늘, 파슬리, 고수를 곱게 다진 다음 병아리콩 볼에 넣고 잘 섞는다. 반죽을 조금씩 덜어서 손으로 단단하게 굴려가며 4cm 크기의

작은 공 모양으로 빚는다(레스토랑에서는 알렙 팔라펠aleb falafel이라는
도구를 사용한다).

- 식물성 오일을 180℃로 가열한다. 공 모양 반죽을 넣고 짙은 갈색을 띨
  때까지 약 5분간 튀긴 다음 종이 타월로 기름기를 제거한다.
- 팔라펠이 따뜻할 때 타히니소스를 곁들여 애피타이저로 낸다. 또는
  둥근 플랫브레드(얇은 피타보다는 약간 두꺼운 라파laffa가 더 어울린다)에
  생채소, 후무스, 타히니소스를 넣어 샌드위치를 만든다.

코코레치 KOKOREÇ

터키
길거리 음식

TASTED ☐

코코레치는 양고기 내장으로 만드는 터키의 특산물이다. 꼬챙이
에 끼워서 구운 다음 썰어서 토마토, 양파, 오레가노, 커민, 파프
리카를 섞어서 빵과 함께 낸다. 코코레치는 회전하는 꼬챙이에
끼워서 수평으로 익히는 거대한 고기 롤처럼 생겼다. 바깥쪽은
창자, 속은 곱게 다진 모둠 내장류(폐, 신장, 간, 흉선)로 이루어져
있다. 길거리에서 맛볼 수 있는 특산물이며 또 다른 인기 길거리
음식인 쌀과 잣, 건포도, 향신료를 채운 홍합 요리 미디예 돌마
midye dolma를 곁들여 먹기도 한다.

라흐마준 LAHMAJOUN

레바논
길거리 음식

TASTED ☐

해외에서 종종 '아랍 피자'나 '터키식 피자'라는 별칭으로 불리
는 라흐마준은 피자보다 오랜 역사를 지니고 있으며, 피자와는
다른 개별적인 음식이다. 터키에서 아르메니아에 이르기까지 광
대한 지역에서 인기 있는 음식으로, 얇게 편 반죽에 고기, 토마
토, 양파, 피망, 파슬리 등의 곱게 다진 재료를 얹어서 만든다. 그

런 다음 고추와 커민, 파프리카 가루 등으로 양념해서 오븐에 굽는다. 일반적으로 반죽을 약 2밀리미터 두께로 아주 얇게 미는 것이 특징이며 크기는 25센티미터 정도로 타원형에 가깝다. 라흐마준은 길거리 음식으로 노점에서 사서 들고 다니면서 먹는다.

BABA GHANOUSH

바바 가누쉬

바바 가누쉬는 이스라엘과 요르단, 레바논, 시리아를 아우르는 레반트 지역의 전통 음식이다. 대부분 그릴에 구워서 곱게 으깬 가지와 타히니(296쪽 참조), 올리브 오일로 만든다. 중동에서는 메제(여러 요리를 조금씩 다양하게 제공하는 식사 방식. 보통 애피타이저로 낸다)를 구성하는 최고 인기 메뉴 중 하나다. 때때로 커민이나 고수로 양념을 하거나 석류를 뿌려서 내기도 한다.

레바논
전통 음식
TASTED ☐

바바 가누쉬	4인분

재료 • 가지 2개, 타히니 1컵(236ml), 올리브 오일 7/8컵(200ml), 레몬 1/2개, 소금, 후추, 석류 1/2개

- 오븐을 175℃로 예열한다. 가지를 반으로 잘라서 오븐에 약 30분간 굽는다. 익으면 꺼내서 과육만 발라내고 껍질은 버린다.
- 블렌더에 가지 과육과 타히니, 올리브 오일, 레몬즙을 넣고 곱게 간다.
- 소금과 후추로 간을 한 다음 볼에 넣어서 차갑게 식힌다. 먹기 전에 석류를 뿌려서 장식한다. 플랫브레드를 곁들여서 차갑게 낸다.

돌마

터키
전통 음식

TASTED ☐

돌마는 매우 인기 높은 터키식 메제(주요리 전에 제공하는 다양한 애피타이저) 중 하나다. 식초에 절인 포도잎에 쌀과 다진 고기, 향 신료를 섞은 속을 채워 만든다. 돌마는 원래 '속을 채운다'는 뜻 으로 피망이나 주키니, 가지, 토마토 등 다양한 채소에 속 재료 를 채워서 만들 수 있다. 차갑게도 따뜻하게도 먹을 수 있으며, 고기를 빼면 채식 메뉴가 된다. 돌마를 손으로 하나하나 빚으려 면 많은 시간과 노력이 필요하기 때 문에 터키에서 손님에게 내놓 는 돌마는 중요한 환대의 상 징이다. 결혼식 등 축하연 에도 반드시 등장하는 음식 이다.

후무스

레바논
전통 음식

TASTED ☐

중동에서 병아리콩과 타히니(296쪽 참조)로 만든 페이스트인 후 무스 없는 식사는 상상하기 힘들다. 후무스는 실로 다양한 요리 와 잘 어우러질 뿐만 아니라 빵과 함께 내는 것은 물론 소스나 양념으로도 사용할 수 있기 때문이다. 후무스는 중동에서 주식 에 가까운 음식이며 레바논, 이집트, 이스라엘, 시리아, 요르단 등에서 자국이 원조라고 주장하고 있다.

후무스는 아랍어로 '병아리콩'이라는 뜻으로 정식 이름은 '참 깨 소스를 넣은 병아리콩'이라는 뜻인 후무스 비 타히나hummus bi tahina다.

후무스는 흔히 레바논 요리와 연관 짓곤 하지만 아마 이집트에서 유래했을 것이다. 가장 오래된 기록은 13세기 카이로까지 거슬러 올라간다. 후무스는 익혀서 곱게 으깬 병아리콩에 타히니와 소금, 레몬즙, 다진 마늘 등으로 양념해서 만든다. 종종 올리브 오일이나 커민 가루로 장식한 다음 통병아리콩, 잣, 깍둑썬 토마토, 신선한 민트나 고수 등을 뿌려 낸다.

후무스는 차갑거나 뜨겁게 애피타이저로 먹으며, 생채소나 팔라펠(299쪽 참조) 등을 찍어 먹는 소스로 활용하기도 한다. 식이섬유와 단백질이 풍부하고 지방 함량은 14퍼센트에 불과하므로 마요네즈의 건강한(그리고 비건인) 대체재가 된다. 구운 고기에 곁들일 수도 있다.

후무스는 거의 모든 식사에 어울린다. 중동은 물론 그 밖의 지역에서도 슈퍼마켓에서 후무스를 쉽게 구입할 수 있지만 후무스 애호가들은 전통 재료와 조리법으로 매일 수제 후무스를 만드는 후무스 전문 매장 후무시아hummusia에서 구입하는 것을 선호한다.

KIBBEH

키베

레바논
전통 음식
TASTED ☐

키베는 작은 럭비공 모양으로 빚어서 기름에 튀긴 크로켓으로 중동 전역에서 인기가 높다. 바삭바삭한 크러스트는 다진 고기와 불거bulgur(듀럼밀을 살짝 익혀서 빻은 것)로 이루어져 있으며 속에는 양파와 잣을 섞은 고기를 채운다.

키베	8인분

재료 • 불거 1컵(225g), 다진 소고기 1kg, 다진 양파 3개 분량, 올스파이스 가루 1작은술, 소금, 올리브 오일 2큰술, 잣 1컵(135g),

시나몬 가루 1작은술, 고수 가루 1작은술, 후추, 튀김용 식물성 오일

- 불거는 물에 푹 담가서 2시간 이상 불린다. 면포에 넣고 꼭 짜서 여분의 물기를 제거한다. 푸드 프로세서에 불거와 절반 분량의 다진 소고기, 다진 양파 1개 분량을 넣는다. 올스파이스와 소금 1작은술을 넣고 잘 섞은 후 냉장 보관한다.

- 소테 팬에 올리브 오일을 두르고 달군 다음 나머지 양파를 넣고 노릇노릇해지도록 볶는다. 나머지 고기와 잣을 넣고 노릇노릇하게 볶는다. 시나몬, 고수, 소금, 후추를 넣어서 간을 맞춘 다음 잘 섞는다.

- 키베를 빚는다. 불거 반죽을 작게 떼내서 공 모양으로 빚는다. 엄지로 가볍게 눌러서 가운데를 움푹 판 다음 속 재료를 1큰술 정도 퍼서 넣는다. 반죽을 모아서 덮은 다음 양손으로 가볍게 굴려 럭비공 모양으로 빚는다. 나머지 반죽으로 같은 과정을 반복한 다음 냉장고에 1시간 정도 재운다.

- 튀김용 오일을 180°C로 가열한다. 크로켓을 조금씩 나눠서 넣고 색이 진해질 때까지 약 5분간 튀긴다. 완성한 키베는 타히니소스(296쪽 참조)를 곁들여서 따뜻하게 낸다.

만사프   MANSAF

요르단
전통 음식

TASTED ☐

베두인족의 전통 요리인 만사프는 원래 양고기나 낙타 고기를 육수, 정제 버터와 함께 익혀서 만든 스튜다. 시간이 지날수록 조리법이 정교해지면서 쌀과 자미드jameed소스가 추가되었다. 양고기 만사프가 가장 흔하며, 특유의 맛과 질감에는 자미드

가 중요한 역할을 한다. 자미드는 작은 공 모양으로 말린 발효 요구르트다. 양젖이나 염소젖에 소금을 넣고 아주 되직한 요구르트를 만든 다음 고운 면포에 담아서 수일간 물기를 제거한다. 며칠이 지나서 요구르트가 충분히 뻑뻑해지면 돌돌 굴려서 작은 견과류 크기로 빚는다. 이를 말리면 자갈처럼 생긴 작은 요구르트 공이 완성된다. 그늘에서 말린 자미드는 흰색에 가깝고 햇볕에 말린 자미드는 노란색에 가까운 색을 띤다. 자미드는 아주 오랫동안 보관할 수 있으며, 사용할 때는 하루 동안 물에 담가서 부드럽게 만든 뒤 잘게 부숴서 요리에 넣는다.

만사프를 만들려면 우선 양고기를 자미드에 오랫동안 익혀서 국물이 걸쭉한 요구르트 소스 같은 상태가 되도록 한다. 그런 다음 바하랏baharat이라는 혼합 향신료로 간을 한다. 자미드가 상당히 짜므로 소금을 따로 추가하지는 않는다.

만사프는 일반적으로 축제나 연회를 위해 대량으로 만드는 음식이다. 흔히 플랫브레드를 바닥에 깔고 밥을 얹은 다음 만사프를 담아서 잣과 구운 아몬드를 뿌려 먹는다. 다른 베두인 전통 요리와 마찬가지로 수저를 따로 사용하지 않고 오른손으로만 먹는다.

마스코프

MASGOUF

이라크
전통 음식
TASTED ☐

마스코프는 잉어를 그릴에 천천히 구워서 올리브 오일과 소금, 후추, 타마린드, 터메릭을 섞은 소스로 양념해 만드는 음식이다. 티그리스강과 유프라테스강에서 잡히는 생선으로 만들곤 했던 마스코프는 메소포타미아의 전통 요리이며 이라크의 국민 요리 대접을 받는다.

생선의 등을 길게 반으로 자른 다음 내장을 깨끗하게 손질하고 납작하게 펴서 원형에 가깝게 만든다. 이때 생선 필레는 배쪽이 아직 붙어 있는 상태여야 한다. 그런 다음 크리용 솔로 절임액을 펴 바르고 살구나무와 석류나무로 지핀 장작불 가까이에 수직으로 세울 수 있는 특수 그릴을 설치하고 생선을 넣는다. 1시간 이상 생선을 천천히 훈제한 다음 직화로 바꿔서 굽는다.

개방된 장소에서 요리하는 음식으로, 메제를 먹으면서 마스코프가 완성되길 기다리곤 한다. 마스코프는 생양파와 석류를 얹고 망고소스를 곁들여서 먹는다.

바그다드에서는 마스코프 전문 레스토랑이 인기가 높은데, 주문이 들어오면 수족관에 들어 있는 생선을 즉시 잡아 조리해서 낸다. 마스코프는 라마단 기간의 마지막을 장식하는 이슬람 명절 이드 알피트르eid al-fitr 등 특별한 날에 온 가족이 나누어 먹는 축하 음식이다.

타불리 TABBOULEH

레바논
전통 음식

TASTED ☐

타불리는 파슬리와 토마토가 주재료인 중동의 전통 샐러드다. 가볍게 익혀서 바삭바삭한 질감이 살아 있는 불거와 민트, 양파 등으로 만들고 레몬즙, 올리브 오일, 소금, 때때로 커민과 수막(295쪽 참조) 등으로 맛을 낸다. 파슬리는 잎과 줄기가 뭉개지지 않도록 푸드 프로세서가 아니라 손으로 직접 다져서 넣는다.

타불리	4인분

재료 • 파슬리 2단, 민트 1/2단, 토마토 1개, 양파(소) 1개, 레몬 2개, 올리브 오일 7큰술, 수막 1작은술, 소금, 후추, 불거 1큰술

- 파슬리와 민트를 곱게 다진다. 토마토와 양파를 작게 깍둑 썬 다음 허브와 함께 잘 섞는다. 레몬즙과 올리브 오일, 수막, 소량의 소금과 후추를 잘 섞어서 드레싱을 만든다. 샐러드에 드레싱을 두르고 불거를 넣은 다음 골고루 버무린다.

양 수프

TRIPE SOUP

터키
전통 음식
TASTED ☐

터키인은 수프를 몹시 좋아하며, 그중에서도 가장 선호하는 것 중 하나는 양胖 수프다. 터키어로 이슈켐베 초르바스iskembe çorbası라고 부르는 양 수프는 잘게 손질한 소의 양을 넣은 국물에 요구르트와 마늘, 레몬으로 맛을 내고 밀가루를 살짝 풀어서 걸쭉하게 만든 음식이다.

소의 소화기관은 반추위, 벌집위, 천엽(겹주름위), 막창(주름위)으로 이루어져 있기 때문에 원하는 위장 부위를 골라서 먹을 수 있다. 따뜻한 양 수프는 저렴하고 인기가 많은 음식으로, 주로 이슈켐베치라는 전문점에서 판매한다. 숙취 해소에 좋다고 알려져 있어서 양 수프 전문점은 보통 밤샘 영업을 하고, 새벽이면 날이 새도록 술을 마신 사람들로 붐비곤 한다.

카이막

KAYMAK

터키
유제품
TASTED ☐

카이막은 클로티드 크림과 비슷한 터키 특산물이다. 물소젖으로 만들며 꿀을 뿌려서 아침 식사로 먹는다. 막 짜낸 물소젖을 2시간 정도 뭉근하게 가열해서 크림을 분리한 후 수 시간 발효시킨다. 카이막은 지방이 풍부해서(무게의 60퍼센트) 크림과 모차렐라를 섞은 듯한 질감이 난다. 카이막은 슈퍼마켓에서도 쉽게 구할 수 있지만, 공산품은 대체로 소젖을 이용해 질이 떨어진다. 진정한 카이마를 맛보는 가장 좋은 방법은 아침에만 영업하는 카이마클리kaymakli라는 카이막 전문점을 찾는 것이다.

나불시 치즈 NABULSI CHEESE

팔레스타인
유제품

TASTED ☐

이름만 봐도 알 수 있듯이 팔레스타인의 나블루스nablus에서 유래한 치즈다. 염소젖으로 만들 때도 있지만 일반적으로 양젖으로 만든다. 이 지역의 가축 방목 역사는 농업이 시작되던 약 1만 년 전까지 거슬러 올라간다.

나불시 치즈는 이 지역의 인기 유제품으로 손꼽히며 기본 맛이나 마할렙(332쪽 참조), 유향(그리스에서 특히 인기가 좋은 방향용 수지) 맛 등이 있다.

나불시 치즈는 신선하게 먹기도 하지만 전통적으로 카나페 kanafeh라는 디저트를 만들어 먹는다. 얇고 둥근 대형 팬에 치즈를 녹인 다음 가느다란 페이스트리를 튀겨서 얹는다. 그런 다음 시럽에 담가서 적당한 크기로 잘라 따뜻할 때 먹는다.

바클라바 BAKLAVA

레바논
디저트

TASTED ☐

바클라바는 중동의 페이스트리로, 필로 반죽과 아몬드와 피스타치오 등의 견과류, 설탕 시럽이 주요 재료다. 15세기경 이스탄불의 토프카프 궁전에서 만들어졌다고 하지만 실제로는 그보다 훨씬 오래전, 로마 제국에서 비잔틴 제국으로 전해진 조리법에서 유래한 것이다.

바클라바를 만들려면 우선 밀가루와 물, 소금, 올리브 오일로 필로 반죽을 만들어야 한다. 장인이 종이처럼 얇아질 때까지 손으로 반죽을 늘리는 과정이 특히 장관이다. 그런 다음 대형 팬에 매 겹마다 버터를 바르고 곱게 다진 아몬드와 피스타치오를 뿌리면서 필로 반죽을 켜켜이 깐다. 이 반죽을 한입에 먹을 수 있는 크기의 작은 삼각형이나 사각형 꼴로 자른다. 오븐에 구운 다음 시럽을 넉넉히 뿌려 완성한다. 시럽은 물과 설탕으로 만들며 감귤류, 등화수(240쪽 참조), 장미수 등으로 향을 내기도 한다. 터키식 전통 바클라바는 설탕 시럽만 사용하지만, 레바논의 바클라바 페이스트리에는 꿀로 만든 시럽을 넣기 때문에 훨씬 맛있다.

MUHALLEBI

무할레비

무할레비는 라이스 푸딩과 비슷한 중동 디저트로 쌀알 대신 쌀가루를 이용해 만든다. 쌀가루는 시판 제품을 구입할 수도 있지만 쌀을 푸드 프로세서로 갈아도 무방하다. 무할레비는 일 년 내내 먹지만 특히 라마단 기간에 주로 먹는다. 만들자마자 먹으며 흔히 등화수(240쪽 참조)로 맛을 낸다.

레바논
디저트
TASTED ☐

무할레비	4인분

재료 • 우유 4와 1/2컵(1리터), 설탕 3/4컵(150g), 쌀가루 2/3컵(100g), 등화수 3큰술, 시나몬 가루 1작은술

- 냄비에 우유와 설탕을 넣고 중간 불에 올린다(팔팔 끓지 않도록 주의한다). 우유가 뜨거워지면 쌀가루를 넣어서 잘 섞는다. 계속 휘저으면서 약한 불에 40분간 익힌다. 다 익으면 등화수를 넣고 2분간 뭉근하게 익힌다.
- 작은 라메킨에 부어서 냉장고에 3시간 정도 차갑게 두었다가 시나몬 가루를 살짝 뿌려서 먹는다.

나테프 NATEF

레바논
디저트

TASTED ☐

나테프는 채식주의자라면 꼭 알고 있어야 할 매우 독특한 식자재다. 휘핑크림과 아주 비슷한 맛이 나지만 완벽한 식물성 식자재기 때문이다! 나테프는 사포닌이 함유된 식물인 비누풀soapweed로 만든다. 요리에 사용하기도 하지만 실제로 천연 비누를 만들 때 사용하는 식물이다.

나테프를 만들려면 우선 비누풀의 뿌리를 채취해서 물에 끓여야 한다. 수 시간 후면 사포닌이 풍부한 밝은 갈색의 액체가 된다. 이 액체를 거품기로 휘저으면 마법처럼 밝은 흰색 거품으로 변한다. 여기에 설탕 등을 더하면 토핑이나 케이크에 곁들이는 달콤한 크림이 된다.

나테프는 이탈리아 머랭과 매우 흡사한 진한 식감에 단맛이 나며 때때로 장미수 등으로 향을 내기도 한다. 세몰리나로 만들어서 안에 다진 견과류를 채운 작은 타원형 케이크인 카라비karabij를 나테프에 찍어 먹으면 달콤하고 입에서 살살 녹는 나테프가 푸슬푸슬하게 부스러지는 카라비의 식감을 보완해준다.

OSMALIEH 오스말리에

오스말리에는 다양한 질감과 맛을 한입에 느낄 수 있는 디저트다. 페이스트리와 크림, 등화수, 장미수가 들어가 바삭바삭하면서 부드럽다. 정제 버터에 튀긴 카다이프kadaïf(아주 가느다란 버미첼리 면 같은 페이스트리) 두 겹 사이에 등화수(240쪽 참조)로 맛을 낸 크림을 넣고 케이크 위에 장미수 시럽을 두른다. 오스말리에는 작게도 만들 수 있고 나눠 먹을 수 있는 큰 크기로 만들 수도 있다. 일반적으로 아슈타ashta 크림과 으깬 피스타치오, 설탕에 절인 장미 꽃잎으로 장식한다.

레바논
디저트

TASTED ☐

TAMREYA 탐레야

아랍어로 대추야자라는 뜻인 '타메르'에서 유래한 이름인 탐레야는 대추야자로 만든 과자다. 한입 크기의 당과류로 사우디아라비아와 쿠웨이트를 비롯한 페르시아만 지역에서 특히 인기가 좋다. 초콜릿처럼 단독으로 먹기도 하고 커피와 함께 먹기도 한다.

대추야자를 갈아서 걸쭉한 페이스트로 만든 다음 버터를 넣고 바닐라와 시나몬, 카다멈 등의 향료를 더해서 익힌다. 식혀서 적당한 크기로 자른 후 속에 아몬드나 밤을 채우고 녹인 초콜릿, 으깬 피스타치오, 코코넛 슬라이스 등을 입힌다.

쿠웨이트
디저트

TASTED ☐

터키시 딜라이트 TURKISH DELIGHT

터키

디저트

TASTED ☐

터키시 딜라이트는 터키에서는 로쿰lokum이라고 불리는 과자로, 부드럽고 말랑말랑한 작은 사각형 젤리에 슈거 파우더를 한 켜 입혀놓은 것처럼 생겼다. 젤리는 전분에 구연산과 물, 설탕을 섞어서 만들고 장미수나 등화수(240쪽 참조) 또는 견과류(아몬드, 헤이즐넛, 피스타치오)를 첨가한 베르가모트 등으로 맛을 낸다. 식혀서 한입 크기로 작게 썬 후 슈거 파우더에 굴려서 서로 달라붙지 않도록 한다.

내려오는 이야기에 따르면 터키시 딜라이트는 18세기 후반 토프카프 궁전에서 만들어진 음식으로, 1777년 최초의 터키시 딜라이트 전문점이 이스탄불에 문을 열면서 인기를 얻게 되었다고 한다. 그러나 사실 이 조리법은 그보다 수 세기는 더 오래된 것으로, 원래 이름이 '인후의 편안함'이라는 뜻의 라하트 로쿰rahat lokum이었던 것에서 본디 인후통 약으로 개발되었다는 것을 엿볼 수 있다. 맛을 더해가면서 지배층의 눈에 들어 오스만 제국에서 인정받는 음식이 되었다.

아이란 AYRAN

터키

음료

TASTED ☐

아이란은 동유럽에서 중동에 이르는 넓은 지역에서 인기 있는 유제품 음료다. 보통 요구르트와 소금물을 1대 2로 섞어서 만든다. 거품을 낸 다음 구리 잔에 담아 마시며 신선한 민트 잎으로 장식하기도 한다.

8세기에 투르크메니스탄에서 몽골에 이르는 광대한 지역을 지배했던 돌궐족까지 거슬러 올라가는 아주 오랜 역사를 지닌 음료다. 돌궐족은 인도에도 진출했기 때문에 아이란과 라씨

(368쪽 참조)는 기원이 같을 가능성이 있다.

터키의 국민 음료인 아이란은 슈퍼마켓과 패스트푸드점을 비롯한 전국 거의 모든 가게에서 구입할 수 있다. 상쾌한 맛으로 여름철에 특히 인기가 높다.

차이

çay

터키
음료
TASTED ☐

터키인은 세계에서 가장 차를 많이 마신다. 1인당 연간 말린 찻잎 약 3킬로그램을 소비하며, 이는 중국인 평균 소비량의 5배 이상이다!

터키에서 차이라고 부르는 차는 터키 일상생활의 일부를 차지하고 있으며, 차를 마시는 일련의 의식이 있다. 거의 모든 회사와 상점에는 차 서비스를 전담하는 직원인 차이씨çaici가 있어서 따뜻한 차가 떨어진 손님이 없는지 확인하고 다닌다. 차이씨는 누가 하루에 차를 몇 잔 마시는지, 설탕은 얼마나 넣는지 등 모든 사람의 취향을 파악하고 그에 따라 매일 차를 제공한다. 사람들은 원활한 서비스를 위해 찻값을 미리 내고 토큰 수백 개를 받아서 빈 잔에 하나씩 남기는 식으로 대금을 치른다.

집에서도 하루 종일 차이를 따뜻하게 보관해서 마시며, 터키에 있는 친구네를 방문한다면 가장 먼저 대접받는 음식은 차이와 그에 곁들이는 작은 비스킷 또는 터키시 딜라이트 등의 당과류일 것이다. 또한 아침 식사로 뜨거운 차이에 시미트simit라고 불리는 참깨를 뿌린 고리 모양 빵을 곁들여 먹는다.

차이는 홍차로 우리며 특히 터키 북동부에서 흑해 연안에 이르는 지역에서 생산한 홍차를 사용한다. 두 개의 주전자를 쌓은 형태인 차이단릭çaydanlik이라는 특별한 도구를 이용한다. 아래쪽 주전자에는 뜨거운 물이 들어 있으며 위쪽 주전자에 아주 진하게 우린 차가 들어 있다. 차이는 매우 뜨겁게 마시는 음료로, 작고 반투명한 튤립 모양 잔을 사용한다. 진한 차(코유koyu)를 선호하는 사람이 있고 연한 차(아치크açik)를 선호하는 사람도 있어서 농축된 차에 뜨거운 물을 더해서 취향에 따라 농도를 조절한다. 설탕은 기호에 따라 첨가하지만 각설탕을 두 개씩 넣는 사람도 드물지 않다. 좋은 차이는 적갈색을 띠며 맛이 깔끔하고 뒷맛이 씁쓸하지 않다.

잘렙   JALLAB

레바논
음료

TASTED ☐

잘렙은 대추야자 시럽(293쪽 참조)으로 만든 상쾌한 음료로 중동 전역에서 여름철에 즐겨 마신다. 아름다운 붉은색을 띠면서 달콤한 과일 맛이 난다. 때때로 포도나 석류, 타마린드 시럽을 섞거나 장미수를 뿌리기도 한다. 잣이나 건포도를 넣을 때도 있다. 잣은 수면에 동동 뜨고 건포도는 바닥에 가라앉아 구경하는 재미가 쏠쏠하기 때문에 아이들에게 특히 인기가 높다.

라키   RAKI

터키
음료

TASTED ☐

라키는 아랍 국가에서는 아라크arak라고 불리는 아니스 술이다. 오스만 제국의 그리스인과 아르메니아 기독교인에 의해 대중화되었으며, 음주를 금지하는 이슬람교의 원칙에도 불구하고 종교와 관계없이 사랑받는 음료가 되었다.

라키는 이탈리아의 그라파 또는 페루의 피스코(602쪽 참조)와 같이 포도즙을 증류해서 65도 주정으로 만든다. 증류를 거친 다음 아니스와 감초를 추가하고 다시 한번 증류해서 얻어낸 90프루프(45도)의 맑은 주정에 물을 첨가하면 아니스에 함유된 지방 입자가 반응해 흰색으로 변한다. 그 특유의 하얀색 때문에 터키에서는 라키를 '사자의 우유'라고 부른다.

라키는 전통적으로 메이하네meyhane라는 레스토랑에서 마시며, 흔히 구운 고기나 생선에 곁들여 낸다. 라키와 얼음물을 1대 2로 섞어서 작은 원통형 유리잔에 담아 식사 내내 마신다.

SALEP

터키
음료
TASTED ☐

살렙

난초는 식용할 수 있는 종이 그리 많지 않다. 식용 난초로는 발효와 건조를 거친 꼬투리를 먹는 바닐라(354쪽 참조)가 가장 유명하다. 하지만 터키에서는 난초의 뿌리줄기를 이용해서 살렙이라는 음료를 만들어 마시는 오래된 전통이 있다.

살렙은 자양 강장제로 알려져 있는데, 작은 주머니 두 개가 붙어 있는 뿌리줄기의 모양과 크기가 고환과 닮았기 때문이다. 아나톨리아의 야생 난초에서 뿌리줄기만 채취한 다음 건조해서 빻아 가루를 낸다. 이 가루를 우유에 넣고 끓인 다음 등화수(240쪽 참조)로 맛을 내며 시나몬을 약간 섞기도 한다. 살렙 뿌리에 들어 있는 점액 성분 덕분에 우유와 포리지 중간쯤 되는 크리미한 질감이 난다.

사우디 커피

사우디아라비아
음료
TASTED ☐

아라비아 커피라고도 불리는 사우디 커피는 예멘의 수피 수도원에서 유래했다. 수피파 신자들은 밤늦게까지 예배를 계속하기 위해 커피를 마시곤 했다. 아마 커피 작물의 원산지인 에티오피아(285쪽 커피의 역사 참조)에서 무역 사업을 하던 아랍 상인을 통해 커피를 접하게 됐을 것으로 추정한다.

사우디 커피는 카다멈과 섞어서 만든다는 점이 독특하며, 카다멈은 사우디 커피의 주성분이기도 하다(보통 카다멈 3큰술에 커피 2큰술을 섞어서 만든다). 때때로 사프란을 얹어서 장식하기도 한다.

달라dallah라고 불리는 긴 초승달 모양의 부리가 달린 주전자로 만든다. 커피와 카다멈을 섞어서 물에 팔팔 끓여서 우려낸다. 그런 다음 손잡이가 없는 작은 컵에 딱 반만 따라서 낸다.

사우디 커피는 낮은 온도에서 생두를 로스팅하기 때문에 색이 굉장히 맑으면서 향신료 풍미와 쓴맛이 느껴진다. 사우디 커피에는 절대 단맛을 첨가하지 않기 때문에 보통 대추야자 등 달콤한 간식을 곁들여서 마신다.

커피는 아랍 사회에서 중요한 역할을 한다. 손님을 환영하는 의미로, 식사를 시작하기 전에 커피를 제공하는 것이 전통이다. 손님의 잔이 비면 주인이 다시 커피를 채워주며 최소한 두세 잔은 마시는 것이 관례다.

터키식 커피

터키
음료
TASTED ☐

'터키식 커피'는 커피 가루를 걸러내지 않고 함께 잔에 따른 뒤 가루를 가라앉혀 마시는 커피를 가리킨다. 한번 따르면 휘저을 수 없기 때문에 설탕을 넣지 않은 무가당(사데sade), 연한 단맛(아즈 세켈리az sekerli), 중간 단맛(오르타 세켈리orta sekerli), 강한 단맛

(콕 세켈리cok sekerli) 중에서 미리 선택해서 주문해야 한다. 하루 종일, 특히 직장에서 내내 마시는 차와 달리 커피는 사교적인 음료기 때문에 흔히 친구와 몇 시간 동안 커피를 마시면서 시간을 보내기도 한다. 터키 사람들은 절대 이탈리아 사람들처럼 바에 혼자 서서 커피를 홀짝 마시지 않는다. 앉아서 여유롭게 시간을 보내며 즐긴다.

터키식 커피는 주로 체즈베cezve라는 구리 냄비에 끓인다. 곱게 간 커피 가루를 먼저 체즈베에 넣고 설탕과 찬물을 붓는다. 절대 팔팔 끓이지 않고 뭉근하게 익힌 다음 작은 도자기 컵에 커피를 붓는다. 갓 내린 커피를 바로 마시지 않고 커피 찌꺼기가 컵 바닥에 가라앉을 때까지 기다린다.

컵을 비우면 바닥에 커피 가루가 남아 있게 된다. 컵을 접시에 뒤집어서 커피 가루의 흔적으로 미래를 점치는 전통은 아직도 흔하게 볼 수 있다. 터키에서 신랑이 청혼을 할 때 약혼자의 집에 가서 신부 부모에게 결혼을 승낙받는데, 예비 신부가 커피를 준비한다. 커피가 맛있을수록 결혼 생활이 행복하다는 말도 있다. 전통적으로 예비 신부는 예비 신랑의 잔에 소금이나 식초, 고추 등을 넣으며 예비 신랑은 아무리 이상한 재료가 들어갔어도 반응하지 않고 커피를 마셔야 한다.

TURŞU SUYU

투르슈 수유

터키
음료
TASTED ☐

터키인은 야채절임을 즐겨 먹으며, 투르슈쿠turşucu라는 전문점에서는 양배추에서 피망, 당근, 오이, 가지, 마늘, 비트, 순무 등 상상할 수 있는 거의 모든 야채를 소금과 식초 혼합물에 절여서 판매한다.

야채절임은 포장은 물론 가게에서 먹고 갈 수도 있으며 야채를 절인 액체도 마신다. 이를 투르슈 수유(야채절임 주스)라고 부르며, 영양가가 높아서 인기가 있다.

보통 무색에 새콤 짭짤한 맛이 나며 살감 수유salgam suyu 즉 '순무 주스'를 만들어서 먹기도 한다. 보라색 당근을 절인 절임액에 순무즙을 섞고 오이 피클을 잘게 썰어 넣는다. 그러면 짭짤하고 새콤하면서 사워 체리 주스와 비슷한 맛이 나는 루비 레드색 주스가 된다.

곡물의 역사

전 세계적으로 인간은 열량의 약 50퍼센트를 곡물에서 얻는다. 때문에 곡물은 인류의 가장 중요한 영양 공급원이라고 할 수 있다. 일부 풀 품종의 식용 가능한 씨앗인 곡물은 익히거나 빻아서 가루를 내어 죽, 세몰리나, 빵, 국수 등을 만든다.

약 1만 년 전 농업이 시작된 이래로 곡물은 인류의 식단에서 중요한 역할을 했다. 탄수화물이 풍부하고 저장 안정성이 높기 때문에 고대부터 필수품이 되었다. 초기 문명은 중동의 밀, 중앙아메리카의 옥수수, 남아시아의 쌀 등 대량 생산되는 곡물을 기반으로 발달했다. 곡물로 세금을 냈으며 군대 운영에도 곡물은 몹시 중요했기 때문에 곡물은 최초의 국가에 이어 최초의 제국이 탄생하는 데에도 일조했다.

세계에서 가장 많이 재배되는 곡물 다섯 가지는 다음과 같다. 동물 사료와 인류의 식량으로 두루 쓰이는 옥수수, 아시아에서 가장 큰 역할을 하는 쌀, 유럽과 중동뿐만 아니라 인도와 중국 북부에서도 매우 인기가 높은 밀, 동유럽과 러시아에서 특히 중요한 보리, 그리고 아프리카를 비롯한 건조 지역에서 매우 귀중한 작물인 수수다. 수확한 곡물은 보통 건조시켜서 보관하고 오랫동안 보존하기 위해서 빻아 가루를 내곤 한다.

빵은 인류가 만든 최초의 곡물 기반 식품으로 추측된다. 약 3만 년 전부터 만들어졌으며 당시에는 야생 곡물을 이용했을 것이다. 최초의 빵은 발효시키지 않은 것으로 아마 이스라엘의 맛초(292쪽 참조), 인도의 차파티, 멕시코의 옥수수 토르티야(550쪽 참조)와 비슷했을 것이다. 이후 인류는 반죽을 수 시간 그대로 내버려 두면 곰팡이의 작용으로 빵이 발효된다는 것을 발견했다. 그러면서 아르메니아의 라바쉬(330쪽 참조), 인도의 난(350쪽 참조) 등 부풀린 빵이 등장했다. 당시의 빵은 보통 둥글고 납작한 모양이었다. 통통한 빵은 훨씬 나중에 등장했다. 빵은 식빵이나 호밀로 만든 독일의 펌퍼니클(138쪽 참조)처럼 반죽 틀에 넣어서 구울 수도 있고 프랑스 바게트나 이탈리아의 치아바타처럼 돌돌 말아 오븐에서 구울 수도 있다.

두 번째로 많이 먹는 곡물 음식은 국수이며, 가장 오래된 국수는 4000년 넘은 기록이 남아 있는 중국의 라멘(384쪽 참조)일 것으로 추정된다. 전설에 따르면 마르코 폴로가 중국에서 파스타와 비슷한 조리법을 보고 이탈리아로 들여왔다고 하지만 유럽에도 그보다 이른 시기에 파스타가 존재했다. 특히 로마인이 먹던 라자냐와 짧게 채 썬 형태의 파스타가 있었다. 그러나 라비올리가 이탈리아에 나타난 시기는 중국에 비하면 매우 늦기 때문에 중국에서 들어왔을 가능성이 높다. 북아프리카에서도 곡물을 많이 먹으며 보통 세몰리나 밀가루에 물을 약간 뿌려서 작은 구슬 모양(쿠스쿠스라고 한다)으로 빚는다.

곡물 소비량은 국가에 따라 다르다. 이탈리아는 1인당 연간 28킬로그램을 먹어치우는 세계 최고의 파스타 소비국이다. 빵을 가장 많이 먹는 나라는 터키로 매년 1인당 120킬로그램을 먹는다.

중앙아시아와 캅카스

CENTRAL ASIA AND THE CAUCASUS

중앙아시아와 캅카스는 유목 민족의 전통이 강하게 남은 광활한 지역이다. 이 책에서는 이란도 이 지역에 포함시켜 함께 설명한다. 이란은 지리적으로는 중동에 속하지만 과거 페르시아 제국이 이 지역을 지배하고 영향력을 미쳐온 것처럼 많은 요리 유산을 공유하고 있기 때문이다.

중앙아시아 유목 민족에게 말은 먼 거리를 여행할 수 있는 이동 수단이자 고기와 우유를 얻을 수 있는 식량원이었다. 중앙아시아는 말고기가 중요한 역할을 하는 유일한 지역이며 양고기와 소고기, 닭고기도 흔하게 찾아볼 수 있다. 말젖은 6~10월 사이에 구할 수 있는 제철 식품으로 흔히 쿠미스라는 발효 음료로 만들어서 마신다.

유목 생활의 결과 무거운 조리 도구 없이도 만들 수 있는 요리가 탄생했다. 대표적인 것이 훠궈다. 원래 몽골 군인들이 금속 방패에 재료를 집어넣고 익혀 먹던 음식으로 중국으로 전파되어 현재까지 큰 인기를 끌고 있다.

바다에 접근할 수 없는 내륙 지역(이란 제외)에서는 바닷물고기는 거의 구할 수 없었다. 카스피해는 바다가 아니라 염호鹽湖지만 그래도 이와 국경을 맞댄 이란, 아제르바이잔, 러시아, 카자흐스탄, 투르크메니스탄에 어류 공급원이 되어주었다.

사과와 멜론, 양파, 당근 등 과일과 채소 중에는 중앙아시아가 원산지인 것이 많다. 포도는 캅카스 지역에서 처음으로 재배된 과일로, 8000년 이상 전의 와인 양조 흔적이 발견된 바 있다.

말린 과일과 견과류는 이들 지역의 디저트와 식사 메뉴에서 모두 중요한 역할을 한다. 아마 키르기스스탄이 원산지일 호두의 인기가 매우 좋으며, 이란의 거의 모든 음식에 들어가는 피스타치오는 견과류의 제왕 격이다. 향신료의 경우 이란에서는 당연히 사프란이 으뜸이다. 세계에서 가장 비싼 향신료로, 아주 소량만 넣어도 음식에 따뜻하고 달콤한 향을 불어넣는다.

알발루 체리

캅카스와 아나톨리아 사이가 원산지인 알발루 체리는 최소 기원전 4세기부터 재배되어 왔다. 터키와 이란은 알발루 체리의 역사적 요람인 것은 물론 오늘날까지도 세계 최고의 생산국이다. 다만 현재는 미국이 이란을 추월해서 세계 2위 생산국이 되었다.

작고 둥근 모양에 윗부분이 살짝 들어가 있어서 하트처럼 보이는 알발루 체리는 보통 루비 레드색을 띠지만 품종에 따라 노란색에서 거의 까만색처럼 보이는 것까지 여러 종류가 있다. 전 세계적으로 재배되는 체리는 두 종류로 구분할 수 있다. 생과일로 먹는 스위트 체리와 브랜디를 만들거나 요리에 사용하는 사워 체리다.

이란은 두 종류의 체리가 모두 유명하다. 가장 인기 있는 품종은 스위트 체리인 마슈하드mashhad로 동명의 이란 도시에서 유래했으나 현재는 전 세계적으로 재배되고 있으며, 사워 체리에 속하는 알발루 체리 또한 디저트는 물론 짭짤한 요리의 재료로도 널리 쓰이는 인기 과일이다.

알발루 체리로 만드는 가장 인기 있는 음식은 체리를 쌀, 닭고기, 허브, 사프란과 함께 익히는 알발루 폴로다. 또한 샤르바트 sharbat(설탕에 과일을 익혀서 만든 시럽으로 영어의 셔벗sherbet, 프랑스어 소르베sorbet의 어원)에 물과 얼음을 섞어 여름 음료인 샤르바트 알발루를 만들기도 한다.

APRICOT

살구

아르메니아
과일과 채소

TASTED ☐

살구의 원산지는 아시아일지 몰라도 아르메니아에서 최소 2000년 이상 재배되다 유럽으로 넘어갔다. 학명 또한 '아르메니아 자두'라는 뜻의 프루누스 아르메니아카Prunus Armeniaca다.

살구는 탄탄한 주황색 과육을 매끈한 껍질이 싸고 있는, 살짝 신맛이 도는 달콤한 다육질 핵과다. 보통 생과일로 먹거나 파이, 잼 등을 만들어서 디저트로 먹지만 북아프리카에서는 타진(247쪽 참조)에 넣는 등 짭짤한 요리에도 들어간다. 제철인 여름에는 생과일로 먹지만 아주 오래전부터 말린 과일로 만들어 일년 내내 먹었다.

살구와 아몬드는 같은 야생 식물을 길들여서 얻어낸 작물이다. 살구는 씨앗 주변의 과육이 늘어나는 방식으로 선택 교배했고 아몬드는 씨앗의 독성을 낮추는 쪽으로 선택 교배했다. 살구 씨앗의 핵에는 시안화물이 함유되어 있으므로 먹으면 안 된다.

CHERRY PLUM

체리플럼

조지아
과일과 채소

TASTED ☐

조지아에서는 알루차alucha라고 불리는 체리플럼은 자두 크기의 핵과에 속한다. 덜 익었을 때는 녹색이며 익을수록 노란색 또는 붉은색을 띤다. 풋과일과 완전히 익은 과일 모두 식용 가능하다. 익은 과일은 보통 디저트로, 녹색을 띠는 풋과일은 양념으로 쓴다. 녹색일 때 수확한 체리플럼은 단단하고 아삭아삭한 질감에 새콤한 맛이 난다. 소금을 살짝 쳐서 간식으로 먹기도 하지만 보통 조리해서 먹으며 특히 스튜에 넣어 새콤한 맛을 더한다.

체리플럼이 잘 익으면 단맛이 늘어나지만 그래도 새콤한 맛이 남아 있다. 생과일로도 먹을 수 있지만 제철이 매우 짧아서 잼을 만들거나 시럽에 재워서 보존한다. 조지아에서는 체리플럼을 미국의 케첩에 비유할 수 있을 정도로 내중직인 트케밀리 tkemali 소스의 주재료로 쓴다. 체리플럼에 마늘, 피망, 허브를 섞어서 만든다. 트케말리는 사용한 체리플럼의 성숙도에 따라 녹색, 노란색, 빨간색의 세 종류가 존재한다.

양모과

아르메니아
과일과 채소
TASTED ☐

썩은 과일을 먹는다? 입맛이 뚝 떨어지는 소리로 들리지만 실제로 양모과는 썩혀서 먹는 과일이다. 양모과는 캅카스가 원산지로, 겨울철에 구할 수 있는 유일한 과일이었기 때문에 한때 유럽 전역에서 널리 재배했다. 어쩐 일인지 지금은 거의 사라지고 말았지만 아직도 아르메니아 등 일부 국가에서 찾아볼 수 있다.

양모과는 지름 약 5센티미터 크기의 작고 둥근 갈색 과일로 툭 튀어나온 다섯 개의 작은 꽃받침 때문에 쉽게 구분할 수 있다. 떫은맛이 너무 강해서 생과일로는 먹을 수 없으며 블렛팅 bletting이라 불리는 과정을 거쳐야 식용 가능하게 된다. 블렛팅은 나무에 열매가 아직 달려 있을 때, 특히 첫서리가 내린 이후에 자연적으로 발생하기도 하지만 인위적으로 진행할 수도 있다. 양모과를 따서 짚에 얹어 약 2주 정도 발효시키는 것이다. 그러면 딱딱한 흰색 과육이 부드러운 갈색으로 바뀌며 사과소스와 밤 페이스트를 섞은 듯한 맛이 나게 된다. 잘라서 숟가락으로 떠먹거나 부드러운 과육을 쭉 짜서 빨아 먹는다.

PINE NUT

잣

식용할 수 있는 소나무 열매는 많지만, 아프가니스탄만큼 이 열매가 중요한 역할을 하는 곳은 없다. 호스트 산악 지방에는 잣만 판매하는 시장이 두 개나 있을 정도다. 호스트에서는 칠고자chilgoza라고 불리는 잣은 수만 년 전 수렵 채집 시절부터 주워 모으던 식량이었다. 잣은 솔방울 사이에 숨겨져 있기 때문에 일단 솔방울을 부숴서 딱딱한 껍질에 쌓인 잣을 꺼내야 한다. 짙은 밤색의 껍질을 제거하면 연한 노란색에 살짝 기름지면서 아몬드와 비슷한 섬세한 맛이 나는 작고 길쭉한 잣을 얻을 수 있다.

잣은 그냥 먹기도 하고 디저트에 활용하기도 하며 짭짤한 음식에 사용할 수도 있다. 이탈리아에서는 으깬 잣과 바질잎, 올리브 오일, 마늘, 치즈로 페스토소스를 만든다. 중동에서도 인기 재료라서 키베(303쪽 참조)에도 흔히 사용하며 디저트에도 들어간다. 미국 뉴멕시코에서는 커피에 볶은 잣을 섞어서 고소한 풍미를 배가시킨 피뇬 커피piñon coffee를 마신다.

아프가니스탄
과일과 채소
TASTED ☐

PISTACHIO

피스타치오

지중해 동부 해안과 중동이 원산지인 피스타치오는 9000년 이상 전부터 재배해온 가장 오래된 견과류 품종이다. 특히 페르시아에서 널리 재배하여 유럽에서는 '페르시아 아몬드'라고 불렸다. 오늘날에도 전 세계 생산량의 절반을 이란에서 생산한다(2위는 전체 피스타치오 생산량의 4분의 1을 생산하는 미국이다).

얇은 자주색 껍질이 덮인 황록색 과육이 특징인 피스타치오는 열매가 익으면 딱딱한 껍데기가 살짝 갈라진다. 이 딱딱한 껍데기와 안쪽 씨앗을 감싸고 있는 부드러운 겉껍질은 벗겨내서

이란
과일과 채소
TASTED ☐

판매하기 때문에 신선한 피스타치오에 익숙한 사람은 많지 않다. 신선할 때는 흔히 알고 있는 볶은 피스타치오보다 훨씬 부드러운 질감이 난다. 이란에서는 생과로도 많이 먹지만 대부분 건조 및 로스팅을 거치고 때로는 소금을 쳐서 수출한다.

피스타치오는 페르시아 요리의 중요한 재료기 때문에 달콤한 음식과 짭짤한 음식에 모두 들어간다. 그 어떤 재료와도 비슷하지 않기 때문에 피스타치오의 맛은 설명하기 어렵다. 부드럽지만 뚜렷한 풍미가 느껴지며 살짝 달콤하다.

전 세계적으로 다양한 피스타치오가 재배되고 있다. 피스타치오를 맛보는 최고의 방법은 피스타치오 재배의 심장이라 할 수 있는 이란의 케르만을 방문하는 것이다. 이곳에서는 마늘과 레몬즙으로 양념한 아주 맛있는 피스타치오 수프를 먹을 수 있다.

자주색 당근

PURPLE CARROT

아프가니스탄
과일과 채소
TASTED ☐

아마 이걸 들으면 깜짝 놀라겠지만, 최초의 당근은 보라색이었다. 체리나 가지에서 발견되는 안토시아닌이 함유되어 있었기 때문이다. 보라색 당근은 아프가니스탄에서 재배하기 시작한 것으로 추정되며, 원래 약용 식물이었기 때문에 뿌리보다는 씨앗을 얻기 위해 재배했다. 당근이 유럽에 전파된 것은 4000년 이상 전이지만 유럽에서 재배된 품종은 대부분 흰색이었다.

보라색 당근은 날것으로 먹기도 하고 요리에 넣기도 한다. 주황색 품종보다 살짝 달콤하고 항산화 물질이 풍부해 영양가도 더 높다. 우리에게 익숙한 주황색 당근은 16세기 이후에 탄생한 것으로, 네덜란드 재배자가 흰색 당근과 보라색 당근을 교배해 만들어냈다. 네덜란드의 독립을 위하여 스페인 왕에 대항해 싸웠던 오라녀나사우Oranje-Nassau 가문에 찬사를 보내기 위해 개발한 것으로, 주황색은 이 가문의 상징 색이었다. 이후 오늘날 전 세계적으로 재배되는 당근 500여 종 중 대부분이 주황색일 정도로 주황색 당근의 인기가 높아졌다.

TURKMEN MELON

투르크멘 멜론

투르크메니스탄
과일과 채소

TASTED ☐

최초의 멜론 재배 흔적은 약 5000년 전의 고대 이집트까지 거슬러 올라가지만, 멜론은 그 이전부터 이미 중앙아시아에서 재배되고 있었던 것으로 추정된다. 투르크메니스탄에서는 멜론이 특히 중요한 작물이라 400종 이상의 품종이 존재하며, 50그램이 안 되는 데세마야dessemaya 품종에서 길이 1미터 이상, 무게 25킬로그램 이상인 미흐만소바myhmansovar 품종에 이르기까지 크기가 다양하다.

가장 인기 있는 품종은 럭비공 모양에 길이 50센티미터, 폭 20센티미터, 무게 약 15킬로그램인 굴라비gulabi다. 달콤한 노란색 과육에서 섬세한 맛이 나 중앙아시아 전역은 물론 중국과 이란, 러시아까지 널리 수출된다. 투르크메니스탄 사람들은 멜론을 특히 자랑스럽게 여겨서 이를 기리는 축제를 열 정도다.

호라산 밀 　　　　　　　　　　　KHORASAN WHEAT

이란

빵과 곡물

TASTED ☐

이란 북동부가 원산지인 호라산 밀은 약 1만 년 전에 경작하기 시작한 이후 거의 변하지 않은 고대 밀이다. 염색체가 42개인 현대의 밀 품종과 달리 염색체가 28개뿐이다. 최초로 경작된 밀을 교배시키며 유전자 구성이 바뀌어 우리가 알고 있는 현대의 밀이 탄생했다(야생 밀은 염색체가 14쌍뿐이며 28개의 염색체를 지닌 최초의 재배 밀을 생산하기 위해 교배하는 용도로 쓰였다).

호라산 밀은 헤이즐넛을 연상시키는 달콤한 맛이 난다. 파스타와 빵, 팬케이크를 만드는 용도로 쓴다. 대부분의 고대 품종과 마찬가지로 호라산 밀도 재배하기 쉬운 신품종에 밀리면서 거의 사라졌다. 그러다 1949년 미국인 비행사가 이집트 무덤에서 발견했다는 곡물 봉지를 가져오면서 새롭게 발견되었다. 이 봉지에는 특이한 곡물 알갱이가 36개 들어 있었다. 생긴 것은 밀 같지만 크기가 일반 밀의 3배에 달했고, 껍질이 몹시 질겼다. 비행사는 몬태나주에서 농사를 짓던 아버지에게 밀을 보냈고, 이를 경작한 아버지는 '킹 툿 밀King Tut wheat'이라는 이름으로 판매하기 시작했다. 점차 인지도가 높아지면서 1990년대에는 카무트kamut라는 이름으로 대규모 생산되기 시작했다. 아시아의 고대 곡물이 미국 농부의 노력으로 되살아나게 된 것이다.

라바쉬 　　　　　　　　　　　Lavash

아르메니아

빵과 곡물

TASTED ☐

라바쉬는 밀가루와 이스트, 물, 소금으로 만드는 얇고 부드러운 빵이다. 페르시아에서 기원한 것으로 추정되지만 현재 아르메니아에서 중요한 음식일 뿐 아니라 제조 과정이 유네스코 무형문화유산으로 지정되기도 했다. 아르메니아에서는 인기 있는 음식으로, 상징적인 역할도 한다. 결혼식에서 신혼부부의 어깨에 커다란 라바쉬를 얹어서 결혼 생활에 행운이 깃들기를 비는 전통이 있다.

라바쉬를 빚는 것은 전통적으로 여성의 일로, 먼저 반죽을 치댄 다음 발효시켜서 넓고 납작한 판 모양으로 성형한다. 인도에서는 탄두르tandoor라고 부르는 원통형 점토 화덕인 토니르tonir에서 굽는다. 남자들이 화덕에 불을 지피고 숯이 충분히 달궈지면 여자들이 반죽을 가져와 특별한 쿠션을 이용해서 화덕 벽에 붙인다. 라바쉬가 익으면 고리를 이용해서 벽에서 떼낸다.

갓 구운 라바쉬에 치즈나 허브, 양파 등을 채워서 랩 샌드위치를 만든다. 아르메니아식 바비큐인 코로바트khorovats를 만들 때도 필수 재료이며 고기 조각을 집어서 먹는 용도로 쓴다. 라바쉬는 시간이 지나면 쉽게 부서지기 때문에 오래 보관할 수 없다. 만든 당일에 먹는 것이 가장 맛있지만 말려서 잘게 부숴 수프나 스튜에 넣어 먹기도 한다.

BLACK LEMON

블랙 레몬

이란
향신료와 양념
TASTED ☐

페르시아어로는 리무 아마니limoo amani('오만의 레몬'이라는 뜻)라고 불리는 블랙 레몬은 이란 요리의 필수 재료다. 스튜와 수프에 새콤한 맛을 더하는 양념으로 쓴다. 블랙 레몬은 라임을 소금물에 담근 다음 햇볕에 수 주 동안 말려서 만든다. 그러면 라임이 안팎으로 어두운 갈색으로 변한다. 통째로 요리에 쓰거나 갈아서 다른 향신료와 섞어서 쓴다. 은은한 감귤류 풍미에 새콤한 맛이 나면서 살짝 훈연 향이 감돈다.

블랙 레몬을 사용하는 대표적인 이란 요리로는 허브(파슬리, 고수, 실파, 펜넬), 육류, 양파, 콩을 천천히 익힌 다음 블랙 레몬을 넉넉히 넣어서 맛을 낸 스튜인 고르메 사브지ghormeh sabzi를 들 수 있다. 이라크에서는 블랙 레몬을 반으로 자른 뒤 물에 끓여서 음료로 마시기도 한다. 주로 설탕이나 꿀을 섞어 차갑게 마신다.

마할렙 MAHALEB

아르메니아
향신료와 양념

TASTED ☐

마할렙은 세인트 루시아 벚나무의 핵을 빻아서 만든 분홍빛 가루다. 아르메니아와 터키, 시리아, 이집트, 이란, 레바논 요리에 주로 쓰이며 체리, 아몬드, 오렌지꽃을 연상시키는 쌉싸름하면서 달콤한 맛과 향을 낸다. 주로 페이스트리를 만들 때 사용하며, 특히 땋은 모양의 브리오슈로 참깨를 뿌려 완성하는 부활절 전통 음식인 아르메니안 츄렉armenian tcheurek에 들어간다.

사프란 SAFFRON

이란
향신료와 양념

TASTED ☐

향신료의 여왕인 사프란은 이란 요리의 상징과 같다. 아마도 그리스가 원산지일 작은 보라색 작물인 크로커스 사티버스crocus sativus의 암술 끝부분에 붙은 작은 가닥으로 만든다. 그리스에서도 아직 생산하고 있지만 대량으로 생산하는 국가는 이란이 유일하며 전 세계에서 판매되는 사프란의 90퍼센트 이상이 이란에서 나온다.

사프란을 재배하고 수확하는 데는 지속적인 관리가 필요하고 손으로 채취해야 하기 때문에 시간이 많이 걸린다. 사프란이 세상에서 가장 비싼 향신료로 1파운드에 5000달러가 넘어가는 이유다. 사프란 1파운드를 생산하려면 8만 송이 이상의 꽃을 수확해서 손으로 하나하나 암술을 떼어내야 한다.

꽃에서 떼어낸 사프란은 건조시켜서 작은 용기에 담아 판매한다. 풍미가 짙은 향신료라서 보통 1인분에 2가닥 정도를 사용하므로 사프란 0.1그램으로 5인분 식사를 만들 수 있다.

이란에서는 사프란을 품질에 따라 여러 등급으로 분류한다. 가장 귀한 것은 끝부분이 붉은색을 띠는 네긴negin과 그보다 살짝 저품질인 사르골sargol이다. 그 밑으로는 끝부분만 살짝 붉은색이고 나머지는 주황색인 푸살pushal, 향이 적은 노란색으로 이루어진 쿠쉬khooshe가 있다.

사프란은 독특한 향을 지니고 있다. 달콤하고 쌉쌀하면서 살짝 사향麝香이 느껴진다. 또한 요리에 아름다운 황금빛 주황색을 더해준다. 쌀 요리, 육류, 생선에 풍미를 더하는 용도로 사용하지만 디저트에도 많이 쓰인다. 이란에서는 특히 여름에 사프란을 넣은 아이스크림이 인기 있다.

이란에서는 절대 요리에 사프란 가닥을 직접 넣지 않는다. 풍미를 온전히 끌어내기 위해서 먼저 작은 절구에 사프란을 넣고 따뜻한 물을 약간 섞어서 찧은 후 요리에 사용한다.

BOLANIS

볼라니스

아프가니스탄
길거리 음식
TASTED ☐

볼라니스는 리크와 감자 등으로 속을 채워 만드는 얇은 채식 패티다. 밀가루로 반죽을 만든 다음 속을 채워서 기름에 튀긴다. 아프가니스탄에서 매우 인기 있는 길거리 음식이다. 흔히 요구르트 소스를 곁들여 먹는다. 아프가니스탄에서는 현지 리크 품종인 간다나gandana를 사용하지만 아래 레시피에는 일반 리크를 넣어도 괜찮다.

리크 감자 볼라니스   4인분

재료 · 밀가루 2컵(300g), 베이킹파우더 1/2큰술, 소금, 감자 2개, 리크
3대, 올리브 오일 6큰술, 차이브 1/2단, 후추, 플레인 요구르트

- 반죽: 볼에 밀가루, 베이킹파우더, 소금 한 자밤을 넣는다. 물
  1/2컵(150ml)을 넣고 반죽이 매끄러워져서 볼 벽에 달라붙지 않을
  정도가 될 때까지 치댄다. 둥글게 빚은 다음 다시 볼에 넣고 천을
  덮어서 2시간 동안 발효시킨다.

- 필링: 감자는 껍질을 벗기고 끓는 물에 부드러워질 때까지 삶는다.
  리크는 다져서 팬에 올리브 오일 3큰술을 두르고 넣어 20분간 천천히
  볶는다. 차이브를 다진다. 익은 감자를 으깬 다음 차이브와 리크를
  넣어서 잘 섞는다. 소금과 후추로 간을 맞춘다.

- 패티: 반죽을 4등분해서 둥글게 빚은 다음 팬케이크처럼 동글납작하게
  다듬는다. 가운데에 필링을 담고 반달 모양으로 접는다. 기포가
  들어가지 않도록 주의하면서 가장자리를 눌러 봉한다.

- 패티 굽기: 프라이팬에 나머지 올리브 오일을 두르고 달군다. 패티를
  넣고 노릇노릇하게 굽는다. 요구르트를 얹고 다진 차이브를 뿌려
  먹는다.

베쉬바르막   **BESHBARMAK**

**카자흐스탄
전통 음식**

TASTED ☐

중앙아시아 유목민의 전통 요리인 베쉬바르막은 지금도 이 지
역에서 즐겨 먹는 음식이다. 육수에 고기와 채소를 넣고 끓여서
만들며 삶은 면을 함께 낸다. 베쉬바르막은 원래 '다섯 손가락'

이라는 뜻이다. 건더기 재료는 식사를 같이하는 사람 모두가 나눠 먹을 수 있도록 큰 그릇에 담아낸 다음 손으로 먹으며 국물은 개별 그릇에 담아낸다.

대부분 양고기mutton로 만들지만 겨울철이면 말고기 베쉬바르막의 인기가 높아진다. 평소에도 흔하게 먹지만 특별한 날에 준비하는 축하 음식이기도 하다. 축하 자리에서는 손님의 사회적 지위에 따라 양 한 마리를 순서대로 분배한다. 머리는 가장 중요한 손님에게, 제일 좋은 부위는 연장자에게, 목살과 갈비는 젊은이에게, 심장과 간 등 내장은 아이들에게 준다.

BOODOG

버덕

몽골
전통 음식
TASTED ☐

버덕은 일종의 몽골식 바비큐로 마멋(때로는 양)을 통째로 숯불에 구워서 만들며 배 속에 뜨거운 돌을 넣어서 안쪽에서도 고기를 익힌다. 동물을 가죽째 통째로 익히는 이러한 조리법은 조리도구를 들고 다닐 필요가 없어서 유목 생활에 적합하기 때문에 과거 몽골에서 인기를 끌었다.

버덕을 만들 때는 우선 가축의 배를 갈라서 모든 내장과 뼈, 큼직한 고깃덩이를 발라내고 가죽만 남긴다. 발라낸 내장을 깨끗하게 손질한 다음 고기와 채소(당근, 감자, 순무), 하얗게 달군 돌과 함께 다시 가축의 배 속에 집어넣고 가죽을 꿰매 봉한다. 이대로 불 위에 얹으면 고기를 안팎에서 동시에 익힐 수 있다.

완전히 익은 버덕은 갈색 가방처럼 보인다. 껍질까지 먹을 수 있으므로 그슬린 털과 재는 꼼꼼하게 털어낸다. 손질이 끝나면 텐트로 가져와서 나누어 먹는다. 바삭바삭한 껍질은 물론 안에서부터 골고루 익은 고기와 채소까지 모든 부분을 먹을 수 있다. 식사가 끝나면 손님이 요리에 사용한 따뜻한 돌을 하나 집어 들고 행운을 비는 것이 관습이다.

훠궈

몽골
전통 음식

TASTED ☐

중국으로 전파되면서 큰 인기를 끌고 있는 몽골 전통 요리인 훠 궈를 보면 알 수 있듯이, 몽골은 중국 요리에 강한 영향을 미쳤 다. 13~14세기에는 몽골 왕조가 중국을 통치하기도 했다. 훠궈 는 몽골 기병이 금속 방패를 불에 올려 달군 양고기와 말고기 같 은 날재료를 익혀 먹던 오랜 전통에서 비롯된 음식이다.

현재는 아시아 전역에서 매우 인기 있는 음식으로 훠궈 전문 식당도 흔히 볼 수 있다. 테이블 중앙에 있는 냄비에 육수를 넣 고 뜨겁게 끓인 다음 고객이 직접 날재료를 육수에 넣어서 익힌 다. 여러 종류의 육수(매운 정도가 다르다)와 다양한 고기(닭고기, 오리고기, 소고기, 양고기, 내장), 해산물(새우, 생선, 오징어), 채소, 면 등 수많은 재료 중에서 먹고 싶은 것을 골라 넣을 수 있다.

카차푸리

조지아
전통 음식

TASTED ☐

카차푸리는 조지아어로 신선한 치즈라는 뜻의 카초khacho와 빵 이라는 뜻의 푸리puri가 합해진 단어다. 원래 반죽에 치즈를 얹 는 형태였지만 시간이 지나면서 조지아식 피자와 같은 음식이 되었다. 지금은 다양한 종류의 신선한 치즈나 훈제 치즈, 달걀, 시금치, 버섯, 심지어 다진 소고기나 베이컨 등의 육류까지 온갖 재료를 얹어서 만든다.

반죽은 피자 반죽과 비슷하며 모차렐라와 비슷한 수굴니 sugulni 치즈를 주로 올리지만 전통 카차푸리는 아직도 코티지 치즈에 가까운 카초를 사용한다. 카차푸리에는 지역에 따라 12가지 정도의 스타일이 존재하지만 가장 유명한 것은 배 모양의 반죽에 치즈를 채우고 녹인 버터와 달걀을 넉넉히 얹은 카차푸리로 조지아 남서부에서 유래한 것으로 추측한다.

PITI

아제르바이잔
전통 음식

TASTED ☐

피티는 사프란으로 맛을 낸 향기로운 육수에 양고기mutton와 병아리콩, 감자, 밤을 넣어 익힌 아제르바이잔의 전통 수프다. 도푸dopu라고 불리는 작은 도기 냄비에 개별 분량만큼 담아서 조리한다. 맛있는 피티를 만드는 비결은 최대 9시간까지 천천히 오랫동안 조리하는 것이다.

아제르바이잔에서는 전통적으로 피티를 두 번에 나누어 먹는다. 먼저 빵을 잘게 부숴서 그릇에 넣고 생양파와 수막(295쪽 참조)을 더한다. 그 위에 수프를 부어 먹은 다음 같은 그릇에 고기와 채소를 담아 먹는다. 피티는 푸짐한 음식으로 시골에서는 피티 한 그릇을 하루의 유일한 식사로 삼기도 한다. 이런 종류의 수프는 캅카스 전역에서 찾아볼 수 있지만 가장 맛있는 수프를 만드는 지역으로는 최고의 전통 피티를 선보이는 아제르바이잔 북부의 산간 마을 샤키를 꼽는다.

추르치헬라

조지아
디저트

TASTED ☐

추르치헬라는 견과류와 포도즙으로 만드는 조지아의 사탕 과자다. 우선 말린 호두를 실에 꿴다. 대형 구리 냄비에 밀가루와 포도즙을 함께 끓여서 시럽을 만든 후 실에 꿴 호두를 담근다. 건졌다가 다시 담그기를 반복해서 시럽을 두껍게 입힌 다음 딱딱하게 말린다.

겉으로 보기에는 길쭉하고 울퉁불퉁한 양초 같다. 길게 꿴 상태로 판매하며 전국 각지에서 쉽게 찾아볼 수 있다. 특히 호두와 포도즙을 풍부하게 구할 수 있는 와인 지역 칼케티에서 가을에 주로 생산한다.

적포도즙으로 만들면 짙은 색을 띠고, 청포도즙으로 만들면 맑은 갈색을 띤다. 원조 레시피는 포도를 사용하지만 다른 과일 즙으로도 만들 수 있으며 석류, 살구, 체리, 심지어 키위 맛도 있다. 칼로리가 높고 휴대하기 간편하며 별도의 조리 없이도 쉽게 먹을 수 있어 한때 조지아 군대에서 영양 공급원으로 활용하기도 했다. 현재는 아이들이 즐겨 먹는 크리스마스 간식이다.

가즈

이란
디저트

TASTED ☐

부드러운 질감의 과자인 가즈는 주재료인 가즈알제빈gaz-angebin에서 이름을 따왔다. 가즈알제빈은 자운영속에 속하는 식물에서 채취한 천연당으로, 한때는 신의 선물로 여겨져 '만나manna'라고 불렸다. 하지만 실제로는 이 관목의 수액을 먹고 사는 특정 곤충의 배설물로 만드는 것이라 그리 낭만적인 물질이라고 는 할 수 없다. 이 곤충은 수액 내의 단백질만 필요로 하기 때문 에 탄수화물 성분은 배설하는데, 이 배설물을 건조한 다음 햇볕 에 건조한다. 작은 흰색 실처럼 보이며, 물에 희석하면 천연당이 된다.

가즈는 이 가즈알제빈에 거품 낸 달걀흰자, 꿀, 피스타치오, 때때로 아몬드 등을 섞어서 만든다. 가즈알제빈이 매우 고가의 재료이기 때문에 많은 제조업체에서는 설탕으로 대체하거나 가 즈알제빈에 설탕을 섞어서 가즈를 만든다. 가즈는 기본 맛으로 즐기기도 하지만 장미수나 사프란, 카다멈 등으로 맛을 내기도 한다. 누가와 비슷하지만 질감이 더 부드럽다. 이란에서는 노루 즈(페르시아 설날) 기간에 친구와 가족에게 가즈를 선물하는 관습 이 있다.

KUMIS

쿠미스

키르기스스탄 음료

TASTED ☐

쿠미스는 발효된 말젖으로 만드는 중앙아시아 유목 민족의 전 통 음료다. 암말의 수유기인 6~10월 사이에만 구할 수 있다. 전 통적으로 향나무로 훈제한 염소 가죽 가방 차낙chanak에 말젖을 넣어 발효시키고 말 안장에 부착해서 끊임없이 휘저어 만든다. 그러면 말젖이 교반되면서 버터와 발효 유청(이 부분이 쿠미스다) 이 분리된다. 말젖은 소젖보다 당도가 높아서 발효 후 얻은 유청 은 약한 알코올(2~6프루프 또는 1~3도)이 포함되어 있으며 탄산 감이 느껴질 때가 많다. 쿠미스는 탁한 유백색을 띠며 새콤하면 서 살짝 짠맛이 난다.

사페라비 와인

조지아
음료

TASTED ☐

조지아는 8000년 이상 된 와인 생산 유적이 있는, 세계에서 가장 오래된 와인 양조지다. 조지아에서는 원래 포도를 수확한 다음 포도즙을 크베브리kvevri라는 대형 항아리에 담아서 보관했다. 크베브리는 주둥이까지 땅에 묻어서 겨우내 발효시킨다. 이 전통 양조 기술은 오늘날에도 여전히 활용되고 있으며 유네스코 무형문화유산으로 지정되었다. 그러나 현대식 와인 양조 기술도 널리 이용되고 있다.

조지아 포도밭에서 찾아볼 수 있는 500가지 포도 품종 중에서도 사페라비 적포도는 많은 지역에서 재배되며 조지아 와인에 독특한 개성을 부여하기 때문에 특별한 지위를 차지하고 있다. 짙은 자주색을 띠는 사페라비 와인은 탄닌과 산도 덕분에 최고의 빈티지는 최대 50년까지 보관할 수 있을 정도로 매우 긴 장기 숙성 잠재력을 자랑한다. 검은 과실과 같은 향이 나며 블랙베리에서 감초, 초콜릿에 이르는 강렬한 풍미가 느껴진다. 조지아 와인은 소련에서 높은 평을 받았지만 오늘날에는 아직 그 가치에 비하면 마땅히 받아야 할 수준의 대접을 받지 못하고 있다.

기원전부터 오늘날에 이르기까지 와인은 바빌론, 이집트, 그리스, 에트루리아, 로마, 켈트 등 가장 위대한 문명에서 중요한 역할을 했다. 많은 종교에서 와인을 대지의 피로 간주하면서 상징적인 역할을 부여하며 신에게 바쳤고 그리스의 디오니소스 숭배에서 현재 가톨릭교의 미사주까지 다양한 종교의 주요 예식에 등장한다.

와인 양조의 가장 오래된 증거는 현재의 조지아에서 발견된 약 8000년 이상 된 도자기에서 찾아볼 수 있다. 와인은 메소포타미아(현재의 이라크), 페르시아(현재의 이란), 고대 이집트로 점차 퍼져 나가 소수 엘리트를 위한 사치품이 되었다(당시 대중에게 인기 있던 음료는 맥주였다). 기원전 3000년경에 조각된 한 사원의 판화를 보면 수확에서 분쇄, 발효, 테라코타 항아리(현재는 나무통) 병입, 운송으로 이어지는 와인 양조 과정이 고대 이래 크게 변화하지 않았음을 확인할 수 있다. 그 후 와인은 이집트와 거래하던 크레타 상인을 통해 그리스로 전파된 것으로 추측된다.

그리스에서는 포도 재배가 매우 빠르게 발전하면서 밀, 올리브와 더불어 고대 그리스 농업의 3대 축을 이뤘다. 기원전 6세기경, 그리스 상인이 동쪽으로는 흑해 연안, 서쪽으로는 켈트족 지역, 그리고 도나우강을 따라 유럽 전역에서 와인을 판매하기 시작했다. 그리고 그리스 정착민에 의해서 포도밭이 프랑스와 이탈리아로 퍼져 나갔다. 기원전 3세기경부터 로마가 지중해의 경제 및 정치 세력으로 자리 잡아가며 포도밭을 계속 확장해나갔다. 현재 이탈리아와 프랑스, 스페인에 있는 대부분의 포도밭은 로마 시대부터 시작된 것이다.

당시에는 와인에 반드시 뜨거운 물이나 찬물, 때때로는 주스나 꿀, 향신료 등을 섞어서 마셨다. 로마인은 순수한 와인만 마시는 것을 무례한 일로 치부했다. 와인은 테라코타 항아리에 넣어서 송진으로 밀봉했기 때문에 그리스의 레치나 와인(200쪽 참조)에서 찾아볼 수 있는 특별한 맛이 발달했다. 와인 양조 기술은 항아리가 나무통으로 바뀌었다는 점을 제외하면 그 이후로 크게 변화하지 않았다. 유리병이 등장한 것은 비교적 최근의 일이다.

와인은 연속적으로 이루어지는 두 단계의 발효 과정을 거쳐 생산된다. 첫 번째 단계에서는 포도에 들어 있는 천연 이스트 덕분에 포도 머스트(포도즙과 껍질, 씨앗의 혼합물) 내의 당이 알코올로 전환된다. '말로락트 발효'라고 불리는 두 번째 단계에서는 박테리아가 활동하면서 포도에 함유된 말산이 젖산으로 바뀐다. 발효 과정의 정확한 원리를 파악한 것은 19세기 후반이었지만 숙성 잠재력이 높으면서 산도가 낮은 와인을 만들려면 반드시 거쳐야 할 단계다.

와인은 만든 직후부터 판매할 수 있지만 품질이 좋은 와인은 일반적으로 병입하기 전까지 최소 18개월 동안 나무통에서 숙성시킨다. 최고의 와인은 병입 후에도 수십 년간 숙성시킬 수 있으며, 시간이 지날수록 향이 점차 은은해진다.

와인에는 화이트, 레드, 로제가 있다. 화이트 와인은 청포도로 만들거나 적포도로 만들되 껍질 색이 즙에 배어들지 않도록 한다(프랑스에서는 이렇게 만든 와인을 블랑 드 누아blanc de noir라고 한다). 레드 와인은 안토시아닌이 풍부한 적포도 껍질을 남겨둬서 발효 기간 내내 과즙과 직접적으로 접촉하기 때문에 짙은 붉은색을 띠게 된다. 로제 와인은 레드 와인과 화이트 와인을 섞어서 만들 수 있도록 허용하는 국가도 있지만 레드 와인과 같은 과정을 거치되 적포도의 껍질이 과즙과 접촉하는 기간을 짧게 줄여서 만들기도 한다. 전 세계적으로 전체 와인 생산량의 약 54퍼센트는 레드 와인이 차지하고 있다. 화이트 와인은 37퍼센트, 로제 와인은 9퍼센트를 점유한다.

스위트 와인 또는 디저트 와인은 포도가 과숙되었을 때(늦게 수확하거나 곰팡이가 필 때까지 기다려서 수확한다) 수확해서 당이 훨씬 많이 남아 있도록 한 특별한 화이트 와인이다. 이렇게 늦게 수확하는 방식으로 프랑스 동부에서는 게뷔르츠트라미너 와인(56쪽 참조)

을, 보르도 지방에서는 소테른 와인(57쪽 참조)을, 헝가리에서는 토카이 와인(201쪽 참조)을, 독일에서는 리슬링 트로켄베렌아우스레제(158쪽 참조)를, 캐나다에서는 아이스 와인(535쪽 참조)을 만든다.

스파클링 와인은 와인이 완성된 후 병에 설탕과 이스트 혼합물을 첨가하여 병 속에서 새롭게 발효가 시작되어 이산화탄소가 생성되면서 와인에 기포가 함유되게 한 것이다. 가장 유명한 스파클링 와인은 프랑스의 샹파뉴 지역(53쪽 참조)에서 생산하지만 프랑스 기타 지역에서도 같은 방식으로 품질 좋은 스파클링 와인을 생산하고 있으며(크레망crémant이라고 부른다) 스페인(카바), 이탈리아(프로세코), 오스트리아와 독일(젝트sekt)에서도 마찬가지다.

와인의 품질은 토양과 기후뿐만 아니라 양조 기술에 따라서도 달라진다. 세계에서 가장 유명한 와인 생산지로는 프랑스의 보르도(50쪽 참조)와 부르고뉴(52쪽 참조)는 물론 이탈리아의 바롤로(89쪽 참조), 피에몬테, 스페인의 리오하(120쪽 참조) 등을 꼽을 수 있다. 미국, 캐나다, 남아프리카공화국(282쪽 피노타지 와인 참조), 칠레(601쪽 콜차과 밸리 와인 참조), 아르헨티나, 호주, 뉴질랜드 등 유럽의 식민 지배를 받았던 나라에서는 대부분 와인 문화가 발달했다.

인도·파키스탄·인도양

INDIA, PAKISTAN, AND
THE INDIAN OCEAN REGION

인도아대륙은 세계에서 가장 오래되고 정교한 요리 전통의 발상지이며 그 영향력은 멀리 아프리카 동부 해안과 동남아시아까지 퍼져 나갔다.

인도 요리는 당연히 향신료로 유명하다. 서양에서는 인도의 향신료를 '커리'라고 칭하곤 하지만 인도에서는 '혼합물'이라는 뜻인 '마살라masala'라고 부른다. 모든 요리에 제각기 다양한 구성의 혼합 향신료가 들어간다. 탄두리 마살라는 진흙 화덕(탄두르)에 익히는 음식에 사용하며 비리야니 마살라는 쌀 요리에, 가람 마살라는 육류와 채소 스튜에 주로 사용한다. 대부분의 마살라는 5~12가지 재료를 혼합해 만들지만 20가지 이상의 재료가 들어가는 마살라도 있다. 가게에서 쉽게 구입할 수 있지만 인도 대부분의 가정에서는 직접 갈아 나만의 향신료를 만들어 쓴다.

인도는 세계에서 유일하게 채식이 중심인 요리 전통을 지니고 있으며, 이는 인구 대부분이 동물의 살생을 금지하는 힌두교도이기 때문이다. 실제로 인도 인구의 38퍼센트가 엄격한 채식주의자다. 그래서 단백질 함량이 높은 콩류(총칭해서 달dahl이라고 부른다)를 특히 중요하게 취급한다.

인도 음식, 특히 파키스탄 음식은 터키 요리의 영향을 받았다. 파키스탄과 인도 북부 지역은 16~19세기 무굴 제국의 통치를 받았으며, 이 기간에 양고기와 빵, 요구르트, 건포도, 사프란 등의 식재료가 들어왔다. 비리야니와 케밥 등의 요리, 그리고 굴랍 자문과 잘레비 등의 디저트 역사 또한 무굴 제국까지 거슬러 올라간다. 무굴 제국의 영향은 빵을 곁들여 먹는 북부에 더 진하게 남아 있으며, 남부에서는 쌀 요리가 더 흔하다.

영국의 지배를 받으며 영국 요리의 흔적도 남게 되었는데, 차를 마시는 습관을 대표적으로 꼽을 수 있다. 영국의 식민지가 되기 전까지는 알려진 바가 없는 차는 식민지 시절 인도에서 수출용 작물로 재배되기 시작했다. 이후 현지인의 입맛에 맞춰서 우유와 설탕, 향신료를 첨가해 마시는 방향으로 발달했다.

달은 '쪼개다'는 뜻의 고대 산스크리트어에서 유래한 것으로 보통 다양한 렌틸콩, 병아리콩 등 콩류를 총칭하는 용어다. 인도 요리의 주식인 달은 보통 매콤한 스튜 형태로 만들며 로티roti(차파티chapati라고도 불리며 무발효 반죽으로 만든다)나 난naan(발효 반죽으로 만든다) 등의 플랫브레드와 함께 손으로 먹는다.

인도는 동물을 죽이고 육류를 소비하는 것을 금지하는 힌두교와 자이나교의 영향으로 세계에서 채식주의자가 가장 많은 국가(인구의 38퍼센트)다. 덕분에 인도에서 3000년 이상 먹어온 달은 식물단백질의 중요한 공급원으로 중대한 역할을 하고 있다.

달에는 수많은 종류가 있다. 가장 흔한 것은 영어로 '비둘기 완두콩'이라고 불리는 옐로 투르 달yellow toor dahl이다. 방글라데시에서 가장 인기 있는 것은 그린 멍 달green mung dahl(녹두)로 인도에서도 구할 수 있으며 주로 그릴에 구운 다음 소금을 쳐서 간식으로 먹는다. 녹두는 세계 다른 지역에서도 인기가 높다. 싹을 틔우면 '숙주'라고 불리며 많은 아시아와 서구 국가에서도 소비한다. 마수르 달masoor dahl은 산호색을 띠는 렌틸콩이고 샤나 달chana dahl은 작은 병아리콩 종류로 벵골 지역에서 특히 인기가 좋다. 마키 달matki dahl(터키시 그램turkish gram)은 아주 작은 씨앗으로 우라드 달urad dahl(블랙 그램)과 비슷하게 생겼지만 전자는 옅은 황갈색, 후자는 까만색이다.

달은 흔히 다양한 종류를 섞어서 먹는다. 판츠라트나 달panchratna dahl('다섯 보석의 달')이라는 축제 음식은 이름만 봐도 알 수 있듯이 다섯 가지 품종(투르, 녹두, 샤나, 마키, 우라드)의 달을 섞어서 익힌 다음 커민과 카다멈, 정향, 생강, 가람 마살라로 맛을 낸다.

NTSAMBU

은삼부

코모로
과일과 채소
TASTED ☐

은삼부는 코모로(아프리카와 마다가스카르 사이에 자리한 작은 군도)에 서식하는 소철나무의 열매로, 은삼부 나무는 작은 야자수처럼 생겼지만 실제로는 전혀 다른 분류에 속한다. 은삼부 열매는 잎 바로 아래쪽 나무줄기에 붙어서 자란다. 황록색을 띠는 약간 납작한 탁구공처럼 생겼다.

열매 안에 들어 있는 씨앗을 먹는데, 먼저 씨앗을 햇볕에 열흘간 말린 다음 축축한 구덩이에 넣고 바나나잎을 덮은 다음 지하에서 약 2주일간 발효시킨다. 건조 및 발효를 거친 씨앗은 그냥 먹어도 되지만 생선, 코코넛 밀크와 함께 은삼부(과일과 이름이 같다)라는 축제 요리를 만들기도 한다. 하지만 빻아서 가루를 내어 포리지나 팬케이크를 만드는 것이 가장 대중적이다. 소금으로 간을 한 코코넛 밀크와 함께 섞어서 케이크를 만들기도 한다. 은삼부 씨앗에는 탄수화물이 풍부하며(건조 후 총량의 약 90퍼센트) 귀중한 단백질원(6퍼센트)이기도 하다. 은삼부는 코모로와 마다가스카르의 주식이었지만 가공 과정이 워낙 길어서 손질하기 쉬운 카사바나 쌀, 플랜틴으로 대체되고 있다.

QUEEN VICTORIA PINEAPPLE

퀸 빅토리아
파인애플

모리셔스
과일과 채소
TASTED ☐

크리스토퍼 콜럼버스는 1493년 처음으로 파인애플을 본 뒤 이렇게 묘사했다. "솔방울처럼 생겼지만 크기는 그 두 배에 육박하며 맛이 훌륭하다. 순무처럼 칼로 썰 수 있으며 건강에 매우 좋은 듯하다."

파인애플은 신대륙에서 유럽으로 건너가자마자 큰 호응을 얻였다. 왕관을 쓴 것 같은 모양 덕분에 왕족에게 사랑받는 과일이 되었다. 곧 유럽 내 온실에서 재배기 시작되었고, 베르사유 정원에서는 프랑스 왕을 위해 파인애플을 길렀다. 그러나 오늘날 이러한 유럽 내 온실 생산은 거의 사라졌으며, 대부분 코스타리카(세계 최고의 생산지), 브라질, 필리핀에서 재배되고 있다.

파인애플은 육각형 비늘로 둘러싸인 타원형 과일이다. 과육은 흰색이나 노란색을 띠며 섬유질과 즙이 많다. 파인애플에는 다양한 품종이 있어서 30센티미터까지 자라나는 품종도 존재하지만, 사람들이 많이 찾는 것은 10센티미터 정도의 자그마한 품종으로 빅토리아 여왕의 이름을 딴 퀸 빅토리아 파인애플이다. 단맛이 강하고 가벼운 신맛이 느껴지는 품종으로 인도양의 섬나라 모리셔스와 레위니옹, 남아프리카공화국에서 재배된다. 퀸 빅토리아 파인애플은 맛이 좋아서 그냥 썰기만 해도 디저트로 먹을 수 있으며 스튜 등 짭짤한 요리에 넣기도 한다. 구우면 캐러멜화된 질감을 느낄 수 있다.

타마린드 TAMARIND

인도
과일과 채소

TASTED ☐

타마린드는 열대 아프리카가 원산지로 추정되나 인도에서 고대부터 재배해온 나무의 열매다. 인도에서는 타마린드 나무의 열매로 만든 조미료를 아주 널리 사용한다. 인도에서 이 열매를 먹는 것을 본 아랍인들이 '인도 대추야자'라는 뜻인 타마르 힌디 tamar hindi라고 불러서 타마린드라는 이름이 되었다.

세계 최고의 생산지는 인도지만 아프리카에서도 재배되며 남아메리카와 동남아시아에도 넘어가 태국에서 특히 인기가 높아졌다(태국의 국민 요리로 대접받는 팟타이의 주재료다. 492쪽 참조). 타마린드 열매는 약 15센티미터 길이의 잘 부서지는 갈색 껍질에

싸여 있다. 꼬투리 안에는 과육에 둘러싸인 씨앗이 6~10개가량
들어 있다.

생과일은 과육이 딱딱하고 쓸쓸하지만 건조시키고 나면 끈적
끈적한 페이스트가 되어 새콤달콤한 맛이 난다. 보통 과육과 씨
를 벽돌 모양으로 굳혀서 판매하며, 물에 불리기만 하면 과육이
녹아서 씨를 발라낼 수 있다.

타마린드 페이스트는 많은 요리에 사용한다. 주로 스튜에 새
콤달콤한 맛을 내는 용도로 넣는다. 영국의 유명한 우스터소스
(206쪽 참조)에도 약간의 신맛을 내는 용도로
사용한다. 멕시코에서는 타마린드의 과
육을 물에 희석해서 설탕을 첨가한
아과 데 타마린도agua de tamarindo
라는 차가운 음료를 마신다. 인도
에는 타마린드로 만든 디저트도 있
다. 과육을 소금과 설탕, 향신료 혼
합물에 굴린 다음 꼬챙이에 꽂으면
매콤하고 맛있는 롤리팝 사탕 같은 치
갈리chigali가 된다.

appam

아팜

인도
빵과 곡물
TASTED ☐

아팜은 쌀가루 반죽으로 만든 반구 모양의 얇은 크레이프다. 인
도 남서부 케랄라 지방의 전통 음식이며 타밀나두와 스리랑카
에서도 찾아볼 수 있다. 쌀가루에 물을 섞어 8~10시간 동안 발
효시키면 부피가 두 배로 커지면서 반죽이 완성된다. 이 반죽을
볼 모양으로 생긴 특별한 팬인 아팜 카다이appam kadai에 굽는
다. 반죽을 조심스럽게 팬에 굴려서 가운데는 두껍고 가장자리

는 종이처럼 얇은 일종의 크레이프 모양을 만든다. 약 40초 동안 구워서 따뜻하게 내며 때때로 달(346쪽 참조) 등을 곁들인다. 요리하는 동안 코코넛 밀크 한 덩이를 얹으면 팔라팜palappam이라는 특식이 되며, 이는 따뜻한 낮 시간에는 소화시키기 어려워서 보통 아침 식사와 저녁 식사 때만 먹는다. 코코넛 슬라이스를 뿌리면 벨라야팜vellayappam이 된다. 인도에서는 미국에서 팬케이크를 먹듯이 아팜에 달걀이나 꿀, 과일 등 다양한 재료를 얹어서 먹는다.

난

인도
빵과 곡물
TASTED ☐

인도 외 지역의 거의 인도 레스토랑에서 난을 제공하지만, 사실 인도에서는 로티(차파티라고도 부른다) 등 다른 플랫브레드가 더 인기 있다. 겉으로 보기에는 별다를 바 없지만 난은 발효시킨 반죽으로 만들기 때문에 더 두껍고 부드럽다. 또 로티는 원래 철제 석쇠에서 굽지만 난은 탄두르 벽에 붙여서 만든다는 점이 다르다. 인도에서는 보통 손으로 밥을 먹고 빵을 숟가락처럼 쓰기 때문에 둘 다 식기 역할을 겸한다.

난은 보통 인도 요리에 아주 흔하게 쓰이는 두 가지 종류의 밀가루인 아타atta(통밀가루)와 마이다maida(겨와 배젖을 제거한 백밀가루)를 섞어서 만든다. 여기에 물을 넣고 이전 반죽을 조금 섞어서 발효시킨다. 큼직한 플랫브레드 형태로 빚어서 탄두르에 구운 다음 소량의 정제 버터(363쪽 참조)를 솔로 발라 낸다. 아침 식사에서 저녁 식사에 이르기까지 언제든 자유롭게 먹을 수 있으며 으깬 감자나 콜리플라워, 인도 북부의 전통 물소젖 치즈인 파니르paneer 등 다양한 재료를 채워서 한 끼 식사를 즐길 수 있다.

GINGER

생강

인도
향신료와 양념
TASTED ☐

유럽에서는 요리에 생강을 별로 사용하지 않지만 아시아 요리에서 생강은 매우 중요한 향신료다. 특히 인도와 중국, 일본, 인도네시아에서 널리 사용한다. 생강은 인도가 원산지인 식물의 뿌리줄기로, 사슴뿔과 비슷한 모양이기 때문에 '가지 친 뿔'이라는 뜻의 산스크리트어에서 이름을 따왔다. 인도에서는 3000년 전부터 생강을 먹어왔다. 또한 생강은 인도와 유럽을 연결하는 향신료 무역의 주요 상품이었다. 향신료 무역 경로의 중요한 항구였던 아프리카의 잔지바르섬은 이 향신료의 아랍어 이름을 따서 명명된 것이다.

생강을 조미료로 사용할 때는 주로 얇게 저민 후 절여서 쓴다. 일본에서는 스시에 생강절임을 곁들여 먹는다. 중국에서는 당절임을 해서 식사 이후에 디저트로 먹지만 매운맛이 상당히 강한 편이다.

생강은 날것 또는 당절임한 상태로 향신료로 쓴다. 신선한 생강에서는 장뇌와 정향의 풍미가 느껴지며 작물의 나이에 따라 매운맛이 달라진다. 건조시키면 무게의 80퍼센트가 줄어들며 맛이 훨씬 강력해지는 대신 복합적인 향은 사라진다. 말린 생강은 날생강에 비해서 맛이 여덟 배나 강하기 때문에 요리에 넣을 때는 사용량에 주의해야 한다.

히말라야
핑크 소금

HIMALAYAN PINK SALT

파키스탄
향신료와 양념

TASTED ☐

약 1억 년 전의 인도는 아시아와 분리되어 있던 섬이었다. 그러다 유라시아 대륙과 충돌하면서 두 대륙 사이의 바다가 점점 해수면 위로 솟아올랐다. 참고로 히말라야산맥의 최고 높이는 8850미터에 육박한다. 바닷물이 말라붙으면서 고대부터 채굴되어 오늘날에는 '히말라야 핑크 소금'이라는 이름으로 판매되는 소금 퇴적지가 되었다. 이 소금에는 산화철이 섞여 있어서 분홍빛을 띤다.

전설에 따르면 기원전 326년 알렉산드로스 대왕이 인더스강에 도착해서 히말라야 소금 퇴적지를 처음으로 발견했다고 한다. 히말라야 핑크 소금은 오늘날에도 여전히 세계에서 가장 귀한 소금 중 하나다. 특히 다른 소금에 비해 순수하고 여러 오염 물질에서 안전한 편이다. 다른 소금처럼 빻아서 사용할 수 있지만 결정체로 보관하다가 먹기 직전에 갈아서 뿌리기도 한다.

분홍 후추

PINK PEPPERCORN

마다가스카르
향신료와 양념

TASTED ☐

후추와는 관련이 없지만 크기와 매콤한 맛이 비슷해서 분홍 후추라고 불린다. 실제로는 '페루 페퍼나무Peruvian peppertree'라고 불리지만 오히려 캐슈나무와 연관이 있다. 그렇기 때문에 견과류 알레르기가 있는 사람은 섭취해서는 안 된다. 브라질이 원산지로 추정되며, 19세기 인도양 지역에서 자라기 시작해 마다가스카르와 인근 레위니옹섬의 침입종이 되었다.

분홍 후추는 은은한 매콤한 향과 더불어 아니스와 후추 풍미가 느껴진다. 통째로 혹은 으깨서 생선이나 흰 살코기 육류의 맛

내기에 사용한다. 아름다운 붉은색을 띠고 있어 관자나 푸아 그라 등에 뿌리면 요리가 화사해지며, 독특한 단맛과 신선한 풍미도 선사한다. 분홍 후추는 1980년대에 전 세계의 셰프들 사이에서 인기를 얻었지만 독성이 있다는 의심을 받아 FDA에서 사용을 금지하면서 미국 내에서 인기가 급격하게 떨어졌다. 이후 이금지는 해제되었다.

TIMUT PEPPER
티무트 후추

네팔
향신료와 양념
TASTED ☐

네팔이 원산지인 티무트 후추는 실제로는 후추와 연관이 없으며 초피나무속 식물인 잔톡실룸 아르마툼Zanthoxylum armatum에서 채취한다. 초피나무속은 귤과 같은 운향과에 속하기 때문에 감귤류 향이 나는 것도 당연한 일이다. 티무트 후추는 중국에서 나는 쓰촨 후추(387쪽 참조, 잔톡실룸 분게아눔Zanthoxylum bungeanum), 일본의 산초(잔톡실룸 피페리툼Zanthoxylum piperitum) 한국에서는 초피라고 부른다-옮긴이와 비슷하지만 풍미가 더 부드럽고 독특한 자몽 향이 난다.

티무트 후추는 상당히 맛이 강한 향신료이기 때문에 관자 등의 해산물 요리나 송아지, 가금류 등 흰 살코기 요리에 쓸 때는 양을 신경 써서 조절해야 한다. 티무트 후추는 네팔과 부탄에서는 고대부터 사용해온 가장 흔한 향신료다. 풀 향과 감귤류 향, 나무 향이 감도는 은은한 풍미로 셰프 사이에서 점점 인기를 얻고 있다.

터메릭

터메릭(강황)은 인도에서 매우 중요한 향신료로 요리는 물론 약, 의복의 염료, 종교의식에까지 널리 사용된다. 힌두교에서 축복을 내리며 이마에 찍는 붉은 점인 빈디bindi 또한 터메릭 가루를 이용한다. 터메릭은 생강(351쪽 참조)과 같은 과에 속하는 초본 식물의 뿌리줄기에서 추출한다. 생김새가 비슷하지만 터메릭은 밝은 주황색을 띠고 생강은 옅은 노란색이다. 터메릭은 날것으로도 사용하지만 대부분 건조해서 빻아 쓴다. 흔히 고수와 커민, 머스터드씨, 후추 등과 섞어서 혼합 향신료를 만든다. 서양에서 '커리'라는 이름으로 판매하는 대부분의 인도 혼합 향신료가 주황색인 것도 터메릭 때문이다.

바닐라

바닐라는 세계에서 가장 비싼 향신료로, 난초 품종의 꼬투리를 수확해서 익힌 다음 발효하고 건조시켜 만든다. 바닐라는 중앙아메리카가 원산지이며 다른 곳에는 서식하지 않는 멜리포나 melipona라는 아주 작은 벌 품종으로만 수분이 이루어지기 때문에 오랫동안 그 외 지역에서는 재배하지 못했다. 그러다 1841년, 인공적으로 바닐라를 수분시키는 방법을 찾아내면서(레위니옹섬의 12세 노예 에드먼드 알비우스가 발견했다) 인도양 전역은 물론 1848년 공장이 설립된 타히티에 이르기까지 대규모로 수익성 높은 산업이 발달하게 되었다.

바닐라 수분법은 그 이후로 조금도 변하지 않아서 아직도 인부들이 바늘로 바닐라꽃 속에 얇은 껍질로 구분되어 있는 암술과 수술이 서로 붙도록 수작업으로 수분시켜야 한다. 바닐라꽃은 딱 하루 동안만 피기 때문에 개화한 날 수분시킬 수 있도록 지켜봐야 한다.

꽃을 수분시키고 나면 8~10개월 이후 통통한 깍지콩처럼 생긴 녹색 꼬투리 모양의 바닐라 열매가 열린다. 이 열매를 수확한 다음 물에 가볍게 삶아서 황마 자루에 넣어 수일간 발효시킨다. 이 과정을 거치면 열매는 녹색에서 갈색으로 변한다. 마지막으로 햇볕에 수 주일간 건조시킨다. 바닐라의 방향 성분인 바닐린 vanillin을 최대한 농축시키기 위한 과정이다. 이 모든 과정이 끝나면 새까맣고 주름진 꼬투리가 완성된다. 반으로 갈라 열어보면 따뜻하고 달콤한 풍미를 지닌 자그맣고 새까만 씨앗이 수천 개 들어 있는 것을 볼 수 있다.

양질의 바닐라 꼬투리는 기름진 질감에 유연하며, 품질이 떨어지는 바닐라는 딱딱하고 잘 부서진다. 바닐라는 매우 비싼 제품이기 때문에 대부분의 시판 식품에는 인공 향료가 들어간다. 바닐라는 라이스 푸딩에서 케이크, 아이스크림에 이르기까지 디저트에 주로 사용한다. 그러나 짭짤한 음식에도 넣을 수 있다. 레위니옹섬에서는 바닐라 소스를 곁들인 오리 요리가 사랑받고 있다.

BHEJA FRY
베자 프라이

인도
길거리 음식
TASTED ☐

하이데라바드의 시장을 거닐다 보면 걸쭉한 갈색 소스에 버무린 작은 뇌 조각을 권하는 노점상을 목격할 수 있다. 이게 바로 '뇌 튀김'인 베자 프라이다. 원래는 하이데라바드에서 유래했지만 이제는 인도의 다른 지역, 특히 뭄바이에서 흔하게 찾아볼 수 있다.

베자 프라이는 인도의 이슬람 공동체는 물론 파키스탄과 방글라데시에서도 매우 인기 있는 요리다. 실제로 이슬람에서 유래한 음식으로 8세기에 상당한 규모의 이슬람교도가 인도에 도달했을 때 함께 들어왔다. 이슬람교도는 율법상 도축된 동물의 어떤 부분도 버려서는 안 된다(피는 제외). 그래서 내장과 뇌를 포함한 모든 부위를 활용한다.

베자 프라이는 주로 염소나 양의 뇌로 만든다. 뇌를 먼저 튀긴 다음 걸쭉하고 매콤한 그레이비에 넣어 익힌다. 스크램블드에그와 비슷한 질감과 매콤한 풍미가 일품이다.

카코리 케밥

KAKORI KEBAB

인도
길거리 음식
TASTED ☐

케밥은 터키에서 유래했지만 인도 또한 16~19세기에 걸쳐 몽골계 이슬람 왕조인 무굴 제국의 통치를 받으며 오래전부터 케밥이 인기를 얻어왔다. 인도인의 입맛에 맞도록 변형된 여러 케밥 레시피 중에서도 카코리 케밥은 특히 맛있고 놀랍다. 전설에 따르면 이 음식은 노화로 이가 빠져 씹을 수 없는 카코리 왕을 위해 만든 것이라고 한다. 파파인papain이라는 효소가 함유된 그린 파파야 가루에 고기를 재워서 근섬유를 분해시켜 부드럽게 만드는 것이 특징이다.

고기(원래는 양고기, 하지만 현재는 대부분 닭고기)에 파파야 가루와 코코넛 가루, 분유를 섞어서 부드러운 질감으로 만든 다음 돌돌 말아 꼬치에 끼워서 그릴에 굽는다. 캐슈 페이스트나 생강, 양파, 장미수, 마늘, 육두구, 캐러웨이, 양귀비씨, 카다멈, 정향, 후추, 사프란 등 다양한 재료를 첨가해서 독특한 맛을 내기도 한다. 뜨거운 그릴 또는 숯불에 구우면 믿을 수 없을 정도로 부드러워져 '입에서 녹는 케밥'이라고 불리는 카코리 케밥이 완성된다.

MASIKITAS
마시키타스

마다가스카르
길거리 음식

TASTED ☐

마시키타스는 절인 제부 소고기로 만든 마다가스카르의 꼬치구이 요리다. 마다가스카르에서 가장 인기 있는 길거리 음식으로 아침부터 저녁까지 때를 가리지 않고 하루 종일 먹는 음식이다. 맛있는 마시키타스를 만드는 비결은 꼬챙이에 제부 고기와 제부 혹 부위의 지방 덩어리를 번갈아 꽂은 다음 생강, 양파, 마늘, 파파야즙, 감귤류를 섞어 만든 소스에 하룻밤 동안 재우는 것이다. 주문이 들어오면 즉시 구워서 내며 매콤한 토마토소스와 땅콩소스 두 가지를 곁들인다.

제부는 마다가스카르에서 가장 귀한 소다. 약 8000년 전부터 인도에서 사육하기 시작한 대형 품종으로 아시아와 아프리카로 널리 퍼져 나가다가 5세기경에 마다가스카르에 들어왔다. 제부는 유럽의 소와 달리 낙타의 혹처럼 등에 지방을 저장하는 혹이 있다. 마다가스카르에 있는 제부 소는 약 2500만 마리에 달하는데 인구와 거의 비슷할 정도다. 제부 소에서는 고기는 물론 우유도 얻는다.

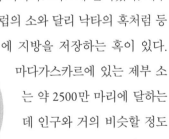

파니푸리

골가파golgappa라고도 불리는 파니푸리는 인도의 인기 간식으로 두 부분으로 나눌 수 있다. 작게 빚어 속에 으깬 감자를 채운 부풀린 빵인 푸리, 그리고 민트잎과 타마린드, 생강, 레몬, 향신료로 가향한 액체인 파니다.

파니푸리는 원래 인도 북부 비하르 지방의 특산물이었지만 전국으로 널리 퍼져 나가 지금은 인도 전역에서 맛볼 수 있다. 인도에서는 지역마다 취향에 따라 조금씩 레시피가 다르다. 마하라슈트라에서는 병아리콩을, 구자라트에서는 생양파를, 카르나타카에서는 숙주를 넣는다.

푸리라고 불리는 빵은 작은 팬케이크 모양의 밀가루 반죽을 기름에 튀겨서 만든다. 익으면 반죽 속의 수분이 수증기가 되면서 작은 공 모양으로 부푼다. 푸리는 미리 만들어서 차갑게 식혀둔다. 파니는 물에 소금과 민트, 타마린드, 생고추, 파니푸리 마살라라는 혼합 향신료를 섞어서 만든다.

파니푸리는 우선 푸리 윗부분을 연 다음 매콤한 으깬 감자, 병아리콩, 생양파, 약간의 타마린드소스, 파니 한 숟갈을 채운다. 그리고 생고수와 소량의 세브sev(병아리콩 가루로 만들어서 기름에 튀긴 얇은 파스타)를 얹는다.

파니푸리는 보통 6개들이로 판매한다. 안에 액체가 들어 있기 때문에 모든 맛을 한꺼번에 느끼려면 한입에 쏙 넣어야 한다.

사모사

사모사는 속에 짭짤한 필링을 채워서 튀기거나 구워 만드는 삼각형 페이스트리다. 인도 북부와 파키스탄의 대표적인 음식이지만 중앙아시아와 인도양까지 널리 퍼져 나갔다. 원래는 길거리 음식이었지만 지금은 전통 레스토랑에서도 메티meethi(타마린드와 대추야자로 만든 달콤한 소스)와 하리hari(민트와 고수를 넣은 매콤한 녹색 소스), 요구르트를 곁들여 첫 번째 코스로 즐겨 낸다.

사모사는 페르시아에서 시작된 것으로 추측된다. 이름도 페르시아어로 삼각형이라는 뜻의 삼보삭sambosag에서 유래한 것이다. 그러나 지금은 견과류로 속을 채운 달콤한 사모사를 남부 일부 지역에서 먹을 뿐 이란에서는 거의 사라졌다. 거의 10세기까지 거슬러 올라가는 페르시아의 뿌리를 따라가면 중앙아시아 전역에서 무역하던 상인에 의해서 13세기에 인도 북부에 들어온 것을 확인할 수 있다.

인도에서는 으깬 감자와 양파, 완두콩, 녹색 피망, 향신료를 채운 사모사를 가장 흔하게 찾아볼 수 있다. 인도 사람들의 취향에 맞춰서 채식 버전으로 바꾼 것이다. 사모사는 원래 고기를 넣어서 만들었으며 파키스탄에서는 아직도 다진 양고기와 양파를 넣은 사모사를 접할 수 있다. 사모사는 인도 상인 덕분에 인도양 전역으로 퍼져 나갔다. 몰디브에서는 생선을 채워서 만들기도 하며, 아프리카의 뿔에서는 삼부사samboussa라고 부르며 축제 음식으로 먹는다.

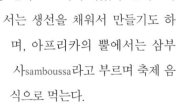

버터 치킨

인도
전통 음식

TASTED ☐

토마토와 캐슈너트로 만든 부드러운 소스에 닭고기가 들어간 요리다. 힌디어로는 무르그 마카나murgh makhana라고 하지만 서양은 물론 인도에서도 '버터 치킨'으로 더 자주 불린다.

버터 치킨   6인분

재료 • 양파 1개, 마늘 2쪽, 토마토 페이스트 2큰술, 식물성 오일 6큰술, 가람 마살라 4큰술, 라임 1/2개, 소금, 후추, 닭 1마리, 생강 가루 2큰술, 고수 가루 1큰술, 커민 가루 1큰술, 카다멈 깍지 3개, 으깬 토마토(통조림) 500g, 캐슈너트 1/3컵(50g), 버터 40g, 크림 1/4컵(60ml), 코코넛 밀크 1/4컵(60ml), 고수 1/2단

- 양파와 마늘은 곱게 다져서 컵 2개에 나누어 담아둔다. 볼에 토마토 페이스트와 오일 2큰술, 절반 분량의 다진 마늘, 가람 마살라 2큰술, 라임즙 1/2개 분량, 소금, 후추를 섞어서 마리네이드를 만든다.

- 닭고기를 적당한 크기로 자른 다음 마리네이드를 부은 뒤 잘 섞어 냉장고에 1시간 동안 재운다.

- 냄비에 오일 2큰술을 두르고 달군다. 다진 양파와 남은 마늘을 넣는다. 남은 향신료(생강, 고수, 커민, 카다멈, 남은 가람 마살라)를 넣고 물 1컵을 부은 다음 물이 전부 날아갈 때까지 익힌다. 으깬 토마토와 캐슈너트를 넣고 중간 불에서 20분간 뭉근하게 익힌다. 한 김 식힌 다음 블렌더에 넣고 곱게 간다.

- 프라이팬에 오일 2큰술을 두르고 닭고기를 노릇노릇하게 구운 다음 토마토소스와 버터를 넣는다. 약 10분간 뭉근하게 익힌 다음 크림과 코코넛 밀크를 붓는다. 다진 고수로 장식한다. 흰쌀밥을 곁들여 낸다.

에마 다시

부탄
전통 음식
TASTED ☐

에마 다시는 부탄에서 매우 인기 있는 음식이다. 이름은 부탄 언어인 종카어에서 유래한 것으로 '매콤한 치즈'라는 뜻이다. 이름에서도 알 수 있듯이 야크 치즈와 고추를 동량으로 섞은 매운 음식으로 양파와 토마토, 버섯 등을 섞기도 한다. 아주 맵기 때문에 부탄 사람들은 좋아하시만 외국인에게는 너무 자극직일 수도 있다.

사용하는 치즈(다시라고 한다)는 야크젖으로 만든 것이다. 야크젖을 휘저어서 버터를 만든 다음(406쪽의 버터 차 등 많은 히말라야 요리에 사용하는 재료다) 남은 액체를 발효시켜서 치즈를 만든다.

부탄은 인도와 티베트 사이에 자리한 작은 내륙국으로 평균 해발고도가 2500미터 이상이다. 기후가 혹독한데다 높은 고도에서 키울 수 있는 작물이 거의 없기 때문에 부탄 요리는 제한된 재료를 활용하는 방식으로 발전했다. 고추는 부탄의 기후에서 자랄 수 있는 몇 안 되는 향신료 중 하나이기 때문에 매우 빠르게 퍼져 나갔지만, 사실 이 나라에 들어온 것은 겨우 3세기 전에 불과하다. 포르투갈 선원에 의해서 인도로 건너간 다음 부탄에 도착한 것이다. 그러나 오늘날에는 거의 모든 요리에 워낙 널리 사용되고 있어서 원래 이 나라에 존재하던 전통 식재료라고 생각하기 쉽다.

마스 후니

몰디브
전통 음식
TASTED ☐

마스 후니는 몰디브의 전통적인 아침 식사로, 차파티chapati와 홍차를 곁들인다. 마스 후니는 몰디브 특유의 살짝 매콤한 음식으로, 몰디브 요리에서 가장 중요한 두 가지 재료인 참치와 코코넛이 들어간다.

마스 후니 {4인분}

재료 · 라임 2개, 고추 1개, 양파 1개, 소금, 통조림 참치 200g, 코코넛
슬라이스 2컵(200g)

- 중형 볼에 라임즙을 짜서 넣는다. 고추에서 씨를 제거한 다음 최대한
  곱게 다진다. 양파를 다져서 볼에 넣는다. 소금으로 간을 한다. 참치를
  포크로 잘게 부숴서 볼에 넣는다. 코코넛을 넣고 잘 섞는다. 홍차와
  차파티를 곁들여서 차갑게 먹는다.

니하리 NIHARI

파키스탄
전통 음식

TASTED ☐

무굴 제국의 황실 주방에서 탄생한 니하리는 19세기에 들어 이
슬람 공동체에 널리 전파되었으며, 1947년 인도와 파키스탄이
분할된 이후 파키스탄의 대표 음식이 되었다. 니하리는 양고기
(때로는 소고기)와 골수를 카다멈과 터메릭, 정향, 펜넬, 생강, 커
민, 육두구로 양념한 매콤한 국물에 천천히 조려서 만드는 스튜
다. 전통적으로 밤새 조리해서 아침 식사로 먹는다. 니하리라는
이름은 '낮'이라는 뜻의 아랍어 나하르nahar에서 유래한 것이다.
주로 사프란과 펜넬로 맛을 낸 무굴 시대의 부드러운 빵인 카메
리 로티khameeri roti와 함께 먹는다.

　니하리 전문 레스토랑에서는 매일 육수를 조금 남겨두었다가
다음 날 만든 육수에 섞어서 맛을 살리는 전통이 있다. 어떤 레
스토랑에서는 전날 만든 육수를 더하는 방식으로 100년 넘게 국
물을 이어왔다고 선전하기도 한다.

THALI

탈리는 단순한 요리가 아니라 아유르베다 의학 원리를 기반으로 한 매우 상징적인 인도식 식사법이다. 이 고대 전통에 따르면 음식은 신체는 물론 정신에도 영양을 공급한다. 때문에 음식은 반드시 단맛, 짠맛, 쓴맛, 신맛, 떫은맛, 매운맛이라는 여섯 가지 맛 사이에 균형이 있어야 한다.

탈리는 아유르베다 의학 원리에 따른 요리로, 마찬가지로 탈리라고 불리는 금속 쟁반에 다양한 맛의 요리를 조금씩 차려 낸다. 탈리는 누구나 접할 수 있는 저렴한 식사로, 뷔페식으로 양껏 먹을 수 있게 제공할 때도 있다.

탈리는 대부분 빵과 밥에 달(346쪽 참조), 으깬 감자, 가지, 시금치, 당근, 콜리플라워, 치즈, 처트니, 요구르트 등 대체로 채식에 속하는 카토리katori라는 작은 요리 여러 개로 구성되어 있다. 육류나 생선 등 비채식인용 메뉴가 섞여 있을 때도 있다. 주로 손으로 먹으며 빵 조각을 숟가락으로 사용한다.

금속 쟁반에 담아내는 것이 가장 일반적이지만, 인도 남부에서는 바나나잎에 담아서 내기도 한다. 탈리는 보통 작은 요리 10~15개 정도로 구성되지만 화려하게 차려 낼 때는 서로 다른 음식을 30개까지도 올릴 수 있으며, 축제 때는 음식 가짓수가 60개에 육박하기도 한다.

인도
전통 음식
TASTED ☐

GHEE

요리할 때 올리브 오일을 사용하는 나라도 있고 버터를 사용하는 나라도 있지만 인도에서는 주로 기를 사용한다. 기는 인도에서 정제 버터를 칭하는 이름이다. 버터의 모든 고형 성분(보통 카

인도
유제품
TASTED ☐

세인과 유청)을 제거해서 지방만 남기는 방식으로 만든다.

비디를 **수분** 녹이면 고형 **부분**이 표면에 고이면서 노란빛을 띠는 거품이 난다. 거품을 걷어내면 정제 버터만 남는다. 이를 식히면 불투명한 노란색 덩어리로 응고되며, 아주 오랫동안 보관할 수 있다.

인도에서는 기를 거의 5000년 이상 사용해왔다. 버터보다 오래 보관할 수 있고 소화하기 쉬우며 발연점이 높다. 버터는 130도만 되어도 연기가 나지만 기는 250도가 되어야 연기가 나므로 버터보다 높은 온도에서 조리할 수 있으며 튀김에도 쓸 수 있다.

인도에서는 기를 요리뿐만 아니라 램프용 기름, 아유르베다 의학의 약용 기름, 힌두교 사원의 제물 등으로도 사용한다. 중동과 아프리카의 뿔에서도 널리 사용하고 있다. 기가 인도 요리에서 하는 역할은 지중해 요리의 올리브 오일과 비슷하다. 밥이나 스튜에 넣기도 하고 빵에 발라 먹기도 하며 튀김 요리에도 쓴다. 카다멈으로 맛을 낸 세몰리나 푸딩인 할와halwa나 굴랍 자문 등 많은 인도 디저트에도 활용한다.

주주 다우

JUJU DHAU

네팔
유제품

TASTED ☐

주주 다우는 네와르어로 '요구르트의 왕'이라는 뜻으로, 가히 이 칭호를 받을 만한 자격이 있는 음식이다. 진한 물소젖을 사용하며 끓여서 지방을 농축시키기 때문에 아주 부드럽고 중독성 있는 질감을 자랑한다.

주주 다우를 만들려면 우선 물소젖과 설탕을 섞은 다음 부피가 절반으로 줄어들 때까지 가열한다. 원하는 농도가 되면 도기에 부은 다음 젖산을 약간 넣어서 섞는다. 4~5시간 동안 발효해서 요구르트가 되면 냉장 보관해서 판매한다. 주주 다우는 네팔에서 아주 인기 있는 음식이며, 힌두교 사원에서 제물로 바친다. 네팔에서 요구르트는 순결의 상징이라 결혼식 등 축하 자리에도 빠지지 않는다.

굴랍 자문

굴랍 자문은 인도에서 매우 인기 있는 디저트다. 우유(전지유)가 고체만 남을 때까지 천천히 증발시켜서 얻어내는 유제품인 쿄야khoya로 만들기 때문에 질감이 특별하다. 우유를 80도로 가열하면서 수 시간 증발시키면 집에서도 쿄야를 만들 수 있지만 없으면 분유로 대체할 수도 있다. 쿄야와 밀가루로 만든 반죽을 살구 크기로 빚어서 튀긴 다음 설탕 시럽에 재워서 만든다.

인도
디저트
TASTED ☐

굴랍 자문 4인분

재료 • 반죽 재료: 분유 2컵(250g), 밀가루 1/2컵(60g), 이스트 1봉,
카놀라유 1큰술, 우유 2큰술, 플레인 요구르트(전지유) 1큰술
• 시럽 재료: 설탕 1/2컵(100g), 물 1/2컵(125ml), 우유 1큰술,
카다멈 깍지 4개, 장미수 1큰술, 튀김용 식물성 오일, 장식용 으깬
피스타치오

• 반죽: 볼에 분유와 밀가루, 이스트를 넣어 섞는다. 카놀라유와 우유,
요구르트를 넣고 매끈한 페이스트가 될 때까지 반죽한다(필요하면
우유를 조금씩 넣어서 질감을 조절한다). 깨끗한 천을 볼에 씌우고 1시간
동안 발효시킨다. 반죽을 조금씩 덜어서 지름 약 5센티미터 크기의
작은 공 모양으로 빚는다.

- 시럽: 냄비에 설탕과 물을 넣고 섞는다. 한소끔 끓인 다음 우유와 카다멈 깍지를 넣는다. 시럽 같은 농도가 될 때까지 수 분간 뭉근하게 졸인다. 불에서 내리고 장미수를 넣어 섞는다.
- 반죽 익히기: 식물성 오일을 150℃로 예열한다. 공 모양 반죽을 넣고 노릇노릇해질 때까지 4~5분간 튀긴다. 종이 타월에 얹어서 기름기를 제거한 다음 시럽에 넣고 약 30분간 재운다. 으깬 피스타치오로 장식하고 여분의 시럽을 곁들여서 따뜻하게 먹는다.

잘레비 JALEBI

인도
디저트

TASTED ☐

나선형으로 돌돌 말린 형태의 작은 튀김 과자인 잘레비는 인도와 이란에서 매우 인기 있는 달콤한 간식이다. 밀가루 반죽을 정제 버터(363쪽의 기 참조)에 튀긴 다음 설탕 시럽에 재워 만든다.

잘레비는 겉은 바삭하고 속은 거의 액체에 가까운 아주 독특한 질감을 지니고 있다. 전통적인 길거리 음식으로, 뜨겁게도 차갑게도 먹을 수 있다. 단맛이 아주 강하며 이란에서는 장미나 사프란으로 향을 내기도 한다. 잘레비는 그냥 먹기도 하지만 인도 북부에서는 유제품(보통 가당연유에 으깬 아몬드와 파스타치오를 뿌린 라브리rabri)을 곁들여서 아침 식사로 먹는다.

잘레비는 줄루비야zulubiya라고 불리는 아랍인들의 음식에서 유래했다. 바그다드에서 출판된 12세기의 요리책에 레시피가 실려 있을 정도로 오래된 음식이다. 아직도 아라비아에서 매우 인기가 높아서 라마단 기간에 자주 먹는다. 아마 이란을 통해서 인도로 건너왔을 것으로 추측된다. 큰 인기를 얻으면서 디왈리 축제부와 풍요의 여신 락슈미를 기리

는 힌두교 축제, '빛의 축제'라고도 한다-옮긴이 등 행사에 빠지지 않는
음식이 되었다.

KOBA RAVINA

코바 라비나

마다가스카르
디저트

TASTED ☐

말 그대로 '잎에 싼 반죽'이라는 뜻을 지닌 코바 라비나는 땅콩
과 으깬 바나나, 설탕, 찹쌀로 만드는 전통 마다가스카르 디저트
다. 바나나잎에 싸서 단단한 질감이 될 때까지 끓는 물에 삶거나
찐다. 마다가스카르에서는 어디서나 코바 라비나 상인을 찾아볼
수 있다. 1인용으로 작게 만들거나 1미터에 달하는 큰 덩어리로
만들어서 조각내 판매한다. 코바 라비나는 아주 달콤하기 때문
에 홍차를 곁들이면 더 좋다.

KULFI

쿨피

인도
디저트

TASTED ☐

인도식 아이스크림인 쿨피는 겉보기에는 평범한 아이스크림과
비슷하지만 질감이 더 치밀하고 크림 풍미가 강하다. 흔히 쿨피
왈라kulfi wallah라고 불리는 쿨피 상인이 노점에서 판매하며, 작
은 도자기 그릇에 담거나 원뿔 모양 쿨피에 막대기를 끼워서 판
매한다.

쿨피는 아랍과 페르시아, 몽골 요리의 요소를 통합한 무굴 전
통 음식이다. 쿨피라는 단어 자체는 '작은 컵'이라는 뜻의 페르
시아어에서 비롯되었다. 무굴 제국 시기 쿨피는 황제에게 바치
는 음식이었다. 히말라야에서 채취한 얼음을 가져와서 만들었기
때문에 매우 비싸고 귀할 수밖에 없었다. 하지만 20세기에 들어
산업용 냉장 시설이 발달하면서 누구나 즐길 수 있게 되었다.

쿨피의 크림같이 부드러운 질감은 독특한 조리법 덕분이다. 우유가 아니라 부피가 절반 정도로 줄어들 때까지 농축시킨 연유로 만든다. 이 반농축 연유에 다양한 향신료로 맛을 낸 다음 틀에 넣어서 얼린다. 가장 인기 있는 쿨피는 기본인 크림 맛을 비롯해 장미, 피스타치오, 사프란, 카다멈, 망고 등이다.

라씨

인도
음료

TASTED ☐

펀자브 지방의 특산물 라씨는 같은 양의 요구르트와 물을 섞어서 만드는, 차갑고 상쾌한 음료수다. 부드러운 유제품 맛이 매콤한 음식과 잘 어울리기 때문에 식사 내내 곁들여 마신다.

인도에서는 주로 라씨에 소금 한 자밤을 넣어 마시며, 커민이나 생강, 민트 등의 향신료를 섞기도 한다. 방글라데시에서는 특히 민트를 넣은 라씨가 인기 있다. 터메릭을 한 자밤 넣으면 오렌지색을 띠면서 복통을 치료하는 약재로 쓰인다. 과일로 맛을 내서 달콤하게 즐길 수도 있으며, 망고 맛이 가장 인기 있다. 아몬드 슬라이스나 으깬 피스타치오, 카다멈 가루 등을 얹기도 한다.

마살라 차이

MASALA CHAI

인도
음료

TASTED ☐

차이 라떼 혹은 그냥 힌디어로 차(411쪽 차의 역사 참조)라는 뜻인 차이라고도 불리는 마살라 차이는 전통적인 인도의 차 마시는 방법으로 우유와 설탕, 향신료가 들어간다.

인도는 차의 원산지가 아니지만 식민지 시기 영국인이 차를 들여온 이후, 차의 주요 생산지가 되었다. 중국에서 처음 차를 발견한 영국은 차에 빠져버린 나머지 엄청난 무역 적자를 내고

368

말았다. 영국은 다른 차 공급원을 구하기 위해 식민지 곳곳에서 차를 재배하기 시작했다. 스리랑카와 인도, 특히 차 재배에 적합한 아삼 지역에 차 농장을 세웠다.

차는 본디 수출용으로 재배하는 작물이었으며, 인도인이 차를 마시기 시작한 것은 1950년 이후였다. 당시 차가 과잉 공급된 탓에 영국 상인들은 인도인에게 차를 판매하기 위해 영국에서 마시는 것처럼 우유와 설탕을 타는 방식을 소개했다. 여기에 차이 왈라chai wallaha라는 노점상이 인도 손님의 입맛에 맞춰 향신료를 첨가하기 시작했고, 차이는 곧 인도의 국민 음료로 자리 잡았다. 이후 전량을 수출하던 차의 70퍼센트가 인도 내에서 소비되기에 이르렀으니 기대 이상의 성공을 거두었다고 할 수 있다.

마살라 차이는 물과 물소젖을 섞어서 홍차를 우린 다음 카다멈과 생강, 정향, 육두구, 시나몬, 팔각, 후추 등을 섞은 혼합 향신료를 더해 만든다. 마살라 차이는 강한 홍차 풍미와 우유와 설탕의 단맛, 카다멈을 비롯한 향신료 향기가 조화롭게 균형을 이룬다. 하루 종일 언제든 마실 수 있으며 사모사(359쪽 참조)처럼 짭짤한 작은 간식, 팔레지라는 작은 비스킷 등 달콤한 간식을 곁들이기도 한다. 팔레지는 인도의 가정집이라면 어디서나 한 봉지는 찾아볼 수 있을 정도로 인기 높은 과자다.

Ranovola 라노볼라

마다가스카르
음료
TASTED ☐

라노볼라는 쌀을 익히고 난 냄비에 물을 부어서 만드는 음료다. 마다가스카르에는 쌀을 익힐 때 수분을 완전히 증발시키는 건식 조리(바리 마이나vary maina라고 한다) 전통이 있다. 쌀을 이렇게 익히면 필연적으로 냄비 바닥에 쌀 일부가 눌어붙게 된다.

눌은밥이 생긴 냄비에 물을 넣고 끓이면 마다가스카르어로

'황금빛 물'이라는 뜻을 지닌 황금빛 갈색을 띠는 라노볼라가 완성된다. 밥알을 걸러서 따뜻하게 또는 차갑게 마신다. 라노볼라는 맛있을 뿐 아니라 냄비 바닥에 남은 쌀을 남김없이 활용하는 훌륭한 방법이다(동시에 냄비도 깨끗해진다). 또한 영양가가 있고 소화를 돕는다. 집에서도 쉽게 만들 수 있다. 다음번에 냄비 바닥에 쌀이 눌어붙으면 라노볼라를 만들어보자!

중국

CHINA

중국 요리를 하나로 묶어 설명한다는 것은 유럽 요리를 하나인 것처럼 말하는 격이다. 중국은 그 자체로 하나의 대륙에 가까워서 아주 다양한 요리 전통을 지니고 있다. 하지만 중국 요리에는 다양한 전통을 관통하는 몇 가지 공통점이 있다. 그중 가장 중요한 것은 요리가 철학, 의학과 강하게 연결되어 있다는 점이다.

중국 요리는 유교의 영향을 받았다. 공자는 "쉰 음식과 썩은 생선과 부패한 고기를 먹지 않았으며, 색이 나쁜 것을 먹지 않았고, 냄새가 나쁜 것을 먹지 않았으며, 설익은 것을 먹지 않았고, 때가 아닌 것을 먹지 않았다. … 고기가 많아도 밥보다 많이 먹지 않았다. 술은 제한하지 않지만 만취하지 않았다. … 생강을 마다하지 않았다"는 기록이 남아 있다.(食饐而餲 魚餒而肉敗不食 色惡不食 臭惡不食 失飪不食 不時不食 … 肉雖多 不使勝食氣 惟酒無量 不及亂 … 不撤薑食.-『논어』「향당」편)

중국에서는 음식이 건강에 영향을 미친다고 생각하며, 음(여성·수동성·차가움)과 양(남성·능동성·뜨거움)의 원리에 따른 균형 잡힌 식사를 기본으로 삼는다. 모든 음식은 다섯 가지 온도(뜨거운 것, 따뜻한 것, 중성적인 것, 시원한 것, 차가운 것)와 다섯 가지 맛(단맛, 짠맛, 신맛, 쓴맛, 매운맛)으로 구분한다. 요리사는 음식이 자연과 균형을 이루는 동시에 색상과 형태, 향과 질감이 모두 조화되도록 기술을 익혀야 했다.

중국은 남부 열대 지방에서 북극 바로 아래 지역에 이르기까지 기후가 매우 다양하기 때문에 재배되는 식재료 또한 더없이 다양하다. 북부에서는 밀이나 기장을 많이 먹고 남부에서는 쌀을 주로 먹는다. 히말라야에 거주하는 티베트 소수민족은 보리와 야크젖을 기반으로 한 고유의 요리 전통을 지니고 있다.

중국에서는 식탁에 둘러앉아 음식을 함께 나누어 먹는다. 일반적으로 차를 마시면서 식사를 시작한 다음 차가운 전채에 이어서 주요리를 먹고 쌀이나 국수 요리, 수프가 이어지며 마지막으로 신선한 과일이 나온다.

죽순

죽순은 식용 가능한 다양한 종의 대나무 묘목이다. 작은 원뿔 모양으로, 껍질을 벗겨서 흰색 속살만 먹는다. 대나무는 자라는 속도가 매우 빠르기 때문에 금방 질겨지므로 죽순이 땅에서 나온 직후에 수확하는 것이 매우 중요하다.

죽순은 아시아 요리에 매우 흔하게 쓰이는 재료로 날것은 물론 말린 것, 통조림 등으로 판매한다. 여러 상업용 품종 중에서도 자이언트 죽순Dendrocalamus asper이 부드럽고 달콤해서 가장 인기가 좋다. 겨울 죽순도 식감이 아삭아삭하기로 이름 높다.

신선한 죽순은 개당 무게가 약 1킬로그램일 때 가장 품질이 좋다. 조금 더 자라서 약 2.5킬로그램에 가까워지면 섬유질이 질기고 쓴맛이 강해져 보통 말려서 먹는다. 죽순에는 가열하면 파괴되는 시안화물 독소가 있어서 반드시 익혀 먹어야 한다. 주로 가로 5센티미터, 세로 2.5센티미터 정도의 작은 직사각형 모양으로 썰어서 볶음이나 죽에 아삭한 질감을 더하는 용도로 쓴다.

동충하초

서양에는 거의 알려져 있지 않은 재료지만 중국에서는 동충하초를 약재로는 물론 식용으로 오래 사용해왔다. 티베트고원과 네팔이 원산지인 동충하초는 가난한 농촌 지역의 중요한 수입원이었으며, 현재 티베트 전체 경제 규모의 10퍼센트를 차지하고 있다. 자양 강장과 피로 해소에 효과가 있는 것으로 알려져 있다. 1992년 바르셀로나 올림픽에서 중국 육상 선수들이 동충하초 덕분에 금메달을 땄다고 하면서 인기가 높아졌다.

동충하초는 곤충에 기생하는 버섯의 일종이다. 이 균류는 유충을 감염시킨 다음 유충의 조직을 대체하면서 자라나기 때문에 마치 몸에서 새싹이 자라난 유충처럼 보이게 된다. 완전히 자란 동충하초는 성냥개비만 한 크기로 동물과 식물이 합쳐진 것처럼 보인다. 이런 겉모습 덕분에 음과 양을 모두 갖춘 재료로 간주되어 중국 전통 의학에서 귀한 대접을 받았다.

동충하초는 약으로 먹기도 하지만 요리 재료로도 쓴다. 주로 탕을 만들어 먹으며, 과거 황제의 장수를 위해 동충하초로 오리 속을 채운 요리를 진상했다고 한다. 오리 국물에 익힌 동충하초는 지금도 인기 있다.

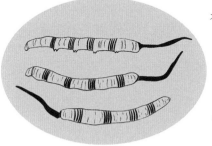

금귤

과일과 채소

TASTED ☐

금귤은 작지만 아주 향기로운 감귤류 과일이다. 원형 또는 타원형에 체리 정도의 크기다. 서양에 알려진 쿰콰트kumquat라는 이름은 광둥어로 '황금 오렌지'라는 뜻이며 실제로도 작은 오렌지처럼 보인다.

금귤은 껍질까지 통째로 먹는다. 과육의 톡 쏘는 맛이 달콤한 껍질과 조화를 이룬다. 날것으로 그냥 먹기도 하지만 당절임으로 만들며 디저트에 장식으로 쓰기도 하고 잼이나 마멀레이드로도 인기가 높다. 오리 요리 등에도 사용한다.

중국에서 유래한 금귤은 산시성에서 주로 재배해왔고 아시아 전역에서 인기를 얻으면서 지금은 미국 플로리다와 캘리포니아, 하와이 등에서도 재배한다.

당절임한 다음 설탕을 입힌 금귤은 중국에서 설날에 즐겨 먹는 간식이다. 베트남에서는 뭇탁mut tắc이라는 꽃 모양 금귤을 만든다. 금귤을 돌려가면서 다섯 개씩 칼집을 넣은 나음(위쪽과 아래쪽은 붙어 있도록 둔다) 씨를 제거하고 향신료(생강, 시나몬, 팔각, 정향)로 향을 낸 시럽에 익힌 후 납작하게 눌러서 꽃잎 다섯 개가 달린 꽃 모양으로 만든다.

연

연꽃은 아시아에서 신성하게 여겨온 꽃이다. 불교와 힌두교 사찰에 가면 연꽃 위에 앉아 있는 부처나 신들을 쉽게 볼 수 있다. 한편 연꽃의 뿌리줄기와 씨앗은 실용적인 먹거리이기도 하다.

연의 뿌리줄기인 연근은 아시아, 특히 중국과 일본에서 매우 흔하게 쓰이는 식재료다. 연근은 커다란 흰색 소시지처럼 생겼는데, 껍질을 벗겨서 썰면 구멍 뚫린 감자 같은 단면을 볼 수 있다. 구멍이 몇 개 뚫려 있는지에 따라 용도가 달라진다. 구멍이 5~7개인 품종은 보통 삶아서 먹고 구멍이 9~11개인 품종은 튀기거나 볶는다. 식감은 감자와 비슷하고 맛도 부드럽지만 연근이 더 아삭하고 달콤하다.

꽃이 피고 나면 샤워기처럼 생긴 과실이 자라나며 이 속에는 녹색 씨앗이 20~30개 정도 들어 있다. 껍질을 벗기면 아삭아삭하고 자그마한 흰색 연자가 드러난다. 땅콩처럼 날것으로 먹을 수도 있고 죽이나 탕에 넣기도 한다.

연자는 날것일 때는 아삭아삭하

고 익히면 부드럽고 포슬포슬한 질감이 난다. 흰콩이나 잣과 비슷한 가벼운 풍미가 있다. 연자를 갈아서 달콤한 소로 만들어 월병(403쪽 참조) 등 간식에 넣기도 한다.

LYCHEE 리치

과일과 채소
TASTED ☐

중국이 원산지인 리치는 달콤한 과육에 꽃 풍미가 일품인 과일이다. 지름 약 5센티미터에 껍질은 울퉁불퉁하고 단단하면서 분홍빛이 돈다. 껍질은 쉽게 벗길 수 있으며 반투명한 속살은 즙이 많고 달다. 그 속에 들어 있는 까만 씨는 식용할 수 없다.

리치는 중국에서 거의 4000년 이상 재배된 것으로 추측되며 중국 황제들이 애호하는 과일이었다. 오늘날까지도 중국은 세계 최고의 리치 생산국이다. 리치는 현재 동남아시아에서 남아메리카에 이르기까지 모든 열대 국가에서 재배되고 있으며 마다가스카르 또한 주요 생산지다. 리치는 보통 날것으로 먹지만 달콤한 디저트에 사용하기도 하고 드물게 생선이나 고기 요리에 들어가기도 한다.

감

과일과 채소
TASTED ☐

감은 품종에 따라 구형 또는 타원형을 띠는 주황색 과일이다. 생과일과 말린 과일 모두 아시아 전역에서 매우 인기가 높다. 나무의 잎이 모두 진 늦은 가을이 되어야 과일이 성숙한다는 점이 독특하다. 드물게 초겨울이 되어도 구할 수 있는 과일 중 하나다.

감나무는 떫은 열매가 열리는 나무, 떫지 않은 열매가 열리는 나무 두 종류가 있다. 떫은 열매는 수확 직후에는 먹을 수 없다.

주황색으로 익은 단계를 넘어서 한참 더 숙성되어야 푸딩 같은 질감으로 변하면서 먹을 수 있게 된다. 떫지 않은 감은 따지미지 먹을 수 있으며 질감은 아삭아삭하다. 하지만 풍미가 덜한 편이라 중국에서는 떫은 감을 숙성시켜서 먹는 쪽을 선호하는 편이다. 제대로 숙성되면 얇은 껍질 안에 아주 부드러운 과육이 가득 찬 섬세한 상태가 되기 때문에 조심스럽게 다뤄야 한다. 보통 반으로 잘라서 씨앗과 가운데 섬유질 부분은 남기고 끈적끈적한 과육을 숟가락으로 떠먹는다. 감의 맛은 살구와 비슷하지만 톡 쏘는 향이 있으며 질감은 전혀 다르다.

감은 전 세계 생산량의 90퍼센트가 중국에서 나지만 일본과 한국, 브라질, 레바논, 이스라엘, 스페인 등에서도 재배한다. 중국에서는 감이 열을 내리고 혈압을 낮춰주는 등 건강에 좋다고 믿는다. 한국에서도 인기가 높은데 말려서 곶감으로 만들어 먹는다.

루바브   RHUBARB

과일과 채소

TASTED ☐

중국에서는 루바브를 전통적으로 변비나 간 질환에 약재로 사용해왔다. 지금은 주로 디저트 재료로 쓴다.

루바브에서 먹을 수 있는 부분은 최대 80센티미터까지 자라나는 분홍빛 도는 녹색 줄기다. 중국에서 루바브를 식용한 기록은 2700년 전으로 거슬러 올라간다. 루바브가 유럽에 건너간 것은 그보다 훨씬 뒤인 5세기의 일로, 실크로드를 통해 터키를 건너 그리스에 닿았다. 당시에는 말려서 빻은 가루를 판매했으며 세상에서 가장 비싼 재료로 거의 사프란(332쪽 참조)만큼 고가였다. 스페인 대사는 1405년 중앙아시아를 여행하면서 루바브가 얼마나 귀한 재료인지 강조하기 위해 다음과 같이 썼다. "사마르

칸트 시장의 가장 좋은 물건은 실크, 새틴, 사향, 루비, 다이아몬드, 진주, 루바브 등 중국에서 온 것들이다." 중세 시대 말엽까지 루바브는 아주 소수의 상류층을 위한 사치품이었다.

루바브는 신맛이 아주 강하기 때문에 단맛으로 맛의 균형을 맞추곤 한다. 18세기 유럽에서 설탕을 쉽게 구할 수 있게 되면서 요리 재료로 널리 쓰이기 시작했다. 루바브는 짭짤한 요리에 사용할 때도 있지만 톡 쏘는 맛이 있어서 잼이나 콩포트, 타르트, 크럼블 등 달콤한 디저트에 잘 어울린다.

STAR FRUIT

스타프루트

과일과 채소
TASTED ☐

오렴자五斂子, carambola라고도 불리는 스타프루트는 다섯 개의 조각이 한데 뭉쳐서 자르면 단면이 별 모양으로 보인다. 원산지는 스리랑카와 인도네시아로 추정되며 현재는 대만과 말레이시아, 필리핀에서 주로 재배하지만 호주와 미국 남부에서도 자란다.

노란색 또는 녹색을 띠며 길이는 약 15센티미터로 보통 생과일을 통째로 먹는다. 90퍼센트가 수분인데, 주스로 만들면 살짝 새콤한 맛이 돌아 상쾌하다. 송송 썰어서 디저트의 장식으로 쓰는 모습도 흔하게 찾아볼 수 있다.

스타프루트는 질감이 아삭아삭하고 루바브와 비슷하게 살짝 신맛이 돈다. 일반적으로 덜 단 편인 녹색 품종은 흔히 양념(처트니 등)으로 활용하고 노란 품종은 과일처럼 먹는다. 비타민 C가 풍부하고 열량은 1개당

30칼로리밖에 되지 않는다. 전통 의학에서는 기침을 완화하는 용도로 쓴다.

두부

서양에서는 채식주의자나 힙스터가 먹는 흰색 페이스트로 여기곤 하지만, 중국을 비롯한 아시아에서는 두부를 서양의 빵만큼이나 중요한 재료로 여러 요리에 다채롭게 활용한다. 만드는 방법에 따라 다양한 질감과 맛이 난다. 발효한 콩이라는 뜻의 '豆腐'를 중국에서는 더우푸, 한국에서는 두부라 읽으며 서양에서는 일본식 발음인 토푸tofu로 널리 알려져 있다.

두부는 오랜 역사를 지니고 있다. 우리가 아는 두부의 형태는 10세기경에 개발된 것으로 추측되지만 발효한 콩으로 만든 식품은 그보다 훨씬 오래전부터 존재했다. 두부 제조 과정은 복잡하다. 우선 두유를 만들어야 한다. 콩을 물에 약 12시간 동안 불린 다음 갈아서 페이스트를 만들어 끓이고 체에 걸러서 흰색 액체를 얻어낸다.

두유를 두부로 만드는 과정은 우유를 굳혀서 치즈를 만드는 과정과 상당히 흡사하다. 두유 속의 고형분을 바닷물이나 산을 이용해서 응고시킨다. 오늘날에는 황산칼슘을 첨가한다. 굳은 두유를 모아서 압착해 수분을 일부 걸러낸다. 이 단계를 어떻게 조절하느냐에 따라 두부의 수분 함량이 달라진다.

두부는 오래전부터 아시아에서 중요한 음식이었으며, 특히 육류를 섭취하지 않는 불교도와 힌두교도에게는 중요한 단백질 공급원이 되어주었다. 아시아 이외 지역에서는 1970년대부터 채식주의자를 위한 대체식으로 알려지기 시작했다.

두부 자체의 풍미는 아주 연하기 때문에 다른 재료와 함께 조리하기 좋다. 중국에서는 마파두부 등 육류와 함께하는 조리법이 많다. 한국에서는 숟가락으로 떠먹어야 할 정도로 액체 상태에 가까운 순두부가 인기가 높다. 일본에서는 정교하게 조리해서 고급 가이세키의 일부로 내며, 두부를 전문적으로 선보이는 레스토랑도 존재한다.

WATER CHESTNUT

물밤

과일과 채소
TASTED ☐

남방개라고도 불리는 물밤은 수생 식물의 구근이다. 이름에서 알 수 있듯이 밤과 비슷하게 생겼지만 밤나무와는 연관이 없다. 습지에서 자라며 줄기처럼 생긴 긴 이파리는 최대 1.5미터까지도 자란다.

식용 부분은 땅속에 묻혀 있다. 짙은 색의 비늘 모양 껍질이 붙은 작은 구근으로 크기와 모양이 밤과 비슷하다. 껍질을 벗기면 중국 요리에서 귀한 대접을 받는 하얗고 아삭아삭한 속살이 드러난다. 원래 습지에서 자라는 야생 식물에서 채취했지만 현재는 주로 중국과 태국, 필리핀 등지에서 재배한다.

물밤은 생으로 먹기도 하고 익히기도 한다. 날것일 때는 질감이 매우 아삭아삭하며 가볍고 은은한 단맛이 돌아서 헤이즐넛이나 흰콩을 연상시킨다. 익혀도 아삭아삭한 질감이 유지되는 독특한 성질이 있어서 죽이나 탕에 넣어 먹기도 한다. 주로 설에 먹는 명절 음식인 마티가오馬蹄糕는 물밤을 갈아 가루를 내서 반투명하게 만든 젤라틴 케이크로, 보통 작은 사각형 모양으로 썰어서 튀겨 낸다.

동아

영어로는 '윈터 멜론'이라고 부르는 동아 또는 동과冬果는 길이 80센티미터, 지름 25센티미터까지 자라나는 크고 길쭉한 과일이다. 겨울 과일이며, 워낙 크기 때문에 보통 조각으로 판매한다. 음양 중 음에 속하는 음식으로 기름진 음식을 먹을 때 균형을 맞추는 재료로 권장한다.

덜 익은 동아는 녹색 껍질에 고운 흰털이 뒤덮여 있다. 익을수록 털이 빠지면서 밀랍 같은 질감이 된다. 동아의 과육은 아주 산뜻한 맛이 나며 덜 익었을 때는 멜론과 비슷하고 익을수록 오이에 가까워진다. 동아는 짭짤한 음식과 달콤한 디저트에 모두 사용할 수 있다. 음식을 만들 때는 잘게 썰어서 탕, 특히 돼지고기로 만든 국물 요리에 넣는다. 설탕에 절이거나 월병(403쪽 참조)에 넣기도 한다. 하지만 동아를 먹는 가장 흔한 방법은 차로 마시는 것이다. 잘게 썬 동아를 설탕과 함께 섞은 뒤 물에 타면 섬세한 훈연 향이 감도는 차가 된다.

흑미

중국에서는 흑미를 '금단의 쌀' 내지는 '황제의 쌀'이라 부르는데, 한때 황족만 먹을 수 있는 쌀이었기 때문이다. 흑미는 다른 쌀보다 생산하기 훨씬 어려워서 귀하고 값비쌌다. 짙은 색을 띠는 것은 안토시아닌이 고도로 농축되어 있기 때문이다. 흑미는 익히면 보라색처럼 보이지만 익히기 전에는 거의 까만색을 띤다. 겨를 완전히 제거해서 작은 흰색 알갱이 부분만 먹는 백미와 달리 속겨까지 통째로 먹는다.

흑미에는 항산화 물질이 매우 풍부하며 철분과 섬유질 또한 많이 함유되어 있다. 영양가가 상당히 뛰어나서 힘을 북돋우고 수명을 늘려준다 하여 약재로 간주되기도 하고 노인들이 즐겨 먹었다.

흑미는 요리할 때 오래 익혀야 한다. 중국에서는 전통적으로는 대나무 통에 담아서 몇 시간씩 쪄서 익힌다. 헤이즐넛 향이 감도는 은은한 단맛이 느껴지며 익힌 후에도 탄탄한 질감을 유지한다. 육류나 생선 요리에 곁들이기도 하지만 죽이나 간식에도 널리 사용한다. 또한 흑미는 흑초의 주성분이기도 하다. 1997년부터 판매 중인 리소 베네레riso venere라는 흑미 품종은 '비너스의 쌀'이라는 뜻으로 중국산 흑미와 이탈리아 포po 계곡에서 생산하는 백미 품종을 교배하여 만든 것이다.

죽

빵과 곡물

TASTED ☐

죽은 쌀로 만든 포리지로 아시아 전역에서 널리 먹는 음식이다. 포르투갈에서도 인기가 높다. 인도의 식민지 교역소였던 고아goa에서 죽을 접한 포르투갈 사람들이 브라질에 죽을 전파했고, 이후 죽은 브라질에서도 주식이 되었다.

죽은 밥알이 완전히 풀어질 때까지 오랫동안 익히기만 하면 되는 아주 간단한 요리다. 서양에서 부르는 이름인 '콘지congee'는 타밀어에서 온 것으로 '물에 만 밥'이라는 뜻이다. 중국어로는 바이저우白粥라고 부른다. 쌀을 적게 넣고도 배부르게 먹을 수 있기 때문에 식량이 부족할 때 흔히 만들어 먹던 음식이다.

죽은 물을 얼마나 넣느냐에 따라서 농도가 달라진다. 보통 튀긴 양파나 가늘게 찢어서 말린 고기, 실파, 생강, 말린 새우, 달걀지단, 죽순, 무채 등 다양한 재료를 얹어서 아침 식사로 먹는다. 요리에 밥 대신 죽을 곁들여 내기도 하며 닭고기, 돼지고기, 생선 등에 곁들여서 한 끼 식사로 차리기도 한다.

씹을 필요 없고 소화하기 쉬우며 영양가가 높은 음식이기 때문에 노인이나 환자를 위한 음식이기도 하다. 약초를 넣어서 맛과 효능을 높이기도 한다. 죽에 설탕이나 녹두, 팥을 넣어서 간식으로 먹기도 한다. 팥으로 만든 차가운 죽은 여름에 기운을 북돋는 용도로 먹는다.

라멘

빵과 곡물

TASTED ☐

파스타의 기원에 대해서는 중국과 이탈리아 사이에 논쟁의 여지가 있지만, 반죽을 밀어서 국수 면발을 만드는 과정에 대한 가장 오래된 고고학적 흔적은 4000년 이상 된 것으로, 중국에서 발견되었다. 당시 먹던 면은 오늘날의 라멘과 매우 흡사하다. 라멘은 아직도 손으로 가늘게 뽑아낸다. 오늘날 면을 만드는 가장 일반적인 방법인 틀에서 반죽을 뽑아내는 과정은 그보다 훨씬 뒤에 개발된 것이다.

라멘은 쌀을 먹는 남부와 달리 기장과 밀이 주식인 중국 북서부의 간쑤성에서 유래했다. 라멘은 원래 기장 가루로 만들었지만 오늘날에는 대부분 밀로 만든다. 중국어로는 라멘拉面, 일본에서는 라멘ラーメン이라고 부른다. 중국 라멘은 현재 전 세계적으로 인기를 끄는 일본 라멘의 조상이다.

라멘은 보통 요리사가 고객 앞에서 손으로 뽑아 만든다. 면을 준비하는 과정이 환상적이라 라멘 레스토랑의 인기는 음식의 맛만큼이나 요리사가 면발을 뽑으면서 보여주는 쇼맨십에 의해 좌우된다.

라멘 반죽은 오랫동안 치댄 다음 우선 큼직한 원통 모양으로 잘라낸다. 요리사는 이 반죽 한 덩어리를 팔 길이만큼 늘린 다

음 양쪽 끝을 모아 잡아서 다시 팔 길이만큼 늘려 두 배로 만든
다. 이 과정을 반복하면 반죽이 네 개, 여덟 개, 열여섯 개의 가닥
으로 늘어나고, 연속해서 10번을 반복하면 총 1024가닥이 된다!
가닥을 늘리는 사이사이에 면발이 서로 달라붙지 않도록 반죽
에 밀가루를 뿌리고 조리대에 내리쳐 여분의 밀가루를 제거하
는 과정을 반복한다.

반죽을 늘려서 면을 완성하고 나면 다양한 방법으로 양념을
한다. 보통 삶아서 고깃덩어리, 채소 등과 함
께 국물에 담가 내지만 궁중팬에 볶기
도 한다. 여름에는 토마토와 오일
을 곁들여서 차갑게 먹을 수도 있
다. 라멘 면은 자르지 않은 그대로
내는 게 중요하다. 중국에서는 국
수가 장수를 상징하므로 절대로 면
을 잘라서 내지 않는다.

TSAMPA

참파

빵과 곡물

TASTED ☐

참파는 티베트의 전통 주식이다. 볶아서 맷돌에 빻은 보릿가루
로 만든다. 보리는 높은 고도에서도 재배할 수 있는 유일한 곡물
이라 티베트의 주식이 되었다. 티베트 사람들이 스스로를 '참파
먹는 사람'이라고 칭할 정도로 매일같이 먹는다. 참파는 매우
영양가 높은 음식으로 이동이 간편하다. 티베트에서 상징적인
의미가 큰 음식이기도 하다. 참파를 공중에 던지는 정화 의식은
7세기경에 들어온 티베트 불교보다 훨씬 오래된 전통이다.

참파를 먹는 가장 일반적인 방법은 그릇에 넣고 버터 차(406쪽
참조)를 부은 다음 손으로 잘 섞어서 '파'라는 갈색 페이스트를

만드는 것으로, 주식으로 먹기도 하고 사이드 메뉴로 곁들일 수도 있다. 밀가루와 차를 섞어서 오른손으로 둥글게 뭉친 다음 손으로 집어 먹는다. 종종 야크젖 치즈, 정확히는 암컷 야크를 뜻하는 명칭인 드리 치즈를 얹어 먹는다.

파는 살짝 기름진 질감에 볶은 메밀과 비슷한 구수한 맛이 난다. 일부 티베트인, 특히 시골 지역에서는 식사 때마다 파를 먹지만 세월이 지나면서 티베트의 식단도 다양해졌다. 참파에 물이나 요구르트, 보리 맥주인 창을 섞기도 한다. 보릿가루에 육수를 섞어서 만드는 수프인 참숙에 사용할 때도 있다. 참파는 전통적으로 짭짤한 요리를 만드는 데에 쓰지만 점점 설탕을 첨가하는 이들이 늘고 있다. 티베트 젊은이들은 참파에 설탕을 넣어 아침 식사나 디저트로 먹는다.

해선장(하이센장)

향신료와 양념

TASTED ☐

하이센장海鮮醬은 간장을 바탕으로 옥수수 전분을 더해 점도를 높인 다음 향신료와 식초, 마늘, 설탕으로 맛을 낸 걸쭉한 갈색 소스다. 해선海鮮의 광둥어 발음인 호이신 소스hoisin sauce로 널리 알려져 있지만, 바다에서 난 재료는 하나도 들어가지 않는다. 주로 고기에 윤기를 더하는 데에 사용하며, 특히 돼지고기 차샤오(397쪽 참조)를 만들 때 넣는다. 베이징 카오야(399쪽 참조)의 필수 재료이기도 하다. 베이징 카오야는 식사의 첫 번째 코스로 종이처럼 얇게 부친 밀전병에 하이센장을 바른 다음 실파와 오이, 바삭바삭한 오리 껍질을 얹어 먹는다. 하이센장은 베트남에서도 매우 인기 있으며 특히 쌀국수(492쪽 포 참조)의 국물 맛을 내는 용도로 쓴다.

굴소스

굴소스는 1888년 우연히 개발되었다. 이금기李錦記라는 광둥 요리사가 실수로 굴 육수가 담긴 냄비를 계속 불에 올려둔 것이다. 계속 끓어오르던 굴 육수는 끈적끈적하고 향기로운 갈색 양념이 되었다. 이금기는 자신의 발명품에 '굴 기름'이라는 뜻의 하오유蚝油라는 이름을 붙였고, 어떤 요리에든 한 숟갈만 넣으면 풍미를 더할 수 있어 큰 성공을 거두게 되었다. 굴소스는 단맛과 짠맛을 동시에 느끼게 하며 가벼운 바다의 풍미와 더불어 풍부한 감칠맛이 난다. 면 요리는 물론 채소와 육류 요리에 널리 사용한다.

원래 레시피는 굴을 바닷물에 넣어서 국물이 시럽 같은 상태가 될 때까지 오랫동안 뭉근하게 끓여서 만드는 것이었다. 그러나 오늘날 시판되는 굴소스는 기존 조리법과는 거의 관련이 없다. 대량생산과 비용 절감을 위해 설탕과 소금, 옥수수 전분을 섞은 다음 캐러멜로 색을 내고 굴 추출물로 향을 더하고 풍미 강화용으로 글루탐산나트륨을 추가해 만든다. 이금기 그룹에서 만드는 제품에도 매우 소량의 굴만 들어간다. 그래도 굴을 사용한 수제 굴소스 또한 구하려면 구할 수 있다.

쓰촨 후추

쓰촨 후추는 후추와 전혀 연관이 없다. 굴과 같은 운향과에 속하는 잔톡실룸 분게아눔Zanthoxylum bungeanum의 열매로, 후추처럼 매콤한 맛이 나고 혀가 얼얼해지기 때문에 '후추'라고 불릴 뿐이다. 네팔 티무트 후추(353쪽 참조)와 장어 요리(443쪽 참조)에 향신료로 사용하는 일본의 산초와 같은 과에 속한다.

껍질이 작은 꽃잎처럼 열리면 조그마한 꽃 모양으로 보이기 때문에 중국어로는 '후추 꽃'이라는 뜻의 화쟈오花椒라는 이름이 붙었다. 사실 이 식물에서 먹을 수 있는 부분은 껍질밖에 없으며 그 속에 들어 있는 작고 단단한 과실은 후추처럼 생겼지만 먹을 수 없다.

쓰촨 후추는 중국 남부 쓰촨 지역에서 유래했다. 매운 음식으로 유명한 쓰촨요리에 널리 사용한다. 쓰촨 후추와 팔각, 고추, 생강, 기름으로 만드는 마라麻辣소스의 주재료다. 쓰촨 후추와 계피, 팔각, 정향, 회향씨로 만드는 오향 가루의 재료 중 하나이기도 하다.

쓰촨 후추는 통째로 혹은 굵게 갈거나 곱게 빻아서 사용할 수 있다. 마른 궁중팬에 먼저 볶아서 쓰기도 한다. 가금류와 돼지고기 요리에 흔하게 사용한다. 쓰촨 후추를 기름에 재워 매운 기름을 만들어 쓰기도 한다. 쓰촨 후추로 만든 기름은 맛있지만 엄청나게 자극적이어서 처음 먹을 때는 주의해야 한다. 뜨거운 요리나 차가운 요리에 모두 쓸 수 있으며 탄탄면을 만드는 데에도 쓴다.

전복

전복은 중국에서 진미이자 잔치 음식으로 대접받는 복족강 해산물이다. 중국에서는 특히 설날에 많이 먹는다. 중국어로 전복은 '바오위鮑魚'인데 '풍요가 보장된다'는 말과 소리가 같아 새해의 시작에 어울리는 상서로운 요리로 여겨진다.

바위에 붙어서 생활하는 전복은 한쪽에 숨구멍이 일렬로 늘어선 독특한 외관을 갖추고 있다. 전복은 날것일 때 가장 비싸지만, 껍데기를 제거해 통조림, 건조, 냉동 제품으로도 판매한다. 질감이 탄탄하고 요오드 향과 헤이즐넛을 연상시키는 은은한 단맛이 느껴진다.

중국에서는 전복을 간장에 조려서 먹는다. 일본에서는 회로도 즐기지만 보통 익혀서 먹으며 철판구이 레스토랑에서는 손님 앞에서 직접 요리해주기도 한다. 한국에서도 인기가 매우 좋아 날것으로도 먹고 굽거나 죽(383쪽 참조)에 넣어서 보양식으로 먹는다.

한때는 개체 수가 아주 많았지만 남획으로 줄어들었다. 현재 유통되는 전복은 대부분 양식이다. 최대 생산국은 중국과 일본, 한국인데 캘리포니아를 비롯한 다른 여러 지역에서도 소규모 양식이 이루어지고 있다. 아주 천천히 (1년에 고작 2.5센티미터) 자라기 때문에 시중에서 판매하는 전복은 대체로 껍데기 길이가 8~10센티미터밖에 안 된다. 천연 전복은 25센티미터 넘게 크기도 한다.

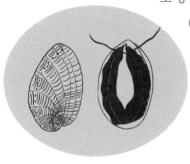

코끼리조개

GEODUCK

왕우럭조개라고도 불리는 코끼리조개는 이매패류 연체동물로, 껍데기 바깥으로 아주 큰 관이 쭉 뻗어 나와 있는데 관이 껍데기보다 크다. 이 특이하게 생긴 기관 때문에 '코끼리조개'라고 불리게 되었다.

해산물

TASTED ☐

주로 캐나다의 태평양 연안과 미국의 퓨젓사운드 인근에서 이루어지는 코끼리조개잡이는 연간 1억 달러 이상의 수익을 창출하는 산업이다. 중국과 일본, 한국에서 특히 수요가 높은데, 남근과 모양이 비슷하여 자양 강장제로 여겨지기 때문으로 추측된다.

코끼리조개는 해저 15~20미터 깊이의 모래밭에 서식한다. 잠수부가 바다 밑으로 들어가서 모래 밖으로 뾰족 튀어나온 관을 보고 코끼리조개를 집어 올라온다. 신선할 때 날것으로 판매하면 높은 가격을 받을 수 있다. 코끼리조개에서 식용하는 부분은 두툼한 관으로, 질감이 탱탱하고 풍부한 바다의 맛이 느껴진다. 일본에서는 스시로 즐겨 먹고 한국은 매콤한 소스에 찍어 먹으며 중국에서는 향긋한 국물에 익히는 쪽을 선호한다.

참게

해산물

TASTED ☐

참게는 민물과 바닷물에서 모두 서식하는 종으로, 바다에서 번식하지만 일생 대부분은 호수나 강의 작은 굴에서 보낸다. '털게hairy crab'라는 영어 이름은 집게발에 모피처럼 덮여 있는 자잘한 털 때문에 붙은 것이다. 보통 약 8센티미터 크기로 자라며 올리브색을 띠지만 익히면 붉게 변한다.

상하이 지방의 별미로, 상하이 사람들은 매년 9월 말이 되면 참게 철이 시작되기를 목이 빠지도록 기다린다. 가장 인기 있는 게는 상하이에서 서쪽으로 약 80킬로미터 떨어진 양청호에서 잡힌 것이다. 양청호 다자셰大閘蟹는 다른 게보다 10배 이상 비싸다!

참게는 통째로 삶아서 식초에 간장과 생강을 더해 만든 소스를 곁들여 먹는다. 한의학에서는 게를 성질이 찬 음식으로 분류하므로 성질이 뜨거운 생강을 더하면 음과 양이 균형을 이룬 요리가 된다.

참게의 맛은 다른 게와 비슷하지만 살점이 풍부하다. 사람들이 가장 좋아하는 것은 딱지 속에 든 노르스름한 장으로, 산란기가 되면 암게와 수게 모두 속이 가득 찬다. 게의 장은 맛도 좋고 영양가도 높아 귀한 대접을 받는다. 부드러운 질감에 달걀노른자와 푸아 그라를 연상시키는 맛, 성게(450쪽 참조)와 유사한 풍미가 느껴진다. 수게와 암게 모두 장이 있지만 산란기에 알이 찬 암게가 더 인기가 높으며 수게는 가을이 되어야 충분히 성숙한다. 수게와 암게는 배 모양으로 구분할 수 있다. V 모양이면 수게, U 모양이면 암게다.

참게를 먹다 보면 지저분해질 수밖에 없지만, 한번쯤 해볼 만한 경험이다. 손으로 참게를 잡은 다음 다리의 살점을 쭉쭉 빨아 먹고 입 안에 들어온 껍데기 조각을 뱉어낸다.

해파리

해산물

TASTED ☐

해파리는 아시아에서 서기 3세기 전부터 먹어왔으며 오늘날까지도 인기가 좋다. 웬만한 식료품점에서 건조된 다양한 해파리 제품을 구할 수 있다. 해파리는 몸의 약 95퍼센트가 수분, 약 5퍼센트는 단백질로 구성되어 있으며 지방은 전혀 없다. 건조시키면 거의 단백질만 남는다.

식용으로 어획되는 해파리 중에는 독이 있는 품종도 있지만 대부분 촉수를 제거해서 우산 모양 몸통만 남긴다. 매년 중국과 한국, 일본 등 아시아 전역에서 수 톤에 달하는 해파리를 어획하고 있다.

해파리는 원래 한 달 이상 햇볕에 건조시켰으나 현재는 염장 및 오븐 건조로 수 주일이면 건조 해파리가 완성된다. 건조한 후 가늘게 채를 썬 형태로 판매한다. 말린 해파리는 간식이나 전채로 먹을 수 있으며, 물에 불려서 요리에 쓰기도 한다. 해파리 자체의 맛은 그다지 강하지 않지만 쫄깃하면서 꼬들꼬들하게 끊어지는 특유의 식감이 있다. 흔히 참기름과 간장, 식초로 만든 소스를 곁들여 먹는다. 중국에서 많이 먹지만 한국에서도 인기 있는 반찬(421쪽 참조) 중 하나다. 면 요리에 씹히는 질감을 더하기 위해 사용하기도 한다.

해삼

해산물

TASTED ☐

해삼은 '바다의 오이sea cucumber'라는 영어 이름에 걸맞게 통통한 오이처럼 생긴 신기한 해양 동물이다. 중국은 물론 동아시아 국가 대부분에서 진미이자 약재로 대접받는다.

한국은 해삼을 날것으로 먹는 몇 안 되는 나라 중 하나다. 식당 수족관에 살아 있는 채로 전시해두었다가 주문이 들어오면 잘게 썬 다음 고추장(416쪽 참조)을 곁들여 낸다. 날해삼은 특별한 맛이 없으며 대체로 오도독한 질감을 즐기거나 정력에 좋다는 믿음 때문에 먹는다. 이러한 믿음은 해삼이 평상시에는 말랑말랑하다가 천적이 나타나면 단단하게 변하며, 일부 종은 실제로 몸(정확히는 내장)에서 끈적하고 가느다란 흰색 실 같은 물체를 방출해서 음경과 비슷해 보인다는 점에 기인한다. 고대 한의학에서도 해삼을 성 기능과 연관 있다고 보았으며, '바다의 인삼'이라는 이름 역시 인삼처럼 활력을 돋우는 힘이 있다는 의미를 담고 있다.

해삼은 대체로 건조시켜서 회색 피클 같은 형태로 판매한다. 요리할 때는 불린 후에 사용하며, 보통 쪄서 채소나 육류 요리에 곁들인다. 일본에서는 해삼의 내장을 염장 발효시켜서 고노와타このわた라는 진미를 만든다. 해삼의 난소를 말린 구치코くちこ 또한 매우 고가에 판매된다. 고급 레스토랑에서 아주 소

량으로 제공하는 음식이다. 아주 천천히 씹어 먹어야 은은한 바다 풍미와 감칠맛을 음미할 수 있다.

제비집

육류
TASTED ☐

제비집은 희귀하고 값비싼 식재료로 중국에서 수 세기에 걸쳐 귀한 대접을 받았다. 칼샛과에 속하는 금빛제비(이름과 달리 제비가 아니다)가 타액을 응고시켜 만든 둥지를 연와燕窩라고 하는데, 영양가 높고 성 기능을 향상시켜준다는 이유로 귀하고 비싼 음식이 되었다. 제비집은 쌀국수 면처럼 가는 건조 섬유로 이루어져 있다. 대부분 흰색이지만 붉은빛을 띠기도 한다. 붉은 제비집은 더 귀한 대접을 받는다.

온전하게 식용할 수 있는 제비집을 만들어내는 종은 흰집칼새Aerodramus fuciphagus가 유일하며, 그 외의 종은 타액과 깃털, 진흙을 섞어서 둥지를 짓기 때문에 꼼꼼하게 손질해서 먹을 수 있는 부분만 골라내야 한다.

17세기의 기록에 따르면 황제의 상에 올리기 위해 멀리 말레이시아와 인도네시아에서 둥지를 채집해왔다고 한다. 당시에는 절벽이나 동굴에 지어진 제비집을 손수 채집해야 했다. 오늘날에는 쉽게 채집할 수 있도록 만든 인공 구조물에 제비집을 짓도록 한다. 이런 제비집 생산법은 현재 세계 1위 생산국인 인도네시아에 널리 퍼져 있지만 수요가 워낙 많아서 베트남과 태국, 미얀마 등 다른 나라도 가세하기 시작했다. 전 세계적인 제비집 생산 규모는 연간 50억 달러 이상으로 추산된다.

제비집은 밋밋한 해초처럼 맛이 아주 가벼운 편이며 익히면 젤라틴 같은 질감이 된다. 대체로 닭 육수에 삶아서 연와탕을 만든다. 연와탕은 1인분에 100달러가 넘을 정도로 비싸기 때문에 경사 때 먹는 특별한 음식이다. 탕 자체는 흥미롭지만 맛에는 의문의 여지가 있는 게 사실이다. 하지만 중국 문화를 탐구하고 중국에서 음식과 약, 역사가 어떻게 얽혀 있는지 이해하는 데 매개체가 될 만한 음식이다.

닭발

닭발은 중국에서 매우 인기 있는 음식이다. 간식으로도 먹고 요리 재료로도 다양하게 쓰인다. 중국의 거의 모든 슈퍼마켓에서 닭발을 구입할 수 있으며, 그 수요는 중국이 매년 다른 나라에서 닭발만 수천 톤씩 수입하는 것만 봐도 짐작할 수 있다.

닭발은 일반적으로 발톱만 제거한 다음 통째로 먹는다. 닭발 자체의 맛은 크게 두드러지지 않으며 젤라틴 같은 질감이 강하게 느껴진다. 삶은 다음 식초와 설탕, 생강으로 만든 절임액에 재워서 차갑게 먹는다. 광둥 지방에서는 튀겨서 검은콩으로 만든 걸쭉한 소스에 고추나 마늘 등을 섞어서 함께 재워 먹기도 한다. 닭발탕도 있는데, 닭발에는 콜라겐이 많기 때문에 피부 미용에 관심 있는 여성들에게 특히 인기가 있다. 중국 레스토랑에서 경험 삼아 먹어볼 만하다. 맥주 안주로 주문해서 하나씩 들고 작은 뼈를 퉤퉤 뱉으면서 먹으면 된다.

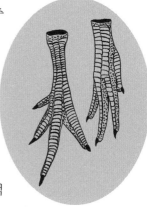

피단

피단皮蛋은 삭힌 오리알로 노른자는 녹색 섞인 검은색을 띠고, 흰자는 반투명한 진갈색이다. 피단은 중국어로 '껍질 있는 알'이라는 뜻이다. 만들려면 우선 차와 생석회, 재, 소금으로 반죽한 진흙에 오리알을 싼 다음 쌀겨를 고루 묻힌다. 4~6주간 발효시킨 나음 쌀겨가 붙어 있는 상태로 판매한다. 씻어서 파는 깃도 있는데, 원래 흰색인 오리알 껍데기가 발효를 거치며 밝은 분홍색으로 변한 모습을 확인할 수 있다.

발효 과정에서 생석회의 영향으로 산성도가 점차 높아지면서 달걀의 단백질과 지방이 더 작은 분자로 분해되어 질감과 색상, 맛이 바뀐다. 발효가 끝날 즈음에는 노른자 크기가 거의 두 배로 커지고 짙은 녹색으로 바뀌며 유황 냄새가 난다. 흰자는 반투명하고 단단해지면서 주황빛이 도는 갈색이 된다.

피단 제조법의 기원은 14세기까지 거슬러 올라간다. 전설에 따르면 어느 농부가 집을 지을 때 사용한 회반죽에 오리가 알을 낳으면서 우연히 탄생했다고 한다. 처음에는 이처럼 우연히 발견되었을 가능성이 있지만, 그 이후로 피단을 대량 생산하는 기술이 개발되었다. 피단으로 만들면 오리알이나 달걀을 장기간 보관할 수 있으며, 맛있고 영양가 있는 음식이 된다. 다만 특유의 코를 찌르는 냄새는 후천적으로 학습해야 익숙해진다.

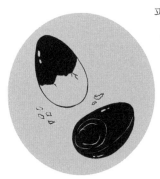

피단은 주로 얇게 저민 절인 생강을 곁들여 전채로 먹는다. 샐러드나 죽, 탕의 재료로도 쓰인다. 가장 인기 있는 것은 피단과 다진 돼지고기로 만든 죽으로, 광둥 지방에서는 아침 식사로 즐겨 먹는다.

라창 소시지

중국 요리에서 돼지고기가 차지하는 비중을 감안하면, 중국에서 아주 오래전부터 돼지고기 소시지를 만든 것은 당연한 일이다. 중국식 돼지고기 소시지인 라창臘腸의 역사는 2000년이 넘는다. 중국 전역에 다양한 소시지가 존재하지만 가장 인기가 있는 것은 광둥식 라창 소시지다. 지름 약 2센티미터에 길이는 20센티미터 정도로 가느다란 편이며, 양초와 비슷하게 생겼다. 일 년 내내 먹을 수 있는 비교적 저렴한 재료이지만 설날 등 명절 식탁에 올리는 음식이기도 하다.

라창은 돼지 지방을 넉넉히 넣은 딱딱한 건조 훈제 소시지다. 소금과 설탕, 메구이루주玫瑰露酒(장미 향 술), 간장으로 맛을 내 달콤하면서 짭짤하다. 보통 따뜻하게 먹으며, 저며서 밥과 먹거나 볶음밥에 넣는다. 찹쌀과 함께 바나나 잎에 싸서 파는 길거리 음식도 별미다.

거바오

'중국식 햄버거'라고도 부르는 거바오割包는 다진 돼지고기를 달콤한 소스에 익힌 다음 찐빵에 끼우고 반으로 접어서 겨자 싹과 다진 땅콩, 신선한 고수를 더해 먹는 길거리 음식이다. 돼지고기를 간장과 황주(409쪽 참조), 설탕을 섞어 만든 양념에 천천히 익혀서 갈색을 띠며 달콤짭짤한 맛이 난다. 푸젠성 특산물로 매우 인기 있으며 대만에서는 찐빵이 접힌 모습이 호랑이 턱 사이에 돼지가 물려 있는 것 같다고 해서 호카티虎咬豬(돼지를 문 호랑이)라고 부른다.

차슈(차샤오)

전통 음식

TASTED ☐

차샤오叉燒는 돼지고기를 매콤달콤한 소스로 반짝반짝 윤기가 나도록 조린 전통 광둥식 요리다. 흔히 통오리나 거위, 해체한 돼지고기 덩어리가 주렁주렁 걸려 있는 구운 고기 전문점 시우 메이燒味에서 구입한다.

보통 등심을 사용하지만 삼겹살이나 목살을 쓸 때도 있다. 고기에 꿀과 향신료, 간장, 하이센장(386쪽 참조)을 섞은 달콤한 양념을 바른다. 완전히 익으면 속은 부드럽고 겉은 바삭하면서 반짝반짝한 윤기에 붉은빛이 도는 맛있는 고기가 완성된다. 얇게 저며서 밥과 함께 먹기도 하지만 다른 요리에 재료로 들어가기도 한다. 중국 요리에선 물론이고 일본 라멘에 올리는 토핑으로도 매우 인기가 높다.

차샤오바오叉燒包라는 작은 찐빵을 만들기도 한다. 차샤오를 결대로 잘게 찢은 다음 소량의 기름과 간장으로 양념해서 부드러운 밀가루 반죽으로 싼 것이다. 중국에서 매우 인기 좋은 길거리 음식이며 차를 곁들여서 아침 식사로 먹곤 한다.

딤섬

전통 음식

TASTED ☐

딤섬點心이라고 하면 작은 찐만두를 떠올리는 사람이 많은데, 사실 딤섬은 원래 중국식 찻집 차러우茶樓에서 차와 곁들여 한 입에 먹는 다양한 요리를 총칭하는 단어다. 실크로드를 따라 흩어져 있던 차루는 여행자와 상인이 길을 떠나기 전에 잠시 휴식을 취하며 식사를 하는 장소였다. 딤섬은 가벼운 요깃거리로 점심시간에만 제공하던 메뉴였으나 시간이 지나면서 하루 종일 언제든 먹을 수 있는 정식 식사로 변모했다.

모든 딤섬 레스토랑의 주메뉴는 중국어로 자오쯔餃子라고 불리는 민두다. 새우나 돼지고기, 오리고기, 소고기, 채소 등 다양한 재료를 넣어서 만들며 찌거나 튀겨서 낸다. 그중에서도 특히 육즙이 풍부한 샤오룽바오小籠包(402쪽 참조)가 유명하다. 딤섬 레스토랑에서는 만두 외에도 달콤하거나 짭짤하게 속을 채운 찐빵류(바오쯔包子), 춘권春卷, 미트볼, 닭발(394쪽 참조), 갈비, 에그 타르트 등 다양한 음식을 선보인다. 딤섬 레스토랑은 메뉴가 아주 많아서 주문할 수 있는 음식이 100가지가 넘어가는 곳도 있다. 점원이 딤섬이 담긴 작은 트롤리를 돌리는 레스토랑도 있다. 현재는 메뉴판을 보고 골라서 주문하면 작은 대나무 찜기에 담긴 딤섬을 테이블로 가져다주는 방식이 일반적이다.

동파육(둥포러우)

TASTED ☐

광둥 지역의 전통 요리인 동파육東坡肉은 송나라 시대 시인이자 미식가 소동파蘇東坡가 만들었다고 한다. 맛있지만 콜레스테롤 수치가 높은 사람에게는 권하기 힘든 요리다. 돼지고기 중에서 가장 기름진 부위이자 지방의 두께가 살코기 부분과 거의 비슷한 삼겹살로 만들기 때문이다. 셰리와 비슷한 황주(409쪽 참조)에 돼지고기를 쪄서 만든다.

동파육	4인분

재료 · 돼지고기 삼겹살(껍질째) 500g, 실파 4대, 생강 1톨, 간장 3큰술, 황설탕 2큰술, 황주 7/8컵(200ml)

· 끓는 물에 돼지고기를 넣고 5분간 데친다. 꺼내서 종이 타월로 물기를

닦아낸 다음 칼로 껍질에 붙은 털을 전부 제거해 매끄럽게 만든다.
삼겹살을 6센티미터 크기로 깍둑 썬다(살코기와 지방이 비슷한 비율이 되게 한다).

- 냄비에 송송 썬 실파와 생강을 넣고 돼지고기를 지방이 아래로 오도록 넣는다. 간장, 설탕, 황주를 넣고 한소끔 끓인 다음 불 세기를 낮추고 뚜껑을 닫아서 중간에 고기를 한 번 뒤집어가며 약 90분간 뭉근하게 익힌다.
- 고기를 익히는 동안 찜기를 설치해서 물을 끓인다. 고기를 작은 캐서롤 냄비에 넣고 찜기에 넣어서 30분 더 익힌다. 완성된 동파육은 고기를 찌면서 완성된 소스와 청경채 등 채소를 곁들여서 따뜻하게 낸다.

베이징 카오야

베이징 덕, 또는 과거 표기법에 따라 페킹 덕이라고도 불리는 베이징 카오야北京烤鴨(북경 오리)는 명나라의 첫 수도였던 난징에서 개발된 요리다. 명나라가 수도를 베이징으로 옮기면서 오리구이도 함께 베이징에 자리 잡게 되었다. 청나라 시대에 황제의 사랑을 받던 요리로, 현대에도 특별한 날에 먹는 음식이다.

베이징 카오야는 특별하게 사육한 오리로 만든다. 생후 첫 45일간은 다른 오리와 똑같이 기른 후 2주일간 5~7킬로그램이 될 때까지 통통하게 살을 찌워서 껍질에 기름이 돌게 한다. 도축 후에는 껍질 아래에 바람을 불어 넣어서 살과 분리한 후 삶아서 익히고 건조한 다음 맥아 물엿과 식초, 간장으로 만든 글레이즈를 발라서 오븐에 굽는다. 원래는 밀폐한 가마에서 구웠지만 현재는 한 번에 스무 마리씩 익힐 수 있는 개방형 오븐에 대추나무나 배나무 장작불을 피워서 굽는다.

완성된 오리는 우선 통째로 손님 앞에 선보인 다음 세 가지 방

전통 음식

TASTED ☐

식으로 먹는 전통이 있다. 먼저 바삭바삭한 껍질을 잘게 썰어서 히시멘장(386쪽 참조), 오이, 실파외 함께 얇은 밀전병에 싸서 먹는다. 그런 다음 오리 살점을 채소와 함께 볶아서 먹고, 마지막으로는 오리로 낸 국물에 양배추를 넣어서 먹는다.

송서계어(쏭수구이위)

전통 음식

TASTED ☐

쏭수구이위松鼠桂魚는 '다람쥐 생선'이라는 뜻으로, 장쑤성의 전통 음식이다. 관련된 설화에 따르면 처음에는 잉어를 사용했지만, 이후에는 쏘가리를 주로 사용한다. 하지만 쏭수구이위는 생선 종류를 칭하는 것이 아니라 익히고 나면 다람쥐의 꼬리 같은 모양이 되도록 생선의 살점에 칼집을 넣는 방식을 뜻한다.

생선에 칼집 넣기는 숙달하기까지 시간이 상당히 걸리는 예술의 영역이다. 우선 필레 두 장이 꼬리에 붙어 있는 형태를 유지하도록 뼈를 제거한 후 십자 무늬로 칼집을 넣는다. 생선 대가리는 따로 두었다가 납작하게 손질해서 장식용으로 쓴다. 생선 살점에 옥수수 전분을 묻혀서 기름에 튀긴다. 접시에 튀긴 쌀국수를 깔고 튀긴 생선을 얹은 다음 마늘과 토마토, 식초, 옥수수 전분, 설탕, 소금으로 만든 걸쭉한 소스를 둘러 낸다.

쏭수구이위는 생선을 많이 먹고 짠 요리에 단맛을 더하는 장쑤성 요리를 대표하는 음식이다. 과거 황제의 식탁에 올리던 음식으로 외관이 화려하고 맛이 좋아서 아직도 연회용으로 애용되고 있다.

완탕

광둥식 만둣국으로, 광둥어 원툰雲呑에서 나온 완탕이라는 명칭이 널리 알려져 있다. 베이징에서는 훈툰餛飩이라고 부른다. 돼지고기와 새우로 속을 채운 완탕과 국수, 채소를 함께 말아서 먹는 맑은 국물 요리다.

전통 음식

TASTED ☐

완탕	6인분

재료 • 완탕 재료: 생새우 250g, 베이킹소다 1큰술, 돼지고기 살코기 200g, 돼지고기 지방 50g, 다진 부추 1단, 소금 1큰술, 설탕 1큰술, 간장 1큰술, 옥수수 전분 1큰술, 달걀노른자 1개
   • 국물 재료: 돼지 뼈 1kg, 생강 1톨, 말린 서대기 1마리, 말린 새우 50g, 양파 4개, 소금, 후추, 만두피 50장, 가는 유멘(귀리로 만든 쫀득쫀득한 국수) 500g, 참기름

• 완탕소: 새우는 껍데기를 제거한다. 대가리와 껍데기는 육수용으로 따로 둔다. 베이킹소다를 녹인 찬물에 새우를 30분간 담가두었다가 건져서 물기를 제거한다(익힌 후에도 새우가 탱탱한 질감을 유지하도록 하는 과정이다). 새우와 돼지고기 살코기, 지방을 곱게 다지고 절반 분량의 부추, 소금, 설탕, 간장과 함께 섞는다. 마지막으로 옥수수 전분과 달걀노른자를 넣는다. 골고루 잘 섞어 둔다.

• 국물: 돼지 뼈를 팔팔 끓는 물에 5분간 삶은 다음 솔로 깨끗하게 문질러 이물질을 제거한다. 생강은 껍질을 벗겨서 저민다. 대형 냄비에 말린 서대기와 말린 새우, 새우 대가리와 껍데기, 돼지 뼈, 양파, 생강을 넣는다. 잠기도록 물을 붓고(약 4리터) 한소끔 끓인다. 불 세기를 낮춰서 표면에 올라오는 불순물을 제거하며 약한 불에 3시간 정도 뭉근하게 끓인다. 육수가 완성되면 건더기를 모두 제거한다. 면포에 걸러서

불순물을 제거하고 다른 냄비에 옮겨 담는다. 소금과 후추로 간을 한다.
- 완탕 빚기: 깨끗한 작업대에 만두피를 한 장 얹는다. 소를 한 숟갈 떠서 만두피 가운데에 얹고 만두피를 삼각형 모양이 되도록 반으로 접는다. 이때 안에 기포가 들어가지 않도록 주의한다. 삼각형의 양쪽 모서리를 속 재료 아래로 오도록 당겨 접어서 여며 작은 피라미드 모양을 만든다. 완탕소를 전부 소진할 때까지 같은 과정을 반복한다.
- 완탕 삶기: 끓는 물에 국수를 삶는다. 완탕을 넣어서 2분간 삶은 다음 건져서 물기를 제거한다. 개별 수프 그릇에 참기름 1큰술을 붓고 국수와 완탕을 담는다. 육수를 붓고 다진 부추로 장식한다.

샤오룽바오

전통 음식

TASTED ☐

중국의 만두 조리법은 아주 다양하지만 그중에서도 가장 인기 있는 만두는 아마 샤오룽바오小籠包일 것이다. 가장 큰 특징은 무엇보다 풍부한 육즙인데, 이는 소고기에 열을 가하면 녹는 돼지 젤라틴을 섞어서 만두소를 만들기 때문이다.

샤오룽바오는 아주 뜨거운 상태로 내므로 혀를 데지 않으려면 조심해야 한다. 숟가락에 샤오룽바오를 하나 올린 뒤 젓가락으로 조심스럽게 찔러서 육즙이 숟가락에 채워지게 한다. 여기에 전장 식초(찹쌀을 발효시켜 만드는 흑식초)를 살짝 뿌리고 채 썬 생강을 얹어 먹는다.

샤오룽바오는 이름의 어원이 된 샤오룽小籠이라는 작은 대나무 바구니에 담아낸다. 만두소는 다진 돼지고기, 젤라틴(돼지나 소의 껍질과 연골로 만든다), 다진 양파에 식초와 간장, 참기름, 생강, 설탕, 소금, 후추로 간을 해서 만든다. 샤오룽바오의 모양을 제대로 만들려면 상당한 연습이 필요하다. 정확히 18개의 주름이 잡히도록 해야 하기 때문이다.

월병

디저트

TASTED ☐

월병月餅은 둥근 달을 상징하며, 음력 8월 15일 중추절(추석)에 먹는 중국의 과자다. 중추절은 중국에서 매우 중요한 명절로, 원래는 달에 사는 선녀를 기리는 날이었으며 적어도 5세기부터 기념했다고 한다.

오늘날 월병은 보통 지름 10센티미터에 두께 3센티미터 정도 크기로 만든다. 얇은 껍질에는 흔히 장수壽, 행복囍 등 한자나 달과 관련된 토끼 등의 동물이나 꽃이 들어간 무늬를 찍어서 장식한다.

월병에는 다양한 재료로 만든 소가 들어가며, 다진 모둠 견과류와 단팥(432쪽 팥 참조), 연자(376쪽 연 참조) 소가 가장 대중적이다. 돼지고기를 넣은 짭짤한 월병도 있으며, 소금에 절인 달걀노른자를 넣기도 한다.

월병은 칼로리가 높아서 200그램짜리 하나가 1000칼로리를 넘기도 한다. 최근 들어서는 저칼로리 월병은 물론 젤리나 아이스크림 등을 넣은 다양한 월병도 등장하고 있다.

탕후루

디저트

TASTED ☐

탕후루糖葫蘆는 대나무 꼬챙이에 과일을 꽂아서 딱딱한 사탕을 입힌 중국 북부의 간식거리다. 길이는 보통 20센티미터 정도로, 원래는 산사나무 열매를 사용했다. 산사나무 열매는 약 4센티미터 크기에 밝은 붉은색을 띠고 아주 새콤한 맛이 난다. 과일의 새콤한 맛이 달콤한 사탕 코팅과 어우러진다.

탕후루가 처음 만들어진 것은 남송 시대다. 광종이 총애하던 황귀비가 병에 걸려 어떤 약을 써도 낫지 않았는데, 한 의사가 설탕을 입힌 산사나무 열매를 처방하자 병이 나았다고 한다. 탕후루는 황실 요리로 채택되었고 점차 백성들 사이에서도 인기를 얻으며 퍼져 나갔다.

산사나무 열매는 둥글게 만 젤리山楂卷나 작은 원반 모양 과자山楂餅로도 맛볼 수 있다. 산사나무 과자는 아이들에게도 인기 있는 간식이다.

거북 젤리(구이링가오)

디저트

TASTED ☐

거북 젤리는 중국 전통 의학에서 유래한 여름철 디저트다. 삼국 시대에 광시성 우저우를 지나던 장군이 더위에 지쳐 전투에 나설 수 없는 상태가 되자 지역 주민이 약초와 자라 껍데기 가루를 섞어서 보양식을 만들어주었다. 그 덕분에 장군은 더위를 이기고 전투에서 승리할 수 있었다고 한다.

중국어로 구이링가오龜苓膏라고 불리는 거북 젤리의 주재료는 금화거북Cuora trifasciata의 등딱지 가루와 해열 효과가 있는 10가지 이상의 약초다. 잘 섞어서 수 시간 끓이면 졸아들면서 젤리와 비슷한 질감이 된다. 조리법은 1500년간 거의 변함이 없지만 금화거북이 멸종 위기에 처했기 때문에 지금은 다른 종류의 거북이 등껍질을 사용한다.

시판 제품 중에는 거북이 등껍질이 들어가지 않고 약초만으로 만든 것도 많다. 거북 젤리는 짙은 갈색을 띠고 쓴맛이 나기 때문에 시럽을 넣어 먹는 경우가 많다.

백주(바이주)

음료

TASTED ☐

세계에서 가장 많이 팔리는 술은 보드카도 위스키도 럼도 아니다. 매년 약 140억 리터가 소비되는 바이주白酒다. 바이주는 중국에서는 매우 인기가 있지만 그 외의 나라에는 거의 알려지지 않았다.

말 그대로 '흰 술'인 바이주는 곡물을 증류하여 만든 알코올음료를 광범위하게 칭하는 단어로, 알코올 함량은 60~160프루프(30~80도) 정도다. 가장 인기 있는 바이주는 약 100프루프(50도)로 수수를 증류해서 만든다.

바이주는 제조 과정이 독특한데, 곡물에 물을 섞은 다음 곡물을 압축해서 여러 효모와 균류가 배양되도록 만든 곡자麴子를 섞는다. 이 혼합물을 흙구덩이에 넣어 발효시키고 증류한 다음 진흙 항아리에 담아 1~2년, 최대 30년까지 숙성시킨다.

바이주는 중국 문화에서 중요한 부분을 차지하며, 거의 모든 가족 모임과 비즈니스 행사에 등장한다. 작은 잔에 따라 실온으로 마시며 식사 내내 들이킨다. 건배할 때마다 잔을 비우는 것이 관례다. 결혼식 축하연에서는 신혼부부가 손님들의 테이블을 돌면서 바이주를 한 잔씩 받아 마신다.

바이주의 맛은 종류에 따라 매우 다양한 편으로 중국에서는 12종으로 구분한다. 강렬한 버섯과 흰곰팡이 향에서 가벼운 꽃과 감귤 향까지 다양한 풍미를 느낄 수 있다.

버터 차

음료

TASTED ☐

버터 차는 티베트를 상징하는 음료로 매일 아무 때나 흔하게 마신다. 환영의 의미로 손님맞이할 때 제일 먼저 내놓는 메뉴이기도 하다. 티베트의 버터차 소비는 기후와 많은 관련이 있다. 이 지역은 고도가 매우 높아서 차와 보리, 야크젖을 제외하면 식재료가 매우 한정적이다. 또한 추운 기후 때문에 영양가 있는 음식이 필요한데, 야크젖이 필수적인 지방을 제공해준다. 그래서 티베트에서는 차에 야크 버터와 소금 한 자밤을 넣기 시작한 것이다. 소금은 신체의 수분을 유지하는 데 도움을 주며 버터는 에너지를 공급해주고 매서운 추위에서 입술을 보호하는 역할을 한다.

티베트에서는 버터 차를 '포차'라고 한다. 버터 차를 만드는 전통적인 방법은 좁다란 원통 모양의 도구에 홍차와 버터를 한데 넣고 휘젓는 것이다. 그러면 보랏빛이 감도는 갈색을 띠며 살짝 산패한 향이 느껴지는 액체가 완성된다. 버터 차에서는 요오드와 우유, 흙냄새가 풍기며 독특한 맛이 난다. 기름기와 짠맛이 동시에 풍기는 차를 마시는 경험은 처음에는 낯설고 놀랍지만 금세 중독되듯이 즐기게 되며, 티베트에서는 식사 내내 버터 차를 마시는 것도 흔한 일이다. 버터 차는 티베트에서 손님 접대할 때 필수적인 음식이다. 손님에게 버터 차를 대접하고 잔이 항상 가득 차 있는지 확인하는 것이 관례다.

용정차

음료

TASTED ☐

용정차는 중국의 녹차 중에서 가장 유명한 차다. '용의 우물'이라는 뜻의 용정龍井은 상하이에서 남서쪽으로 180킬로미터 떨어진 항저우에 있는 실제 우물에서 기원했다. 건륭제가 특히 좋아해서 어차御茶로 지정하기도 했다.

용정차는 폴리페놀이 풍부하며 심혈관 질환과 암의 위험을 줄이는 데에 도움을 준다. 일반 녹차와 마찬가지로 수확한 후에 산화 과정을 막기 위하여 가볍게 덖는데, 그러지 않으면 홍차가 되어버린다. 새의 혀를 닮은 독특한 모양을 내기 위해 찻잎을 손으로 말아서 만든다.

용정차는 80도로 가열한 물에 3분간 우린 다음 마시며, 찻잎은 물을 갈아서 몇 번 더 우려낼 수 있다. 다섯 번까지는 품질이 유지되는 것으로 본다. 초록빛이 도는 매우 향긋한 황색 차로 신선한 풀 향기가 느껴진다.

우롱차

음료

TASTED ☐

'검은 용'이라는 뜻의 우롱烏龍차는 짧은 산화 과정을 거치는 녹차와 긴 산화 과정을 거치는 홍차의 중간 정도로 산화시켜 만든다. 중국에서는 녹차, 홍차와 구분하기 위해 우롱차는 청록색을 띠도록 만든다.

우롱차는 대만과 마주한 푸젠성에서 기원했다. 대만에서도 18세기부터 재배되며 큰 인기를 누리고 있다. 우롱차에서는 녹차와 홍차의 중간 맛이 난다. 녹차의 신선함이 느껴지지만 쓴맛은 덜하고 홍차처럼 나무 향이 감돈다. 잎을 산화시키는 정도가 제품마다 다르기 때문에 녹차에 더 가까운 우롱차도 있고 홍차와 더 비슷한 우롱차도 있다.

우롱차 제조 과정은 매우 복잡하다. 최고 품질의 차를 만들려면 최대 40단계를 거쳐야 한다. 잎은 수분 함량을 줄이기 위해서 먼저 햇볕에 내놓아 시들게 한 다음 산화를 촉진시키기 위해 대형 회전통에 넣어 돌린다. 그대로 변화를 살피면서 잎을 발효시킨다. 적절히 산화되면 180도로 달군 팬에 넣어서 산화를 중지 시킨다. 모든 과정이 끝나면 잎을 돌돌 말아서 자은 구슬 모양으로 만든 다음 건조시킨다.

우롱차는 18세기에 발달한 차 마시는 방법인 쿵푸차功夫茶(공부차) 의식에도 자주 사용된다. 쿵푸차는 우리는 용도와 따르는 용도로 찻주전자를 두 개 사용한다. 미리 끓는 물을 부어서 데운 작은 도기 잔에 우롱차를 따라서 나눠준다.

보이차(푸얼차)

보이普洱차는 후발효차로, 우롱차와 홍차를 생산할 때 거치는 1차 산화 과정이 끝난 후 2차 발효를 거쳐야 비로소 완성된다. 서양에서는 흑차black tea라고 부르는 홍차와 구분하기 위해서 흑차黑茶라고 불리기도 한다. 일반적으로 찻잎을 압축한 덩어리 형태로 판매하며, 양질의 와인처럼 숙성에 따라 빈티지가 붙기도 한다.

중국 남서부 윈난성이 원산지인 보이차는 원래 운송 및 판매하기 쉽게 차를 판이나 벽돌, 새 둥지 모양으로 압착하던 데서 시작되었다. 아마 무역로를 따라서 긴 여정을 거치는 동안 차가 우연히 발효되면서 최초의 보이차가 탄생했을 것이고, 사람들이 그 맛을 좋아하자 발효차를 생산하게 되었을 것으로 추측된다.

찻잎으로 보이차를 만드는 과정은 길고 복잡하다. 먼저 잎을 수확한 후 전처리를 거쳐서 마오차毛茶를 만든다. 마오차는 홍차와 같은 생산 방식으로 만든다. 잎을 덖어서 숨을 죽인 다음 통에 돌린 후 발효를 시키고 가볍게 익혀서 산화를 막는다. 그런 다음 마오차를 보이차로 만드는 단계를 밟는다. 먼저 치즈처럼 자연적으로 발효가 일어나는 따뜻하고 습한 곳에 마오차를 보관한다. 45일 후면 찻잎이 검게 변하면서 흙 향기가 풍긴다. 발효된 잎을 찐 다음 압착해서 원반 모양으로 뭉친 후 큰 돌로 눌러서 완전히 압축시킨다. 이 보이차 '케이크'는 생산 즉시 판매하기도 하지만 그대로 수년간 숙성시킬 수도 있다.

보이차는 색이 아주 짙으며 가죽과 젖은 흙 향기가 난다. 홍콩에서는 보이차가 경매를 통해 비싼 가격에 팔려나가기도 한다. 어떤 구매자는 100년 정도 숙성된 2킬로그램짜리 보이차를 구입하는 데 150만 달러 이상을 쓰기도 했다.

황주

음료

TASTED ☐

3000년 이상 음료 겸 조미료로 쓰여온 황주黃酒는 쌀을 발효시켜 만든 술이다. 최고의 황주는 상하이 남서쪽의 사오싱에서 생산되는 사오싱주紹興酒(소흥주)다.

여러 단계를 거치는 복잡한 황주 제조 공정은 중국 양조 장인들의 손에서 수 세기에 걸쳐 완벽하게 다듬어진 것이다. 우선 찹쌀을 도정해서 전분 함량이 높은 알곡의 가운데 부분만 남긴다. 도정한 찹쌀을 익힌 다음 대자리에 펴서 건조시키고 이스트와 곡자麯子를 섞은 다음 발효시킨다. 이스트가 활동하면서 당이 알코올로 전환된다. 그 결과 26~32프루프(13~16도) 정도의 청주가 완성된다. 이 청주를 항아리에 담아서 수년간 숙성시키는데, 최고의 황주가 되려면 최대 20년이 소요된다. 숙성 기간에 따라 연노란색에서 진갈색까지 다양한 색을 띠며 가벼운 맥주 맛에서 견과류 풍미가 느껴지는 셰리 같은 강한 맛까지 폭넓은 풍미를 지니게 된다. 잔당 또한 생산 공정에 따라 달라지므로 가장 드라이한 것에서 가장 달콤한 것까지 네 등급으로 구분한다.

황주는 중국 남부의 종교의식과 가족 행사에서 매우 중요한 역할을 한다. 연회와 결혼식에서는 손님에게 뜨거운 황주 한 사발을 권하는 것이 거의 의무에 가깝다. 또한 황주는 중국 전역에서 매우 인기 있는 조미료로, 온갖 요리에 달콤하면서 새콤한 맛을 선사한다. 주재료(육류, 해산물, 채소)를 황주 1컵, 참기름 1컵, 간장 1컵에 익히는 '산베이三杯'의 재료 중 하나기도 하다.

중국에서는 최소 2000년 전부터 차를 마셨으며, 8세기 이후에는 차가 중요한 무역상품이 되었다. 그 당시 차는 소금, 술과 함께 국가 수입의 대부분을 차지하는 3대 과세 품목 중 하나였다. 차에 관한 최초의 저술은 760년에 쓰였다.

당시에는 찻잎을 건조 후 발효시켜서 벽돌 모양으로 뭉쳐 판매했는데, 화폐로 통용되기까지 했을 정도로 귀한 상품이었다. 길고 피곤한 명상을 수행하는 데에 도움이 되었기 때문에 절에서도 즐겨 마셨다. 8세기경 불교가 한국과 일본에 전파되면서 차도 함께 건너가 재배되기 시작했다.

유럽에서는 마르코 폴로가 아시아 여행을 다녀온 뒤인 14세기 초반이 되어서야 차라는 것을 알게 되었다. 그러나 실제로 차를 유럽에 도입한 것은 1610년 네덜란드 상인이었다. 이후 프랑스, 독일, 영국으로 차가 퍼져 나갔다. 차 무역은 두 가지의 무역로를 통해 이루어졌다. 하나는 중국에서 터키까지 이어진 육로였으며 다른 하나는 바다로 아프리카를 빙 둘러 유럽에 닿는 길이었다.

오늘날 여러 나라에서 차를 부르는 명칭은 차가 육로를 통해 들어왔는지, 해로를 통해 들어왔는지에 따라 갈린다. 실크로드는 표준 중국어를 사용하는 지역에서 시작되기 때문에 육로로 운송된 차는 '차cha'라고 불린다(러시아, 인도, 터키, 중동). 배를 타고 도착한 차는 민난어를 사용하는 중국 남부에서 출발하기 때문에 '테tê'라고 불린다. 이 때문에 전 세계에서 차를 뜻하는 명칭은 '차' 또는 '테'를 바탕으로 한 두 가지로 나뉘게 되었다.

18세기가 되면서 차 무역이 상당히 확장되었다. 영국 동인도회사는 차 무역을 대부분 통제했으며 1833년까지 영국과 중국 간의 무역 독점권을 부여받았다. 차는 미국 역사에서도 중요한 역할을 했다. 1773년 보스턴 차 사건으로 식민지 주민들은 동인도회사의 차 선적물을 파괴했으며, 이것이 미국 독립의 출발점이 되었다.

전 세계의 모든 차는 같은 식물(학명 카멜리아 시넨시스Camellia sinensis)에서 나온 것이지만 식물의 어떤 부분을 수확하는지, 어떻게 가공하는지에 따라 찻잎의 산화 정도가 달라지면서 백차, 녹차, 홍차로 구분되는 차이가 생긴다.

백차는 차나무의 가장 어린 잎과 새싹만 수확해서 생산한다. 푸젠성의 특산물로, 잎을 따자마자 바로 건조시켜 산화도가 가장 낮다.

녹차는 짧은 기간 동안 산화시킨 후 말리거나, 찻잎을 팬에 아주 짧은 시간 동안 볶거나(중국식), 쪄서(일본식) 산화를 중단시킨다.

우롱차(407쪽 참조)는 녹차와 홍차(영어로는 흑차black tea라고 하지만 중국에서는 발효차만 흑차黑茶라고 부른다) 사이에 속한다. 부분적으로 산화시켜서 녹차와 홍차의 중간 정도 향이 나며 은은한 꿀이나 캐러멜 향이 느껴지기도 한다.

유럽과 미국에서 가장 흔한 차는 장거리 해상 운송에 용이한 홍차다. 영국 상인은 찻잎을 덖어서 말고 발효시킨 후 건조시키는 기술을 완성해서 인도(아삼)와 스리랑카, 케냐 등 식민지에서 차를 길렀고, 이를 이용해 잉글리시 브렉퍼스트를 만들어냈다. 영국이 가능한 모든 식민지에서 차를 재배하기 시작한 것은 중국의 차 무역 독점을 피하기 위해서였다. 이후 히말라야 산기슭에 자리한 인도 다르질링은 홍차 애호가에게 사랑받는 지역이 되었다. 홍차에 베르가모트 향을 입힌 얼 그레이 등 가향차도 만들어졌다. 중국은 19세기부터 자국 내 소비를 위해서 홍차를 생산하기 시작했으며, 소나무로 훈제해서 특유의 훈연 향을 입힌 랍상소우총正山小種 등이 인기를 얻었다.

마지막으로 흑차라고도 불리는 발효차가 있다. 우롱차나 홍차와 같은 방식으로 생산하지만 마지막에 찻잎을 따뜻하고 습한 곳에 두어 발효시킨다는 점이 다르다. 발효시킨 후에는 압착해서 원반이나 벽돌 모양으로 빚는다. 좋은 와인과 마찬가지로 숙성시킬 수 있으며, 오래된 발효차는 경매에서 매우 높은 가격에 팔린다. 중국에서 가장 유명한 발효차는 의심의 여지 없이 윈난성에서 생산하는 보이차(408쪽 참조)로, 우리면 짙은 색에 흙 향기가 느껴진다.

순수주의자는 아무것도 첨가하지 않은 차를 선호하지만 설탕과 크림(영국), 향신료(인도), 민트(251쪽 모로코 민트차 참조)까지 세상 사람들은 차에 다양한 재료를 섞어 마신다.

한국

KOREA

한국은 이웃한 중국이나 일본과는 다른 독특한 요리 전통이 발달한 나라다. 여름은 매우 덥고 겨울은 매우 추운 것이 특징인 이 반도 국가 사람들은 건조와 발효를 통해 음식을 보존하는 기술을 완벽하게 터득했다. 가장 유명한 보존식품인 김치는 한국인이 거의 매 끼니 먹는 음식으로 배추를 매콤하게 발효시켜 만든다.

4세기에 유입된 불교 때문에 채식주의가 발달했다. 한국의 식사는 밥과 국물 요리, 그리고 반찬이라고 불리는 다양한 채소 기반의 사이드 메뉴로 구성되어 있다. 고추로 만든 고추장은 한국 요리 어디에나 들어간다. 고추는 17세기에 도입된 것으로 추측되나 빠르게 일상생활의 일부가 되었다. 고추장은 된장, 간장과 함께 한국 요리의 기본 양념이다.

남한에서는 일제강점기 이후 육류 소비가 급증했다. 가장 대중적인 육류는 돼지고기이며 특히 기름진 뱃살 부위인 삼겹살은 한국식 바비큐의 필수 재료다. 소고기는 특별한 날에나 먹을 수 있는 귀한 재료였지만 지금은 육회처럼 날것으로 즐기거나 달콤한 소스에 익혀 불고기를 만드는 등 다양하게 먹는다.

한국은 세계 최고 수준의 술 소비국이다. 보드카와 비슷한 소주를 흔히 마시지만 맥주나 막걸리(쌀로 만든 술), 복분자주(라즈베리의 일종인 복분자로 빚은 과실주)처럼 약한 술도 즐긴다.

한국 식문화의 특징 중에는 개고기를 식용하는 몇 안 되는 국가라는 점도 있지만 그러한 관행은 점차 줄어들고 있다. 또한 멍게, 개불 등 한국에서만 맛볼 수 있는 특이한 해산물도 있다.

고추장

고추장은 한국에서 가장 인기 있는 조미료다. 가정이나 식당은 물론 비행기에서도 맛볼 수 있다. 대한항공에서는 기내식으로 고추장 튜브를 제공한다.

고추장은 발효한 대두로 띄운 된장, 찹쌀가루, 소금과 고추로 만든다. 가벼운 단맛이 도는 매콤한 적갈색 페이스트다. 고추장 형태 양념의 기원은 10세기까지 거슬러 올라간다. 당시에는 고추가 들어가지 않았다. 고추는 17세기경 포르투갈 상인에 의해 한국으로 건너간 것으로 추측된다.

고추장 담그기는 손이 많이 가는 일로, 전통적으로 집안이나 마을 사람들이 함께 모여 큰 항아리에 담갔다. 하지만 1970년대부터 상업 생산이 시작되어 현재는 주로 슈퍼마켓에서 구입하며, 보통 사각형 플라스틱 용기에 담아 판매한다.

고추장은 여러 한국 요리에 양념으로 쓰인다. 비빔밥(422쪽 참조), 떡볶이(가는 떡을 매콤한 소스에 조리한 것)는 물론 다양한 반찬과 면, 국물 요리에 맛 내기 용도로 사용한다. 한국식 바비큐에 곁들이는 쌈장의 주재료이기도 하다. 된장, 간장과 더불어 거의 모든 가정에서 찾아볼 수 있는 소스 삼총사에 속한다.

홍어

발효한 홍어로 만드는 홍어회는 대한민국 남서부에 자리한 전라도 지역의 전통 음식이다. 보통 홍어삼합이라는 구성으로 선보인다. 발효시킨 홍어에 김치와 보쌈을 곁들인 음식으로 흔히 막걸리(428쪽 참조)를 함께 곁들인다.

홍어는 흑산도 주변에서 많이 잡히던 생선이다. 어부들은 잡은 후에 건조하거나 훈제, 염장하지 않으면 순식간에 썩어버리는 다른 생선과 달리 홍어는 자연적으로 발효되면서 먹을 수 있는 상태가 유지된다는 사실을 발견했다. 이는 소변을 보는 다른 생선과 달리 피부를 통해 요산을 배출하는 홍어의 특성 덕분에 가능한 현상이다. 홍어가 죽으면 요산이 암모니아로 변하면서 살점이 썩지 않게 된다. 그러나 이 과정에서 더러운 변기나 곰팡이 핀 수건에 비유할 수 있는 아주 강한 냄새가 살점에 밴다.

홍어는 짚을 한 겹 덮어서 수 주일간 발효시킨 후 얇게 저며서 날것으로 먹는다. 두말할 것 없이 후천적으로 익숙해져야 하는 맛으로, 아주 독특하고 톡 쏘는 암모니아 풍미가 난다. 살점은 부드럽고 연골 부분은 아작아작한 질감이다. 한국 남서부, 특히 목포 지역 주민은 홍어의 맛을 매우 좋아하지만(이 지역에는 홍어 전문 식당도 많다), 불쾌한 냄새 때문에 외지 손님은 자리를 피하기도 한다. 한국 사람들은 홍어를 먹을 때 냄새를 맡지 않기 위해서 되도록 코가 아니라 입으로 숨을 쉬라고 조언한다.

갈치

해산물

TASTED ☐

농어목 갈칫과에 속하는 갈치는 '칼처럼 생긴 물고기'라는 뜻으로 가늘고 긴 모양과 광택이 나는 은색 비늘이 칼을 연상시킨다. 길이는 1미터 이상이고 무게는 6킬로그램이 넘는다. 길고 납작한 뱀처럼 생긴 몸통에 꼬리가 가늘고 뾰족해서 이름값을 한다.

갈치는 늦여름부터 늦가을 사이가 제철이다. 가장 귀한 갈치는 제주 남부에서 줄낚시로 잡은 것이다(다른 지역에서는 흔히 그물로 낚아 올린다). 갈치는 뼈가 많은 생선이지만 애호가들은 젓가락으로 능숙하게 뼈를 발라낸다. 날것으로도 먹을 수 있지만 보통 갈치구이(소금을 쳐서 구운 것), 갈치조림(매콤한 찌개), 갈칫국

(제주 특산물로 갈치와 호박을 넣은 국) 등으로 조리해 먹는다.

조기

해산물

TASTED ☐

생물은 조기, 염장해서 건조하면 굴비라고 부르며 한국에서 가장 인기 있는 생선 중 하나다. 살이 통통하게 오른 늦봄에 특히 인기가 좋으며 전라남도 영광이 굴비로 유명하다.

조기는 길이 약 30센티미터에 등은 은색, 배는 황금색을 띤다. 흰 살점은 농어와 비슷한 맛이지만 조금 더 기름지고 단맛이 난다. 낚은 후 염장과 건조 과정을 거치면 일 년 내내 먹을 수 있게 된다. 굴비는 조리하기 전에 다시 불린 다음 쪄서 익힌다. 보통 구이로 먹지만 국에 넣거나 튀기기도 한다. 양념 또는 반찬으로 먹는 젓갈의 재료로도 쓴다. 굴비는 한국에서 명절 선물용으로 인기가 높다. 굴비 10~20마리를 볏짚으로 만든 새끼줄에 엮어서 판매한다.

번데기

육류

TASTED ☐

누에 번데기는 1970년대까지 아주 인기가 높던 간식으로 심지어 아이들도 즐겨 먹었다. 그 이후로는 소비가 감소했지만 아직도 길거리 음식이나 통조림 등으로 흔하게 구할 수 있다.

번데기는 누에로 비단을 제조하는 과정의 부산물이다. 누에는 나방이 되기 위하여 번데기로 변하는 과정에서 자신을 보호하기 위해 고치를 만든다. 이 고치를 구성하는 매우 가느다란 섬유는 수 세기 동안 고급 직물을 생산하는 용도로 귀한 대접을 받았다. 비단을 만들려면 우선 고치를 삶아서 섬유질이 풀어지게 한 다음 실패에 감아야 한다. 그 과정에서 푹 삶아진 번데기가 대량으로 나온다. 누에 번데기는 약 5000년 전 인류가 최초로 비단을 만들기 시작한 이래 쭉 다양하게 활용해왔다.

현재는 누에 번데기를 대부분 빻아서 가루를 내어 양식 어류용 먹이로 사용하고 있다. 사람이 식용하는 비율은 고작 2퍼센트 정도로 대부분 한국과 중국, 일본, 태국에서 소비한다.

번데기는 보통 삶거나 쪄서 먹는다. 아작아작한 질감으로 고소한 헤이즐넛 풍미가 두드러지며 새우와 비슷한 맛이 난다. 맛이 좋은 편이고, 누에는 뽕잎만 먹는다는 이유로 건강에도 좋은 음식으로 간주되기 때문에 벌레 섭취에 도전하고 싶은 사람이라면 시도해볼 만한 음식이다.

부침개

다양한 재료를 잔뜩 넣어서 먹기 좋은 크기로 기름에 지져낸 부침개는 한국의 시장에서 쉽게 발견할 수 있는 음식이다. '한국식 크레이프'나 '한국식 피자'라고 설명하기도 한다. 크레이프나 피자와 마찬가지로 다양한 재료로 만들 수 있다. 보통 반찬(421쪽 참조)으로 먹지만 그 자체로 식사가 되기도 하고 안주로 먹을 때도 많다.

부침개에는 많은 종류가 있다. 가장 유명한 것은 녹두를 갈아서 만든 반죽을 부친 빈대떡이다. 빈대떡은 북한의 전통 조리법

길거리 음식

TASTED ☐

KOREA

419

이다. 보통 반죽에 돼지고기와 김치, 숙주, 고사리를 넣어서 기름에 지진다. 진은 김치, 감자, 부추, 버섯, 소고기, 돼지고기, 새우, 관자 등 거의 모든 재료로 만들 수 있다. 일상적으로 흔하게 먹는 음식이지만 특히 설날과 추석 등 명절에 빠지지 않는다.

호떡

길거리 음식

TASTED ☐

호떡은 달콤한 길거리 음식이다. 작은 밀가루 팬케이크로 속에는 황설탕과 계핏가루를 채우고, 볶아서 다진 땅콩을 넣기도 한다. 호떡은 전문 노점상에서 판매하며 계피가 몸을 따뜻하게 해준다고 해서 특히 겨울철에 인기가 좋다.

호떡	6인분

재료 · 반죽 재료: 밀가루 4컵(500g), 황설탕 1과 1/2큰술(20g), 소금, 우유 60ml, 달걀 3개, 이스트 1봉

· 속 재료: 볶은 무염 땅콩 30g, 황설탕 1/4컵(50g), 꿀 1과 1/2큰술(30g), 계핏가루 1큰술, 튀김용 식물성 오일

· 반죽: 볼에 밀가루와 설탕, 소금 한 자밤을 섞는다. 다른 볼에 달걀을 풀어 넣고 우유를 부어서 골고루 잘 섞는다. 우유 볼에 가루 재료를 부어서 골고루 잘 섞어 반죽한다. 유리잔에 이스트와 물 2작은술(10ml)을 잘 섞는다. 반죽 볼에 이스트 혼합액을 부어서 잘 섞는다. 반죽을 한 덩어리로 뭉친 다음 깨끗한 볼에 넣고 키친타월을 씌워서 1시간 동안 발효시킨다.

- 속: 땅콩을 갈아서 볼에 넣는다. 설탕과 꿀, 시나몬을 넣고 잘 섞는다.
- 반죽에 속 넣기: 부푼 반죽을 작게 나눠서 지름 약 6~7cm 크기의 작은 공 모양으로 빚는다. 반죽 한가운데를 엄지손가락으로 눌러 움푹 패게 한 다음 속 재료 한 숟갈을 담고 가장자리 반죽을 모아서 봉한다. 남은 반죽도 같은 과정을 반복한다.
- 호떡 부치기: 프라이팬에 향이 강하지 않은 식물성 오일을 두르고 달군다. 뜨거워지면 여민 부분이 아래로 오도록 반죽을 조심스럽게 넣고 중간 불에서 바닥이 노릇노릇해지도록 굽는다. 반죽이 노릇해지기 시작하면 반죽을 조심스럽게 꾹 눌러서 작은 팬케이크 모양으로 만든다(한국에서는 호떡 누르개를 사용하지만 없다면 작은 접시의 바닥을 이용해도 좋다. 반죽이 달라붙지 않도록 접시 바닥에 오일을 살짝 바른다). 반죽이 납작해지면 뒤집어서 반대쪽도 노릇노릇하게 굽는다. 따뜻할 때 먹는다.

반찬

반찬은 한국식 식사를 구성하는 짭짤하고 작은 곁들임 음식이다. 일반적으로 홀수로 제공하며 상에 올린 반찬은 모두 함께 나누어 먹는다.

대부분 식당에서는 반찬을 무한 리필 형식으로 제공하기 때문에 더 먹고 싶은 것은 얼마든지 더 달라고 할 수 있다. 한국의 고전적인 식사는 1인당 밥 한 그릇에 국 한 그릇, 7~11가지 종류의 반찬, 함께 나누어 먹는 주요리 하나로 구성된다.

반찬은 거의 무한에 가까울 정도로 다양한 종류가 있지만 매콤한 채소(보통 배추를 사용하지만 다른 채소를 쓰기도 한다) 절임으로 거의 모든 식사에 곁들이는 김치, 채소를 데친 다음 참기름과 식초 등으로 가볍게 무치는 나물, 조림(간장소스에 익힌 것)과 볶

전통 음식

TASTED ☐

음(고추장 양념에 익힌 것) 등 몇몇 유형으로 구분할 수 있다. 젓갈(오징어 등의 해산물을 매콤한 소스에 발효시킨 식품) 같은 날해산물 보존식을 내놓기도 한다. 식당에서 흔하게 내놓는 반찬은 말린 새우나 생선구이, 아삭아삭하게 조리한 연근 등이다.

비빔밥

전통 음식

TASTED ☐

비빔밥은 '섞은 밥'이라는 뜻이다. 밥 위에 오이, 당근, 시금치, 버섯, 콩나물 등 날것이나 익힌 채소를 올려서 준비한다. 여기에 소고기나 날달걀노른자 등을 첨가하기도 한다.

비빔밥은 매콤한 고추장(416쪽 참조)으로 양념한다. 재료의 풍미가 골고루 섞일 수 있도록 먹기 전에 모든 재료를 조심스럽게 잘 뒤섞는 것이 중요하다. 뜨겁게 달군 전통 돌솥에 담아서 낼 때도 있는데, 이 경우는 돌솥비빔밥이라고 부른다. 돌솥비빔밥은 밥을 먹는 동안 솥 바닥에 밥이 눌어 캐러멜화되고 다른 재료는 조금씩 더 익기 때문에 훨씬 맛있어진다. 집에서는 보통 남은 음식을 넣어서 비빔밥을 만든다. 저렴하면서 만들기 쉽고 맛있는 메뉴다.

불고기

전통 음식

TASTED ☐

보통은 소고기, 때로는 돼지고기를 사용해 만드는 불고기는 얇게 저민 고기를 간장과 설탕, 참기름, 마늘, 후추로 만든 달착지근한 소스에 재운 다음 익혀서 만든다. 북한 지역에서 유래한 조리법이지만 남한은 물론 전 세계의 한식당에서 먹을 수 있다. 한국식 바비큐 전문점에서는 손님이 직접 테이블 한가운데에 설치된 그릴에 불고기를 익혀 먹는다.

불고기 4인분

재료 · 소고기(안심 또는 등심) 500g, 양파 2개, 마늘 1쪽, 간장 5큰술, 설탕 2와 1/2큰술, 참기름 2큰술, 참깨 1큰술, 후추

- 고기를 약 2mm 두께로 얇게 저민다. 고기 앞뒤로 키친타월을 대고 가볍게 눌러 수분을 제거한다. 대형 볼에 담는다.
- 양파와 마늘은 곱게 다진다. 볼에 간장과 설탕, 참기름을 섞는다. 마늘과 양파를 넣고 후추로 간을 해서 마저 섞는다. 고기에 간장 양념을 부어서 냉장고에 넣고 2시간 동안 재운다.
- 그릴에 구울 때는 판에 쿠킹 포일을 깔고 그 위에 재워둔 고기를 얹고 간장 양념 약간을 붓는다. 프라이팬을 사용할 때도 마찬가지로 조금 자작하게 수 분간 익히면 된다. 고기가 얇아서 빨리 익는다. 뜨거울 때 쌀밥과 함께 먹는다.

김치

김치는 아마 가장 유명한 한국 음식일 것이다. 한국에서는 매일 일상적으로 먹는 음식이자 거의 모든 식사에 곁들이는 반찬이다. 한국인 1명이 매년 25킬로그램 이상의 김치를 먹는 것으로 추산된다.

김치는 원래 단순한 반찬이 아니라 채소를 보존하는 전통 방식을 이르는 말이었다. 가을이 끝날 무렵이 되면 마을 사람들이 공동으로 김장을 했으며, 겨우내 충분히 먹을 수 있을 분량을 마련하기 위해 많은 양의 김치를 담갔다.

전통 음식

TASTED ☐

가장 유명한 김치는 배추로 만든 배추김치지만 무로 만든 깍두기도 인기가 좋으며, 거의 모든 채소로 김치를 만들 수 있다. 한국인 중에는 신선한 채소로 직접 김치를 담그는 사람이 많다. 발효 과정을 얼마나 제대로 관리하느냐에 따라 김치의 품질이 달라진다.

배추김치를 만들려면 먼저 배추를 반으로 가른다. 그다음 소금을 잎이 덮이도록 뿌려서 무거운 것으로 눌러둔다. 그대로 약 12시간 정도 절인 다음 물에 헹궈서 고춧가루, 액젓, 마늘, 생강 등으로 만든 김칫소를 잎마다 골고루 묻힌다. 소에 들어가는 재료는 지역과 개인의 기호에 따라 천차만별이다. 소를 묻힌 잎은 실온에 수일간 발효시킨 다음 냉장고에 넣어서 먹기 전까지 보관한다.

김치는 원래 큰 항아리에 넣어서 수개월간 보관했다. 하지만 오늘날 대부분의 한국 가정은 김치냉장고를 갖추고 있다. 일반 냉장고보다 온도가 낮고 습도가 높아서 김치를 수개월간 신선하게 보관할 수 있으며, 김치만 따로 보관하기 때문에 다른 음식에 강한 김치 냄새가 밸 일이 없다.

삼겹살

전통 음식

TASTED ☐

삼겹살은 한국에서 가장 많이 구워 먹는 고기다. 전국의 수많은 식당이 삼겹살 바비큐를 전문으로 하고 있을 정도다. 테이블 가운데에 설치한 그릴에서 음식을 익힌 다음 나누어 먹는 방식이기 때문에 혼자 식사하는 사람보다 단체 손님이 많은 편이다. 퇴근 후면 친구나 동료와 함께 삼겹살 식당에서 삼겹살에 술을 즐기는 것이 한국의 인기 있는 문화다. 주로 맥주나 소주(429쪽 참조), 때로는 맥주와 소주를 섞어 만든 칵테일인 소맥 등을 함께 마신다.

삼겹살은 '세 겹의 고기'라는 뜻이다. 실제로 돼지고기의 배 부위는 지방과 살점이 교대로 켜켜이 층을 이루고 있어 고기가 세 겹인 것처럼 보인다.

삼겹살은 그릴에 얹어서 익힌다. 한국 삼겹살 식당에서는 고기용 집게와 가위를 제공해서 손님이 직접 고기를 굽고 자를 수 있도록 한다. 일단 삼겹살이 익으면 쌈을 싸서 먹는다. 쌈의 제일 바깥층은 고기를 잘 감쌀 수 있도록 잎채소를 이용한다(식당에서는 상추, 케일, 깻잎, 콩잎, 호박잎 등 다양한 종류의 쌈 채소를 제공한다). 구운 고기에 매콤한 쌈장을 얹은 다음 다양한 토핑(가장 인기 있는 것은 생마늘이다)을 더해서 한입에 먹는다.

삼계탕

이 한국 전통 음식에 대해 논하려면 우선 가장 중요한 재료인 인삼을 소개해야 한다. 인삼은 보통 약이나 건강 보조제로 먹는 뿌리채소다. 익혀서 요리에 쓸 수도 있는데, 질감과 맛은 파스닙과 비슷하지만 조금 더 쓸쓸하고 생강을 연상시키는 맵싸한 향이 난다.

전통 음식

TASTED ☐

가장 인기 있는 인삼 요리는 영계 속에 인삼과 찹쌀, 생강, 밤, 대추를 채워서 육수에 익힌 삼계탕이다. 인삼은 기운을 돋워주는 약재라는 인식이 있어서 삼계탕은 보통 여름에 즐겨 먹는다. 흔히 인삼주 한잔을 곁들이곤 한다.

산낙지

전통 음식

TASTED ☐

낙지는 다리를 제외하면 총 5~7센티미터 길이인 문어과의 작은
연체동물이다. 산낙지는 낙지가 아직 살아 있을 때 잘게 썰어서
먹는 음식이다. 낙지는 고도로 발달한 신경계 때문에 잘리고 나
서도 반사 운동이 계속되어 다리와 빨판이 한동안 꿈틀꿈틀 움
직인다.

산낙지는 참기름으로 간을 하고 참깨를 뿌리거나 고추장
(416쪽 참조)으로 양념한다. 흔히 소주(429쪽 참조)를 곁들여 먹
는다.

산낙지에서는 감칠맛 도는 바다의 맛과 함께 탄탄하고 쫄깃
한 질감을 느낄 수 있다. 그러나 한국인이 꼽는 산낙지의 가장
큰 매력은 맛보다 먹을 때 입 안에서 끊임없이 움직이는 다리가
주는 느낌이다. 산낙지를 먹을 때는 조심해야 한다. 빨판이 목에
달라붙으면 질식할 수도 있다.

육회

전통 음식

TASTED ☐

'날로 먹는 고기'라는 뜻의 육회는 한국식 스테이크 타르타르
(39쪽 참조)라고 할 수 있다. 소고기의 좋은 부위를 채 썬 다음
참기름과 간장, 마늘, 실파, 설탕, 소금, 후추로 양념해서 만든
다. 흔히 날달걀노른자와 함께 참깨와 배를 곁들여 단맛을 가미
한다.

육회	4인분

재료 · 소고기 살코기 500g, 간장 1큰술, 참기름 2큰술, 설탕 2큰술, 참깨

1큰술, 마늘 2쪽, 실파 1대, 소금, 후추, 배 1개, 레몬즙, 달걀노른자 3개

- 소고기를 냉동실에 1시간 넣어서 썰기 쉬운 상태로 만든다. 그동안 양념장을 만든다. 볼에 간장과 참기름, 설탕, 참깨를 넣고 섞는다. 곱게 다진 마늘과 실파를 넣고 소금과 후추로 간을 해서 잘 섞는다. 배는 껍질을 벗기고 가느다란 막대 모양으로 채 썬다. 레몬즙이나 식초를 섞은 찬물에 배를 담가 산화를 막는다. 고기를 냉동실에서 꺼내 길이 약 5cm, 너비 약 0.5cm 크기로 잘게 썬다. 고기를 양념장에 넣어서 잘 섞는다. 개별 그릇에 작은 새 둥지 모양으로 나누어 담고 가운데에 달걀노른자를 하나씩 얹는다. 배를 올려서 마무리한다.

팥빙수

디저트

TASTED ☐

한국이 세계 최고의 디저트 강국은 아닐지 몰라도, 팥빙수 만큼은 맛있고 상쾌한 디저트로 인기가 높으며, 해외에서도 갈수록 유명해지고 있다. 팥빙수는 원래 달콤하게 졸인 팥(432쪽 참조)에 으깬 얼음을 섞은 음식이었으나 오늘날에는 훨씬 다양하고 풍성한 형태가 되었다. 간 얼음을 수북하게 돔 모양으로 담고 달콤한 연유, 과일, 삶은 팥에 때때로 떡, 쿠키, 심지어 캐러멜 팝콘까지 다양한 재료를 더한다. 물이 아니라 밀크티나 녹차, 요구르트, 커피 등을 얼려서 갈아 쓰기도 한다. 간 얼음과 다양한 재료를 골고루 섞어서 먹는다. 팥이 들어가지 않은 것은 그냥 빙수라고 부른다. 꿀이나 조청을 찍은 가래떡 등을 곁들이기도 한다.

복분자주

복분자는 한국이 원산지인 라즈베리 품종이다. 색깔이 비슷해서 '한국 블랙베리'라고 부르기도 하며 복분자주라는 유명한 과실주를 만드는 데 사용한다. 복분자주는 포도 대신 복분자를 이용해서 와인과 비슷한 과정으로 만든다. 완성하면 붉은 과실 향이 두드러지고 짙은 보라색을 띠며 알코올 함량은 약 30프루프(15도) 정도인 술이 된다. 복분자주는 주로 한국 남부 지역에서 생산되고 특히 고창의 복분자주가 유명하다.

신선할 때 식전주나 디저트 와인으로 마시지만, 식사 중에도 마실 수 있으며 특히 해산물과 잘 어울린다. 가볍고 과일 향이 진한 포트 와인(119쪽 참조)과 비슷한 맛이 나며, 실제로 요리에 포트 와인 대신 사용할 수 있다. 항산화 물질이 많이 함유되어 있어서 건강에 좋은 음료로 간주된다. 피부에 좋다는 인식이 있으며 자양 강장제로 여겨진다.

막걸리

막걸리는 그 기원이 신라 시대까지 거슬러 올라가는, 한국에서 가장 오래된 술이다. 3세기경에 최초로 양조하기 시작한 것으로 추측된다. 막걸리는 쌀 전분과 물, 효모를 발효시켜서 만든 탁한 흰색 액체다. 쌀은 병 바닥에 가라앉으므로 마시기 전에 흔들어야 한다. 은은한 단맛과 신맛이 느껴지며 약한 탄산이 함유되어 있다.

1980년대 이전까지는 막걸리의 인기가 높지 않았다. 주로 농민이나 노인이 마시는 시골 음료로 간주되었다. 그러나 최근 들어서는 인기가 높아지고 있으며, 한국의 다른 술에 비해 알코올 함량이 낮다(12~16프루프 또는 6~8도). 막걸리에는 비타민과 유산균이 풍부해 건강에도 이로운 편이다. 기름에 지진 전과 특히 궁합이 좋으며 짭짤한 음식에 곁들여 마셔도 좋다.

소주

음료
TASTED ☐

소주는 한국에서 아주 흔한 술 중 하나다. 중성적인 알코올 향이 나는 맑은 액체로 보드카와 약간 비슷하지만 단맛이 더 강하고 제조 공정과 희석 정도에 따라서 알코올 함량이 26~90프루프(13~45도)로 낮은 편이다. 시판하는 소주는 대부분 40프루프(20도) 정도다.

소주의 역사는 증류법이 한국에 도입된 13세기부터 시작되었다. 소주는 원래 쌀로 만들지만 밀이나 보리, 감자, 고구마 등 전분이 있는 다양한 재료로 만들 수 있다.

한국의 다른 술과 마찬가지로 마실 때 자기 잔에 술을 직접 따르지 않고 상대방이 따라주기를 기다린 다음 답례로 상대방의 잔을 채워주는 것이 예의다. 보통 존중의 의미를 담아 양손으로 잔을 들고 사회적 지위에 따라 나이가 많은 사람부터 순서대로 술을 받는다. 모두의 잔이 차면 '술잔을 다 비운다'는 뜻의 건배를 외치고 마신다. 소주는 일반적으로 샷으로 마시지만 칵테일을 만들 수도 있다.

술은 한국 문화의 필수적인 부분이며, 소주는 가장 인기 있는 술이다. 한국에서는 성인 한 명당 평균 매주 14잔, 1일 평균 2잔을 마신다!

일본

JAPAN

일본 요리의 특징은 원재료에 대한 존중이다. 그중에서도 해산물이 특히 중요하다. 세계에서 성게와 오징어를 가장 많이 소비하는 나라이고 생선과 갑각류, 연체동물, 조개류를 이용한 요리가 놀랍도록 다양하다.

일본인은 해초류도 다양하게 먹는다. 가장 흔한 것은 종이처럼 얇게 펴서 말린 김이지만 다시마도 국물을 만드는 데에 사용하며 한천으로 디저트를 만들기도 한다.

육류 중에서는 닭고기와 돼지고기를 가장 많이 먹는다. 소고기도 인기가 좋지만 가격이 비싼 편이기 때문에 주로 특별한 날에 먹는다. 일본의 소 품종인 와규는 거의 흰색에 가까운 것도 있을 정도로 지방 함량이 높아서 질감이 아주 부드럽다.

일본식 아침 식사는 서양식 아침 식사와 매우 다르다. 보통 밥과 생선, 절인 채소, 낫토(대두를 발효한 음식으로 반드시 후천적으로 익숙해져야 하는 맛이다) 등으로 구성된다. 점심도 가볍게 먹는 편이다. 다양한 음식을 조금씩 담아 도시락을 싸기도 한다. 저녁 식사는 친구나 동료와 함께 식당에서 먹는 일이 많다. 일본인은 집에서 손님을 맞이하는 일이 적은 편이다. 대부분의 식당은 회, 튀김, 돈가스, 야키토리(꼬치구이), 라멘, 소바(메밀국수) 등 한 종류 음식을 전문적으로 판매한다.

가이세키 요리는 제철 재료만 사용하며 여러 가지 음식을 준비해서 소량씩 담아낸다. 맛 못지않게 모양새가 매우 중요한 차림이다.

일본에서는 식후에 디저트를 먹는 일이 드물다. 달콤한 과자는 보통 차와 함께 먹으며 팥 앙금이나 찹쌀로 만든 과자가 많다. 차는 일본 문화에서 중요한 역할을 하며 하루 종일 언제든 마신다. 또한 일본인은 맥주(보통 가벼운 라거로 6~10프루프 또는 3~5도), 사케(약 30프루프 또는 15도), 소주(80프루프 또는 40도) 등의 술도 즐겨 마신다.

팥

과일과 채소

TASTED ☐

팥은 일본에서 매우 인기 있는 붉은 콩 품종으로, 대두 다음으로 많이 재배하는 콩과 식물이다. 팥의 원산지는 히말라야산맥으로, 아마 3000년 전부터 중국에서 재배하기 시작한 것으로 추측된다.

팥은 설탕과 함께 익혀서 달콤한 앙금 곧 앙코ぁんこ를 만든다. 팥을 굵게 가는가 곱게 가는가에 따라서 질감이 거칠 수도 있고 부드러울 수도 있다. 밤 스프레드와 비슷하지만 단맛이 약간 덜하고 섬세한 맛이 느껴진다.

팥 앙금으로는 모찌(437쪽 참조) 외에도 시루코라는 단팥죽을 만든다. 단팥죽은 간식으로 먹으며, 아이스크림에도 곁들일 수 있다. 팥 생산량의 80퍼센트는 단팥 앙금을 만드는 데 쓰인다. 다이후쿠(찹쌀떡), 다이야키(붕어빵), 도라야키(팥을 채운 팬케이크), 앙팡(유럽식 팥빵) 등의 속 재료로 사용한다. 팥과 설탕, 한천으로 만든 당과인 양갱은 녹차와 함께 먹는다.

팥은 다른 아시아 국가에서도 인기가 높다. 중국에서는 월병(403쪽 참조)의 재료로 사용하며 베트남에서는 팥으로 음료이자 디저트인 쩨chè(495쪽 참조)를 만든다.

흰팥(시로아즈키)은 붉은팥보다 흔하지 않지만 더 섬세하고 헤이즐넛과 비슷한 풍미가 나서 당과용으로 귀한 대접을 받는다.

참마

과일과 채소

TASTED ☐

참마(일본어로는 야마이모山芋)는 전분이 있는 덩이줄기를 먹는 식물이다. 다른 마는 독성이 있어 반드시 익혀야 하지만 참마는 사촌 격인 중국산 마(나가이모長芋)와 더불어 날로 먹을 수 있다.

뿌리줄기를 갈면 점성이 있는 페이스트가 되는데 이를 도로로라고 부른다. 여기에 실파를 뿌리고 와사비로 가볍게 간해서 그대로 먹을 수 있고 국이나 면 요리에 넣기도 한다. 참마는 아무 양념도 하지 않으면 맛이 밋밋하다.

참마는 일본알프스 지역의 주식이었지만 현대로 오면서 노인과 시골 주민 외에는 인기가 떨어져서 소비가 점차 감소하기도 했다. 그러나 미네랄과 비타민 함량 덕분에 재발견되면서 지금은 건강식품으로 선전되고 있다. 오늘날에는 일본 전역에서 즐겨 먹는다.

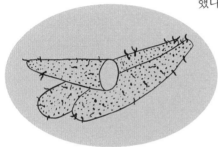

배

일본 배는 황갈색을 띠는 둥근 모양으로 사과처럼 생겼다. 일본에서 요나시라고 불리는 서양배와 달리 일본 배는 아삭아삭하고 즙이 많으며 단맛은 덜하다.

일본 배는 늦여름에서 초가을이 제철이며 보통 생과일로 먹는다. 과육의 수분 함량이 높아서 조리용으로는 적합하지 않다. 한국에서는 육회에 배를 넣어서 신선한 풍미와 사각사각한 질감을 더한다.

과일과 채소
TASTED ☐

루비 로만 포도

과일과 채소

TASTED ☐

일본은 신기한 크기로 자라는 신품종 과일을 개발하는 기술이
발달했다. 그중에서도 루비 로만 포도는 2008년에 근 15년의 연
구 끝에 탄생한 세계에서 가장 큰 포도다.

혼슈 중앙에 자리한 이시카와현의 특산물로, 포도알 한 개가
탁구공만 하다. 루비 로만 포도는 한 알에 최소 20그램이 되어야
판매할 수 있다. 가장 큰 포도알은 30그램이 넘어가기도 한다.
당도 또한 18브릭스 이상으로 매우 달다.

루비 로만 포도는 인기 있는 선물 품목으로 특히 여름 명절인
백중에 주고받는다. 가격은 매우 비싼 편으로, 작은 송이 하나의
평균 가격은 약 1만 엔이지만 첫 포도는 경매에서 그보다 훨씬
높은 가격에 판매된다. 2019년에는 한 송이가 120만 엔에 낙찰
되는 신기록을 썼다!

시소

과일과 채소

TASTED ☐

소고기 스테이크에 곁들이는 채소로 알려져 있는 시소紫蘇는 키
가 60~90센티미터 정도로 자라며 잎을 식용하는 향기로운 식물
이다. 녹색 시소(아오시소)와 붉은 시소(아카시소)의 두 가지 품종
이 있다. 녹색 시소는 보통 사시미 접시에 장식 겸 식용 가니시
로 사용한다. 페퍼민트와 아니스 풍미에 신선한 풀 향이 느껴진
다. 기름에 튀겨 시소 덴푸라를 만들기도 하고 채 썰어서 국이나
소바(437쪽 참조)에 넣기도 한다. 붉은 시소는 허브처럼 쓸 수 있
지만 천연 색소로도 자주 사용한다. 우메보시에 붉은 시소를 넣
어 특유의 화사한 붉은빛을 낸다.

유바리 멜론

매년 5월이 되면 처음 수확한 유바리 멜론이 경매에 등장해서 때로는 한 덩이에 100만 엔이 넘는 놀라운 가격에 팔려나간다! 일본 내에서 판매하는 유바리 멜론은 대체로 등급에 따라 5000엔에서 1만 엔 정도지만(일본의 일반 멜론 가격은 500엔 가량이다), 그해 첫 유바리 멜론은 특히 귀해서 보통 선물용으로 판매된다. 과일은 일본에서 가장 흔하고 환영받는 선물이다. 유바리 멜론의 가격은 과일의 형태에 따라 결정되는데, 높은 가격을 받으려면 완벽한 구형이면서 껍질은 매끈하고 꼭지 모양은 완벽한 T자 형태여야 한다. 유바리 멜론의 과육은 주황색이고 섬세한 꿀 향기가 감돈다. 질감은 진하고 촉촉하다.

유바리 멜론은 1980년대 홋카이도 북부의 작은 마을 유바리에서 탄생했다. 온실에서 특별한 관리를 통해 재배하는데, 완벽하게 길러내기 위해 그루당 과일을 하나만 남겨놓고 기른다. 유바리는 탄광 폐쇄로 큰 타격을 입었지만 멜론 재배를 통해 성공적으로 재기했다. 멜론은 유바리 경제의 기둥이라 할 수 있는 과일이다.

과일과 채소

TASTED ☐

유자

일본은 유자의 최대 생산국이자 소비국이다. 레몬과 자몽을 교배한 것과 비슷한 맛이 나는 유자는 야생 귤과 이창 파페다Ichang papeda라는 또 다른 야생 감귤류의 천연 교배종으로 중국에서 자라다가 7세기경에 일본으로 건너왔다. 주로 시코쿠에서 재배하며 그중에서도 유자의 수도로 간주되는 우마지촌 인근에서 많이 기른다.

과일과 채소

TASTED ☐

유자는 작은 레몬 같은 형태에 새콤한 맛이 난다. 흔히 짭짤한 요리에 조미료로 사용하는 한편 디저트는 물론이고 뜨겁거나 차가운 음료를 만들기도 한다. 생선과 두부 요리에 특히 많이 사용하며 유자즙과 식초, 미림(439쪽 참조), 다시(439쪽 참조)를 섞어 만드는 폰즈소스의 주재료다. 새콤짭짤하면서 가벼운 맛이 특징인 폰즈소스는 복어회(444쪽 참조)나 와규(453쪽 참조) 등 너무 진한 소스로는 섬세한 풍미가 가려질 수 있는 진미에 주로 곁들인다.

고시히카리

빵과 곡물

TASTED ☐

쌀은 일본의 주식이자 종교의식에도 사용되는 매우 중요한 식재료다. 일본인은 여러 쌀 품종의 차이를 구분하기 때문에 주의를 기울여 원하는 요리에 어울리면서 입맛에 맞는 품종을 선택한다. 오늘날에는 대부분 슈퍼마켓에서 쌀을 구입하지만 아직도 쌀만 전문적으로 취급하는 가게가 있어서 수십 종의 다양한 쌀을 살펴보고 살 수 있다. 가격은 품종에 따라 크게 달라지기 때문에 가장 저렴한 품종과 가장 귀한 품종의 가격 차이는 10배에 달하기도 한다.

1956년 후쿠이현의 쌀 연구소에서 개발한 고시히카리는 부드러운 질감과 달콤한 맛으로 일본에서 가장 인기 있는 품종이다. 사사니시키, 살짝 끈적한 질감의 히토메보레와 더불어 일본 최고의 쌀로 꼽힌다.

고시히카리는 주로 흰쌀밥을 지을 때 쓴다. 쌀 식초와 설탕, 사케나 미림(439쪽 참조) 등으로 양념하는 스시용 밥으로도 많이 쓰고 디저트를 만들기도 한다. 고시히카리를 즐기는 특별한 방법 중 하나는 아이스크림이다. 홋카이도산 우유 크림에 고시히카리를 섞어서 아이스크림을 만든다.

모찌

빵과 곡물

TASTED ☐

모찌는 찹쌀가루에 물을 섞어서 만든다. 장인이 모찌를 만드는 모습은 환상적이다. 두 사람이 마주 보고 서서 한 사람은 큰 망치로 반죽을 두들기고 다른 한 사람은 내리칠 때마다 반죽을 돌리면서 물을 조금씩 섞는다. 이때 호흡을 잘 맞추는 것이 중요하다.

모찌는 디저트로도 식사 메뉴로도 먹는다. 만든 그대로는 질감이 부드럽지만 맛은 밋밋한 편이다. 익히면 질감이 탄탄해진다. 음식에 사용할 때는 주로 작은 공 모양으로 새알심을 빚어서 국에 넣는다. 새해에 복을 부르는 의미로 먹는 오조니 떡국의 주재료이기도 하다. 작은 직사각형 모양으로 썰어서(기리모찌) 그릴에 구운 다음 반찬으로 먹거나 튀겨서 맥주 안주로 먹기도 한다(아게모찌).

모찌는 주로 간식으로 먹는다. 당고는 공 모양 모찌 서너 개를 꼬챙이에 꿴 것으로 차를 곁들여 먹는다. 얇게 편 모찌에 팥 앙코(432쪽 참조) 등 달콤한 속 재료를 넣어서 다이후쿠를 만들기도 한다. 벚꽃 철이 되면 사쿠라 모찌가 등장한다. 소금에 절인 벚나무 잎으로 모찌를 감싼 디저트다. 1993년 하와이의 일본계 미국인 사업가는 아이스크림을 모찌로 감싼 음식을 선보이기도 했다.

소바

빵과 곡물

TASTED ☐

소바는 메밀가루로 만든 가늘고 긴 국수다. 소바는 일본어로 메밀(172쪽 참조)이라는 뜻이다. 중국이 원산지인 메밀은 8세기부터 일본에서 재배되었을 것으로 추정되며, 다른 곡물 재배가 어려운 산악 지대에서 길렀다.

일본의 많은 국수 중에서도 소바는 일본인의 마음속에서 특별한 위치를 점하고 있다. 한 해의 마지막 식사로 토시코시(해넘이) 소바를 먹는 전통이 있는데, 새해에 행운과 건강을 가져다준다고 한다. 이 특별한 경우 외에도 겨울에는 주로 간장으로 간을 한 다시 국물에 만 따뜻한 소바를, 여름에는 차가운 소바를 먹는다. 작은 대나무 발에 담아낸 면을 차가운 쓰유(다시, 사케, 간장, 미림, 설탕으로 만든다)에 담가 먹는다.

일본의 모든 슈퍼마켓에서 소바 건면을 구입할 수 있으며 수제 소바도 쉽게 구할 수 있다. 집에서 만들 때는 메밀가루에 물을 섞어서 만든 반죽을 약 1밀리미터 두께로 얇게 민다. 그런 다음 반죽을 접어서 칼로 길게 썬다. 대부분 밀가루와 메밀가루를 섞어서 면을 만들며, 메밀의 비율은 40~80퍼센트 정도다. 하지만 진정한 소바 마니아는 풍미가 훨씬 강하고 구수한 향이 나는 메밀 100퍼센트 소바도 즐겨 먹는다.

흑마늘

향신료와 양념

TASTED ☐

마늘은 아시아에서 수 세기에 걸쳐 사용해온 조미료다. 발효 마늘인 흑마늘은 일본 혼슈 북부 아오모리의 특산물이다. 발효를 거치는 동안 하얀 마늘이 까맣게 변하면서 아삭아삭하던 질감이 말린 대추야자처럼 부드럽게 바뀐다. 또한 생마늘 특유의 톡 쏘는 매운맛이 사라지고 설탕에 절인 듯한 달콤한 향과 함께 발사믹 식초(70쪽 참조)와 타마린드(348쪽 참조)가 섞인 듯한 깊은 감칠맛이 난다.

흑마늘을 만들려면 통마늘을 습도가 높고 따뜻한(60~75도) 곳에 수 주일간 보관한다. 그동안 효소의 활동으로 양파가 캐러멜화될 때와 동일한 과정을 거쳐(마이야르 반응으로 알려져 있다) 당이 더 작은 분자로 변형된다. 원래 건강에 좋다는 이유로 판매되던 지역 특산물이었지만 달콤한 맛과 감칠맛으로 전 세계 셰프들에게 인기를 얻고 있다.

다시

향신료와 양념

TASTED ☐

다시는 일본에서 가장 흔하게 쓰는 육수다. 미소시루(440쪽 참조)와 함께 우동, 라면 등 국물 요리에 들어간다. 일본에서 다시를 전혀 먹지 않고 하루를 보내기란 쉽지 않다. 다시의 주재료는 두 가지, 가쓰오부시(447쪽 참조)와 도톰한 갈색 해조류 다시마다. 이 두 가지 재료를 약 1시간 정도 끓여서 은은한 감칠맛이 감도는 국물을 완성한다.

미림

향신료와 양념

TASTED ☐

달콤한 청주의 일종인 미림은 일본은 물론 한국에서도 조미료로 널리 사용한다. 정통 미림은 알코올 함량이 비교적 높은 편이지만(28프루프 또는 14도) 슈퍼마켓에서 판매하는 대부분의 미림은 알코올 함량이 낮아서 4프루프(2도) 정도다. 미림의 주재료는 찹쌀로, 페이스트를 만들어 발효시키면 간장과 미소, 사케(459쪽 참조)에도 들어가는 누룩麴이 된다. 살짝 노란빛이 도는 투명한 액체라서 색이 비슷한 쌀 식초와 가끔 혼동할 수도 있지만 이 두 가지는 재료만 같을 뿐 다른 제품이다. 미림이 초산 발효를 거치면 쌀 식초가 된다. 쌀 식초 또한 일본에서 널리 사용하는 조미료다.

미림은 보통 사케와 쌀 식초, 설탕과 함께 스시용 밥에 맛을 내는 용도로 사용한다. 또한 매우 인기가 높은 데리야키 소스와 튀김용 소스인 덴쓰유에 들이기는 제료다.

미소

향신료와 양념

TASTED ☐

일본 외의 나라에선 미소시루의 주재료 정도로 알려져 있는 미소는 사실 활용도가 매우 높다. 대두를 발효시켜서 만든 이 페이스트는 다양한 맛이 나며 널리 쓰이는 요리 재료이기 때문에 대부분의 일본 가정에서 상비해둔다. 일본인 4명 중 3명은 매일 미소시루를 먹으며 일본에서 판매되는 미소의 80퍼센트가 미소시루를 만드는 데 사용된다고 한다. 미소시루는 미소와 다시(439쪽 참조)로 국물을 만들고 두부, 미역, 파, 조개, 버섯 등을 더한 일본식 된장국이다.

미소는 곡물(보리 또는 쌀)을 약 이틀간 발효시켜서 흰 곰팡이가 피어나도록 한 누룩으로 만든다. 이 누룩에 삶은 대두와 소금을 섞어서 2주일에서 3개월까지 젖산 발효를 시킨다. 그런 다음 나무통에 담고 수개월에서 약 3년까지 숙성시킨다. 발효와 숙성 기간에 따라 미소의 맛은 은은할 수도 있고 진할 수도 있다. 종류가 다양한데 시중에 판매되는 미소는 대부분 백미소와 황미소, 적미소 세 가지 종류다. 각각 아주 매끄럽고 부드러운 질감의 제품과 대두 덩어리가 그대로 들어 있는 제품을 찾아볼 수 있다.

백미소(시로미소)의 맛이 가장 가볍다. 색은 거의 흰색에 가깝고 헤이즐넛과 비슷한 고소한 맛이 난다. 쌀과 대두가 들어가고 발효를 짧게 시킨다. 적미소(아카미소)는 쌀과 보리, 대두를 섞어서 만든 것으로 평균 2년 동안 숙성시킨다. 맛이 더 강하고 감칠맛이 진하며 짠맛도 더 세다. 쌀누룩을 쓰는 황미소(신슈미소)는 적미소보다 맛이 부드러워서 미소시루는 물론 다양한 소스의 재료로 폭넓게 쓰인다. 감정가가 더 높이 평가하는 핫초미소는 거의 까만색을 띠고 맛이 강하다. 나고야 인근에서 대두만 이용해서 생산하며 일반적으로 2~3년간 숙성시킨다.

간장

향신료와 양념

TASTED ☐

일본어로 쇼유라고 불리는 간장은 일본 요리에서 전반에 가장 흔하게 사용하는 조미료다. 서양의 레스토랑 테이블에 소금과 후추가 올라가 있는 것처럼 일본에서는 흔히 간장병을 올려둔다.

간장은 중국에서 최소 2000년 전부터 생산해왔으며, 간장의 개발은 아마 불교의 전파와 관련이 있을 것으로 추측된다. 불교에서는 살생을 금하기 때문에 고기나 생선으로 만들지 않는 양념을 찾아야 했다. 간장이 일본으로 건너간 것 또한 불교의 도입과 비슷한 6세기의 일이다. 당시 간장은 미소와 비슷한 페이스트 형태로 생산되었다. 우리가 알고 있는 액상 간장이 탄생한 것은 13세기경이다.

간장은 대두와 밀을 섞어서 만든다. 먼저 대두를 12시간 동안 물에 불린 다음 압력솥에 삶는다. 그리고 볶아서 빻은 밀로 누룩을 만들어서 대두와 함께 섞어 발효시킨다. 이 페이스트(메주)를 나무통에 담아서 숙성시킨다. 좋은 와인과 마찬가지로 간장도 수개월에서 수년까지 숙성할 수 있다. 숙성이 끝나면 나무통 속의 페이스트를 압착해서 액체를 추출하고 병에 담는다.

일본간장에는 크게 두 종류가 있다. 가장 흔한 간장은 일본 내에서 소비되는 간장의 84퍼센트를 차지하는 고이구치濃口 간장이다. 대두와 밀을 동량으로 섞어서 만들며 일본 밖에서 구할 수 있는 거의 유일한 간장이다. 그다음으로 시장의 약 13퍼센트를 차지하는 우스구치薄口 간장이 있다. 쌀을 발효시켜서 만든 아마자게甘酒로 희석하는 단계를 거치기 때문에 색은 더 맑지만 짠맛은 더 강하다. 간장의 평균 염도는 16퍼센트로, 최근에는 염분 과다 섭취와 관련된 건강 문제 때문에 저염 간장도 개발되었다.

일본에서는 간장을 다양한 용도로 사용한다. 사시미와 스시를 찍어 먹는 소스(먹을 때는 밥이 아니라 생선이 간장에 닿도록 해야 한다)는 물론 다양한 요리의 재료로 쓴다. 고기구이에 쓰는 데리야키 소스(간장, 미림, 사케, 설탕으로 만든다)나 간 무를 섞어서 튀김을 찍어 먹는 덴쓰유(간장, 다시, 미림으로 만든다) 등 정교한 소스의 기반으로 쓰기도 한다.

와사비

향신료와 양념

TASTED ☐

스시와 사시미를 먹을 때 필수적인 매운 녹색 조미료 와사비를 빼놓고 일본 요리를 논하는 것은 불가능하다. 하지만 불행히도 일본 이외의 대부분 레스토랑에서 와사비라고 내놓는 녹색 페이스트는 호스래디시(139쪽 참조)에 녹색 식용색소를 섞어서 만든 대용품이다. 진짜 와사비는 일본에서도 가장 비싼 작물에 속하며, 와사비 뿌리 하나가 1만 엔에 팔리기도 한다.

와사비를 손질하는 가장 이상적인 방식은 먹기 직전에 거친 상어 가죽으로 만든 전통 강판인 오로시카네를 이용하여 와사비 뿌리를 부드럽게 갈아내는 것이다. 와사비는 시간이 지날수록 풍미가 날아가기 때문에 너무 자극적이지 않으면서 톡 쏘는 진정한 풍미는 갓 갈았을 때만 느낄 수 있다.

와사비는 녹색 뿌리 형태로 자라며, 줄기가 아직 붙어 있는 상태로 판매한다. 와사비의 성분이 항균 작용을 하기 때문에 약재로 여겨지기도 했다. 와사비를 날생선에 곁들이는 관습도 박테리아와 기생충을 박멸해서 식중독을 예방하려는 고대 약재로서의 용도가 남아 있는 것이다.

일본에서는 와사비를 보편적으로 사용하기 때문에 거의 모든 식사에 곁들일 수 있다. 스시를 만들 때 와사비를 밥과 생선회 사이에 바르고 사시미에도 곁들이는데, 먹기 전에 생선에 가볍게 얹으며 절대 간장과 함께 휘휘 섞지 않는다. 또한 국과 면 요리, 고기 요리에도 곁들인다. 일본에서는 와사비가 들어간 간식도 쉽게 찾아볼 수 있으며 쿠키나 초콜릿, 심지어 아이스크림에도 사용한다.

장어

해산물

TASTED ☐

장어는 일본인이 매우 좋아하는 물고기로, 두 가지 주요 품종으로 구분할 수 있다. 민물 장어 우나기うなぎ와 바닷장어인 붕장어 아나고あなご다. 민물 장어는 달콤한 소스를 바른 장어구이(455쪽 참조)로 특히 인기가 좋으며 붕장어는 스시로 선호된다. 붕장어는 살점에 기름기가 많고 맛이 섬세해서 스시 애호가에게 인기가 많다.

민물 장어와 붕장어는 둘 다 뱀 모양으로 비슷하지만 두 가지 차이점이 있다. 민물 장어는 꼬리가 둥글고 진회색을 띤다. 붕장어는 꼬리가 뾰족하고 갈색이 돈다.

장어 피에는 독성이 있기 때문에 익혀서 먹어야 한다. 아나고 스시를 만들려면 우선 포를 떠서 익힌 후 작게 썰어 손질하고, 먹기 직전에 간장과 설탕으로 만든 걸쭉한 소스를 반짝반짝하게 발라 낸다.

은어

해산물

TASTED ☐

은어는 맛이 달콤한 작은 생선으로 일본어로는 '달콤한 생선'이라는 뜻의 아유라고 부른다. 은어과Plecoglossidae에 속하는 유일한 생선으로 가까운 사촌으로는 빙어가 있다. 이른 봄의 몇 주 동안만 잡을 수 있는 계절성 어류다. 일본에서 은어는 봄이 돌아왔다는 상징이다.

은어는 보통 꼬챙이에 끼워서 소금 한 자밤을 뿌려 굽는 시오야키塩焼き로 만들어 먹는다. 머리와 뼈, 내장까지 통째로 먹는 편이다. 살에서는 단맛이 나고 내장에서는 가벼운 쓴맛이 느껴진다.

나고야 북부에 있는 기후岐阜의 어부들은 1300년간 이어져 내려온 전통 가마우지 낚시를 고수한다. 은어를 삼키지 못하도록 목에 고리를 걸은 새를 나가라강에 풀어서 생선을 잡아 돌아오도록 하는 방법이다. 밤에 횃불을 켠 배로 물고기를 유인하는 전통 낚시법이 장관이라 일본 전역에서 관광객이 몰려든다.

복어

해산물

TASTED ☐

복어는 제대로 손질하지 않으면 사망에 이를 수 있는 독성이 강한 생선이다. 살점은 맛이 섬세해 일본에서는 높은 평을 받는다. 복어는 위협을 받으면 몸통을 빵빵하게 부풀려서 포식자를 혼란스럽게 한다. 테트로도톡신이라는, 해독제가 없는 매우 강력한 독을 갖고 있다. 희생자를 마비시켜서 수 시간 내에 사망에 이르게 하는 독이다.

독성이 매우 강한 생선이지만 놀랍게도 지난 2000년 동안 복어를 섭취했다는 기록을 찾아볼 수 있다. 복어 독은 간과 난소를 비롯한 내장과 눈알, 피부에 집중되어 있으며, 살점은 먹어도 안전하다. 하지만 안전하게 손질하려면 정밀한 기술이 필요하기 때문에 일본에서는 특별 면허를 지닌 사람만 복어를 조리할 수 있도록 법으로 규정하고 있다. 혹시라도 사망에 이르는 사태가 일어날까 봐 천황의 복어 섭취를 금지한 법규도 있다.

복어는 주로 겨울철에 먹으며 전문 레스토랑에서 다룬다. 가장 유명한 요리는 복어회로, 아주 얇게 저며서 아름답게 장식한 접시에 담아서 낸다. 반투명한 살점을 통해 접시의 무늬가 그대로 비쳐 보일 정도다. 복어는 튀기거나 국으로 먹을 수도 있다. 복어 지느러미는 구운 다음 뜨거운 사케에 재워서 히레사케鰭酒를 만들기도 한다.

날개줄고기

해산물

TASTED ☐

일본어로는 도쿠비레特鰭, 핫카쿠八角라고 불리는 날개줄고기는 1~2월 홋카이도에서만 맛볼 수 있는 희귀한 생선이다. 쏨뱅이목에 속하며 팔각형 모양의 대가리에 주둥이는 길고 평평한데 지느러미는 매우 긴 부채꼴 형태라 생김새가 매우 신기하다. 날개줄고기를 낼 때는 보통 대가리와 지느러미를 장식으로 사용한다. 흔히 사시미로 먹으며 섬세한 맛과 부드러운 질감으로 일본 미식가들에게 큰 사랑을 받는다.

오징어

해산물

TASTED ☐

일본은 세계 최고의 두족류 소비국으로 전 세계에서 어획되는 오징어의 거의 40퍼센트를 먹어치운다. 홋카이도 남부의 하코다테항은 특히 일본에서 이카라고 불리는 오징어가 맛있기로 유명하다.

오징어는 다양한 방식으로 요리할 수 있다. 날것으로는 스시나 사시미를 만들고 익혀서 이카메시(쌀을 채운 오징어순대)나 내장만 소금에 절여서 발효시켜 일본식 젓갈인 시오카라鹽辛를 만들기도 한다. 채 썬 말린 오징어는 흔히 맥주 안주로 먹는다.

하코다테에서는 매년 춤과 노래를 즐기는 가운데 다양한 오징어 요리가 나오는 오징어 축제가 열린다. 이 축제 기간에는 신선할 때 썰어서 먹는 순간까지 다리가 움직이는 오징어 요리를 맛볼 수 있다.

잿방어

해산물

TASTED ☐

영어로는 옐로테일yellowtail, 그레이터 앰버잭greater amberjack이라고도 불리는 잿방어는 길이는 1미터, 무게는 70킬로그램이 넘어가는 대형 원양 어류다. 다른 방어류 물고기와 마찬가지로 여러 바다에 사는 육식성 물고기로, 대서양과 태평양 양쪽에서 모두 잡힌다.

방어류 생선은 스시용 횟감으로 호평받는다. 그중에서도 잿방어는 가장 맛이 뛰어나다고 알려져 있다. 대형 가두리양식장에서 기르며, 양식 잿방어가 전체 생산량의 거의 60퍼센트를 차지한다. 주요 생산지인 하와이의 잿방어는 특히 기름기가 풍부해서 입에서 살살 녹는 질감을 선사한다. 하와이에서 생산되는 잿방어는 대부분 일본으로 수출되지만 현지에서 생선구이나 포케 (619쪽 참조)를 만드는 데 쓰기도 한다.

가쓰오부시

해산물

TASTED ☐

가쓰오부시는 일본 요리의 핵심 재료다. 바위처럼 단단한 나뭇조각처럼 보이지만 실제로는 훈제와 발효, 건조 과정을 거친 생선 필레. 요리에 쓸 때는 얇게 깎아서 사용하며, 감칠맛의 주요 원천이 된다. 가쓰오부시에는 감칠맛을 내는 이노신산이 다량으로 함유되어 있다. 감칠맛을 정의하기는 어렵지만 어떤 맛인지 알아차리는 것은 그렇게 어렵지 않다. 소고기 육수나 돼지고기 지방, 파르메산 등의 치즈를 맛볼 때처럼 잘 다듬어진 숙성된 느낌을 주는 맛이다.

말린 생선으로 만든 조미료는 적어도 8세기경부터 일본 요리에 사용되어 왔지만 훈제와 건조를 기반으로 현재와 같은 공정이 시작된 것은 1674년이다(그전에는 생선을 햇볕에 말렸다). 가쓰오부시를 만들려면 가다랑어 필레를 먼저 오븐에 구운 다음 최소 6시간 동안 너도밤나무로 훈제해서 하룻밤 동안 휴지한다. 이 훈제와 휴지 과정을 열 번 이상 반복하면 생선 필레가 완전히 그슬린 상태가 된다. 필레의 그슬린 부분을 긁어내면 분홍빛이 도는 갈색 살점만 남는다. 이 단계가 마무리될 즈음 필레는 원래 무게의 약 80퍼센트를 잃고 바위처럼 단단해진다.

이 단계에서 아라부시荒節라는 제품으로 판매하기도 하지만 훨씬 더 풍미가 깊은 가레부시枯節가 되려면 한 단계를 더 거쳐야 한다. 아라부시에 곰팡이를 분사한 후 습하고 따뜻한 곳에서 2주간 발효시키고 이틀간 말린다. 이 과정을 약 3개월에 걸쳐 수회 반복하면 가레부시가 완성된다. 아라부시와 가레부시는 겉보기에는 비슷하지만 맛은 아주 다르다. 아라부시는 맛이 강하고 밀린 생신과 훈제 향이 나지만 가레부시는 맛이 더 미묘하고 감칠맛이 강하다.

아라부시와 가레부시 모두 얇게 깎아내야 요리에 쓸 수 있는데, 가장 얇게(0.1밀리미터) 깎아낸 가쓰오부시는 짭짤한 식사 요리에 고명으로 올린다. 그보다 두껍게(최대 0.3밀리미터) 깎아낸 가쓰오부시는 다시마와 함께 끓여서 다시(439쪽 참조)를 만드는 데 쓴다.

금눈돔

해산물

TASTED ☐

일본에서는 긴메다이金目鯛, 영어로는 '눈부신 금눈돔splendid alfonsino'이라고 불리는 금눈돔은 길이 약 40센티미터에 밝은 붉은색을 띤다. 크고 툭 튀어나온 금색 눈이 두드러져 실제로는 도미와 관련이 없는데도 '금눈돔'이라는 이름을 얻었다.

주로 스시로 먹으며 살짝 분홍빛이 도는 살점에서는 기름지고 부드러우며 단맛이 난다. 껍질째 저미고 먹기 전에 토치로 껍질을 가볍게 그슬려 감칠맛을 끌어낸다. 굽거나 삶아서 먹기도 한다. 특유의 붉은색 때문에 상서롭게 여겨져서 축제에 종종 등장하는 생선이다.

김

해산물

TASTED ☐

김은 일본에서 노리海苔라고 부르며, 가장 많이 소비하는 해조류다. 일본 사람들은 매일 조금이라도 김을 먹는다. 연간 1인당 약 80장을 먹는데 이는 3제곱미터에 달하는 면적이다.

다시마나 미역 같은 큰 해조류와 달리 김은 작게 덩어리진 형태로 바위에 붙어서 자란다. 과거에는 손으로 수확했기 때문에 소수의 지배층만 먹을 수 있는 귀하고 값비싼 음식이었다. 원래는 페이스트 형태로 먹었으며 지금과 같은 종이 모양으로 생산하기 시작한 것은 1718년으로 일본 전통 종이(와시和紙) 제조 과정에서 영감을 받았다.

일본 김은 해조류를 헹구고 갈아서 페이스트를 만든 후 흔히 가로 20센티미터, 세로 18센티미터 크기로 얇게 펴 발라서 건조시킨다. 그런 다음 가볍게 구워서 포장하여 판매한다. 일본의 김 생산은 대규모 산업으로 약 3만 5000명이 종사하고 있다. 매년 90억 장 이상의 김이 생산된다.

김은 단백질이 40퍼센트이며 비타민과 아미노산이 풍부하고 칼로리가 낮은 건강한 음식으로, 간식으로 그냥 먹어도 좋고 잘게 부숴서 국에 넣으면 풍미가 강해진다. 스시에도 필수 재료다. 마키즈시巻き寿司(김에 싼 김밥 모양의 스시), 군함말이軍艦巻き(밥을 김으로 둘러싸고 그 위에 연어알, 성게알 등을 얹은 스시), 데마키手巻き(김으로 감싼 원뿔 모양의 스시) 등을 만드는 데 사용한다.

삼치

해산물

TASTED ☐

사와라鰆라고 불리는 삼치는 송어와 청어를 섞은 듯한 풍미가 일품이다. 질감이 탄탄해서 송어에 가깝지만 청어처럼 기름진 맛이 난다. 대서양과 태평양에서 두 종류의 삼치가 어획되며, 모두 사와라라는 명칭으로 판매한다. 스페인에서 주로 잡히곤 했기 때문에 스페인 고등어spanish mackerel라고도 불린다.

완전히 성장한 삼치는 길이 60센티미터, 무게 약 3.5킬로그램까지 나간다. 가끔 어린 삼치가 잡히기도 하며 이는 사고시さご

ㄴ라고 부른다. 겨울에 잡힌 삼치가 가장 인기가 좋은데 통통하게 살이 올라서 말 그대로 입 안에서 살살 녹기 때문이다. 겨울 삼치에는 간사와라寒鰆라는 명칭이 따로 붙어 있을 정도다. 보통 스시나 사시미로 먹지만 찜을 하거나 구워서 먹기도 한다.

성게

해산물

TASTED ☐

일본은 성게를 무척 좋아하는 나라로, 전 세계 성게의 90퍼센트가 일본에서 소비된다! 성게에서 인간이 먹을 수 있는 부위는 작은 주황색 혀처럼 보이는 생식기관뿐이다. 일본에서 먹는 성게는 보라성게(무라사키우니紫海胆)와 말똥성게(바훈우니馬糞海胆) 두 가지로, 바훈우니는 색이 더 어두워서 붉은색에 가까우며 쓴맛이 살짝 더 강하다.

성게는 일 년 내내 잡을 수 있지만 번식기가 다가오며 생식기관이 부풀어 오르는 늦여름이 제철이다. 성게는 스크램블드에그와 비슷한 섬세한 질감에 달콤한 맛이 난다.

성게는 주로 군함말이로 먹으며, 덮밥으로도 먹는다. 유럽에서는 성게를 통째로 판매하지만, 일본에서는 바로 먹을 수 있게 손질해서 나무 상자에 담아 판매한다.

이리

해산물

TASTED ☐

이리를 처음 보는 사람은 대체로 이것의 정체가 무엇인지 감도 잡지 못한다. 뇌와 비슷하게 생긴 작은 유백색 주머니로, 은은한 감칠맛과 해산물 특유의 풍미가 나면서 질감은 요구르트처럼 매우 부드럽다. 이리는 사실 생선의 정자 주머니로 보통 대구에서 채취하지만 아귀나 연어, 오징어, 복어(444쪽 참조) 등의 이리도 먹는다.

생선 수컷은 정자 주머니를 가지고 있어서 수정되지 않은 난자 위나 물속에 정자를 뿌리고 다닌다. 일본에서는 이리를 간단하게 찐 다음 다시(439쪽 참조), 간장(441쪽 참조), 미림(439쪽 참조)으로 만든 연한 국물에 담가서 먹는다. 튀겨서 먹기도 하는데, 껍질은 살짝 바삭바삭해지고 속은 여전히 부드러운 상태를 유지한다.

참치 뱃살

해산물

TASTED ☐

일본어로 도로とろ, 흔히 오토로大とろ라고 불리는 참치 뱃살은 일본에서 가장 맛있는 해산물로 손꼽힌다. 참다랑어 뱃살 중에서 가장 지방이 많은 부분으로, 연한 분홍색 살점에 흰색 줄무늬가 있다.

질감이 매우 부드러워서 말 그대로 씹지 않아도 입 안에서 살살 녹는다. 버터 같은 부드러움과 감칠맛이 살아 있어서 스시 레스토랑에서 가장 귀한 재료로 여긴다. 오토로보다 기름기가 덜하고 가격도 저렴한 주토로中とろ는 질감이 더 탄탄하고 감칠맛이 덜하다.

참다랑어는 1840년 도쿄의 쓰키지 수산 시장에서 대량으로 하역된 이후 일본에서 줄곧 소비되어 왔다. 당시 사람들은 흰 살 생선을 선호해서 붉은 살 생선은 인기가 없었고, 가난한 사람이나 구입하는 저품질 생선이라는 뜻으로 게자카나下魚라고 불렀다. 실제로 상업용 냉장 시설이 발달하기 전까지 붉은 살 생선은 보존하기가 어려워서 불쾌한 맛과 냄새가 날 때가 많았다. 그래서 참치의 인기가 올라가고 도로가 진가를 인정받기까지 오랜 시간이 걸렸다. 요즘에는 참다랑어의 수요가 워낙 높아 많은 참치 품종이 멸종 위기에 처할 정도가 되었다. 전 세계에서 어획되는 참치의 70퍼센트를 소비하는 일본의 수요 때문이다.

우미부도

해산물

TASTED ☐

일본인은 날것이든 말린 것이든 해조류를 많이 먹는다. 많은 식용 해조류 중에서도 우미부도는 혀 위에서 톡톡 터지는 식감과 모양이 굉장히 독특하다. 우미부도海ぶどう라는 이름은 '바다 포도'라는 뜻으로, 작은 구슬이 길게 이어진 모양이 마치 청포도와 같다.

우미부도는 오키나와에서 흔하게 먹는 식재료로, 간장을 살짝 뿌려 간식처럼 먹기도 하고 따뜻한 밥 위에 얇게 저민 생선회를 올리고 우미부도를 얹어서 덮밥으로 먹기도 한다. 오독오독한 질감과 맛깔난 바다의 풍미를 즐길 수 있는 것은 물론 비타민과 미네랄, 오메가3 지방산이 풍부해 매우 건강에 좋은 음식이다.

와규

와규는 소고기 중에서도 마블링이 진하게 박힌 살점과 뛰어난 영양가(오메가3 지방산과 오메가6 지방산 함량이 높다) 및 맛으로 특별한 대접을 받는다. 와규는 때때로 살코기보다 지방 함량이 더 높아서 붉은색보다 흰색에 가깝기도 한데, 그런 경우 질감이 더 없이 부드러우면서 섬세한 버터 같은 맛이 느껴진다.

'일본 소'라는 뜻인 와규和牛는 네 가지 품종에만 허락된 이름으로, 가장 흔한 것은 흑우다(생산되는 와규의 90퍼센트). 와규 소비자는 품종 외에도 소를 기른 목장까지 꼼꼼하게 확인하는데, 목초지에 따라 맛이 조금씩 달라지기 때문이다. 일본 전역에는 45곳의 와규 원산지가 존재한다. 그중 해외에서 가장 유명한 곳은 유일하게 수출되는 고베지만 일본인은 수출하지 않는 마쓰사카와 오미, 히다의 와규를 더 선호한다.

소에게 맥주를 먹이고 음악을 들려주면서 청주로 마사지해주면 긴장을 풀고 살을 찌우는 데에 도움이 된다는 설들이 있지만, 이러한 관행을 시도한 목장이 없는 것은 아니나 대규모로 시행되지는 않았다.

와규는 일반적으로 최소 30개월간 사육한다. 도축 후에는 근육의 색상, 지방의 색상, 질감 등을 고려하여 고기 함량(A, B, C 등급)과 품질(1~5등급)에 따라 등급을 매긴다. 최고 품질의 와규는 A5등급으로, 와규 전문점은 높은 가격을 정당화하기 위해 메뉴판에 등급을 표시하는 경우가 많다.

와규는 대부분 스테이크로 먹으며 철판 요리 전문점에서 바로 구

워 먹기도 한다. 아주 얇게 저며서 샤부샤부나 스키야키를 만들기도 하는데, 샤부샤부는 소고기를 다시마로 만든 다시(439쪽 참조)에 익히고 스키야키는 간장과 청주, 설탕으로 만든 국물에 고기를 익혀서 날달걀에 찍어 먹는다는 점이 다르다.

와규는 특별한 날에나 먹는 아주 비싼 고기다. 일본 이외의 지역(주로 호주와 미국)에서도 기르지만 대부분 현지 품종과의 교배종이다. 순종 와규는 일본 밖에서는 거의 찾아볼 수 없다.

창코나베

전통 음식

TASTED ☐

창코나베는 스모 선수들이 먹는 음식으로 유명하다. 평균 체중이 140킬로그램 이상인 스모 선수들의 주식이기 때문에 영양가가 높고 살을 찌우는 음식이라고 알려지기도 했다.

창코나베의 국물은 다시(439쪽 참조) 또는 닭고기 육수로 만들고 청주와 미림(439쪽 참조)으로 맛을 낸다. 그리고 닭가슴살이나 소고기, 두부 등 단백질원과 무, 표고버섯, 양배추 등의 채소가 들어간다. 모든 재료를 나베라는 커다란 냄비에 담아서 익힌 다음 나눠 먹는다. 고기와 채소를 먹고 나면 남은 국물에 면이나 밥을 넣어 먹는다.

창코나베는 원래 스모베야相撲部屋라는 스모 훈련 기관에서 먹는 음식이지만, 스모 경기 기간에는 노점에서도 판매하기 때문에 선수가 아니더라도 맛볼 수 있다. 은퇴한 스모 선수가 창코나베 식당을 운영하기도 한다. 이런 식당은 도쿄 료고쿠 지역에서 많이 찾아볼 수 있다.

장어구이

일본에서 장어는 음양 중 음에 해당하는 음식으로, 열을 식혀주는 여름 음식으로 간주한다. 더위가 절정으로 치닫는 7월 하순의 '도요노우시노히土用の丑の日'에는 장어를 먹는 풍습이 있다. 이날 일본인의 약 70퍼센트가 장어를 먹으며, 하루에 연간 어획량의 약 15퍼센드가 소비된다!

전통 음식

TASTED ☐

민물 장어(우나기)는 일반적으로 세 가지 코스로 먹는다. 제일 먼저 간을 먹고 그다음 장어 덮밥을 먹으며, 마지막으로 과자처럼 튀긴 뼈를 먹는다.

장어를 손질하는 법은 터득하는 데 수년이 걸리는 전문적인 기술이다. 장어는 보통 요리 직전까지 살아 있는 것을 잡는다. 나무에 못을 박아서 대가리를 고정한 다음 특수 칼로 길게 가른다. 간과 신장, 위장은 따로 조리할 수 있도록 손질한다.

등뼈는 가바야키노타레蒲焼のたれ라는, 갈색에 살짝 단맛이 돌고 장어에 반짝이는 윤기를 내는 소스에 들어가는 필수 재료이므로 발라내서 따로 보관한다. 가게마다 고유의 장어소스 레시피가 있지만 기본 재료는 간장과 미림(439쪽 참조), 설탕이며 여기에 뼈를 넣어서 시럽 같은 상태가 될 때까지 졸인다. 그런 다음 사케를 섞는다.

생선 살은 손질한 다음 뒤집어 가며 껍질과 살점이 모두 익도록 굽는다. 한 번 구운 다음 소스에 담갔다가 다시 가볍게 구워서 캐러멜화시킨다. 그런 다음 옻칠한 나무 그릇에 밥을 깔고 장어구이를 얹은 후 톡 쏘는 향이 나는 산초(387쪽 쓰촨 후추 참조)를 약간 뿌린다.

낫토

전통 음식

TaSTED ☐

서양에서는 냄새가 고약한 치즈를 진미로 여기는 것처럼, 일본에서는 오래된 치즈와 비슷한 냄새가 나는 발효 식품인 낫토를 즐긴다. 하지만 톡 쏘는 맛과 향에 끈적끈적한 질감 때문에 익숙해지기 쉽지 않다.

낫토는 쪄서 익힌 대두에 낫토균Bacillus subtilis natto이라는 박테리아로 발효시켜 만든다. 요구르트와 마찬가지로 발효된 낫토는 냉장 보관하는 것이 가장 좋다. 낫토는 젓가락으로 가볍게 휘저은 후 겨자로 양념하고 밥에 곁들여 먹는다. 확실히 후천적인 습득이 필요한 맛으로, 일본에서도 호불호가 갈리는 편이다. 어떤 사람은 아침 식사로 매일같이 먹지만 절대 입에 대지 않는 사람도 있다.

오코노미야키

전통 음식

TaSTED ☐

오코노미야키는 '무엇이든 원하는 대로'라는 뜻의 오코노미お好み와 '구이'라는 뜻의 야키燒き를 조합한 말이다. 돼지고기, 새우, 관자, 두부, 버섯, 국수, 파 등 다양한 재료를 넣을 수 있으며 크레이프나 오믈렛과 비슷하다.

반죽은 달걀과 밀가루, 다시(439쪽 참조)를 섞은 다음 채 썬 양배추를 섞어서 만든다. 굽고 난 후에는 우스터소스(206쪽 참조)와 비슷한 오코노미야키소스와 마요네즈를 뿌리고 가쓰오부시(447쪽 참조)를 얹어서 먹는다.

오사카에서 유래한 음식으로, 제2차 세계대전 이후 식량이 부족해서 쌀이 귀했을 때 밥 없이도 배를 채울 수 있는 저렴한 메뉴로 대중화되었다. 오코노미야키는 여전히 인기 있는 음식이며 친구나 동료들과 외식할 때 즐겨 먹는다. 손님이 직접 만들어 먹는 경우도 있기 때문에 함께 요리할 수 있는 기회가 되기도 한다. 또한 음식이 뜨끈뜨끈할 때 먹기 때문에 맥주를 많이 마시게 된다.

도쿄에서는 밀가루를 넣지 않은 몬자야키(흔히 몬자라고 부른다)를 접할 수 있다. 반죽이 더 묽어서 제대로 만들려면 기술이 있어야 한다. 단단한 재료를 뜨거운 판에 작은 고리 모양으로 올린 다음 반죽을 부어야 하기 때문이다. 굽고 나면 오믈렛 같은 질감이 되는 오코노미야키에 비해 몬자야키는 녹은 치즈와 비슷한 질감이 된다.

스키야키

전통 음식

TASTED ☐

스키야키는 창코나베(454쪽 참조)나 샤부샤부처럼 일본어로 '냄비'라는 뜻인 나베鍋라는 요리 범주에 들어가는 음식이다. 19세기에 처음 등장한 스키야키는 갓 사냥한 고기를 스키鋤라는 일종의 삽에 얹어서 조리하는 농민 요리였다.

시간이 지나면서 구이보다는 찜에 가까운 음식으로 변했다. 바닥이 평평한 무쇠 냄비를 이용하고 여러 가지 재료를 육수에 넣어서 조리한다. 육수는 일반적으로 다시(439쪽 참조), 간장, 미림(439쪽 참조), 사케, 설탕으로 만들며 배추와 두부, 표고버섯, 팽이버섯 등이 들어가고 실곤약을 넣기도 한다. 스키야키의 핵심은 아주 얇게 저민 와규(453쪽 참조)를 육수에 익힌 다음 곱게 푼 날달걀에 찍어 먹는 것이다.

교쿠로

음료

TASTED ☐

차는 9세기경 중국에서 일본으로 전해졌다. 이후 차 문화가 널리 퍼져 현재는 일본이 최고의 녹차 생산국이 되었다. 일본 녹차에는 많은 종류가 있지만 그중 최고로 치는 것은 복합적인 맛과 풍부한 감칠맛이 일품인 교쿠로玉露다.

교쿠로는 수확하기 약 3주, 최고급품의 경우 최대 40일까지 차광재배해서 생산한다. 전통적으로 대나무 구조물에 볏짚 돗자리를 깔아 햇빛이 일부만 통과하도록 만든 차광막을 차나무에 씌워 찻잎을 보호한다. 이렇게 하면 식물의 성장을 늦추면서 아미노산과 엽록소, 폴리페놀 성분을 농축시킬 수 있다.

짙은 녹색 잎은 수확한 후 즉시 20초간 쪄서 산화를 방지하고 화사한 녹색 빛을 유지하게 한다. 그런 다음 찻잎을 작은 바늘 모양으로 돌돌 만다. 교쿠로는 수개월간 숙성시켜야 품질이 좋아지기 때문에 수확 이후 3~4개월 정도를 기다렸다가 가을이 시작될 즈음에 비로소 맛을 확인한다.

재배하고 가공하기까지 시간이 오래 걸리기 때문에 교쿠로는 500그램당 500달러가 넘어가는 매우 고가의 차다. 60도 정도의 물에 약 2분간 우려서 마신다. 일본에서는 전통적으로 녹차를 마실 때 설탕이나 우유를 넣지 않는다.

말차

음료

TASTED ☐

말차抹茶는 가루 녹차에 뜨거운 물을 부어서 휘저어 마시는 음료다. 말차는 불교 전통에서 파생되었으며, 13세기에 성문화된 정교한 다도 의식에 쓰인다. 가장 복잡한 다도는 최대 4시간까지 이어진다. 말차는 카페인이 풍부하며 풀 향과 쌉쌀한 풍미가 나는 차로, 양갱(342쪽 참조) 등 달콤한 음식과 아주 잘 어울린다.

다도회는 다다미가 깔린 전통 다실에서 이루어진다. 먼저 필요한 도구(차완이라는 찻그릇, 차샤쿠라는 작은 숟가락, 차센이라는 거품기)를 깨끗하게 닦아서 다도회 주인 앞에 놓는다. 옻칠한 나무 상자에 담긴 말차를 차샤쿠를 이용해 그릇에 옮겨 담은 후 뜨거운 물(끓는 물이 아니다)을 조금 붓는다. 그리고 차센으로 조심스럽게 휘저어서 차를 녹인 후 손님에게 나누어준다. 찻그릇을 오른손으로 받아서 왼손바닥에 놓고 그릇을 시계 방향으로 돌린 다음 세 번에 나누어 마시는 것이 예의다. 그런 다음 작은 손수건으로 그릇의 가장자리를 닦고 원래 위치로 되돌린 후 바닥에 내려놓는다.

교쿠로처럼 말차도 차광재배한다. 수확 전 수 주일간 볏짚으로 만든 자리를 이용해 햇빛을 가려서 찻잎에 엽록소가 풍부해지게 한다. 수확 후에는 찻잎을 20초간 쪄서 산화를 막고 화사한 녹색을 유지하도록 만든 후 건조해서 맷돌로 빻는다.

말차에는 연한 말차(우스차薄茶)와 진한 말차(고이차濃茶) 두 가지가 있다. 연한 말차는 차 가루를 덜 넣고 녹색 거품이 일어날 때까지 휘저어 만든다. 진한 말차는 차 가루를 두 배 이상 사용하고 거품이 일지 않도록 섬세하게 휘젓는다. 말차는 종종 초콜릿이나 쿠키, 아이스크림, 슈크림 등의 과자에도 들어간다.

사케

사케酒는 일본에서 술을 이르는 말로, 보통 쌀을 발효시켜 빚은 일본식 청주를 지칭한다. 사케는 만들어진 지 매우 오래된 전통주다. 일본에 쌀이 도입된 3세기까지 역사가 거슬러 올라간다.

사케에는 여러 종류가 있다. 가장 일반적인 사케는 시장의 약

음료

TASTED ☐

75퍼센트를 차지하는 후쓰슈普通酒이며 그 외에는 혼조조本醸造(알코올을 첨가한 것), 준마이純米(알코올을 첨가하지 않은 것) 등으로 구분된다. 사케는 28~34프루프(14~17도)로 병입한다. 혼조조는 준마이보다 못하다고 하지만 사실 사케의 품질은 제조 과정보다도 사용한 물의 품질과 쌀을 도정한 정도에 따라 달라진다.

사케 제조는 쌀을 도정하여 곡물 핵심 부분만 남기는 것에서 시작된다. 최소 도정 등급은 30퍼센트이며 이 수치가 높아질수록 사케의 가치가 높아진다. 쌀의 도정 등급은 사케 라벨에 표시되어 있다. 도정률이 40퍼센트 이상이면 긴조吟醸, 50퍼센트 이상이면 다이긴조大吟醸로 표기한다. 도정률은 상한선이 없기 때문에 일부 사케 업체에서는 쌀을 75퍼센트 이상 도정하기도 한다. 이는 쌀의 4분의 1 미만만 사용한다는 뜻이다.

도정 후에는 곡물을 세척하고 찐 다음 누룩을 넣어 발효시킨다. 2~3주간의 발효를 거친 다음 쌀과 물의 혼합물을 여과해서 병에 담는다. 쌀 입자가 남은 채로 병입해서 뿌연 색을 띠며 살짝 단맛이 나는 술을 만들기도 하는데 이런 사케는 니고리자케濁り酒라고 부른다.

와인과 달리 사케는 제조 후에 숙성되지 않으며 시간이 지난다고 해서 맛이 달라지지 않는다. 사케는 보통 무색투명하고 은은한 꽃향기와 감칠맛이 난다. 일반적으로 차게 해서 작은 잔에 마시며, 저품질 사케는 겨울이면 작은 도자기 주전자에 따뜻하게 데워 마시기도 한다.

우메슈

음료

TASTED ☐

우메슈梅酒는 영어로 '매실 와인'이라 불리곤 하지만 실제로는 와인이 아니다. 매실을 설탕과 알코올에 담가 만드는 술로, 이탈리아의 리몬첼로(91쪽 참조)와 제조 방식이 비슷하다. 매실을 익기 전에 수확해서 알코올에 약 3개월간 재우면 단맛과 은은한 신맛이 균형을 이루는 술이 된다. 시판하는 우메슈는 알코올 함량이 약 20~30프루프(10~15도) 정도이며 병 속에 매실이 들어 있는 것이 많다. 우메슈는 상온에서 그대로 마시기도 하고 얼음을 타서 식전주로 마시기도 하지만, 칵테일로도 점점 더 많이 쓰이고 있다.

동남아시아

SOUTHEAST ASIA

동남아시아의 독특한 요리는 이제 전 세계에서 즐기는 문화가 되었다. 태국과 베트남 음식이 가장 친숙하지만 라오스와 필리핀 등 더욱 인정받아 마땅한 풍성한 음식 문화를 지닌 나라가 많다.

　　열대 지역이라 망고와 리치는 물론 망고스틴, 람부탄, 마운틴 애플, 살락, 톡 쏘는 향을 지닌 두리안 등 이국적인 과일이 다양하게 난다. 인도네시아의 카피르 라임, 필리핀의 칼라만시 등 감귤류도 매우 유명하다.

　　동남아시아 요리에는 향신료가 매우 중요한 역할을 하며 육두구와 정향 등 동남아시아가 원산지인 향신료가 많다. 널리 사용하는 조미료인 피시소스는 베트남의 느억맘 같은 액상 소스와 캄보디아의 쁘로혹 같은 페이스트 종류로 구분할 수 있다. 코코넛 밀크도 핵심 재료이며 디저트와 식사에 널리 쓰인다.

　　쌀은 동남아시아의 주요 곡물이다. 거의 모든 식사에서 주요리나 사이드 메뉴로 내놓는다. 품종 내 아밀로펙틴 함량에 따라 밥을 지었을 때 쌀알이 서로 달라붙으며 끈적거리기도 하고 포슬포슬한 것도 있다. 아시아 전역에서 수백 가지 품종의 쌀이 재배된다. 볶거나 허브 및 향신료로 맛을 내서 나시고렝, 나시판단 등을 만들기도 한다.

　　또한 동남아시아는 베트남의 뱀이나 캄보디아의 거미(타란툴라를 진미로 친다), 태국에서 으깨어 향신료로 사용하는 태국물장군 등 온갖 특이한 음식을 경험할 수 있는 곳이기도 하다. 필리핀에서도 수정란 내 배아가 그대로 보이는 발루트, 기다란 애벌레처럼 보이는 기이한 연체동물인 타밀록 등 신기한 음식을 접할 수 있다.

갓끈동부

필리핀
과일과 채소

TASTED ☐

영어로는 아스파라거스 빈, 필리핀에서는 시타우라고 불리는 갓끈동부는 길고 가느다란 깍지콩처럼 생겼다. 50센티미터까지도 크기 때문에 '야드롱 콩yardlong bean'이라고 불리기도 한다. 원산지는 서아프리카로 간주되며 아시아, 특히 말레이시아와 필리핀의 기후에 훌륭하게 적응했다. 말 그대로 깍지콩과 아스파라거스를 섞은 듯한 맛이 난다.

깍지콩과 같은 방식으로 재배하고 조리한다. 긴 꼬투리가 완전히 성숙하기 전에 수확해서 간장과 마늘, 고추와 함께 볶아서 먹는다. 여주(465쪽 참조)와 더불어 피시소스를 넣은 채소 요리로 필리핀에서 유명한 피낙벳pinakbet에 들어가는 재료 중 하나다.

빈랑

미얀마
과일과 채소

TASTED ☐

커피, 차, 담배, 술 등은 전 세계적으로 익숙한 각성제 및 향정신성 효과가 있는 식품이다. 그에 비해 빈랑은 동남아시아 외의 지역에는 거의 알려지지 않았으나 약 6억 명의 인구가 주기적으로 소비한다. 인도에서는 판paan, 미얀마에서는 쿤야koon-ya라고 불리는 형태로 조제해서 섭취한다. 후추와 친척 관계인 베틀 후추betel piper 잎에 베틀 야자betel palm 열매(빈랑자)와 라임을 돌돌 감싸 봉한다. 기본적으로 쓴맛이 나며 정향이나 카다멈 등의 향신료로 풍미를 더하기도 한다. 이것을 오래 씹으면 침이 붉은빛을 띠게 된다. 실제로 치아가 변색된 정도를 보고 빈랑을 주기적으로 섭취하는 사람을 구분해낼 수 있다.

빈랑의 효과에 대한 과학적인 원리는 아직 제대로 밝혀지지 않았으며, 여러 가지 요소(열매, 잎, 라임)의 상호작용에 의한 것으로 본다. 주요 활성 성분은 니코틴과 유사한 알칼로이드로, 화끈한 열감과 긴장 효과를 느낄 수 있다. 또한 식욕 억제제 역할을 하기 때문에 빈랑이 아주 저렴하고 인기 있는 인도, 파키스탄, 미얀마 등에서는 빈민층이 자주 섭취한다. 빈랑을 가끔 섭취하면 효과가 빨리 사라지지만 습관적으로 사용하면 흡연자와 비슷한 부작용을 겪을 수 있다.

BITTER MELON

여주

필리핀
과일과 채소
TASTED ☐

타갈로그어로 암팔라이ampalay라고 불리는 여주(쓴박bitter gourd 이라고도 불린다)은 필리핀 요리의 필수품이며 이름에서도 알 수 있듯이 쓴맛이 특히 강하여 후천적으로 익숙해져야 하는 풍미가 있다.

여주는 표면에 이랑이 잔뜩 파이고 부풀어 오른 오이처럼 생겼다. 과육은 녹색이고 살짝 점성이 있으며 강한 쓴맛에 풀 향이 느껴진다. 여주는 다양한 방식으로 먹을 수 있다. 날것으로 먹거나 삶고, 튀기고, 심지어 주스나 허브차로 만들기도 하며 인도 아유르베다 의학에서는 약재로 사용한다.

필리핀에서는 여주를 주로 육류(돼지고기, 닭고기 또는 소고기)와 함께 굴소스(387쪽 참조)에 익히거나 오믈렛으로 만든다. 여주는 오키나와에서도 고야ゴーヤー라고 불리며 매우 인기가 높다. 보통 튀긴 두부와 여주에 얇게 저민 소고기, 채소 등을 넣어 만드는 유명한 요리인 찬푸루チャンプルー에 들어간다.

두리안

태국
과일과 채소

TASTED ☐

동남아시아에서 '과일의 왕'으로 대접받는 두리안은 좋든 나쁘든 관심을 끄는 과일인데, 과육에서 강력하고 끈질긴 냄새가 나기 때문이다. 냄새가 너무 강해서 일부 국가에서는 대중교통에 들고 타는 것을 금지하고 있을 정도다. 두리안은 뾰족한 가시로 뒤덮인 커다란 녹색 공처럼 생겼다. 이름은 말레이어로 '가시'라는 뜻의 두리duri에서 유래했다.

열매 안은 구역별로 나뉜 형태로 노란빛의 과육이 들어 있으며, 조각마다 씨앗이 여러 개 들어 있다. 익은 정도에 따라 약간 아삭아삭한 것부터 커스터드처럼 부드러운 것까지 질감이 달라진다. 두리안에서는 달걀 커스터드에 바닐라를 첨가한 것 같은 은은한 풍미가 난다. 맛은 좋으나 냄새가 강렬하며, 특히 아주 잘 익었을 때는 불쾌하게 느껴질 수 있다. 어떤 사람은 두리안 냄새를 하수구나 구토물에 비유하기도 한다.

두리안보다 강력한 음식으로는 과숙된 두리안을 소금에 절여서 수일간 발효시킨 말레이시아의 조미료 템포약tempoyak을 꼽을 수 있다. 템포약은 코코넛 밀크를 섞어 생선 요리에 소스로 사용한다.

잭프루트

방글라데시
과일과 채소

TASTED ☐

빵나무 열매, 두리안과 같은 과에 속하는 잭프루트는 나무에 열리는 모든 과일 중에서 가장 큰 열매로 최대 지름 50센티미터, 무게 30킬로그램까지 자랄 수 있다! 방글라데시의 국과國果로 간주되며 스리랑카와 인도 일부, 특히 케랄라에서도 흔하게 찾아볼 수 있다.

삐죽삐죽한 껍질 속에 들어 있는 달걀 크기의 작고 동그란 노란 과육에서 파인애플과 망고, 바나나를 섞은 듯한 독특한 맛이 난다. 씨는 삶거나 구워서 간식으로 먹으며, 커리 등의 요리에 사용할 수 있다.

잭프루트는 디저트와 짭짤한 요리 모두에 들어간다. 잘 익은 잭프루트는 주로 디저트에, 덜 익은 잭프루트는 식사 메뉴에 사용한다. 익힌 잭프루트는 질감과 맛이 닭고기와 비슷하기 때문에 채식 요리에 육류 대용으로 쓰기도 한다.

카피르 라임

KAFFIR LIME

인도네시아
과일과 채소
TASTED ☐

카피르 라임은 인도네시아가 원산지인 감귤류 과일이다. 울퉁불퉁한 라임처럼 생겼으면 문지르면 레몬그라스 풍미가 느껴지는 강렬한 향이 피어오른다. 카피르 라임에는 거의 즙이 없으며 껍질을 요리에 사용한다. 신선한 껍질은 갈아서 짭짤한 요리나 음료, 디저트에 풍미를 내는 용도로 쓰고 건조한 후 빻아서 향신료로 쓰기도 한다.

카피르 라임은 인도양과 라오스, 캄보디아와 인접한 국가에서 매우 인기가 좋다. 카피르 라임잎 또한 태국 등지에서 수프에 풍미를 더하거나 매콤한 음식에 가벼운 산미를 첨가하는 용도로 쓴다. 이파리 두 개가 쌍둥이처럼 연달아 붙어 있는 모양이 독특하다.

칼라만시

KALAMANSI

필리핀
과일과 채소

TASTED ☐

칼라만시는 필리핀에서 인기 있는 작은 감귤류 과일이다. 비터 오렌지와 비슷한 맛이 나는 덜 익은 녹색 칼라만시와 귤에 가까운 단맛이 나는 잘 익은 주황색 칼라만시를 모두 먹는다. 칼라만시의 기원은 확실하게 알려져 있지 않으며, 만다린 오렌지와 금귤의 교배종으로 추측된다.

칼라만시로 만든 음료는 '필리핀 레모네이드'라고 불리며 상쾌한 맛으로 인기가 좋다. 칼라만시 12개의 즙을 짠 다음 물을 약간 타서 만든다. 칼라만시는 또한 아이스크림과 페이스트리를 만들거나 생선, 닭고기, 돼지고기 등에 감귤류 향을 더하는 용으로 쓴다. 판싯 국수에 칼라만시를 살짝 뿌려 맛을 내는 것도 필리핀의 흔한 관습 중 하나다.

망고스틴

MANGOSTEEN

태국
과일과 채소

TASTED ☐

망고스틴은 동남아시아 전역에서 인기가 좋은 열대 과일이다. 태국, 말레이시아, 인도, 인도네시아, 중국 남부, 필리핀 시장에서 흔히 찾아볼 수 있으며 현재는 중앙아메리카와 남아메리카의 열대 지역에서도 재배된다.

지름 약 5센티미터 크기의 공 모양으로 껍질은 짙은 자주색이고 작은 꽃받침 네 개가 왕관처럼 붙어 있다. 두꺼운 껍질을 제거하면 진주 같은 흰색에 즙이 많은 과육 조각 5~8개가 드러난다. 가장 작은 조각에는 과육만, 가장 큰 조각에는 먹을 수 없는 작은 씨앗이 하나 들어 있다. 망고스틴의 과육은 섬세

하고 살짝 섬유질이 느껴진다. 리치와 복숭아를 연상시키는 은은한 맛이 난다. 망고스틴은 껍질에 조심스럽게 칼집을 넣어 과육이 드러나게 해서 그대로 먹는다.

MOUNTAIN APPLE
마운틴 애플

말레이시아가 원산지인 과일로 흔히 마운틴 애플(하와이에서는 오히아 아이ohi'a 'ai)이라고 불리지만 말레이 애플, 로즈 애플, 왁스 애플 등으로 불리기도 한다. 껍질은 밀랍 같은 광택에 부드러운 분홍빛이 돈다. 길이는 약 5~7센티미터로 작은 배 같은 모양이다. 씨앗과 씨앗 주변의 보송보송한 부분을 제외하면 껍질째 통째로 먹을 수 있다. 마운틴 애플은 질감이 매우 아삭아삭하면서 맛이 상쾌하고 가벼우며 장미 향이 느껴진다.

말레이시아
과일과 채소
TASTED ☐

RAMBUTAN
람부탄

'털 달린 리치'라고 불리기도 하는 람부탄의 이름은 머리카락이라는 뜻의 말레이어 람벗rambut에서 유래한 것이다. 실제로 털처럼 보이는 섬유질 돌기로 뒤덮여 있다. 약 5센티미터 길이의 타원형 과일로 보통 붉은색 또는 분홍색을 띠지만 드물게 껍질이 노란색인 품종도 있다. 과육은 약간 반투명하고 리치와 비슷하게 생겼다. 둘 다 맛이 비슷하지만 람부탄은 질감이 훨씬 단단하고 즙이 적으며 단맛이 덜하다.

람부탄은 특히 태국에서 인기가 좋으며, 태국이 세계 생산량의 절반을 차지하고 있다. 세계 생산량의 3분의 1을 차지하는 말레이시아가 그 뒤를 잇는다. 람부탄은 주로 생과일을 먹지만 짭

태국
과일과 채소
TASTED ☐

짤한 식사 메뉴로도 사용하며 주로 가금류와 함께 요리한다.

살라크

인도네시아
과일과 채소

TASTED ☐

인도네시아에서 나는 가시 있는 야자나무의 열매 살라크는 자바어로 '뱀'이라는 뜻으로 껍질이 뱀의 비늘 같은 느낌을 준다 (영어로는 '뱀과일snake fruit'이라고 불리기도 한다). 겉모습은 무화과와 비슷해 보이기도 하며, 생각보다 쉽게 벗겨지는 딱딱한 갈색 껍질 안에 세 조각으로 나뉜 진줏빛 과육이 들어 있다.

각 조각마다 헤이즐넛 크기의 먹을 수 없는 단단한 씨앗이 하나씩 들어 있다. 과육은 아삭아삭하면서 레몬과 파인애플을 섞은 듯한 새콤달콤한 맛이 난다.

현재 재배되고 있는 살라크 품종은 30가지가 넘어가지만, 가장 흔한 것은 자바섬에서 재배하는 폰도 살라크pondoh salak와 발리섬에서만 재배하는 더 작고 달콤한 굴라 파시르 살라크gula pasir salak다.

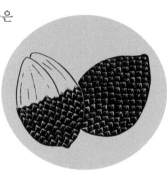

찹쌀

태국
빵과 곡물

TASTED ☐

'끈적한 쌀'이라고도 불리는 찹쌀은 일반 백미와 달리 아밀로펙틴의 함량이 높아서 익히는 과정에서 쌀알이 서로 달라붙는다. 아시아 전역, 특히 태국에서 인기가 높으며 전통적으로 누아트 눙ngouat nung이라고 불리는 특별한 원뿔형 대나무 조리 기구를 사용해 조리한다. 여기서 익힌 찹쌀은 개별용 대나무 바구니에 옮겨 담아서 닭고기구이나 생선구이에 곁들여 먹는다.

찹쌀은 아시아에서 4000년 넘게 재배되어 왔으며, 그대로 조리하거나 빻아서 가루를 내어 떡(437쪽 모찌 참조)을 만든다. 태국에서는 찹쌀과 코코넛 밀크로 만든 푸딩으로 저민 생망고와 같이 먹는 카오 니아오 마무앙khao niao mamuang 등 디저트에 흔하게 사용한다.

PHKɑ RUMDUOL RICE 프카 럼두올 쌀

캄보디아
빵과 곡물

TɑSTED ☐

프카 럼두올 쌀은 세계에서 재배되는 수만 가지 쌀 중에서 가장 향기로운 쌀로 꼽힌다. 섬세한 향이 나는 캄보디아의 국화 롬두올romduol에서 이름을 따왔다.

쌀은 캄보디아에서 수천 년간 재배되어온 주식이다. 오늘날도 캄보디아 농민의 거의 80퍼센트가 쌀을 재배하고 있다. 캄보디아 전역에서 재배되는 약 1000가지 품종 중 프카 럼두올은 상당히 최신 품종으로, 품종 개선을 위한 정부 프로그램의 일환으로 탄생했다. 1999년, 10년의 연구 끝에 정식으로 출시되었으며 현재는 널리 재배되고 있으나 가격이 매우 비싸서 대부분 해외로 수출된다. 캄보디아에서 가장 비싼 쌀 품종으로 손꼽히며 전문가에 의해 '세계 최고의 쌀'로 인정받았다.

프카 럼두올 쌀은 길고 가는 모양에 표면이 매끄럽고 섬세한 향이 난다. 익히고 나면 탄탄하면서 약간 끈적한 질감에 살짝 단맛이 느껴진다. 그냥 밥으로 먹기도 하고 다양하게 조리할 수 있지만 상당히 찰기가 있는 편이라 볶음밥에는 적합하지 않다.

사고

파푸아뉴기니

빵과 곡물

TΠSTED ☐

사고는 파푸아뉴기니의 전통적인 주식으로, 인근 인도네시아와 말레이시아의 일부 부족들도 먹는다. 이들에게 사고는 다른 아시아 국가의 쌀과 같은 필수 탄수화물 공급원이다(실제로 사고는 대부분 전분으로 이루어져 있다).

사고는 야자수에서 얻는 밀가루 같은 것으로, 사고를 만드는 일은 마을 전체가 동원되어야 하는 큰 작업이다. 먼저 야자수를 벤 다음 기둥을 잘라내서 내부의 과육을 갈아 흰 가루를 낸다. 가루에 물을 섞고 면포에 넣어 압착해 모든 전분을 물에 녹여낸다. 여기서 액체를 분리시키면 흰색 슬러리가 완성되며, 이를 햇볕에 건조시켜서 다시 빻아 가루를 낸다. 사고 가루는 나무 용기에 담아 수개월간 저장 가능하며, 중요한 식량 공급원이 된다.

사고 가루를 뜨거운 돌에 익혀서 플랫브레드로 만들어 먹으며, 주로 생선에 곁들여 먹는다. 물에 섞어서 식사로도 먹지만 전통적인 접착제 파페다papeda를 만들기도 한다.

정향

인도네시아

향신료와 양념

TΠSTED ☐

정향은 정향나무의 꽃봉오리가 피기 전에 수확해서 말린 매우 향기로운 향신료로, 못과 모양이 비슷하다. 인도네시아 말루쿠 제도가 원산지인 정향은 고대부터 전 세계적으로 거래되어 왔다. 2000년 전부터 아유르베다 의학의 약재로 쓰였기 때문에 인도에서 수요가 많았다. 방부 및 마취 효과가 있어서 특히 인기가 높았으며 치통 치료제로 사용했다.

인도네시아는 현재 세계 생산량의 거의 80퍼센트를 차지하는 최고 정향 생산국이다. 인도네시아에서는 정향을 향신료로 쓰지만 훈제해서 담배로도 피운다. 정향 담배인 크레텍kretek은 역설적이게도 19세기 후반 한 약사가 천식 치료제로 개발한 것이다. 오늘날 인도네시아의 흡연자 중 약 90퍼센트는 크레텍을 피우고 있으며, 크레텍 산업 종사자는 20만 명이 넘는다.

정향은 단맛과 매콤한 맛, 쓴맛, 따뜻한 느낌이 공존하는 강한 풍미를 낸다. 서양 요리에서는 진저브레드 등 구움과자에 향신료로 쓰이며 영국 우스터소스(206쪽 참조)의 재료이기도 하다.

COCONUT MILK

코코넛 밀크

인도네시아
향신료와 양념

TASTED ☐

코코넛은 태평양의 섬은 물론 많은 남아시아 지역의 주식이다. 세계 최고의 코코넛 생산국인 인도네시아에서는 코코넛 워터, 코코넛 밀크, 코코넛 크림, 코코넛 생과육, 건조 및 분말 코코넛 과육 등 다양한 형태로 매일 코코넛을 소비한다.

어린 코코넛 안에 들어 있는 코코넛 워터는 갈증 해소를 위한 음료수로 마신다. 더 익어서 두껍고 단단해진 과육을 곱게 갈아서 물에 섞은 다음 여과하여 만든 코코넛 밀크와 혼동해서는 안 된다. 더 되직하고 지방 함량이 높은 코코넛 크림은 잘 익은 코코넛 과육을 압착해서 만든다.

코코넛 밀크는 오세아니아, 인도네시아, 태국, 베트남 등지에서 널리 사용하는 식재료다. 주로 수프와 스튜에 넣지만 베트남의 쩨(495쪽 참조) 등 여러 디저트의 재료로 쓰기도 한다. 중앙아메리카와 카리브해 지역에서도 코코넛을 찾아볼 수 있는데, 이 지역에서는 럼에 파인애플 주스와 코코넛 크림을 넣어 피냐 콜라다piña colada 등 칵테일로 즐기기도 한다.

켈루악

인도네시아
향신료와 양념

TASTED ☐

케파양kepayang이라고도 부르는 켈루악은 말레이시아와 인도네시아, 파푸아뉴기니의 습지에서 자라는 나무(학명은 판기움 에둘레Pangium edule)의 씨앗에서 추출한 향신료다. 이 과일과 씨앗에는 시안화물이 상당히 함유되어 있어 날것을 먹으면 사망할 수 있지만 발효시키면 식용할 수 있다.

발효는 독성을 제거하는 가장 일반적인 방법이다. 먼저 신선한 씨앗을 삶은 다음 재에 파묻어서 40일간 발효시킨다. 이 과정에서 하얀 씨앗이 까만색으로 변하면서 딱딱하던 질감이 대추야자처럼 변하며, 코코아와 블랙 올리브를 연상시키는 풍미가 나게 된다. 켈루악은 주로 새우와 돼지고기, 닭고기 요리에 사용하며 인기 높은 인도네시아 소고기 수프인 라원rawon에 특유의 톡 쏘는 맛과 까만색을 부여하는 재료이기도 하다.

크롱

캄보디아
향신료와 양념

TASTED ☐

크롱은 캄보디아 요리에 널리 사용하는 혼합 향신료를 총칭하는 단어다. 인도의 커리와 비슷하지만 매운맛이 훨씬 덜하다. 다양한 재료를 돌절구에 전부 넣고 찧어서 만든다. 레몬그라스, 터메릭, 고추, 마늘, 샬롯, 카피르 라임의 잎과 껍질(467쪽 참조), '갈랑갈'이라고 불리는 생강과 매우 비슷한 뿌리채소 등이 들어간다.

크롱은 색에 따라 녹색, 빨간색, 노란색 세 가지 종류로 구분한다. 사용하는 재료의 비율에 따라 색이 달라진다. 레몬그라스를 많이 넣으면 그린 크롱이, 터메릭을 많이 넣으면 옐로 크롱이, 고추를 많이 넣으면 레드 크롱이 된다.

그린 크롱은 주로 쁘로혹(478쪽 참조)을 섞어서 생채소를 찍어 먹는 딥 소스로 사용한다. 그 외의 크롱은 아목(486쪽 참조)이나 돼지고기와 채소를 넣어 만드는 인기 높은 새콤한 수프 솜롬추samlar machu 등 다양한 요리의 재료로 사용한나.

LONG PEPPER

필발

인도네시아
향신료와 양념
TASTED ☐

롱 페퍼라고도 부르는 필발(피페르 롱굼Piper longum)은 후춧과에 속하는 식물이다. 하지만 동글동글한 모양의 까만색, 빨간색, 하얀색 열매를 생산하는 사촌지간인 검은 후추(파이퍼 니그룸)와 달리 필발은 마치 개암나무의 꽃차례처럼 뾰족한 모양이다. 후추보다 단맛이 나지만 얼얼하며 후추와 시나몬, 육두구(477쪽 참조)를 섞은 풍미가 느껴진다.

4000년 이상 전에 쓰인 최초의 아유르베다 문헌에 기록된 필발은 소화와 수면을 돕고 호흡기 질환을 치료하는 약재였다. 기원전 6세기경 아시아에서 유럽으로 건너간 최초의 향신료이기도 하다. 유럽에 전파된 최초의 후추는 사실 필발로, 둥근 통후추는 약 6세기 후에나 모습을 드러낸다. 필발은 중세 유럽에서 매우 인기가 높았지만 검은 후추가 등장하면서 차차 인기가 떨어졌고, 17세기에 신대륙에서 고추가 건너오면서 거의 자취를 감췄다.

그러나 필발은 인도는 물론 인도네시아에서 아직도 아주 인기 좋은 향신료도, 사실 후추를 뜻하는 영딘어 페피pepper는 이 지역에서 필발을 이르는 명칭인 피팔리pippali에서 유래한 것이다. 필발은 파키스탄에서도 사용하며 국민 요리인 매콤한 스튜 니하리(362쪽 참조)의 주재료다. 인도네시아에서는 필발을 주로 짭짤한 요리에 사용하지만 망고나 파파야에도 주저 없이 뿌려서 맵싸한 디저트를 만들곤 한다.

무스코바도

MUSCOVADO

필리핀
향신료와 양념

TASTED ☐

사탕수수로 설탕을 만들 때 정제 정도에 따라 다양한 제품을 만들 수 있다. 무스코바도는 당밀을 완전히 분리하지 않은 비정제 설탕이므로 가장 날것에 가깝고, 당연히 황설탕보다도 훨씬 색이 짙다.

무스코바도를 만들려면 우선 사탕수수를 으깨서 즙을 추출한 다음 끓여서 설탕이 결정화될 때까지 농축시킨다. 이를 식히면 커다란 다갈색 덩어리가 되는데, 그대로 판매하거나 빻아서 가루를 내어 판다. 무스코바도는 사탕수수가 재배되는 모든 지역에서 발견할 수 있는 전통 설탕이다. 인도에서는 칸드khand, 남아메리카에서는 라파두라rapadura라고 부르는 등 이름이 다양하다. 무스코바도는 뚜렷한 당밀 향이 나는 등 황설탕보다 풍미가 강렬하다.

NƯỚC MẮM

느억맘

베트남
향신료와 양념

TASTED ☐

느억맘은 투명하고 옅은 호박색이 도는 베트남 소스로 생선을 발효시켜서 만든다. 태국과 캄보디아, 라오스에도 비슷한 방식으로 만드는 소스가 존재한다. 로마 시대에 흔하게 사용했다가 유럽에서는 자취를 감춘 가룸과 유사한 조미료다.

느억맘은 멸치처럼 작은 물고기를 소금에 약 9~12개월간 재워서 만든다. 발효가 완료되면 생선 소금 혼합물을 압착해서 액체만 추출한다. 그러면 베트남에서 마치 서양 요리의 소금처럼 사용하는 소스가 완성된다. 수프나 스튜를 만들 때 넣지만 음식에 양념처럼 뿌리기도 하고 다른 소스의 재료로 쓰기도 한다. 특히 스프링롤(494쪽 참조)은 느억맘과 식초, 설탕, 물을 섞은 소스에 찍어 먹으며, 때때로 다진 마늘과 당근을 섞기도 한다.

NUTMEG

육두구

인도네시아
향신료와 양념

TASTED ☐

중세 시대에 유럽과 아랍 세계에서 귀중한 향신료였던 육두구는 19세기 초반까지 말루쿠제도의 아주 좁은 지역에서만 생산되었다. 말루쿠제도는 오랫동안 향신료 무역을 하는 상인에게만 알려져 있었으며, 이들은 사업의 수익성을 유지하기 위해 섬의 위치를 비밀로 유지했다. 그러다 16세기 초 유럽에 섬의 위치가 공개되었고, 당시의 해양 강대국들(포르투갈, 네덜란드, 영국)이 무역에서 유리한 위치를 점하기 위한 경쟁을 벌였다.

이 육두구 관련 경쟁 때문에 1667년 맨해튼섬이 네덜란드에서 영국으로 넘어가기도 했다. 네덜란드가 영국이 일부를 점령하고 있던 반다제도를 완전히 소유하는 대가로 거래를 수락한 것이다. 1810년까지 네덜란드 상인이 육두구 독점권을 가지고 있었으나 영국인이 잠시 섬을 넘겨받으면서 묘목을 반출해 다른 식민지에서 육두구 재배를 시도했다. 덕분에 다른 아시아 지역(스리랑카)과 아프리카(잔지바르), 카리브해(그레나다)에서 육두구가 재배되었다.

육두구는 귀한 향신료로, 고대에는 시나몬과 정향, 카다멈과 더불어 가장 비싼 향신료였다. 육두구에서는 두 종류의 향신료를 얻을 수 있다. 지름 약 2센티미터 크기의 달걀 모양 육두구 열매, 그리고 이를 둘러싼 얇은 섬유질층으로 풍미가 조금 더 강한 메이스mace다. 육두구는 특히 생선과 흰 살코기에 잘 어울리며 베샤멜소스의 필수 재료다. 따뜻하고 살짝 달콤한 풍미가 느껴지며 시나몬과 후추를 섞은 듯한 맛이 나지만 매운맛은 없다.

쁘로혹 PRAHOK

캄보디아
향신료와 양념
TASTED ☐

쁘로혹은 생선으로 만든 발효 식품으로 캄보디아의 모든 시장에서 항아리에 담긴 회색 또는 갈색의 쁘로혹을 볼 수 있다. 쁘로혹은 저렴하고 편리한 단백질 공급원이라 캄보디아에서는 주식으로 먹는 것은 물론 소금 대신 요리에 간을 하는 용도로 쓴다.

다양한 종류의 민물 생선을 이용해서 만들 수 있지만 주로 톤레사프 호수에 많이 서식하는 작은 백련어silver carp인 트레이 리엘trey riel을 사용한다. 12월과 1월 사이에 50억 마리 이상의 물고기가 번식을 위해 톤레사프 호수를 떠나 메콩강 삼각주로 향하는데 이때 주로 잡는다. 잡은 생선의 비늘과 내장을 제거하고 밟아서 페이스트로 만든다. 성수기가 되면 톤레사프 강둑을 따라 남성들이 생선을 잡아 올리는 사이 여성과 아이들이 생선을 밟아 으깨는 모습을 흔하게 볼 수 있다.

생선을 찧어서 만든 페이스트를 소금과 함께 항아리에 넣어서 발효시킨다. 20일이 지나면 강한 치즈 냄새가 나는 페이스트가 완성된다. 실제로 쁘로혹은 '생선 치즈'라고 불리기도 한다. 주요리로 먹기도 하고 밥, 채소와 함께 볶거나 수프나 스튜의 맛내기 용도로 사용한다.

CHITOL

치톨

방글라데시
해산물

TASTED ☐

치톨은 인더스강과 갠지스강, 마하나디강의 지류에서 잡히는 민물 생선이다. 길이 약 80센티미터에 등은 아치형이고 아주 얇은 배 부분에는 지느러미가 길게 뻗어 있다. 이 형태 때문에 영어로는 '칼날생선knifefish' 또는 등지느러미가 물고기 작은 깃털처럼 보인다고 '등깃털생선featherback'이라고 불린다.

뼈가 많지만 방글라데시에서는 자연산과 양식 모두 매우 인기가 좋다. 탄탄하고 뼈가 더 많은 등 부분은 가다gaada라고 불리며 주로 피시 볼을 만들고 부드럽고 기름져서 더 귀한 대접을 받는 배 부분은 페티peti라고 불리며 커리를 만든다.

ILISH

일리시

방글라데시
해산물

TASTED ☐

힐샤hilsha라고도 불리는 일리시는 의심할 여지 없이 방글라데시 경제에 가장 큰 역할을 하는 생선이다. 일리시 낚시 어부만해도 수십만 명이 넘으며, 매년 500만 톤 이상씩 잡아 올린다! 일리시 관련 산업은 방글라데시 국내총생산의 1퍼센트 이상을 차지하는 것으로 추산되며, 직간접적으로 일리시를 통해 생계를 유지하는 사람은 거의 300만 명에 이른다. 당연히 방글라데시의 국어國魚이며, 별명은 '생선의 왕'이라는 뜻의 마허 라자macher raja다.

일리시는 보통 바다에 살지만 강으로 돌아와서 담수에 알을 낳는다. 민물에서 잡은 일리시가 맛이 좋다는 평이 있어서 강으로 돌아오는 2~4월과 7~9월 사이를 제철로 친다. 바다로 돌아가는 어린 새끼도 작타jakta라고 부르며 어획하곤 했지만 개체 수 유지를 위해서 지금은 법으로 금지했다.

청어과에 속하는 일리시는 살점이 기름지며 찜, 스튜, 튀김, 구이, 훈제, 건조 등 다양한 방법으로 조리할 수 있다. 방글라데시에서는 벵골 설날(4월 14일)의 첫 번째 식사로 쌀을 익힌 물에 하룻밤 발효시켜서 만드는 판타 밧panta bhat을 곁들인 일리시 튀김을 먹는 것이 관습이다.

타밀록

TAMILOK

필리핀
해산물

TASTED ☐

타밀록은 거대한 벌레처럼 생겼지만 실제로는 조개류와 연관 있는 연체동물이다. 껍데기로 부드러운 몸체를 보호하는 대부분의 연체동물과 달리 타밀록은 30센티미터가 넘는 몸에 껍데기는 1센티미터가 채 되지 않는다. 필리핀의 기수汽水 석호에 서식하면서 죽은 나무에 굴을 파고 산다. 잡은 타밀록은 깨끗하게 세척해 머리를 제거하고 식초와 양파, 고추로 만든 절임액에 재워 날것으로 먹는다. 타밀록은 외관은 그리 보기 좋은 편이 아니지만 먹어보면 굴과 비슷한 맛이 난다.

ANT EGG

개미알

이른 봄이면 라오스의 시장에서 쌀알과 밀알이 섞인 것처럼 보이는 흰색 구슬을 볼 수 있다. 라오스어로 '붉은 개미'라는 뜻의 모드 댕mod daeng이라고 불리는 베짜기개미의 알(작은 알갱이)과 애벌레·번데기(큰 알갱이)다. 귀한 진미이기 때문에 라오스에서는 일 년에 한 번 개미알을 수확하려고 개미집을 관리하는 사람도 많다.

베짜기개미는 땅에 굴을 파지 않고 나무에 집을 만든다. 잎사귀를 엮어서 집을 만들기 때문에 '베짜기개미'라고 불린다. 개미집 가운데에 구멍을 낸 다음 흔들어서 떨어지는 알과 유충, 번데기를 작은 바구니로 받아낸다. 이렇게 수확한 개미알은 다양한 방법으로 조리할 수 있다. 삶거나 튀겨서 매콤한 샐러드를 만들거나 오믈렛의 토핑으로 넣고 코코넛 밀크와 함께 디저트로 먹기도 한다. 살짝 쫀득한 질감과 더불어 달콤한 가운데 은은한 쓴맛이 느껴진다.

BAKKWA

박콰

박콰는 중국 남동부에서 유래한 말린 고기로 싱가포르에서 특히 인기가 좋다. 원래 작게 손질한 고기에 소금과 향신료를 입힌 다음 건조시켜서 고기를 보존하는 방법으로 개발된 음식이다. 이름 또한 호키엔어로 '말린 고기'라는 뜻이다.

박콰는 아주 얇게 저민 돼지고기(때때로 소고기)를 소금과 설탕, 간장(441쪽 참조), 피시소스, 향신료, 황주(409쪽 참조)로 만든 절임액에 재워서 만든다. 주로 약 20센티미터 길이의 정사각형 모양으로 판매하지만 간식용으로 더 작게 썰어서 팔기도 한다.

박콰는 달콤한 절임액의 맛과 향신료 풍미가 돋보이는 가벼운 맛의 음포다. 특히 구정 즈음에 인기가 좋아서 그 즈음이면 유명한 박콰 상점 앞에는 줄이 길게 늘어선다.

발룻

필리핀
육류

TASTED ☐

발룻은 수정된 배아가 수 주일간 성장한 오리알이다. 찌거나 삶은 발룻은 여러 남아시아 국가에서 인기 있는 특산물로 특히 필리핀에서는 길거리 음식으로 잘 팔린다. 발룻을 먹을 때는 우선 껍데기 윗부분을 제거한 다음 알에 담긴 액체를 마시고 남은 오리알 노른자와 배아를 먹는다. 흰자는 질감이 고무처럼 질기기 때문에 먹지 않는다.

발룻을 만들려면 수정란을 14~18일간 따뜻한 곳에 보관한다. 그러면 노른자가 오리알 전체 크기에 육박할 정도로 커지고 배아는 2센티미터 정도 크기가 된다. 익히고 나면 노른자는 스크램블드에그와 비슷한 맛이 난다. 배아에서는 푸아 그라가 연상되는 질감과 맛을 느낄 수 있다.

태국물장군

GIANT WATER BUG

태국
육류

TASTED ☐

미국에서는 '악어 벼룩'이라고도 불리는 태국물장군은 커다란 바퀴벌레처럼 생긴 수생 곤충으로 길이 최대 8센티미터까지 자란다. 태국물장군은 베트남과 태국 북부, 필리핀 일부 지역에서 즐겨 먹는 음식이다. 주로 통째로 삶거나 튀겨서 익힌다. 식용할

수 없는 겉날개를 제거한 다음 머리와 몸통을 분리하고 살점을 먹는데, 스크램블드에그 질감에 특유의 감초 맛이 난다. 간식으로 먹기도 하지만 으깨서 양념을 만들 수도 있다.

SNAKE MEAT

뱀고기

베트남
육류
TASTED ☐

뱀고기는 여러 문화권에서 수 세기에 걸쳐 먹어왔으며, 서아프리카는 물론 중국과 베트남 등 아시아에서는 의학적 효능이 있다고 여긴다. 아시아에서는 주로 닭과 돼지 뼈, 생선 방광, 버섯, 생강, 옥수수 전분으로 만든 걸쭉한 국물에 뱀고기를 익혀서 수프로 먹는다.

  홍콩에서는 1980년대보다는 인기가 떨어졌지만 지금도 뱀고기 레스토랑을 쉽게 찾아볼 수 있다. 베트남의 뱀고기 전문 레스토랑에서는 뱀고기를 제공할 때 특별한 의식을 따른다. 먼저 살아 있는 뱀을 손님에게 보여준다(가장 비싼 뱀은 코브라이며 비단뱀과 물뱀이 더 흔하다). 그런 다음 심장을 도려내서 아직 심박이 뛰는 상태일 때 작은 술잔에 넣어 낸다. 뱀의 담즙과 피도 술에 섞어서 마시고, 고기는 다양한 방식으로 조리한다. 껍질도 바삭바삭하게 튀겨서 먹는다. 뱀고기의 맛은 닭고기와 비슷하고 질감은 조금 더 질기다.

KRUPUK

크루푹

인도네시아
길거리 음식
TASTED ☐

아시아 레스토랑에서 종종 애피타이저로 내놓곤 하는 바삭바삭한 새우 크래커를 접해본 적이 있을 것이다. 이 새우 크래커의 이름은 크루푹으로 인도네시아의 길거리 음식이다. 새우로 맛을 내는 경우가 많지만 채소나 과일, 견과류 크루푹도 있다. 새우 크루푹은 사마심에 자리한 어업항인 시도아르조의 특산물로 수천 개의 작업장에서 새우 크루푹을 생산하고 있다. 쌉쌀한 견과류인 멜린조melinjo로 만드는 엠핑emping이라는 크래커도 인기가 높다.

크루푹을 만들려면 우선 타피오카 전분과 물을 섞고 향료를 취향에 따라 넣어 반죽한다. 반죽이 완성되면 큰 공 모양으로 빚어서 찐 후 얇게 저며 건조시킨다. 그리고 먹기 직전에 기름에 튀겨서 낸다. 크루푹을 튀기면 반죽 내부의 공기가 팽창하면서 특유의 가볍고 바삭바삭한 질감이 완성된다. 서양에서는 주로 간식으로 먹지만 인도네시아에서는 반찬으로 간주해서 아침 식사는 물론 점심, 저녁 식사로도 먹는다.

오탁오탁 OTAK-OTAK

인도네시아
길거리 음식
TASTED ☐

오탁오탁은 인도네시아와 말레이시아, 싱가포르에서 인기가 매우 좋은 길거리 음식이다. 다진 생선 살과 타피오카 전분, 향신료를 막대 모양으로 빚어 바나나잎에 싸서 구워 만드는 작고 짭짤한 음식이다. 여러 종류의 생선으로 만들 수 있지만 가장 흔하게 쓰는 것은 고등어과에 속하는 동갈삼치tenggiri(449쪽 삼치 참조)다.

말레이시아의 오탁오탁은 주로 흰색이지만 인도네시아에서는 터메릭을 넣어 주황색을 띤다. 그 외에도 마늘, 실파, 코코넛밀크, 고추 등의 향신료와 허브를 넣기도 한다. 하루 중 어느 때나 간식으로 먹고 밥에 곁들여 식사로도 먹는다.

RUJAK

말레이어로 '섞는다'는 뜻인 루작은 매콤달콤한 소스를 뿌린 신선한 과일과 채소 샐러드로 길거리 노점상은 물론 레스토랑에서도 판매한다. 인도네시아와 말레이시아, 싱가포르에서 다양한 형태로 접할 수 있으며 계절과 지역에 따라 폭넓은 재료를 사용한다.

인도네시아에서 가장 인기 있는 루작은 오이와 파인애플, 마운틴 애플(469쪽 참조), 그린 망고, 방콩bangkwang이라 불리는 배와 비슷한 순무로 만든 것이다. 드레싱은 주로 종려당과 타마린드 과육(348쪽 참조), 고추, 새우 페이스트, 소금으로 만들며 때때로 볶아서 빻은 땅콩을 뿌리기도 한다. 그러면 달콤 짭짤하면서 매콤 새콤한 풍미가 골고루 어우러진 놀랍도록 맛있는 샐러드가 탄생한다.

SATAY

사테는 땅콩 소스로 맛을 낸 작은 고기 꼬치다. 동남아시아 전역에서 먹는 고전적인 길거리 음식이다. 19세기에 자바섬의 욕야카르타에서 탄생했으며 아마 중동 요리의 영향을 받은 인도 케밥에서 영향을 받은 것으로 보인다. 사테는 자바어로 '꼬치'라는 뜻이다. 전통적으로 사테에 곁들이는 땅콩 소스는 삼발 카캉sambal kacang이라고 불린다. 볶아서 빻은 땅콩과 마늘, 샬롯, 고추, 타마린드(348쪽 참조), 간장, 설탕, 후추로 만들며 다진 새우 살이나 코코넛 밀크, 레몬즙을 섞기도 한다. 땅콩은 원래 멕시코에서 유래했지만 16세기에 스페인과 포르투갈 상인에 의해 인도네시아에 도입되면서 순식간에 큰 인기를 얻었다.

사테는 최고급 레스토랑에서 길거리 노점상에 이르기까지 인도네시아 어느 곳에서건 먹을 수 있다. 제일 흔한 것은 닭고기와 소고기지만 양고기나 돼지고기, 새우, 생선, 메추리알, 내장 등으로도 만든다.

아도보 ADOBO

필리핀
전통 음식

TASTED ☐

아도보는 닭고기, 돼지고기, 소고기 등 육류를 식초, 간장, 마늘로 만든 절임액에 익혀 만드는 필리핀의 대표 음식이다. 이 조리법은 오랜 항해 동안 고기를 식초와 파프리카 가루에 재워서 보관했던 스페인 선원의 고기 보존법에서 유래했다. 1565년 스페인 침략 이후 필리핀에 조리법이 전해지면서 현지인의 입맛에 맞춰 변화했고, 특히 중국에서 들여온 간장을 넣기 시작했다. 오늘날 아도보는 필리핀에서 가장 인기 있는 음식으로 손꼽힌다. 전통적으로는 팔라욕palayok(일종의 도기 냄비)을 사용했지만 지금은 현대식 조리 기구로 만든다.

아목 트레이 AMOK TREY

캄보디아
전통 음식

TASTED ☐

아목은 원래 코코넛이 들어간 죽을 바나나잎으로 만든 용기에 담아서 쪄 익히는 조리 방식을 뜻하는 말이다. 아목 트레이는 노니(시금치와 비슷하지만 쓴맛이 더 강하다)와 흰 살 생선으로 만든 인기 있는 아목 요리로 크롱(474쪽 참조)으로 맛을 낸 코코넛 밀크를 넉넉하게 덮어 낸다.

아목 트레이는 전통적으로 매년 11월에 열리는 물 축제 기간
즐겨 먹는다. 우기의 종료와 톤레사프 호수의 역류를 기념하는
축제다. 매년 이맘때가 되면 우기에 내린 비의 영향으로 호수에
흘러드는 강물의 방향이 바뀐다. 메콩강
으로 흘러드는 대신 방향이 완전
히 반대로 바뀌어 톤레사프 호
수로 들어가는 것이다. 크메
르족에게는 큰 의미를 지니
는 자연 현상으로, 3일간 축제
를 열어 이를 기린다.

BÁNH CUÔN

바인꾸온

베트남
전통 음식

TASTED ☐

바인꾸온은 얇은 찹쌀 피에 다진 돼지고기와 버섯, 마늘, 샬롯으
로 만든 속을 채워 만드는 베트남의 대표 음식이다. 여기에 들어
가는 버섯은 목이버섯으로 중국의 털목이버섯과 비슷하게 탄력
있는 질감을 선사한다. 바인꾸온은 반투명한 직사각형 라비올
리 같은 모양으로 먹기 직전에 튀긴 샬롯과 고수를 뿌린다.

레스토랑에서는 애피타이저로 내지만 노점에서 먹을 수 있는
길거리 음식이기도 하다. 이때는 '베트남식 볼로냐'라고 불리는
소시지인 조루어giò lụau를 곁들여 식사 대용으로 먹는다. 보통
느억맘(477쪽 참조)에 물, 설탕, 마늘, 레몬, 후추를 섞고 태국물장
군 농축액(482쪽 참조)을 한두 방울 뿌려 풍미 살린 소스를 곁들
여 먹는다.

블랙 페퍼 크랩 BLACK PEPPER CRAB

싱가포르
전통 음식

TASTED ☐

블랙 페퍼 크랩은 게를 통째로 조리해서 매콤한 고추 소스와 함께
내는 싱가포르의 대표 음식이다. 게를 좋아한다면 단맛이 더 강한
칠리 크랩도 추천한다. 더 작은 게를 단맛이 살짝 나는 걸쭉한 토
마토소스, 작은 찐빵인 만터우와 함께 내는 요리다.

블랙 페퍼 크랩	4인분

재료 • 게(대) 2마리, 소금, 버터 4큰술(50g), 마늘 2쪽, 샬롯 3개, 검은
후추 3큰술, 고춧가루 1큰술, 생강 15g, 간장 4큰술, 굴소스 4큰술, 설탕
1작은술, 소금 1작은술

- 게는 소금물에 약 20분간 삶아서 식힌다. 게를 작은 크기로 자른다.
  다리는 부수고 껍데기는 길게 반으로 자른 다음 아가미와 소화기관을
  제거한다. 망치로 껍데기를 적당히 부숴서 소스가 스며들게 한다.
- 팬에 버터를 녹이고 곱게 다진 마늘과 샬롯을 넣는다. 향신료(후추, 고추,
  다진 생강), 간장, 굴소스, 설탕, 소금을 넣는다. 게를 넣어서 잘 섞는다.
  게가 소스에 푹 잠기도록 휘저어가면서 수 분간 익힌다. 흰쌀밥과 녹색
  채소를 곁들여서 뜨겁게 낸다.

그린 파파야 샐러드 GREEN PAPAYA SALAD

라오스
전통 음식

TASTED ☐

라오스의 전통 음식인 그린 파파야 샐러드는 태국에서도 인기
가 매우 좋다. 라오스 이민자가 전파한 것으로 현지에서는 솜땀
som tam이라고 부른다. 그린 파파야를 곱게 채 썰어서 라임과 고

추, 피시소스, 사탕수수로 맛을 낸다.

여기 들어가는 파파야는 다 익기 전, 아직 녹색을 띠고 있을 때 수확하기 때문에 잘 익어서 부드럽고 달콤한 주황색 파파야와는 전혀 다른 아삭한 질감과 새콤한 맛이 난다. 짠맛과 단맛, 신맛, 매운맛, 감칠맛이 골고루 어우러지는 라오스 요리를 대표하는 음식이다.

HAINANESE CHICKEN RICE

하이난 치킨 라이스

싱가포르
전통 음식

TASTED ☐

하이난섬海南島은 중국 남부에 있는 열대 섬이다. 하이난 치킨 라이스는 원래 중국에서 유래했지만 싱가포르에서 크게 인기를 끌면서 이 나라의 국민 요리로 대접받게 되었다. 코코넛과 땅콩 껍질을 먹으며 자유롭게 방목해 키우는 자그마한 닭 품종인 원창닭으로 만든다. 이 닭은 도축 2개월 전부터 우리에 넣고 통통하게 살을 찌워 부드러운 질감이 되도록 한다.

하이난 치킨 라이스를 만들려면 먼저 닭을 물에 삶아서 껍질이 노란색을 띠고 질감이 부드러워지게 해야 한다(바삭바삭한 질감에 노릇노릇해지는 로스트 치킨의 껍질과는 완전히 다른 질감이다). 익은 닭은 얼음물에 담가서 촉촉함을 최대한 유지하게 한다. 먹기 전에 닭을 적당한 크기로 썰어서 뼈째 내며 마늘로 맛을 낸 밥에 생강 양념, 달콤한 간장 소스, 매콤한 소스 등 세 가지 소스를 곁들인다.

호키엔 미

말레이시아
전통 음식

TASTED ☐

호키엔 미는 원래 중국 남부의 푸젠성(호키엔) 지역에서 말레이시아, 싱가포르로 넘어간 중국 이민자가 만들었지만 전통 말레이시아 요리로 자리 잡은 음식이다. 중국 이민자가 들여온 요리 전통은 아직도 많은 호키엔 음식에서 접할 수 있다.

호키엔 미는 두꺼운 에그 누들을 간장에 볶아서 새우, 돼지고기, 고리 모양으로 썬 오징어, 달걀, 양파와 함께 내는 음식이다. 쿠알라룸푸르에서는 이렇게 만든 호키엔 미의 인기가 제일 좋지만 싱가포르에서는 상당히 다른 형태로 만든다. 우선 쌀과 밀가루를 섞어서 만든 면을 사용하고 면의 굵기도 훨씬 가늘며, 간장이 들어가지 않는다. 페낭에서는 국수를 매콤한 국물에 담가 내는 등 색다른 형태를 보여준다. 각각 다른 세 가지 레시피 모두 독특한 맛을 자랑한다. 하지만 전부 맛보고 취향에 맞는 쪽을 선택하려면 싱가포르에서 페낭, 쿠알라룸푸르까지 700킬로미터가 넘는 거리를 이동해야 한다.

랍

LAAP

라오스
전통 음식

TASTED ☐

랍은 날고기 또는 아주 살짝 익힌 고기를 레몬 절임액과 함께 내는 일종의 샐러드로 찹쌀밥을 곁들인다. 종종 위장이나 간 등 내장을 얹기도 한다.

랍을 만들려면 우선 고기를 아주 곱게 다진 후(전통적으로 소고기를 사용하지만 오리고기나 돼지고기, 닭고기, 물소 고기 등으로 만들기도 한다) 레몬즙과 피시소스로 양념한다. 그런 다음 생허브(민트, 고수, 레몬그라스, 양파, 마늘, 고추)를 넉넉하게 얹고 구운 쌀 튀밥을 곁들여 낸다. 라오스에서 매우 인기가 있는 음식으로 전국의 거의 모든 레스토랑에서 랍을 맛볼 수 있다. 일부 레스토랑에서는 생선 랍 또는 두부와 버섯으로 만든 채식 랍을 선보이기도 한다.

MOHINGA
모힝가

미얀마
전통 음식

TASTED ☐

모힝가는 생선과 저민 바나나꽃, 쌀국수를 국물에 담가서 삶은 달걀 1개와 생허브, 튀긴 어묵 조각 등을 얹어 내는 매콤한 미얀마식 수프다. 여기에 들어가는 바나나꽃은 미얀마어로 응가 파우 우nga pyaw u라고 불리며, 사실 바나나꽃의 심에서 추출한 흰색 과육이다. 죽순과 비슷한 질감으로 아삭아삭하고 살짝 새콤달콤한 맛을 더해준다. 모힝가는 보통 아침 식사로 먹으며, 길거리 노점에서 쉽게 사 먹을 수 있다. 아마 미얀마에서 가장 흔한 아침 식사일 것이다.

NASI GORENG
나시고렝

인도네시아
전통 음식

TASTED ☐

나시고렝은 말레이어와 인도네시아어로 '볶음밥'이라는 뜻이다. 케캅 마니스라는 매콤달콤한 간장 기반의 소스로 양념하고 샬롯과 마늘, 타마린드, 다진 새우 살, 고추 기반 양념인 삼발 등으로 맛을 내 완성한다.

보통 닭고기와 달걀, 새우 등을 넣으며 원래는 전날 먹고 남은 재료를 이용해서 만드는 아침 식사였다. 그러다 인기가 점점 늘어나면서 고급 레스토랑에서 길거리 노점상에 이르기까지 어디서나 접할 수 있게 되었다. 지금은 인도네시아의 국민 요리로 간주될 정도다. 주로 소시지(인도네시아에서는 소시스sosis라고 부른다)와 크루푹(483쪽 참조) 등을 곁들여서 먹는다.

나시르막

NASI LEMAK

말레이시아
전통 음식

TASTED ☐

나시르막은 말레이어와 인도네시아어로 '크림을 넣은 쌀'이라는 뜻이다. 쌀을 코코넛 밀크에 익혀서 달콤하고 크림처럼 부드러운 질감으로 만든다. 판단pandan이라는 허브로 맛을 내기도 하는데, 그러면 뚜렷한 밝은 녹색을 띠게 된다. 나시르막은 송송 썬 오이나 삶은 땅콩, 삶은 달걀, 닭고기, 말린 생선, 삼발이라는 칠리소스 등을 곁들여서 한 끼 식사로 먹는다.

팟타이

PHAT THAI

태국
전통 음식

TASTED ☐

팟타이는 타마린드(348쪽 참조)와 피시소스, 레몬으로 만든 소스에 쌀국수를 볶아서 만드는 음식이다. 보통 달걀과 새우, 숙주, 두부, 양파 등이 들어가며 생고수와 으깬 땅콩을 뿌려 먹는다. 다른 여러 음식과 달리 그리 오래된 음식은 아니다. 1938년 태국 정부가 쌀 소비량을 줄이기 위한 목적으로 선전하던 조리법이다. 쌀국수로 음식을 만들면 같은 양의 쌀로 더 많은 사람이 먹을 수 있기 때문이다. 하지만 태국 전역에서 워낙 인기가 높아져서 지금은 국민 요리로 간주된다.

포(퍼)

PHỞ

베트남
전통 음식

TASTED ☐

포는 베트남에서 가장 인기 있는 음식이자 어느 때나 어디서나 찾아볼 수 있는 요리다. 기원은 확실하게 밝혀지지 않았지만 아마 20세기 초에 탄생한 것으로 추측되며, 이름이 프랑스의 소고기 스튜 포토푀에서 유래한 것으로 보아 프랑스 식민 지배와 연관된 듯하다. 포의 국물은 베트남 조리법에 프랑스의 영향이 뒤섞인 형태를 보여준다. 뼈와 소 정강이 부위를 프랑스 요리처럼 오랫동안 뭉근하게 익혀서 만들며, 여기에 정향과 생강, 시나몬, 팔각 등 향신료가 잔뜩 들어간다. 원래 이 국물은 하룻밤 내내 뭉근하게 익혀서 아침 식사로 먹었지만 지금은 밤낮을 가리지 않고 언제든 먹을 수 있다.

포의 모든 재료는 먹기 직전에 조합한다. 먼저 그릇에 쌀국수를 담는다. 익히지 않은 소고기를 얹고 내장과 미트볼 등을 넣은 다음 그 위에 뜨거운 국물을 붓는다. 그런 다음 숙주, 송송 썬 양파, 고추, 실파, 타이 바질잎, 고수, 영어로는 쿨란트로라고 불리는 길고 평평한 허브잎인 응오가이ngò gai 등을 취향에 따라 올린다. 마지막으로 레몬즙과 피시소스, 하이센장(386쪽 참조) 등으로 입맛에 따라 양념해 먹는다.

SISIG
시시그

필리핀
전통 음식

TASTED ☐

시시그는 귀와 볼살, 주둥이 등 돼지고기의 저렴한 부위로 만드는 푸짐한 음식이다. 아마 20세기 초반 미국이 필리핀을 점령한 시기에 탄생했을 것이다. 1903년 미군 기지가 세워진 앙헬레스에서 유래한 것으로 보인다. 돼지의 좋은 부위는 미군이 독점했기 때문에 필리핀 사람들은 머리와 내장만 손에 넣을 수 있어서 이를 활용해야만 했다.

시시그는 돼지머리를 곱게 다진 다음 간 등을 섞어서 향신료와 함께 익힌 다음 캐서롤 냄비에 담아서 뜨겁게 먹는다. 먹기 직전에 날달걀을 넣기 때문에 푸짐하며, 필리핀에서는 주로 아침 식사로 먹는다.

스프링롤

베트남
전통 음식

TASTED ☐

베트남의 스프링롤은 원래 다양한 재료를 얇은 라이스 페이퍼로 싸서 만드는 축제 요리였다. 생라이스 페이퍼를 이용해서 크게 만들어 차갑게 먹는 넴꾸온nem cuốn(신선한 스프링롤), 그리고 작게 만들어서 기름에 튀겨 따뜻하게 먹는 넴란nem rán 두 종류가 있다.

둘 다 쌀국수가 들어가지만 그 외의 재료는 상당히 다르다. 넴꾸온에는 보통 통새우와 다진 돼지고기, 양상추, 바질, 민트가 들어간다. 넴란에는 다진 돼지고기와 새우, 양파, 마늘, 당근, 버섯을 넣는다. 전통적으로 느억맘(477쪽 참조)에 물, 설탕, 식초를 섞은 다음 소량의 당근과 마늘을 넣은 소스에 찍어 먹는다.

띠엣까인

베트남
전통 음식

TASTED ☐

익히지 않은 피를 먹는 관습은 전 세계를 통틀어 봐도 그리 흔하지 않다. 정기적으로 피를 먹는 민족은 소 피를 우유에 섞어서 마시는 마사이족(271쪽 참조)과 띠엣까인을 먹는 베트남인 정도다. 띠엣까인은 돼지나 오리의 신선한 피로 만들며 피를 받자마자 피시소스에 섞어서 응고를 방지하고 밝은 붉은색을 유지한다.

띠엣까인은 우선 신선한 피를 접시에 넓게 부은 다음 육수를 소량 섞고 그 위에 다진 생허브(고수, 민트), 으깬 땅콩, 잘게 썬 내장 등을 얹어서 먹는다. 베트남에서는 띠엣까인이 몸의 열을 식혀준다고 하여 여름철에 아침 식사로 먹는다.

CHÈ

쩨는 반은 디저트, 반은 음료인 베트남 음식이다. 주재료인 물과 설탕은 반드시 넣지만 그 외에는 다양한 콩, 뿌리줄기, 씨앗, 젤리, 과일 등을 첨가해서 만든다. 지역마다 고유한 레시피가 있기 때문에 쩨의 종류는 수백 가지에 달한다.

베트남에서 가장 인기 있는 레시피로는 녹두와 물, 설탕에 코코넛과 찹쌀을 더해서 만드는 쩨더우싸인chè đậu xanh이 있다. 그 외에도 녹두로 만든 녹색 쩨, 동부콩(500쪽 참조)으로 만든 검은색 쩨, 팥(432쪽 참조)으로 만든 붉은색 쩨를 모은 삼색 쩨인 쩨바마우chè ba màu 등이 인기다. 베트남 남부에서는 바나나와 타피오카 펄, 코코넛 크림으로 만들어 땅콩 가루와 볶은 참깨를 뿌려 먹는 쩨쭈오이chè chuối도 맛볼 수 있다.

베트남
디저트
TASTED ☐

SANWIN MAKIN

산원 마킨

산원 마킨은 세몰리나와 코코넛 크림에 카다멈 풍미를 가미해 만드는 미얀마의 케이크다. 보통 작은 마름모꼴로 만들며 참깨를 한 겹 뿌린다. 탄탄하면서 부드러운 독특한 질감에 코코넛 풍미를 느낄 수 있다.

미얀마
디저트
TASTED ☐

산원 마킨   8인분

재료 · 버터 100g, 고운 밀 세몰리나 가루 3/4컵(150g), 코코넛 크림 3컵(750g), 설탕 2컵(220g), 달걀 4개, 소금, 카다멈 1/2작은술, 참깨

· 버터를 천천히 녹인 다음 흰색 고형분을 숟가락으로 떠내고 맑은 액상

부분만 남겨서 정제 버터를 만든다(363쪽 기 참조).

- 냄비에 세몰리나와 코코넛 크림, 설탕을 넣고 잘 휘저어 섞는다. 한소끔 끓인 다음 불 세기를 낮춰서 걸쭉한 페이스트가 될 때까지 뭉근하게 익힌다. 정제 버터와 달걀노른자, 소금 한 자밤, 카다멈을 넣는다. 잘 섞어서 불에서 내린 다음 식힌다.

- 달걀흰자를 거품 낸 다음 노른자 냄비에 넣어서 잘 섞는다. 오븐을 160℃로 예열한다. 반죽을 사각형 케이크 틀에 붓고 오븐에서 약 40분간 굽는다. 오븐에서 꺼내 참깨를 뿌린다. 마름모꼴로 썰어서 따뜻하게 또는 차갑게 낸다.

코피 루왁   KOPI LUWAK

인도네시아
음료

TASTED ☐

퀘벡의 코미디 쇼 〈레보보Les bobos〉에서 주인공이 바리스타에게 다음과 같이 말하는 장면이 나온다.

"코피 루왁 있어요? 마멋 똥에서 주워 담은 커피콩으로 만든 세계 최고 커피 말이에요! 1킬로그램에 600달러는 더 줘야 하지만 그만한 가치가 있다고요!"

엄밀히 말해서 사향고양이는 마멋과는 관련 없고 그보다는 고양이에 가깝지만, 이 커피를 생산하는 방식만큼은 정확히 설명한 대사이며, 가격은 그보다 비쌀 수도 있다!

인도네시아 커피의 역사는 17세기 네덜란드인이 예멘의 아라비카 커피 모종으로 대규모 커피 농장을 설립하며 시작되었다. 최초의 코피 루왁은 농장 노동자가 마신 것으로 보인다. 동인도회사 소속 노예로, 수확한 커피를 마시는 것이 금지된 농장 노동자들은 사향고양이(현지에서는 루왁이라 부른다)의 배설물에 커피콩이 뒤섞여 있는 것을 목격했다. 농장 주인이 높이 평가하는 커피를 맛보고 싶었던 노동자들은 배설물 속의 커피콩을 건져서 꼼꼼하게 씻어 커피를 만들었다. 그러다 이 커피의 명성이 높아지면서 농장 주인까지 맛보게 되었고, 은은한 맛과 옅은 쓴맛에 다들 매료되었다.

사향고양이는 커피 체리의 과육만 먹기 때문에 씨앗은 소화되지 않은 채 배출된다. 코피 루왁의 맛이 특별한 것은 커피콩이 사향고양이의 소화기관을 통과하면서 단백질 일부가 분해되는 것과 관련이 있는 것으로 추측된다. 원래 야생 사향고양이가 먹은 커피콩을 채취해서 만들었지만 수요가 높아지면서 이제는 농장에서 기르는 사향고양이에게 커피콩을 먹여 대량 생산한다.

미국과 캐나다

UNITED STATES AND CANADA

미국과 캐나다의 요리는 이민자들이 퍼트린 다양한 전통 요리의 영향을 받았다. 독일인은 햄버거와 핫도그, 팬케이크를, 유대인은 베이글과 파스트라미를, 이탈리아인은 피자를, 프랑스인은 클램 차우더와 사워도우 빵을 가져왔다.

미국 남부 지역에서는 서아프리카에서 건너온 노예들의 영향으로 오늘날까지도 팥과 동부콩, 오크라를 접할 수 있다. 또한 아프리카에서 유래한 콜라나무 열매로 인해 미국은 물론 전 세계에서 가장 인기 있는 청량음료가 탄생했다.

아메리카 원주민의 요리 문화는 특히 중요한 요리에서 찾아볼 수 있는데, 북아메리카 내에서 가축화된 유일한 동물인 칠면조가 그중 하나다. 칠면조의 인기는 갈수록 치솟아서 미국인은 추수감사절이면 4600만 마리, 크리스마스에는 2200만 마리, 부활절이면 1900만 마리를 먹어치운다!

아메리카 원주민 요리 문화는 캐나다와 미국 북부 지역에서 주로 먹는 메이플 시럽으로 대표되기도 한다. 이누이트 요리 문화는 추운 기후에 적응해야 했던 탓에 아주 독특하다. 연어와 사향소, 순록, 물개, 심지어 고래에 이르기까지 온갖 동물의 지방과 단백질에 주로 의존한다.

미국, 그리고 그보다는 덜하지만 캐나다는 지방과 당, 염분 함량이 과하게 높아서 건강에 좋지 않은 것으로 간주하는, 초가공식품인 정크푸드로 전 세계에 이름을 날리고 있다. 간식과 달콤한 청량음료의 비중은 현재 미국 성인의 40퍼센트, 캐나다 성인의 25퍼센트에 영향을 미치는 비만 추세와 연관되어 있다.

세계 어디에서도 이처럼 빈곤층과 부유층 사이에 음식과 관련된 문화적 격차가 존재하는 곳은 찾아볼 수 없다. 빈곤층은 패스트푸드와 초가공식품을 주로 섭취하며 신선한 과일과 채소 소비는 매우 제한적이다. 반면 부유층은 유기농 과일과 방목한 가금류, 인근에서 재배한 채소를 구입할 수 있는 농산물 시장 등에서 매우 다양한 신선식품을 접한다.

동부콩

미국
과일과 채소

TASTED ☐

동부콩은 미국 남부 요리의 필수 재료다. 원래 서아프리카 지역에서 재배하다 미국으로 건너오면서 노예에게 제공하는 음식으로 쓰였다.

동부콩은 작은 콩 모양에 보통 흰색을 띠며 꼭 눈처럼 생긴 검은 점무늬가 있다이러한 모양 때문에 영어로는 '검은눈콩black-eyed pea'이라는 이름이 붙었다-옮긴이. 사악한 눈과 싸우는 마법의 힘이 있다고 여겨져 경사가 있는 날이면 반드시 내놓곤 했으며, 지금도 새해 첫날에 먹는 음식이다. 새해가 되면 동부콩에 케일 등 녹색 채소를 곁들여 먹는 것이 관습이다. 녹색은 지폐의 색으로 풍요로운 한 해가 될 것을 의미한다. 또한 동부콩은 양파와 햄 호크ham hock 또는 베이컨을 넣은 호핑존hoppin' John이라는 쌀 요리에 넣기도 한다. 독특한 요리명은 프랑스어로 완두콩을 가리키는 이름인 푸아 피죤pois pigeon 이 잘못 전해지면서 굳어진 것으로 추측된다. 전날 남은 호핑존을 다음 날에 먹을 때는 스키핑제니skippin' Jenny라고 부른다.

블루베리

캐나다
과일과 채소

TASTED ☐

블루베리는 북아메리카 지역에 자생하는 작은 보라색 열매다. 유럽에서는 블루베리의 사촌 격인 빌베리가 더 흔한 편으로, 빌베리는 약간 작고 과육이 보라색이지만 블루베리는 껍질이 보라색이고 과육은 흰색이다.

야생 블루베리는 약 1만 5000년 전 최초의 수렵 채집인이 미국에 당도했을 때부터 수확하기 시작했다. 당시에는 블루베리를 당연히 날것으로 먹었지만 골수와 동물의 지방, 말린 육류, 과일을 섞어서 덩어리로 굳혀 오랫동안 보관할 수 있는 보존식인 페미칸pemmican으로 만들기도 했다.

블루베리의 주요 재배지는 캐나다(주로 브리티시컬럼비아), 미국, 칠레다. 북아메리카에서는 4월부터 10월까지, 남아메리카에서는 11월부터 3월까지 수확하므로 1년 내내 구할 수 있다.

블루베리는 작은 구슬 크기로 살짝 새콤한 맛이 도는 단맛이 난다. 또한 아주 건강에 좋은 식품으로 열량이 낮고 식이섬유와 항산화 물질이 풍부하다. 생산량의 약 절반 정도는 생과일로 소비하고 나머지는 냉동, 퓌레, 농축, 통조림, 건조식품 등으로 가공한다.

블루베리는 대부분 파이나 머핀, 팬케이크의 토핑(529쪽 참조) 등 디저트로 먹지만 짭짤한 음식에 사용하기도 하며 특히 닭고기나 돼지고기, 야생 육류에 곁들인다.

BUTTERNUT SQUASH

땅콩호박

미국
과일과 채소
TASTED ☐

늙은 호박과 주키니를 포함한 모든 호박은 아메리카에서 유래한 것으로 북부로는 캐나다, 남부로는 칠레에 이르기까지 거의 모든 원주민이 호박을 재배했다. 옥수수, 콩과 더불어 아메리카 원주민의 주요 농작물에 속한다. 이 세 작물을 같은 밭에 함께 기르면서 총칭하여 '세 자매'라고 불렀다.

땅콩호박은 특히 부드럽고(버터처럼) 달콤한(땅콩처럼) 스쿼시 호박의 한 품종이다. 1940년대에 매사추세츠에서 다양한 품종을 교배하여 개발했다.

기타 케이스와 비슷한 모양에 주황색 과육은 익히면 아주 부드러워진다. 늙은 호박과 맛이 비슷하지만 단맛이 더 강하고 부드럽다.

땅콩호박은 덩어리째 굽거나 으깨서 반찬을 만들기도 하고 익힌 후에 갈아서 수프로 먹거나 케이크 또는 파이처럼 디저트로 즐길 수도 있다.

부들

CATTAIL

캐나다
과일과 채소
TASTED ☐

부들은 시냇가나 호숫가, 습지에서 자라는 갈대 품종이다. 잎은 가늘고 긴 모양이며 2미터까지 자라는 가운데 줄기에 갈색의 원통형 이삭처럼 생긴 꽃송이가 달린다.

녹말성 뿌리와 꽃송이 등 작물의 여러 부분을 식용할 수 있지만 가장 인기 있는 부위는 어린싹의 속대로 야자 심과 비슷한 맛이 나는 섬세한 과육이 들어 있다. 부들은 한때 코사크인의 소중한 식량원이었기 때문에 '코사크 아스파라거스'라고 불리기도 한다. 신선한 부들을 구하려면 6월에서 7월 중순 사이가 제철이지만 피클 등의 보존식품은 일 년 내내 구할 수 있다.

부들은 생으로 샐러드를 만들기도 하고 오믈렛에 넣거나 사이드 메뉴로 조리하는 등 익혀서 먹기도 한다.

아메리카 원주민은 부들을 중요한 식량원(뿌리의 녹말로 빵을 만들기도 했다)으로 여기는 것은 물론, 잎과 섬유 등을 바구니와 직물 재료로 사용하며 널리 활용했다.

크랜베리

미국이 원산지인 과일 중에서 현재 미국 밖에서도 가장 널리 소비되는 것은 크랜베리일 것이다. 원래 아메리카 원주민이 식량이자 염료로 사용했지만 이제는 미국과 캐나다의 중요한 작물이 되었다.

새콤한 맛의 붉은 과실은 생과일로 먹을 수 있지만 대부분 건조하거나 주스, 퓌레, 소스 등으로 가공하여 먹는다.

크랜베리는 습지에서 자생하는 식물이다. 따라서 재배하려면 특별한 기술이 필요하다. 우선 대형 모래 분지를 둘러싸도록 제방을 쌓아 필요할 때 물을 대서 채울 수 있게 한다. 크랜베리는 물에 뜨기 때문에 수확기가 되면 분지에 물을 가득 채운다. 크랜베리가 수면에 떠 오르면 분지 한구석으로 모은 다음 기계로 흡입해서 트럭에 실은 후 공장으로 보낸다.

크랜베리는 주로 위스콘신주와 매사추세츠주, 캐나다의 퀘벡주와 브리티시컬럼비아주에서 수확한다. 주요 생산자는 약 700명의 재배자로 구성된 대규모 협동조합으로 크랜베리 시장의 약 70퍼센트를 장악하는 오션 스프레이Ocean Spray다.

크랜베리에는 비타민 C와 항산화 물질이 풍부해서 슈퍼 푸드로 분류된다. 신맛이 상당히 강하기 때문에 보통 즙에 설탕을 더해서 맛의 균형을 맞춘다. 크랜베리 주스는 라임즙과 보드카, 트리플 섹triple sec과 섞어서 만드는 인기 칵테일 코스모폴리탄의 필수 재료다. 또한 크랜베리소스를 얹은 칠면조는 추수감사절의 대표 메뉴다.

청나래고사리   FIDDLEHEAD

캐나다
과일과 채소

TASTED ☐

청나래고사리는 털이 덮인 어린 순을 완전히 피기 전에 수확해서 먹는다. 유럽에서도 먹는 사람이 일부 있지만 청나래고사리는 대체로 봄철에 야생에서 채취하는 나물로 퀘벡 지방의 진미로 취급되는 편이다. 바이올린 머리의 장식처럼 보인다고 해서 프랑스에서는 테트 드 비올롱tête de violon이라고 부른다. 잎이 자라서 퍼지기 시작하면 먹을 수 없게 되기 때문에 아직 단단히 말려 있는 순만 채취해야 해서 수확 철이 아주 짧다(4월 하순에서 5월 초순). 하지만 소금물에 재우거나 냉동해서 1년 내내 보존할 수 있다.

청나래고사리에는 익혀야만 제거되는 독소가 함유되어 있어서 생으로는 먹을 수 없다. 시금치와 아스파라거스를 섞은 듯한 맛이 나며 사이드 메뉴로 내거나 오믈렛이나 키슈, 파스타의 재료로 사용한다. 조리한 후 차갑게 식혀서 그대로 또는 샐러드에 섞어서 먹을 수도 있다.

자몽   GRAPEFRUIT

미국
과일과 채소

TASTED ☐

자몽의 역사는 1693년 영국 선원이 스위트오렌지와 포멜로 씨앗 몇 개를 심었던 바베이도스섬에서 시작된다. 두 품종이 우연히 교배되면서 새로운 품종이 탄생했는데, 과실이 마치 포도송이처럼 무리 지어 자라서 '그레이프프루트grapefruit'라는 이름이 붙었다.

1823년 프랑스 사업가 필리프 오데Philippe Odet가 이후 플로리다주에 속하게 되는 탬파만 지역에 정착했다(플로리다주가 미국 연방에 편입된 것은 1845년이다). 오데는 플로리다에서 여러 감귤류, 그중에서도 특히 자몽을 재배하기 시작했다. 많은 재배자가 그를 따라 하면서 플로리다는 19세기에 이르러 최고의 감귤 생산 주가 되었다.

자몽은 포멜로의 쌉쌀한 풍미에 수분이 많은 스위트오렌지의 매력이 더해진 맛이 난다. 과육은 흰색, 분홍색 또는 빨간색이며 보통 색상이 진할수록 단맛이 더 강하다.

GREEN ZEBRA TOMATO

그린 제브러 토마토

미국
과일과 채소

TASTED ☐

모든 토마토는 중앙아메리카가 원산지로, 콜럼버스의 발견 이전부터 재배되면서 필수 식자재로 쓰였다. 17세기에 토마토를 발견한 스페인 정복자는 독극물을 만들 때 사용하는 벨라도나belladonna라는 유럽 식물과 비슷하게 생겼다는 이유로 토마토를 경계했다.

미국에서는 19세기 중반이 되어서야 토마토가 인기를 얻었다. 피자의 필수 재료이기 때문이다. 피자를 대중화한 이탈리아 이민자 덕분에 1890년부터 1920년 사이에 토마토가 널리 퍼졌다. 1960년대에 조지프 캠벨이 그 유명한 토마토 수프를 발명하면서 토마토의 인기를 훌쩍 끌어올렸다. 이상하게도 실제로는 과일인 토마토는 1893년 미국 대법원에 의해 채소로 판결되며 채소에는 부과되지 않는 과일 세금을 피해 갈 수 있었다.

토마토의 붉은색은 당근이 주황색을 띠게 하는 카로틴과 비슷한 화합물인 리코펜에 의한 것이다. 그러나 다 익은 후에도 초록색을 유지하는 품종이 하나 있다. 미국 식물학자 톰 와그너 Tom Wagner가 만들어낸 그린 제브러 토마토다.

와그너는 12살 때부터 가족 농장에서 일하기 시작했다. 그는 새로운 토마토와 감자 품종을 만들어내는 데에 열정이 있었다. 녹색 토마토를 만들겠다고 결심한 후 1950년대부터 실험을 시작했지만, 그린 제브러 토마토는 1983년이 되어서야 개별 품종으로 분리되어 공식적으로 인정받을 수 있었다.

그린 제브러 토마토는 평균적인 크기(지름 약 6센티미터)의 둥근 토마토다. 껍질에 가느다란 노란색과 녹색 줄무늬가 있으며 신선하고 살짝 톡 쏘는 맛이 난다.

샐러드로 만들면 맛있고 특히 노란색과 빨간색, 검은색 토마토와 함께 섞으면 아름다운 색상 조합을 선보인다. 익혀서 먹기도 하며, 녹색 케첩을 만들 수도 있다.

준베리
JUNEBERRY

준베리는 캐나다의 자생 장과류로 새스커툰saskatoon이라고 불리기도 한다. 원래의 이름은 아메리카 원주민 크리족의 언어에서 유래한 것으로 '가지 많은 나무'라는 뜻이다. 실제로 약 6~8미터까지 자라는 무성한 관목에 과실이 열리며 아메리카 원주민들의 식량으로 쓰였다.

준베리는 전통적으로 야생 관목에서만 수확했지만 항산화 물질이 풍부한 슈퍼 푸드로 간주되면서 1980년대부터 캐나다, 그중에서도 주로 원래 이름인 새스커툰에서 이름을 따온 서스캐

처원saskatchewan 지방에서 재배하기 시작했다. 준베리라는 명칭은 미국에서 판매되는 베리와 똑같은 이름으로, 최근에 붙은 것이다. 새스커툰은 너무 특이한 이름이기 때문이다(그리고 수확 철이 6월june이기도 하다).

준베리는 사과나무와 연관된 종이지만 열매는 지름 약 1~1.5센티미터 정도로 훨씬 작으며 색깔은 블루베리와 비슷하다. 포도와 체리 향에 아몬드 느낌이 살짝 가미된 독특한 풍미가 난다.

준베리는 제철에 생과일로 먹지만 냉동 제품이나 시럽, 잼 등을 만들어서 판매하기도 한다. 흔히 파이에 사용하며 팬케이크의 토핑으로도 인기가 좋다.

PECAN

피칸

미국
과일과 채소

TASTED ☐

피칸은 북아메리카가 원산지로 40미터까지 자랄 수 있는 피칸나무의 씨앗이다. 고대부터 수확해왔으며 8000년 이상 전에 먹은 흔적이 발견된 바 있다. 원래는 야생 나무에서 수확했지만 현재는 미국과 멕시코에서 재배되고 있다. 세계 최고의 생산국은 미국으로 주로 텍사스와 조지아, 뉴멕시코에서 생산한다.

피칸은 특히 지방(무게의 72퍼센트)과 칼로리(28그램당 200칼로리)가 풍부하다. 다른 견과류와 맛이 비슷하지만 단맛이 살짝 더 강하고 쓴맛은 약하다.

피칸은 그대로 간식으로 먹기도 하지만 케이크와 쿠키, 브라우니의 재료로도 쓰인다. 설탕에 캐러멜화한 다음 잘게 부숴서 프랄린을 만들어 디저트나 아이스크림에 뿌려 먹는다.

또한 피칸과 달걀, 버터, 설탕으로 만드는 피칸 파이는 미국 남부에서 특히 인기가 많은 디저트다. 주로 추수감사절과 크리스마스 등 명절에 휘핑크림을 곁들여 먹는다.

돼지감자

돼지감자는 해바라기와 같은 과에 속하는 식물이다. 그 뿌리는 캐나다와 미국 북부의 원주민들에게 언제나 소중한 식량원이었다.

돼지감자는 울퉁불퉁한 모양에 분홍빛이 살짝 도는 갈색 덩이줄기로 생강과 약간 비슷하게 생겼다. 크기와 모양은 다양하지만 보통 작은 감자 크기의 곤봉처럼 보인다.

돼지감자는 재배하기 쉽기 때문에 17세기 초 유럽에 처음 소개되자마자 유럽 대륙에서 가장 많이 소비하는 채소 중 하나가 되었다. 당시 돼지감자는 폼므 드 테르 앵디앵느pomme de terre indienne(인도의 감자)이라 불리며 프랑스에서 특히 인기가 좋았다. 그러다 18세기 후반이 되면서 감자에 밀려났다.

돼지감자는 헤이즐넛과 아티초크를 연상시키는 섬세한 맛이 난다. 날것으로 먹으면 질감이 아삭아삭하고 익히면 부드러워진다. 날것인 채로 갈아서 샐러드에 넣거나 감자처럼 삶거나 튀기거나 으깨서 사이드 메뉴로 내놓을 수 있다.

베이글

베이글은 중유럽과 동유럽 유대인 공동체의 전통 빵으로 최소 17세기부터 만들어왔다. 그리고 20세기 초에 뉴욕으로 건너온 폴란드 유대인의 물결과 함께 미국에 들어왔다. 1915년도에는 이미 뉴욕에 베이글을 판매하는 베이커리가 36개나 있었는데, 모두 폴란드 유대인이 운영하는 곳으로 로어 이스트 사이드에 집중되어 있었다. 베이글은 독특한 고리 모양의 작은 빵으로 원래 로프에 꿰어서 어깨에 걸쳐 운반하기 위해 이런 모양으로 만들었다.

베이글을 만들려면 우선 효모를 넣은 밀가루 반죽을 지름 약 2센티미터 크기의 작은 막대 모양으로 빚는다. 이 반죽을 고리 모양으로 성형한 다음 끓는 물에 1분간 데쳐서 오븐에 넣고 노릇노릇해질 때까지 굽는다. 때때로 양귀비씨나 참깨, 마늘, 양파, 소금 등의 재료를 뿌려서 굽기도 한다. 베이글은 샌드위치처럼 반으로 갈라서 여러 재료를 얹어 먹는데, 가장 인기 있는 조합은 크림치즈와 훈제 연어다.

1950년대까지 베이글은 손으로만 만들었기 때문에 베이글 전문 베이커리에는 숙련된 직원이 많이 필요했다. 하지만 1958년 베이글을 고리 모양으로 빚어내는 기계가 발명된 이후 현재 미국에서 판매하는 베이글은 대부분 공장에서 만들어낸 것이다.

SOURDOUGH BREAD

사워도우

미국
빵과 곡물

TASTED ☐

사워도우 빵은 유럽의 전통 빵 만드는 기술에 속한다. 비록 현지에서는 거의 사라졌지만(아직 호밀빵이 인기인 북유럽을 제외하면) 미국, 특히 서부 연안에서는 아직도 흔하게 찾아볼 수 있다. 프랑스 과학자 루이 파스퇴르가 발효의 원리를 발견해서 제빵용 효모를 바탕으로 현대식 빵을 만드는 방법을 탄생시키기 전까지 약 6000년간 사워도우는 빵을 만드는 유일한 방법이었다.

사워도우는 반죽 내에서 효모와 젖산균이 자연적으로 발생하게 해서 만든다(가장 안정적인 박테리아 공급원은 언제나 조금 남겨 둔 전날 반죽이다). 박테리아가 발달하면서 반죽의 당을 젖산과 초산으로 변환시키므로 사워도우에서는 가벼운 신맛이 난다.

사워도우 조리법은 캘리포니아 골드러시(1848~1855년) 기간 사이에 프랑스 제빵사가 미국에 들여온 이후로 하나도 바뀌지 않았다. 사워도우 빵을 생산하는 박테리아 균주는 락토바실루스 샌프란시스센시스Lactobacillus sanfranciscencis라고 불린다. 수천 년간 빵에 쓰인 아주 오래된 균주지만 19세기에 들어서도 여전히 사용된 드문 장소 중 하나가 샌프란시스코였기 때문에 이 도시의 이름을 따서 불리게 됐다.

야생 쌀

WILD RICE

캐나다, 미국
빵과 곡물
TASTED ☐

야생 쌀은 비슷하게 생겼으나 실제로는 쌀이 아니다. 아메리카 원주민이 수천 년간 수확한 수생 식물의 씨앗이다. 1960년대 이후 야생 쌀은 주로 미네소타주와 캐나다의 매니토바주에서 재배되어 왔다. 야생 쌀의 낟알은 작고(약 1.5센티미터 길이) 길쭉한 모양으로 짙은 갈색을 띤다.

질감은 현미와 비슷하다. 겉은 단단하고 속살은 부드러운 흰색을 띤다. 야생 쌀은 영양가도 높고 맛있다. 단백질이 풍부하고 지방이 적으며 식이섬유가 풍부하다(백미에 비해 최대 4배나 많은 식이섬유가 함유되어 있다). 헤이즐넛 향이 도는 담백한 맛으로 그냥 먹을 수 있으며 콩이나 옥수수를 섞거나 수프나 샐러드의 재료로 사용하기도 한다.

아메리카 원주민은 전통적으로 카누를 타고 야생 쌀을 수확했다. 식물의 줄기를 막대로 흔들어서 낱알이 배에 떨어지게 하는 방식이다. 야생 쌀은 많은 아메리카 원주민의 주식으로 특히 '물 위에서 자라는 음식'이라는 뜻으로 마누민manoomin이라고 부르는 오대호 지역에서는 필수 식량이었다. 야생 쌀은 식량과 더불어 종교적인 제물로 쓰였다. 오대호 주변에 거주하는 일부 부족은 섭취하는 칼로리의 약 1분의 4가량을 야생 쌀로 충당한 것으로 추정된다.

BARBECUE SAUCE
바비큐 소스

미국
향신료와 양념
TASTED ☐

바비큐 소스는 미국 요리의 정수이며, 미국인이라면 누구나 맛있는 바비큐 소스를 만드는 방법에 대해 나름의 의견을 가지고 있다. 17세기까지 거슬러 올라가는 미국의 바비큐 전통은 여러 지역에서 제각기의 스타일로 발전했으며 그중 가장 영향력이 큰 네 지역으로 텍사스와 캐롤라이나, 멤피스, 캔자스시티를 꼽을 수 있다.

캔자스시티 스타일은 가장 다양한 육류(돼지고기, 소고기, 양고기, 칠면조고기, 닭고기)를 사용하며 같은 토마토소스를 바탕으로 향신료만 달리해서 만든 다양한 소스를 제공할 때가 많다. 어떤 소스는 조금 매콤하지만 맵지 않은 소스도 있다. 미국의 가장 일반적인 바비큐 스타일이며 소스는 보통 고기에 넉넉히 펴 발라서 조리하는 과정에 캐러멜화되도록 한다.

멤피스 스타일은 주로 돼지고기를 사용하며 그중에서도 특히 갈비를 두 가지 방식으로 조리한다. 하나는 소스 없이 향신료와 소금만 문질러 바르는 '건식', 다른 하나는 식초와 당밀, 향신료를 섞은 걸쭉한 토마토소스를 바탕으로 캔자스시티 스타일과 비슷하지만 식초가 더 많이 들어가는 소스를 조리 전과 조리 중,

조리 후에 바르는 '습식'이다.

캐롤라이나 바비큐 ~~또한 돼지고기만 사용하는~~데 통째로 꼬챙이에 끼워 굽기도 하며, 식초 바탕 소스에 종종 고추나 사우스캐롤라이나에서는 머스터드를 섞어서 사용한다.

마지막으로 많은 미국인이 전형적인 바비큐로 여기는 텍사스 바비큐가 있다. 텍사스 바비큐는 다시 지역에 따라 여러 스타일로 구분된다. 텍사스주 동부와 서부에서는 파프리카와 양파로 만든 매콤달콤한 소스를 선호한다. 중부에서는 보통 조리하기 전에 미리 육류에 향신료를 문질러 바른다. 남부로 갈수록 소스가 걸쭉하고 달콤해지는 편이다.

마요네즈 바탕 소스는 미국 내에서 그리 흔하지 않은 편으로 앨라배마에서 주로 사용하는데, 닭고기나 돼지고기 등 흰색 육류와 함께 낸다.

어느 슈퍼마켓에서나 시판 바비큐 소스를 쉽게 살 수 있지만 진정한 바비큐 애호가라면 손수 신선한 식자재로 바비큐 소스를 만들어내는 데 자부심을 느낀다.

케첩

KETCHUP

미국
향신료와 양념

TASTED ☐

오늘날에는 케첩이라고 하면 대부분 토마토로 만드는 빨간 소스를 떠올리지만 사실 '케첩'은 원래 다른 소스를 칭하는 이름이었기 때문에 정확히는 '토마토케첩'이라고 불러야 한다.

케첩의 기원은 유럽 선원이 말레이시아의 호키엔어에서 유래한 케치압ke-tsiap이라는 이름의 소스를 발견한 18세기 초까지 거슬러 올라간다. 당시에는 베트남의 느억맘(477쪽 참조)과 비슷한 생선소스였다.

특유의 생선 냄새가 마음에 들었던 영국인은 비슷한 조리법으로 소스를 만들면서 버섯과 샬롯을 추가했다. 19세기 영국에서는 '버섯 케첩'이라는 제품이 등장했다. 이후 생선을 빼고 토마토와 설탕을 더하면서 우리가 알고 있는 케첩이 된 것이다. 사실상 식초를 제외하면 현재의 레시피는 원조 레시피와 아무런 공통점이 없다.

미국에서 케첩이 인기를 끈 것은 1876년부터 케첩을 팔기 시작하며 모든 경쟁자를 제치고 업계 기준이 되어버린 헨리 존 하인즈 덕분이다. 현재의 레시피에는 토마토와 식초, 설탕, 양파 가루, 소금, 향신료가 함유되어 있다. 달콤하면서 가벼운 신맛이 느껴지고 걸쭉한 질감에 잘 익은 토마토의 풍미가 느껴진다.

케첩은 원래 스튜에 들어가는 소스로 판매하기 시작했지만, 오늘날에는 프렌치프라이를 찍어 먹는 소스나 햄버거, 핫도그 등 패스트푸드의 양념으로 쓰인다.

메이플 시럽

캐나다
향신료와 양념
TASTED ☐

메이플 시럽은 아마 해외에서 가장 유명한 캐나다 식품이겠지만, 캐나다 밖에서 제대로 된 메이플 시럽을 만나기는 쉽지 않다. 메이플 시럽은 원래 아메리카 원주민이 강장제로 사용하던 식자재다. 단풍나무 수액을 낮 기온이 0도 이상으로 상승하는 늦겨울 무렵 채취하기 시작한다. 단풍나무의 껍질을 자른 다음 기둥에 작은 용기를 매달아서 수액이 그 속으로 떨어지게 하여 수확한다. 이 시점의 수액에는 당이 고작 2~3퍼센트에 불과하지만, 끓여서 수분을 증발시키면 당이 약 70퍼센트에 가까운 끈적한 액체가 된다. 시럽 30밀리리터를 얻기 위해 수액 약 1.2리터가 필요한 이유다.

메이플 시럽은 색깔에 따라 금색과 호박색, 짙은 색, 아주 짙은 색의 네 가지로 나누어 판매한다. 가장 품질이 좋은 금색 제품은 보통 캐나다 내에서만 구할 수 있으며 상대적으로 길이 떨어지는 짙은 색과 아주 짙은 색 제품은 대부분 수출용이다. 메이플 시럽은 미국 북부와 캐나다에서 제조하고 있지만 대부분은 퀘벡주 생산품으로, 퀘벡 메이플 시럽이 세계 생산량의 70퍼센트를 차지한다.

퀘벡주에는 2월 중순에서 4월 초순에 걸쳐서 가족이나 친구와 함께 카반 아 쉬크레cabane à sucre(설탕 오두막)에서 하루를 보내는 전통 행사가 있다. 메이플 시럽을 만드는 이 전통 오두막에서 방문객을 환영하면서 메이플 시럽으로 만든 현지 음식을 대접한다.

메이플 시럽은 전통적으로 아침 식사 때 팬케이크나 와플에 둘러 먹는 용도로 사용한다. 요구르트에 단맛을 더하거나 짭짤한 요리를 할 때 고기에 광택을 내는 용도로도 사용할 수 있다.

땅콩버터

PEANUT BUTTER

미국
향신료와 양념

TASTED ☐

8000년 전의 흔적이 발견되기도 한 페루가 원산지일 것으로 추정되는 땅콩은 땅 밑에서 자라는 과실로 콜럼버스가 아메리카 대륙에 도착하기 이전 미국 전역의 원주민 식단에서 중요한 역할을 했다. 단단한 꼬투리에 얇은 붉은색 껍질에 싸인 밝은 갈색 씨앗이 두 개 들어 있는 모양이다. 땅콩은 다양한 요리에 들어가지만, 예전에는 보통 통째로 사용하거나 으깨서 넣을 뿐이었다. 19세기 후반이 되어서야 땅콩 페이스트가 세상에 등장했다.

1884년 캐나다의 한 약사가 땅콩버터 제조 특허를 출원했다. 땅콩을 볶은 다음 갈아서 버터와 비슷한 농도로 만든 제품이었다. 10년 후, 오늘날 시리얼로 유명한 켈로그 형제가 땅콩을 볶

는 대신 삶아서 만든 제품으로 비슷한 특허를 신청했다. 당시의
땅콩버터는 먹기 쉽고 소화가 잘 되는 영양가 높은 음식이었기
때문에 음식을 제대로 씹기 힘든 노인을 위한 식품 보충제로 판
매되었다. 하지만 사람들은 땅콩버터를 아침 식사용 스프레드로
사용했고, 갈수록 인기가 높아지며 오늘날에는 땅콩 세 알 중 한
알은 땅콩버터에 사용될 정도가 되었다.

땅콩버터에는 완전한 페이스트인 '스무드smooth 땅콩버터'와
잘게 부순 땅콩을 섞은 '청키chunky 땅콩버터' 두 가지 종류가 있
다. 땅콩버터는 땅콩이 90퍼센트를 차지하고 나머지는 설탕과
유화제로 구성되어 있다. 지방이 상당히 많지만(내용물의 50퍼센
트) 단백질(25퍼센트) 또한 많으며 비타민, 미네랄이 풍부하다.
열량은 28그램당 약 700칼로리에 달한다. 빵에 발라서 먹을 수
있으며 미국에서 매우 인기가 좋은 어린이용 샌드위치인 '땅콩
버터와 젤리 샌드위치PB&J'를 만드는 데에 쓰인다.

BLACK COD

은대구

미국
해산물

TASTED ☐

마쓰히사 노부유키松久信幸의 은대구 미소 레시피 덕분에 인기
를 얻은 은대구는 '세이블피시sablefish'라고도 불리며, 사실 대구
와는 전혀 관련이 없다.

은대구는 북태평양의 수심 깊은 냉해수 지역에 서식하며 주
로 알래스카와 캐나다 북서부에서 어획된다. 일본에서 긴다라銀
鱈라고 불리며 큰 인기를 얻고 있어 대부분의 어획량은 일본으
로 수출된다. 최대 1.2미터까지 자랄 수 있지만 60센티미터 정도
크기가 제일 흔하다.

은대구는 지방이 많은 흰 살 생선으로 날것으로 먹을 수 있지
만 마쓰히사의 레시피처럼 미소를 발라서 굽는 방식이 가장 인

기다. 먼저 생선을 술지게미(일본어로는 사케카스酒粕라고 부른다)에 하룻밤 동안 재워서 감칠맛을 더한다. 그런 다음 미소(440쪽 참조)를 발라서 오븐에 소스가 캐러멜화될 때까지 굽는다.

가재 CRAWFISH

미국
해산물

TASTED ☐

루이지애나에서는 '크로피시crawfish', 미국 내 그 외 지역에서는 '크레이피시crayfish'라고 불리는 가재는 약 12센티미터 길이의 작은 랍스터처럼 생긴 민물 갑각류다. 19세기 초부터 루이지애나에서 양식된 가재는 중요한 상업 자원으로 현재는 약 5만 헥타르 이상의 부지에서 가재를 양식한다.

가재는 보통 레몬과 마늘, 월계수잎, 고추로 맛을 낸 매콤한 국물에 익혀서 통째로 먹는다. 감자나 통옥수수, 양파 등의 다른 재료를 같은 냄비에 익혀서 함께 곁들여 낸다. 루이지애나에는 가재를 주제로 한 축제가 많다. 그중 가장 규모가 큰 것은 매년 5월 '세계의 가재 수도'라고 자칭하는 소도시 브로브리지에서 열리는 축제다. 3만 명이 넘는 사람들이 마을에 모여들어서 수없이 많은 가재를 먹으면서 가재 경주 등의 게임에 참여한다.

DUNGENESS CRAB

대짜은행게

미국
해산물
TASTED ☐

대짜은행게는 영어로 '던지니스 크랩'이라고 부르는데, 시애틀 근처 미국 북서부 해안에 자리한 동명의 항구에서 따온 이름이다.

껍데기가 자줏빛인 대짜은행게는 보통 약 20센티미터 크기로 알래스카에서 캘리포니아에 걸쳐서 널리 잡힌다. 살짝 단맛이 나는 살이 꽉 차 있기로 유명하다. 총무게의 약 25퍼센트가 살점일 정도로 튼실한 게 중 하나다. 일반적으로 11월 중순부터 6월 사이에 시장과 레스토랑에서 찾아볼 수 있다.

대짜은행게는 산 채로 구입할 수 있으며 삶거나 마늘, 고추와 함께 올리브 오일에 볶아 먹는다. 샌프란시스코에서 특히 인기가 좋은 미국식 이탈리아 요리로 다양한 해산물을 토마토와 화이트 와인에 익혀 만드는 치오피노cioppino의 재료 중 하나기도 하다.

SALMON JERKY

연어 육포

캐나다
해산물
TASTED ☐

연어 육포는 연어를 손질해서 염장한 다음 훈제한 것이다. 오메가3 지방산과 단백질이 풍부한 매우 건강한 간식이다. 캐나다 북부와 알래스카의 원주민들이 연어를 보존하기 위해 육포 만드는 기술을 개발했다.

연어 육포를 만들려면 먼저 연어를 손질해서 필레를 뜬 다음 뼈를 제거하고 얇게 저며서 소금물에 담근다. 그런 다음 약 24시간 동안 훈제하는데 보통 캐나다에서는 단풍나무, 미국에서는 벚나무나 오리나무를 사용한다. 완성된 연어 육포는 보통 진공 포징해서 보관하며, 실온에서 1년 이상 보관될 수 있다. 전통 연어 육포는 단단하고 살짝 쫀득한 질감에 훈제 향이 나지만 오늘날에는 메이플 시럽이나 고추, 데리야키 소스 등 색다른 풍미로도 제조 및 판매한다.

비버

BEAVER

캐나다
육류

TASTED ☐

우리는 미처 알지도 못하는 사이에 바닐라 아이스크림을 먹으면서 비버를 먹어봤을 가능성이 있다. 비버가 자신의 영토를 표시하기 위해 사용하는, 분비샘에서 생성되는 화합물 카스토레움castoreum은 훨씬 비싼 바닐라(354쪽 참조)의 대용품으로 사용되기도 하기 때문이다. 하지만 대부분의 바닐라 맛 제품에 쓰이는 합성 바닐린보다는 드문 편이다.

역사적으로 비버 사냥은 주로 모피와 향수에 쓰이는 카스토레움을 얻기 위해 이루어졌다. 고기만 얻기 위해 비버를 사냥하는 일은 거의 없었다. 하지만 꽤 맛있는 야생 육류에 속하는 비버 고기는 캐나다와 미국, 동유럽 등지에서 소비된다. 아르헨티나에서는 1946년 캐나다를 통해 들어온 비버 40마리가 현지에 너무 잘 적응한 나머지 오늘날에는 약 10만 마리까지 불어나 골머리를 앓고 있다. 이에 아르헨티나 정부는 비버 개체 수를 줄이기 위해 비버 고기 소비를 촉진하기 시작했다.

특히 골수와 비슷한 맛이 나는 꼬리는 기름진 질감이 일품이라 인기가 높다. 비버 고기는 신선한 날고기로도 판매하지만 소시지로 만드는 경우가 많다.

파스트라미

미국

육류

TASTED ☐

파스트라미의 기원은 5세기경 아나톨리아의 산악 지대까지 거슬러 올라간다. 원래 냉장 기술이 존재하지 않아 육류를 염장, 훈제, 건조, 향신료 활용 등의 기법을 동원해서 보존해야 했던 시절의 보존법이었다.

당시의 파스트라미는 주로 머튼과 램 또는 가금류 고기로 만들었다. 지금도 비슷한 기법을 터키(파스티르마pastırma), 루마니아(파스트라마pastrama), 캅카스(바스투르마basturma) 등에서 찾아볼 수 있지만 이제는 주로 소고기를 사용하는 편이다.

현재 미국에서 파스트라미가 인기를 누리는 것은 동유럽, 특히 루마니아 출신 유대인 이민자 덕분이다. 이들은 뉴욕에 정착한 이후 염장 건조한 거위로 만든 전통 파스트라미를 판매하기 시작했지만, 곧 거위 대신 미국에서 구하기 쉬운 소고기를 사용해서 파스트라미를 만들었다.

파스트라미를 만들려면 우선 고기를 소금과 마늘, 설탕, 향신료(고수, 머스터드씨)를 섞은 염지액에 5일간 재운다. 그런 다음 고수와 파프리카 가루, 후추로 만든 혼합 향신료를 고기에 문질러 바른 다음 훈제하고 쪄서 익힌다. 그러면 파프리카 가루 특유의 따뜻한 풍미가 나는 건조한 육류 가공품이 완성된다.

파스트라미는 카르파초처럼 아주 얇게 저며서 샌드위치에 넣어 먹는다. 보통 호밀빵 두 장 사이에 파스트라미를 넉넉하게 끼워서 먹는다(높이 10센티미터가 넘는 샌드위치도 흔하게 볼 수 있다). 흔히 피클과 코울슬로를 곁들인다.

록키 마운틴 오이스터

ROCKY MOUNTAIN OYSTER

미국
육류

TASTED ☐

이 오이스터, 즉 굴이 해산물 대신 육류로 분류되어 있는 것은 해산물이 아니기 때문이다. 록키 마운틴 오이스터는 어린 황소의 고환으로 캐나다에서는 '프레리 오이스터prairie oyster', 멕시코에서는 '우에보스 데 토로huevos de toro(황소의 알)', 미국에서는 '송아지 튀김' 등 다양한 이름으로 불린다.

록키 마운틴 오이스터는 원래 송아지 거세 작업의 부산물이었다. 수소가 생후 약 12개월이 되면 고환을 제거하는데, 그러면 공격성이 떨어진다. 캐나다와 미국에서는 아직 송아지 고환 제거를 일반적으로 행하고 있지만, 유럽에서는 약 50년 전부터 단계적으로 폐지되었기 때문에 오늘날의 농부들은 다른 거세법을 사용한다.

록키 마운틴 오이스터는 전통적으로 목축업자가 소비하던 식자재로 가축 박람회나 축제 등에서 종종 구할 수 있었다. 원래는 콜로라도의 특산물이지만 이제는 텍사스나 네브래스카, 캔자스, 오클라호마 등 가축을 많이 사육하는 다른 주와 더불어 캐나다의 앨버타주에서도 찾아볼 수 있다.

록키 마운틴 오이스터는 우선 껍질을 벗긴 다음 작은 팬케이크 모양으로 평평하게 다듬어서 빵가루 옷을 입혀 튀긴다. 보통 레몬 조각과 살짝 매콤한 토마토소스를 곁들여 먹는다. 록키 마운틴 오이스터는 오징어를 닮은 질감에 독일의 바이스부르스트(145쪽 참조) 같은 흰색 소시지와 비슷한 맛이 난다.

물범

가장 흔하게 사냥당하는 물범은 하프물범으로, 캐나다 북부뿐만 아니라 그린란드와 러시아 일부 지역을 포함해서 매년 약 30만 마리가 고기와 모피를 얻기 위해 목숨을 잃는다. 물범은 이누이트의 생활 전반에 중요한 역할을 하며, 아직도 이누이트에게 물범 고기는 귀한 식재료다.

물범은 근육과 지방, 물갈퀴를 포함한 모든 부분을 식용할 수 있다. 고기는 철분이 풍부하고 지방이 고작 약 2~3퍼센트로 매우 적다. 대부분의 북극 동물과 마찬가지로 물범은 지방을 근육에 직접 저장하지 않고 근육과 피부 사이의 보호층에 저장해서 겨울을 난다. 물범 고기는 아주 담백하지만, 소량의 지방이 고체가 아니라 액체 상태로 있기 때문에 기름진 질감을 느낄 수 있다. 그 덕분에 아주 독특한 맛이 있지만 동시에 고기의 신선도가 잘 유지되지 않아서 사냥 후에 재빨리 손질해서 먹거나 냉동 또는 건조해서 보관해야 한다. 물범 고기는 짙은 색을 띠며 소고기나 송아지 간과 비슷한 진한 맛이 난다. 날것으로 먹거나 구워서 먹으며 테린이나 소시지, 육포로 만들어 보존하기도 한다. 물갈퀴는 대체로 다른 부위보다 오래 익히는 편이며 스튜나 수프, 심지어 파이로 먹기도 한다. 특히 뉴펀들랜드에서 인기가 좋다.

물범 지방 또한 널리 사용된다. 물범 무게의 거의 절반이 지방인 만큼 이누이트에게 물범은 가장 중요한 지방 공급원이었으며, 물범 지방은 달콤한 음식과 짭짤한 음식 모두에 널리 쓰였다.

물범 지방은 건강에 좋은 지방으로 알려져 있다. 전통 이누이트 부족의 심혈관 질환 발병율이 매우 낮은 것은 오메가3 지방산과 오메가6 지방산이 풍부한 물범 지방과 연관이 있는 것으로 본다.

칠면조

칠면조는 가장 미국적인 고기다. 거의 3000년 전에 아메리카 원주민이 키우기 시작한 칠면조는 유럽 정착민이 들어오기 전까지 북아메리카 지역에서 고기를 얻기 위해 사육한 유일한 동물이다.

칠면조를 영어로 '터키turkey'라고 부르는 것은 16세기에 빚어진 혼란스러운 사태 탓이다. 당시 유럽인이 사육하던 아프리카계 닭은 뿔닭으로 지금은 '기니아 폴guinea fowl'이라 불리지만 당시는 터키에서 발견되었다는 이유로 '터키 암탉turkey hen'이라 불렸다. 이후 미국에 건너온 유럽 정착민은 미국에 사는 이 낯선 새가 '터키 암탉'과 비슷하다고 '인도 터키 암탉'이라고 불렀다. 이후 이름이 축약되면서 '터키'가 된 것이다.

칠면조는 추수감사절을 비롯한 미국의 여러 공휴일과 떼려야 뗄 수 없는 사이다. 추수감사절 식탁의 필수 메뉴로 보통 빵과 양파, 셀러리, 세이지, 타임을 섞은 스터핑stuffing을 속에 채우고 걸쭉한 그레이비와 크랜베리소스를 곁들여 낸다.

사이드 메뉴는 다양하지만 으깬 감자, 방울양배추, 고구마, 당근 등이 가장 흔하다. 지역마다 특산물이 등장하기도 한다. 예를 들어 중서부 사람들은 흔히 깍지콩 캐서롤을, 남부 사람들은 옥수수 푸딩이나 마카로니와 치즈를, 동부 해안에서는 파커 하우스 롤이라는 작은 롤빵을 곁들인다.

미국의 칠면조 생산업자는 1947년 이후로 매해 미국 대통령의 추수감사절 저녁 식사에 내놓을 칠면조 한 마리를 제공했다. 그러다 1963년, 존 F. 케네디 대통령은 칠면조를 잡는 대신 죄수를 사면하기로 결정했다. 이후 모든 미국 대통령은 이 '칠면조 사면' 전통을 존중하며 따르고 있다.

핫도그

핫도그는 매우 고전적인 미국의 길거리 음식이다. 굽거나 찐 소시지를 길고 부드러운 '핫도그 번'에 끼운 다음 머스터드, 케첩, 고추, 생양파, 튀긴 양파, 저민 피클, 사워크라우트 등 다양한 토핑을 얹어 먹는다.

케이싱은 바삭바삭하고 속살은 촉촉한 소시지는 보통 돼지고기나 소고기를 섞어서 만들며, 닭고기나 칠면조고기를 넣을 때도 있다. 소시지 자체는 프랑크푸르트에서 중세 시대부터 먹어온 프랑크푸르트 소시지frankfurter와 아주 비슷한 만큼 독일에서 기원했다는 사실을 부정하기 힘들지만, 부드러운 롤빵에 끼워서 먹는 방식만큼은 전형적인 미국식이다. 부드러운 롤빵은 19세기 후반, 이동 중에도 접시나 수저 없이 소시지를 먹을 수 있도록 낸 아이디어다.

'핫도그'라는 이름은 샌드위치보다 오래된 것이다. 그 역사는 19세기 초반까지 거슬러 올라가는데, 당시 영국에서는 소시지를 만들 때 다양한 종류의 고기를 섞어서 만들었다. 가끔은 개고기까지 들어가기도 한다며 소시지를 지칭하는 표현으로 핫도그를 사용했다. 독일에서도 20세기 초반까지는 개고기를 식용했으므로 소시지에 개가 들어갔을 수도 있다.

핫도그는 미국에서도 특히 뉴욕과 시카고에서 인기 있으며 스포츠 경기장의 대표적인 메뉴로 야구와 각별한 사이다. 또한 매년 코니아일랜드에서 열리는 핫도그 먹기 대회에서는 모든 출전자가 10분 만에 핫도그 74개를 먹어치운 2018년도의 기록을 깨기 위해 고군분투한다!

랍스터 롤

미국
길거리 음식

TASTED ☐

유럽에서는 랍스터를 별미로 취급해서 휴일 특별 메뉴나 고급 레스토랑 메뉴라고 생각하지만, 미국에서는 훨씬 흔하게 먹기 때문에 '랍스터 롤'이라는 샌드위치를 만들기도 한다.

19세기 중반 뉴잉글랜드에 자리 잡은 유럽 정착민은 랍스터가 믿을 수 없을 정도로 넘쳐난다는 사실을 깨달았다. 당시 미국에서는 랍스터가 너무 저렴한 나머지 콩의 5분의 1 가격에 팔리기도 했다. 덕분에 인식이 그다지 좋지 않아 가난한 사람이나 먹는 음식 취급을 받았다. 연방 교도소의 죄수용 식사로 나갔을 정도다. 너무 흔한 탓에 보스턴에서는 일주일에 세 번이나 랍스터를 먹어야 한다는 사실에 짜증이 난 부두 노동자들이 파업을 일으키기도 했다.

랍스터는 19세기 후반이 되어서야 고급 음식으로 인식되기 시작했는데, 이는 동부 해안 엘리트 계층의 영향이었다. 뉴잉글랜드와 롱아일랜드의 호화로운 휴양지에서 휴가를 보내는 동부 해안 엘리트 계층이 본래 최하위 계급이나 먹던 이 갑각류의 맛을 즐기기 시작한 것이다. 오늘날 랍스터는 미국에서도 인기를 끌고 있지만, 그래도 미국 랍스터는 유럽에 비해서 5배나 저렴하다.

랍스터 롤은 핫도그를 만들 때 사용하는 것과 비슷한 롤빵으로 만든다. 빵을 길게 반으로 가른 다음 차갑게 식혀서 마요네즈에 버무린 랍스터를 끼우거나(메인 레시피) 따뜻한 랍스터와 녹인 버터를 끼워(코네티컷 레시피) 먹는다.

AKUTAQ

아쿠타크

캐나다, 미국
전통 음식

TASTED ☐

아쿠타크는 수천 년 전부터 만들었던 이누이트의 전통적인 고칼로리 음식이다. 추운 날씨에 야외에서 낚시나 사냥을 하기 위해 고열량 음식이 필요했던 사냥꾼에게는 주식이나 다름없었다. 봄에 대량으로 만들어서 지하실에 보존하면 추운 기후 때문에 자연적으로 냉동된다. 그러면 일 년 내내 먹을 수 있는 아쿠타크가 완성된다.

아쿠타크는 알래스카 이누이트 언어로 '섞은 것'이라는 뜻이다. 지방과 기름을 섞어서 부피가 약 다섯 배 정도로 부풀 때까지 휘저은 다음 육류나 생선, 허브, 베리 등으로 맛을 내서 냉동한다.

원래 순록 지방과 물범 기름을 이용해서 만들었지만 오늘날에는 보통 식물성 기름으로 아쿠타크를 만든다. 또한 예전에는 짭짤한 간식으로 먹었지만 지금은 크랜베리나 블루베리, 때로는 크로베리crowberry나 클라우드베리(222쪽 참조), 링곤베리lingonberry 등 베리류를 섞어 디저트로 먹는 쪽이 더 인기가 높다.

CHILI CON CARNE

칠리 콘 카르네

미국
전통 음식

TASTED ☐

간단하게 '칠리'라고도 부르는 칠리 콘 카르네는 스페인어로 '고기를 넣은 고추'라는 뜻의 전통 미국 남부 요리다. 원래 미국 남부 지역, 특히 텍사스에서 멕시코계 이민자들이 말린 소고기로 만들던 매운 스튜였다. 오늘날 칠리는 텍사스주를 대표하는 요리로 간주된다.

지금은 칠리라고 하면 대체로 소고기와 소스만으로 이루어진 기존의 스튜와는 조금 다른 음식, 즉 신선한 다진 고기와 양파, 마늘, 오레가노 등의 향신료 외에도 강낭콩과 토마토 등이 들어간 요리를 떠올린다.

칠리 콘 카르네   6인분

재료 · 강낭콩 1과 1/2컵(300g), 올리브 오일 3큰술, 양파 1개, 마늘 1쪽,
다진 소고기 500g, 토마토 2개, 고춧가루 1/2작은술, 파프리카 가루
1작은술, 커민 가루 1작은술, 말린 오레가노 1작은술, 토마토 페이스트
3큰술, 소금, 후추

- 하룻밤 동안 물에 불린 콩을 건진다. 중간 불에 올려서 끓는 물에 약
  2시간 동안 삶는다. 불에서 내려 따로 둔다.
- 프라이팬에 올리브 오일을 두르고 달군 다음 곱게 다진 양파와 마늘을
  넣어서 노릇노릇해질 때까지 볶는다. 다진 소고기를 넣고 10분간
  익힌다. 토마토는 껍질을 벗긴 다음 작게 깍둑 썰어 소고기 팬에
  넣는다. 향신료, 토마토 페이스트, 소금, 후추를 더한다. 물을 약간
  두르고 수 분간 뭉근하게 익힌다. 콩을 넣고 20분 더 뭉근하게 익힌다.
- 뜨거울 때 밥과 사워크림 한 숟갈을 곁들여 낸다.

클램 차우더   CLAM CHOWDER

**미국
전통 음식**

TASTED ☐

클램 차우더는 조개와 감자, 양파, 크림, 향신료를 넣은 걸쭉한
수프다. 차우더라는 이름은 아마도 프랑스어 쇼드레chaudrée에
서 유래한 것으로, 이 유명한 뉴잉글랜드 요리 자체도 프랑스에
서 기원했다고 본다. 대서양 연안의 프랑스 방데 지역에도 비슷
한 조리법이 존재하며, 17세기 후반 미국으로 이주한 프랑스 이
민자는 대부분 방데 출신이기 때문이다.

   클램 차우더에 곁들이는 소금을 뿌린 작은 크래커는 따로 먹

기도 하고 잘게 부숴서 수프에 넣어 먹기도 한다. 서부 연안 지역, 특히 샌프란시스코에서는 흔히 큼직한 사워도우 빵(509쪽 참조)의 속을 파내서 그릇처럼 만든 다음 클램 차우더를 담아낸다. 클램 차우더는 대체로 흰색에 질감이 걸쭉하지만 크림 없이 토마토만 넣어서 붉은 국물이 특징인 맨해튼 클램 차우더처럼 지역마다 조금씩 다른 레시피를 찾아볼 수 있다.

CRAB CAKE

크랩 케이크

미국
전통 음식

TASTED ☐

크랩 케이크는 메릴랜드주와 버지니아주에 접한 체서피크 베이 지역의 명물이다. 한입 크기에서 햄버거에 맞먹는 크기까지 다양하며 게살에 달걀, 마요네즈, 머스터드 및 기타 향신료와 허브를 섞어서 만든다.

동부 연안에서는 주로 꽃게blue crab를, 서부 연안에서는 대짜은행게(517쪽 참조)를 즐겨 사용한다. 크랩 케이크는 튀기거나 구워서 접시에 담거나 빵에 얹은 다음 프렌치프라이 또는 코울슬로를 곁들여 먹는다.

크랩 케이크 · 6인분

재료 · 게살 500g(통게를 구입할 경우 2마리(마리당 약 750g)), 달걀 2개, 마요네즈 3큰술, 머스터드 1큰술, 우스터소스 1큰술, 올드 베이 시즈닝 1큰술, 소금, 후추, 셀러리 1대, 파슬리 1/2단, 빵가루 1/2컵(60g),

- 게를 통째로 구입했다면 끓는 물에 약 25분간 익힌 다음 살점만 발라낸다. 볼에 달걀, 마요네즈, 머스터드, 우스터소스, 올드 베이 시즈닝, 소금, 후추를 넣고 골고루 섞는다.
- 곱게 다진 셀러리와 파슬리를 넣고 게살과 빵가루를 더한다. 골고루 잘 섞은 다음 적당량씩 덜어서 햄버거 패티 크기로 둥글넓적하게 빚는다. 패티를 손으로 가볍게 눌러서 공기를 뺀 다음 냉장고에 1시간 동안 보관한다.
- 프라이팬에 해바라기씨 오일을 넣고 불에 올린다. 오일이 뜨거워지면 크랩 케이크 패티를 넣고 앞뒤로 약 4분씩 튀긴다. 뜨거울 때 레몬 또는 마요네즈로 만든 타르타르소스를 곁들여 낸다.

햄버거

HAMBURGER

미국
전통 음식
TASTED ☐

이름에서 알 수 있듯이 햄버거의 기원은 독일이다. 미국으로 건너온 독일 이민자 중에는 함부르크 출신이 많았다. 햄버거는 아마 이 지역의 두 인기 메뉴인 프리카델렌frikadellen(미트볼)와 룬트슈티크 바름rundstück warm(빵 사이에 구운 고기 한 장을 끼워 만든 간식)을 결합해서 만들어낸 음식일 것이다.

세월이 흐르면서 햄버거는 참깨를 뿌린 부드러운 둥근 빵 안에 둥근 패티를 끼우고 토마토, 양상추, 양파, 피클을 함께 내는 식으로 훌륭한 체계를 갖춘 명물 음식이 되었다.

오늘날에는 다양한 소스와 녹인 치즈, 베이컨을 추가하고 심지어 소고기 대신 닭고기, 칠면조고기,

생선을 사용하는 등 레시피를 다양하게 변형해서 만든다.

대부분의 미국식 패스트푸드와 마찬가지로 햄버거는 보통 프렌치프라이와 탄산음료를 함께 낸다.

PANCAKE
팬케이크

미국
전통 음식
TASTED ☐

지름 약 10센티미터 크기의 작고 폭신한 팬케이크는 미국식 아침 식사의 필수 메뉴다. 독일 이민자가 만들던 판쿠헨pfann-kuchen의 후계인 팬케이크는 세월이 지날수록 발전해서 독일식 팬케이크보다 작고 달걀이 적게 들어가는 형태가 되었다(달걀을 일절 넣지 않을 때도 있다).

보통 따뜻할 때 두세 장 이상을 쌓아서 녹인 버터와 메이플 시럽을 둘러서 먹으며 블루베리나 바나나, 땅콩버터, 초콜릿 칩 등의 달콤한 토핑을 올리거나 달걀과 베이컨 등을 곁들이기도 한다.

팬케이크   **4인분**

재료 • 달걀 1개, 우유 2와 3/4큰술(40ml), 버터 3큰술(40g), 밀가루 2와 1/2컵(300g), 설탕 1/4컵(50g), 베이킹파우더 1작은술, 소금

• 달걀에 우유를 넣어서 가볍게 푼다. 버터를 녹여서 넣고 섞는다. 대형 볼에 밀가루, 설탕, 베이킹파우더, 소금 한 자밤을 섞는다. 우유와 버터를 섞은 달걀을 붓고 살짝 끈적한 질감의 부드러운 반죽이 될

때까지 섞는다. 볼에 천을 씌운 다음 1시간 동안 재운다.

- 소형 프라이팬에 버터를 적당량 녹인 다음 반죽을 작게 한 국자 퍼서 붓는다. 약 4분간 구운 다음 뒤집어서 반대편을 마저 굽는다. 팬케이크가 뜨거울 때 버터와 메이플 시럽 또는 휘핑한 크림과 과일을 곁들여 낸다.

푸틴

캐나다
전통 음식

TɑSTED ☐

푸틴은 퀘벡의 지역 요리로 프렌치프라이에 녹인 치즈와 걸쭉한 갈색 그레이비를 둘러 만든다. 주요리에 곁들여 내기도 하지만 푸틴을 주요리로 먹기도 한다.

치즈는 불규칙한 모양의 큼직한 덩어리 형태로 제조하는 신선한 체다 커드를 사용한다. 이 독특한 체다의 역사는 1960년대까지 거슬러 올라간다. 당시 퀘벡에서 우유가 과잉 생산된 탓에 제조업체에서 커드를 전부 둥근 바퀴 모양으로 가공할 시간이 부족했다. 그래서 커드를 바로 소비자에게 판매하기 시작한 것이다.

그레이비는 버터와 밀가루, 마늘, 양파, 닭 육수와 소고기 육수로 만든다. 먼저 팬에 버터를 두르고 밀가루를 갈색이 될 때까지 볶은 다음 마늘과 양파를 넣어서 캐러멜화될 때까지 볶는다. 마지막으로 육수를 부어서 시럽 같은 농도가 될 때까지 졸인다.

1960년대 퀘벡에서 소박한 시골 요리로 시작된 푸틴은 이제 캐나다를 대표하는 요리로 발전했다. 푸틴을 전문으로 하는 레스토랑이 많은 것은 물론이고 프렌치프라이와 치즈, 그레이비 삼총사를 바탕으로 여러 조리법이 탄생했을 정도다. 캐나다의 거의 모든 패스트푸드 레스토랑에는 메뉴에 푸틴이 올라 있어서 프렌치프라이 대신 주문할 수 있다.

BROWNIE

브라우니

미국
디저트

TASTED ☐

브라우니는 1893년 시카고 팔머 호텔의 페이스트리 셰프가 만들어낸 음식이다. 호텔 주인의 아내가 친구들과 함께 접시나 커트러리 없이도 쉽게 들고 다닐 수 있는 케이크를 만들어달라고 요청한 것이다.

셰프는 들고 다닐 수 있을 정도로 밀도가 높은 사각형 초콜릿 케이크를 고안해냈는데, 이 원조 레시피에는 견과류가 들어가고 살구 글레이즈를 입혔다.

오늘날의 표준 브라우니 레시피에는 초콜릿과 버터, 설탕, 달걀, 밀가루가 들어간다. 견과류를 넣을 때도 있지만(가장 선호하는 것은 피칸이다) 초콜릿 칩이나 캐러멜 퍼지, 토피를 넣기도 한다.

브라우니는 겉이 바삭하고 속은 부드러운 질감이 특징이다. 보통 실온으로 제공하며 바닐라 아이스크림이나 커스터드, 휘핑크림 등을 얹기도 한다.

CHEESECAKE

치즈케이크

미국
디저트

TASTED ☐

치즈케이크는 크림치즈와 달걀, 설탕, 바닐라로 만든 전통적인 미국 디저트다. 잘게 부순 쿠키나 크래커로 만든 아주 얇은 크러스트가 들어간다.

치즈케이크는 독일 이민자가 미국에 가져온 케제쿠헨käse-kuchen이라는 독일 조리법에서 유래한 것이다. 미국 내 인기가 높아지면서 이제는 뉴욕과 필라델피아의 상징적인 디저트가 되었다.

치즈케이크   6인분

재료 · 크림치즈 500g, 버터 60g, 그레이엄 크래커 200g, 설탕 3/4컵(150g), 소금, 헤비 크림 1/2컵(100g), 달걀 2개, 바닐라 익스트랙 1작은술

- 크림치즈는 수 시간 전에 냉장고에서 꺼내 실온에 둔다. 오븐은 162°C로 예열한다.
- 버터를 녹인다. 그레이엄 크래커를 곱게 빻아서 녹인 버터와 함께 섞는다. 설탕 3큰술과 소금 한 자밤을 넣고 골고루 잘 섞는다. 파이 그릇 바닥에 부어서 꾹꾹 눌러 가장자리까지 빠짐없이 채운다.
- 볼에 남은 설탕과 크림치즈, 크림을 잘 섞는다. 달걀을 따로 살짝 풀어서 바닐라 익스트랙과 함께 섞는다. 크림치즈 볼에 달걀을 부어서 부드럽게 잘 섞는다. 파이 그릇에 크림치즈 반죽을 붓고 오븐에서 35분간 구운 후 오븐을 끈다. 오븐이 식으면서 케이크가 천천히 마저 익도록 한다. 완성된 치즈케이크는 굳어도 가운데는 살짝 흔들리는 상태여야 한다.

도넛   DOUGHNUT

미국
디저트
TASTED ☐

도넛doughnut은 '반죽dough'과 '견과류nut'라는 단어에서 유래한 것으로, 원래는 밀가루 반죽을 견과류 크기로 빚어 튀긴 음식이었다. 원조 레시피는 네덜란드 것으로 추정되는데 아직도 네덜란드에서는 도넛의 구멍 부분과 매우 흡사한 모양에 '오일 공'이라는 뜻의 올리볼렌oliebollen이라는 간식을 찾아볼 수 있다. 오늘날에는 미국 전역에서 베이글처럼 가운데에 구멍이 뚫려 있거나 구멍 없이 속에 잼이나 커스터드 및 기타 속재료를 채운 다양

한 형태의 도넛을 구할 수 있다.

도넛은 흔히 설탕이나 초콜릿을 입히거나 슈거 파우더, 스프링클스, 시나몬 가루 등을 뿌려서 열두 개씩 판매한다. 미국인은 매년 6월 첫 번째 금요일에 전국 도넛의 날을 기념한다. 제1차 세계대전 당시 군인에게 도넛을 나눠주던 자원봉사자를 기념하는 행사로 시카고 구세군을 위한 기금 모금 캠페인으로 시작됐다. 맛있지만 매우 열량이 높은 페이스트리(도넛 하나는 200~300칼로리로 약 25퍼센트가 지방이다)를 즐길 수 있는 기회다.

SXUSEM
스쿠셈

캐나다
디저트
TASTED ☐

스쿠셈은 버펄로베리로 만드는 전통 이누이트 디저트다. 버펄로베리는 사포닌이 함유된 작고 붉은색 열매로, 휘저으면 거품이 일어나기 때문에 '비누열매soapberry'라고도 불린다. 약간 쓴맛이 나서 보통 설탕을 섞어서 먹는다.

스쿠셈을 만들려면 우선 볼에 버펄로베리와 소량의 물을 넣고 으깬다. 설탕을 넣고 거품 낸 달걀흰자와 비슷한 농도가 될 때까지 휘젓는다. 완성된 스쿠셈은 딸기 아이스크림과 비슷한 분홍색을 띤다. 전통적으로 큰 볼에 담아 나무 숟가락과 함께 낸다. 달콤한 커피와 비슷하게 살짝 쓴맛이 나며, 부드러운 머랭과 비슷한 질감이다.

전혀 다른 지역(중동)에서도 비슷한 질감이 나는 요리 나테프(310쪽 참조)를 찾아볼 수 있는데, 나테프에도 마찬가지로 사포닌이 함유되어 있다.

클라마토

캐나다
음료
TASTED ☐

토마토 주스와 조개 육수의 조합은 냉큼 마시기에는 조금 낯선 느낌이지만, 사실 이 두 재료는 캐나다의 모든 슈퍼마켓에서 찾아볼 수 있으며 시저 칵테일의 재료로 쓰이는 인기 만점 음료 클라마토의 기원이다.

클라마토는 멕시코에서도 인기가 좋지만(맥주에 섞어서 미첼라다michelada 칵테일을 만든다) 어째서인지 미국에는 거의 알려지지 않았다. 그냥 마시거나 맥주에 섞어 마시기도 하지만 역시 엄청난 인기를 누리는 것은 시저 칵테일의 재료이기 때문이며, 실제로 클라마토가 시판된 것도 사람들이 신선한 조개 없이도 시저 칵테일을 집에서 쉽게 만들 수 있도록 하기 위해서다.

시저 칵테일은 1969년 레스토랑 매니저 월터 쉘Walter Chell이 만들어낸 음료다. 당시 일하던 호텔(현재의 웨스틴 캘거리 호텔)에서 월터에게 새로운 이탈리아 레스토랑에 내놓을 새 칵테일을 만들어달라는 의뢰를 했다. 월터는 전통 이탈리아 요리인 스파게티 알라 봉골레와 1920년대에 탄생한 블러디 메리 칵테일에서 영감을 받아 두 메뉴를 대표하는 맛을 결합했다. 시저 칵테일은 보드카에 토마토 주스, 조개 육수를 섞은 다음 핫소스와 우스터소스로 양념해 만든다(206쪽 참조). 가장자리에 셀러리 소금을 묻힌 다음 라임 조각, 셀러리 줄기로 장식한 잔에 얼음을 담고 그 위에 부어서 낸다.

시저 칵테일이 탄생 직후 인기를 끌자 한 과일 주스 회사에서 토마토 주스에 조개 육수와 향신료, 설탕을 섞은 클라마토를 만들어 여기에 보드카만 섞으면 칵테일을 순식간에 만들 수 있다고 홍보하기 시작했다. 캐나다인은 매년 약 4억 잔의 시저 칵테일을 소비하고 있으니 시저 칵테일은 명실상부 캐나다 최고의 인기 알코올음료라고 할 수 있다.

아이스 와인

아이스 와인은 꽁꽁 언 포도로 만드는 만큼 와인 중에서도 각별하다고 할 수 있다. 아이스 와인은 18세기 후반 독일에서 일찍 서리가 찾아온 탓에 어쩔 수 없이 얼어붙은 포도로 술을 빚어야 했던 와인 생산업자의 손에서 우연히 탄생했다. 수분 함량이 높은 포도가 꽁꽁 얼면서 당도가 높아져 아주 맛있는 디저트 와인이 되었다. 그 이후로 기후 조건이 맞을 때면 독일과 오스트리아, 프랑스 동부의 와인 양조업자는 아이스 와인을 소량 생산한다. 하지만 캐나다는 추운 기후 덕분에 아이스 와인을 훨씬 큰 규모로 생산할 수 있었고, 그 결과 캐나다 아이스 와인은 널리 인기를 끌게 되었다.

캐나다에서는 1973년에 독일 생산업자가 처음으로 아이스 와인을 양조하기 시작했다. 이후 특히 적합한 기후 조건을 지닌 온타리오를 비롯한 여러 곳에서 많은 사람이 그 뒤를 이었다. 아이스 와인은 같은 양의 포도로 일반 와인의 고작 15퍼센트에 해당하는 양만 생산할 수 있을 정도로 산출량이 적어서 아직도 틈새 시장에 머무른다.

주로 리슬링과 비달, 카베르네 프랑 품종을 사용하며, 기온이 영하 8도 이하로 떨어지는 12월 말에서 2월 초 사이에 수확한다. 그 결과 고농도의 잔당殘糖과 진한 꿀 향기가 높은 산도와 균형 맞춰 어우러지는 와인이 탄생한다. 아이스 와인은 보통 차갑게 마시며, 식전주나 디저트 와인으로 즐길 수 있다.

캐나다
음료

TASTED ☐

올드 패션드　　　OLD-FASHIONED

미국
음료
<u>음료</u>
TASTED ☐

올드 패션드는 버번과 비터스, 설탕으로 만드는 칵테일이다. 위스키를 사용하기도 하지만 원조 레시피가 버번의 고향인 켄터키주 루이빌에서 유래한 것이므로 버번으로 만드는 경우가 많다.

버번은 옥수수를 51퍼센트 이상 사용해서 만들어야 하지만 위스키는 밀, 호밀, 보리, 옥수수 등 온갖 종류의 곡물을 사용할 수 있다는 점이 다르다. 또한 버번과 위스키를 제조하는 방식에도 서로 다른 점이 두 가지 있다. 버번은 연기를 쬐어서 검게 그을린 새 배럴에서 숙성시켜야 하지만 위스키는 대부분 중고 배럴에서 숙성시킨다. 또한 버번은 160프루프(도수 80퍼센트) 이상으로 증류하는 경우가 거의 없지만 위스키는 최대 190프루프(도수 95퍼센트)까지 증류할 수 있다. 따라서 모든 버번은 위스키라고 부를 수 있지만 모든 위스키가 버번이 될 수는 없다.

올드 패션드는 19세기 초에 유행했고 1880년도에 다시 조명받으며 지금과 같은 이름을 얻게 되었다. 이 고전 칵테일은 하이볼 글라스(오늘날에는 흔히 '올드 패션드 글라스' 또는 '락 글라스'라고 부른다)에 각설탕을 하나 넣고 앙고스투라(552쪽 참조) 등의 비터스를 약간 더한 다음 물을 살짝 첨가해 준비한다. 설탕이 녹으면 버번을 붓는다. 글라스에 큰 얼음 조각을 넣고 마라스키노(198쪽 참조)에 재운 체리와 오렌지 껍질로 장식해서 낸다.

멕시코·중앙아메리카·카리브해

MEXICO, CENTRAL AMERICA,
AND THE CARIBBEAN

멕시코, 중앙아메리카, 카리브해 지역에는 연이은 이민의 물결로 유입된 다양한 문화와 콜럼버스 이전 시대의 전통 식자재가 뒤섞이면서 생겨난 독특한 요리 문화가 존재한다. 16세기 초반 유럽인이 들어오기 전까지 이들 지역의 농업은 주로 옥수수와 카사바, 콩, 호박 등을 기반으로 삼고 있었다. 이러한 전통은 아직도 유지되고 있다. 중앙아메리카는 물론 남아메리카에 이르기까지 인구 대부분이 온갖 형태로 가공한 옥수수를 주식으로 삼고 있다.

유럽 정착민이 도착하면서 소규모 자급 농업이 아프리카에서 억류한 노예 노동력을 동원한 수출 지향적 대규모 농장으로 급변했다. 이른바 삼각무역의 시대였다. 유럽 상인은 무기를 포함한 유럽산 재화를 노예와 교환하기 위해 아프리카 해안으로 이동했다. 그런 다음 화물을 가지고 서인도제도나 아메리카 대륙을 방문한 후 설탕과 커피, 목화, 담배 등 수요가 높은 농산물을 가지고 유럽으로 돌아왔다. 16세기 초반에서 19세기 후반에 걸쳐 거의 4세기 동안 약 1200만 명의 노예가 아메리카로 끌려와 강제 노동을 했다.

열대 기후인 중앙아메리카에서는 멕시코가 원산지인 아보카도를 비롯한 다양한 열대 과일이 생산된다. 파파야와 피타야(용과) 등 현재 아시아까지 널리 퍼져 있는 여러 과일 또한 이 지역에서 유래한 것이다. 지중해 지역에서 흔히 볼 수 있는 백년초도 마찬가지다.

카리브해의 섬에서는 당연히 생선과 랍스터, 성게 등을 포함한 해산물이 중요한 식량 공급원이다.

콜럼버스 이전 시대의 중앙아메리카 사람은 증류에 대해 잘 알지 못했지만 이미 풀케 등의 발효주를 만들어왔다. 그리고 오늘날에는 스페인 정복자가 들여온 증류법 덕분에 아가베를 이용한 인기 음료인 테킬라와 메스칼의 고향이 되었다.

버뮤다 양파

어떻게 미국에서 1000킬로미터 이상 떨어진 대서양 한가운데의 작은 섬이 19세기 후반에 세계 양파 무역의 중심지가 될 수 있었을까?

이 이야기는 1616년 첫 정착민이 버뮤다제도에서 양파를 재배하면서 시작된다. 양파는 이 지역의 기후와 토양에 잘 적응했고, 단맛으로 인기를 얻었다. 한때는 현지에서만 소비되었으나 1847년 첫 번째 물량이 미국으로 건너가면서 수익성 높은 양파 무역이 시작되었다. 미국 작가 마크 트웨인은 1877년 이 섬을 방문하면서 열정을 담아 다음과 같은 글을 썼다. "양파는 버뮤다의 자랑이자 기쁨이다. 귀한 보물이자 보석 중의 보석이다!" 당시 섬의 거의 모든 사람이 양파를 재배하느라 바빴으며, 매주 양파 약 4만 상자를 미국에 수출했다.

버뮤다 양파의 황금기는 제1차 세계대전까지 지속되었으며, 그 이후 두 가지 사건으로 인해 버뮤다 양파의 경쟁력이 떨어졌다. 미국이 관세를 부과하기 시작했고, 텍사스 농부가 '버뮤다'라고 불리던 마을 인근 토지에서 양파를 재배하기 시작했다. 곧 버뮤다 양파의 경쟁력이 약해지면서 생산이 중단되었다. 양파는 더 이상 버뮤다의 중요한 산업이 아니게 되었지만 주민들은 여전히 양파를 매우 자랑스럽게 여기며, 심지어 자신들을 '양파'라고 지칭하기도 한다.

BLUE MOUNTAIN COFFEE

블루 마운틴 커피

블루 마운틴 커피의 역사는 1723년 프랑스 왕립 해군의 선장이 거의 프랑스의 식민지였던 카리브해의 마르티니크섬에 커피나무 모종 세 그루를 가져오면서 시작되었다. 그로부터 2년 후, 이웃 자메이카섬의 영국 총독에게 커피나무 한 그루가 선물로 건너갔다.

이 소박한 시작으로 자메이카 내 커피 재배가 점차 증가하면서 해발 약 2200미터에 달하는 섬 동쪽 산맥인 블루 마운틴에서 전 세계적으로 인기 높은 커피가 탄생했다. 900~1700미터 높이의 산비탈에서 재배된 커피는 서늘한 기후와 강렬한 햇빛, 많은 강우량이 어우러지면서 높은 품질을 갖추게 되어 세상에서 가장 비싼 커피에 등극했다.

블루 마운틴 커피는 풍미가 아주 섬세하고 쓴맛이 거의 없다. 쓴맛이 없는 커피를 선호하는 일본에서 매우 사랑받기 때문에 블루 마운틴 커피 총생산량의 80퍼센트는 일본으로 수출되고 있다.

자메이카
과일과 채소
TASTED ☐

CHAYOTE

차요테

차요테는 오세아니아에서는 초코choko, 아이티와 루이지애나에서는 미를리통mirliton, 서인도제도에서는 크리스토페네christophene, 브라질에서는 추추chuchu 등 다양한 이름으로 불린다. 멕시코에서 유래했지만 아시아와 아메리카 전역에서 인기를 얻었다.

차요테는 오이, 호박, 수박과 같은 박과에 속한다. 폭신폭신한

아이티
과일과 채소
TASTED ☐

서양배처럼 생겼으며 옅은 녹색을 띤다. 다른 박과 열매와 달리 차요테는 열매 중앙에 큰 씨가 하나 있다. 오이와 비슷한 부드러운 맛이 난다.

차요테는 날것을 저미거나 채 썰어서 샐러드에 넣기도 하지만 대부분 익혀서 사이드 메뉴로 내거나 수프 또는 스튜의 재료로 사용한다. 차요테 그라탕이나 속을 채운 차요테 등 주요리가 될 수도 있으며 디저트로 만들기도 한다.

열매 외에도 스페인어로 친차요테chinchayote라고 부르는 뿌리, 깍지콩과 비슷한 맛이 나는 어린싹 등도 식용할 수 있다.

체리모야 CHERIMOYA

에콰도르
과일과 채소

TASTED ☐

체리모야는 중앙아메리카에서도 해발 1200~2300미터 사이의 고지대에서 유래한 과일이다. 약 15센티미터 크기의 녹색 타원형 열매로 껍질에 살짝 어두운색을 띠는 평평한 U자형 무늬가 그려져 있어 쉽게 구분할 수 있다.

식용할 수 없는 까만 씨가 많이 들어 있으며 흰색 과육은 부드러워 별명이 '커스터드 사과'다. 으깬 바나나에 딸기와 파인애플, 망고를 섞은 듯한 순하고 달콤한 맛이 난다.

체리모야는 생으로 먹기도 하지만 씨가 많아서 디저트, 특히 아이스크림 등으로 가공해서 먹는다. 페루와 칠레에서는 체리모야 과육에 오렌지 주스와 설탕을 섞어서 체리모야 알레그레cherimoya allegre라는 스무디를 만든다.

CHILACAYOTE

칠라카요테

멕시코
과일과 채소
TASTED ☐

멕시코에서 유래한 칠라카요테는 중앙아메리카에서 섭식하는 호박의 일종이지만 아시아에서도 16세기부터 재배되었기 때문에 '시암(태국의 이전 명칭) 호박'이라고도 불린다. 멕시코와 에콰도르에서 삼보sambo라고 불리며 인기가 높고 축제용 음식인 파네스카fanesca 수프를 만드는 데에 쓰인다.

약간 길쭉한 수박처럼 생긴 칠라카요테는 무게가 최대 6킬로그램까지 나가며 껍데기가 매우 두꺼워서 자르기 힘들다. 칠라카요테를 쪼개는 가장 쉬운 방법은 부서질 때까지 바닥에 던지는 것이다. 칠라카요테에는 검은 씨앗이 점점이 박힌 섬유질이 많은 과육이 들어 있어서 '검은 씨앗 호박'이라고 불리기도 한다. 섬유질이 많은 속살은 스파게티처럼 보이기도 한다. 오이와 비슷한 가벼운 맛이 나며, 수프 재료로 자주 사용된다. 스페인에서는 칠라카요테를 이용하여 사워크라우트처럼 생긴 카베요 데 앙헬cabello de ángel(천사의 머리카락)이라는 달콤한 잼을 만들기도 한다.

GEISHA COFFEE

게이샤 커피

파나마
과일과 채소
TASTED ☐

파나마 게이샤 커피의 이름은 일본의 예능인 게이샤가 아니라 이 품종이 유래한 에티오피아의 게샤gesha 마을에서 유래한 것이다. 1960년대부터 파나마에서 재배된 이 커피는 2004년 세계 최고의 커피 대회에서 우승하면서 세계 미식가 지도에 이름을 올렸다.

게이샤 커피는 이제 세상에서 가장 수요가 많은 아라비카 커피이며, 바루 화산(치키리 화산)과 부케테 마을의 게이샤 생산지는 전 세계 커피 애호가의 주목을 받는 곳이 되었다.

해발 약 1700미터인 이 지역은 풍부한 강우량과 기름진 화산토로 커피 재배에 특히 적합한 미기후를 갖추고 있다. 게이샤 커피는 쌉쌀한 맛이 없는 풀바디 풍미에 매우 강한 과일 향이 두드러진다.

해스 아보카도 Hass avocado

멕시코
과일과 채소
TASTED ☐

인류는 야생 아보카도를 약 1만 3000년 전부터 식용해왔다. 당시에는 과육이 거의 없고 씨가 대부분을 차지했다. 아보카도는 인류가 재배하기 시작한 약 7000년 전부터 천천히 개량되며 과육이 늘어난 것으로 보인다. 유전적 분석에 따르면 아보카도 개량은 멕시코, 과테말라, 카리브해의 세 지역으로 뚜렷하게 구분할 수 있다. 멕시코는 현재 세계 생산량의 45퍼센트를 차지하는 가장 큰 아보카도 생산국이다. 아보카도의 가장 큰 소비 시장 또한 멕시코다.

다양한 품종 중에서도 해스 아보카도는 크림 같은 과육과 섬세하고 버터 같은 풍미로 미식가가 가장 좋아하는 종에 속한다. 지금은 멕시코에서 가장 많이 재배되는 아보카도 중 하나지만 사실 미국에서 시작된 매우 독특한 역사를 지니고 있다.

해스 아보카도의 이름은 아마추어 원예사였던 미국 우체국 직원 루돌프 해스에서 따온 것이다. 루돌프 해스는 씨앗이 생기면 어떤 종류의 식물이 자라는지 알아보기 위해 직접 심어보곤 했다. 1926년에 그는 출처가 불분명한 아보카도 씨앗 하나를 심었고, 여기서 새로운 품종이 탄생했다. 전 세계에서 재배하고 있는 수백만 그루의 해스 아보카도 나무는 모두 해스가 로스앤젤레스 외곽에 심었던 이 독특한 나무의 후손이다. 원래의 나무는 2002년에 죽었지만 나무가 있던 위치에 명패를 설치해 원조 나무를 기리고 있다.

해스 아보카도는 반으로 잘라서 숟가락으로 퍼서 먹기도 하지만 과카몰레(560쪽 참조) 등 여러 요리에 사용할 수도 있다. 미국에서는 구운 빵에 소금과 후추, 레몬즙으로 양념한 아보카도를 바른 아보카도 토스트가 건강한 식사로 유행하고 있다.

HUITLaCOCHE 위틀라코체

멕시코
과일과 채소
TaSTED ☐

위틀라코체는 옥수수에 자라는 곰팡이로 매우 놀라운 멕시코 식자재다. 대부분의 국가에서는 옥수수가 곰팡이에 감염되면 먹을 수 없다고 생각하여 내다 버린다. 하지만 멕시코에서는 정반대다. 위틀라코체는 아주 귀한 진미로, 이 곰팡이에 감염된 옥수수는 일반 옥수수의 20배가 넘는 가격에 판매된다!

곰팡이에 감염되면 옥수수 낟알이 엄청나게 부풀어 오르면서 커다란 회색 덩어리가 된다. 옥수수의 단맛에 훈제 풍미가 결합된 맛을 느낄 수 있다.

신선한 위틀라코체는 곰팡이가 피는 우기에만 구할 수 있다. 하지만 통조림이나 냉동 제품으로 1년 내내 판매한다. 버섯처럼 얇게 저며서 마늘과 함께 버터에 볶아 먹는다. 멕시코인은 여기에 레몬과 장뇌를 섞은 듯한 맛이 나는 에파소테epazote라는 허브를 섞는다. 조리한 위틀라코체는 흔히 타코와 케사디야, 토르티야의 속 재료로 쓰이거나 수프에 넣는다.

이소테

엘살바도르
과일과 채소

TASTED ☐

이소테는 가느다란 줄기 끝에 튼튼한 칼 모양 잎이 로제트 형태로 자라나는 대형 유카속 식물의 꽃을 지칭한다. 이 꽃은 중앙아메리카 태평양 연안에 자리한 작은 나라 엘살바도르의 국화일뿐만 아니라 아티초크와 비슷한 맛이 나는 귀한 음식이다. 섬세한 맛이 나는 흰색 꽃은 삶아서 토마토, 양파와 함께 오믈렛에 넣어 먹는다.

히카마

멕시코
과일과 채소

TASTED ☐

멕시코 순무라고도 불리는 히카마는 커다란 식용 덩이줄기가 열리는 덩굴식물로 갈색 껍질과 아삭한 흰색 과육을 지닌 대형 순무처럼 생겼다.

히카마는 배(433쪽 참조)와 비슷한 섬세한 향과 아주 가벼운 맛이 특징이다. 날것으로 샐러드를 만들거나 수프에 넣어 익혀 먹기도 하고 볶아 먹기도 한다. 산뜻한 맛이 나는 인기 있는 식자재다. 막대 모양으로 썰거나 저민 다음 꼬챙이에 끼워서 설탕이나 칠리 파우더 등 다양한 재료를 뿌려서 먹는다.

멕시코에서 유래한 히카마는 스페인인에 의해서 필리핀으로 건너가 큰 인기를 얻었다. 현재는 동남아시아 전역에 널리 퍼져 있다.

Pacaya

파카야

과테말라
과일과 채소
TASTED ☐

테페힐로테tepejilote라고도 불리는 파카야는 과테말라와 엘살 바도르, 멕시코 남부에서 진미 대접을 받는 야자수 품종의 식용 꽃차례다. 콜럼버스 이전 시대부터 먹어온 유서 깊은 식자재로, 11월에서 1월 사이에 구할 수 있어 겨울철에 특히 인기가 많다.

파카야는 꽃이 아직 피기 전의 미성숙한 꽃차례를 먹는다. 길 쭉한 어린 옥수수처럼 보이기도 해서 가끔 '산옥수수'라고 불리 기도 한다.

파카야는 전통적으로 소금과 후추를 뿌려서 구워 먹지만 달 걀이나 토마토소스로 요리하기도 한다. 상당히 쓴맛이 나며 어 린 옥수수와 비슷한 질감을 지니고 있다.

파카야는 '죽은 자들의 날día de los muertos멕시코에서 매년 10월 말부터 11월 초까지 세상을 떠난 사람을 기리고 살아 있는 자의 번영을 기 원하는 명절-옮긴이'에 제단에 올리는 음식으로 대략 50가지 재료 가 들어가는 과테말라 샐러드 피암브레fiambre에도 쓰인다.

Papaya

파파야

멕시코
과일과 채소
TASTED ☐

지금은 아시아에서도 큰 인기를 누리고 있지만 파파야의 원산 지는 멕시코다. 가장 흔하게 볼 수 있는 파파야는 길이가 거의 30센티미터에 달하는 큼직한 열매로, 까만 씨앗이 잔뜩 들어 있 고 과육은 주황빛으로 맛이 아주 좋다.

파파야는 잘 익었을 때 생과일로 즐기기도 하지만 익기 전에 따서 짭짤한 식사용 메뉴에 양념이나 재료로 사용할 수도 있다. 덜 익은 파파야는 보통 '그린 파파야'라고 불린다. 실제로 녹색 을 띠고 있으며 훨씬 작고 껍질이 질기다. 보통 잘게 채 쳐서 샐러드로 먹는다. 그런 파파야 샐러드는 특히 태국에서 인기가 좋다. 그런 ~~파파야에는 육류의 섬유~~를 분해해서 고기를 훨씬 부드럽게 만드는 '파파인papain'이라는 화합물이 함유되어 있어서 육류를 연하게 만드는 재료로도 쓰인다.

잘 익은 파파야는 그 누구도 무심하게 지나칠 수 없는 맛이 난다. 달콤한 과육에서 잘 익은 멜론 같은 맛이 난다고 좋아하는 사람도 있지만, 쓰레기 냄새가 난다고 말하는 사람도 있다. 불쾌한 냄새를 숨기기 위해서 파파야에 레몬즙을 살짝 뿌리기도 한다.

피타야

멕시코
과일과 채소
TASTED ☐

여러 나라에서 '용과'라고 불리는 만큼 아시아에서 유래한 과일이라고 생각할 수도 있지만 피타야는 사실 멕시코가 원산지인 덩굴선인장의 한 종류다. 19세기에 프랑스 정착민에 의하여 멕시코에서 베트남으로 건너갔으며, 여의주를 닮았다고 해서 용과라는 별명이 붙었다.

곤충이 수분하는 대부분 식물과 달리 피타야의 꽃은 꽃을 먹고 사는 작은 박쥐가 수분한다. 박쥐가 없는 국가에서는 사람이 손수 수분시켜야 열매를 볼 수 있다.

밝은 분홍색에 끝부분이 황록색을 띠는 비늘에 싸여 있는 피타야는 모양이 독특해서 바로 알아볼 수 있다. 피타야는 세 가지 품종이 있다. 가장 널리 알려진 품종은 분홍색 껍질에 흰색 과육이 들어 있는 것이다. 그 외에는 분홍색 껍질에 붉은 과육, 노란

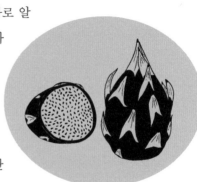

껍질에 흰색 과육을 지닌 피타야가 있다.

피타야는 생과일을 반으로 잘라서 숟가락으로 떠먹거나 껍질
을 벗겨서 저며 먹는다. 과육에는 식용할 수 있는 자그마한 까만
씨앗이 잔뜩 들어 있으며 키위와 질감이 비슷하지만 풍미는 훨
씬 섬세하며 맛은 리치와 비슷하나 단맛이 훨씬 덜하다.

PRICKLY PEAR

백년초

멕시코
과일과 채소
TASTED ☐

'바바리 무화과Barbary fig'라고도 불리는 백년초는 현재 멀리는
호주에 이르기까지 전 세계에 걸쳐 널리 자라며 특히 지중해 연
안(모로코와 알제리, 스페인 남부)에서 쉽게 찾아볼 수 있다. 백년초
는 멕시코 노팔nopal 선인장에 열리는 과실이다. 노란색에서 분
홍색에 걸쳐 다양한 색상을 띠며 자잘한 가시가 점처럼 박혀 있
는 작은 타원형 과일이 열린다. 가시에 찔릴 수 있어서 보통 껍
질을 제거하고 딱딱한 씨가 잔뜩 들어 있는 촉촉한 과육만 판매
한다.

백년초는 멜론과 비슷한 신선하고 달콤한 맛이 난다. 생과일
을 반으로 갈라서 숟가락으로 떠먹을 수도 있지만 주스나 잼으
로 만들어 먹기도 한다.

아즈텍족은 백년초를 인신 공양으로 바친 희생자의 심장을
상징하는 것으로 여기며 의식을 치를 때 중요한 제물로 사용했
다. 깍지콩과 비슷한 맛이 나는 잎을 비롯해 식물의 모든 부분을
식용할 수 있어 멕시코에서는 아직도 매우 인기 있는 식자재다.
국기에 등장하는 유일한 음식으로, 멕시코 국기의 뱀을 문 독수
리 아래 그려져 있다.

토르티야 TORTILLA

멕시코

빵과 곡물

TASTED ☐

토르티야는 최소 2000년이 넘는 역사를 지닌 멕시코의 주식이다. 알칼리성 물에서 익히는 닉스타말화옥수수 등의 곡물을 알칼리성 액체에 담가 놓았다가 껍질을 벗기는 과정-옮긴이를 거친 옥수수를 빻은 가루로 만든 플랫브레드다.

닉스타말 과정을 거치지 않으면 옥수숫가루를 오래 보관할 수 없어서 부패로 인한 질병이 발생할 가능성이 있으며 빵을 만들 수도 없다. 닉스타말화는 옥수수의 구조를 변화시켜 반죽을 만들 수 있고 소화하기 쉽게 만들어준다.

일단 닉스타말 과정을 거친 옥수수는 건조한 후 빻아서 마사masa라고 불리는 가루를 만든 다음 물과 함께 섞어서 작고 납작한 플랫브레드 모양으로 빚어 굽는다. 토르티야는 반으로 접어서 온갖 다양한 재료를 채우는 타코로 만들어서 먹는데, 인기 있는 속 재료는 매콤하게 조리한 고기, 양파, 고추, 고수 등이다. 멕시코에서는 타코를 만들 때 대체로 갓 구워낸 부드러운 토르티야를 사용한다. 그러나 미국에서는 패스트푸드 매장에서 쉽게 조리하고 판매할 수 있도록 밀가루로 만들어 기름에 바삭바삭하게 튀긴 토르티야를 사용하는 경우가 대부분이다. 미국에서 먹는 타코는 대체로 바삭바삭하고 멕시코에서 먹는 타코는 부드러운 이유가 여기에 있다.

토르티야로는 타코 이외에도 여러 요리를 만들 수 있다. 치즈를 속에 채우면 '케사디야quesadilla'가 된다. 돌돌 말아서 소스나 치즈를 덮으면 '엔칠라다enchilada'가 된다. 토르티야를 삼각형으로 잘라서 튀기면 '토토포totopo(토르티야 칩)'가 되며, 과카몰레를 찍어서 먹거나 매콤한 소스와 녹인 치즈를 둘러서 나초를 만든다.

부리토는 타코와 비슷하지만 훨씬 크고 보통 옥수수 토르티야 대신 밀 토르티야를 사용한다. 미국에서는 부리토에 온갖 재료를 넣는다. 멕시코에서는 대체로 소고기와 프리홀레스 레프리토스(561쪽 참조)를 채운다. 텍스멕스텍사스와 멕시코를 결합한 단어로 미국 남부 지역의 멕시코 이민자가 만들어낸, 현지화된 멕시코 퓨전 음식-옮긴이 요리인 파히타는 길게 썬 소고기나 닭고기, 피망, 양파 등을 그릴이나 브로일러 등에 구워서 토르티야, 치즈, 사워크림, 과카몰레와 함께 내는 음식이다. 멕시코의 토르티야와 흔히 타파스 메뉴로 내는 두꺼운 오믈렛인 스페인식 토르티야를 혼동하지 않도록 하자.

ALLSPICE

올스파이스

'자메이카 후추'라고도 불리는 올스파이스는 카리브해와 중앙 아메리카의 몇몇 지역에서도 재배하는 자메이카산 식물에서 덜 익은 열매를 채취해 건조한 것이다. 시나몬, 육두구, 후추, 정향을 섞은 맛이 나서 '올스파이스'라고 부르며 이 모든 향신료를 대체할 수 있는 향신료 대접을 받는다.

자메이카
향신료와 양념

TASTED ☐

카리브해에서 가장 인기 있는 향신료 중 하나로 스튜, 소스, 소시지 양념 등에 두루 쓰인다. 다른 국가에서도 소시지 양념으로 인기를 얻었으며 특히 독일에서 사랑받는다. 미국에서는 주로 디저트, 특히 진저브레드와 호박 파이의 재료로 사용한다. 또한 올스파이스는 티키tiki 칵테일에 주로 사용하는 매콤한 리큐어인 피멘토 드람pimento dram을 만드는 데에도 들어간다.

앙고스투라 비터스 ANGOSTURA

트리니다드 토바고
향신료와 양념

TASTED ☐

앙고스투라는 주로 칵테일을 만들 때 사용하는 비터스다. 올드 패션드(536쪽 참조)와 맨해튼(위스키, 스위트 베르무트, 비터스)에 흔히 사용하지만 모히토(563쪽 참조)와 피스코 사워(602쪽 참조)에도 몇 방울씩 섞는 경우가 많다.

앙고스투라 비터스는 1875년부터 트리니다드에서 제조했다. 그전에는 베네수엘라의 앙고스투라(현재는 시우다드볼리바르)에서 생산했으며, 이름도 여기서 유래했다. 1820년대에 시몬 볼리바르 군대에 복무하던 한 독일 외과의가 군대에서 쓸 약으로 발명한 특이한 역사를 지니고 있다.

앙고스투라 비터스의 제조법은 기밀이지만 들어가는 재료만 40가지가 넘으며 독특한 쓴맛이 나는 용담 뿌리에 여러 허브와 향신료를 섞고 설탕과 알코올을 가미한다고 한다. 제조법의 비밀을 지키기 위해서 제조업체가 현지 세관 당국이 공장으로 배달되는 원재료 자루를 열지 못하도록 계약을 체결했을 정도다!

몰레 포블라노 MOLE POBLANO

멕시코
향신료와 양념

TASTED ☐

몰레는 나우아틀어에서 유래한 단어로 '소스'라는 뜻이다. '아보카도 소스'라는 뜻의 과카몰레에도 동일한 접미사가 붙어 있다(560쪽 참조). 몰레 포블라노는 멕시코에서 매우 유명한 소스 중 하나로 멕시코시티 남동쪽에 있는 푸에블라주에서 처음 만들었다.

몰레 포블라노에는 최대 20가지의 다양한 재료가 들어가며 주재료는 코코아, 순하거나 매운 여러 종류의 고추, 커민, 시나몬, 말린 자두, 플랜틴, 그리고 다 익으면 보라색을 띠지만 보통 녹색일 때 수확하며 살짝 쓴맛을 내는 토마티요 등이다. 몰레 포블라노는 이미 조리가 완료된 되직한 갈색 페이스트 형태로 판매하므로 간단하게 물에 희석하기만 하면 매콤달콤한 소스가된다. 보통 닭고기 요리에 사용하고 멕시코에서는 생일이나 결혼식, 세례식 등 축하 행사 때 내놓는 음식이다.

CASCADURA

카스카두라

트리니다드 토바고에서는 카스카두cascadoo, 브라질에서는 아사르hassar라고 불리는 카스카두라는 메기와 유사한 작은 민물 생선으로 섬세한 살점 덕에 귀한 대접을 받는다.

껍질에 갑옷처럼 경화된 비늘이 붙어 있어서 묘하게 선사시대 생물 같은 분위기가 난다. 물 밖으로 나와 지느러미로 짧은 거리를 걸을 수 있으며, 공기 중에서 숨도 쉴 수 있다. 보통 진흙 속에서 살기 때문에 먹기 전에 꼼꼼하게 세척해야 한다. 카스카두라는 매콤한 스튜 요리에 쓰는 경우가 많으며 밥이나 덤플링을 곁들여 먹는다. 트리니다드 토바고에서 먹는 덤플링은 대체로 반죽을 작게 떼어내 끓는 물에 삶은 것이다.

QUEEN CONCH

여왕수정고둥

여왕수정고둥은 바하마에서 특히 유명한 대형 조개다. 대량으로 잡히면서 비교적 저렴하고 맛이 좋으며 최음제로 여겨져 인기가 높다.

여왕수정고등의 탄탄한 살점은 흰색을 띠면서 오징어와 비슷히지만 조금 더 깅한 맛이 난다. 날것으로 샐러드에 넣거나 수프, 스튜, 심지어 버거를 만드는 등 다양한 방식으로 조리할 수 있다!

고등 샐러드는 바하마에서 특히 인기가 좋다. 고등, 토마토, 양파, 파프리카 등을 섞어서 레몬즙으로 양념하면 가볍고 건강한 한 끼 식사가 된다. 조금 더 든든하게 먹고 싶다면 고등을 튀겨서 매콤한 소스와 함께 내는 크랙 콘치cracked conch를 추천한다. 고등 살을 망치로 두들겨서 부드럽게 만든 다음 묽은 튀김옷 반죽을 묻혀서 기름에 튀겨 만든다. 바하마에서 워낙 인기가 좋아 1972년부터 매년 최고의 크랙 콘치를 뽑는 대회가 열릴 정도다.

기브넛 GIBNUT

벨리즈
육류

TASTED ☐

일부 나라에서는 파카paca라고 불리기도 하는 기브넛은 최대 50센티미터 크기까지 성장하는 대형 야행성 설치류다. 인구 약 40만 명 정도의 작은 중앙아메리카 국가 벨리즈에서는 귀한 야생 육류다. 기브넛 고기가 워낙 인기가 많아서 길러보려고 여러 번 시도했지만 아직 성공하지는 못했다.

기브넛은 직접 사냥해서 먹는 사람이 많은 편이지만 레스토랑에서도 점점 더 접하기 쉬워지고 있다. 돼지고기와 비슷한 맛과 질감을 지녔지만 야생 풍미가 강하고 기름진 편이다. 보통 쌀과 콩을 섞어서 조리한 음식을 곁들여 낸다.

1985년 영국 엘리자베스 2세 여왕이 영연방 회원국인 벨리즈를 방문했을 때 기브넛을 대접받았는데, 영국 신문은 여왕에게 저녁 식사로 쥐를 내놓았다며 분노에 찬 기사를 실었다. 이 불행한 사건 이후 기브넛은 '왕족 쥐'라는 별명을 얻었다.

솜포포스 데 마요

개미를 먹는 나라는 아시아와 중앙아메리카 등 세계 여러 곳에 존재한다. 과테말라에서는 짝짓기 철인 5월에만 식용하는 솜포포스라는 개미가 있다.

짝짓기 철이 되면 날개가 달린 암컷 개미는 일제히 개미집을 떠나서 짝을 찾아 날아오른다. 그런 후에 날개를 잃고 새로운 개미집을 만든 다음 알을 낳으면서 남은 생애를 보낸다.

이 개미를 포획해서 머리와 다리, 날개를 떼고 배 부분만 모아서 먹는다. 세상에서 제일 큰 개미에 속하므로 지름이 약 0.5센티미터인 구슬처럼 보인다.

솜포포스 데 마요는 흔히 구워서 토르티야에 돌돌 말아 라임을 뿌려 먹는다. 과카몰레에 올리거나 샐러드에 뿌리기도 하는데, 튀긴 돼지 껍질과 비슷한 맛이 난다. 고기 맛과 훈연 향은 덜하지만 바삭바삭한 질감이 유사하다.

과테말라
육류
TASTED ☐

상어 베이크

상어 베이크는 트리니다드 토바고의 전통 길거리 음식이다. 튀겨서 만든 둥근 빵에 상어 고기를 넣어 만든다.

현지에서 잡히는 상어는 대체로 소형 종이다. 상어 고기를 레몬, 마늘, 양파, 타임, 고추에 재운 다음 튀긴다. 그런 다음 튀긴 빵을 갈라서 상어 고기를 채우고 채소와 머스터드, 영어로는 쿨란트로culantro라고 부르며 고수와 비슷하지만 훨씬 향이 강한 샤돈 베니chadon beni라는 허브로 만드는 유명한 트리니다드의 녹색 소스 등 다양한 재료를 더해 먹는다.

트리니다드 토바고
길거리 음식
TASTED ☐

대구 튀김 COD FRITTER

프랑스령
서인도제도
길거리 음식

TASTED ☐

살짝 매콤한 맛이 도는 생선 튀김 아크라스accras는 프랑스령 서
인도제도에서 인기 높은 간식이며 럼으로 만든 칵테일 티펀치ti'
punch(568쪽 참조)와 특히 잘 어울린다. 대구가 중심 식자재 역할
을 하는 포르투갈에서도 대구 튀김이 큰 인기를 누린다.

대구 튀김 8인분

재료 · 염장 대구 300g, 부케가르니 1개, 양파 1/2개, 마늘 1쪽, 차이브
1/4단, 고추 1개, 파슬리 1/4단, 밀가루 1과 1/2컵(180g), 인스턴트
드라이 이스트 1봉, 물 3/4컵과 2큰술(200ml), 레몬 1/2개, 소금, 후추,
튀김용 식물성 오일

- 반죽 준비: 하루 전날 염장 대구를 물에 담가서 12시간 동안 불리며
  약 3시간 간격으로 물을 갈아준다. 끓는 물에 불린 염장 대구와
  부케가르니를 넣고 약 20분간 익힌 다음 불에서 내려 식힌다. 대구가
  식으면 포크로 잘게 찢은 다음 곱게 다진 양파와 다진 마늘, 다진
  차이브, 다진 고추, 파슬리를 넣어 잘 섞는다.
- 반죽 만들기: 볼에 밀가루와 이스트를 넣어 섞는다. 대구 반죽에 밀가루
  혼합물과 물을 조금씩 번갈아서 넣어가며 부드럽게 잘 섞는다. 밀가루
  혼합물과 물을 전부 소진할 때까지 같은 과정을 반복한다. 레몬즙과
  소금, 후추를 넣고 잘 섞는다. 1시간 동안 재운다.
- 튀기기: 튀김기에 오일을 넣고 180℃로 예열한다. 반죽을 떠서
  숟가락 2개로 작은 공 모양으로 빚은 다음 조심스럽게 오일에 넣는다.
  노릇노릇해질 때까지 튀긴다. 건져서 기름기를 제거하고 낸다.
  차갑게도 먹을 수 있다.

PUPUSA

푸푸사

엘살바도르
길거리 음식

TASTED ☐

멕시코 토르티야(550쪽 참조)와 가까운 친척이라 할 수 있는 푸푸사는 두꺼운 팬케이크에 생치즈 케시야quesilla, 돼지 껍질(치차론chicharrón), 리프라이드 빈(561쪽 참조) 등 다양한 재료를 채워 먹는 음식이다.

푸푸사는 대부분 옥수숫가루로 만들지만 밀가루로도 만들 수 있다. 흔한 길거리 음식으로 보통 매콤한 토마토소스, 양배추, 양파, 당근을 섞어서 식초로 양념한 쿠르티도curtido를 곁들인다.

푸푸사는 중앙아메리카의 콜럼버스 이전 요리 문화를 보여주는 음식으로 콜롬비아 및 베네수엘라의 아레파arepa와 비슷하다. 엘살바도르에서 매우 인기 있는 음식 중 하나로, 엘살바도르 국민 30명 중 1명꼴인 약 25만 명이 푸푸사 무역으로 생계를 유지하고 있는 것으로 추산된다!

ACKEE AND SALTFISH

아키와 솔트피시

자메이카
전통 음식

TASTED ☐

자메이카의 국민 음식인 아키와 솔트피시는 염장 대구(솔트피시)에 토마토와 피망, 양파, 그리고 현지 과일인 아키를 넣은 걸쭉한 소스를 더해 만든다.

서아프리카가 원산지인 아키는 18세기에 카리브해로 수입된 후 자칫 잘못 먹으면 위험할 수 있는데도 인기 높은 과일로 자리매김했다. 덜 익었을 때는 독성이 남아 있어 지금도 아키를 사랑하는 자메이카와 아이티에서는 매년 사상자가 발생한다.

아키는 세 부분으로 갈라진 붉은 배처럼 생겼으며 각 부분에 검은 씨와 크림 같은 흰색 과육이 들어 있다. 아키의 과육은 조리하면 노란색으로 바뀌고 식감도 스크램블드에그와 비슷해진다. 살짝 씁쓸한 맛이 도는 리코타 치즈 같은 맛이 난다.

쿠쿠와 날치 COU-COU ΩND FLYING FISH

바베이도스
전통 음식

TΩSTED ☐

쿠쿠와 날치는 인구가 30만 명도 채 되지 않는 작은 섬나라 바베이도스의 국민 음식이다. 쿠쿠는 앤티가 바부다에서 흔히 먹는 펀지(558쪽 참조)와 비슷한 옥수숫가루 기반의 페이스트다. 쪄서 익힌 날치와 쿠쿠에 매콤하고 걸쭉한 소스를 곁들여 먹는다.

날치는 바베이도스의 문화와 요리에서 언제나 중요한 역할을 해왔다. 긴 가슴지느러미가 달려서 물 위로 뛰어오를 수 있으며, 포식자를 피하기 위해 40미터 거리까지 활공하기 때문에 그물을 뛰어넘을 수 있어 낚시하기도 어렵다. 날치는 상당히 기름진 생선으로 고등어와 질감이 비슷하다. 뼈가 많은 편이지만 바베이도스 요리사들은 뼈를 제거하고 살점만 발라내는 예술 같은 기술을 터득하고 있다.

펀지와 페퍼팟 FUNGEE ΩND PEPPERPOT

앤티가 바부다
전통 음식

TΩSTED ☐

펀지와 페퍼팟은 카리브해에 자리한 인구 10만 명 정도의 작은 섬나라 앤티가 바부다의 국민 음식이다. 옥수숫가루에 잘게 썬 오크라를 섞어서 만든 펀지와 육류, 카사바, 타로잎을 넣어 만든 스튜인 페퍼팟으로 구성되어 있다.

펀지는 옥수숫가루에 물을 섞어서 폴렌타(69쪽 참조)와 비슷한 혼합물을 만든 다음 잘게 썬 오크라(255쪽 참조)를 섞어서 만든다. 페퍼팟에는 주로 돼지고기, 그중에서도 돼지 주둥이 부위를 많이 사용하지만 영국 상선의 영향으로 콘비프를 쓸 때도 있고 둘 다 들어가기도 한다. 준비한 고기에 구할 수 있는 온갖 채소(가지, 오크라, 호박, 그린 파파야, 양파, 완두콩 등)와 카사바, 타로잎 등을 더해서 익힌다. 오랜 시간 동안 뭉근하게 끓인 후 허브(타임, 차이브)와 향신료(정향, 후추), 마늘로 양념을 해 스튜를 완성한다.

이 조리법은 콜럼버스가 아메리카에 도착하기 이전에 생겨난 것이다. 즉 유럽의 영향을 받기 이전의 카리브해 요리가 어떤 형태였는지 보여주는 증거라고 할 수 있다.

GALLO PINTO
가요 핀토

코스타리카,
니카라과
전통 음식

TASTED ☐

가요 핀토는 '색칠한 수탉'이라는 뜻이지만, 이 전통 요리에는 가금류가 일절 들어가지 않는다. 그저 쌀과 콩을 같이 넣고 오랜 시간 익혀서 만드는 음식이다. 이름의 유래는 불분명하지만 음식의 색깔이 반점 무늬가 있는 수탉과 비슷하기 때문으로 추측한다.

이 요리의 원조를 주장하는 나라는 두 곳이다. 한 단어로 가요 핀토gallopinto라고 쓰는 니카라과, 그리고 두 단어로 나누어 쓰는 코스타리카다. 조리법도 달라서 니카라과에서는 팥을, 코스타리카에서는 검은콩을 사용한다.

그러나 두 조리법 모두 중앙아메리카 국가의 거의 모든 가정에서 찾아볼 수 있는 양념인 살사 리사노salsa lizano를 사용한다. 우스터소스(206쪽 참조)와 비슷한 맛이 나는 진한 갈색 소스다.

과카몰레

멕시코
전통 음식

TASTED ☐

과카몰레는 아마 해외에 가장 잘 알려진 멕시코 음식일 것이다. 콜럼버스 이전 시대의 음식으로 원래 이름은 나우아틀어로 '아보카도 소스'라는 뜻의 '아과카몰레ahuaca-mole'였다.

과카몰레는 원래 몰카헤테molcajete라고 불리는 돌절구로 아보카도를 으깨서 소금 간만 하는 음식이었다. 시간이 지나면서 조리법이 더 정교해져 이제는 양파, 고수, 마늘, 고추, 라임즙 등이 들어간다.

과카몰레   6인분

재료 • 아보카도 3개, 라임 1개, 소금, 토마토 1개, 양파(소) 1개, 마늘 1쪽, 고수 1/2단, 카옌페퍼 1작은술

• 아보카도를 반으로 갈라서 씨를 제거한 다음 과육을 파내서 절구에 넣는다. 라임즙과 소량의 소금을 넣어서 으깬다. 토마토, 양파, 마늘, 고수를 곱게 다진다. 모든 재료를 잘 섞은 다음 카옌페퍼를 더한다.
• 과카몰레를 차갑게 식혀서 토토포totopo(토르티야 칩)를 곁들여 낸다.

모퐁고

푸에르토리코
전통 음식

TASTED ☐

모퐁고는 플랜틴이 주재료인 푸에르토리코의 전통 음식이다. 이 섬에서 가장 잘 알려진 요리로 1849년 최초의 푸에르토리코 요리책에도 실려 있다. 모퐁고는 노예가 된 서아프리카인이 푸에르토리코에 들여온 요리 푸푸fufu에서 유래한 것이다. 플랜틴을 튀기거나 삶아서 절구에 넣고 오일, 소금, 마늘과 함께 으깨 만

든다. 이렇게 완성된 걸쭉한 퓌레는 주로 치차론(오븐에 바삭하게 구운 돼지 껍질)에 얹어 낸다. 모퐁고는 주로 사이드 메뉴로 제공하며 고구마, 유카, 타로, 빵나무 열매 등 다른 탄수화물 음식과 같이 낼 수 있다.

REFRIED BEANS
리프라이드 빈

멕시코
전통 음식
TASTED ☐

스페인어로 프리홀레스 레프리토스frijoles refritos라고 부르는 리프라이드 빈은 멕시코와 대부분의 라틴아메리카 지역의 대표 음식이다. 말린 콩을 오랜 시간 익힌 다음 으깨서 걸쭉한 퓌레를 만들고 양파와 마늘, 향신료, 라드로 양념한다.

리프라이드 빈은 보통 사이드 메뉴로 내며 타코의 인기 토핑으로도 쓰인다. 다양한 콩으로 만들 수 있으며 보통 핀토빈을 사용하지만 팥이나 검은콩, 흰콩으로도 만든다.

RELLENITOS DE PLÁTANO
레예니토스 데 플라타노

과테말라
디저트
TASTED ☐

중앙아메리카에서 인기 있는 디저트인 레예니토스 데 플라타노는 플랜틴, 팥, 초콜릿 등 현지에서 가장 인기 있는 재료로 만든 튀김이다. 플랜틴 반죽에 으깬 팥과 초콜릿, 시나몬을 채워서 작은 공 모양으로 빚어 기름에 튀겨 만든다.

레예니토스 데 플라타노   6인분

재료 • 속 재료: 팥 1/3컵(60g), 설탕 1/4컵(30g), 시나몬 가루

1/2작은술, 다크 초콜릿 60g

- 반죽 재료: 잘 익은 노란색 플랜틴 6개, 시나몬 스틱 1개, 설탕
2큰술, 껍질을 제거한 빵 1장, 튀김용 식물성 오일, 밀가루
1/3컵(50g), 슈거 파우더

- 속: 팥을 물에 담가서 12시간 동안 불린 다음 끓는 물 약 2컵(500ml)에
넣어서 2시간 동안 뭉근하게 익힌다. 불에서 내리고 팥을 으깨서
퓌레를 만든 다음 설탕과 시나몬, 다크 초콜릿을 더한다. 잠깐
기다렸다가 녹으면 잘 저어서 섞는다.
- 반죽: 플랜틴을 굵게 썬 다음 끓는 물에 넣고 시나몬 스틱과 설탕을
더해 약 10분간 익힌다. 플랜틴을 건져서 식힌 다음 껍질을 제거하고
으깬다. 잘게 부순 빵을 넣고 골고루 잘 섞어서 치대어 반죽을 만든다.
- 반죽 익히기: 반죽을 달걀 크기만큼 덜어서 작은 공 모양으로 빚는다.
공 모양 반죽 하나를 손에 올리고 가운데에 구멍을 낸 다음 속을 1큰술
넣는다. 조심스럽게 반죽을 접어서 여민다. 나머지 반죽으로 같은
과정을 반복한다. 튀김용 오일을 170°C로 가열한다. 공 모양 반죽을
밀가루에 굴려 잘 묻힌 다음 뜨거운 오일에 넣고 노릇노릇해질 때까지
튀긴다. 레예니토스가 뜨거울 때 슈거 파우더를 뿌려서 낸다.

아톨레

ATOLE

멕시코
음료

TASTED ☐

아톨레는 콜럼버스 이전 시대까지 거슬러 올라가는 전통 깊은
멕시코의 음료다. 가공한 옥수숫가루 마사masa에 물과 설탕을
섞고 때때로 초콜릿이나 시나몬, 바닐라 등의 향신료를 첨가해
만든다.

아톨레는 대부분 타말레(591쪽 참조)나 콘치타conchita 같은 달
콤한 롤빵을 곁들여서 아침 식사로 따뜻하게 마시는 경우가 많

다. 특히 '죽은 자들의 날' 동안 인기가 높지만 그때가 아니라도 1년 내내 마실 수 있으며 노점에서 쉽게 구할 수 있다.

DAIQUIRI
다이키리

쿠바
음료
TASTED ☐

다이키리는 아바나의 엘 플로리디타 바의 바텐더가 단골손님이었던 미국 작가 어니스트 헤밍웨이의 요청으로 만들었다고 하는 럼 베이스의 칵테일이다. 하지만 실제 기원은 그보다 훨씬 오래된 것으로 추정된다. 다이키리는 19세기 후반 쿠바 다이키리 마을 근처에 살았던 미국인 추방자가 개발한 칵테일의 후계다. 그는 진을 좋아했지만 그가 살던 섬에서는 진을 전혀 구할 수가 없었기 때문에 럼에 라임과 설탕을 섞어서 진과 비슷한 꽃과 감귤류 향을 냈다.

하지만 다이키리는 엘 플로리디타에서 비로소 명성을 얻었다. 헤밍웨이는 쿠바에서 보냈던 1930년대에서 1960년대 사이의 일상을 다음과 같이 설명했다. "라 보데기타에서는 모히토를, 엘 플로리디타에서는 다이키리를."

다이키리는 미국에서 얼린 형태로 판매하며 큰 인기를 얻었다. 모든 재료를 얼음과 함께 갈아서 스무디와 비슷한 질감을 내는 것이다.

MOJITO
모히토

쿠바
음료
TASTED ☐

모히토는 아마 가장 상징적인 쿠바 칵테일일 것이다. 약 30년간 쿠바를 자신의 고향으로 삼았던 헤밍웨이 덕분에 해외에서 명성을 얻게 되었다. 헤밍웨이는 아바나에 있는 동안 매일 라 보데기타 델 메디오에 들러서 모히토를 마셨다.

모히토는 구바에서 유명해졌지만 그 역사는 그보다 훨씬 오래되었으며, 거의 16세기까지 거슬러 올라가는 것으로 추정된다. 그 당시 해적은 사탕수수 알코올(럼은 나중에서야 만들어진 술로, 최초의 사탕수수 알코올은 럼처럼 사탕수수 당밀이 아닌 사탕수수즙으로 만들었다)의 맛을 개선하기 위해 설탕과 허브를 타는 습관이 있었고, 비타민 C가 부족한 선원들이 흔히 걸리는 괴혈병을 막기 위해 레몬을 섞곤 했다.

모히토는 이런 초기의 해적 음료에서 파생된 것으로 추정된다. 오늘날에는 오직 럼과 라임, 민트, 설탕, 소다수만 사용해서 만든다. 트리니다드 토바고에서 생산하는 앙고스투라 비터스(552쪽 참조)를 몇 방울 섞을 수도 있다.

모히토   1잔

재료 · 황설탕 3작은술, 민트 잎 12장과 여분의 장식용 민트 잎, 라임 1/2개, 부순 얼음, 화이트 럼 60ml, 탄산수, 앙고스투라 비터스

· 긴 잔에 황설탕과 민트 잎 12장을 넣는다. 라임 1/2개를 4등분한 다음 잔 위에서 짜서 즙을 넣고 껍질도 잔에 넣는다. 나무 공이로 라임, 설탕, 민트를 잘 으깨 즙을 추출한다. 잔에 부순 얼음을 채운다. 럼을 붓고 탄산수로 잔을 가득 채운 후 숟가락으로 잘 섞는다. 앙고스투라 비터스를 몇 방울 떨어뜨리고 민트 잎으로 장식해 낸다.

MORIR SOÑANDO

모리르 소냔도

유제품과 감귤류를 섞은 음료는 매우 드물지만 도미니카 사람들은 이를 이용해서 특산물을 만들어냈고, 그 인기는 라틴아메리카 전역으로 퍼져 나갔다. 모리르 소냔도는 '꿈을 꾸면서 죽는다'는 충격적인 뜻이다. 칵테일 셰이커에 얼음과 오렌지 주스, 가당연유를 넣고 크림처럼 부드러운 질감이 될 때까지 흔들어서 만든다.

도미니카공화국
음료

TASTED ☐

모리르 소냔도   1잔

재료 · 사각 얼음, 오렌지 주스 3/4컵과 2큰술(200ml), 가당연유 3/4컵과 2큰술(200ml)

· 칵테일 셰이커에 사각 얼음 몇 개와 오렌지 주스, 가당연유를 담는다. 20초간 세차게 흔든 다음 차갑게 낸다.

SUGARCANE JUICE

사탕수수 주스

쿠바에서는 과라포guarapo라고 부르는 갓 짜낸 사탕수수 주스는 보통 작은 길거리 노점에서 주문을 받는 대로 짜서 파는 인기 높은 상쾌한 음료수다.

원래 수확 철에 밭에서 일하다 한숨 돌리며 마시던 아프리카 노예의 음료였다. 오늘날에는 어디서나 찾아볼 수 있으며, 사탕수수의 껍질을 벗기고 기어 사이로 밀어 넣어 으깨서 즙을 받아내는 단순한 방식으로 만든다. 사탕수수 주스는 짜자마자 바로 마셔야 한다. 그렇지 않으면 갈변하고 맛도 없어진다. 신선할 때

쿠바
음료

TASTED ☐

마시면 아주 달콤하고 상쾌하며 비타민과 미네랄이 풍부하다.

수년간 쿠바는 몇 안 되는 대외 무역 수단 중 하나였던 사탕수수 재배에 의존했다. 1968년 피델 카스트로가 쿠바의 주요 수출 작물로 사탕수수를 선택하면서 사프라zafra(사탕수수 수확)의 연간 생산량이 정치적으로 매우 중요해졌다. 사탕수수는 설탕으로 가공해서 주로 소련에 수출했다. 공산주의가 무너지던 당시 설탕은 쿠바 수출의 70퍼센트를 차지하고 있었기 때문에 소련 해체 이후 사탕수수 업계는 거의 회복하지 못할 심각한 위기에 빠지고 말았다. 쿠바의 설탕 정제공장 3분의 2가 문을 닫았고, 농장은 담배와 커피, 감귤류 등의 다른 작물로 돌아섰다.

비록 사탕수수가 더는 쿠바 경제에서 예전의 역할을 하지는 못하지만, 쿠바에서 대량으로 생산하면서 동시에 열렬하게 소비하기도 하는 럼 제조에 들어가는 원재료이기 때문에 아직도 중요한 작물이다.

테킬라

TEQUILA

멕시코
음료
TASTED ☐

테킬라는 멕시코의 국민 술이다. 15세기에 스페인 정착민이 현지 재료로 브랜디를 빚으려고 시도하다 만들어냈다. 콜럼버스 이전에도 풀케pulque(알로에베라와 유사한 식물인 용설란으로 만든 발효 음료) 등 다양한 술을 만들었지만 증류법을 몰랐기 때문에 가장 도수가 높은 술도 12~16프루프(6~8퍼센트)에 불과했다.

테킬라는 즙이 많은 식물인 아가베로 만든다. 작물을 통째로 수확해서 잎을 잘라내서 피냐la piña라고 불리는 커다란 파인애플처럼 생긴 심만 남긴다. 그런 다음 피냐를 천천히 익히고 으깨서 착즙하여 발효 및 증류를 거쳐 테킬라를 만든다.

테킬라는 제조 직후에 테킬라 블랑코tequila blanco로 판매할 수도 있지만 참나무통에서 숙성시켜 레포사도reposado(1년 미만 숙성), 아녜호añejo(1~3년간 숙성), 엑스트라 아녜호extra añejo(3년 이상 숙성) 등의 이름으로 팔기도 한다.

멕시코에서는 테킬라를 주로 작은 잔에 부어서 아무것도 타지 않고 마신다. 샷으로 꿀꺽 삼키기보다 홀짝홀짝 마시는 편인데, 녹색을 대표하는 라임즙, 흰색을 대표하는 테킬라, 붉은색을 대표하는 상그리타sangrita(오렌지 주스, 그레나딘, 고추) 등으로 이루어진 라 반데라la bandera(멕시코 국기의 세 가지 색을 나타내는 세 가지 음료)에서 한자리를 차지하기도 한다.

손바닥에 소금 한 자밤을 뿌려서 핥은 다음 테킬라 한 잔을 마시고 라임을 깨물어 먹는 전통적인 음용법도 존재하지만, 이는 증류법이 처음 도입되었을 때 알코올의 나쁜 풍미를 숨기기 위해 만들어진 것이다.

테킬라는 홀짝홀짝 마시거나 샷으로 마시는 것 외에 칵테일을 만들 때도 매우 인기가 높다. 멕시코에서 가장 유명한 칵테일은 팔로마paloma(테킬라, 자몽 주스, 라임 주스, 탄산수)이며 미국에서는 마르가리타margarita(테킬라, 트리플 섹, 단미 시럽, 라임 주스)나 테킬라 선라이즈tequila sunrise(테킬라, 오렌지 주스, 그레나딘) 쪽이 인기가 좋다.

테킬라는 주로 할리스코주에서 생산하지만 오악사카주에서도 그 사촌 격인 메스칼mezcal을 빚는다. 테킬라와 메스칼에는 두 가지 차이점이 있다. 메스칼은 수제 양조만 가능하지만 테킬라는 대량 생산할 수 있다. 또한 테킬라는 용설란 주정을 60퍼센트만 사용할 수 있고 여기에 중성 곡물 주정을 첨가하지만 메스칼은 용설란을 80~100퍼센트까지 사용한다. 사용하는 용설란 품종도 다르다. 데킬라는 블루 아가베라는 품종으로만 만들 수 있지만 메스칼은 총 12종의 용설란 품종을 사용할 수 있다. 일반적으로 메스칼은 피냐를 삶는 대신 굽기 때문에 향이 더 진하고 훈연 향이 나는 경우가 많지만, 테킬라는 더 중성적인 맛이 나기 때문에 칵테일에 사용하기 더 적합하다.

티펀치

TI' PUNCH

프랑스령
서인도제도
음료

TASTED ☐

티펀치는 여러 축제와 행사에 빠지지 않고 등장하는 음료로 카리브해 프랑스어권 섬의 일상에서 필수적인 부분을 차지한다.

티펀치를 만들려면 화이트 럼, 라임, 황설탕이 필요하다. 보통 마시는 사람이 본인이 취향에 맞춰서 직접 만든다. 먼저 잔에 황설탕 1작은술을 넣고 라임 한 조각을 그 위에 짜서 뿌린 다음 조각도 잔에 넣는다. 라임과 황설탕을 천천히 휘저어서 잘 녹아 황갈색 시럽이 되면 럼을 붓는다.

프랑스령 서인도제도의 문화에 따르면 마시는 시간대에 따라 티펀치를 부르는 이름이 달라진다. 아침에 일어나서 마시는 티펀치는 데콜라주décollage(이륙), 침대에 풀썩 쓰러지기 직전 한밤중에 마시는 티펀치는 페테피pété-pied(부러진 발)라고 부른다.

초콜릿은 보통 달콤한 디저트로 먹거나 따뜻한 음료로 마신다. 위로를 주는 음식으로 인식되기 때문에 모든 먹을거리 중에서도 독특한 위치를 점하고 있다. 초콜릿이 기분에 미치는 효과는 체내에서 엔도르핀 생성을 자극하는 화합물인 페닐에틸아민과 관련이 있는 것으로 본다.

그러나 원래 초콜릿의 역할은 음식 그 이상이었다. 중앙아메리카의 많은 문명에서 초콜릿은 종교의식에 사용되는 신성한 재료였으며, 심지어 카카오 열매는 화폐로도 사용되었다.

최초의 카카오 소비 흔적은 약 4000년 전으로 거슬러 올라가지만 카카오가 실제로 중요한 작물이 된 것은 3~9세기의 마야 황금시대였다. 마야인은 카카오나무에서 채취한 콩으로 카카우kakaw라는 음료를 만들어 약으로 사용했다.

아즈텍인이 카카오를 사용하면서 음료에 쇼코아틀xocoatl이라는 이름을 붙였고, 이후 이것이 영어 '초콜릿'이 되었다. 당시 초콜릿은 음료의 형태였으며 향신료를 가미하거나 옥수수를 섞어서 먹기도 했다. 최초의 초콜릿 바가 생겨난 것은 19세기 중반으로 비교적 최근의 일이다.

1502년, 크리스토퍼 콜럼버스가 네 번째이자 마지막 신대륙 항해 중에 초콜릿을 발견했다. 그러나 초콜릿 음료는 16세기 중반이 되어서야 에르난 코르테스에 의해 처음으로 스페인으로 건너갔다. 스페인인은 처음에 초콜릿이 너무 쓰다고 생각했지만 설탕을 섞어서 따뜻하게 마시는 법이 곧 귀족들 사이에 인기를 끌었고, 이 유행은 이후 다른 유럽 궁정으로 퍼져 나갔다.

초콜릿을 만드는 과정은 상당히 복잡하다. 우선 카카오나무에 열린 꼬투리를 수확한 다음 마체테로 잘라서 안에 들어 있는 딱딱한 콩과 끈적끈적한 과육을 긁어모은다. 그다음 단계는 제품의 품질을 좌우하는 아주 중요한 과정이다. 콩을 대략 100킬로그램 정도의 대형 바구니에 넣고 5~7일간 발효시킨다. 발효된 콩을 햇볕에 말리면 원재료가 완성되는데, 대체로 수출해서 초콜릿으로 가공한다. 오늘날 카카오 열매 재배는 거의 아프리카와 남아메리카에 집중되어 있지만 상업적으로 가공하여 초콜릿으로 만드는 과정은 대체로 서구 회사가 통제했다. 최초의 초콜릿 공장은 1728년 영국에서 문을 열었다. 지금도 초콜릿 생산은 유럽, 미국, 일본의 다국적 기업이 통제하고 있다.

말린 카카오 콩을 초콜릿으로 만들려면 먼저 약 30분간 로스팅을 거치고 굵게 으깨서 껍질과 알맹이를 분리해야 한다. 초콜릿에 사용하는 것은 알맹이로, 곱게 갈아서 '코코아 매스'라는 걸쭉한 액상 페이스트를 만든다. 그런 다음 코코아 매스를 여과해서 흰색 코코아 버터와 진갈색의 코코아 파우더로 분리한다. 초콜릿은 코코아 버터와 코코아 파우더에 설탕을 넣고 우유 등을 첨가해 만든다. 혼합물을 60도까지 가열한 다음 콘칭conching(1879년 스위스의 쇼콜라티에 루돌프 린트가 고안한 방법) 단계를 거친다. 질감과 맛을 개선하기 위해 최대 48시간 동안 부드럽게 휘젓는 것이다. 마지막 단계는 템퍼링이다. 초콜릿을 27도까지 식힌 다음 32도에 도달할 때까지 다시 가볍게 가열한 후 틀에 부어 식힌다. 초콜릿의 지방은 서로 다른 온도에서 녹기 때문에 반짝반짝 윤기가 흐르고 깔끔하게 탁 부러지는 초콜릿을 만들려면 템퍼링 과정을 반드시 거쳐야 한다.

오늘날 코코아는 전 세계적으로 거의 4000만 명의 생계를 책임지는 주요 상품이다. 카카오나무의 원산지는 중앙아메리카와 남아메리카지만 19세기 후반부터는 아프리카에서도 재배되었으며, 현재 전 세계 카카오 생산량의 4분의 3을 코트디부아르, 가나, 나이지리아, 카메룬 등 아프리카의 4개국에서 재배하고 있다.

전 세계적으로 재배하는 카카오에는 세 가지 주요 품종이 있다. 가장 수요가 높은 크리오요criollo(575쪽 참조)는 재배하기 가장 까다로워서 전체 생산량의 고작 3퍼센트를 차지한다. 포라스테로 forastero 품종은 더 튼튼하고 생산성이 좋아서 세계 생산량의 80퍼센트를 점유하고 있다. 마지막 하나는 앞선 두 가지 품종을 교배해서 얻어낸 트리니타리오trinitario다.

초콜릿은 바 형태나 캔디 제품으로 가공해 판매한다. 캐러멜화해서 잘게 부순 견과류를 섞어 프랄린을 만들거나 크림을 더해 가나슈를 만드는 식이다. 헤이즐넛 페이스트를 섞어서 스프레드(86쪽의 잔두야 참조)로 만들기도 한다. 코코아는 대체로 설탕을 섞는 경우가 많아 달콤한 음식이라는 인식이 강하지만 짭짤한 요리에도 사용할 수 있으며, 특히 멕시코에서는 몰레 포블라노(552쪽 참조)의 주재료로 사용한다.

남아메리카

SOUTH AMERICA

남아메리카 요리 문화는 원주민과 이민자의 요리 전통이 결합되어 있다. 토착 음식인 옥수수, 고구마, 카사바를 지금도 중요하게 여기지만 스페인과 포르투갈 등 유럽 정착민이 대륙을 식민화하면서 세운 대규모 농장에서 나온 식재료도 중요한 역할을 하고 있다.

남아메리카에 처음으로 소가 들어온 것은 16세기의 일로, 산업 냉장 기술과 함께 19세기 즈음부터 소 생산의 주요 중심지가 되었다. 아르헨티나나 브라질 등에서 기른 가축의 고기를 냉동해서 수요가 높은 미국이나 유럽 등지에 배편으로 보낼 수 있게 된 덕택이다. 아르헨티나는 목축업으로 1895년에서 1896년 사이에 잠시 세계에서 가장 부유한 나라가 되기도 했다.

목축업은 남아메리카에서 여전히 중요한 역할을 하며 아사도라는 전통 바비큐 요리 또한 소고기가 주메뉴다. 연간 1인당 고기 소비량이 칠레는 71킬로그램, 아르헨티나는 81킬로그램, 우루과이는 89킬로그램에 이를 정도로 전 세계에서 가장 육류 소비량이 높은 지역이다.

육류 소비 외에도 남아메리카에는 다른 나라의 영향을 받은 부분이 많다. 이탈리아인은 부에노스아이레스에 강렬한 흔적을 남겼다. 프랑스인은 와인 양조법을 들여왔다. 브라질과 페루는 일본의 영향을 강하게 받아서 닛케이nikkei라는 퓨전 요리 문화가 탄생했다. 서아프리카에서 건너온 노예의 약 절반이 브라질로 넘어갔기 때문에 아프리카의 영향도 매우 크다. 아프리카에서 들여온 커피는 특히 브라질과 콜롬비아에서 중요한 작물이 되었다. 그러나 남아메리카에서 가장 인기 있는 카페인 음료는 커피가 아니라 칠레, 아르헨티나, 우루과이, 파라과이에서 뿌리 깊게 내려오는 예르바 마테다.

카카오 또한 중요한 작물이다. 비록 카카오 대부분이 아프리카에서 재배되고 있지만 고품질 콩은 남아메리카, 특히 베네수엘라와 페루에서 생산된다. 이 지역에서 사랑받는 디저트인 둘세 데 레체는 아이스크림, 케이크, 스프레드, 토핑 등 상상할 수 있는 거의 모든 형태로 사용한다.

아세롤라

'바베이도스 체리'나 '서인도 체리'라고도 불리는 아세롤라는 아메리카 대륙이 원산지인 과일로 북쪽으로는 멕시코, 남쪽으로는 브라질까지 널리 재배된다. 체리처럼 보이지만 훨씬 새콤하고 단맛이 덜하다.

아세롤라는 생으로 먹을 수 있지만 속에 들어 있는 작은 삼각형 씨앗 세 개는 빼내야 한다. 하지만 대부분 설탕이나 꿀을 첨가해 주스로 마신다.

슈퍼 푸드로 분류되며 풍부한 비타민 C 공급원(오렌지의 30배)이자 미네랄과 항산화 물질의 중요한 섭취원이기도 하다. 아마존 원주민들은 오래전부터 아세롤라의 영양학적 가치를 익히 알고 있었지만, 아세롤라의 특징이 연구를 통해 널리 알려지며 제대로 재배되기 시작한 것은 1950년대 이후다.

브라질너트

브라질너트는 주로 브라질의 파라주에서 재배하기 때문에 현지에서는 '파라의 밤castanhas-do-pará'이라고 불린다. 브라질너트 나무의 열매로 다른 견과류처럼 말려서 간식으로 먹는다.

열매는 작은 코코넛처럼 생겼으며 단단한 갈색 껍질로 싸인 씨앗이 15개 정도 들어 있다. 씨앗 안에 들어 있는 알갱이를 식용한다. 맛은 아몬드와 비슷하며 질감은 말린 코코넛처럼 진하고 크림 같다. 브라질너트

는 영양가가 매우 높으며 1만 년 전부터 채집해서 먹은 것으로 추정된다. 볼리비아와 브라질의 아마존 열대우림에서 중요한 작물로 대두되었으며, 카스타네이루castanheiro라고 불리는 많은 계절 근로자가 수확에 투입된다.

CRIOLLO COCOa
크리오요 코코아

베네수엘라
과일과 채소
TASTED ☐

크리오요는 아주 가벼운 쏩쌀한 풍미에 은은한 과일 향이 어우러져 가장 수요가 높고 귀한 카카오 콩이다. 환경에 취약한 편이라 수확량이 제일 낮아서 전체 카카오 생산량의 약 3퍼센트 정도밖에 점유하지 못한다. 기원전 5세기까지 마야인이 우리가 지금 먹는 초콜릿의 조상인 쇼코아틀을 만들 때 사용했던 원조 카카오 콩이 이 크리오요였던 것으로 추측된다.

주로 베네수엘라에서 재배하는 크리오요 카카오는 다 익으면 꼬투리가 보라색으로 변한다. 다른 카카오 콩과 마찬가지로 초콜릿으로 만들려면 복잡한 과정을 거쳐야 한다. 마체테로 꼬투리를 열어서 끈적끈적한 과육과 콩을 꺼낸다. 씨는 발효시킨 다음 건조한다. 건조한 카카오 콩은 보통 수출해서 전문 제조업체가 초콜릿으로 제조한다(569쪽 초콜릿의 역사 참조).

크리오요 콩으로 만든 초콜릿은 다른 것보다 색이 옅고 쓴맛이 덜하면서 섬세한 풍미가 살아 있다. 많은 미식가가 크리오요 코코아를 세계 최고로 꼽으며, 특히 베네수엘라의 카리브해 근처인 추아오 마을 인근에서 생산한 것을 최고로 친다.

과라나

브라질
과일과 채소
TASTED ☐

과라나는 아마존 부족이 전통적으로 약으로 사용하던 식물로 카페인 함량이 높아서 현재는 에너지 드링크로 주로 소비되고 있다. 실제로 과라나는 카페인 농도가 가장 높은 식물이다. 커피의 카페인이 무게 대비 0.8퍼센트밖에 되지 않는 것에 비해 과라나는 4.3퍼센트에 육박한다!

과라나는 익으면 세로로 길게 난 홈 세 군데를 따라서 껍질이 갈라지며 과육에 싸인 둥근 검은색 씨앗 세 개가 드러나는 작고 붉은 과일이다. 커피와 마찬가지로 씨앗만 먹을 수 있다. 과라나 씨앗을 먼저 로스팅한 다음 갈아서 물을 적당량 섞어 페이스트를 만든다. 이 페이스트를 손으로 돌돌 말아 작은 막대 모양으로 빚은 다음 오랜 시간(보통 1개월 이상) 훈제한 후 건조하면 장기간 보관할 수 있다. 과라나를 마실 때는 아마존의 거대한 생선인 피라루쿠(585쪽 참조)의 거친 혀를 사용하여 과라나 막대를 갈아낸 다음 가루에 물을 살짝 섞어서 가벼운 체리 향이 느껴지는 살짝 쌉쌀한 음료를 만들어낸다.

이렇게 지금까지 전해져 내려오는 전통 제조법을 사용할 수도 있지만 요즘에는 과라나 씨앗 추출물, 설탕, 탄산수로 만들어서 마찬가지로 '과라나'라고 부르는 청량음료를 슈퍼마켓에서 사 먹을 수도 있다. 브라질에서 과라나는 콜라 다음으로 가장 많이 팔리는 탄산음료다.

GUAVA

브라질
과일과 채소
TASTED ☐

구아바는 중앙아메리카와 남아메리카가 원산지인 나무의 열매다. 지름 약 8~10센티미터 크기로 얇은 껍질은 녹색에서 빨간색까지 다양한 색상을 띤다. 구아바의 과육은 대체로 분홍색이며, 작고 아주 단단한 씨앗이 점점이 박혀 있어 생과일로는 먹기 힘들다. 그래서 구아바는 대부분 주스나 잼, 퓌레 형태로 접하게 된다. 달콤한 디저트나 짭짤한 요리에 모두 사용할 수 있다.

브라질에서 어디서나 구할 수 있는 달콤한 구아바 페이스트 고이아바다goiabada는 간식으로 먹거나 치즈에 곁들인다. 현재 구아바의 주요 생산지인 인도에서는 마살라 구아바masala guava 라는 길거리 음식을 맛볼 수 있다. 생과일을 깍둑 썰어서 레몬, 소금, 다양한 향신료로 간을 해 판매한다.

JABUTICABA

브라질
과일과 채소
TASTED ☐

자부치카바는 브라질 중부, 특히 미나스제라이스주에서 가장 흔하게 찾아볼 수 있는 과일로 작은 보라색 열매가 마치 미니어처 자두처럼 생겼다. 이 과일의 특이한 점은 열매가 나무의 줄기에 바로 붙어 자라는 것으로, 수확기가 되면 말 그대로 작은 보라색 공이 기둥뿌리 부근에서 가지 꼭대기에 이르기까지 나무의 모든 부분을 뒤덮는다.

자부치카바는 보통 신선할 때 날것으로 먹는다. 하얀 과육은 살짝 젤라틴 같은 질감에 리치와 비슷한 부드러운 단맛이 돈다. 껍질째 통째로 먹기도 하지만 대부분은 비교적 시큼한 껍질은 버리고 과육만 먹는다.

자부치카바는 빨리 상하기 때문에 반드시 수확 후 3일 이내에 먹어야 한다. 이 때문에 수개월간 보관할 수 있는 과일 젤리인 젤레이아geleia로 만드는 경우가 많다.

잠부

JAMBU

브라질
과일과 채소
TASTED ☐

잠부는 아마존의 자생식물로 먹으면 혀가 마비된다. '파라 물냉이pará watercress'라고도 불리는 잠부는 현재 마다가스카르까지 널리 재배되고 있다. 마다가스카르에서는 잠부를 '매운 풀'이라는 뜻의 브레디 마파니brède mafane라고 부른다. 쌉쌀한 맛이 나서 음식보다는 약초로 사용한다.

브라질에서는 주로 파라주에서 많이 먹는데, 타액 분비를 늘리고 입맛을 돋우기 때문에 식사 전에 미뢰를 자극하는 용도로 쓰거나 아마존 전역에서 인기 높은 수프인 타카카tacacá 등의 전통 요리에 넣는다.

타카카는 타카카제이리아tacacazeiria라고 불리는 아마존 전역의 타카카 전문 레스토랑에서 접할 수 있는 현지 음식이다. 채소 국물(양파, 마늘, 고수, 차이브)에 노란 투쿠피tucupi(583쪽 참조)소스, 말린 새우, 잠부잎을 넣어서 만든다. 흔히 쿠이아cuia라는 조롱박에 담아서 타피오카(카사바 전분)를 뿌려 먹는다.

잠부는 약한 마비 효과가 있어서 처음에는 혀와 입술이 살짝 따끔거리다가 점차 마비되어서 먹고 나서도 한동안 무감각한 증상이 지속된다.

oca

오카는 작고 길쭉한 감자처럼 생긴 덩이줄기다. 껍질에 비늘이 덮여 있어 모양이 독특하다. 빨간 색소(카로틴)와 파란 색소(안토시아닌)의 농도에 따라 노란색, 분홍색, 주황색, 빨간색, 보라색 등을 띤다.

날로 먹으면 아삭아삭하면서 살짝 새콤한 맛이 나지만 익히면 질감이 부드러워지면서 감자와 비슷한 맛이 난다. 감자처럼 삶거나 볶거나 튀기거나 찌는 등 다양한 방법으로 조리할 수 있다.

오카는 건조 중량의 75퍼센트가 탄수화물로 구성된 영양가 높은 식품으로 철분, 칼륨, 비타민 C의 중요한 공급원이다. 19세기에 남아메리카 외의 지역에 오카 농장을 세우려고 시도하기도 했고, 유럽에서는 오카를 주식으로 만들려고 시도했지만 성공하지 못했다. 하지만 뉴질랜드에서는 아주 잘 적응해서 거의 감자만큼 인기를 얻고 있다. 그래서 '뉴질랜드 얌'이라고 부르기도 한다.

페루
과일과 채소
TASTED ☐

PASSION FRUIT

현지에서는 마라쿠자maracujà라고 불리는 백향과의 원산지는 브라질 남부, 파라과이, 아르헨티나 북부 지역이다. 백향과는 지름이 5~8센티미터 정도인 작은 공 모양으로 품종에 따라 노란색에서 보라색까지 다양한 색을 띤다.

보라색 품종이 보통 더 단 편이고 생으로 먹는다. 노란색 품종은 신맛이 더 강해서 주로 가공하여 주스나 시럽,

브라질, 파라과이
과일과 채소
TASTED ☐

잼, 아이스크림으로 소비한다.

백향과 안에는 단맛과 가벼운 신맛을 내는 촉촉한 젤라틴에 싸인 약 250개의 작은 씨가 들어 있다. 씨째 생과육을 먹을 수 있지만 디저트나 칵테일은 물론 샐러드나 해산물 요리에 사용하기도 한다.

토마티요

PHYSALIS

페루

과일과 채소

TASTED ☐

토마티요(꽈리토마토)는 캐나다에서 남아메리카에 걸쳐 널리 자라는 식물군으로 품종 대부분에 독성이 있다. 하지만 독성이 없는 품종은 진미로 취급받는다. 작은 오렌지색 체리 같은 외양에 얇은 껍질이 덮여 있어서 '껍질 토마토'라고 부르기도 한다. 과육에 작은 씨앗이 많이 들어 있어서 질감이 살짝 거칠고 산미가 도는 단맛이 토마토를 연상시킨다. 옛날부터 토마티요를 식용한 페루에서는 날것은 물론 잼이나 말린 과일 등 가공식품으로도 즐겨 먹는다.

야콘

YACÓN

페루

과일과 채소

TASTED ☐

'페루 땅속 사과Peruvian ground apple'라고도 불리는 야콘은 해바라기와 사촌 격인 식물의 뿌리다. 가늘고 긴 덩이줄기는 과일처럼 먹을 수 있다. 수박이나 고구마와 비슷한 맛에 사과처럼 아삭아삭한 식감으로 정말 달다.

또한 야콘은 당뇨병 환자를 위한 천연 감미료를 만드는 데에 쓰인다. 혈당 지수가 65인 백설탕, 55인 꿀에 비해 야콘 시럽은 1에 지나지 않는다.

QUINOA

퀴노아

**볼리비아,
페루**

빵과 곡물

TASTED ☐

잉카의 쌀이라 불리는 퀴노아는 메소아메리카 요리에서 가장 큰 역할을 한 곡물이다. 재배 역사는 7000년이 넘어가며, 수천 년간 아메리카 대륙에 거주한 수백만 명의 주식이었다. 그러다 스페인인이 신대륙에 도착하면서 퀴노아를 야만적인 음식으로 치부하며 재배를 금지하고 밀 등의 수입 작물을 재배하게 했다. 1970년대가 되면서 다시금 퀴노아가 주목받기 시작했고, 지난 수십 년간 전 세계적으로 소비량이 늘어났다.

모양과 맛이 비슷해서 곡물로 오해받는 경우가 왕왕 있지만 사실은 시금치와 연관된 작물의 씨앗이다. 퀴노아 씨앗은 약 2밀리미터 크기의 작은 원구 모양이며 곡물처럼 그대로 먹거나 빻아서 가루를 내 요리에 사용한다.

퀴노아 대부분은 해발 2500미터에서 4000미터 사이인 안데스 고원지대에서 자란다. 요새는 해안 지역, 특히 칠레 등지에서도 재배하기 시작했다.

퀴노아에는 철분과 단백질이 풍부하고 지방은 거의 없으며 1컵이 고작 170칼로리에 지나지 않는 등 영양 성분이 탁월하다. 바삭바삭한 식감과 고소한 풍미를 지니고 있어 샐러드에 아주 잘 어울린다. 밥이나 파스타 대신 먹기도 한다.

치미추리

치미추리는 아르헨티나에서 매우 인기 있는 소스로 구운 고기에 곁들이는 양념이다. 살짝 매운맛이 가미된 신선한 풍미로 아주 독특한 맛이 난다. 오일과 파슬리, 마늘, 식초, 고추의 기본 재료에 오레가노, 타임, 커민, 파프리카, 후추, 양파 등을 더해 만든다.

치미추리 자체는 만들기 아주 쉽다. 먼저 오일과 식초를 섞는다. 모든 고체 재료를 곱게 다지고 절구에 갈아 풍미를 완전히 이끌어낸 다음 오일 및 식초에 더해 잘 섞는다. 그런 다음 보통 오일에 모든 풍미가 배어들 때까지 며칠간 숙성시킨다.

치미추리는 아르헨티나인에게는 아주 보편적인 소스로, 아사도(592쪽 참조)와 초리판(588쪽 참조)에 사용한다. 그 외에도 고기나 생선을 재우는 양념장 또는 샐러드드레싱으로 쓰기도 한다. 전통적으로는 허브와 향신료는 병에 그대로 남겨두고 오일만 따라내 사용한다. 오늘날에는 보통 작은 용기에 담긴 치미추리를 숟가락으로 퍼서 음식 위에 뿌려 먹는다.

지역마다 다양하게 변형된 치미추리 레시피가 존재하고, 요리사라면 누구든 자신만의 비법이 있다. 미국에서는 가끔 고수를 넣기도 하지만 아르헨티나 레시피에서는 고수를 허용하지 않으며, 파슬리와 오레가노만 사용할 수 있다.

통카빈

쿠마루cumaru라고도 불리는 통카빈은 남아메리카와 카리브해 지역에서 자라는 나무의 씨앗에서 추출한 향신료다. 약 4센티미터 길이의 길쭉한 콩으로 겉은 까맣고 딱딱하며 주름진 모양에 안쪽은 갈색을 띠며 부드럽다.

바닐라와 비터 아몬드를 연상시키는 아주 진한 향에 사향 풍미가 맴돈다. 소량을 갈아서 라이스 푸딩이나 서양배 등 익힌 과일에 뿌려 먹는다. 통카빈의 따뜻한 풍미가 카카오의 향기를 가리지 않고 오히려 강화하기 때문에 초콜릿과의 궁합이 특히 뛰어나다. 또한 생선이나 관자, 송아지 간, 오리, 흉선 등 짭짤한 식사 메뉴에도 쓰인다.

TUCUPI

투쿠피

브라질
향신료와 양념

TASTED ☐

투쿠피는 아마존에서 매우 인기 있는 노란색 소스다. 거의 모든 식당 테이블에 놓여 있어서 손님이 원하는 대로 음식에 넣을 수 있다. 톡 쏘는 신맛이 나며 조미료로 먹기도 하고 많은 전통 요리에 사용된다.

투쿠피 오리 요리(포르투갈어로 파투 누 투쿠피pato no tucupi)가 특히 인기가 좋으며, 투쿠피와 잠부잎(578쪽 참조), 새우, 피망으로 만드는 타카카tacacá 수프도 꽤나 유명하다.

투쿠피는 브라질 요리에 널리 쓰이는 카사바 가공품인 타피오카의 제조 과정에 나오는 부산물이다. 탄수화물이 풍부해서 수 세기 동안 아마존의 필수 식량이었던 카사바 뿌리는 사실 독성이 있어서 타피오카로 가공해야 식용할 수 있다.

카사바를 타피오카로 만들려면 먼저 덩이줄기를 채취한 다음 과육만 갈아서 건조 후 조리해야 한다. 이렇게 얻어낸 페이스트를 천에 싸서 압착하여 고체 부분(브라질에서는 고마goma라고 부른다)을 분리하고 남은 액체가 투쿠피다. 이 단계의 액체는 뿌리에 존재하는 시안화물이 우러나와 매우 독성이 강하기 때문에 몇 시간 동안 끓인 나음 3~5일간 발효시켜야 먹을 수 있게 된다.

콩그리오

CONGRIO

칠레
해산물

TASTED ☐

콩그리오는 뱀장어처럼 생긴 크고 길쭉한 물고기로, 유럽 해역에서 발견되는 붕장어conger와 이름은 비슷하지만 연관성은 없다. 남아메리카 해안을 따라 이어지는 차가운 해수 지역에서 어획되지만 호주와 뉴질랜드에서도 흔히 '커스크 장어cusk-eel'라는 이름으로 판매된다.

칠레에서 매우 인기 있는 생선 중 하나이며 약간 쫀득거리는 질감으로 가장 귀한 취급을 받는 콩그리오 네그로congrio negro(검은색)와 제일 흔한 콩그리오 콜로라도congrio colorado(분홍색), 그리고 살점이 극히 섬세해서 미식가가 가장 많이 찾는 콩그리오 도라도congrio dorado(금색), 이렇게 세 종류로 분류된다.

콩그리오는 국물에 담가 익히거나 튀기거나 오븐에서 굽기도 하지만 칼디요 데 콩그리오caldillo de congrio라는 전통 수프의 주재료로 가장 널리 알려져 있다. 생선 국물에 채소(당근, 감자, 양파, 토마토, 마늘, 고수)를 넣어 만드는 수프로 필레는 국물에 바로 넣어 익힌다.

유명한 칠레 시인 파블로 네루다Pablo Neruda는 이 수프를 매우 좋아한 나머지 전체 레시피를 자세하게 설명하는 내용의 「오다 알 칼디요 데 콩그리오Oda al Caldillo de Congrio」라는 시를 쓰기도 했다.

PACU

파쿠는 피라냐와 관련 있지만 피라냐와 달리 육식성이 아니며 길이는 거의 1미터, 무게는 40킬로그램에 육박할 정도로 훨씬 크게 자란다. 피라냐처럼 생겼지만 날카롭고 뾰족한 이빨 대신 인간의 치아와 비슷한 얇고 평평한 이빨이 나는 것이 특징이다.

나라에 따라서 '파쿠'라는 명칭이 뜻하는 품종이 조금씩 다르다. 아르헨티나와 파라과이, 에콰도르, 페루에서는 평평한 이가 나는 모든 품종을 파쿠라고 부르지만 브라질에서는 가장 크기가 작은 품종은 파쿠, 크고 검은 품종은 탐바콰이tambaqui, 배가 붉은 품종은 피라핀팅가pirapintinga로 부른다. 이중 가장 귀한 것은 탐바콰이로, 상당히 남획된 탓에 야생 개체 수가 감소하여 현재는 대규모로 양식하고 있다.

파쿠의 달콤하고 기름진 흰 살점은 남아메리카 전역에서 인기가 높다. 작은 개체는 주로 바비큐 그릴에 굽는다. 큰 개체는 손질해서 부위별로 먹는데 특히 갈비 모양으로 손질한 배 부위가 인기가 좋다. 뼈가 워낙 커서 뱃살을 뼈째 잘라내면 마치 돼지갈비 같은 모양이 된다.

브라질
해산물
TASTED ☐

PIRARUCU

아라파이마arapaima라고도 불리는 피라루쿠는 아마존강이 원산지인 생선이다. 세계에서 가장 큰 민물고기에 속하며 일부 개체는 길이 최대 3미터, 무게 200킬로그램이 넘는다.

피라루쿠는 머리가 넓고 납작하면서 날카로운 이빨이 많은 편이라 다른 생선을 사냥하는 것은 물론 때로는 물 밖으로 튀어나와서 새나 작은 포유류를 잡아먹기도 한다. 약 15분마다 수면

브라질
해산물
TASTED ☐

아래로 돌아가 숨을 쉬어야 하기 때문에 낚시하기 쉽다.

딘맛이 나고 뼈가 없는 실점이 귀한 내접을 받아서 남획 대상
이 되면서 야생 개체 수가 감소했다. 현재 브라질에서는 상업적
어업이 금지되어 있으며 유통되는 것은 대부분 양식이다.

피라루쿠로 만든 가장 인기 있는 브라질 요리는 피라루쿠 데
카사카pirarucu de casaca다. 타피오카, 바나나, 코코넛 밀크로 만
든 생선 그라탕에 가느다란 슈
스트링 감자튀김을 얹어
서 만든다. 축하 자리
에 주로 내는 음식이다.

부티파라 데
솔레다드

BUTIFARRAS DE SOLEDAD

콜롬비아
육류
TASTED ☐

부티파라는 원래 스페인 카탈루냐 지방의 소시지지만 콜롬비아
특산물로 발달했다. 콜롬비아 북부 해안 근처에 자리한 솔레다
드 마을의 대표 소시지다. 도시 경제에 매우 중요한 역할을 해서
생산업체가 모여 있는 구역의 명칭을 '부티파라가街'로 변경했
을 정도다.

부티파라 데 솔레다드는 작고 둥근 모양의 소시지다. 보통 소
고기 3분의 2, 돼지고기 3분의 1 비율로 섞어서 마늘, 후추, 소금
으로 간을 해 만든다. 고기를 케이싱에 채운 다음 지름 약 4센티
미터 크기의 작은 공 모양으로 매듭지어서 3~4분간 삶아서 판
매한다. 보통 길거리 음식으로 삶자마자 바로 먹으며 흔히 보요
데 유카bollo de yucca(옥수수잎에 담아 익힌 카사바 퓌레)와 라임 조
각을 곁들인다. 콜롬비아에서는 노점상들이 '부티, 부티, 부티'라
고 외치면서 손님을 부르는 모습을 쉽게 볼 수 있다.

CUY

쿠이는 기니피그의 페루식 명칭이다. 페루는 기니피그를 반려동물이 아닌 식자재로 취급하는 드문 국가 중 하나다. 그 외에 기니피그를 식용하는 나라로는 에콰도르, 볼리비아, 콜롬비아 등이 있다. 식용으로는 최대 4킬로그램까지 성장하는 대형 종을 기르는데, 살점은 기름진 편이고 단백질이 풍부하며 맛은 토끼와 비슷하다.

쿠이는 보통 굽거나(쿠이 알 오르노cuy al horno) 튀겨서(쿠이 차크타도cuy chactado) 먹으며 대체로 통째로 조리한다. 일상적으로 먹는 음식은 아니지만 휴일에는 자주 먹는 편이며 페루에서는 연간 1인당 2마리꼴로 총 6000만 마리 이상을 먹어치운다.

페루

육류

TASTED ☐

PROVOLETA

프로볼레타

프로볼레타는 이탈리아의 프로볼로네 치즈의 영향을 받은 아르헨티나 치즈다. 대형 원통형 치즈로 약 1.5센티미터 두께로 저며 타임과 오레가노를 뿌리고 그릴에 얹어 굽는다. 아르헨티나 전통 바비큐인 아사도(592쪽 참조)를 먹기 전에 프로볼레타를 익혀서 빵과 치미추리(582쪽 참조)를 곁들여 먹는다. 익히면 살짝 쫀득한 질감에 나무 향이 감도는 퐁듀와 비슷한 맛이 난다.

프로볼레타라는 이름은 1940년대에 원조 제조법을 고안한 장본인이 붙인 상표명이다. 이탈리안 이민자인 그는 제조 공정을 조정해서 바비큐에서 구울 수 있는 치즈를 만들고자 했다. 그리하여 모차렐라(82쪽 참조)와 같은 스펀 커드 방식으로, 조리해도 부서지지 않고 속은 녹지만 겉은 바삭한 프로볼레타 치즈가 탄생한 것이다.

아르헨티나

유제품

TASTED ☐

초리판

아르헨티나
길거리 음식

TASTED ☐

초리판은 아르헨티나에서 가장 인기 있는 간식으로 우루과이와 칠레에서도 매우 유명하다. 프랑스 바게트와 비슷하게 껍질이 바삭바삭한 빵에 초리소(같은 이름의 매콤한 스페인 소시지와는 다른 소시지)를 끼워서 만드는 작은 샌드위치다. 보통 치미추리(582쪽 참조)로 양념한다.

아르헨티나 초리소는 소고기 70퍼센트에 돼지고기 30퍼센트 비율로 섞어서 육두구, 펜넬, 파프리카, 정향, 시나몬으로 맛을 낸다. 요리할 때는 와인을 약간 넣어서 촉촉하게 만들기도 한다. 초리소는 아르헨티나 식탁의 주요 식자재로 매일같이 먹는 사람도 있다. 전통 아르헨티나 바비큐 아사도(592쪽 참조)에 빠지지 않는 음식이다. 아르헨티나인은 매년 1인당 평균 10킬로그램의 초리소를 먹어치운다!

초리판은 19세기 부에노스아이레스 근처의 시골에서 만들어졌다. 가우초gaucho라고 불리는 이 지역의 목동들이 말을 탄 채로 식사를 할 수 있도록 빵 두 조각 사이에 초리소를 끼워서 먹곤 했던 것이다. 이 시골 풍습이 점차 도시로 퍼져 나갔다.

초리판은 특히 축구 경기를 보면서 먹는 간식으로 자리매김했다. 아르헨티나에서는 초리판 노점 없는 축구 경기는 열리지 않는다고 봐도 무방하다.

초리판을 만들려면 우선 초리소를 반으로 길게 갈라서 펼친 다음 바삭한 빵에 끼우고 소스를 얹는다(보통 치미추리를 뿌리지만 케첩이나 마요네즈를 쓸 때도 있다). 이렇게 만든 샌드위치는 소시지를 펼친 모양이 나비 날개처럼 보인다고 해서 마리포사mariposa라고 부른다.

엠파나다

아르헨티나, 칠레

길거리 음식

TASTED ☐

엠파나다는 다양한 재료를 채워서 만든 작은 턴오버 파이로 남아메리카의 주된 길거리 음식이다. 고기, 생선, 채소는 물론 과일과 초콜릿에 이르기까지 다양한 재료를 채워서 여러 가지 종류로 만들 수 있다. 원래는 빵 반죽을 사용했지만 요즘에는 퍼프 페이스트리를 주로 사용한다.

엠파나다는 원래 스페인 음식이다. 보존성을 높이기 위해 고기를 반죽에 넣어서 익히는 관습이 아랍인에 의해서 스페인으로 건너간 것으로 추측된다.

그러나 엠파나다가 남아메리카로 건너온 이후 조리법이 발달하면서 작은 크기의 개별용 턴오버 파이의 형태가 되었다. 스페인식은 여럿이 나누어 먹을 수 있는 커다란 파이 형태였다.

엠파나다는 대부분 밀가루로 만들지만 베네수엘라에서는 옥수숫가루로 만든 것이 더 잘 팔리기도 한다. 굽거나 튀겨서 조리하며 간식으로 먹기도 하고 레스토랑에서는 스타터나 애피타이저로 낸다.

엠파나다는 보통 소고기나 닭고기, 참치를 넣어서 만들고 양파, 올리브, 삶은 달걀, 건포도 등 다양한 향신료와 부재료로 맛을 낸다. 파타고니아에서는 해산물, 볼리비아에서는 치즈, 멕시코에서는 과일(파인애플, 구아바, 사과)을 채워서 슈거 파우더를 뿌리는 등 나라와 지역에 따라 고유의 레시피가 존재한다.

팡 지 케이주

브라질
길거리 음식

TASTED ☐

팡 지 케이주(포르투갈어로 '치즈 빵')는 브라질, 특히 미나스제라이스주에서 인기가 높은 길거리 음식이다. 카사바 가루, 달걀, 치즈, 식물성 오일, 우유, 소금으로 만든다. 지름 약 6센티미터 크기의 작은 롤빵 형태로, 겉은 바삭바삭하고 속은 부드럽다. 보통 현지의 소젖 치즈를 사용하지만 그뤼에르와 파르메산 치즈를 섞어서 대체할 수 있다.

팡 지 케이주   약 50개

재료 · 우유(전지유) 1/2컵(125ml), 식물성 오일 1/2컵(125ml), 소금 1큰술, 카사바 가루 500g, 그뤼에르 치즈 간 것 1컵(125g), 파르메산 치즈 간 것 1컵(125g), 달걀 3개

- 반죽: 냄비에 우유, 오일, 소금을 넣고 한소끔 끓인다. 불에서 내린 다음 카사바 가루를 천천히 넣으면서 잘 섞어 부드러운 반죽을 만든다. 불에서 내린다. 반죽이 한 김 식어서 미지근해지면 치즈 간 것과 달걀 1개를 넣고 잘 섞는다. 두 번째 달걀을 넣고 잘 섞은 다음 마지막 달걀을 넣고 마저 섞는다. 반죽은 부드럽고 매끈해야 한다.

- 굽기: 오븐을 200°C로 예열한다. 반죽을 조금씩 덜어서 지름 약 6cm 크기의 작은 공 모양으로 빚은 다음 오일을 바른 베이킹 시트에 2.5cm 이상 간격을 두고 얹는다. 오븐에서 약 20분간 노릇노릇하게 굽는다. 카이피리냐(600쪽 참조)를 곁들여서 애피타이저로 먹는다.

TAMALE

타말레는 콜럼버스 이전 시대의 샌드위치 격인 음식이다. 휴대하기 간편하고 이동 중에도 먹을 수 있으며 다양한 재료를 넣어 만들 수 있다. 옥수숫가루로 만든 반죽을 옥수수 껍질로 싸서 익힌 다음 판매한다.

옥수수 반죽을 껍질에 펴 바르고 달콤하거나 짭짤한 속재료를 얹는다. 그리고 껍질을 선물 상자를 포장하듯이 접어서 찐다. 그러면 가지고 다니기 편한 맛있고 건강한 간식이 완성된다. 원래 콜럼버스 이전 시대에 군인들이 이동하면서 먹던 휴대용 식량이었다.

우민타huminta와 비슷해서 두 요리를 혼동하는 사람이 많다. 우민타는 다른 재료를 넣지 않거나 치즈 정도를 섞어서 만들며 사이드 메뉴로 먹는다. 타말레는 더 매콤하고 보통 고기나 생선 등을 섞으며 주로 간식이나 사이드 메뉴로 먹는 편이다.

타말레

콜롬비아
길거리 음식

TASTED ☐

TAPIOCA PANCAKE

타피오카 팬케이크는 오랜 역사를 지닌 남아메리카의 음식으로 유럽인이 대륙을 식민지화하기 훨씬 이전부터 이 지역의 주식이었다. 브라질에서는 어느 곳에서나 타피오카 팬케이크를 파는 노점을 찾아볼 수 있다. 아침 식사, 가벼운 간식, 이동하면서 먹는 식사로 두루 즐기기 좋다. 이런 크레이프는 베이주beiju 또는 타피오카라고 부르는데, 팬케이크 자체와 재료로 사용하는 카사바 전분을 동시에 지칭하는 용어다.

가장 전통적인 토핑은 치즈와 코코넛을 섞은 것이지만 노점에는 보통 치즈, 햄, 닭고기, 버섯 등 짭짤한 재료부터 구아바, 바

타피오카 팬케이크

브라질
길거리 음식

TASTED ☐

나나, 초콜릿, 가당연유, 둘세 데 레체(597쪽 참조) 등 달콤한 재료까지 다양한 토핑이 준비되어 있어 골라서 넣을 수 있다.

타피오카 팬케이크는 타피오카 전분을 뜨거운 팬에 부어서 만든다. 팬케이크를 잠시 구운 다음 토핑을 추가하고 팬케이크를 반으로 접어서 준다. 식으면 고무 같은 질감이 되기 때문에 만들자마자 바로 먹어야 한다.

아사도 asado

아르헨티나
전통 음식

TASTED ☐

스페인어로 '굽다'는 뜻의 아사도는 아르헨티나와 칠레에서 특히 인기 있는 전통 남아메리카 바비큐다. 남아메리카의 대초원 지대 팜파스에서 목동으로 일하며 소를 돌보는 카우보이 가우초의 전통에서 비롯되었다.

아사도는 단순한 요리나 조리법을 뛰어넘어 요리 예술로 간주되며, 아사도 전문가는 아사도레스asadores라고 불린다. 아침에 숯불을 준비하는 것부터 시작해서 다양한 고기를 잔뜩 요리하고 레드 와인을 곁들여 함께 먹기까지 온종일을 투자해서 아사도를 준비하고 즐긴다. 준비하는 음식량도 상당히 많은 편인데 아르헨티나에서는 보통 성인 남성 1인당 800그램, 성인 여성 1인당 600그램을 기준으로 고기를 준비한다. 사상 최대 규모의 아사도는 2011년에 있었는데, 거의 3만 명에게 고기 14톤을 구워주었다!

아르헨티나 가정 대부분에는 발코니나 정원에 아사도를 할 수 있는 파리야라는 특별한 그릴이 있다. 먼저 다양한 콜드컷 육류와 치즈를 구운 다음 흉선, 장, 심장, 신장, 간 등의 내장류(아추라스achuras)에 초리소(588쪽 초리판 참조)와 피로 만든 소시지(모르시야morcilla)를 곁들여 낸다. 그리고 구운 프로볼레타 치즈

(587쪽 참조)에 이어 다양한 종류의 고기를 먹는다. 가장 중요한 역할을 하는 것은 소고기로 특히 립아이(오호 데 비페ojo de bife라고 불린다)가 귀한 대접을 받는다. 물론 닭고기, 양고기, 돼지고기까지 여러 육류를 조리할 수 있다. 빵과 치미추리(582쪽 참조) 외에는 곁들이는 음식이 거의 없는 편이다.

CEVICHE

세비체

페루
전통 음식
TASTED ☐

아마 해외에 가장 널리 알려진 페루 요리는 세비체일 것이다. 날 생선을 레몬이나 라임즙, 고추, 양파, 고수에 절여서 만드는 음식으로 보통 고구마와 옥수수를 곁들여 낸다.

흰 살 생선(브림, 도미, 가자미), 분홍색 생선(연어, 송어), 붉은 생선(참치, 가다랑어), 등 푸른 생선(고등어) 등 거의 모든 종류의 생선으로 만들 수 있다. 매콤한 절임액은 점점 인기가 높아지면서 지금은 레체 데 티그레leche de tigre(호랑이 우유)라는 이름으로 팔기도 한다.

브림 세비체   6인분

재료 • 고구마 1개, 옥수수 1컵(150g), 브림 필레 1kg, 고추 1개, 생강 가루 1큰술, 생선 국물 1과 1/2큰술(20ml), 고수 1/4단, 소금, 후추, 라임 10개, 양파 1개

• 냄비에 물을 끓여서 고구마(20분)와 옥수수(5분)를 삶은 다음 건져서 식힌다.
• 브림 필레는 3센티미터 크기로 썬다. 볼에 생선을 넣고 곱게 다진 고추, 생강, 생선 육수, 다진 고수, 소금, 후추를 넣는다. 잘 섞은 다음 냉장

보관한다.

- 그동안 리임즙을 짜고 양파를 곱게 다진다. 질인 닐생신을 접시에 딤고 생양파 약간, 삶은 고구마 저민 것 하나, 옥수수를 살짝 얹는다. 먹기 직전에 라임즙을 뿌려서 차갑게 낸다.

슈하스쿠

CHURRASCO

브라질
전통 음식

TASTED ☐

슈하스쿠는 그냥 요리가 아니라 식사 방식을 가리키는 용어로 해외에서 가장 인기 있는 브라질 전통 요리 문화다. 슈하스카리아churrascaria라는 전문 레스토랑에서 먹을 수 있으며, 기본적으로 구운 고기를 계속 이어서 맛보는 방식이다. 보통 종업원이 고기를 꿴 꼬챙이를 들고 테이블마다 돌아다니면서 즉석에서 고기를 잘라주고 꼬챙이는 다시 가져간다.

대부분의 슈하스카리아에서는 손님에게 한쪽은 빨간색, 다른 한쪽은 녹색인 작은 판자를 나누어준다. 식사를 계속하고 싶으면 녹색이 위로 오도록 놓아두고 그만 먹고 싶을 때 뒤집어서 빨간색이 위로 오게 하면 된다.

슈하스카리아에 따라 고기를 20종류까지 준비하기도 하며, 부드러운 폴렌타와 치미추리(582쪽 참조), 카이피리냐(600쪽 참조), 칠레나 아르헨티나 와인 등을 넉넉하게 제공한다. 돼지고기, 닭고기, 소고기, 양고기, 소시지 등 거의 모든 종류의 고기를 먹을 수 있다.

고기가 주를 이루는 식단에 가벼운 산도와 신선한 맛을 더하기 위해 흔히 찐 파인애플을 곁들인다. 그러나 슈하스쿠의 스타는 두말할 것 없이 부드럽고 촉촉한 지방 한 켜가 덮인 소고기 안심 피카냐picanha다.

FEIJOADA

페이조아다

페이조아다는 보통 온 가족이 함께 모이는 자리를 위해 만드는 든든한 식사 메뉴다. 검은콩과 절인 돼지고기를 오랫동안 뭉근하게 끓여서 진한 맛이 일품이다. 원래 노예들의 음식으로 꼬리나 귀, 주둥이, 발, 머리 등 지주가 먹지 않는 돼지의 자투리 부위를 이용해서 만들었다. 오늘날에는 모든 계층이 고루 즐겨 먹는 음식이 되었으며, 소시지나 소 혀 등 다른 재료를 추가하기도 한다. 보통 백미, 껍질을 벗겨서 저민 오렌지, 쿠베couve(양배추의 일종을 삶은 것), 카사바 가루를 튀긴 것으로 여러 브라질 음식에 고명으로 사용하는 파로파farofa 등을 곁들인다.

페이조아다는 여럿이 나누어 먹는 음식으로 정확한 의식에 따라 먹어야 한다. 우선 접시에 쌀을 담고 그 위에 콩을 얹은 다음 고기를 올리고 파로파를 골고루 뿌린다. 쌀과 콩, 고기를 함께 먹으면서 입맛을 돋우기 위해 중간중간 양배추와 오렌지를 먹는다. 페이조아다의 가장 중요한 규칙은 여유롭게 먹어야 한다는 것이다. 또한 매우 푸짐한 메뉴이므로 식사 후에는 낮잠을 한숨 자는 것이 좋다.

브라질
전통 음식

TASTED ☐

POM

폼

수리남은 브라질, 프랑스령 기아나와 국경을 맞대고 있는 남아메리카의 작은 국가다. 남아메리카, 아프리카, 아시아, 유럽은 물론 많은 유대인 인구의 영향으로 매우 다양한 인구 구성을 보인다. 유대인은 이제 대부분 이 나라를 떠났지만 그들의 요리 전통은 남아 있다. 폼은 휴일에 주로 먹는 인기 있는 음식이다. 원래 감자로 만들었지만 포르투갈계 유대인이 감자 대신 현지의 뿌

수리남
전통 음식

TASTED ☐

리채소인 폼타예pomtajer를 사용하기 시작했다.

　폼은 감귤큐토 맛을 낸 닭고기 스튜로 토마토와 양파를 넣어 요리한 폼타예를 위아래로 한 켜씩 깔아 만든다. 수리남은 1975년까지 네덜란드의 식민지였기 때문에 폼은 네덜란드에서도 인기가 있으며, 식당 메뉴로는 물론 길거리 음식으로도 눈에 많이 띈다.

토르타 데 아툰 TORTA DE ATÚN

콜롬비아
전통 음식

TASTED ☐

토르타 데 아툰('참치 케이크')은 남아메리카 전역에서 인기 있는 음식으로 나라마다 크러스트가 있기도 하고 없기도 하는 등 레시피가 다르다. 콜롬비아에서는 크러스트 없이 참치, 달걀, 토마토만 가지고 만든다.

토르타 데 아툰 4인분

재료 · 식물성 오일 3큰술, 샬롯 2개, 토마토 2개, 마늘 1쪽, 흰다랑어 통조림 500g, 빵가루 1과 1/2컵(150g), 달걀 3개, 우유 3큰술, 소금, 후추

- 팬에 오일을 두르고 달군 다음 다진 샬롯을 넣고 노릇노릇하게 볶는다. 토마토와 다진 마늘을 넣어서 졸인다. 대형 볼에 참치를 잘게 부숴서 넣고 빵가루를 더해서 잘 섞는다. 달걀을 풀어서 넣은 다음 잘 섞어서 토마토 팬에 붓는다. 우유 약간과 소금, 후추를 넣는다. 잘 섞은 다음 불에서 내린다.
- 오븐을 180℃로 예열한다. 케이크 틀에 빵가루를 얇게 한 켜 깐 다음 참치 혼합물을 그 위에 얹는다. 30분간 구운 다음 식혀서 틀을 제거한다. 샐러드를 곁들여서 따뜻하게 낸다.

acai BOWL

아사이 볼

브라질
디저트
TASTED ☐

포르투갈어로 아사이 나 티젤라acai na tigela('그릇에 담은 아사이')
라고 불리는 아사이 볼은 아마존의 과일인 아사이베리의 과육
으로 만드는 전형적인 브라질 디저트다. 원래 브라질 북부 지역
에서 주로 먹으며 말린 새우와 타피오카 전분을 섞은 짭짤한 음
식이었지만 이제는 그래놀라를 뿌리거나 과일을 얹어서 달콤하
게 먹는다. 간식이나 디저트, 심지어 아침 식사로도 먹을 수 있다.

아사이 볼은 스무디와 비슷한 질감에 블랙베리와 초콜릿을
섞은 듯한 감미로운 맛이 난다. 맛도 맛이지만 아사이 볼이 인기
를 얻게 된 것은 아주 건강한 음식이기 때문이다.

요리의 주재료인 아사이베리는 야자수에 무리를 지어 열리
는 짙은 자주색의 작은 과일이다. 크기는 약 2센티미터 정도로
씨앗이 크고 식용 가능한 과육은 고작 1밀리미터 두께밖에 되
지 않는다. 그래서 보통 생과일이 아닌 퓌레나 냉동 상태로 유통
한다. 아사이베리는 아마존의 가난한 농촌 지역에서 주로 먹던
1980년대까지는 저렴했지만 이제 슈퍼 푸드로 인식되면서 미국
에서 크게 인기를 끌어 연간 거의 20억 달러에 해당하는 규모의
시장을 형성하고 있다.

DULCE DE LECHE

둘세 데 레체

아르헨티나,
우루과이
디저트
TASTED ☐

대부분 국가에서는 우유와 설탕을 섞어서 끓인 것은 '캐러멜'이
라고 부른다. 하지만 아르헨티나인은 캐러멜 향이 강하고 질감
이 부드러운 스프레드 둘세 데 레체('우유의 단맛')로 새로운 차원
의 달콤함을 구현해냈다. 둘세 데 레체는 전통적으로 구리 주전
자에 우유와 그 절반 중량의 설탕을 넣고 끈적끈적한 갈색 페이

스트가 될 때까지 천천히 익혀서 만든다.

조리법의 기원은 정확히 알려지시 않았으며 남아메리카의 여러 국가가 서로 원조라고 주장한다. 콜롬비아와 베네수엘라에서는 아레키페arequipe, 칠레와 페루에서는 만사르manjar, 멕시코에서는 카에타cajeta 등 나라마다 다른 이름으로 부르며 아르헨티나와 우루과이에서 가장 인기가 좋다. 둘세 데 레체는 스프레드나 토핑으로 먹기도 하지만 특히 아이스크림 등 여러 디저트의 재료로 사용한다. 이 지역 아이스크림 노점에서는 다양한 둘세 데 레체 맛을 골라서 먹을 수 있다.

코세레바   KOSEREVA

파라과이
디저트

TASTED ☐

코세레바는 현지에서는 아페푸apepu라 불리는 비터 오렌지 품종과 설탕, 당밀로 만드는 달콤한 음식이다. 오랜 시간 바다를 항해할 때 필요한 비타민 C 공급원으로 당밀을 가득 채운 통에 오렌지를 보관하곤 하던 스페인 관습에서 비롯된 조리법이다. 이후 파라과이에서 매우 인기를 끌게 되었다.

코세레바는 가벼운 산미가 도는 단맛이 나며 연질 치즈와 특히 잘 어울린다. 잼으로 사용하거나 디저트와 짭짤한 음식에 넣을 수 있다.

아야와스카   AYAHUASCA

페루
음료

TASTED ☐

아야와스카는 종교의식에 사용했던 환각성 음료다. 영혼과 접촉할 수 있는 몽롱한 의식 상태로 바꾸기 위한 용도로 썼다.

아야와스카의 효과는 4시간에서 8시간까지 지속되며 환각을 보거나 신체와 유리되는 기분이 들고 동물로 환생한 느낌이 들게 하기도 한다. 환각 물질이 들어 있는 아야와스카 덩굴에 그와 비슷한 다른 덩굴(지역에 따라 샤크루나chacruna 또는 샤그로팡가chagropanga)을 섞어서 환각 효과를 낸다. 덩굴의 껍질을 이용해서 차를 우리며 주술사마다 저만의 비밀 재료를 추가한다.

아야와스카 의식은 아주 오래된 전통에서 비롯된 것이다. 원래는 치료 목적으로 사용했다. 주술사가 질병의 근원을 알아내거나 영혼과 소통하여 미래를 예측하기 위해 이 음료를 마시고 가수면 상태에 빠졌다.

어둠 속에서 환각 효과가 더 커지기 때문에 의식은 보통 어둠 속에서 진행한다. 주술사는 살짝 유백색을 띠고 쓴맛이 도는 술을 준비한다. 참가자는 술을 마신 다음 제자리에 앉는다. 덩굴이 효과를 발휘하는 동안 주술사는 의식 음악을 튼다. 수 분이 지나면 점점 어지럽고 메스꺼운 느낌이 들면서 따끔거리는 감각이 느껴진다. 참가자는 다채로운 환상과 함께 여러 환각 과정을 거치며 모든 감각이 상실되는 느낌에서 악몽, 공허한 기분, 죽는 느낌 등을 경험한다. 의식이 끝날 무렵 음료의 효과가 사라지면 기분 좋은 상태로 돌아온다.

아야와스카는 한때 주술사와 그 보조자만을 위한 음료였다. 하지만 유명해지면서 관광객을 위한 의식이 점점 늘어나 다른 이도 마시고 그 효과를 느낄 수 있게 되었다. 그러나 가볍게 받아들여서는 안 되는 음식이다. 신체에 강력한 영향을 미치며 모든 의식이 끝나기까지 최소 8시간이 소요된다.

카이피리냐 CAIPIRINHA

브라질

음료

TASTED ☐

카이피리냐는 카샤사cachaça, 라임, 황설탕으로 만드는 유명한 브라질 칵테일이다. 하루 중 아무 때나 마실 수 있으며 특히 페이조아다(595쪽 참조)처럼 푸짐한 식사를 하기 전에 즐겨 마신다.

카샤사는 사탕수수로 만드는 브라질의 증류주다. 럼의 사촌 격으로 동일한 재료를 사용하지만 제조 과정이 다르다. 카샤사는 발효시킨 사탕수수즙을 증류시켜서 만든다. 럼은 사탕수수를 끓여서 얻은 시럽인 당밀을 이용해서 만든다.

또한 카샤사는 일반적으로 숙성시키지 않으며 80프루프(도수 40퍼센트)의 맑은 증류주로 판매한다. 카샤사는 브라질에서 가장 많이 마시는 증류주지만 생산량의 1퍼센트만 수출하기 때문에 해외에서는 거의 구할 수 없다.

카이피리냐 1잔

재료 · 라임 1/2개, 황설탕 1큰술, 얼음, 카샤사 5큰술(74ml)

· 라임은 웨지 모양으로 썬다. 바닥이 평평한 유리잔에 손으로 라임 조각을 짠 다음 잔 안에 떨어뜨린다. 황설탕을 더해서 숟가락으로 잘 섞는다. 얼음을 넣고 카샤사를 붓는다.

치차 모라다 CHICHA MORADA

페루

음료

TASTED ☐

치차 모라다는 보라색 옥수수로 만드는 페루의 전통 음료다. 보라색 옥수수에 시나몬과 정향을 약간 넣어서 아름다운 보라색을 띠고 옅은 옥수수 풍미가 느껴진다. 보통 설탕, 레몬, 얼음을 넣어서 차갑게 마시지만 겨울에는 따뜻하게 마실 수도 있다.

보라색 옥수수는 페루에서 재배하는 수백 가지 옥수수 품종 중 하나다. 가지 특유의 색을 내는 안토시아닌이 들어 있어 보라색을 띤다. 보라색 옥수수로 디저트를 만들기도 하는데, 말린 과일(사과, 자두, 모과, 살구, 건포도)을 섞고 감자 전분으로 질감을, 향신료(시나몬과 정향)로 맛을 내면 인기 메뉴 마사모라 모라다mazamorra morada가 된다.

COLCHAGUA VALLEY WINE

콜차과 밸리 와인

칠레
음료

TASTED ☐

칠레의 와인 양조 역사는 16세기 중반에 스페인 선교사가 미사용 와인을 만들기 위해 포도나무를 심으면서 시작되었다. 산티아고 주변의 수도원에서 재배한 최초의 포도는 멕시코가 원산지인 파이스país라는 품종이었다. 이후 칠레 북부에서 남부까지 포도나무가 자랄 수 있는 모든 지역으로 포도 재배가 확장되어 포도 경작지의 최남단과 최북단 거리가 1000킬로미터 이상이 되기에 이르렀다.

칠레 와인은 원래 품질이 그다지 좋지 않았으나 19세기에 프랑스 와인 생산업자가 칠레에 관심을 가지고 보르도 지역에서 수입한 포도나무를 심기 시작하면서 상황이 바뀌었다. 보르도 스타일의 칠레 레드 와인은 산티아고에서 남쪽으로 약 150킬로미터 정도 떨어진 콜차과colchagua 계곡에서 그 잠재력을 최대로 발휘한다.

오늘날 콜차과 계곡은 산디아고 북쪽의 마이포와 너불어 칠레 최고의 포도원으로 손꼽힌다. 기본적으로 온화하지만 겨울이면 서늘하고 햇볕이 충분한 기후와 화강암이 풍부한 토양이 특히 포도나무에 잘 맞아서 포도를 재배하기에 아주 적합한 지역이다. 여기서는 주로 카르메네르carmenere(19세기 후반 필록세라가 발병하며 프랑스에서는 사라진 품종으로 메를로처럼 보르도가 원산지다)와 카베르네 소비뇽, 말벡, 시라를 재배한다. 콜차과 밸리 와인은 풀바디에 붉은 과실과 검은 과실 향이 감돌며 가벼운 허브 풍미가 느껴진다.

피스코 사워

페루
음료

TASTED ☐

피스코 사워는 페루의 국민 칵테일이다. 피스코(브랜디)와 레몬즙, 설탕, 달걀흰자를 셰이커에 넣고 얼음을 섞어서 거품이 일 때까지 흔들어서 만든다. 그런 다음 잔에 따르고 트리니다드 토바고에서 생산하는 앙고스투라 비터스(552쪽 참조)를 몇 방울 떨어뜨린다.

피스코 사워는 1920년대에 리마의 모리스 바에서 처음 탄생한 후 페루와 칠레에서 큰 인기를 끌었다. 레시피에 들어가는 피스코는 포도로 만드는 전통 증류주로 이탈리아의 그라파와 매우 비슷하지만 그라파는 씨와 껍질을 비롯한 포도의 모든 부분을 사용하는 반면 피스코는 포도즙으로 만든다. 피스코는 보통 80프루프(도수 40퍼센트)의 주정으로 판매한다. 그냥 마시기도 하지만 칵테일에 사용하는 경우가 더 많다.

예르바 마테

아랍 세계의 커피, 중국의 차, 아마존의 예르바 마테 등은 잠을 깨고 정신을 차리려고 마시는 음료로, 셋 다 카페인이 함유되어 있다.

주로 약칭인 마테라는 이름으로 통용되는 예르바 마테는 과라니족의 전통 음료로 잎을 건조한 후 분쇄해서 허브차처럼 우려 만든다. 예르바 마테의 잎은 찻잎처럼 수확 후에 가볍게 로스팅해서 발효를 막은 다음 대형 마대에 담아서 1년간 숙성시킨 후 판매한다.

마테는 칠레, 아르헨티나, 우루과이, 파라과이에서 특히 인기가 높아서 커피보다 많이 마신다. 이 나라들에서는 찻잎 조각을 들이마시지 않도록 필터가 붙은 봄비야bombilla라는 작은 금속 빨대로 마테를 마신다. 박에 잘게 부순 잎을 채운 다음 뜨거운 물을 붓고 빨대로 마시는 것이다. 보통 같은 잎을 10번 정도 우린 다음 버리고 새로운 잎을 채운다.

마테는 약간 쓴맛이 나는 독특한 허브차다. 혼자서 마시기도 하지만 친교용 음료기도 해서 컵을 옆 사람에게 돌리면서 같은 빨대로 나누어 마시는 것이 관습이다.

유럽인이 신대륙을 정복한 후 발견한 모든 식물 중에서 가장 중요한 것이 감자다. 세계에서 가장 많이 재배하는 식물에 속하며 곡물 다음으로 인류에게 중요한 식량 공급원이다. 감자는 매년 약 3억 8000만 톤이 생산된다. 주요 생산국은 중국(전체 생산량의 25퍼센트), 인도(12퍼센트), 러시아(8퍼센트), 우크라이나(6퍼센트)다. 감자가 특히 중요한 역할을 하는 나라는 우크라이나로 1인당 연간 140킬로그램을 소비하여 전체 소비량 2위를 기록한다. 그보다 감자를 많이 먹는 나라는 1인당 연간 190킬로그램을 소비하는 벨라루스뿐이다.

감자는 거의 1만 년 전 남아메리카에 인류가 최초로 발을 들였을 때부터 재배되었으며, 페루 남부의 안데스산맥에서 시작되어 대륙 전체로 점차 퍼져 나갔을 것으로 추측한다. 최초의 감자에는 식물이 서리를 견딜 수 있게 하면서 독성이 있는 화합물 글리코알칼로이드가 들어 있었다. 그래서 고대에는 감자를 영하의 온도에 노출해 냉동시킨 다음 날씨가 따뜻해지면 햇볕에 말려서 독성을 제거해 먹었다. 그러나 수 세기 동안 독성이 가장 적은 품종을 재배하면서 독이 거의 없는 감자가 남게 되었다. 하지만 싹에는 아직 독성이 있기 때문에 싹이 난 감자는 먹으면 안 된다.

1531년 잉카 문명과 접촉한 스페인 정복자는 이들이 옥수수와 더불어 주식으로 삼았던 파파스papas라는 덩이줄기를 발견했다. 그 중 일부가 16세기에 유럽으로 건너갔지만 처음에는 스페인, 영국, 아일랜드에서 조금씩 재배되었으며 18세기 후반이 되어서야 대규모 재배가 시작되었다. 감자가 북아메리카에 전해진 것은 유럽 정착민 덕분으로 미국에는 1621년, 캐나다에는 1762년에 처음 들어왔다.

유럽에서는 영양가 높은 감자가 기근의 해결책이 되어주리라 믿은 프랑스 과학자 앙투안 파르망티에Antoine Parmentier(1737~

1813)의 연구 덕분에 감자 재배가 발전했다. 아일랜드에서는 그 어떤 식물보다도 감자 재배가 압도적이었으며, 국가 전체가 감자에 전적으로 의존하기 시작했다. 그러다 1845년에서 1851년에 걸쳐 질병이 휩쓸고 지나가며 감자 생산량이 급감하자 재앙이 벌어졌다. 아일랜드에서만 100만 명이 넘는 사망자가 나왔으며 200만 명이 나라를 떠나(대부분 미국으로 향했다) 인구가 25퍼센트나 감소했다. 오늘날 아일랜드 인구는 약 700만 명으로, 아직도 대기근으로 인한 인구 감소를 회복하지 못했다(이전 인구는 약 800만 명이었다).

비록 감자 재배가 아일랜드에 재앙과 같은 사태를 불러일으켰으나, 19세기의 유럽을 강대국으로 만드는 데에는 중요한 역할을 했다. 비교적 소규모 농업으로 더 많은 인구를 먹여 살리는 감자 덕분에 산업 혁명이 가능해진 것이다. 1750년에서 1900년까지 유럽 인구가 1억 4000만 명에서 4억 2000만 명으로 세 배나 증가한 것은 감자의 높은 식량 가용성과 직접적으로 연관이 있다.

감자는 전 세계적으로 4500개 이상의 품종이 존재한다. 일부는 전분 제조의 원재료로 쓰이며 그 외에는 동물 사료와 사람이 먹기 위한 용도로 사용한다. 미국에서 매우 인기 있는 품종은 1851년에 만들어진 러싯 버뱅크russet burbank로 현재 미국 내 감자 가공품의 70퍼센트를 차지하고 있으며, 특히 프렌치프라이에 사용된다.

감자는 삶거나 으깨고 튀기는 등 다양한 방법으로 요리할 수 있으며, 캐나다의 푸틴(530쪽 참조)이나 스위스의 뢰스티, 이탈리아의 뇨키 등 여러 요리에 쓰인다.

오세아니아

OCEANIA

오세아니아는 호주와 뉴질랜드, 피지는 물론 미국 영토인 하와이와 괌까지 포함하는 남태평양의 지리적 명칭이다. 오세아니아 요리는 원주민과 유럽 정착민의 요리 전통이 만나 만들어졌다. 영국 출신이 인구의 대다수를 차지하는 호주와 뉴질랜드에서는 으깬 완두콩이나 베지마이트라는 악명 높은 효모 추출물 등 영국 요리의 영향이 매우 두드러진다. 그러나 오늘날 이들 국가는 아시아 이민자의 영향을 점점 더 많이 받고 있다.

호주는 유럽인이 정착하기 전까지는 수렵 채집 사회였으며 재배하는 작물이 거의 없었다. 현재 대규모로 경작되는 자생식물은 마카다미아뿐이다. 뉴질랜드의 주요 작물인 키위는 사실 중국이 원산지로 20세기 초가 되어서야 뉴질랜드에서 재배되기 시작했다.

호주와 뉴질랜드에서는 식민지화를 거치면서 원주민의 요리 전통이 거의 사라졌다. 일부에서 '부시 터커bush tucker'라고 칭하며 전통 음식의 명맥을 이어가려 하고 있지만 접하기 힘든 편이며, 원주민 요리를 전문적으로 하는 레스토랑은 드물다. 가장 눈에 띄는 부시 터커 식재료는 꿀벌레큰나방 애벌레, 꿀단지개미 등 곤충이나 고아나(도마뱀), 캥거루 등의 야생동물, 일라와라 플럼과 핑거 라임 등 야생 과일 정도다.

그 외 오세아니아 국가는 전통 폴리네시아 조리법과 코코넛, 타로가 들어간 음식이 특징이다. 아직도 땅속 화덕에서 음식을 요리하는 풍습이 남아 있다. 많은 사람이 모이는 축제에서는 돼지 한 마리를 땅속 화덕에서 굽는 모습도 그리 드물지 않게 볼 수 있다.

핑거 라임　　　　　FINGER LIME

호주
과일과 채소
TASTED ☐

핑거 라임은 약 5~7센티미터 크기의 작은 오이처럼 생긴 감귤류 과일이다. 색깔은 품종에 따라 녹색에서 갈색까지 다양하며, 과육은 철갑상어알 크기에 노란색과 분홍색 등 작고 반투명한 알갱이로 이루어져 있어 '캐비아 라임'이라고도 불린다. 이 작은 알갱이는 레몬과 자몽을 교배한 듯한 섬세한 향이 나며 혀 위에서 톡톡 터지는 독특한 질감을 선사한다.

핑거 라임은 주로 생선 등 해산물 요리에 사용한다. 전 세계의 셰프 사이에 높은 인기를 누리고 있지만 공급이 제한적이라 가장 비싼 감귤류에 속한다.

그래니 스미스　　GRANNY SMITH APPLE
사과

호주
과일과 채소
TASTED ☐

아름다운 녹색에 새콤한 맛이 나는 그래니 스미스 사과는 누구나 알고 있는 유명한 품종이다. 하지만 원산지가 호주이며 여러 우연이 겹친 행운의 결과라는 사실을 아는 사람은 많지 않다.

그래니 스미스의 탄생은 가난한 영국 농부 마리아 앤 스미스가 정착 정책의 일환으로 남편과 함께 호주로 이주한 1838년으로 거슬러 올라간다. 스미스 부부는 시드니 근처에 정착하여 과일과 채소를 재배하기 시작했다.

어느 날 마리아 앤 스미스는 실수로 정원에 사과 심 하나를 떨어뜨렸다. 이후 그곳에서 나무 한 그루가 자라나면서 다 익어도 녹색과 새콤한 맛을 유지하는 독특한 사과가 열리기 시작했다.

이 새로운 사과에 대해서는 스미스가 떨어뜨린 사과와 현지의 야생 사과가 우연히 교배되며 최초의 그래니 스미스 사과가 탄생한 것이라는 가설이 가장 유력하다.

이 새로운 사과에 대한 관심이 높아지면서 대규모 재배가 시작되었다. 그리고 1870년 마리아 앤 스미스가 사망하면서 그녀의 이름을 따 그래니 스미스(스미스 할머니)라는 이름이 붙었다. 이 품종은 긴 해상 여정 동안 보관 및 운송이 가능했기 때문에 제1차 세계대전 때 호주 군인들에게 보급되었다. 이후 그래니 스미스 사과는 유럽에서 빠르게 인기를 얻었으며, 현재 세계에서 가장 많이 재배되는 품종 중 하나가 되었다. 사과는 접목해서 재배하기 때문에 전 세계에서 소비되는 수백만 개의 그래니 스미스 사과는 옛날 그 소박한 정원에서 탄생했던 최초의 사과의 클론인 셈이다.

일라와라 플럼

ILLAWARRA PLUM

일라와라 플럼은 호주가 원산지인 포도처럼 생긴 과일이다. 원주민과 유럽 정착민에게 모두 사랑받은 일라와라 플럼은 호주 토종 재료를 사용하는 부시 요리의 상징적인 요소가 되었다.

일라와라 플럼은 씨가 열매 밖에서 자라난 후 수확기가 되면 떨어져 나가기 때문에 과육 속에는 씨앗도 핵도 들어 있지 않다. 블루베리보다 항산화 물질이 다섯 배나 많으며 항암 효과가 있어 슈퍼 푸드로 분류된다.

일라와라 플럼은 자두와 식물학적 연관은 없으나 맛은 비슷한 편이며 수지 풍미가 난다는 특징이 있다. 날것으로 먹을 수 있지만 대체로 잼이나 소스를 만들며 주로 양고기 요리에 곁들인다.

호주
과일과 채소
TASTED ☐

키위

뉴질랜드
과일과 채소

TASTED ☐

많은 이의 예상과 달리 키위의 원산지는 뉴질랜드가 아니라 중국이다. 재배 역사가 1000년이 넘어가기 때문에 오랫동안 '중국 구스베리chinese gooseberry'라고 불렸다. 뉴질랜드에 최초로 키위 묘목을 심은 것은 1904년의 일이다. 1959년에 키위 과일의 껍질과 비슷한 갈색 깃털을 지닌 날지 못하는 새의 명칭을 따서 키위라는 이름을 붙이면서 뉴질랜드와 인연이 깊은 과일이 되었다. 그러나 뉴질랜드는 키위 생산량에서 중국, 심지어 이탈리아에도 밀려서 3위에 그치고 있다.

키위는 보송보송한 갈색 껍질로 뒤덮인 길이 약 8센티미터 크기의 작은 타원형 과일이다. 가운데는 옅고 가장자리로 갈수록 짙어지는 녹색 속살에는 먹을 수 있는 작고 까만 씨앗이 점점이 박혀 있다. 과육이 빨간색이나 노란색을 띠는 품종도 있다. 키위는 보통 생과일로 먹지만 달콤한 디저트는 물론 짭짤한 음식에도 사용하며 특히 해산물에 잘 어울린다.

마카다미아

호주
과일과 채소

TASTED ☐

마카다미아는 호주가 원산지인 식물로 5000년 이상 재배되고 있다. 식용하는 씨앗 부분은 지방과 탄수화물이 매우 풍부해서 100그램당 740칼로리에 이른다.

마카다미아는 단단하고 매끄러운 껍데기에 싸인 둥근 아몬드처럼 생겼으며, 잘 익으면 이를 둘러싼 주머니처럼 얇은 녹색 껍질이 밤송이처럼 열리면서 속이 드러난다. 껍데기가 워낙 딱딱해서 이걸 깨뜨리고 속에 들어 있는 견과류를 먹을 수 있는 존재는 인간 외에 몇몇 종의 앵무새 정도다. 주요 생산국은 여전히 호주이며 남아프리카공화국을 비롯한 여러 다른 국가에서도 재배되고 있다.

알맹이는 날것으로 먹을 수 있으며 아몬드와 코코넛을 섞은 듯한 부드러운 맛이 난다. 하지만 대부분 가공해서 헤이즐넛에 가까운 풍미가 강렬한 말린 견과류로 판매한다. 마카다미아는 간식으로도 먹을 수 있고 잘게 부숴서 아이스크림이나 쿠키에 뿌리기도 한다.

TARO

타로

피지
과일과 채소
TASTED ☐

타로는 남반구, 특히 뉴기니에서 폴리네시아에 이르는 태평양 지역의 주식이다. 세계에서 가장 오래된 재배 식물 중 하나로 인도에서 발견된 타로 흔적은 약 7000년 전의 것이다. 타로의 원산지는 인도네시아로 추정되며, 말레이시아와 인도 전역으로 널리 퍼져 나간 후 이집트를 거쳐 아프리카 대륙에 도달했을 것이다. 오늘날 타로는 아프리카의 중요한 식량이며 세계 최고의 타로 생산국은 나이지리아다.

과육이 분홍색을 띠는 큼직한 알뿌리 부분을 식용하며, 고구마와 비슷한 맛이 나지만 질감은 더 건조하다. 타로는 독성이 있기 때문에 반드시 익혀서 먹어야 한다. 사이드 메뉴로 내거나 가루로 만들어 빵을 굽기도 한다. 어린 타로 싹도 식용 가능하여 시금치처럼 조리해 먹는다.

태즈메이니안 페퍼베리

TASMANIAN PEPPERBERRY

호주

향신료와 양념

TASTED ☐

통후추 크기의 작은 열매가 나는 태즈메이니안 페퍼베리는 산에서 나는 후추라는 뜻으로 '마운틴 페퍼'라고 불리기도 하지만 사실 후추와는 관련이 없다. 매우 복잡한 향과 풍미를 지니고 있어 더없이 다재다능한 향신료다. 살짝 달콤하며 주니퍼베리가 연상되는 첫맛에 이어 점점 맵싸한 나무 향이 도드라지며 혀의 감각을 살짝 마비시킨다.

호주 남부 태즈메이니아섬의 아주 좁은 지역에서 자생하며, 호주 원주민은 야생 열매를 수확해 전통 요리에 써왔다. 최근 들어 주목받고 있지만 생산량이 연간 5톤 미만으로 적은 편이다. 육류나 생선의 절임액에 아주 잘 어울린다. 요리에 이국적인 풍미는 물론 아름다운 보라색을 더해준다.

코코넛 크랩

COCONUT CRAB

투발루

해산물

TASTED ☐

코코넛 크랩은 사실 게와는 관련이 없으며 소라게 계열에 속한다. 대부분의 소라게보다 훨씬 커서 랍스터만한 크기에 무게도 최대 4킬로그램에 육박한다. 인도양과 태평양의 열대 섬에 서식하며 코코넛을 먹고 살기 때문에 코코넛 크랩이라는 이름이 붙었다. 폐와 아가미로 공기 호흡을 할 수 있으나 폐에 수분을 공급하기 위해서 정기적으로 바다로 돌아가야 한다. 물에 너무 오래 들어가 있어도 죽을 수 있지만 물에 못 들어가도

죽는다.

코코넛 크랩은 많은 태평양 섬에서 인기 있는 식재료로, 특히 인구가 1만 명에 불과한 투발루에서 널리 먹는다. 코코넛 크랩은 보통 코코넛 밀크에 삶거나 익혀서 조리한다. 가장 귀한 부위는 다리와 집게발이지만 몸통의 살점도 식용한다.

LIMPET

삿갓조개

하와이
해산물
TASTED ☐

하와이에서는 오피히opihi라고 불리는 삿갓조개는 작은 원뿔처럼 생긴 껍데기 하나로 이루어진 복족강 동물이다. 삿갓조개는 바위에 단단히 붙어서 해조류를 먹으며 살아간다. 대부분 고정된 위치에 붙어 있지만 더 나은 장소를 찾아야 할 때는 천천히 이동하기도 한다. 물 밖에서는 호흡할 수 없지만 껍데기 속에 바닷물을 소량 담아둘 수 있기 때문에 썰물 때 물이 빠져도 견딜 수 있다.

하와이에는 세 종류의 삿갓조개가 서식하며 모두 고유종이다. 가장 흔하고 수확하기 쉬운 종은 해수면 위의 암석에 서식하는 블랙풋이다. 최고 3미터 깊이의 해저에 서식하는 자이언트 림펫은 최대 10센티미터까지 자라난다. 섬세하고 짭짤한 맛으로 미식가에게 가장 사랑받는 종은 옐로풋이다.

삿갓조개는 바람 부는 바위 해안에서 자라며 사람이 직접 손으로 따야 하기 때문에 채취 과정이 위험하다. 게다가 야생 삿갓조개의 개체 수가 줄어들고 있어 양식 기술을 개발하는 중이다. 조만간 양식 삿갓조개를 시장에서 만나 볼 수 있을 것이다.

삿갓조개는 날것으로 먹기도 하고 조리할 수도 있다. 달팽이와 비슷한 질감에 섬세한 바다의 풍미가 느껴진다. 날것으로 먹을 때는 굴처럼 레몬즙을 살짝 뿌리고, 포케(619쪽 참조)에 들어가기도 한다. 익힐 때는 주로 그릴을 이용하며, 버터와 간장소스를 뿌리기도 한다.

고아나   GOANNA

호주
육류

TASTED ☐

고아나는 최대 2미터까지 자라는 대형 도마뱀이다. 이런 도마뱀을 먹는다는 게 말도 안 되는 소리처럼 들릴지도 모르지만 고아나는 전통적인 호주 원주민 식단의 일부였다.

탐욕스러운 육식동물인 고아나는 땅에 구멍을 파서 저절로 떨어질 때까지 기다렸다가 포획한다. 전통적으로 주둥이를 통해서 갈고리를 걸어 내장을 제거한 다음 통째로 불 위에서 굽는다. 비늘이 달린 가죽은 익히고 나면 쉽게 제거할 수 있다. 고아나는 닭고기와 맛이 비슷하지만 더 기름지고 단맛이 진하며 닭고기와 흰 살 생선을 섞은 듯한 질감이 특징이다. 가장 귀한 부위는 기름기가 많은 꼬리다.

꿀단지개미   HONEYPOT ANT

호주
육류

TASTED ☐

꿀단지개미는 일개미가 살아 있는 식량 저장고 형태로 진화한 것으로, 개미의 변종에 속한다. 이 개미는 다른 개미가 끊임없이 공급하는 먹이를 먹으며 복부를 점점 부풀린다. 작은 포도 크기가 될 때까지 부풀어 오르다 움직일 수 없게 되면 미동 없이 같은 자리에 머무른다. 그러다 식량이 부족해지면 내장 속 내용물을 역류시켜서 다른 일개미에게 먹인다.

호주 원주민은 꿀단지개미의 복부에 들어 있는 달콤한 액체를 활용해왔다. 꿀단지개미 채취는 여성들의 일이었다. 개미집을 발견하면 흙을 긁어서 개미집 입구를 찾아낸다. 그리고 깊은 지하에 파묻혀 있는 개미 군락이 드러날 때까지 땅을 판다. 꿀단지개미를 발견하면 조심스럽게 꺼낸 다음 구멍을 다시 메워서 개미 군락이 그대로 유지되도록 한다.

다른 식용 개미는 통째로 먹지만 꿀단지개미는 복부 내의 액체만 식용한다. 먹을 때는 개미 대가리를 잡고 통통하게 부풀어 오른 복부를 혀에 대고 터트려 꿀과 비슷한 달콤한 액체를 맛본다.

KANGAROO

캥거루

호주
육류
TASTED ☐

캥거루 고기는 오랫동안 호주 원주민이 창이나 부메랑을 이용해서 사냥하여 얻어낸 야생 육류였다. 오늘날에는 야생 캥거루의 개체 수 관리를 위해 규제하에 거래되고 있다. 매년 수백만 마리의 캥거루가 합법적으로 사냥된다.

캥거루 고기는 단백질이 풍부하고 지방이 매우 적다(2퍼센트 미만). 질감이 아주 부드러우며 야생 육류의 풍미가 돌고 담백한 소고기 부위와 비슷한 맛이 난다. 모든 사람이 즐겨 먹지는 않아서 주기적으로 캥거루 고기를 먹는 호주인은 8명 중 1명꼴이지만, 호주 정육점과 슈퍼마켓에서는 스테이크용이나 다짐육, 소시지 등으로 캥거루 고기를 쉽게 구할 수 있다. 캥거루는 천적이 없어서 개체 수가 호주 인구의 두 배가 넘어가며, 호주 정부에서는 캥거루 개체 수 조절을 위해 캥거루 고기 소비를 장려하고 있다.

꿀벌레큰나방 애벌레   WITCHETTY GRUB

호주
육류
TASTED ☐

호주에서는 18세기 후반 유럽인들이 정착하기 전까지 식충 문화가 널리 퍼져 있었다. 식용 곤충 중에서도 꿀벌레큰나방 애벌레는 특히 사막 거주민에게 중요한 단백질과 지방 공급원이었다.

꿀벌레큰나방 애벌레는 대형종 나방의 유충이다. 길이는 보통 8센티미터가량이며 호주 중부에서 자라는 다양한 아카시아를 먹고 자란다. 호주인도 대부분 꿀벌레큰나방 애벌레를 먹어본 적이 없지만, 원주민 인구가 많은 지역에서는 전통 음식으로 남아 있다. 이들 지역에서는 애벌레가 많이 나오는 11~1월에 마을 여성과 아이들이 애벌레를 잡으러 다니는데, 한 나무에서 서른 마리씩 잡는 것도 드문 일이 아니다.

꿀벌레큰나방 애벌레는 보통 머리만 잘라내고 날것으로 먹는다. 삶은 달걀흰자와 비슷한 맛이 나지만 질감이 조금 더 액체에 가깝고 아몬드 향을 풍긴다. 구워 먹기도 하는데 구우면 껍질은 바삭바삭하고 속은 여전히 촉촉하다. 질감은 팝콘과 비슷하고 달걀과 닭고기를 섞은 듯한 맛이 난다.

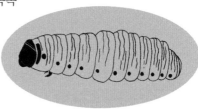

파이 플로터   PIE FLOATER

호주
길거리 음식
TASTED ☐

파이 플로터는 완두콩 수프 위에 작은 미트 파이를 띄운 것으로, 호주 남부에서 특히 인기 있는 간식이다.

미트 파이는 호주와 뉴질랜드에서 인기가 좋은 길거리 음식으로, 보통 1개월에 하나는 먹기 때문에 국민 간식으로 여겨진다. 그레이비를 섞은 다진 고기에 버섯, 양파, 치즈 등을 섞어서 넣고 크러스트가 덮인 밀봉된 파이 형태로 굽는다. 럭비와 매우 밀접하게 연관되어 있어서 럭비 시즌이면 경기장이나 집에서 경기를 보면서 미트 파이를 먹는다.

미트 파이는 대부분의 패스트푸드점이나 슈퍼마켓에서 구할 수 있지만 가장 정통의 맛을 느끼고 싶다면 전문 파이 카트에서 구입해야 한다. 미트 파이에 완두콩 수프를 곁들이는 것은 영국 요리의 영향으로, 으깬 완두콩(212쪽 참조)이 특히 인기가 좋다. 파이 플로터는 보통 토마토소스나 민트소스, 식초 등으로 양념한다.

BAT SOUP

박쥐 수프

박쥐는 괌과 팔라우군도를 포함한 태평양 일부 지역의 전통적인 식재료다. 태국과 베트남, 라오스, 인도네시아 등 일부 아시아 국가에서도 박쥐를 먹으며 아프리카, 특히 상투메 프린시페에서는 특별한 날 먹는 음식이다.

괌,
팔라우
전통 음식
TASTED ☐

식용할 수 있는 박쥐에는 여러 종류가 있다. 클수록 먹을 수 있는 부분이 많기 때문에 큰 박쥐가 인기가 좋다. 수프 재료로는 무게가 최대 500그램까지 나가는 마리아나과일박쥐의 인기가 높다.

박쥐 수프를 만들려면 우선 박쥐를 양파와 마늘, 생강으로 만든 향긋한 국물에 통째로 삶아야 한다. 익으면 건져서 날개와 대가리, 꼬리, 껍질과 내장을 제거한다. 그리고 살점만 발라내서 다시 국물에 넣는다. 흔히 코코넛 밀크를 첨가하고 다진 실파를 고명으로 뿌려서 먹는다.

박쥐는 기브넛(554쪽 참조) 등 남아메리카의 식용 설치류와 비슷한 맛이 난다. 서양에서 먹는 육류 중에서는 메추라기와 가깝다.

항이

**뉴질랜드
전통 음식**

TASTED ☐

항이는 사실 음식이 아니라 땅에 구덩이를 파서 재료를 넣고 찌는 조리법을 가리키는 말이다. 마오리족 전통 조리법인 항이는 사모아와 피지를 비롯한 태평양 섬들과 하와이에서도 찾아볼 수 있으며, 하와이에서는 칼루아kalua라고 부른다.

항이를 만드는 데는 오랜 시간이 걸린다. 깊이 90센티미터 정도의 구덩이를 판 다음 근처에 불을 피운다. 그 불에 화산석을 넣어서 하얗게 변할 때까지 달군다. 준비가 다 되면 구덩이에 화산석을 깔고 모든 재료(고기뿐만 아니라 감자와 고구마 등도 넣는다)를 올린 후 바나나잎으로 그 위를 덮었다. 요새는 젖은 천을 깐 철제 바구니를 주로 사용한다. 구덩이를 덮은 다음 3~4시간에 걸쳐 음식을 천천히 익힌다. 증기가 빠져나가지 않도록 가두기 때문에 음식이 촉촉하고 부드럽게 조리된다.

항이는 흔히 결혼식 등 특별한 행사 때 먹는 요리다. 손님의 규모에 따라서 양이나 돼지 한 마리를 통째로 익히기도 한다.

랍랍

**바누아투
전통 음식**

TASTED ☐

바누아투는 뉴칼레도니아 북쪽에 자리한, 80여 개 섬으로 이루어진 군도다. 오랫동안 뉴헤브리디스제도라는 이름으로 프랑스와 영국이 공동 관리했지만 현재는 독립하였고, 독특한 폴리네시아 문화를 유지하고 있다.

랍랍은 타로나 참마, 코코넛 밀크를 갈아서 만든 페이스트에 갈아낸 과일(빵나무 열매, 플랜틴), 육류(닭고기, 돼지고기, 소고기) 등 기타 재료를 넣어서 만드는 바누아투의 인기 요리다.

모든 재료를 잘 섞은 후에 극락조화와 가까운 식물인 랍랍

의 잎에 싸서 익힌다. 태평양 제도의 전통 조리법인 땅속 화덕
(616쪽 항이 참조)에 넣어 조리한다.

PALUSAMI

팔루사미

사모아
전통 음식
TASTED ☐

팔루사미는 태평양 한가운데 자리한 인구 20만 명의 작은 섬 사
모아의 전통 요리로 코코넛 밀크와 양파를 어린 타로잎으로 싼
다음 쪄서 만드는 자그마한 간식이다. 전통 폴리네시아 땅속 화
덕(616쪽 항이 참조)인 우무umu에 넣어 지하에서 익히기도 하지
만 보통은 찌거나 일반 오븐에서 굽는다. 닭고기나 생선을 넣어
서 만들기도 하는데 이 요리를 맛보지 않고서는 사모아에 다녀
왔다고 말할 수 없다.

POKE

포케

하와이
전통 음식
TASTED ☐

포케는 날생선과 달콤한 양파, 간장, 참기름으로 만드는 하와이
요리다. 전통 포케에 들어가는 재료 일부는 하와이군도 밖에서
는 구하기 어렵기 때문에 다른 지역에서 판매하는 포케는 정통
하와이 레시피와는 거리가 멀다. 그도 그럴 것이 오리지널 포케
의 독특한 맛은 현지에서 나는 해조류, 단맛이 두드러지는 마우
이산 양파, 볶아서 으깬 캔들너트candlenut로 만든 조미료인 이나
모나inamona에서 나오는 것이다.

포케는 어부들이 먹고 남은 생선을 절임액에 재워서 간식으
로 먹던 것에서 유래했다. 포케 소스는 일본 요리의 영향을 많이
받았다. 일본 이민자는 제2차 세계대전 이전에 하와이 인구의
40퍼센트를 차지하면서 광범위한 영향을 미쳤다.

전통적으로는 가다랑어(현지에서는 아쿠aku라고 부른다)를 사용하지만 참다랑어(이히ahi)나 문어(타코tako)로도 포케를 만든다. 생선을 작게 깍둑 썬 다음 간장과 참기름에 절인다. 포케는 애피타이저로 먹어왔으나 점점 주요리로 먹는 경우가 늘어나고 있다. 일본의 지라시스시처럼 절인 생선살 아래에 밥을 깔아서 내기도 한다. 하와이 밖에서도 포케의 인기가 늘어나고 있으며 현재는 미국과 유럽의 대도시에서도 쉽게 찾아볼 수 있다.

파블로바

PAVLOVA

뉴질랜드
디저트

TASTED ☐

호주와 뉴질랜드가 모두 자신이 원조라고 주장하는 디저트 파블로바는 1920년대 가장 유명한 발레리나 안나 파블로바가 투어 공연을 왔을 때 그에게 바치는 메뉴로 탄생한 것이다.

파블로바는 머랭에 휘핑크림을 채우고 신선한 과일을 얹어서 만든다. 전통적으로는 베리류(딸기, 라즈베리, 블루베리, 블랙베리)를 사용하지만 키위나 백향과, 망고, 석류 등 이국적인 과일을 쓰기도 한다.

파블로바에 사용하는 머랭은 정통 프랑스나 이탈리아식 조리법을 따르지 않고 설탕과 달걀흰자에 소량의 식초나 옥수수 전분을 섞은 다음 저온의 오븐(135도)에서 구워 겉은 바삭바삭하면서 속은 마시멜로 같은 질감이 되도록 한다. 파블로바는 일 년 내내 언제든 먹을 수 있는 아주 인기 높은 디저트지만 남반구에서는 여름에 찾아오는 크리스마스 시즌에 특히 많이 먹는다.

카바

카바는 바누아투, 통가, 피지, 푸투나를 아우르는 지역에서 최소 2000년 전에 만들어진 전통 음료다. 대마초와 비슷한 향정신성 효과가 있는 야생 후춧과 식물의 뿌리줄기로 만든다. 많은 국가에서 카바 수입을 금지하고 있지만 대부분의 오세아니아 지역과 더불어 미국에서는 카바가 합법이며 특히 하와이에서 인기가 많다.

카바를 만들려면 먼저 뿌리줄기를 씻은 다음 껍질을 벗기고 으깨서 페이스트를 만들어야 한다. 여기에 물을 섞어서 활성 성분을 추출한 다음 여과하고 다시 희석해서 작은 코코넛 컵에 담는다. 살짝 쓴맛이 도는 회색빛 유백색 액체로, 카바는 바누아투어로 '쓰다'는 뜻이다. 남태평양인에게는 큰 의미를 지닌 음료로 의식을 비롯해 파티, 축하연 등에서 마신다.

카바를 권했을 때 거절하는 것은 무례한 일로, 한 모금 마신 다음 컵을 옆 사람에게 건네는 것이 관례다. 카바는 가벼운 마비 효과가 있기 때문에 다량으로 섭취하면 졸릴 수 있다.

감칠맛UMAMI 단맛, 짠맛, 신맛, 쓴맛에 이어 다섯 번째 맛으로 간주되는 맛. 인식하기는 쉽지만 다른 네 가지에 비해서 정의하기는 어렵다. 예를 들어 골수나 육수를 먹었을 때 입천장에서 느껴지는 둥글둥글한 느낌이 감칠맛이다. 골수 외에도 감칠맛이 많은 음식으로는 다시, 닭 육수, 하몽 등이 있다.

갑각류CRUSTACEANS 게, 새우, 랍스터, 가재 등 외골격이 존재하는 동물.

과일FRUIT 식물의 난소 변형으로 인한 구조로 종자를 보호하고 퍼트리는 역할을 한다. 과일은 주로 단맛이 나며 디저트로 먹는 경우가 많지만 토마토나 아보카도 등의 과일은 채소처럼 먹는다.

구라게족GURAGE 에티오피아 남서부에 거주하는 인구 약 200만 명의 소수민족으로 에티오피아 인구의 약 3퍼센트에 해당한다.

금식의 날LEAN DAY 가톨릭에서 육류와 동물성 지방(라드, 우유, 버터, 치즈) 섭취를 금지하는 날. 생선은 허용되므로 유럽에서 금요일에 생선을 먹는 전통이 생겼다.

노르만족NORMANS 10세기경 프랑스 노르망디에 정착한 바이킹 집단. 유럽 전역에 큰 정치적 영향력을 행사했으며 영국과 이탈리아 남부, 시칠리아에 이르기까지 넓은 땅을 정복했다.

누나부트NUNAVUT 이누이트족이 주로 거주하는 캐나다 북부의 영토. 멕시코보다 넓으며 약 3만 5000명의 주민이 거주한다.

닛케이NIKKEI 일본 사람을 일컫는 일본어 닛케이진에서 유래한 말로 브라질과 페루로 이주하여 현지의 전통과 뒤섞인 일본 이민자의 요리를 일컫는다.

대림절 ADVENT 가톨릭에서 크리스마스 전 4주간을 가리키는 말. 중세 시대에는 대림절 기간에는 기름진 음식의 섭취를 금지했다. 그 결과 크리스마스가 되면 기름진 음식을 과식하는 전통이 생겼다.

덩이줄기 TUBER 겨울 동안 특정 식물이 생존을 위해 영양분을 저장하는 부분. 덩이줄기로 변형된 식물의 기관으로는 뿌리(당근), 뿌리줄기(감자), 줄기의 기저부와 뿌리 사이의 부분인 배축胚軸(비트, 래디시) 등이 있다.

도장지 徒長枝, TURION 땅 아래에서 자라나는 새싹. 가장 흔히 먹는 도장지로는 아스파라거스가 있다.

러시아식 상차림 RUSSIAN-STYLE SERVICE 각 손님을 위해 개별적으로 담은 음식을 테이블에 차리는 서비스 스타일.

레닛 RENNET 어린 반추동물의 네 번째 위(주름위)에서 발견되는 천연 응고성 단백질. 레닛의 효소는 치즈를 만드는 첫 단계로 우유를 응고시킬 때 필수적인 역할을 한다.

로랜드 LOWLANDS 잉글랜드와 국경을 접한 스코틀랜드 남부 지역. 켈트 문화를 유지하고 있는 하일랜드와 달리 앵글로색슨의 영향을 강하게 받았다.

료칸 旅館, RYOKAN 주로 온천을 포함하는 전통 일본 여관으로 제철 재료를 사용한 세련된 가이세키 요리를 제공한다. 일반적으로 객실 가격에 저녁 식사와 아침 식사가 포함되어 있다.

루 ROUX 지방에 소량의 밀가루를 섞어서 갈색이 나도록 익힌 것으로 프랑스 요리 등에서 많은 소스의 기초가 된다. 캐나다에서는 루를 이용하여 푸틴의 소스를 만든다.

르네 당주 RENÉ D'ANJOU(1409~1480) 나폴리와 아라곤, 프랑스 동부와 남부의 명목상 왕으로 이국적인 동식물을 찾아 먼 곳으로 원정을 떠나는 자금을 지원했다. 중동에서 유럽으로 자두를 들여왔다.

마르디 그라 MARDI GRAS 가톨릭 전통에서 사순절 금식 직전 육류나 동물성 지방 등 기름진 음식을 먹는 것을 허용하는 날.

마르쿠스 가비우스 아피키우스 MARCUS GAVIUS APICIUS(B.C. 25~B.C. 37) 사치를 사랑하고 음식에 엄청난 금액을 지출한 것으로 유명한 로마의 부유한 공인. 세상에서 제일 오래된 요리책(『요리에 관하여De re Cocinaria』)의 저자로 오해받기도 하지만 사실 이 책은 그가 사망하고 수 세기 후에 쓰인 것이다.

마사이족 MAASAI 케냐와 탄자니아에 거주하는 인구 약 100만 명의 민족. 유목 전통이 있어 가축을 거의 종교적으로 숭배한다.

마야 MAYA 기원전 10세기부터 기원후 11세기까지 중앙아메리카 일부를 지배했던 고대 문명으로 아마도 환경적인 것으로 추정되는 알 수 없는 이유로 빠르게 쇠퇴했다.

마이야르 반응 MAILLARD REACTION 요리 과정에서 관찰되는 복잡한 화학 반응으로 1911년 프랑스 화학자 루이 카미유 마이야르Louis Camille Maillard가 처음 기술했다. 고기나 빵을 익히면 갈색을 띠면서 구운 맛이 나고 노릇노릇해지는 것은 이 화학 반응 때문이다.

맥아 MALT 4~6일간 발아시킨 후 건조시켜서 술을 제조하는 데에 쓰이는 곡물. 가장 일반적인 것은 맥주와 위스키에 사용하는 보리 맥아다.

맥아즙WORT 곡물이 알코올로 변환될 때 생성되는 물질. 곡물을 물에 담가서 당분이 방출된 상태로, 발효되기 전에 생성된다. 와인의 경우 맥아즙에 해당하는 물질을 머스트must라고 부른다.

무굴 제국MUGHAL 1526~1857년 인도 북부를 지배한 몽골계 이슬람 왕조. 이슬람교도인 무굴인은 파키스탄과 인도 요리에 강한 영향을 미쳤으며 무굴 황제 샤 자한은 타지마할을 건설했다.

바이킹 VIKINGS 8~11세기 서쪽으로는 노르망디, 영국, 아이슬란드, 그린란드, 동쪽으로는 흑해 연안에 이르기까지 넓은 영토를 정복하며 유럽에 매우 큰 영향력을 미친 스칸디나비아의 탐험가와 상인, 군대를 뜻하는 말. 바이킹은 콜럼버스보다 500년 앞서 북아메리카 해안을 탐험했지만 오래 지속되는 정착촌을 형성하지는 못했다.

박테리아BACTERIA 식물 및 동물과 공생하는 미생물(실제로 인체 내에는 인간 세포보다 박테리아의 개체 수가 더 많다). 인간의 삶에 반드시 필요한 박테리아도 많지만(특히 음식을 소화시킬 때) 일부는 질병을 일으키기도 한다. 스피룰리나처럼 음식으로 먹는 박테리아도 있다. 요구르트나 치즈, 간장, 사워크라우트 등의 음식을 만드는 데에 꼭 필요한 존재이기도 하다.

반추위RUMEN 반추동물의 네 가지 소화 구획 중 첫 번째이자 가장 큰 부위로 섭취한 음식의 발효가 일어난다.

반투BANTU 반투어를 사용하는 아프리카인으로 인구는 약 3억 명 정도다. 반투는 4000년이 넘는 기간 동안 카메룬과 나이지리아 사이에 자리한 영토를 차지하고 대륙의 많은 부분을 식민지화하면서 아프리카 대륙을 조직화하는 데 중요한 역할을 했다.

발연점 SMOKE POINT   기름이 타기 시작하는 온도. 발연점의 범위는 비정제 유채씨 오일의 경우 107도에서 정제 버터의 경우 250도까지 다양하다.

발효 FERMENTATION   박테리아와 효모의 작용으로 식품 내의 탄수화물 성분을 전환시키는 과정. 요구르트, 치즈, 간장, 맥주, 와인, 식초 등 많은 식품이 발효 단계를 거친다.

버라이틀 VARIETAL   와인을 만드는 데 쓰이는 포도 품종을 칭하는 말. 거의 6000가지의 품종이 있으며 가장 잘 알려진 것으로는 카베르네 소비뇽과 메를로(레드), 샤르도네(화이트) 등이 있다.

베두인 BEDOUIN   사하라사막에서 아라비아반도까지 넓은 지역에 거주하던 아랍의 유목 민족으로 주로 양과 염소, 낙타를 기르며 생활했다. 그보다 서부에 거주하던 베르베르인과 가깝지만 그들과는 달리 아랍 방언을 사용한다.

베르베르 BERBER   아프리카 북부의 모로코와 이집트 사이를 점령한 유목 민족으로 정복자들의 지배에 의해 기독교와 이슬람으로 개종했다. 고유의 알파벳이 있는 타마지트어를 사용한다. 알제리, 말리, 리비아, 니제르 등 사하라사막 가장자리에 거주하는 베르베르인은 투아레그Tuareg라고 부른다.

베스트팔렌 WESTFALEN   현재의 노르트라인베스트팔렌주에 일부 해당하며 벨기에와 네덜란드 국경 근처에 있는 독일의 역사적인 지역.

베이킹소다 BAKING SODA   빵과 케이크를 부풀리는 용도로 쓴다. 또한 청량음료에 많이 들어가서 탄산음료를 '소다'라고 부르게 되었다. 한때는 염수가 흐르는 일부 호수 기슭에서 채집했지만 지금은 산업적으로 화학물을 생산한다.

베타시아닌 BETACYANIN   비트는 물론 용과의 껍질에서도 발견되는 붉은색 색소.

브랜디 BRANDY   포도주를 증류해서 만든 술로, 네덜란드어로 '태운 와인'이라는 뜻의 브랜드베이너brandwijn에서 유래했다. 코냑cognac 은 프랑스 코냐크 지역의 포도로 만든 브랜디의 이름이다.

브레스 BRESSE   프랑스 리옹 북부에 자리한 지역. 가금류로 유명하다.

비거니즘 VEGANISM   유제품과 달걀, 우유를 포함한 모든 동물성 제품의 소비를 배제하는 식습관 및 생활 습관.

뿌리줄기 RHIZOME   일부 식물의 식량 저장고 역할을 하는 땅속줄기. 생강, 카사바, 연근(연의 뿌리라고 잘못 불리고 있으나 사실 줄기다) 등 일부 뿌리줄기는 식용할 수 있다. 일부 식물, 특히 감자의 경우에는 뿌리줄기에서 덩이뿌리가 나온다.

세자르 리츠 CÉSAR RITZ(1850~1918)   19세기 말에서 20세기 초에 유럽의 호화로운 호텔 문화 발전에 중요한 역할을 한 스위스 호텔리어. 호텔 체인을 설립했다.

세파르디 SEFARDI   중유럽과 동유럽에 정착한 아시케나지와 달리 스페인에 자리한 유대 공동체를 지칭하는 이름. 1492년 스페인에서 추방되면서 북아프리카와 오스만 제국에서 공동체를 형성했다. 전 세계적으로 약 200만 명에 달하며 한때 스페인어에서 파생된 라디노라는 언어를 사용했다.

수경법 HYDROPONICS   인공적으로 조성한 배양액을 이용해 식물을

재배하는 방법. 딸기와 토마토를 포함한 많은 작물을 수경법으로
재배하고 있다.

숙성 Maturation 치즈가 '익어가는' 기간을 뜻하는 말. 수일에서
수년까지 다양하다.

슈바벤 Schwaben 현재의 바덴뷔르템베르크주와 바이에른 서부
지역에 해당하는 독일의 역사적 지역.

스튜 stew 고기와 채소의 혼합물을 약한 불에 올려서 소스에 익히
는 요리.

스페이사이드 Speyside 스코틀랜드 위스키 생산의 심장부인 하일랜
드 지역을 일컫는 말. 위스키 증류소의 절반 정도가 스페이강 주변
에 집중되어 있다.

실크로드 Silk Road 기원전 2세기에 실크와 향신료 등의 무역을 위
해서 개발된 육로로 중국과 유럽을 연결한다. 5000킬로미터가 넘
는 길이로 중앙아시아를 통해 유럽에서 시리아를 거쳐 중국 시안
까지 이어진다. 16세기에 육로보다 빠르고 저렴하게 상품을 운송
할 수 있는 해상 무역이 발달하면서 중요도가 크게 낮아졌다.

아라와크족 Arawak 베네수엘라에서 브라질에 이르는 아마존 열대
우림에 거주하는 수렵 채집인으로 농사도 일부 짓는다. 아라와크
어를 사용하며, 대앤틸리스제도의 섬을 식민지화한 아라와크족은
타이노라는 명칭을 사용했다.

아르케스트라토스 Archestratus 기원전 4세기의 시인이자 그리스
의 미식 여행가로, 미식에 관한 시집을 저술한 저자로 기록에 남아
있다.

아스타잔틴 ASTAXANTHIN 연어와 새우에 특유의 주황빛을 내는 색소. 카로틴과 매우 비슷하다.

아시케나지 ASHKENAZI 중유럽과 동유럽에 자리 잡은 유대인 공동체를 일컫는 명칭. 전 세계적으로 약 1200만 명에 달하며 이디시어라는 게르만계 언어를 사용했다.

아유르베다 AYURVEDA 2000년 이상을 거슬러 올라가는 인도의 전통철학이자 의학. 한의학처럼 음식과 약의 경계가 없으므로 아유르베다 요리에서는 식재료도 의약품처럼 신체에 미치는 영향에 따라 조절한다.

아즈텍 AZTEC 14세기에서 16세기 초 사이에 멕시코반도의 일부를 지배했던 아메리카 원주민으로 1524년 스페인 정복자가 아즈텍 제국의 마지막 황제를 살해하면서 사라졌다. 아즈텍인의 언어는 현재까지도 약 150만 명이 사용하고 있는 나우아틀어다.

아프리칸스 AFRIKAANS 남아프리카공화국에서 사용된 네덜란드계 언어. 17세기부터 네덜란드인들이 정착하면서 만들어졌다. 보어(네덜란드어로 '농부'라는 뜻)라는 네덜란드 정착민의 후손들이 사용한다.

안토시아닌 ANTHOCYANIN 식물에 붉은색과 보라색, 파란색 등 풍성한 색을 부여하는 색소. 특히 가지나 블랙베리, 블루베리, 블러드오렌지의 색을 낸다.

알안달루스 AL-ANDALUS 안달루시아 지역을 비롯해 8~15세기 아랍의 지배 아래 있었던 이베리아반도의 영토. 11세기에 반도의 가장 넓은 부분을 통치하던 코르도바 칼리프는 그리스도교계 왕국들의 공격으로 점점 영토를 잃어가다 마침내 1492년 몰락했다.

앵글로색슨ANGLO-SAXONS 5세기부터 영국에 거주한 민족. 영국으로 이주한 게르만 부족의 후손으로 현지인과 뒤섞이며 1066년 노르만 정복자가 도착하기 전까지 영국 문화에 중요한 영향을 미쳤다.

염지액BRINE 물과 소금을 섞은 것으로 특히 식품을 보존할 때 사용한다. 채소(올리브, 피클, 사워크라우트), 육류(햄), 생선(청어, 안초비) 등 다양한 재료를 염지할 수 있다.

오귀스트 에스코피에AUGUSTE ESCOFFIER(1846~1935) 다양한 요리서를 집필하고 오늘날까지 이어지는 현대 주방 업무 스타일을 체계화한 프랑스의 셰프. 경력의 대부분을 유명 호텔리어인 세자르 리츠와 함께 보냈으며 당대의 가장 유명한 셰프였고 프랑스 최고의 훈장 레지옹 도뇌르Legion d'honneur를 받았다.

왈롱WALLONIE 프랑스와 국경을 맞대고 있는 벨기에 남부의 프랑스어권 지역.

요루바YORUBA 주로 니제르강 오른쪽 강둑에 거주하는 약 4000만 명 정도의 민족. 나이지리아 인구의 21퍼센트를 차지한다.

원산지 명칭 보호 PDO, PROTECTED DESIGNATION OF ORIGIN 특정 지역에서 개발한 제품을 규정하는 표식. 유럽 전역에서 PDO로 보호되는 제품은 약 1500가지 정도다.

이그보족IGBO 주로 나이지리아 남동부에 거주하는 인구 약 3000만 명의 민족. 나이지리아 인구의 약 16퍼센트를 차지한다.

이누이트족INUIT 북아메리카의 원주민. 인구는 약 15만 명이며 현재는 캐나다와 알래스카, 그린란드에서 공동체를 이루고 있다.

이스트YEAST 유기물을 발효시키는 단세포 미생물 곰팡이. 수천 년간 빵과 포도주, 맥주 생산에 사용되었지만 정확한 정체와 효과는 루이 파스퇴르Louis Pasteur(1822~1895)에 의해서 겨우 밝혀졌다.

장 앙텔름 브리야사바랭 JEAN ANTHELME BRILLAT-SAVARIN(1755~1826) 훌륭한 음식에 대한 사랑으로 유명한 변호사. 사망하기 두 달 전에 식사라는 예술에 대한 책『미각의 생리학Physiologie du Goût』을 출간했다. 그의 이름을 딴 치즈도 존재한다.

증류기 STILL 액체 성분을 분리하는 장치. 가장 가벼운 화합물이 먼저 증발한다는 원리를 이용했다. 알코올과 에스테르는 78도에서, 물은 100도에서 증발하기 시작한다. 이렇게 증발한 액체를 콘덴서로 냉각시켜 거두어낸다. 증류기는 향수나 알코올을 생산할 때 사용한다. 이중 증류와 증류탑이 탄생하면서 고품질의 증류주를 생산할 수 있게 되었다. 그전에 생산된 초기 증류주는 에스테르가 많이 함유되어 있어서 맛이 좋지 않아 과일이나 향신료 등을 섞어서 향을 덮어야 했다.

채소 VEGETABLE 과일을 제외한 식물의 식용 가능한 부분. 뿌리(당근), 뿌리줄기(감자), 구근(양파), 어린 새싹(죽순), 줄기(리크), 잎(양배추), 꽃(아티초크), 씨앗(옥수수) 등을 먹는다. 토마토와 아보카도 같은 일부 과일도 채소처럼 먹는다.

채식주의 VEGETARIANISM 동물 고기의 소비를 배제하는 식습관. 종종 힌두교, 자이나교, 불교처럼 살생을 금하는 종교적 율법을 따라 채식주의자가 되기도 한다. 채식주의자의 비율은 국가마다 다르다. 어떤 국가에서는 전체 인구의 1퍼센트 미만에 불과한 반면 어떤 국가에서는 거의 40퍼센트에 육박하기도 한다.

처트니 CHUTNEY 과일과 향신료를 이용해서 만드는 달콤 쌉쌀한 음식으로 인도 요리에서 특히 인기가 높으며 조미료로 사용한다.

치즈CHEESE　보통 레닛으로 우유를 응고시켜서 만드는 유제품. 응고 후 발효 및 숙성 과정을 거칠 수 있다.

카로틴CAROTENE　당근, 토마토, 살구에서 발견되는 주황색 색소.

카르타고CARTHAGO　페니키아인이 건설한 도시국가와 그 수도의 이름. 오늘날의 튀니지 근처에서 유적을 찾아볼 수 있다. 포에니 전쟁에서 로마에 패해 파괴되기 전까지 기원전 5세기에서 기원후 146년에 걸쳐 지중해에서 매우 중요한 역할을 했다.

카트린 드 메디시스CATHERINE DE MÉDICIS(1519~1589)　프랑스 왕 앙리 2세와 결혼해 1547년에서 1559년까지 프랑스 왕비였던 이탈리아 귀족. 요리에 흥미가 많아 최고의 셰프와 교류하며 아티초크, 브로콜리, 완두콩, 셔벗 등을 프랑스에 들여왔다.

크리스토퍼 콜롬버스CHRISTOPHER COLUMBUS(1451~1506)　1492년 신대륙에 상륙한 것으로 유명한 이탈리아의 탐험가. 그의 뒤를 이어 도래한 식민지 시대는 이전까지 인류 역사에 없던 상품과 인간, 식물의 교류를 가져왔다. 콜럼버스 이전에는 유럽에 알려지지 않았던 신대륙의 과일과 채소로는 파인애플, 토마토, 옥수수, 코코아, 주키니, 콩, 고추, 감자 등이 있다. 신대륙의 주요 동물 무역원으로는 칠면조를 꼽을 수 있다.

클리마CLIMAT　부르고뉴에서 특정 포도밭을 칭하는 단어. 와인 지역에는 몇 에이커에서 수십 에이커에 이르는 다양한 크기의 클리마가 1000개 이상 존재한다.

타이노족TAINO　유럽인들이 도착하기 전까지 쿠바, 자메이카, 히스

파니올라(현재는 아이티와 도미니카공화국)를 포함한 서인도제도의 많은 부분을 지배하던 아메리카 원주민. 담배, 해먹, 감자 등은 타이노어에서 파생되어 오늘날까지 사용되는 단어다.

토탄 PEAT 숯과 같은 가연성 물질이지만 더 가볍고 스펀지 같다. 늪지대에서 식물이 분해되며 생겨난다. 토탄의 연기로 맥아를 건조시키기 때문에 위스키 생산 첫 단계에서 매우 중요한 역할을 한다. 피트를 가미한 위스키에서는 훈연 향과 테레빈유를 연상시키는 특이한 풍미가 느껴진다.

통 CASK 용기로 사용하는 나무통. 갈리아인이 개발했으며 원래 로마인이 와인과 기름, 기타 액체를 운반할 때 사용하던 테라코타 암포라 항아리를 대체했다. 와인 저장 외에도 스칸디나비아에서 생선을 절이는 용도로 쓴다.

페니키아인 PHOENICIANS 현재 레바논과의 경계에 해당하는 페니키아 출신의 사람들. 뛰어난 선원으로 지중해 전역에 많은 무역소를 설립했으며 기원전 12세기에서 기원전 8세기 사이에 강력한 영향력을 행사했다.

페르시아 PERSIA 기원전 6세기에 18세기 사이에 중동의 대부분을 지배한 제국. 터키에서 인도에 이르기까지 넓은 지역을 통치했으며 현재의 이란 영토로 점점 축소되었다.

풀라니족 FULANI 서아프리카의 15개국에 걸쳐 살고 있는 인구 약 4000만 명의 목축 민족. 대부분이 이슬람교도이며 가장 큰 민족 집단이 거주하는 기니를 제외하면 살고 있는 모든 국가에서 소수 민족에 해당한다.

품종 CULTIVAR 같은 작물에 속하는 서로 다른 종류의 식물에 붙는 이름. 포도의 경우에는 품종을 버라이틀varietal이라고 부른다.

프랑스식 상차림FRENCH-STYLE SERVICE 모든 요리를 식탁에 전부 차려서 손님이 나누어 먹는 요리 서비스 스타일.

플랑드르FLANDRE 네덜란드와 국경을 맞댄 벨기에 북부의 네덜란드어권 지역.

필록세라PHYLLOXERA 덩굴을 공격하는 기생 진딧물. 유럽의 거의 모든 포도밭을 파괴하면서 19세기 후반의 가장 큰 농업 위기를 가져왔다. 이후 유럽의 포도원들은 필록세라에 내성이 있는 미국산 포도나무를 접목해서 포도밭을 재건해야 했다.

하일랜드HIGHLANDS 스코틀랜드에서는 북쪽에 있는 산악 지역은 하일랜드, 비옥한 평야인 저지대는 로랜드라고 부른다. 하일랜드는 주요 위스키 생산지다.

훈족HUN 중앙아시아의 투르크계 유목 민족. 훈족 제국은 아틸라(406~453) 시기에 절정을 이루며 발트해와 카스피해까지 정복했다.

찾아보기

ㅅ

지은이 알렉상드르 스테른 Alexandre Stern

기업가, 미식가, 작가. 1978년 파리에서 태어났다. 아주 어린 나이부터 기업가 정신을 보여 9세에 자연보호 협회를 만들고 12면짜리 월간 신문을 발행했으며 고등학생 시절 형과 함께 회사를 창립하기도 했다. 요리와 여행에 대한 열정으로, 세계를 돌며 희귀한 맛을 찾아 대중에게 알려왔다. 자연의 리듬과 환경을 존중하며 생산한 좋은 재료를 고르는 일뿐만 아니라, 각종 재료의 맛을 잘 조합해 까다로운 미식가의 마음까지 움직일 맛을 창조해내려고 애쓰고 있다. 일생에 한번은 맛보아야 할 음식과 재료를 총망라한 『용감한 구르메의 미식 라이브러리』에 이어 인류사에서 결정적 역할을 한 요리의 역사를 훑어보는 『원숭이 요리사Le Singe Cuisinier』 등 미식에 대한 재미와 정보를 고루 갖춘 책을 저술했다. 음식 하이테크 기업을 세우고 브랜드 개발 및 전략 멘토로 일하고 있다.

옮긴이 정연주

푸드 에디터. 성균관대학교 법학과를 졸업하고 사법시험 준비 중 진정 원하는 일은 '요리하는 작가'임을 깨닫고 방향을 수정했다. 이후 르 코르동 블루에서 프랑스 요리를 전공하고, 푸드 매거진 에디터로 일했다. 현재 푸드 전문 번역가이자 프리랜서 에디터로 활동하고 있다. 『SOURDOUGH 사워도우』, 『빵도 익어야 맛있습니다』, 『프랑스 쿡북』 등을 옮겼고 『온갖 날의 미식 여행』을 썼다. 유튜브 푸드 채널 '페퍼젤리컴퍼니'를 운영하고 있다.

용감한 구르메의
미식 라이브러리

펴낸날 초판 1쇄 2022년 2월 25일
지은이 알렉상드르 스테른
옮긴이 정연주
펴낸이 이주애, 홍영완
편집2팀 박효주, 최혜리, 홍은비, 김혜원
편집 양혜영, 유승재, 문주영, 장종철, 김애리, 강민우
디자인 박아형, 기조숙, 김주연, 윤신혜
마케팅 김슬기, 김태윤, 김송이, 박진희, 김미소, 김예인
해외기획 정미현
경영지원 박소현
펴낸곳 (주)윌북 **출판등록** 제2006-000017호
주소 10881 경기도 파주시 회동길 337-20
전자우편 willbooks@naver.com **전화** 031-955-3777 **팩스** 031-955-3778
홈페이지 willbookspub.com
블로그 blog.naver.com/willbooks **포스트** post.naver.com/willbooks
페이스북 @willbooks **트위터** @onwillbooks **인스타그램** @willbooks_pub
ISBN 979-11-5581-449-9 03900